**新法科·法学核心课程系列教材**

## 华东政法大学
## 教材建设和管理委员会

| | |
|---|---|
| 主　　任 | 郭为禄　叶　青 |
| 副 主 任 | 韩　强 |
| 部门委员 | 虞潇浩　杨忠孝　洪冬英 |
| | 屈文生　陆宇峰 |
| 专家委员 | 王　迁　孙万怀　钱玉林 |
| | 任　勇　余素青　杜素娟 |

本书受上海市高水平地方高校（学科）建设项目资助

Evidence Law
(3rd Edition)

# 诉讼证据法学
（第三版）

叶 青 主编

**图书在版编目（CIP）数据**

诉讼证据法学/叶青主编. —3 版. —北京：北京大学出版社，2021.9
高等学校法学系列教材
ISBN 978-7-301-32393-9

Ⅰ.①诉… Ⅱ.①叶… Ⅲ.①诉讼—证据—法学—中国—高等学校—教材 Ⅳ.①D915.130.1

中国版本图书馆 CIP 数据核字(2021)第 158160 号

| | |
|---|---|
| 书　　　名 | 诉讼证据法学（第三版）<br>SUSONG ZHENGJU FAXUE(DI-SAN BAN) |
| 著作责任者 | 叶　青　主编 |
| 责 任 编 辑 | 尹　璐 |
| 标 准 书 号 | ISBN 978-7-301-32393-9 |
| 出 版 发 行 | 北京大学出版社 |
| 地　　　址 | 北京市海淀区成府路 205 号　100871 |
| 网　　　址 | http://www.pup.cn　新浪微博：@北京大学出版社 |
| 电 子 信 箱 | sdyy_2005@126.com |
| 电　　　话 | 邮购部 010-62752015　发行部 010-62750672　编辑部 021-62071998 |
| 印 刷 者 | 北京溢漾印刷有限公司 |
| 经 销 者 | 新华书店 |
| | 730 毫米×980 毫米　16 开本　29.25 印张　525 千字<br>2006 年 1 月第 1 版　2013 年 7 月第 2 版<br>2021 年 9 月第 3 版　2023 年 7 月第 2 次印刷 |
| 定　　　价 | 78.00 元 |

未经许可，不得以任何方式复制或抄袭本书之部分或全部内容。
**版权所有，侵权必究**
举报电话：010-62752024　电子信箱：fd@pup.pku.edu.cn
图书如有印装质量问题，请与出版部联系，电话：010-62756370

# 目 录

## 第一编 总 论

**第一章 诉讼证据法学概述** ……………………………………………… (1)
 第一节 诉讼证据法学的研究对象和研究方法 ……………………… (1)
 第二节 诉讼证据法学的理论体系 …………………………………… (6)
 第三节 诉讼证据法学与诉讼法学的关系 …………………………… (8)

**第二章 国外诉讼证据制度的历史沿革** ………………………………… (10)
 第一节 神示证据制度 ………………………………………………… (10)
 第二节 欧洲大陆中世纪中后期诉讼证据制度的形成和发展 ……… (16)
 第三节 资产阶级革命后的自由心证证据制度 ……………………… (20)

**第三章 中国诉讼证据制度的历史沿革** ………………………………… (24)
 第一节 中国奴隶社会的证据制度 …………………………………… (24)
 第二节 中国封建社会的证据制度 …………………………………… (26)
 第三节 中国清朝末年的证据立法转型 ……………………………… (32)
 第四节 中华民国时期的证据制度 …………………………………… (33)
 第五节 中华人民共和国证据制度的产生与发展 …………………… (36)

**第四章 诉讼证据法学的理论基础** ……………………………………… (40)
 第一节 诉讼认识的真理性 …………………………………………… (40)
 第二节 诉讼认识的正当性 …………………………………………… (41)
 第三节 客观真实与法律真实的同一性 ……………………………… (45)

## 第二编 证 据 论

**第五章 诉讼证据概述** …………………………………………………… (48)
 第一节 诉讼证据的概念和意义 ……………………………………… (48)
 第二节 诉讼证据的基本特征 ………………………………………… (54)
 第三节 诉讼证据和一般证据的区别 ………………………………… (60)
 第四节 诉讼证据的证据能力与证明力 ……………………………… (62)

## 第六章　诉讼证据的法定种类 ……………………………………(67)
### 第一节　物证 ………………………………………………………(67)
### 第二节　书证 ………………………………………………………(72)
### 第三节　证人证言 …………………………………………………(77)
### 第四节　当事人的陈述 ……………………………………………(84)
### 第五节　鉴定意见 …………………………………………………(93)
### 第六节　视听资料、电子数据 ……………………………………(98)
### 第七节　笔录证据 …………………………………………………(106)

## 第七章　诉讼证据的理论分类 ……………………………………(112)
### 第一节　原始证据与传来证据 ……………………………………(112)
### 第二节　控诉证据与辩护证据 ……………………………………(114)
### 第三节　直接证据与间接证据 ……………………………………(116)
### 第四节　言词证据与实物证据 ……………………………………(119)
### 第五节　本证与反证 ………………………………………………(121)
### 第六节　主证与旁证 ………………………………………………(123)

# 第三编　证据规则论

## 第八章　刑事诉讼证据规则 ………………………………………(126)
### 第一节　取证规则 …………………………………………………(126)
### 第二节　查证规则 …………………………………………………(134)
### 第三节　采证规则 …………………………………………………(137)
### 第四节　认定案件事实规则 ………………………………………(147)

## 第九章　民事诉讼证据规则 ………………………………………(151)
### 第一节　民事诉讼证据规则概述 …………………………………(151)
### 第二节　民事诉讼取证规则 ………………………………………(153)
### 第三节　民事诉讼举证规则 ………………………………………(162)
### 第四节　民事诉讼质证规则 ………………………………………(169)
### 第五节　民事诉讼认证规则 ………………………………………(182)

## 第十章　行政诉讼证据规则 ………………………………………(190)
### 第一节　行政诉讼证据规则概述 …………………………………(190)
### 第二节　行政诉讼取证规则 ………………………………………(195)
### 第三节　行政诉讼举证规则 ………………………………………(200)

第四节　行政诉讼质证规则……………………………………(203)
　　第五节　行政诉讼认证规则……………………………………(207)

## 第四编　证　明　论

第十一章　诉讼证明概述……………………………………………(216)
　　第一节　诉讼证明的概念和特征………………………………(216)
　　第二节　诉讼证明的要素、分类、作用…………………………(219)
　　第三节　三大诉讼证明的不同之处……………………………(224)
第十二章　诉讼证明对象……………………………………………(227)
　　第一节　诉讼证明对象的概念和特点…………………………(227)
　　第二节　不同诉讼中的证明对象………………………………(231)
　　第三节　免证对象………………………………………………(236)
第十三章　诉讼证明责任……………………………………………(241)
　　第一节　诉讼证明责任概述……………………………………(241)
　　第二节　刑事诉讼中的证明责任………………………………(249)
　　第三节　民事诉讼中的证明责任………………………………(255)
　　第四节　行政诉讼中的证明责任………………………………(264)
第十四章　诉讼证明标准……………………………………………(269)
　　第一节　诉讼证明标准的概念和特点…………………………(269)
　　第二节　不同诉讼中的证明标准………………………………(272)
第十五章　诉讼证明方法……………………………………………(288)
　　第一节　直接证明法和间接证明法……………………………(289)
　　第二节　同一认定法……………………………………………(293)
　　第三节　推定……………………………………………………(294)
　　第四节　司法认知………………………………………………(298)
第十六章　域外的诉讼证明…………………………………………(301)
　　第一节　我国香港特别行政区的诉讼证明……………………(301)
　　第二节　我国澳门特别行政区的诉讼证明……………………(306)
　　第三节　我国台湾地区的诉讼证明……………………………(321)
　　第四节　大陆法系国家的诉讼证明……………………………(337)
　　第五节　英美法系国家的诉讼证明……………………………(354)
　　第六节　日本的诉讼证明………………………………………(375)

## 第五编 证据实践论

**第十七章 证据的调查与收集** ……………………………………（398）
    第一节 证据的调查与收集概述 ………………………………（398）
    第二节 证据调查与收集的原则、要求和重点 …………………（402）
    第三节 证据调查与收集的步骤和方法 ………………………（409）

**第十八章 证据的审查判断** ………………………………………（419）
    第一节 证据审查判断的内容 …………………………………（419）
    第二节 证据审查判断的方法 …………………………………（425）
    第三节 伪证的甄别分析 ………………………………………（433）

**第十九章 证据的运用** ……………………………………………（439）
    第一节 证据运用概述 …………………………………………（439）
    第二节 证据运用的规则和技巧 ………………………………（443）
    第三节 三大诉讼中各种证据运用上的差异 …………………（451）

**主要参考书目** ………………………………………………………（461）

**第三版后记** …………………………………………………………（463）

# 第一编 总 论

## 第一章 诉讼证据法学概述

### 第一节 诉讼证据法学的研究对象和研究方法

**一、诉讼证据法学的概念**

诉讼证据法与实体法、程序法一起构成了当代各国的法律体系,呈"三足鼎立"之势。实体法为确定具体证明对象和衡量证据的关联性提供一定的标准;程序法规定了诉讼的任务,进行诉讼应遵守的原则、制度和程序等;证据法则旨在为法院的裁判提供事实基础,同时也具有保障当事人诉讼主体地位和诉讼权利及限制法官恣意等功能。证据法的具体运作环境是诉讼,其立足点和宗旨在于为诉讼裁判提供事实根据,因此,证据法在内容方面受制于诉讼法或诉讼机理。如果证据法与诉讼法相违背,证据法的有效性就得不到保证。从另一角度看,"审判是一种把一片片证据拼在一起的工作"[1]。我们也可以将审判的实质内容看成是一个运用证据证明案件中待证事实的活动。没有证据,诉讼的目的也就得不到实现。从总的方面来说,证据法是诉讼法的一部分。[2] 但是,它们仍然有各自规定性的内容和调整对象,是不可替代的。

---

[1] 〔美〕乔恩·R.华尔兹:《刑事证据大全》,何家弘等译,中国人民公安大学出版社1993年版,第28页。

[2] 参见江伟主编:《证据法学》,法律出版社1999年版,第8页。

诉讼证据法学是研究诉讼过程中如何正确运用证据认定案件事实和有关法律规范的学科，是现代法学体系中的一个分支学科。但是，关于诉讼证据法学的命名，学理上存在着不同的见解。大多数教材称为"证据法学"，有的教材称为"证据学"，也有的教材称为"诉讼证明学"。①在《现代汉语词典》中，"证据"是一个中性词，是指一切"能够证明某事物真实性的有关事实和材料"。据此意义，证据不仅存在于司法领域，而且也广泛地存在于科学研究领域，仅以"证据学"或"证据法学"命名不能反映司法的特殊性要求，而"诉讼证据法学"则能满足这一要求，因此，我们主张以"诉讼证据法学"命名。

**二、诉讼证据法学的研究对象**

"科学研究的区分，就是根据科学对象所具有的特殊的矛盾性。因此，对于某一现象的领域所特有的某一种矛盾的研究，就构成某一门科学的对象。"②诉讼证据法学是法学体系中的部门法学，它和其他法学一样，有自己特定的研究对象。但是关于它的研究对象究竟是什么，在学理上有多种表述，主要有：

第一种观点认为，诉讼证据法学的研究对象是司法机关在诉讼中运用证据的实践经验、有关运用证据的各项法律规范和有关诉讼证据的理论。③

第二种观点认为，诉讼证据法学的研究对象是证据法现象和证据法一般规律。④

第三种观点认为，诉讼证据法学的研究对象是：(1)证据法及其证明规则；(2)证据及其证明力；(3)证据的内容和形式的统一关系；(4)证据制度及其传统文化；(5)证据制度和经济制度、诉讼制度的关系；(6)收集、审查、判断和运用证据证明案件的经验以及它们的规律性。⑤

第四种观点认为，诉讼证据法学的研究对象是：(1)证据法及其证明规则；(2)证据及其证据能力和证明力；(3)证据的内容和形式的统一关系；(4)证据制度及其传统文化背景；(5)证据制度和经济制度、诉讼制度的关系；(6)收集、

---

① 称为"证据法学"的有卞建林主编：《证据法学》，中国政法大学出版社 2000 年版；何家弘主编：《新编证据法学》，法律出版社 2000 年版；樊崇义主编：《证据法学》，法律出版社 2001 年版；刘金友主编：《证据法学》，中国政法大学出版社 2001 年版等。称为"证据学"的有巫宇甦主编：《证据学》，群众出版社 1983 年版；陈一云主编：《证据学》，中国人民大学出版社 1991 年版；宋世杰：《证据学新论》，中国检察出版社 2002 年版。称为"诉讼证明学"的有胡锡庆主编：《诉讼证明学》，中国法制出版社 2001 年版。
② 《毛泽东选集》第 1 卷，人民出版社 1991 年版，第 309 页。
③ 参见陈一云主编：《证据学》，中国人民大学出版社 1991 年版，第 2—4 页。
④ 参见江伟主编：《证据法学》，法律出版社 1999 年版，第 30 页。
⑤ 参见宋世杰：《诉讼证据法学》，中南工业大学出版社 1998 年版，第 2 页。

审查、判断和运用证据证明案件事实的经验及证据理论。①

我们认为,诉讼证据法学所要解决的问题,就是司法人员在办理案件时所依据的证据法规和证据的证明力问题,以及如何依法收集、审查、使用证据,使主观判断符合客观实际的问题。核心问题是如何把握证据的客观真实性、合法性和关联性,即如何借助司法机关司法人员的主观认识如实地反映和再现案件事实的发生过程,并据此作出正确的裁判。在这个意义上,可以说诉讼证据法学是运用马克思主义的认识论,去收集、审查、判断、运用证据来证明案件事实的科学,它是认识论在证据法和证明过程中的具体化,是一门理论性和实践性都很强的学科。据此,我们认为,诉讼证据法学的研究对象,主要是诉讼证据的法律规范、诉讼证据的理论和运用证据的诉讼实践。

(一)诉讼证据的法律规范

在诉讼中,运用证据证明案件事实的活动,是法律行为。世界各国对诉讼中如何运用证据去证明案件事实,都通过立法加以规范。关于诉讼证据的立法,有的国家法律规定得比较简单,有些国家规定得比较繁杂;有的国家专门制定证据法,有的国家是在诉讼法中用专门编章加以规定。我国诉讼证据的立法,是采用在刑事诉讼法、民事诉讼法和行政诉讼法中,以专章加以规定。此外,最高人民法院和最高人民检察院在审判和检察工作中作出的适用有关证据的法律规范的司法解释,也属诉讼证据学研究范畴。诉讼证据法学是研究诉讼中如何运用证据的学科,当然首先应当研究有关诉讼证据的一切法律规范,准确阐明其内容,以保障其准确而有效地贯彻、执行。

(二)诉讼证据的理论

诉讼证据是随着诉讼活动的出现而产生的。古今中外的法学家对诉讼证据的范围、如何运用、建立什么样的证据制度进行了连续不断的研究,提出各种见解,于是发展成不同的证据理论。诉讼证据法学在探求运用证据的规律时,不仅要准确地理解法律规范,而且应该对各种证据理论进行比较、分析、研究,去其糟粕,取其精华,建立和发展科学的诉讼证据理论,提高对诉讼证据理论的认识,在科学的证据理论的指导下,正确地理解诉讼证据,运用诉讼证据认定案件事实。

(三)运用证据的诉讼实践

诉讼的过程,就是运用诉讼证据认定案件事实的过程。古今中外,都是如此。我国司法机关在进行诉讼时,坚持"以事实为根据、以法律为准绳"的原则。

---

① 参见樊崇义主编:《证据学》,中国人民公安大学出版社2001年版,第3—11页。

无论是追诉犯罪、解决民商事纠纷，还是处理行政争议，都要运用诉讼证据，依靠证据去揭示案件事实，为正确运用法律奠定基础，达到诉讼的目的。

在运用诉讼证据证明案件事实的过程中，常常涉及什么事实对案件具有证明力，可以作为证据使用，证据应如何收集、保全、审查判断，什么样的情况需要用证据加以证明，证明需要达到何种程度，哪些人应当承担举证责任等问题。在这些方面司法机关积累了丰富的经验。此外在司法实践中，还可能遇到许多新情况、新问题。因此，研究诉讼证据法学，就应当紧密联系司法实践，把司法实践中如何运用诉讼证据问题作为诉讼证据法学的研究对象之一，及时将运用证据的成功经验加以总结、概括，升华为理论，这是诉讼证据法学不断发展的动力。对实践中运用证据的研究，既有利于提高办案质量，又有利于诉讼证据法学的发展。

诉讼证据理论来自实践又指导实践，同时推动立法的不断完善。诉讼证据理论虽然对实践没有约束力，但是理论一旦为实践活动的人所掌握，变成他们的自觉行动，就会产生巨大力量。

### 三、诉讼证据法学的研究和学习方法

诉讼证据法学是一个交叉学科，这表现在它既是哲学和法学的交叉，又是民事诉讼法、行政诉讼法和刑事诉讼法的交叉。同时，诉讼证据法学又是一个应用性很强的学科，必须将它与司法实践紧密联系才能得出正确的研究结论。随着现代科技手段不断地被运用于司法实践中，它也必将对证据的运用和研究起到重大的影响。

正确的研究和学习方法对任何一门学科来说都是非常重要的。关于诉讼证据法学的研究和学习方法很多，如系统论、控制论、信息论、程序正义论等科学理论，定性和定量的自然科学的分析研究及实证研究等方法，但我们认为这些方法与马克思主义的唯物辩证法相比较，是低一层次的。马克思主义的唯物辩证法是诉讼证据法学的基本研究方法。辩证唯物主义和历史唯物主义构成了马克思主义哲学，它正确地阐明了存在和意识的相互关系，揭示了人类认识的实质、来源和发展的辩证规律，给了我们认识世界和能动地改造世界的科学的世界观和方法论。运用证据查明案件事实，是用证据法所提供的有关案情的信息来推断未知的事实。将案件事实予以证明，对诉讼证据法学研究的问题作出科学的回答，均是复杂的"系统工程"。但由于唯物辩证法是解决人们世界观的根本问题的科学，具有高度的抽象性和概括性，因此，我们在讨论诉讼证据法学的研究方法时，不能仅停留在唯物辩证法的层面上，而是应该以动态、发展的观点，引进系

统论、控制论、信息论和程序正义论等现代科学方法，以深入展开对诉讼证据法学的具体研究和学习方法的探讨。

第一，坚持"两个基本"的研究和学习的方法。学习和研究诉讼证据法学首先应理解基本概念和掌握基本理论，要弄懂每个概念、概念与概念之间、基本理论与基本理论之间的内在联系。采用对比分析、综合归纳等方法，以达到完整、系统、准确地掌握基本知识的目的，通过对基本概念和基本理论的认识，就能对诉讼证据法学形成一个较完整和清晰的轮廓，有利于进一步认识和掌握本课程。

第二，理论联系实际的研究和学习的方法。理论是实际的抽象，科学的理论是在社会实践基础上产生并经过社会实践的检验和证明的理论，是客观事物的本质和规律性的正确反映。采用联系实际的方法，能够使理论明白易懂，既便于记忆，又便于深入理解。诉讼证据法学是一门实践性极强的课程，只有通过联系实际，才能了解司法实践中出现的新问题、新情况，使研究和学习有的放矢，学习内容符合司法实践的需要，最终起到理论指导实践的作用。

第三，比较研究和学习的方法。比较是确定事物间相同点和相异点的方法。我们根据一定的标准把彼此有某种联系的事物加以对照，从而确定其相同与相异之处，便可以对事物作初步的分类。但只有在对各个事物的内部矛盾的各个方面进行比较后，才能把握事物间的内在联系，认识事物的本质。诉讼证据法学的理论体系包含了古今中外的证据制度和理论学说，特别是我国目前诉讼证据法律尚有缺失，理论研究不够发达，国内不少学者著书立说，大量地介绍和引进国外的证据制度、证据规则和证据理论，这就更需要我们留意观察中外诉讼证据制度和证据理论的比较研究成果，从而深化自己对于诉讼证据理论和立法例的认识，全面地、准确地掌握诉讼证据法学的科学内容。

第四，案例研究和学习的方法。司法实践中的诉讼案例可谓千姿百态，生动鲜活，它们都是证据运用的最终结果，每个案例都反映了证据运用的规律和不同举证、质证和认证的特点。凡是经得起历史检验的案例，都是遵循证据运用规律和规则的结果，凡是冤、假、错案都是违背证据运用规律和规则的结果。所以，诉讼案例为我们总结证据运用规律、规则和掌握各类证据的证明特点提供了第一手的素材，是我们研究和学习诉讼证据法学的生动教材。深入司法实践、关注媒体报道，可以使我们获得丰富的、真实的案例，运用证据理论对此加以研究和学习，将有助于对诉讼证据法学课程的学习。

## 第二节 诉讼证据法学的理论体系

一门学科的内容体系是由其研究对象决定的,学科体系应该反映其研究对象的整体结构和内在逻辑联系。诉讼证据法学的理论体系就是将诉讼证据法学的研究对象具体化之后,按照一定相互关系和内在联系进行研究和阐述的科学体系,简言之,就是诉讼证据法学的组织结构。

对于如何构建我国的诉讼证据法学的理论体系,学者们有不同的见解,还有待于更深入地研讨。为了便于大家学习与研讨,我们在此介绍几种诉讼证据法学的理论体系,供比较研究。

第一种,20世纪90年代初的理论体系的代表,即对现今我国诉讼证据法学理论体系构建影响甚大的,是1991年5月中国人民大学出版社出版的由陈一云主编的《证据法》,分绪论、三编,共二十二章。

绪论为证据学概述,论述证据学的研究对象、体系、研究方法、与相邻法律学科的相互关系等。

第一编为史论,分三章。分别论述了中外证据制度的沿革,揭示其特点和阶级属性,剖析其利弊和兴废的原因,同时还评介一些证据理论。

第二编为总论,分九章。分别论述了诉讼证据的本质属性、证明的任务和标准、证明对象、证明责任、推定、证据的分类、运用证据的原则、证据的收集和审查判断等。

第三编为分论,分九章。分别论述了诉讼法中明确规定的物证、书证、视听资料、勘验和检查笔录、证人证言、鉴定结论、刑事被害人陈述、刑事被告人供述和辩解、民事和行政诉讼当事人陈述。

第二种,20世纪90年代末的理论体系的代表,即1999年5月法律出版社出版的由江伟主编的《证据法学》,分为四编,共二十二章。

第一编为绪论,分两章。分别为证据法和证据法学概述,着重介绍了证据法、证据法学的概念、性质、地位和意义,以及西方国家证据法律制度和我国证据法律制度的历史发展。

第二编为证明论,分七章。分别为证明、证明对象、证明责任、证明标准、推定、司法认知和证据规则。

第三编为证据总论,分四章。分别为证据的概念与属性、证据的种类与分类、调查收集证据和审查判断证据。

第四编为证据分论,分九章。分别为物证、书证、视听资料、证人证言、被害人陈述、犯罪嫌疑人、被告人的供述和辩解、当事人陈述、鉴定结论和笔录。

第三种,21世纪初的理论体系代表,即2001年7月中国人民公安大学出版社出版的由樊崇义主编的《证据学》,分为十三章,共四十二节。具体为:

第一章为绪论,分为三节。分别论述了证据学的研究对象、证据学的体系和证据学的研究方法。

第二章为证据制度的历史沿革,分为四节。分别论述了神示证据制度、法定证据制度、自由心证证据制度的历史沿革。

第三章为证据的概念和意义,分为三节。分别论述了证据的概念、诉讼证据的基本特征、证据的意义。

第四章为证据的种类,分为九节。分别论述了物证、书证、证人证言、被害人陈述、犯罪嫌疑人、被告人的供述和辩解、当事人陈述、鉴定结论、勘验、检查笔录和视听资料。

第五章为证据分类,分为六节。分别论述了证据分类的概念和意义、原始证据和传来证据、言词证据和实物证据、有罪证据和无罪证据、直接证据和间接证据、本证和反证。

第六章为证据的收集和保全,分为两节。分别论述了证据的收集和证据的保全。

第七章为证明概述,分为两节。分别论述了证明的概念及其历史沿革,刑事、民事、行政诉讼中的证明。

第八章为证明对象,分为两节。分别论述了证明对象的概念和特征,刑事、民事、行政诉讼的证明对象。

第九章为证明责任,分为两节。分别论述了证明责任的概念、证明责任制度的产生和发展、证明责任的承担。

第十章为证明标准,分为两节。分别论述了证明标准的概念和意义、我国诉讼中的证明标准。

第十一章为证据的审查、判断,分为三节。分别论述了证据审查、判断的概念和意义,证据审查、判断的内容和证据审查、判断的方法。

第十二章为推定和司法认知,分为两节。分别论述了推定(法律上的推定和事实上的推定)、司法认知的范围和规则。

第十三章为证据规则,分为两节。分别论述了证据规则的概念和意义,证据规则的内容(传闻证据排除规则、非法证据排除规则和相关证据规则)。

本书根据诉讼证据法学的研究对象,分五编,共十九章,构建了诉讼证据法学的理论体系。

第一编总论，分为四章。分别为诉讼证据法学概述；国外诉讼证据制度的历史沿革；我国诉讼证据制度的历史沿革；诉讼证据法学的理论基础。

第二编证据论，分为三章。分别为诉讼证据概述；诉讼证据的法定种类；诉讼证据的理论分类。

第三编证据规则论，分为三章。分别为刑事诉讼证据规则；民事诉讼证据规则；行政诉讼证据规则。

第四编证明论，分为六章。分别为诉讼证明概述；诉讼证明对象；诉讼证明责任；诉讼证明标准；诉讼证明方法；域外的诉讼证明。

第五编证据实践论，分为三章。分别为证据的调查与收集；证据的审查与判断；证据的运用。

## 第三节 诉讼证据法学与诉讼法学的关系

诉讼法学是以诉讼法律规范和诉讼活动为研究对象的部门法学。证据理论和运用证据的规则是诉讼法学的重要组成部分。大陆法系国家大多没有单独的证据法典，仅在诉讼法典里设专章规定证据法的内容，我国也是如此。诉讼法学从理论与实践的结合上对证据加以研究，主要在于阐明诉讼证明活动的规律和证据对诉讼活动的价值。我们所说的诉讼法是由刑事诉讼法、民事诉讼法和行政诉讼法这三部基本法构成的，因此，专门研究诉讼法的诉讼法学也可分为刑事诉讼法学、民事诉讼法学和行政诉讼法学三门分支学科。国内的政法院校（系）均将刑事诉讼法学和民事诉讼法学列为法学专业主干课程，纳入指导性教学计划实施教学，由于行政诉讼法内容的简短性，而与行政法学合并在一起以"行政法与行政诉讼法学"的课程名作为法学专业的主干课程，纳入指导性教学计划实施教学。这些诉讼法学都把证据和有关的法律规范作为重要的研究对象，从而形成自己的证据理论体系。

诉讼证据法学是专门研究如何运用诉讼证据和有关法律规范的学科，与诉讼法学中研究证据的部分自然有所交叉。但是，诉讼证据法学对于诉讼证据和运用证据的规则的研究范围要比诉讼法学广泛得多。诉讼证据法学不仅研究诉讼证据的运用及相关法律规范，更多的是对各种诉讼中运用证据的经验、法律制度和基本理论从历史和现实的角度予以综合分析与研究。从这个意义上讲，诉讼证据法学是横跨三大诉讼法学的学科。

需要特别指出的是，诉讼法学所研究的诉讼任务、基本原则和基本制度等，也与诉讼证据法学紧密相连。例如，诉讼的任务就是在查明案件事实的基础上，分清当事人的责任,依法作出裁判,而诉讼任务实现的物质基础就是证据,可谓无证据即无诉讼。进行诉讼必须以事实为根据,以法律为准绳,这也是收集和审查判断证据时必须遵守的。当事人在法庭审理时,有权与对方进行辩论,刑事被告人有权进行辩护,其中就包括对证据进行质证。

尽管诉讼证据法与诉讼法的关系是部分与整体的关系,但是我们不能说诉讼证据法完全依赖于诉讼法,它有相对的独立性,是办案的核心问题。所以国外有人把实体法、程序法与证据法作为现代法律"鼎立之三足",不无道理。正因为如此,我们认为作为专门研究诉讼证据理论与运用证据的规则的诉讼证据法学理应也被看作一门独立的法学分支学科。

# 第二章 国外诉讼证据制度的历史沿革

证据制度是指规定证据的范围、收集、审查判断以及综合运用以证明案件事实的法律规范的总称。证据制度是司法制度的重要组成部分。它同国家与法律制度一样,是随着社会经济基础的变化而变化的。

在诉讼证据理论中,根据不同的角度和标准可将证据制度作不同维度的划分:以社会形态为标准,可分为奴隶制证据制度、封建主义证据制度、资本主义证据制度和社会主义证据制度;以证据的来源和审查判断手段为标准,可分为神示证据制度、法定证据制度、自由心证制度等。在诉讼证据理论中,通常是以第二种标准作为划分证据制度的依据。不过由于不同国家的历史发展路径不完全相同,法律制度也各有其特色。除了人类发展早期共同存在过神示证据制度外,不同法系在其发展的过程中,也形成了特色鲜明的证据制度,而这种特色和该法系的诉讼制度也往往是密切相关的。

## 第一节 神示证据制度

### 一、神示证据制度概述

(一)神示证据制度的概念

神示证据制度,又称神明裁判,是指裁判者通过对所谓的"神迹"的解读昭示神明的启示,进而认定案件事实、解决诉讼的一种证据制度。神明裁判几乎存在于所有的人类文明早期,是人们认识能力较低时普遍存在的现象。神明裁判的历史源远流长,在欧洲,直到13世纪早期才被天主教教皇废止。在实践中,神明裁判直到16世纪还存在于某些斯拉夫国家。

(二)神明裁判对应的诉讼模式特点

神明裁判一般存在于奴隶制社会以及封建社会早期。在奴隶制时期,由于当时社会生产力不发达,科学文化水平低下,统治阶级的统治能力也相对较弱,无法形成强大的中央集权制度,对于纠纷解决普遍实行的是弹劾式诉讼(accusational system)模式。这种诉讼模式有两大特点:

1. 实行私人告诉制

绝大部分诉讼由私人提起,司法机关对于社会上的违法犯罪案件,需有人提起告诉才审理。古罗马帝国时期确立的"没有告诉人就没有法官"的著名诉讼原则,集中体现了弹劾式诉讼模式的特点。这就是说,只有在犯罪案件的受害人提出控告或者在民事权益被侵犯的人告诉以后,法官才可以进行审判。

2. 诉讼两造的诉讼地位平等

在诉讼过程中,双方当事人处于同等的诉讼地位,享有同等的诉讼权利,承担同等的诉讼义务。原告和被告都要对自己主张的事实承担举证责任,又都有接受审判的义务。双方当事人要尽一切可能积极影响法官,以便其作出有利于自己的裁决。

由于原告和被告在实体利益上处于直接对立状态,他们对案件的陈述往往各执一词,难以判明是非。以什么标准判断各自陈述的真实性,是摆在法官面前的首要问题。在奴隶社会,人们认为神灵是最公正无私的。这就要求法官利用无所不知的、公正的神意的启示,来判定当事人双方和各方证人陈述的真伪,并以此为基础对案件作出判决。这就是证据制度发展史上最早出现的神示证据制度。

由于神本身是一个虚构的抽象物,因此神意只能通过人所确定的方式体现出来,它所采用的证明方法同各国、各地区的宗教信仰相联系。宣誓、水审、火审、决斗、抽签和卜卦等,是神示证据制度中具有代表性的显示神意的方法。其中有些证明方法,如宣誓、决斗等,在中世纪欧洲各封建国家仍一直沿用。

## 二、神示证据制度的主要证明方法

(一) 宣誓

宣誓是神示证据制度中普遍采用的一种显示神意的方法,这在许多古奴隶制国家和欧洲封建制国家前期的法律中都有具体的规定。它可用来直接证实当事人双方的陈述和证人证言的真实性及其证明力大小。这种方法可分为两种情形:

1. 直接宣誓

直接宣誓是指当事人或证人直接面对神灵,发誓说自己的陈述或证词是真实的,从而排除另一方陈述或证词的真实性。如《汉谟拉比法典》第126条规定:"倘自由民本未失物,而云'我失物',并诬告其邻人,则其邻人应对神发誓,检举其并未失物,而此自由民应按其所要求之物,加倍交给邻人。"由此可见,本案中的被告只要对神宣誓,其答辩的真实性及证明力就可以得到确认,并可得到胜诉的结果。

2. 辅助宣誓

辅助宣誓又称为"保证宣誓",即当事人要找出一定数量的保证人对神宣誓,以保证他品质纯正,不会犯被控罪行,或者保证他对案情的陈述是真实的,从而加大自己证词的证明力。如公元 7 世纪的《萨利克法典》第 58 条规定:"如果某人杀了人,而交出其所有的财产,但还不够偿付依法应缴纳的罚金,那么,他必须提出十二个共同宣誓人。(他们将宣誓)说,在地上,在地下,除已经交出的东西外,再没有其他任何财产了。"

宣誓的方式方法,因宗教信仰不同而各异。如信奉神灵的,则在宣誓前向所信奉的神灵祈祷,而后凭圣物起誓,请求神灵证实其陈述真实或主张合理。有的部落视武器为圣物,则向武器进行宣誓;有的部落则向信奉的牲畜进行宣誓。

通过上述内容,我们可以看出,当事人或证人为了证明自己对案件情况的陈述是真实的,就必须依照法律的具体规定,对神灵宣誓。由于当时普遍的观念是"欺骗了神灵就必定受到神的惩罚",因此,如果谁不敢对神宣誓,或者在宣誓过程中精神恍惚、表现慌乱,或者在宣誓后显出某种受到神的报应的现象,那么,法官就确认他的陈述是虚伪的,并据此判定其有罪或败诉。如果没有出现上述情况,对神灵的宣誓就成为法官确认宣誓者对案情陈述真实性的依据。由于对神灵宣誓的作用在于确认宣誓者陈述的真实性,因此,它又被称为证实宣誓。

需要指出的是,近现代西方国家也有证前宣誓制度,即证人出庭作证时,应当首先对上帝宣誓,他将如实陈述。但这与神示证据制度中的宣誓有原则性区别。近现代的证前宣誓是证人出庭作证的一项法律程序,其目的在于以宗教信仰的力量来保证证人如实陈述,具有神示证据制度宣誓的痕迹。但这种宣誓从法律意义上说并不具有法官确认证人证言真实性的法律效力。换言之,证人证言的真伪及其证明力要由法官根据自由心证原则来判定。而神示证据制度中的宣誓,则是法官确认当事人或证人陈述真实性的依据。

(二) 水审

水审是指通过一定的方式使当事人接受水的考验,显示神意,借以判定当事人对案情的陈述是否真实,刑事被告人是否有罪。这种方法可分为以下两种情形:

1. 冷水审

冷水审一般是将被告人投入水中,看其是否沉没,以检验其陈述的真伪或是否有罪。检验的标准,由于传统和理念的差异,在各国或各民族之间有所不同。如《汉谟拉比法典》第 2 条规定:"倘自由民控自由民犯巫蛊之罪而不能证实,则被控犯巫蛊之罪者应行至于河而投入之。倘彼为河所占有,则控告者可以占领其房屋;倘河为之洗白而彼仍无恙,则控彼巫蛊者应处死,投河者取得控告者之房屋。"这里"投入河后的沉浮"是判断被告是否有罪的标志。被告若沉于水,表明他是有罪的;如果不沉于水,则表明他是无辜的。

而古代日耳曼民族的检验标准则与此相反。他们认为水是世界上最纯洁之物,它不接受任何污秽的东西。因此,被告人投入河中而不沉,表明水神唾弃他,则证明他的陈述是虚伪的或确实有罪;如果被告人沉入水中,则表明纯洁的水神接受了他,他是真诚的,是无罪的。在被告人沉入水中时,他的亲友应立即救助,以免经检验证明无罪的人溺死。

2. 沸水审

沸水审一般是让被告人用手从沸水锅中捞出某种物品,接着包扎好烫伤的手臂,同时向神祈祷。过一段时间以后,察看伤势。若伤势好转,法官则认为是神意所致,被告人则被认为是诚实的、无罪的;如果伤口日渐溃烂,则被认为是神对被告人的惩罚,由此就应断定他的陈述是虚假的,因而他是有罪的。

(三)火审

火审就是用火或者烧热的铁器对受检验的人进行考验,显示神意,借以判定当事人的陈述是否真实以及被告人是否有罪。火审的形式较为多元化。根据史料记载,较常用的火审形式包括灼烧、手持烙铁行进、脚踩炙热的铁犁等。如公元9世纪法兰克人的《麦玛威法》中规定:"凡犯盗窃罪,必须交付审判。如在神判中为火灼伤,即认为不能经受火审的考验,处以死刑。反之,如不为火所灼伤,则可允许其主人代付罚金,免处死刑。"

水审和火审是一种重大的考验方式,大都是在盗窃案和杀人案中采用。经过水审和火审考验后,案件即被认为完全结束,不准再行审理。经考验证明获得胜诉的一方,有权请求对方赔偿诉讼费用以及因无故遭到折磨而造成的损害。

(四)决斗

诉讼中的决斗,是由当事人双方以决斗的胜败判定是非。这种方式常常是在双方虽然经过宣誓,但彼此仍然存在争执,不能判定是非时采用。通常由双方当事人,甚至是双方的辅助宣誓人进行决斗。如果一方不敢决斗,便判定他败诉。凡在决斗中获胜的一方,便被认为是神使他取得了胜利,因而他是真诚的、无罪的;而失败的一方则被认为是有罪的。决斗前,双方还须按规定的准则对神宣读誓词。如果有一方在宣誓时,神情恍惚,读错了誓词,则被认为是神显示了旨意,不必进行决斗,法官就可以根据神意确定他是有罪的。

古代许多国家的习惯法对决斗的规则作了明确规定。以古代捷克为例,决斗只是在同属一个阶级或一个等级的当事人之间进行。如决斗双方都是封建领主或绅士,就可以用剑和盾为武器来决斗;如果双方是平民或农民,则无权使用剑和盾,而只能用木棍互相搏斗。

（五）卜卦和抽签

卜卦就是将当事人双方发生争辩的事实向神祷告,然后进行卜卦或抽签。法官则根据神灵显示的卦象或签牌的内容进行判断,以确定原告或被告谁是诚实清白的。

抽签的方法有时也被用于代替宣誓,有时则被用来解决当事人谁应当进行宣誓的问题。在几个证人的陈述有分歧时,也可用抽签的方法予以解决。

除了上述比较常见的神明裁判的方法外,还有一些直接来源于宗教形式的神判手段,比如十字形证明,即让当事人双方面对面站立,各自将两臂向左右平伸,使全身呈十字形,接受上帝的考验。维持十字形站立较久的一方,便被认为是上帝给了他力量。因此,他对案情的陈述也被认为是真实的,法官据此就可以判定他胜诉。还比如有一种面包审,即让受审者经过某种宗教仪式后吞咽下一小块面包,如果受审者在此过程中噎住或无法吞咽下去,则判定其所言为虚。这些手段在欧洲封建社会早期运用得较为广泛。

**三、对神示证据制度的评析**

很明显,神示证据制度有着非常明显的历史局限性,这种局限性主要表现在以下三个方面：

第一,神示证据制度具有强烈的阶级性,是为奴隶主阶级统治服务的。统治者在某种程度上利用人们对神的敬畏,按照自己的意志确定神意显示的方式,有利于统治阶级依照自己的需要灵活地运用法律。对所谓"神迹"的解释权也控制在宗教人士的手中,从本质上说,神示证据制度是奴隶主阶级的统治工具,对广大奴隶没有多少利益可言。

第二,神示证据制度的理论基础是客观唯心主义,思想基础是宗教迷信。由于神意本身是虚构的抽象物,所以神意显示的方式往往表现出超越人类意志控制而听凭命运的偶然性安排的假象。放任地方宗教人士任意解读神意也会导致司法权地方化和碎片化。随着生产力水平的提高,科学文化的发展,人们对神迷信和敬畏程度的降低,加上欧洲天主教会试图统一宗教裁判权的行使,神示证据制度逐渐走向消亡。

第三,神示证据制度很难说是一种证明方法,它更多体现为一种纠纷解决机制。因为神示证据制度的证明结果与案件的客观事实之间并不存在逻辑上的必然联系,接受神判的人能取得什么样的结果,取决于他的身体体质、运气、战斗技巧以及对方的能力等,这些要素与证明案件事实都没有直接的关系,带有神秘主义色彩。这种形而上学的非此即彼的证明方法,忽略了大千世界种种复杂情况。从概率论的角度看,相当一部分显示神意的方式,如决斗、卜卦、十字形证明等,具有50%的准确结论的可能性,因为他们就像在玩只有两种选择的掷硬币游戏。

但是,我们不能仅仅以现在的眼光来看待神示证据制度存在的合理性。神示证据制度是当时整个司法制度的组成部分,它的出现和长久存在,是符合当时历史条件的。

一是奴隶社会由于生产力不发达,科学文化落后,人们普遍信奉神灵。对于诉讼中难辨的是非问题,自然需要求助于神灵的力量。采用对神宣誓等作为体现"神灵"的证明方法,并以神意作为判断案件是非的标准。这种判断标准现在看似荒唐、落后,但在特定的历史时期,是具有一定的心理学基础的。人们真诚地信仰神灵的存在,认为神灵是无所不能的,真正犯罪的人会因为害怕罪行被神灵揭发而在接受神判时产生心理上的波动,这种波动会体现在对待神判的态度以及接受神判过程中的表现上。比较典型的就是面包审,由于中世纪面包发酵技术的落后,吞咽面包并不是一件如今所想象的那么轻松的事情。加上面包在天主教教义中存在特殊的含义,因此撒谎者往往会背负比较大的心理压力,从而影响其外在的行为。这就是说,在当时的历史条件下,以神意的显示来判定证据证明力的标准,也可以在一定程度上使真正的违法者和犯罪者受到惩罚。因此,神示证据制度的实施,是与当时人们对自然界认识能力有限、科学文化落后等历史条件相符合的。

二是神示证据制度对维护当时的社会秩序,起到了积极的作用。一方面,当事人面对无所不知的神灵,会产生巨大的心理压力,为了不受神的惩罚而不敢不讲真话。这样,在当时的历史条件下,不科学的做法对于确认案件事实的真实性,就具有实际的操作意义。另一方面,奴隶社会把神意作为公正和正义的象征。因此,神示证据制度的实施也就能被当时的社会普遍接受。这有助于更好地完成诉讼任务,达到诉讼的目的,有利于维护社会的稳定。

总之,社会生产力匍匐在自然力的脚下,人的意识也就只能跪拜在神的脚下。神示证据制度成为诉讼发展史上最早的一种证据制度,是由当时的经济、社会等状况决定的,有其历史必然性和合理性。

## 第二节 欧洲大陆中世纪中后期诉讼证据制度的形成和发展

1215年,欧洲发生了两件影响证据制度发展的事件。第一件是罗马教皇英诺森三世在罗马拉特兰宫举行的第四次拉特兰会议上建立了宗教裁判所并明令禁止神明裁判。第二件是英格兰国王约翰在贵族的压力下被迫签订了《大宪章》,成为近代限制王权的开端。第一件事情直接影响了欧洲大陆证据制度的发展,宗教裁判所的法定证据制度取代神判成为欧洲大陆主流的证明手段;第二件事情则促进了英美陪审团制度的发展,间接改变了神判被废除后英美法系中证明制度的模式。

### 一、欧洲大陆法定证据制度概述

(一)法定证据制度概念

教皇英诺森三世废除神判的根本原因并不是出于对上帝的怀疑。相反,其表面上的原因恰恰是出于对上帝的敬畏。当时的一批经院学派学者指出,神明裁判允许神职人员随意地解释"神迹"是对上帝的不敬,因此要求废除这种制度。其背后的根本原因是罗马教廷为强化宗教裁判的统一性而收回审判权,限制地方神职人员在裁判中的自由裁量权。

法定证据制度是伴随着宗教裁判所一同出现的。所谓法定证据制度是指法律预先规定了各种类型证据的证明力大小和审查判断证据的规则,法官必须据此作出判决的一种证据制度。法定证据制度具有很强的形式主义特征,因此它又被称为形式证据制度。

(二)欧洲大陆中世纪中后期审判制度特点

中世纪中后期的欧洲属于封建制社会,除了法兰克帝国有过短暂的局部统一外,大部分时期都处于小国林立、四分五裂的状态。法国也处于封建领主名义上效忠国王但实际上各自为政的独立状态,"我(国王)的臣属的臣属不是我的臣属"是当时欧洲封建王权的真实写照。直到17世纪的路易十四时期开始强化中央集权才逐渐结束了这种状态。在这样的大背景下,世俗司法权分散在封建领主手中,并没有统一的诉讼制度和证据制度可言。相反,罗马教廷建立了宗教裁判所以后发明了一套纠问式的诉讼制度,这套制度随着教会影响力的扩大逐渐成为欧洲大陆主流的诉讼模式,16世纪以后,纠问式诉讼模式基本成为各国的通行制度,1532年《加洛林纳法典》、1853年《奥地利刑事诉讼法》和1857年《俄罗斯帝国法规全书》都规定了这种诉讼模式。

所谓纠问式诉讼模式(inquisitional system)又称审问式诉讼模式。相比较弹劾式诉讼模式,纠问式诉讼模式中裁判机关发现犯罪案件后,可主动进行追查、审理。被告人在诉讼中处于客体地位,只是被拷问的对象,不是诉讼主体,不享有反驳控诉的辩护权利,而且诉讼不公开进行。

(三) 法定证据制度的主要内容

法定证据制度预先规定了证据的资格和证明力,给裁判者提供了一套具体的计算标准和公式,几乎剥夺了裁判者的自由裁量权。欧洲中世纪后期证据学者按照各国法典的有关规定,把证据分为完全的证据和不完全的证据。被告人自白被认为是最完全的证据。如1857年《俄罗斯帝国法规全书》规定被告人的自白在符合法律规定的情况下就是一个完整的证据。证明一个事实需要一个完整的证据,因此裁判者只要获取了法律认可的被告人供述便可定案,这在客观上助长了刑讯逼供的现象。当无法取得被告人口供时,可以根据不同数量的不完全证据相加获得一个完整的证据,也可以用来证明案件事实。

这种证据制度完全剥夺了司法人员在审查判断证据过程中的主观能动性,使法官成为机械的行为工具。

此外,刑讯逼供是获取被告人自白所普遍采用的合法方式。在法定证据制度中,刑讯是一种取得被告人自白的合法方式。当然法律也对刑讯逼供提出了很多限制性的要求,比如必须在有一定不完全证据怀疑被告人犯罪时才成为对被告人进行刑讯的根据。如果经过刑讯,仍然不能取得被告人的自白,则可以根据不完全的证据作出"存疑判决",从而使被告人处于"准罪犯"的法律地位。这体现了"有罪推定"对法定证据制度的影响。

纠问式的核心是职权主义的诉讼行为,因此,法定证据制度的证明责任由司法机关承担。在诉讼发生后,司法机关依据职权运用证据按照法律规定认定案情。被害人已丧失了当事人的资格,他没有责任去认定被告人有罪;同时被告人只是诉讼的客体,他只有招认的义务而无证明案情的责任。法定证据制度中的证明标准就是一个机械化的计算结果,只强调证据的证明力之和符合法律规定的形式要求。

**二、法定证据制度的证据种类**

法定证据制度中规定的主要证据有以下几种:(1) 被告人供述,又称口供;(2) 证人证言,被害人陈述也是一种特殊的证人证言;(3) 物证和书证;(4) 勘验检查笔录。

由于欧洲中世纪是宗教的天下,科学技术发展非常迟缓,刑侦技术十分落后,更加谈不上现代的物证技术。解剖学长期为教会所禁止,直到17世纪初才在意大利出现第一部法医学专著。因此,法定证据制度中最主要的证据仍然是言词证据和书证,物证等仅仅是作为辅助证据出现的。

（一）被告人供述

被告人当庭的供述被认为是所有证据中最具有价值和最完全的证据,对案件的判决和被告人的命运起着决定性的作用。所以,对它的审查判断规定得特别详细和具体。如1853年《奥地利刑事诉讼法》规定,被告人供述必须符合下列条件才能作为证据使用：(1)必须是明确的,而不是出于含糊的手势和符号;(2)必须是完全的记忆并在健全理智状态下的陈述;(3)必须是独立和详尽的陈述;(4)必须与有关犯罪行为的现有资料相符合;(5)必须是在法庭上向法官或有权进行侦查的人员所作的当面陈述。这些条件看似保障了被告人供述的真实性,但在实践中并没有遏制刑讯逼供的现象,相反,刑讯逼供是取得被告人供述的重要途径,因为在上述对被告人供述的要求中并没有保障被告人供述的自愿性,通过刑讯逼供获得口供仍然能够满足上述5个条件。这不可避免地会使无辜者蒙冤受罚。这体现了法定证据制度的野蛮性和落后性。

（二）证人证言和被害人陈述

证人证言和被害人陈述一般被认为属于不完全证据。完全靠证人证言和被害人陈述认定案件事实的,需要符合法律规定的最低数量和质量要求。根据作证者身份的不同,证人证言及被害人陈述的证明力也不尽相同,这充分体现了法定证据制度明显的封建等级性,因此证人证言又被划为不太完全的、多一半完全的、少一半完全的证据。几个不完全的证据可以合成一个完全的证据。

证人证言和被害人陈述的证明计算并不是简单的求和,裁判者仍然需要对证言的来源作判断,一般来说,对证人证言的审查判断应遵守以下的条件和规则：(1)两个典型的证人的证言,应当认作是完全的证据。作为典型的证人的条件是：两人之间彼此无关；具有完全的信用和良好的品质；两人对于案件事实所作的陈述相互一致。(2)一个可靠证人的证言,算作半个证据,它只能提供高度的盖然性。因为单个的证人虽属可靠,但是当他观察事物的时候,是否被自己的错觉所蒙蔽,还值得怀疑。(3)当几个可靠证人的证言相互矛盾的时候,则按多数证人的证言来判断案情。(4)如果提供不同情况的证人人数彼此相等,则按以下规则判定：男子的证言优于妇女的证言；学者的证言优于非学者的证言；显贵者的证言优于普通人的证言；僧侣的证言优于世俗人的证言。

### （三）书证

按照法定证据制度的规定，书证是否具有效力须从以下几方面来判定：（1）当事人所提出的书面文件是公文书还是私人写作的文书；（2）是诉讼对方当事人写作的或其他与案件无关的人写作的，还是当事人自己写作的；（3）是文书的原本还是副本。在判定上述各种书证的效力时，凡属各项的前者，书证才取得某种法律效力。

在判定物证的效力时，大体上也参照书证的要求进行。

### 三、法定证据制度的证据审查方法

（一）机械计算法

法官在认定案情时只需运用法律公式，机械地、绝对地计算被告人是否有罪即可。法律规定，一个完全的证据就可定案。如果一个案件只有不完全的证据，法官就把这些不完全的证据相加。倘若相加之和能构成一个完全的证据，那么，法官就可以据此定案；反之则不然。例如，被告人在庭外的自白（不完全的证据）＋有信用的证人证言（不完全的证据）＝被告人有罪（完全的证据）。

（二）有罪推定法

法官在作出判决前假定被告人有罪，主要表现为两种情况：其一，当法官收集到的证据不足以认定被告人有罪时，可以认为被告人有犯罪嫌疑，并且可以对其进行刑讯；其二，如果经刑讯后仍然收集不到完全的证据或尚不构成一个完全的证据时，依照法律规定，法官有权作出"存疑判决"或"有罪判决"。

（三）刑讯逼供法

法定证据制度将被告人的口供规定为"证据之王"。为取得被告人的口供，可以采用刑讯逼供的方法，以从被告人口中获得证据材料，将通过刑讯逼供取得的被告人口供奉为"最完全的"证据。

### 四、对法定证据制度的评析

欧洲大陆各国的法定证据制度及其理论是随着宗教裁判所和封建集权制国家的建立而逐步发展起来的。与神示证据制度比较，它有以下的历史作用和历史局限性。

（一）法定证据制度的历史作用

首先，法定证据制度是适应宗教裁判制度和封建君主中央集权的政治需要而建立的。它剥夺了法官自由审查判断证据的权力，促使他们脱离封建领主的控制，只服从教皇和君主统一制定的法律。从而，使原来受到各个封建领主控制的、混乱的司法制度和诉讼制度,逐步转化为全国统一的司法机关和司法制度。显而易见,法定证据制度适应了当时社会的发展,客观上具有历史的进步意义。

其次,法定证据制度要求法官必须绝对按照法律的规定来审判案件,这有利于消除在运用证据时的混乱状态,从而有力地限制了法官的司法专横和武断。与神示证据制度相比,法定证据制度更多地体现了诉讼文明。

最后,法定证据制度作为神示证据制度的否定物出现在历史的舞台上,它的某些规则,如证人证言和书证的审查判断规则,是人类长期诉讼经验的总结。这与神示证据制度将证据完全交由神灵判断相比,是一大进步。法定证据制度更多体现了人的理性的作用,反映了人类社会的进步。

(二)法定证据制度的历史局限性

首先,法定证据制度是当时历史条件的产物,具有强烈的阶级性和历史阶段性。它的本质是封建主阶级的统治工具,必然随着封建制度的消亡而消亡。

其次,法定证据制度是以唯心主义、教条主义和形而上学为其理论基础的。法定证据制度虽然也包含着有价值的个别经验,但它将其不适当地作为普遍规律适用于一切情况,同时把某些证据形式上的特征作为评价所有这类证据证明力的标准,并且用法律形式规定了法官必须遵守的规则,这就使真理在形而上学的思维方式中转化为谬误了。

最后,法定证据制度重视口供的思想,导致了刑讯逼供的盛行。刑讯逼供成了纠问式诉讼和法定证据制度的重要特征,而刑讯的结果,取决于受刑讯者的体格和忍耐力。这一特征体现了它的野蛮性、落后性和非科学性。

## 第三节　资产阶级革命后的自由心证证据制度

### 一、自由心证证据制度概述

自由心证证据制度,是指对证据的取舍、证明力的大小以及如何运用,法律预先不作规定,均由法官根据自己的良心、理性自由判断,形成内心确信并依此认定案情,作出结论的一种证据制度。它是资产阶级国家司法制度的组成部分。

资本主义制度取代封建制度后,诉讼制度和证据制度也相应发生了重大变革。在诉讼模式上,纠问式诉讼逐步被废除,许多国家先后采用了辩论式的诉讼模式。在辩论式的诉讼中,原告与被告都是诉讼的主体。当事人双方各自收集和提出证据,两者对立。法官则处于中立地位审理案件,控诉和审判职能分开。刑事被告人作为诉讼主体,享有反驳控诉的辩护权利。在证据制度方面,废弃了法定证据制度,适应资产阶级政治、经济需要的,符合资产阶级思想意识的自由心证证据制度便应运而生。

### 二、自由心证证据制度的立法和理论

(一) 自由心证证据制度的立法

自由心证证据制度萌芽于英国资产阶级革命时期平均主义派的《人民约法》中,最初出现于1790年12月26日法国的杜波耳向议会提交的一项革新草案。在这项草案中,"自由心证"的原则第一次被提了出来。经过辩论,1791年1月18日法国宪法议会通过了杜波耳的草案。同年9月29日法国宪法议会发布训令正式宣布:法官有把自己的内心确信作为判决的唯一根据的义务。[①]

1808年,法国颁布了世界上第一部专门的《刑事诉讼法典》,该法典第342条就是上述自由心证原则的进一步发展和体现。

此后,欧洲大陆各国相继通过立法,将自由心证原则基本确定了下来。如德国、俄国以及日本等资本主义国家的刑事诉讼法都采用了自由心证制度。时至今日,虽然有的资本主义国家的诉讼模式有所改革和变化,但自由心证的原则依然保留下来。

(二) 自由心证证据制度的理论

自由心证证据制度的理论是作为法定证据制度理论的直接否定物出现的。在资本主义制度的确立过程中,资产阶级思想家从哲学、政治学、法学和社会学等各个角度,对封建制度进行了猛烈的抨击。在法学证据领域,资产阶级思想家和法学家则把批判的矛头指向了法定证据制度。

首先,资产阶级思想家提出"人生而自由",崇尚人的理性和良心。他们认为法定证据制度要求法官机械地按照法律预先的规定来判断证据,是对人的理性的压抑,是违反人性的。

其次,资产阶级法学家认为,按照法定证据制度来确认案情,只能达到形式真实,而不能达到"实质真实"。贝卡利亚在《论犯罪与刑罚》一书中曾指出:"关于刑事案件,非学者的人们依照感觉所作出的判决,比起法学者依照预定规则所作出的判决,常是更正确的。"为追求诉讼的公正,必须达到"实质真实"。

最后,资产阶级思想家提出了人权和"法律面前人人平等"的思想,这些思想同法定证据制度中的刑讯逼供的规定和封建等级观念是直接对立的。因此,为

---

[①] 参见汪海燕、胡常龙:《自由心证新理念探析——走出对自由心证传统认识的误区》,载《法学研究》2001年第5期。

保障人权和实现"法律面前人人平等",否定法定证据制度,实行自由心证的证据制度就显得非常必要。

构成自由心证证据制度的理论基础是"两根支柱"和"一个中心",以及盖然性理论。"两根支柱"是裁判者的理性和良心。理性是判断证据的依据;良心则是真诚地按照理性的启示判断证据的道德保障。"一个中心"则是"自由",即法官根据理性和良心自由地判断,在内心达到真诚确信的程度。

所谓"盖然性理论",是指法官不可能完全准确地判定证据的证明力,因而不可能完全准确地查明事实。他们对此作出的裁判,只能具有一定的盖然性。法官对案情的判断,没有丝毫怀疑是不可能的,只能满足于较强或较弱的高度盖然性。对法官判断证据和裁判案件的要求只能是:法官在主观上必须相信自己所作的判断是正确的。

### 三、自由心证证据制度的基本内容

（一）自由心证的内在限制

人类共同理性是自由心证证据制度审查判断证据的标准。所谓人类共同理性,是指包括法官在内的人类天生具有的良知与良能,也就是资产阶级法学家所谓的法官内心世界中的上意识部分,即良心、理智、公平、正义等抽象的事物。显示了自由心证是主观唯心主义哲学的产物。

从总体上说,法官对证据的审查判断是依据自己的理性和良心进行的,即自由地对各种证据的真伪、证据的取舍以及证据的证明力大小进行判断,不受一般规则的制约。其判断是自发的、自由的,没有规律可循,也无方法可言。

为了防止法官在运用证据裁判案件方面的绝对自由,同时避免法官受到不应有的限制,资产阶级法学家就法官内心确信的合法性提出如下标准:(1) 内心确信必须是从本案情况中得出的结论;(2) 内心确信必须基于一切情况的酌量和判断;(3) 考察判断这些情况的时候,必须不是彼此孤立的,而是它们的全部总和;(4) 内心确信是对每一个证据的固有性质和它与案件的关联加以判断的结果。

实践中,上述标准间接地限制了法官的自由。

（二）自由心证的外在限制

自由心证并不是将证据审查的任何方面都交给法官自由裁量,而是存在一定限制的。自由心证强调的是法律不事先规定证据的证明力,但是对于哪些材料可以进入法官审查的范围,以及法官依何种程序审查证据是有明确规定的。总的来说,对自由心证的外在限制主要有三个方面:一是证据能力;二是诉讼原则;三是法定调查程序。这三个方面是我们接下来学习证据法的重要内容。

（三）证明要求

自由心证证据制度要求法官通过对证据的审查判断而形成内心信念,即"心证"。心证只有达到确信不疑的程度即确信,才能依此认定案情。换言之,法官对案情的认定,必须在内心深处相信自己的判断确实是真实的情况下才能作出。因此,"内心确信的真实",就是自由心证证据制度所要达到的证明要求。

**四、对自由心证证据制度的评析**

资产阶级的自由心证证据制度是取代封建时期的法定证据制度走上历史舞台的。因此,应辩证地看待自由心证证据制度的历史进步意义。

首先,自由心证证据制度推进了诉讼民主化的进程,反映了人类对诉讼民主化的共同愿望。自由心证证据制度实行无罪推定原则,从根本上否定了法定证据制度中盛行的刑讯逼供的合法存在,是人类诉讼证据制度史上的重大改革。

其次,自由心证证据制度强调法官在听取控辩双方意见的基础之上形成内心确信,赋予被告人诉讼主体的地位和辩护权,否定了封建特权的各种规则,使公民的基本诉讼权利在法律上得到了尊重,从而推动了历史的进步。

最后,自由心证证据制度主张法官凭借自己的理性和良心去自由地审查判断证据,这有利于法官摆脱法律规定的束缚,发挥主观能动性和积极性,并使法官有可能从案件实际情况出发,运用证据查明案件真实情况,使之在认定案情方面更具客观性,更接近于案件的事实。这在很大程度上体现了人类认识诉讼客观规律的科学性和合理性。

然而,从总体上讲,自由心证证据制度是以主观唯心主义为其理论基础的。以内心确信这种理性状态作为判断证据的依据,通常与法官的家庭背景、接受教育程度和世界观等密切相关。这些相关的因素会影响法官的司法裁决。高度盖然性的理论,对追求诉讼主观真实的国家来说,该理论是符合其诉讼标准的证据理论;而对崇尚诉讼客观真实的时代,该理论则不能被理解和接受。不同的文化传统背景和诉讼证明标准的差异,导致人们对自由心证制度的评价有着巨大的反差。因此,只有客观全面地了解和把握自由心证制度的内容,运用马克思主义的辩证唯物主义认识论去分析判断,才能得出正确的结论。

# 第三章　中国诉讼证据制度的历史沿革

中国是一个具有悠久历史的文明古国。自公元前21世纪夏王朝的建立开始，已经经历了四千多年的历史。依次经历了奴隶社会、封建社会、半殖民地半封建社会和社会主义社会等社会形态。以社会形态为标准，可把中国古代的证据制度划分为奴隶社会的证据制度和封建社会的证据制度。

## 第一节　中国奴隶社会的证据制度

按照通说，中国奴隶社会始于公元前21世纪夏王朝的建立，止于公元前5世纪的战国时代，共计一千六百余年。其间经历了夏、商、周三朝。法律作为阶级社会统治的工具，自奴隶社会建立之初便已形成。奴隶社会的法律规范有夏刑、汤刑、周礼、吕刑等。

受到生产力水平的制约，在中国奴隶社会的诉讼活动中，当时的统治者自然也可能采用神明裁判的方式。这可从古汉字"法"的写法中找到线索，当时的"法"写作"灋"。《说文解字》中解释为："灋，刑也。平之如水，从水；廌，所以触不直者；去之，从去。""廌，兽也，似山牛，一角。古者决讼，令触不直。"可见法是同诉讼紧密相连的。这种认为独角兽能够识别人类社会中是非曲直的解释，可能是中国古代神明裁判的反映。

但是，中华民族毕竟有自己独特的思维方式和民族特点，这决定了中国奴隶社会的证据制度具有不同于西方社会神示证据制度的特点。它们构筑了中国古代奴隶社会颇具特色的证据制度。

首先，要求司法官吏在审判案件时，应当在双方当事人到场后，用察听五辞的方法，审查判断当事人陈述的真伪，并据以定罪判案。《周礼·秋官司寇·小司寇》中明确指出，司法官吏应当"以五声听狱讼，求民情"。"五听"也就是"五辞"，其具体内容是："一曰辞听，二曰色听，三曰气听，四曰耳听，五曰目听。"这要求司法官吏审理案件时，应当注意受审人讲的话是否有理，讲话时的神色是否从容，气息是否平和，精神是否恍惚，眼睛是否有神，并据此推断其陈述是否真实以及案件的真实情况。这说明，当时既重视当事人陈述的取得，又采取察言观色的方法来审查其陈述的真伪，以分辨是非曲直。从证据审查判断和心理学等角度看,都具有相当的科学性。

其次,允许使用刑讯逼供的方法以获取口供。《礼记·月令》中说:"仲春之月……毋肆掠"。意即仲春之月由于是农忙时节,不能使用刑讯的方法,以保障当事人不误农时。也就是说,除了仲春之月外,其他时节是允许刑讯的。可见,刑讯制度在中国是源远流长的。

再次,重视其他证据的证明和作用。那时审判刑民案件,除了"以五声听狱讼,求民情"以外,还要求用其他证据进行证明。"凡民讼,以地比正之;地讼,以图正之。"①"凡以财狱讼者,正之以傅别、约剂。"②"凡属责者,以其地傅而听其辞。"③这些记载说明,凡是当事人之间发生了争讼,是非难辨的,就以其住所地了解是非的邻居来证明;凡是争执土地疆界的,即以官署保存的地图来证明;凡是因财货争讼的,应根据契约合同与券书来裁决;凡是因受委托向债务人讨取债务发生争讼的,应以住所附近的知情人来证明。由此可见,处理案件已不是靠神意判断是非曲直,也不单纯依靠审判所取得的口供来定案。在某些案件中,还要求有书证或证人证言,体现了"明德慎刑""惟察惟法"的精神。

最后,明确了疑罪案件的处理原则。对于处断难明的疑罪,我国奴隶社会各朝代都有自己的处理原则。在夏朝,"与其杀不辜,宁失不经"④。意即宁可不按常规办事,也不要错杀无罪的人。在商朝,要求对待"疑狱,泛与众共之,众疑,赦之"⑤。即对于难以确定有罪或无罪的疑案,应广泛听取公众的意见,众疑则免于处罚。在周朝,周穆王时规定,"墨辟疑赦,其罚百锾"⑥。即对疑罪采取以铜赎罪的办法处理,实行了"疑罪惟轻"的原则。

综上所述,中国奴隶社会的证据制度,主要是根据审判实践经验形成的,比较重视与案件有关的客观材料,并要求司法官吏根据客观证据来判断案情,具有中华民族的自身特点。虽有神示证据制度的因素,但由于中国奴隶社会与古代欧洲具有不同的社会背景和历史文化传统,因此,中国奴隶社会的证据制度,不能简单地类比成古代欧洲的神示证据制度。古代欧洲的法律与宗教联系密切,而古代中国一直未有法律与宗教的完全结合。法律缺乏神圣性,更不曾成为一种信仰,故神示证据制度在中国缺乏生存的土壤。从总体上说,中国奴隶社会的证据制度不能称为神示证据制度。

---

① 《周礼·地官司徒·小司徒》。
② 《周礼·秋官司寇·士师》。
③ 《周礼·秋官司寇·朝士》。
④ 《尚书·大禹谟》。
⑤ 《礼记·王制》。
⑥ 《尚书·吕刑》。

## 第二节　中国封建社会的证据制度

按照通说,中国封建社会始于公元前 5 世纪开始的战国时代,一直延续到 1912 年清帝退位,共计两千余年的历史。证据制度作为司法制度的重要组成部分,在历朝历代的法律规范中都有体现。其中有代表性的法典是:《法经》《秦律》(现存形式为《睡虎地秦墓竹简》)《唐律疏议》《宋刑统》《大元通制》《大明律》和《大清律例》等。

### 一、中国封建社会证据制度的基本特点

#### (一)重视口供的作用

秦朝的《睡虎地秦墓竹简》的《封诊式》中的《讯狱》规定:"凡讯狱,必先尽听其言而书之,各展其辞,虽知其訑,勿庸辄诘。其辞已尽书而无解,乃以诘者诘之。诘之又尽听书其解辞,又视其他无解者以复诘之。"[1]意思是,凡审讯案件,必须先听完受审人的陈述,作出记录,让受审人各自把话说完。即使知道他在作虚伪的陈述,也不要马上诘问。口供已记录完而有疑问的,就应当对需要加以诘问的问题进行发问。诘问时仍要记录其辩解之词,并对其他还有疑问的地方继续发问。从这一规定可以看出,秦朝很重视受审人的陈述和辩解的作用。通过口供的记录来发现矛盾,并有针对性地发问,以便查明案情,作为定案的依据。秦朝以后的各代封建王朝都重视被告人口供的作用。在一般情况下,没有被告人口供,不得判定其罪。

#### (二)允许刑讯逼供

秦朝的《睡虎地秦墓竹简》的《封诊式》中的《治狱》规定:"治狱,能以书从迹其言,毋笞掠而得人情为上;笞掠为下;有恐我败。"[2]同时又规定,审讯时如受审人受诘问至词穷,多次欺骗,还改编口供,拒不服罪的,"其律当笞掠者,乃笞掠。笞掠之必书曰:爰书:以某数更言,无解辞,笞讯某"[3]。这说明,当时虽然把通过拷打取得真相看作下策,但认为是必要的。特别是当受审人被诘问而词穷,多次欺骗,还改编口供而不服罪时,拷打更显得必要。由此可见,在我国封建社会,封建统治者认为口供是断案的重要依据,并且明文规定了司法官吏享有刑讯逼供之权。同时,秦汉时期的法律虽然规定了刑讯制度,但对刑讯的方法、工具、限度

---

[1] 《睡虎地秦墓竹简》,文物出版社 1978 年版,第 246 页。
[2] 同上书,第 245—246 页。
[3] 同上书,第 246 页。

等却没有具体规定,这就为司法官吏随意用野蛮的方法折磨受审人,以逼取口供大开方便之门。从南北朝开始,对于刑讯的方法、刑具和用刑的限度等逐步在法律中规定了下来。到了隋朝,对刑讯的次数、行杖人等作了更明确的规定。南北朝和隋朝在法律上对刑讯的限制,目的在于约束司法官吏滥用肉刑,以减少冤狱。

(三) 实行诬告反坐

中国封建社会把诬告作为一种严重的罪行追究。汉宣帝元康四年(公元前62年)诏曰:"诸年八十以上,非诬告、杀伤人,它皆无坐。"颜师古注曰:"诬告及杀伤人皆如旧法,其余则不论。"这是将诬告同杀人并列,已把它作为严重罪行看待。到明、清时,法律更明确地规定对诬告者加重处罚。

(四) 实行有罪推定

对于有罪或无罪难以确定的案件,究竟应当按照"疑罪从去"还是"疑罪惟轻"处理,我国封建王朝法律也有过不同的做法。汉朝实行疑罪不定罪处刑。南北朝时期按照有罪从轻处罚处理。总体而言,中国封建统治者在衡量利弊后,认为与其可能错放罪犯,还不如对涉嫌犯罪者从轻处罚,更有利于维护其统治,故在法律中明确规定有罪推定,疑罪以犯罪论而从轻处罚。

## 二、中国封建社会证据制度的主要内容

(一) 证据的种类

1. 证人证言

证人证言是定案的重要依据,《唐律疏议》中已有哪些人不得做证人的规定,即"其于律得相容隐(指有法定亲属关系,部曲、奴婢对于主人,不得起诉的),即年八十以上,十岁以下及笃疾,皆不得令其为证,违者减罪人罪三等"。

也可拷打证人。拷打证人是收集证据的法定程序。西汉杜周任廷尉时,逮捕证人,大案几至百,小案几十。审案时,"吏因章告劾,不服,以掠笞定之"。《唐律疏议》的《斗讼律》规定:"诸诬告人流罪以下,前人未加拷掠,而告人引虚者,减一等;若前人已拷者,不减,即拷证人亦是。"但是,在何种情况下可拷打证人,未见具体规定。

2. 物证和检验

在中国古代诉讼中,物证和检验早已被广泛使用,作为定案的重要根据。秦朝的《睡虎地秦墓竹简》中即有记载,如果有人抓住犯罪者见官,也要把有关的物证,如私铸的钱、装钱的袋子、被盗的马匹衣物等同时交给官府。《唐律疏议》规定:"诸诈病及死伤,受使检验不实者,各依所欺,减一等。若实病、死及伤,不以

实验者,以故入人罪论。"到了宋朝,勘验法规趋于完备。先是浙西提刑郑兴裔制定《检验格目》,发给所属县州实行,后因受朝廷称赞,并于宋孝宗淳熙元年(公元1174年)颁行于全国各路提刑司。之后,又颁行了《检验正背人行图》,这标志着检验的内容和程序开始规范化。公元13世纪,湖南提点刑狱官宋慈撰写了《洗冤集录》。该书主要阐述法医学方面的知识,其中涉及如何检验、取证和审查证据的内容。如遇大案、疑案,必须广布耳目探访情况加以印证,才有可能避免错误。书中记载,司法官吏进行审理和复核,"须是多方体访,务令参会观一,切不可凭一二人口说,便以为信,及备三两纸状,谓可塞责"。《洗冤集录》刻印问世后不久即被皇帝下旨颁行全国。司法官吏把它作为检验、听讼决狱的圭臬,其影响十分深远。

元朝又在检验尸体方面新增规定。不仅对"有司故迁延""不亲临"①等应承担的责任作了规定,而且还对检验的记录格式提出要求,即必须包括以下内容:尸体各部位的情况,致命的原因,检验时在场的犯人、见证人、地邻人、尸亲等的姓名,检尸官吏等对致命根因"保节属实",检验的年月日,最后由检验官吏画押。

到了清朝,则颁布了《验尸图格》,"人命呈保到官,地方正印官随带刑书、仵作,立即亲往相验。仵作据伤喝报部位之分寸,行凶之器物,伤痕之长短浅深,一一填入尸图。若尸亲控告伤痕互异,许再行复检,不得违例三检","复检不以实者有刑"。②

3. 书证的使用

在宋朝,土地界至之争要以有关机关规定的"十道图"为据;争夺田产及物业交易等民事纠纷,则以券契和税丁籍为证。《名公书判清明集》中也有记载:"争业当论契照先后,争奸当论踪迹虚实。""交易有争,官司定夺,止凭契约。"如果契约丢失,则可以税丁籍为证。"争田之讼,税籍可以为证;分财之讼,丁籍可以为证。虽隐匿而健讼者,亦耸惧而屈服矣。"③

4. 被告人的口供

对被告人定罪,通常都应有供词,所以《唐律疏议》对刑讯作了周密的规定。但是,也允许在特殊情况下,没有口供而定案。这就是"若赃状露验,理不可疑,虽不承引,即据状断之"。据此规定,被告人不认罪,要根据控告判处,必须是犯罪事实已有赃物和检验所获情况等所证实,在情理上已无可怀疑。这种注重客观事实,讲究循情察理,而不是片面依赖口供的立法,有利于正确处理案件。但

---

① 《元史·志第五十·刑法一》。
② 转引自王云海主编:《宋代司法制度》,河南大学出版社1992年版,第213—217页。
③ 《折狱龟鉴》。

这只是作为拷讯的例外规定。之后的宋、元、明、清的法律都没有这样的规定,可以说是丢掉了唐代证据制度中的一大亮点。

（二）证据的收集

1. 证据收集的主要方法

封建社会收集证据的主要方法是刑讯逼供。刑讯的对象主要是刑事被告人,但也可以适用于控告人和证人。同时,由于诸法合体,刑民不分,所以,对民事当事人同样可以刑讯。为了获取定案所需的供词,封建法律赋予司法官吏刑讯之权,把刑讯制度化。唐代以后的各代,主要是明文限制了法外用刑。

2. 证据收集的规则

首先,诬告者反坐。《唐律疏议》明文规定:"诸鞫狱者,皆须依所告状鞫之。若于本状之外别求他罪者,以故入人罪论。"明清法律进一步规定:"凡诬告人笞罪者,加所诬罪二等。流、徒、杖罪加所诬罪三等。"①其次,伪证者罚。法律重视证人证言的作用。凡是证人没有讲清真实情况,以致根据证言定案,造成罪有出入的,根据其造成的错误予以处罚。

（三）审查判断证据的方法

我国封建社会的法律,对于证据的真伪和证据的证明力大小,除了"据众证定罪"等个别情况外,未作具体规定,而由司法官吏自由决断。官吏的决断主要依据兼备五听、察言观色所获得的认识。

兼备五听、察言观色之所以成为审查判断证据的方法,其原因在于它从心理学角度看有科学之处。晋朝的张斐认为:"情者,心神之使,心感则情动于中而形于言,畅于四支,发于事业,是故奸人心愧而面赤,内怖而色夺。论罪者务本其心,审其情,精其事,近取诸身,远取诸物,然后乃可以正刑。"②他甚至阐述了受审人的各种表情可能反映的事实:"仰手似乞,俯手似夺,捧手似谢,拟手似诉,拱臂似自首,攘臂似格斗,矜庄似威,怡悦似福。喜怒忧惧,貌在声色;奸贞猛弱,候在视息。"③可见,兼备五听、察言观色在认识能力不发达的当时,有其可取之处。

（四）证明方法

我国封建社会运用证据认定案情的方法主要有以下三种：

1. 依据被告人的口供直接认定法

我国封建社会的法律非常重视被告人的口供。"罪从供定,犯供最关紧

---

① 《明律·刑律·诉讼》。
② 转引自杨鸿烈:《中国法律发达史(上册)》,上海书店出版社1990年版,第236页。
③ 同上。

要。"① 其理由在于封建统治者认为:"狱辞之于囚口者为款。款,诚也,言所吐者皆诚实也。"② 意即狱因在受审时亲口供述的犯罪事实,都是真实可信的。因此,口供是认定犯罪事实的主要证据。除了"据众证定罪"的案件外,一般都必须取得被告人的"款服"。有了被告人的口供,司法官吏就可以依此直接认定案件事实了。

2. 有罪推定法

有罪推定是封建统治阶级处理疑罪的原则,同时,它本身也是一种证明方法。即对于疑罪,直接推定为犯罪成立,并按所怀疑之罪定性量刑。根据《唐律疏议》,所谓"疑,谓虚实之证等,是非之理均;或事涉疑似,傍无证见;或傍有闻证,事非疑似之类"。而"疑罪,谓事有疑似,处断难明"。也就是说,一个人有犯罪嫌疑但没有确实的证据足以证实的,对此类案件,封建法律基本上实行有罪推定。如《唐律疏议》规定,"诸疑罪各依所犯以赎论"。《大元通制》则规定:"诸疑狱在禁五年以上不能明者,遇赦释免。"虽然在处理疑罪的方法上有所不同,或从轻,或从赎,或从赦等,但其基本的证明原则、方法是有罪推定。

3. 众证定罪法

封建社会的法律对适用众证定罪的案件作了明确的规定,其被告人是法律不允许拷问的案件。这些被告人按《唐律疏议》的规定,是指"诸应议、请、减,若年七十以上,十五以下,及废疾者,并不合拷讯,皆据众证定罪,违者以故失论"。即那些皇亲贵族、年老年少、身体有残疾"不合拷讯"的被告人,由于不能逼取他们的口供,就只能依靠其他证据认定案件事实。《唐律疏议》规定:"称众者,三人以上明证其事,始合定罪。""若证不满三人,告者不反坐,被告之人亦不合入罪。"明、清法律也规定,"若犯罪事发而在逃者,众证明白,即同狱成,不须对问"③。由此可见,众证定罪法是特定情况下适用的一种证明方法。

**三、对中国封建社会证据制度的评析**

纵观我国封建社会证据制度的演进,可以看出如下特征:

第一,封建社会证据制度取代奴隶社会证据制度,适应了纠问式诉讼制度的客观需要,顺应了历史发展潮流;对封建社会的巩固和发展,起到了积极的作用,具有历史进步性。

第二,诬告反坐、伪证者罚等立法思想对我们当今的立法仍有借鉴意义。我

---

① 《折狱龟鉴补·草供未可全信篇》。
② 《资治通鉴》。
③ 《明律·刑律·明刑》。

国刑法中有关伪证罪和诬告陷害罪的规定就是明显的例子。它要求控告者如实控告,作证者如实陈述。这有利于维护公民的合法权益和社会的稳定。

在肯定上述特征的同时,我们还要看到,我国封建社会证据制度的主要特点是坚持"口供中心主义",由此必然导致在口供的收集上刑讯逼供的盛行。这一制度的产生原因是:

(一)封建统治阶级认识能力的局限性是其产生的根本原因

封建社会的生产力水平虽比奴隶社会有一定提高,但其整体状况仍较落后,自然经济占主导地位,人们的认识能力受到很大限制。他们认为被告人的口供最能反映案件的真相,所以,"断罪必取输服供词"。一旦被告人出于各种原因拒不认罪时,刑讯逼供自然出现。可见,受封建社会生产力水平制约的统治阶级认识能力的局限性从根本上导致了刑讯逼供制度的产生。

(二)纠问式诉讼模式的实行是刑讯逼供证据制度产生的直接原因

在纠问式的诉讼模式中,被告人是被纠问的对象和诉讼客体,只有招供的义务而无辩解的权利。由于被告人口供是最重要的证据,司法官吏可以动用一切手段包括刑讯逼供以获得足够的证据。因此,封建社会实行的纠问式诉讼制度直接导致了刑讯逼供制度的产生。

(三)唯心主义是其理论基础

以唯心主义为理论基础的封建社会的证据制度,不能真正查明案件事实,具有猜测性和主观性。刑讯逼供证据制度的实行在相当程度上适应了这种状况。这也是我们应当对它所处的特定历史条件予以关注的问题之一。

与此同时,中国封建社会为何没有出现欧洲封建社会的法定证据制度呢?究其原因,主要在于:(1)古代中国司法体制中有一整套严密的、高度发达有效的内部监督机制。古代中国规定了对司法官吏出入人罪的严厉处罚制度,如《吕刑》就明确了司法官吏造成出入人罪的五种情况"惟官、惟反、惟内、惟货、惟来"。并且,这种规定以高度精致的监察制度作保障。这使得司法官吏受到其他官吏包括上级、同事甚至下级官吏的监督,使其不敢轻易枉法裁判,随意出入人罪。(2)古代中国的司法官吏深受儒家思想的影响,基本上形成一个儒家化的官僚群体,其特征之一是强调修身养性以成仁人。这些司法官吏的自身道德修养和内省足以保证他们公正断案,故确信其能灵活运用证据以查明案件真相。(3)古代中国一直轻程序、重实体,即只要查明事实,手段可在所不问。故法定证据观念很难产生,即使产生也很难长久存在,更不用说适用了。(4)古代中国的诉讼结构并不是古代欧式的两造控辩式的结构。判案也不以明确界定的双方权利义务为职责,而是一种教谕式的诉讼和审判。这样,用证据特别是法定证据这种形式来判断是非、界定权利义务并不是其首要目的,息事宁人,维护社会、家族和国家的稳定和谐才是司法官吏追求的首要价值。

## 第三节　中国清朝末年的证据立法转型

1840年,英国侵略者对中国发动了鸦片战争。自此以后,资本主义列强相继侵入,严重破坏了中国自给自足的封建经济的基础,使中国在政治上处于半独立的状态,逐步变成一个半殖民地半封建的社会,中国社会的主要矛盾也发生了变化。中国人民为了反对帝国主义、封建主义和适应民族资本主义发展的需要,不断向西方寻求自然与社会科学的真理,因而也引进了一些西方资产阶级革命时期的法律思想。19世纪末,特别是"戊戌变法"失败后,清朝统治者在内外交困的情况下,为了抵制革命和乞求帝国主义"恩许"撤销领事裁判权以平民愤,不断下诏"变法"和"预备立宪",并于1902年委派沈家本、伍廷芳为修订法律大臣,主持修订清朝的现行法律。在修律过程中,晚清政府先是将《大清律》修订成《大清现行刑律》,后又于1906年起草《大清刑事民事诉讼法草案》,这是中国历史上第一部诉讼法草案。之后虽遭到地方将军督抚的反对未能践行,但其对后世立法仍具有一定的影响。该法的主要内容如下:

### 一、禁止刑讯逼供

该法规定:"凡审讯原告或被告及诉讼关系人,均准其站立陈述,不得逼令跪供。"(第15条)"凡审讯一切案件,概不准用杖责、掌责及其他项刑具或语言威吓交逼,令原被告及各证人偏袒供证,致令混淆事实。"(第17条)

### 二、证人的作证问题

该法在英美法的影响下,没有关于鉴定人的规定,对证人却作了较详细的规定,指出三种人不得为证人:(1)不能辨别是非之未成年者;(2)有心疾者;(3)有风疾者。该法还规定,证人在接到通知后,必须按时到堂,临期不到又不声明不到的原因,处以罚金;改用传票,再不到者,加倍罚金,并准用拘票拘提。但贵族官僚作证时有特权,规定"凡职官命妇,均可由公堂供证。但公堂须另置座位,以礼相待。若系三品以上大员为证人者,即由公堂遣员就询"(第242条)。

证人作证前,必须"矢誓"(宣誓)。如果查有砌词(虚夸)、诬告或供词虚伪等情形,处以1000元以下的罚金。还规定"凡证人供证,须以目睹或自知之实情,不得以传无稽之词妄行陈述"(第243条)。

### 三、法庭上调查证据的程序

审讯先讯问原告,令其将所供之事并确知见之实情,详细供述。原告供述后,承审官即据所控情节向被告诘问。"如被告承认被控之罪,承审官无需讯取他人供词,即照犯罪情节依律定拟。"(第56条)如果被告拒不承认被控罪行,承审官即分别令原告各证人供证实情。被告则可提出证人对诘;原告及其律师也可向被告及被告所提出的证人对诘。之后,被告则提出申辩。显而易见,这种法庭调查程序,特别是被告一承认犯罪,便不进行证据调查,立即依法判刑,是仿效英国的做法。

### 四、对案件的证明方法

该法规定:"承审官即将两造证据供词细心研究,秉公判断。"(第70条)并具体规定,凡裁判一案,审案官应先将下列各项细心研究:"(1)两造各证人之名誉何,所供是否可信;(2)两造所呈之证据;(3)每造前后各供有无之自相抵牾处;(4)权衡两造供词之轻重;(5)权衡两造情节之虚实;(6)所呈证据是否足定被告之罪;(7)证据已足,是否为法律所准。"(第73条)经过研究,如承审官确查所得证据已足以证明被告犯罪,就依法定刑。"被告如无自认供词,而众证明白,确凿无疑,即将被告按律定拟。"(第75条)在判断证据证明力的问题上,该法不预先规定具体的标准,而是强调"细心研究、权衡轻重虚实、秉公判断"等原则,已接近自由心证的证据规则要求。

### 五、疑罪问题

该法改变了封建刑律中疑罪以赎论的做法,规定:"凡证据难凭,或律无正条,或原告所控各节,问有疑窦者,应即将被告取保释放,令其日后自行检束。"(第86条)陪审员在密室评议后,"如原告证据不足,或被告所犯情节间疑义,则须复曰无罪"(第226条)。当陪审员回复无罪后,承审官就要立刻将被告释放。从这些规定来看,该法否定了有罪推定的做法,对疑罪按无罪处理并释放,具有历史进步意义。

## 第四节 中华民国时期的证据制度

中华民国时期证据制度的内容主要体现在南京临时政府、民国北京政府、南京国民政府所颁布的一系列法规中。这些法规法令分别是:1912年《大总统令内务司法两部通饬所属禁止刑讯文》、1914年《县知事审理诉讼暂行章程》、1922年《民事诉讼条例》、1922年《刑事诉讼条例》、1928年《刑事诉讼法》、1930年《民事诉讼法》及其修改内容、1944年《特种刑事案件诉讼条例》、1948年《特种刑事法庭审判条例》和《特种刑事法庭组织条例》。

### 一、中华民国时期证据制度的基本内容

（一）实行无罪推定原则

1922年《刑事诉讼条例》第338条规定："法院认为被告之犯罪嫌疑不能证明，应谕知无罪的判决。"1928年南京国民政府颁布的《刑事诉讼法》仿照北洋政府《刑事诉讼条例》对待疑罪的办法，该法第293条规定："不能被证明被告所犯罪或其行为不罚者，应谕知无罪之判决。"实行无罪推定原则集中体现了民国政府证据制度的民主性和进步性。

（二）实行自由心证证据制度

1922年民国北京政府将《刑事诉讼条例》和《民事诉讼条例》颁行全国。《刑事诉讼条例》第305条和第306条规定："犯罪事实，应以证据认定之。"而证据，"由法院自由判断之"。它标志着我国开始实行自由心证证据制度。南京国民政府于1928年制定公布的《刑事诉讼法》，以及于1930年颁布的《民事诉讼法》，都仿效了资本主义国家的法典，实行自由心证制度。后续两部法律的数度修改均保留且完善了这一制度，其中《刑事诉讼法》第282、283条规定："犯罪事实应依证据认定之"，"证据由法院自由判断之"。1935年，国民政府在修改《刑事诉讼法》时将此条文改为"证据之证明力，由法院自由判断之。"（第269条）1930年《民事诉讼法》也有类似规定，至1935年修改后日臻完善。1935年《民事诉讼法》第222条规定，"法院为判决时，应斟酌全辩论意旨及调查证据之结果，依自由心证，判断事实之真伪。"自由心证证据制度比起原先的刑讯逼供证据制度，无疑是历史的进步。

（三）禁止刑讯逼供

1912年3月2日孙中山在《大总统令内务司法两部通饬所属禁止刑讯文》中明确宣告："不论行政司法官署，及何种案件，一概不准刑讯。鞫狱当视证据之充实与否，不当偏重口供。其从前不法刑具，悉令焚毁。"随后1914年《县知事审理诉讼暂行章程》第27条规定："审判方法，由县知事或承审员相机为之，但不得非法凌辱。"1935年颁行的《刑事诉讼法》对此规定得更为严格和具体。该法第98条规定："讯问被告，应出于恳切之态度，不得用强暴、胁迫、利诱、诈欺及其他不正之方法。"第270条进一步明确："被告之自白非出于强暴、胁迫、利诱、诈欺

或其他不正之方法且与事实相符者,得为证据。被告虽经自白,仍应调查其他必要之证据,以察其是否与事实相符。"这既在法律上否定了刑讯,又明确了自白作为证据和据以定罪的重要条件,同封建社会法律准许刑讯,无须考察口供是否属实相比,显然具有历史进步性。

（四）关于证人拒绝作证权

证人拒绝作证权,又可称为"证人作证豁免权"或"证人特权",它是指出现法律所规定的特殊情形时,证人享有的拒绝作证的权利。如果证人有公务秘密,或与被告人、自诉人有血亲、姻亲、代理关系,或因职务、业务所知悉他人秘密事项等内容,不经本人允许,均可以拒绝作证。法律对此规定,既继承了中国古代法律"亲亲相隐"原则的精神内容,又借鉴了国外法律有关证人拒证权的内容,在证人作证义务与权利保障之间找到了平衡点。这样的规定符合现代诉讼民主和文明的精神。

（五）存在大量的特殊证明规定

1928年颁行的《刑事诉讼法》是南京国民政府的统一法典,但随后所推出的一些规定,如《戡乱时期危害国家紧急治罪条例》《特种刑事案件诉讼条例》等,就完全撇开了这部法律所规定的一系列原则。按这些条例,对那些特种刑事案件进行审理时,可以无所不用其极,刑讯逼供盛行,无罪推定原则被抛弃。更有甚者,特务组织参与审判,实行赤裸裸的恐怖统治。此时,法律的规定不过是一纸空文,是掩饰其残暴统治的遮羞布。

**二、对中华民国时期证据制度的评析**

第一,中华民国时期实行的许多证据制度内容具有民主性和进步性。例如,实行自由心证证据制度,禁止刑讯逼供取得口供,实行无罪推定原则等。这既是对中国封建社会证据制度的否定,同时又体现了当时学习和借鉴西方社会法律思想的结果,在中国证据制度史上具有历史意义。

第二,中华民国时期的证据制度是特定历史时期的产物,具有混合性、虚伪性的特点。一方面法律上明文规定不得刑讯逼供,要正确对待被告人的自白;另一方面,在司法实践中却是"军阀专横,官吏恣肆,对于人民身体自由,任意践踏,往往无故加以拘禁。拘时固不经法定手续,拘后则审讯无期,又不开释,致令久羁囹圄,亦有始终拘禁而不予释放者甚至擅处死刑者。似此黑暗情况,计惟吾国历史上所谓乱世及欧洲中古时代始有之"[①]。

---

① 张晋藩、曾宪义:《中国宪法史略》,北京出版社1979年版,第178页。

## 第五节 中华人民共和国证据制度的产生与发展

### 一、工农民主政权时期

这一阶段以 1931 年在江西瑞金成立的中华苏维埃共和国临时中央政府为标志。涉及证据内容的法律法规包括：1931 年发布的《中华苏维埃共和国中央执行委员会训令（第六号）——处理反革命案件和建立司法机关的暂行程序》，1932 年公布的《中华苏维埃共和国裁判部暂行组织及裁判条例》，1934 年公布的《中华苏维埃共和国司法程序》等。内容主要包括：

（一）严禁刑讯逼供

红色政权初期，各革命根据地一般宣布废除肉刑，但有的革命根据地对待特定人犯仍可刑讯。中华苏维埃共和国成立后，中央执行委员会第六号训令明确指出："在审讯方法上，为彻底肃清反革命组织及正确地判决反革命案件，必须坚持废除肉刑，而采用收集确实证据及各种有效方法。""听到某个或几个反革命分子的口供，没有充分的证据，未经过侦查的工作就进行捉人，审问的时候采用肉刑，苦打成招的做法是错误的。"[①]这是红色政权中央政府首次立法明确规定彻底禁止刑讯，在各根据地也得到很好的贯彻。如福建省苏维埃政府在其训令中规定："废止一切肉刑。再有用肉刑的事情，当以违反苏维埃法令治罪。"

（二）重证据，不轻信口供

根据《中华苏维埃共和国裁判部暂行组织及裁判条例》，裁判部审理刑事和民事案件，"每个案件的材料和证据，须编在一起，归为一个案卷。编成号码次序，保存在裁判部内，不准遗失。"同时对审判工作提出了具体要求："审判之前要尽量收集证据；同案犯人，在审判时应隔离开来。""判决案件应拿住它最主要的事实。不要将不主要的写了一大篇，将最重要的事实遗漏不提。"

### 二、抗日战争时期

（一）强调调查研究、实事求是的作风

抗日战争时期所颁布的一些规定，如《晋察冀边区行政委员会关于改进司法制度的决定》《晋冀鲁豫边区太岳区暂行司法制度》《苏中区处理诉讼案件暂行办法》等都强调办案人员调查研究、实事求是的作风。1944 年在抗日民主根据地

---

① 江西省档案馆：《中央革命根据地史料选编（下册）》，江西人民出版社 1982 年版，第 658 页。

普遍实行"马锡五审判方式",其核心即是深入群众、调查研究,以查明案件事实。

(二) 当事人有提供证据的责任

在上述所颁布的规定中,当事人对所主张的事实有举证责任。如《苏中区处理诉讼案件暂行办法》规定:"对于民事系争主张有利于己之事实,就其事实,有举证之责任。"一般机关、团体、部队起诉的案件,如无具体的事实和材料,法院可以拒绝受理。

(三) 严禁刑讯、诱骗或强迫供述

1941年颁布的《陕甘宁边区施政纲要》以及《苏中区第二行政区诉讼暂行条例》等均规定,坚决"废除肉刑,重证据不重口供"。同时还规定禁止采用其他非法方法取证。

(四) 规定了证据收集和审查程序

1941年颁布的《苏中区处理诉讼案件暂行办法》《晋冀鲁豫边区太岳区暂行司法制度》在这方面均有具体规定,所涉及的证据种类包括当事人陈述、证人证言、勘验检查、书证和物证等,必要时对文书、物证、人身、尸体可聘请专人鉴定。同时,对当事人陈述的审查、证人作证、勘验及鉴定人鉴定等内容都作了较详细的规定。

### 三、解放战争时期

(一) 突出强调调查研究、实事求是

1948年颁布的《晋察冀边区行政委员会关于人民法庭工作的指示》强调:"人民法庭的起诉、审讯、判决,必须实事求是、明辨是非,任何草率鲁莽及感情用事和主观主义都是错误的。"并具体要求法庭应"审查人证、物证,并允许被告自己或被告的代表辩护和提出反证。审判员根据原告被告提出之控诉与辩护及证据加以研究,然后确定罪状是否成立"①。《东北行政委员会关于建设司法工作的几项具体指示》还强调,解决民事纠纷应本着实事求是的精神。②

(二) 定罪的证据必须确实、充分,否则被告应予释放或宣告无罪

华北人民政府和苏北人民政府于1948年颁布的《关于县市公安机关与司法机关处理刑事案件权责的规定》均明确规定:"若被告仅有嫌疑没有积极的证据可以证明被告确系犯罪时,即不能论罪科刑。"③《晋察冀边区行政委员会关于人

---

① 中央档案馆、河北省社会科学院、中共河北省委党史研究室:《晋察冀解放区历史文献选编(1945—1949)》,中国档案出版社1998年版,第389页。
② 参见哈尔滨市档案馆革命历史档案,全宗号2,案卷号103,目录号3。
③ 陈光中、李玉华、陈学权:《诉讼真实与证明标准改革》,载《政法论坛》2009年第2期。

民法庭工作的指示》要求:"证据不足者应收集证据,弄清事实,下次再审或宣告无罪。"①

综上可见,我国以实事求是、重调查研究、不轻信口供、严禁刑讯逼供为核心内容的证据制度,此时已初步形成。

### 四、中华人民共和国成立到"文化大革命"前

从1949年10月至1966年5月的17年间,是中华人民共和国证据制度进一步发展和健全的时期,也是受到"左"倾思想干扰的时期。这一时期证据制度的发展主要表现在以下方面:(1) 1950年《人民法庭组织通则》指出:"人民法庭及其分庭受理案件后,应认真地进行调查证据,研究案情,严禁刑讯。" (2) 1954年《中华人民共和国宪法》《中华人民共和国人民法院组织法》和《中华人民共和国人民检察院组织法》的颁布实施,是中华人民共和国成立后首次用法律形式确定的证据方面的原则。这是中华人民共和国证据制度发展和健全的重要标志。(3) 1956年《各级人民法院刑、民事案件审判程序总结》指出:"在法庭调查事实阶段,必须把案情彻底查清,取得确凿的证据,以保证案例的正确处理。" (4) 1963年《刑事诉讼法(草案)》的"证据"一章,对证据内容作了较全面系统的规定。

但是,由于在50年代受到"左"倾法律虚无主义思想的干扰,一些证据制度上的正确原则和内容如独立审判原则、辩护原则、无罪推定原则受到了错误的批判。这使我国证据制度的健康发展受到了很大的影响。

### 五、"文化大革命"时期

在1966年至1976年的"文化大革命"时期,林彪、江青反革命集团肆意破坏社会主义法制,公然鼓吹"办案要立足于有,着眼于是"、"先定性质后找材料"、"棍棒底下出材料"、"一人供听,二人供信,三人供定",②滥施刑讯。这一时期法制被破坏,根本谈不上证据制度的适用问题。

### 六、十一届三中全会以后

1978年12月中共十一届三中全会的召开,标志着我国社会主义法制建设开始进入繁荣发展的新阶段,其主要标志是1979年《中华人民共和国刑法》(以

---

① 中央档案馆、河北省社会科学院、中共河北省委党史研究室:《晋察冀解放区历史文献选编(1945—1949)》,中国档案出版社1998年版,第390页。

② 参见刘丽英:《往事回首》,新华出版社2009年版。

下简称《刑法》)和《中华人民共和国刑事诉讼法》(以下简称《刑事诉讼法》)等法律的颁布。尤其是《刑事诉讼法》有关证据内容的规定,标志着我国证据制度正在逐步走向成熟和完善。此后,1989年《中华人民共和国行政诉讼法》(以下简称《行政诉讼法》)和1990年《中华人民共和国民事诉讼法》(以下简称《民事诉讼法》)的颁布,使我国基本形成了刑事、民事和行政三大诉讼的基本框架。在三部诉讼法典内,都各自设置了"证据"专章,对证据的概念、种类、收集、审查判断、举证责任和证明要求等都作了明确的规定。进入21世纪后,最高人民法院于2002年又公布实施了有关民事诉讼证据和行政诉讼证据适用的司法解释。目前,有关证据内容的法律正在酝酿起草过程中。这标志着我国的证据制度已进入了新的发展阶段。

# 第四章 诉讼证据法学的理论基础

## 第一节 诉讼认识的真理性

诉讼证据法学的主旨是规范诉讼证明活动,因此,要探讨其理论基础必须先从诉讼证明活动开始。从性质上讲,诉讼证明首先是一种认识活动。无论是在诉讼活动中,还是在非诉讼活动中,围绕证据的运用所进行的证明活动都包含认识过程。诉讼证明是以过去事实为对象的认识活动,因此,在裁判者对纠纷事实没有亲身经历即要对案件作出判断的情况下,如何在裁判者面前"重现"纠纷事实是诉讼制度必须解决的首要问题。诉讼证明的任务即在于借助证据和论证在思维层面上恢复纠纷事实,并以可知的形式将其展示出来。其中,诉讼认识是指在诉讼活动中,为裁判纠纷而展开的通过证据认定案件事实的一种认识活动。在现代法律制度下,诉讼认识的内在思维过程主要表现为裁判者根据经验知识进行的推理活动,而法律对诉讼认识过程的规范主要限于外部认知过程。

作为哲学的基础部分,认识论的基本问题是解决认识的起源、发展以及认识与实践的关系等。根据认识的起源、认识的确实性以及认识的本质等问题,可以对认识论作不同的划分,如按照思维与存在何者为第一性的问题,可以分为唯物主义认识论和唯心主义认识论;按照对认识本质的不同看法,可以分为观念认识论、实在认识论以及现象认识论;按照对认识确实性的不同看法,可以分为独断论、怀疑论、批评论与实证论。

我国现行诉讼证据法学是以辩证唯物主义认识论为理论基础的,辩证唯物主义认识论包含三个理论要素,即可知论、实践是检验真理的唯一标准和追求客观真实。在大多数学者看来,中华人民共和国的证据制度是人类历史上崭新的社会主义类型的证据制度,其理论基础与一切唯心主义的哲学思想都不同,认为存在是第一性的,认识是第二性的,认识是存在的反映。这就是说:证据是客观存在的事实,是在诉讼之前产生的,并与案件事实存在某种联系;证据与案件事实之间的联系也是不以司法人员的意志为转移而客观存在的,它或是案件事实作用于人的感官,或是案件事实发生时留下的物品、痕迹,或是与案件事实有关的周围环境,司法人员正是借助于证据与案件事实之间这种固有的客观联系,才有可能认识案件事实。司法人员对案件事实的认定,是意识对存在的反映,属于主观范畴,是第二性的。主观如能符合客观,其认识即具有真理性。

基于这一可知论的思想,我国学者通常认为,只要办案人员充分发挥主观能动性,全面正确地收集和审查判断证据,诉讼案件的事实是可以发现的。因而,有学者亦将我国的证据制度直接命名为"实事求是的证据制度"。

将辩证唯物主义认识论作为证据制度、证明规则体系的理论基础,其具体表现与要求为:

首先,诉讼证明是指司法人员和当事人在诉讼证明全部过程中依法运用证据,阐述和认定案件事实的活动。诉讼证明要解决的核心问题是如何保证司法人员和当事人能够正确认定案件事实,亦即如何保证其主观符合客观的问题。在诉讼证明中,案件事实是客观存在的,是不以人的意志发生改变的。同时,证据也是客观存在的事实,是在案件事实发生之前、之中产生,并必然与案件事实存在一定的联系。这种联系也是客观存在的,不以司法人员的意志为转移。因此,不管是案件事实、证据还是两者之间的联系,司法人员都只能认识它、查明它,而不能改变它,这就是辩证唯物主义认识论的唯物性。

其次,司法人员要收集证据、查明证据与案件事实之间的联系以最终认识案件事实,就必须发挥司法人员的能动性、创造性,从而达到司法人员主观认识与客观事实的统一。这就是辩证唯物主义认识论的反映论。反映论不仅要求认识事物的现象,而且要求透过现象把握事物的本质。司法人员对案件事实的认识也是如此。司法人员要运用尽可能多的证据,通过对证据与证据之间、证据与案件事实之间、案件事实与案件事实之间有无矛盾等的认识与查证,从而"去粗取精、去伪存真",由表及里地实现对案件事实的本质认识。

最后,在司法实践基础上,司法人员对案件事实的认识经历了由感性认识到理性认识,由对案件事实的错误认识到对案件事实的正确认识,即谬误到真理的飞跃。在这一过程中,必然存在着由实践到认识的多次反复,也必然存在着对案件事实认定的多次反复。这就是辩证唯物主义实践观和辩证法。因此,无论从诉讼证明的过程,还是诉讼证明的目的和任务角度出发,辩证唯物主义认识论应该成为我国证据法在认识论方面的理论基础,它反映了诉讼认识的真理性。

## 第二节 诉讼认识的正当性

辩证唯物主义认识论作为马克思主义理论的重要组成部分,其正确性是毋庸置疑的。但是,任何科学的理论都有其固有的适用范围,并在此范围内具有合理性,一旦超越此范围,套用到一些特定调整领域的对象上面,就会出现各种不合理的结果。作为哲学上的一种认识论学说,辩证唯物主义认识论所调整的对象主要是人类的认识活动。可以说,对于人类所有认识未知事物、探求客观真理的活动,辩证唯物主义认识论都能够给予一定的合理解释,是一种具有指导作用的理论基础。但是以解决利益争端和纠纷为目的的法律实践活动,其中尽管包含着认识过程,但并不仅仅等同于认识活动。

首先,根据辩证唯物主义认识论原理,人们对客观事物的认识是一个非常复杂的过程,对客观事物本质和规律的把握不是一次就能完成的。在这个认识过程中,主客观之间的矛盾属性错综复杂,人们在一定的历史条件下和社会环境中,对客观事物的认识只能达到一定的广度和深度,不可能穷尽客观事物的一切方面和一切过程。在诉讼程序中,对已经发生的案件事实的认定,只能在特定条件下,在一定的时间和空间限制下进行,因而由此认定的案件事实不可能总是符合事实真相。辩证唯物主义认识论着眼于人类对客观世界本质性和规律性的认识。客观外界总是可知的,因为人类对认识有时间上的持续性和永久性、空间上的广泛性和无限性;同时不断变化、发展着的客观世界,其物质形态和各种现象总是不断地呈现出来,供人们观察和分析。然而,作为法院审判案件的认识对象——案件事实及各种证据,并不是重复地出现,法院也不可能不受时间和空间的限制而无限期地去调查案件,或回溯到案件发生时的时间和空间当中。任何纠纷冲突事实都无法原封不动地恢复本来面目,"由于人们不能通过时间机器倒流以便向事实审理者展示'事实真相',调查并不能够产生这类'真相'……我们不应该,而且也不可能迫使当事人作为一种倒时器在当时实际发生的事件中展示其事实真理"[①]。

其次,诉讼中的活动并不等于一般认识活动。通常典型的认识活动只存在于刑事诉讼的侦查阶段。而在存有控、辩、裁三方的刑事审判阶段,对于控诉方而言,认识活动(通过侦查或调查)已经完成,有关的结论和论题已经产生和明确,但这一结论和论题并不具有终局性。控诉方要使自己的结论具有权威性,就必须在法庭上向裁判者直接证明和说服,使那些事先并不了解案情的裁判者信服其指控的内容。这种证明活动与那种纯粹探求未知事物和知识的认识活动相比,有着明显的区别。然而,我国的主流证据理论将法庭上进行的证明活动更主要地视为一般意义上的认识活动,从而抹杀了诉讼认识的正当性。

---

① David A. Binder and Paul Bergman, *Fact Investigation: From Hypothesis to Proof*, West Publishing Co., 1984, p.6.

最后，诉讼是以解决利益争端和纠纷为目的的活动，争端和纠纷一旦进入诉讼领域，裁判者一般就必须给予权威的裁判结论，从而最终解决这种争端和纠纷。在解决争端和纠纷的过程中，裁判者固然会通过审查控辩双方提供或者自行收集的证据材料，对案件的事实作出明确的揭示，但这种对事实的揭示只是为争端和纠纷的解决提供一定的事实基础和依据，创造一定的条件，而不是诉讼的最终目的。裁判者就争端和纠纷的解决所作的裁判结论，并不一定非得建立在客观真实的基础上不可。例如在刑事诉讼中，公诉人如果不能向法庭提出确实充分的证据证明被告人有罪，那么法院就会直接作出被告人无罪的判决。裁判者的裁判结论虽没有建立在案件事实得到查明的基础上，但其仍作为有关利益争端的解决方案。换言之，证明所蕴含的认识活动即使不能最终完成，或者并无任何明确的结果，裁判者也必须作出旨在解决争端的法律裁判结论，而且这一结论有时完全可以与事实是否得到查明毫不相干。

由此可知，诉讼中的证据运用活动，尽管包含着一定的认识过程，但这种认识活动既不具有终局的意义，也不对争端的解决具有决定性影响。同时这种证据运用活动还是一种以解决利益争端为目的，并受程序法的严格限制和规范的法律实施活动。因此，包括刑事诉讼在内的三大诉讼，都不单纯是以客观事实为目的的认识活动，作为诉讼的有机组成部分，证据运用活动也不仅仅是认识活动。将这种认识论理论作为诉讼证据法的唯一指导思想，指导诉讼证明规则、证明责任、证明标准的确立与实施，在理论上是难以自圆其说的。

此外，将辩证唯物主义认识论奉为证据制度确立的唯一理论基础，固然与人们对诉讼证明性质的片面认识有着内在的逻辑联系，但与此同时，也与我国长期以来一直盛行的程序工具主义的法律传统有着密切的关系。在传统的"重结果、轻程序"的观念中，司法人员收集、审查和运用证据的唯一正当理由，就是发现案件的事实，以便为实体法的正确运用奠定基础。相对于这一目标而言，证据法中任何一个规则都只具有手段或工具的作用，其自身并没有独立的价值和规律。以证明标准为例，既然案件的事实是可以也应该会查清的，那么将案件事实证明到"事实清楚、证据确实充分"的程度，就是手段对于目标的题中应有之义。这一表面看来客观程度显得最高的证明标准，由于只强调了案件事实的客观程度，而没有为裁判者对案件事实的主观认识设定明确的幅度和标准，因此，实际上以目标代替标准，抹杀了证明标准的可操作性，使得这一证明标准并没有随着诉讼进程的发展而呈现出逐步提高的态势，也未与证明对象的重要性形成正比例关系。

德国思想家马克斯·韦伯曾将中国古代的法律制度视为"反形式主义的制度",并认为中国人往往愿意寻求实际的公道,而不是形式的法律。他甚至指出,形式上未受到保证的法律的缺失是中国难以产生理性的资本主义的重要原因。这一论断揭示了中国古代法律制度的基本特点和缺陷,并且这一特点在今日中国法律实践中仍表现得十分明显。

实际上,诉讼证明是一个在各种价值观下发现真理的过程,而不是真理本身。任何案件都是已经发生过的事情,而人的认识能力的有限性和诉讼证明的阶段性和时间性,决定了司法人员在发现事实的过程中,只能采取"实践理性的方法"。这一概念是由美国学者波斯纳在其所著的《法理学问题》一书中提出来的,它是和科学理性方法相对应的一个概念。为了说明在诉讼中法院不能采取科学理性方法,只能采取实践理性的方法,他指出:"在法律推理上,科学方法几乎没有什么用。诉讼的当事人都缺乏进行实验和其他科学研究所必需的时间和财力。有关资料常常难以或者不可能得到。法律决定也许依赖于对长期的结果的预测。诸如人工流产和死刑对生命神圣的态度的影响,而设计大规模实验来作出这样的预测很少可行,会花费很长时间,或者带来无法克服的伦理问题。""社会不能或者至少不愿意耐心地等到科学研究结果出现之后再作出司法判决,也不同意当法律科学原则过时的时候对先前的司法判决进行细小的修改。"①这就意味着在诉讼证明中,即使再高明的司法人员也不可能完全再现案件的全部事实,有时甚至根本无法再现出案件的事实。正如美国学者霍尔指出的:"诉讼是发现真理的一种方法,不是证明已被接受的真理的一种方法,要充分理解诉讼程序的推理功能就要牢记,我们不是从答案开始而是从问题开始;只有在我们寻找最初未占有的答案,而且可能是最佳答案的前提下,全套诉讼机制才是可以理解的,站得住脚的。即使实体法不合理,诉讼程序仍然可能是合乎逻辑的。这就是说,诉讼程序起到的是逻辑推理的作用,其结果并非是必然如愿的,不论最终判决如何,合乎逻辑的诉讼程序为发现必要的答案提供了最佳的工具。"②

因此,发现事实真相并不是诉讼证明的唯一目的,诉讼证明的核心问题应当是发现事实真相的方式和手段的正当性问题,它必须建立在形式理性的程序正义基础之上。

---

① 〔美〕理查德·A. 波斯纳:《法理学问题》,苏力译,中国政法大学出版社 2002 年版,第 79 页。
② Jerome Hall, *Cases and Readings on Criminal Law and Procedure*, The Bobbs-Merrill Company, Inc., 1949.

## 第三节 客观真实与法律真实的同一性

我国主流的诉讼理论将刑事诉讼、民事诉讼和行政诉讼都视为一种认识活动。这种认识活动的最终目的在于运用证据,查明案件事实的客观真相,从而为正确适用刑法、民法和行政法等实体法律规范奠定基础。由于这一原因,辩证唯物主义认识论被视为诉讼理论的基本指导思想,据此查明的案件事实是一种"客观真实"。

所谓"客观真实"是指事实和规律不依人的主观意志为转移,在人的意识之外独立存在,又能被人的意识所认识的一种真实。这种真实性是完整的、确定的、绝对的。案件的"客观真实"是指提起诉讼的民事、刑事、行政、经济等案件事实自身产生、发展的客观存在的状态、过程。这个状态、过程是不以人的意志为转移的,又能被人的意识所反映的一种客观实在性,是案件产生和存在的基础,是法官要查清的事实真相。

辩证唯物主义认识论在解决诉讼中的认识时也有力所不及的情况,这就对辩证唯物主义认识论作为认识论的唯一基础提出了不可回避的问题,再加上诉讼认识的正当性与特殊性的存在,据此,学理中有学者主张,诉讼中的案件事实应是一种"法律真实"。所谓"法律真实","是指证据所证明的事实",进一步说,是指按法定程序收集并为具有合法形式的证据所证明的事实。这种事实只是达到了从法律的角度认为是真实的程度,或者是在内心确信的程度上达到"足以令人信服的高度盖然率"。尽管对"法律真实"的表述不尽相同,但是学者们大都把它看作在诉讼中形成的,只是达到了一定的真实程度,从而有别于"客观真实"。学者们主张以"法律真实"取代"客观真实"的主要理由是:

首先,以"客观真实"作为标准过于原则、笼统,缺乏可操作性。

其次,由于诉讼认识客体——案件事实具有已逝性和不可重复性,诉讼认识主体的认识能力具有局限性,加上人们对案件的认识过程具有短暂性,即必须受案件审理时限的制约,使得人们的诉讼认识不可能完全与"客观真实"相一致,只能达到近似于"客观真实"。

最后,由于诉讼是靠证据来再现已成为历史的案件事实的,所以证据的多寡及其质量的高低是决定案件判决结果的依据,尤其在民事诉讼中,由当事人负举证责任,所以,打官司实际上就是"打证据"。证据的合法性要求使得任何证据和事实均须经过法定程序予以发现并符合法定形式,才能产生法律后果,作为判决的依据。因此,诉讼中再现的只是具有法律意义的事实,而非原始状态的事实。法律意义的事实是事实因素与法律机理共同结合的产物,是根据法律程序收集的关于某事或某物的信息,进而综合这些信息在一定程度上合理地再现事物曾经的存在状态与发展过程,它是不完整的、易变的、相对的。这种表面上看似残缺的公正实则更为完善和完美。

我们认为,诉讼证据法学的理论基础与其说是诉讼认识理论,不如说是法律价值及平衡、选择理论。在诉讼过程中,案件事实在"客观真实"与"法律真实"上具有同一性。诉讼证明活动是一个发展的动态系统。"客观真实"与"法律真实"是这一动态系统中的两个子系统,其整体性表现在诉讼活动的价值目标包含公正与效率这一对既对立又统一的矛盾体,同时"客观真实"与"法律真实"在系统中又保持着相对的独立性。科学哲学家伊姆雷·拉卡托斯的科学研究纲领表明,一种思想、观点和理论是由内核和保护带组成的。内核是这种思想、观点和理论的核心部分,它具有不容反驳和改变的稳定性、确定性。保护带则由辅助条件构成,它为了保护其内核的稳定性,可以随时调整和改变,以应付反常的情况。在"客观真实"子系统中,公正是该系统的内核,效率是其保护带。"客观真实"以查明案件的本来面目为核心,在保护其内核稳定性的同时,也不否认效率的重要性。因此,"客观真实"子系统的主要任务是要解决诉讼价值目标中的公正这一任务。"法律真实"子系统强调对案件认识只要达到了法律认为真实的程度,就达到目的。显然,在该系统中,效率处于中心的位置。因此,"法律真实"子系统主要是解决诉讼价值目标中的效率这一任务。可见,两个系统都兼顾了公正与效率的关系,但侧重点有所不同。

在我国司法活动中坚持"以事实为根据"的基本原则,强调对"客观真实"的追求,但这并不意味着否认以证据作为具体案件判决的依据。因为已经发生的案件事实必然会留下或多或少的证据,这些证据是我们认识案件事实的唯一依据。"客观真实"与"法律真实"是两个层次的问题,而且是存在密切联系的两个问题。"客观真实"是诉讼认识的总目标和价值取向,它告诫人们要坚持从实际出发、实事求是的思想路线,尊重案件事实,努力使主观符合客观,使认识尽可能接近"客观真实",因为,只有符合案件事实的裁判才是公正合理的。"法律真实"是对"客观真实"的再现,是在诉讼相关人员收集的案件信息的基础上加以人为的组合和取舍的过程,这一过程具有一定的主观性。因此,为了保证"法律真实"的客观性,司法人员在再现"客观真实"中,其推理必须严格依照法律程序,符合逻辑和常理,不能作毫无根据的猜想和假设,更不允许任何司法人员基于个人利益或其他原因任意歪曲、弄虚作假和无中生有。由此,"客观真实"是诉讼认识的根本目标和总体要求,再现"客观真实"是一个绝对运动的过程,是人们不断形成"法律真实"的过程;而"法律真实"或定案证据是诉讼认识的具体目标和直接目标,以之作为判决的依据,是实事求是思想路线在诉讼活动中的贯彻。

# 第二编  证 据 论

## 第五章  诉讼证据概述

### 第一节  诉讼证据的概念和意义

**一、诉讼证据的概念**

证据是诉讼的核心问题,具有确实、充分的诉讼证据是各类案件得以正确处理的基础和前提。关于诉讼证据的概念,我国《刑事诉讼法》第 50 条规定:"可以用于证明案件事实的材料,都是证据。证据包括:(一) 物证;(二) 书证;(三) 证人证言;(四) 被害人陈述;(五) 犯罪嫌疑人、被告人供述和辩解;(六) 鉴定意见;(七) 勘验、检查、辨认、侦查实验等笔录;(八) 视听资料、电子数据。证据必须经过查证属实,才能作为定案的根据。"据此,我国现行《刑事诉讼法》对证据的规定采用的是"材料说",是指法律规定的,经查证属实的,能够用于证明案件事实情况的材料。这里的"材料"是证据事实与证据载体相统一的表述。目前,对于证据的概念,国内外法学家存在的说法主要有:

(1) 事实说。这种学说认为,证据是与案件有关的一切事实。[①] 我国 1979 年《刑事诉讼法》及 1996 年《刑事诉讼法》都采用"事实说"的规定,将"证据"定义为"证明案件真实情况的一切事实,都是证据"。

---

① 参见樊崇义主编:《证据法学(第三版)》,法律出版社 2003 年版,第 3 页。

(2) 方法说。这种学说认为,诉讼证据是认定某一争议事实的方法和手段,故这一学说又被称为"手段说"。苏联学者克林曼教授认为,"证据不是别的东西,而是确定真实情况的一种手段"。英国法学家菲利普认为,"证据即证明事实的方法"。[1]

(3) 结果说。这种学说认为,诉讼证据是对待证事实举证与调查的结果。日本法学家松冈正义认为,"证据者,举证和证据调查之结果也"[2]。

(4) 证明说。这种学说认为,诉讼证据是依据已知的资料对待证事实的推测。我国台湾地区法学家陈朴生认为,"证据就是依据已知之资料以推理其事实之存在或不存在者"[3]。

(5) 信息说。这种学说认为,对诉讼证据既不能称为存在,也不能称为意识,而是关于案情的信息。[4]

(6) 载体说。这种学说认为,证据是用来证明特定案件事实的载体。"载体"不仅仅是指特定的"证据材料",还可以包括实物、笔录以及各类言词陈述等各种证据形式。[5]

(7) 多义说。这种学说认为,诉讼证据是一个内涵丰富的概念,在不同的诉讼阶段或在不同的场合,诉讼证据这一概念的实际含义往往不尽相同,有时指证据内容,有时指证据形式,有时指证据来源,有时指证据材料,有时指证据线索或定案证据。[6]

(8) 综合说。这种学说认为,对诉讼证据不能单纯只强调一点,而忽视其他方面,应该对诉讼证据的概念下一个综合性的定义,即诉讼证据是指可以被用来证明案件真实情况的事实和证明方法。[7]

上述关于诉讼证据概念的不同说法,都从不同的侧面反映了诉讼证据的某些基本特征,有的比较全面,有的则稍嫌片面,因此作为诉讼证据的概念来说又都有其局限。诉讼证据的概念,不应只反映诉讼证据的表面特征或者其某一方面或某几方面的特征,而应该揭示其内涵,反映其本质属性。

根据长期以来我国司法实际部门对诉讼证据的运用实践,诉讼证据有广义

---

[1] 转引自崔敏主编:《刑事证据理论研究综述》,中国人民公安大学出版社1990年版,第3页。
[2] 同上。
[3] 同上书,第2—3页。
[4] 参见齐剑候主编:《刑事证据基本原理》,吉林人民出版社1982年版,第50页。
[5] 参见陈瑞华:《刑事证据法学》,北京大学出版社2012年版,第68页。
[6] 参见胡锡庆主编:《诉讼证据学通论》,华东理工大学出版社1995年版,第51页。
[7] 参见崔敏、张文清主编:《刑事证据的理论与实践》,中国人民公安大学出版社1992年版,第24—25页。

和狭义之分,广义的诉讼证据是指所有涉及、进入诉讼程序的证据及证据材料。它既包括借以获得有关案情的未经查实的证据材料,也包括据以定案的查证属实的证据事实。

一般来说,广义的诉讼证据有以下几个特点:

(1) 真假、虚实并存。因为广义的诉讼证据包含所有涉及、进入诉讼程序的证据材料及证据事实,有的并未经过严格的查实,再者由于收集、提供证据人的主观认识能力的局限,或者客观条件的限制,或者有意制造伪证等原因,所以其中难免有真有假,有实有虚。当然,经过法庭查证属实的证据,绝大部分是真实的,但也不否认在特殊情况下也会出现虚假的情况,需要多次反复查证。这也是某些错案出现的一个重要原因。

(2) 在所有广义的证据之中,最后被用以认定案情的往往只是其中的一部分,而不是全部。因为经过公安司法机关的审查、筛选,总有一部分虚假的、与案件无关的、没有证明意义的证据被淘汰,而只有部分证据材料或事实被查证属实,予以采信,成为狭义上的诉讼证据。

(3) 有合法证据也有非法的证据。如在刑事诉讼中,以刑讯逼供、威胁、引诱、欺骗或者其他非法方法收集的证据,以及在民事诉讼中,不符合法定形式的合同书、遗嘱等都属于非法的证据。这些非法证据和合法证据都属于广义的诉讼证据,但是非法证据不能被用以证明案件事实,应当将其排除在定案证据之外。

狭义的诉讼证据,是指法律规定的,经查证属实,能够用于证明案件事实的材料。本书所讲的诉讼证据,是指狭义的诉讼证据,即可以定案的根据。凡未经查证属实的广义的诉讼证据,我们称为证据材料。

定案根据与证据材料既有联系,又有区别。两者的联系是:(1) 均直接或间接地源于事实,即均以案件事实为基础;(2) 定案根据是经证据材料调查核实和筛选后而确定的;(3) 有共同的表现形式,如言词、书面文字、物品或痕迹等。

两者的区别表现为:(1) 定案根据必须是客观存在的事实,而证据材料不一定具有客观真实性;(2) 定案根据必须与待证的案件事实具有联系性,而证据材料不一定与待证的案件事实具有联系性;(3) 定案根据必须具有证明与其相关的案件事实的能力,而证据材料则不一定具有此证明性;(4) 定案根据的表现形式能正确地反映待证案件事实的内容,而证据材料的表现形式则不一定能正确地反映待证案件事实的内容。可见,与定案根据相比,证据材料具有"或然性"或称"不确定性"。对证据材料必须进行审查判断,经过反复地"去伪存真"的过程,才能将其确定为定案根据,才能用以证明案件事实。

较之 1979 年及 1996 年《刑事诉讼法》,现行《刑事诉讼法》有两项不同。一是证据的概念不同,将"证据"定义为"可以用于证明案件事实的材料",将证据的概念由"事实说"变为"材料说";二是根据刑事诉讼中出现的新情况和实践需要,在法定证据的种类上增加了"辨认、侦查实验等笔录"以及"电子数据",并将"物证""书证"独立为两种证据,同时将"鉴定结论"改为"鉴定意见"。

我国《民事诉讼法》第 63 条关于民事诉讼证据种类的规定与《刑事诉讼法》的规定基本相同,所不同的有三点:一是当事人陈述取代被害人陈述以及被告人的供述和辩解,这体现了民事诉讼不同于刑事诉讼的特点;二是只有勘验笔录,没有检查、辨认、侦查实验等笔录证据;三是将视听资料、电子数据独立为两种证据。我国《行政诉讼法》第 33 条的规定和《民事诉讼法》的规定也是大同小异,只在第八类证据即"勘验笔录"上增加了一种与之并列的"现场笔录"。值得注意的是,《刑事诉讼法》第 54 条规定"行政机关在行政执法和查办案件过程中收集的物证、书证、视听资料、电子数据等证据材料,在刑事诉讼中可以作为证据使用"。这表明行政机关执法办案过程中取得的"物证、书证、视听资料、电子数据"等实物证据具有进入刑事诉讼的资格,不需要刑事侦查机关再次履行取证手续。此外,《监察法》第 33 条规定:"监察机关依照本法规定收集的物证、书证、证人证言、被调查人供述和辩解、视听资料、电子数据等证据材料,在刑事诉讼中可以作为证据使用。"相较于行政执法证据,监察机关收集的所有种类证据都具有进入刑事诉讼的资格。

从上述狭义的诉讼证据的概念和有关法律规定来看,诉讼证据有以下几个含义:

(1)诉讼证据是一种客观存在的材料。诉讼证据是材料,既包括物证、书证等客观性较强的材料,也包括证言、供述等主观性较强的材料。诉讼证据是客观存在的,不随司法人员的主观意愿而产生、改变或消灭。

(2)诉讼证据可以用于证明案件事实。诉讼证据与案件事实有着一定程度的相关性,可以用于揭示、推断案件事实。诉讼证据具有一定主观性,即诉讼证据是否可以用于证明案件事实具有一定的主观性。

(3)诉讼证据必须符合法定的表现形式。如《刑事诉讼法》规定了八种证据形式:物证,书证,证人证言,被害人陈述,犯罪嫌疑人、被告人供述和辩解,鉴定意见,勘验、检查、辨认、侦查实验等笔录,视听资料、电子数据。

(4)诉讼证据必须经过司法机关查证属实。证据只是可以用于证明案件事实的材料,真实性还需要经过司法机关的审查。诉讼证据是指司法机关经过法定程序,对证据的客观性、合法性等情况进行审查,经过反复地"去伪存真"后,能够作为定案根据的证据。

**二、诉讼证据在诉讼中的意义**

在刑事、民事、行政诉讼案件中,要正确地认定案情,都必须有足够的、确实的证据来支持,可以说诉讼的中心问题就是运用诉讼证据认定案件事实。在刑事诉讼中,侦查是为了收集证据,审查起诉就是向法院提交证明案件事实的证据,法庭审判则是审判人员对证据的审查判断和运用。在民事、行政诉讼中,当事人要起诉必须提供一定的证据,不能空言起诉,否则人民法院将不予受理或驳回起诉;在审判阶段则是审判人员对当事人双方和自己依法收集的证据进行审查、判断、运用;查明案情的过程也是运用证据的过程。因此,诉讼证据在诉讼过程中处于中心地位,具有非常重要的意义。司法机关充分认识诉讼证据的意义,有助于它们正确地处理案件;当事人和其他公民认识其意义,可以充分地利用诉讼手段保障自己的合法权益。认识诉讼证据的重要意义也是我们建立和完善社会主义法制的重要内容。如果我们不重视或不能正确地认识诉讼证据的重要意义,那就会出偏差,小到案件得不到正确处理,大到危及国家政治制度的安全。历史上大多数的冤案都是由于证据运用不当所致。证据是预防错案的关键环节。所以,我国的三大诉讼法都规定,司法机关处理案件要"以事实为根据,以法律为准绳"。《刑事诉讼法》还特别规定,判处案件要重证据、重调查研究,不轻信口供。具体说来,诉讼证据在诉讼中的意义主要体现为以下几点:

第一,诉讼证据是认识案件事实的唯一途径。马克思主义认识论认为,人们的意识能够认识纷繁复杂的客观世界。在诉讼过程中,对于曾经存在的案件事实,也可以认识。对案件真实情况的认识不能靠臆想和猜测,更不能去编造。正确地认识已经发生的案件事实,必须也只能依靠诉讼证据。无论刑事、民事、行政,哪一种案件发生后,都会对与它有联系的外部世界有一定的作用,都会在客观世界留下物质、痕迹等含有案件信息的东西;如果没有案件发生,也会有相反的事实予以证明。这些反映案件信息的事实就是证据。因此,要查明案件的真实情况,必须依靠诉讼依据,离开诉讼证据去探求案件的真实情况,是不可能的。

第二,诉讼证据是公安司法机关进行诉讼的基础。在刑事案件中,从立案、侦查、起诉、审判到执行都必须以一定的证据为基础。如果侦查机关不能获得必要的证据,刑事诉讼就无法向前发展。检察机关作出提起公诉、不起诉的决定,审判机关作出裁判也必须以此为根据。在民事、行政案件的诉讼中,只有原告举出必要的证据,人民法院才能作出立案等诉讼活动。当事人只有提出必要的证据支持自己的主张,才有可能达到自己的诉讼目的。从某种意义上说,诉讼的过程就是对证据的收集、认定和运用的过程,因此,诉讼活动离不开诉讼证据。

第三,诉讼证据是制服犯罪分子的有力武器。在刑事案件中,犯罪分子为了逃避罪责,免受刑罚制裁,有可能对自己的犯罪行为百般抵赖。他们常常采用虚构事实或制造伪证等方法为自己开脱,如果没有确实、充分的证据,就无法使其吐露真情,承认犯罪事实。相反,如果司法机关或对方当事人提出了确实、充分的证据,就能对他们的假口供进行有力的驳斥,使他们丢掉侥幸心理、面对现实,使犯罪分子认识到只有如实陈述才是唯一出路,从而认罪服法,接受判决。也只有充分、确实的诉讼证据,才能做到准确地惩罚犯罪分子。

第四,诉讼证据是当事人论证自己的主张,保护其合法权益的重要工具。在刑事诉讼中,无辜的人受到错误追诉,或犯罪人受到不正确的指控,犯罪嫌疑人、被告人或其辩护人就可以利用诉讼证据进行有力辩护,使案件得到正确处理,保证准确、有效地打击犯罪,保障人权。在民事和行政诉讼中,公民、法人、其他组织和国家机关的合法权益遭到侵害,也可以通过向司法机关和对方当事人出示证据,论证自己的主张正确、真实、合法,以便得到对自己有利的判决,维护自己的合法权益。如果当事人及其代理人举不出足够的、可靠的证据来支持自己的主张,那么他们的主张就不能为司法机关所支持,即使他们的要求是符合客观事实的,也难以得到法律的保护。

第五,诉讼证据是进行社会主义法制教育的生动材料。司法机关以确实、充分的诉讼证据处理案件,不仅对个别社会成员起作用,而且对社会其他成员也有广泛的法制宣传作用。在刑事诉讼中,通过大量的诉讼证据查明案件真实情况,可以使犯罪分子的罪行暴露得更充分,对犯罪行为的社会危害性认识得更为深刻。同时,还可以使广大人民群众认识到无论犯罪分子如何狡猾,但是天网恢恢,疏而不漏,最终还是逃脱不了法律的惩罚,从而激发广大人民群众自觉与犯罪分子作斗争的积极性,也可以震慑准备犯罪的人,起到一般预防的作用。

在民事诉讼中,通过公开审判中出示的大量确实的诉讼证据,查明案件的真实情况,正确处理纠纷,可以让人们认清问题所在、合法与否,增强其在从事民事活动时的法律意识,规范自己的民事行为。

在行政诉讼中,通过以确实、充分的诉讼证据认定的案情,对案件作出正确处理,能使当事人、行政机关和其他社会成员受到深刻的法制教育,有利于他们自觉守法,也便于人民群众对行政机关的行政活动进行监督。

## 第二节 诉讼证据的基本特征

诉讼证据的特征,也称为证据的属性,是我国法学界长期以来争论不休的问题。主要观点有"两性说""三性说""新三性说""四性说""五性说"等。①

1. "两性说"

这种观点认为,诉讼证据的基本特征有两个,即客观性和关联性。它否认"法律性"是诉讼证据的基本特征,原因是"法律性"是人为的、外在的东西,不是诉讼证据本身内在的东西。

2. "三性说"

这种观点认为,诉讼证据的基本特征除了客观性和关联性以外,还必须具备"法律性"的特征。我国大多数学者持这种观点。

3. "新三性说"

这种观点可以分成三种情况:(1) 客观性、关联性和现实性。"现实性"指诉讼证据证明的客观事实所联系到的案件,已经被司法机关接受或者正在审理。(2) 客观性、关联性和诉讼性。这种观点认为诉讼性是证据形成的前提。首先,没有诉讼性就没有诉讼证据。其次,诉讼性是区分诉讼证据和证据材料的标志。再次,诉讼性是一切社会制度下诉讼证据的共同属性。(3) 充分性、确凿性和合法性。充分不仅指证据的数量,更重要的是起决定作用的质量。

4. "四性说"

这种观点认为,诉讼证据的基本特征除了相关性、可采信、证明力之外,还要具备可信性。"可信性"是证据值得相信的特征,是证据或其来源可被事实认定者相信的程度。有形证据的可信性包括真实性、准确性和可靠性;言词证据的可信性包括诚实性、客观性和观察灵敏度。事实认定者通过控辩双方的证明来评判证据的可信性。交叉询问和对质是检验证据可信性的有效手段。②

5. "五性说"③

这种学说又分两种观点:第一种观点认为,诉讼证据具有客观性、证明性、合法性、多样性和两面性。"多样性"是指证据的表现形式是多种多样的。"两面

---

① 参见樊崇义主编:《刑事诉讼法学研究综述与评价》,中国政法大学出版社1991年版,第211—215页。
② 参见张保生主编:《证据法学(第二版)》,中国政法大学出版社2014年版,第17—37页。
③ 参见樊崇义主编:《刑事诉讼法学研究综述与评价》,中国政法大学出版社1991年版,第211—215页。

性"是指,在证明过程中,有的证据从正面证明案件的事实存在,有的证据从反面证明案件的未知事实不存在。

第二种观点认为,诉讼证据应具有证明性、关联性、客观性、合法性和制约性五个基本特征。"合法性"是指诉讼证据的合法性是相对的,而诉讼证据的非法性是可变的。"制约性"是指在刑事诉讼中,侦查阶段所收集和审定的证据对提起公诉和审判都有制约的证明效力。

我们认为,上述几种观点都从不同的角度、以不同的方法来研究诉讼证据的基本特征,各有其独特和合理的成分,但其中有些观点也带有一定的片面性和局限性,甚至有错误。我们认为,在诉讼证据的基本特征问题上,相比较而言,"三性说"即诉讼证据必须具有客观性、关联性和合法性,更为科学。

**一、诉讼证据的客观性**

诉讼证据的客观性有几个方面的含义:首先,诉讼证据有自己存在表现的客观形式。这种客观形式能为人的认识所感知到,或能被人看到,或能听到,或能触摸到等。如我国的三大诉讼法所规定的物证、书证、证人证言、鉴定意见、视听资料等。如果不具有能为人们在现有条件下所感知到的形式,它就不能被人们认识并被用作诉讼证据证明案情。其次,诉讼证据所反映的内容必须是客观的、真实的。它所包含和反映的内容不以当事人和司法人员的意志为转移,能够经受得住事实和科学的检验。在案件发生和发展的过程中,总会与周围的人或事物发生联系,对其产生作用,或者遗留与案件有关的物品、痕迹、书面材料,或者在人的大脑中留下记忆。如果犯罪行为、争议事实没有发生,也会有客观的事实来予以反映证明。最后,诉讼证据和案件的联系也是客观的。证据的客观性还指诉讼证据是可知的,即可以通过人们的大脑予以认识,当然这可以借用一切的科技手段。

诉讼证据的客观性,是辩证唯物主义"物质第一,意识第二;物质决定意识"原理在诉讼证明领域的具体体现。认识诉讼证据的客观性,具有非常重要的意义。首先,它使司法人员在办案过程中减少主观臆断,客观全面地调查、研究、收集、审查证据,树立"一切从实际出发,实事求是"的唯物主义的指导思想和工作作风,切实地贯彻"以事实为根据"的原则,正确地处理案件。其次,它可以促使当事人以客观、确实的证据证明自己的诉讼主张,驳斥对方的无理狡辩,切实维护自己的合法权益。它还可以使有过错的一方,面对现实,依法承担法律责任。

在认识诉讼证据的客观性时,还要注意以下两点:

第一,应当认识到诉讼证据的客观性和人的认识能力是相互联系的,要把已知的事实和未知的事实区别开来。有些反映案件真实情况的事实虽然确实存在,但由于人们的认识能力和科学技术水平有限,在目前的条件下还无法收集或认识,或者虽有认识能力,但目前还未能收集取得,不能被用来证明案件的真实情况,所以这些事实也不是诉讼证据。如一起杀人案件发生后,侦查人员未获得任何有价值的证据来证实案情,我们就说这案件还没有获得证据来证明。司法人员就不可能对犯罪嫌疑人作出任何有罪的处理,否则就会导致冤假错案。

第二,有些诉讼证据虽然内容是客观的,但它却不能离开人的主观意识而存在,需要通过人的主观因素来表现。如证人证言、鉴定意见、当事人陈述、犯罪嫌疑人、被告人陈述和辩解等。因为除了物证、书证、视听资料等实物证据外,其他证据都是通过人的主观反映表现出来的,而不再是"纯粹的"客观事实。所以,有人将这些证据称为"主观证据",把实物证据称为"客观证据"。

人们对诉讼证据应当具有客观性基本上是无争议的,争议点在于诉讼证据在具有客观性的同时,是否具有主观性,主观性和客观性如何在证据的属性当中求得统一或是否有统一的余地。一些学者指出,诉讼证据具有客观性是无疑义的,但是,对于诉讼证据的客观性要作辩证的、唯物的理解。诉讼证据的客观性既应当在同诉讼证据的主观性相对立的背景下理解,又应在同诉讼证据的主观性相统一的意义上理解。[①]

## 二、诉讼证据的关联性

关联性又称相关性。诉讼证据是事实,但是,并非所有事实都能够成为诉讼证据。作为诉讼证据的事实必须与案件的待证事实存在某种联系,这就要具有关联性。我国法学界对关联性的理解也有许多争议。归纳起来,主要有以下几种观点:

第一,内在联系说。此说认为,诉讼证据必须与所要证明的案件有内在联系。这些联系的具体表现形式各不相同,如因果联系、直接联系、间接联系、必然联系、偶然联系等。如在刑事诉讼中,有人认为必须同犯罪事实是否发生、被告人是否有罪以及罪行轻重等问题有内在联系的事实,才能算作刑事诉讼证据。在民事诉讼中,有人认为,关联性是指民事诉讼证据必须与其所证明的案件事实有内在的必然联系。

第二,客观联系说。此说认为,作为诉讼证据的客观事实,必须同案件有客

---

[①] 参见汤维建:《关于证据属性的若干思考和讨论——以证据的客观性为中心》,载何家弘主编:《证据学论坛(第一卷)》,中国检察出版社2000年版。

观联系,即能证明案件的真实情况。即作为证据的事实,不仅是客观存在的事实,而且必须是同案件有客观联系的事实,才是证明案件真实情况的事实。

第三,紧密联系说。此说认为,只有和案件有紧密联系的证据才能作为诉讼证据,否则不能作为诉讼证据。

第四,证明需要说。此说认为,证据的关联性就是看证据事实对证明案件有没有作用,有一些事实与案件无内在必然联系,但只要为证明案件需要也可以作为诉讼证据。如某犯罪行为发生时,正好是下雨天,"下雨"与案件本来没有什么联系,但在特定情况下,却是证明案件某方面的事实所必需的。因此,也可以作为诉讼证据使用。

第五,内在必然联系说。此说认为,诉讼证据不仅应与案件有内在联系,还应有必然联系。既不能忽视证据同案件之间的内在联系,也不能忽视证据同案件之间的必然联系。因此,不能把那些根本不能证明案件事实,只是表面上有联系的事实作为诉讼证据使用。

第六,综合说。此说认为,诉讼证据同案件的联系或者是客观的,或者既是客观的,又是有内在必然联系的。对于刑事诉讼证据的关联性,可以概括为两点:一是无论有罪或无罪的证据,都是与案件有客观联系的事实;二是认定被告人有罪的证据,则存在内在的必然联系。①

以上是诉讼法学界对诉讼证据关联性的六种具有代表性的观点。这些观点各有其道理,从根本上讲都是要从理论上解决案件的关联性问题。我们认为,对证据关联性的探讨不但要注重理论性,还要注重与诉讼实践紧密结合。离开了诉讼实践,对证据的研究就容易空洞、出偏差。结合诉讼实践,我们认为,诉讼证据的关联性,是指诉讼证据和案件之间有客观的联系,为证明案件待证事实所必需,并且在现有条件下,能为人们所认识和利用。首先,诉讼证据同案件必须有客观的联系。这种联系的表现形式多种多样,但都有一个共同的特点,就是都具有客观性,即必须是真实、客观存在的,不是臆测的、虚假的。其次,诉讼证据同案件的联系为证明案件待证事实所必需。不需要的,也就没有证明价值,不应成为诉讼证据。因为诉讼的目的,就是要去证明案件的事实、情节。最后,诉讼证据同案件之间的客观联系必须是在现有条件下可以被认识利用的。因为只有可以被认识利用的联系,才能被用来证明案件的事实,否则,就没有证明价值。随着科学技术的发展和人们对客观世界认识能力的增强,关联性的外延也越来越广泛。过去认为没有关联性的事实,现在已成了证实案件的有力手段。如声纹、

---

① 参见胡锡庆主编:《诉讼证据学通论》,华东理工大学出版社1995年版,第60—61页。

DNA等鉴定结论,显微分析,中子活化分析,心理、病理分析等。1990年,美国审理文森特·利普斯考伯所犯的两起严重性犯罪案件,陪审团只用了75分钟就作出了有罪裁定,而指控他犯罪的关键证据就是DNA检验。

正确地认识诉讼证据的关联性,对于司法人员和当事人都具有重要意义。对于司法人员来说,可以全面地收集各种必要的证据,避免在无关联性的事实上浪费精力。在审查判断证据时,司法人员也能够正确地判断其证明力,适当地予以取舍和运用。对当事人来说,正确地理解诉讼证据的关联性,就可以有效地运用证据,证明自己的主张,反驳对方的主张,有力地维护自己的合法权益。

国外的学者及司法实践对诉讼证据的关联性也作了较多的研究。美国的证据立法和证据理论一般认为,证据的关联性和可采性是证据的基本特征。证据的关联性是指提供的证据与案件争议的问题有无相关关系。证据的关联性是可采性的前提。① 英国证据理论一般认为,关联性是指证据必须与案件的待证事实有关,能够证明案件的待证事实。当事人提出的证据,必须与他的主张和争议事实绝对有关,与案件无关的应予排除。②

**三、诉讼证据的合法性**

合法性又称法律性。关于诉讼证据是否具有合法性的问题,是最近证据研究领域争论最多的一个话题,也是"三性说"和"两性说"争执的焦点。在诉讼证据的合法性上,主要有两种观点,即肯定说和否定说。

否定诉讼证据具有合法性的观点认为:第一,不能以为诉讼证据为法律所调整,具有法律效力,就认为其具有合法性。法律效力不是诉讼证据本身所固有的,而是办案人员依法赋予它的,但诉讼证据的存在不依赖于办案人员的意识和法律规定,而是独立、客观地存在的。合法性不是诉讼证据本身的特征。第二,强调诉讼证据的合法性,就给诉讼证据硬加上了主观因素,把诉讼证据变成了主、客观的混合体,这实际上是证据理论上的"二元论",在司法实践上容易造成冤假错案。第三,诉讼证据内容合法、形式合法、收集和认定的人员合法与程序合法的论点是不科学的。有的诉讼证据不具有合法性,形式也不只是法律规定的几种,人员与程序合法也缺乏合理性。

肯定诉讼证据具有合法性的观点认为:(1)诉讼证据的来源和表现形式合法是我国法律明文规定的。《刑事诉讼法》第52条规定:"审判人员、检察人员、

---

① 参见王以真主编:《外国刑事诉讼法学》,北京大学出版社1990年版,第216页。
② 同上书,第161页。

侦查人员必须依照法定程序,收集能够证实犯罪嫌疑人、被告人有罪或者无罪、犯罪情节轻重的各种证据。"这条规定表明,刑事诉讼证据必须经法定的主体——公安司法人员依法定程序收集并查证属实。《刑事诉讼法》第 50 条、《民事诉讼法》第 63 条、《行政诉讼法》第 33 条就规定了诉讼证据的法定来源和表现形式。这些都说明诉讼证据应具有合法性。(2) 不符合法定形式的事实和材料不能作为证据。诉讼证据必须由法定机关、法定人员,按照法定程序调查收集和审查核实。(3) 诉讼证据不是一般意义上的证据,而是有特定概念、特定意义的诉讼证据。诉讼证据要受诉讼程序和证据法规范的制约,在诉讼程序之外不存在诉讼证据。诉讼证据的合法性特征不是人为的,也不是可有可无的,它是我国的证据法规范所要求和赋予的。没有合法性就没有诉讼证据。

我们赞同第二种观点,即诉讼证据应该具有合法性。但在对合法性的具体内容的理解上又与之不完全相同。

我们认为,诉讼证据的合法性是指诉讼证据必须具有法律规定的各种特性。如表现形式及收集主体等必须符合法律规定。它的具体含义为:

首先,诉讼证据形式必须具有法律规定的许可性。例如,鉴定意见必须由司法机关指派或者聘请的人进行鉴定后,在其所作的书面意见上签名及由其单位盖章。法律要求以书面形式签订合同的,必须出示书面合同文本。

其次,必须由法定人员依照法定程序收集。法定人员是指法律赋予权利收集证据的人员,包括司法人员和律师等。

最后,任何证据都必须经法庭查证属实以后才能作为定案的根据。我国三大诉讼法对此都作了具体规定。当然,在不同的诉讼中,对不同种类的证据,查证的方式也不相同。如刑事诉讼中,对证人证言必须在法庭上经公诉人、被害人、被告人、辩护人双方讯问、质证,听取各方面证人的证言,并经查证属实后,方能采用。民事诉讼中对于视听资料,应当辨别真伪,并结合本案其他证据,来审查能否作为认定事实的根据。

值得注意的是,《刑事诉讼法》第 56 条规定:"采用刑讯逼供等非法方法收集的犯罪嫌疑人、被告人供述和采用暴力、威胁等非法方法收集的证人证言、被害人陈述,应当予以排除。收集物证、书证不符合法定程序,可能严重影响司法公正的,应当予以补正或者作出合理解释;不能补正或者作出合理解释的,对该证据应当予以排除。在侦查、审查起诉、审判时发现有应当排除的证据的,应当依法予以排除,不得作为起诉意见、起诉决定和判决的依据。"《刑事诉讼法》对证据的合法性提出了明确的要求,但并非是完全排除,排除的对象仅限于非法取得的言词证据以及严重影响司法公正不能补正或合理解释的物证、书证。

现在完全适用非法证据排除法则的国家极少,一般都在适用该法则的同时,加以适当限制。即使在该法则的发源地美国,排除法则也受到了1984年联邦最高法院判例的强有力的限制。① 日本也是在一定范围内承认这一法则。② 根据目前我国的国情,我国采取了有限制的排除法则。即把排除分为绝对排除和相对排除,对于非法取得的言词证据必须无条件予以排除,而对于证据的违法取得情形不是很严重的书证、物证,办案人员则有自由裁量权,可以要求相关人员予以补正或解释。同时法律还规定了非法证据排除程序启动的时间、方式、主体、后果以及证明责任的承担等内容。必须注意的是,我们禁止任何违法取证者的违法取证,对之要依法追究违法取证的责任。

坚持诉讼证据的合法性,不仅具有理论意义,而且具有重大的实践意义,特别在刑事诉讼中,更具有特殊作用。

首先,防止非法取证侵犯公民、法人和其他组织的合法权益。我国封建法律中曾规定,只要有被告人的口供就可以定案,被告人的口供最为重要,并且规定对被告人甚至原告和证人都可以刑讯。我们只有坚持诉讼证据的合法性,才能减少以至杜绝这类现象的发生。

其次,保证诉讼证据的客观真实性。使用非法手段取得的证据,虚假的可能性往往很大。因此,从保证诉讼证据的客观真实性来说,也应该坚持其合法性。

上述诉讼证据的三个基本特征是从不同的侧面对诉讼证据进行剖析。诉讼证据的客观性,强调的是其反映案件事实的真实程度;诉讼证据的关联性,强调的是证据事实与案件事实的相互关系;诉讼证据的合法性,强调的是其收集的程序性要求。其中,客观性和关联性是基础,合法性是其保证和法律方面的要求。这三个方面相互联系,统一在每个诉讼证据之中,缺一不可。我们必须正确地认识诉讼证据的三个基本特征及其相互关系,以便更好地利用诉讼证据证明案件事实。

## 第三节 诉讼证据和一般证据的区别

在社会生活中,诉讼证据只是很小的一部分,人们大量接触的则是一般证据。所谓一般证据就是在日常生活、生产实践和科学研究领域中,用以证明某个事实是否存在或发生的凭据。这里讲的一般证据,不包括仲裁、公证、行政复议

---

① 参见李心鉴:《刑事诉讼构造论》,中国政法大学出版社1992年版,第287页。
② 同上。

等准司法程序中使用的证据。一般证据和诉讼证据都是用已知的事实去探求未知的事实,但它们之间又有很大的区别,必须加以正确认识。具体而言,两者的区别主要表现为以下几点:

### 一、适用主体不同

一般证据适用的主体法律上没有予以严格限制,任何人都可以收集和提出。例如,历史学家可以用历史事实来考证某个历史事件是否发生或如何发生;工作单位考评职称,被考评人应当提交学历证书,所在单位应当制作工作成绩鉴定;业务人员报销差旅费,要凭发票单据等。而诉讼证据适用的主体则是由法律明确加以规定的。根据我国现行《刑事诉讼法》《民事诉讼法》《行政诉讼法》以及其他法律、法规的有关规定,在刑事诉讼中诉讼证据适用的主体主要是司法机关、当事人和辩护律师,在民事和行政诉讼中,诉讼证据适用的主体主要为诉讼当事人、共同诉讼人、第三人、人民法院等。相比较而言,一般证据适用的主体具有广泛性。

### 二、受时间限制的情况不同

一般证据不受诉讼时效的限制,可以根据使用者的需要随时收集、使用,不会因为经过了一定时间就失去效力或不允许使用。诉讼证据的收集、审查、判断和运用都要受到相应的诉讼时效的限制,超过了法律规定的诉讼期限,就会产生相应的法律后果。例如,在民事诉讼中,因延付或拒付租金产生的纠纷,如果当事人在知道或应当知道其权利受到侵害时起,一年内不向法院提起诉讼,又没有诉讼时效中止或中断的法定原因,那么,该当事人就丧失了胜诉权,即使其证据确实、充分,法律也不会再强制保护他的权利。

### 三、调整的法律规范不同

一般证据,无论其收集还是运用,只要不侵害其他公民、组织的合法权益和社会公共利益,就不受法律的限制,也不会产生法律意义上的后果。一般证据的客观真实性和有效性不需要国家司法机关出面干涉,而是由非诉讼手段来解决。对于这类证据所产生的歧义,可以相互讨论、研究、协商或者留待以后解决,也可以存疑或保留不同意见,而不会由司法机关去审查判断其证明力。诉讼证据则完全不同。诉讼证据的重要特征就是合法性,它的收集、审查判断、采信都由相应的法律来调整,从而形成各种不同的法律关系,产生相应的法律后果。

### 四、适用范围不同

一般证据适用的范围非常广泛。它适用于日常生活、科学研究、工作、学习、生产、贸易等各个方面。可以说,一般证据无处不在、无时不在。而诉讼证据则不同,它主要适用于刑事、民事、经济、行政等案件的诉讼之中,解决刑事犯罪、民事、经济纠纷、行政争议等问题。法律对它的适用范围有严格的规定,法律没有规定或规定其不能适用的情形,则不能适用。

### 五、受主、客观条件的限制不同

一般证据运用上随意性较大,要求不是十分严格,因而在收集运用时,受主、客观条件的限制较少。因为即使其不真实或系伪造,一般也不会产生什么法律后果。诉讼证据则不同,每一个定案的证据都必须客观、真实,并且和案件有客观联系,能被用来证明案件的真实情况;证据的表现形式、来源以及收集和运用也必须符合法律的规定。因此,诉讼证据要受到更多主、客观条件的制约。

## 第四节 诉讼证据的证据能力与证明力

### 一、证据能力的概念和意义

证据能力是指事实材料成为诉讼中的证据所必须具备的条件,即法律对事实材料成为诉讼中的证据在资格上的限制,故证据能力又称为证据资格。证据能力是大陆法系国家的概念,在英美法系国家,与之对应的概念是证据的可采性。[①]

证据能力的概念最初为德国刑事诉讼法典所使用,后被日本、意大利等国的刑事诉讼法典所接受。但目前世界上大多数国家仅消极地就无证据能力或能力限制的情况加以规定,也就是说,法律不规定何种事实材料可以作为诉讼证据使用,只是规定什么事实材料不得作为证据使用。如《日本刑事诉讼法》第319条规定:"出于强制、拷问或者胁迫的自白,在经过不适当的长期扣留或者拘禁后的自白,以及其他可以怀疑为并非出于自由意志的自白,都不得作为证据。"其理由是基于宪法性的人权原则和诉讼供述任意性原则的破坏。日本诉讼供述任意性原则来源于英美的哥蒙罗证据法则,即由于利用不正当的引诱而强迫取得的口

---

① 参见樊崇义等:《刑事证据法原理与适用》,中国人民公安大学出版社2001年版,第84页。

供有虚伪的危险,所以不能作为法官裁判的依据。[①]《意大利刑事诉讼法典》第271条第1款规定,如果窃听是在法律允许的情况以外进行的或者未遵守法定的审批程序或未及时通知当事人的辩护人的,其产生的窃听信息资料不得作为证据加以使用;该条第3款规定,法官可以在诉讼的任何阶段和审级中决定将违法窃听的信息材料予以销毁,除非它们构成犯罪的物证。该法第497条规定,证人如当庭不发表以下声明"我意识到作证的道德责任和法律责任,保证全部讲实话并且不隐瞒任何我所知晓的情况",该证人证言将被排除其证据资格。

我国澳门地区《刑事诉讼法典》第113条第1款规定:"透过酷刑或胁迫,又或一般侵犯人之身体或精神之完整性而获得之证据,均为无效,且不得使用。"

关于证据的可采性,法律上是否应当从证据能力的角度加以限定,我国台湾地区学者陈朴生认为,各种资料可供严格的证明,称此具有可为严格的证明资料的能力为证据能力,或称证据资格,亦即证据适格性。

我国刑事诉讼法中没有使用证据能力这个概念。但关于证据能力的有关内容,如采用非法方法收集的证据能否在刑事诉讼中使用的问题,《刑事诉讼法》对此已有明确规定。[②]

由于诉讼结构、法律传统等方面的差异,世界各国关于证据能力的处理方法和立法侧重点不尽相同。

英美法系刑事诉讼采取当事人主义,所有证据均由当事人提出,案件事实由陪审团认定,职业法官只负责主持诉讼进程和适用法律。英美法基于证据价值与实务政策的要求,以许容性的理论对证据能力加以处理。为防止陪审团成员先入为主,或受社会舆论的影响,或误用推理的经验规则,或碍于被告的社会地位和经历,或惑于被告的巧辩致有偏见,或涉及感情或专断之弊,故严格限制法庭审查判断证据的范围,即采用传闻规则、任意性规则、相关性规则、最佳证据规则、非法证据排除规则等,以保障证据的证明力。为求证据具有合理的证明力,对于证据能力,以法律加以限制,如自认出于任意性,证人的证言应当经反询问,询问笔录应当经证人签名,传闻证据及书证应当具有可以信用的情况的保障等。[③]

---

① 参见胡锡庆主编:《诉讼证据学通论》,华东理工大学出版社1995年版,第277页。
② 第56条规定:"采用刑讯逼供等非法方法收集的犯罪嫌疑人、被告人供述和采用暴力、威胁等非法方法收集的证人证言、被害人陈述,应当予以排除。收集物证、书证不符合法定程序,可能严重影响司法公正的,应当予以补正或者作出合理解释;不能补正或者作出合理解释的,对该证据应当予以排除。在侦查、审查起诉、审判时发现有应当排除的证据的,应当依法予以排除,不得作为起诉意见、起诉决定和判决的依据。"
③ 参见刘善春等:《诉讼证据规则研究》,中国法制出版社2000年版,第459—460页。

大陆法系刑事诉讼采取职权主义原则,即注重司法机关的主导作用,职业法官负责案件事实的认定和法律的适用,陪审员参与职业法官的全部审判活动。法律对证据能力极少加以限制,以防止过分限制法官审查判断证据的范围而造成不利的司法后果。但为了防止司法人员滥用诉讼程序,侵犯人权,法律特别强调调查证据程序的合法性,即从程序禁止和证据禁止的角度来处理证据能力问题。程序禁止,是指证据材料收集与调查程序的规则。证据禁止,是指禁止特定证据之收集、取得、提出或采用的法则,不但限制国家机关本于职权发现事实真相之义务,并且设定法官自由心证原则的外在界限。通称的证据禁止,是证据取得之禁止与证据使用之禁止两者的上位概念,内涵各不相同,必须分别对待。[①] 如讯问犯罪嫌疑人、被告人时,不得用暴力、胁迫、威胁等非法方法进行,即禁止司法机关以不正当方法讯问犯罪嫌疑人、被告人,属于证据禁止。未经合法调查、无法发现证据的状态形成正确的心证,而不得据为认定事实的资料,也属于证据禁止。因此,证据是否足为严格的证明资料,以应否经调查程序为准。凡可为证据的资料,均具有理论上的证据能力。

我国关于证据能力的处理与大陆法系比较接近,即都从证据的调查程序和收集程序上加以严格限定,如《刑事诉讼法》第52条规定:"严禁刑讯逼供和以威胁、引诱、欺骗以及其他非法的方法收集证据,不得强迫任何人证实自己有罪";第61条规定:"证人证言必须在法庭上经过公诉人、被害人和被告人、辩护人双方质证并且查实以后,才能作为定案的根据。"《民事诉讼法》第68条规定:"证据应当在法庭上出示,并由当事人互相质证";第70条规定:"书证应当提交原件。物证应当提交原物。提交原件或者原物确有困难的,可以提交复制品、照片、副本、节录本。"同时,《最高人民法院关于适用〈中华人民共和国民事诉讼法〉的解释》(以下简称《民诉法解释》)第106条规定:"对以严重侵害他人合法权益、违反法律禁止性规定或者严重违背公序良俗的方法形成或者获取的证据,不得作为认定案件事实的根据。"我国《刑事诉讼法》规定了对于非法取得的言词证据以及严重影响司法公正,不符合法定程序取得的物证、书证,并不能作出合理解释或补正的应当排除。但对于采用非法方法所收集的勘验检查笔录和鉴定意见等证据有无证据资格,却无明文规定。

法学界对采用非法方法收集的实物证据一般持"区别对待说",即作为排除规则的例外情形加以确认。这主要是考虑到实物证据较言词证据来讲,其证明力具有稳定性、客观性,及其本身的不易伪造性和难得性。在犯罪手段日益科技

---

[①] 参见林钰雄:《刑事诉讼法(上册·总论编)》,中国人民大学出版社2005年版,第427—428页。

化、侦查技术相对落后的今天,对实物证据作例外处理是可以理解的。但也有学者主张,对于执法人员主观上故意、客观上严重违法,如故意伪造或指使非司法人员进行搜查、扣押所获得的实物证据应当予以排除。因为此类证据因执法人员的主观恶意而恶性较大、严重妨害司法公正,故应予以排除。①

诉讼的物质基础是证据,无证据即无诉讼。证据制度的核心是什么样的事实材料可以作为证据采纳。所以,英美法系国家规定了一系列有关证据的可采性的规则,它们构成了证据规则的主要部分。我们从理论上研究证据能力的意义主要有:(1)以法律的形式明文规定证据能力,有利于保障诉讼参与人的合法权益;(2)明确各类证据的证据能力,有利于司法机关查明案件的事实真相,正确地处理案件;(3)注重对证据能力的考察,有利于防止司法机关滥用权力,可以促使其依照法定程序公正办案。

**二、证据能力的种类**

根据诉讼证据法学的理论标准,我们可以将证据能力划分为以下两大类:
(一)绝对无证据能力和相对无证据能力

绝对无证据能力,是指因采用法律所禁止的方法与程序收集的证据,从而法律明文禁止其在诉讼中使用。如前述的使用刑讯逼供的方法取得的犯罪嫌疑人、被告人的口供。

相对无证据能力,是指证据的获取虽然违反法律所规定的方法与程序,但法律并未明文禁止其使用,当采用一定的方法或程序补救后,仍具备证据能力。如没有勘验、检查笔录制作人、见证人签名或盖章的勘验、检查笔录,在有关人员补签或盖章后可以转化为合法证据而具有证据能力。

(二)法律上的证据能力和理论上的证据能力

法律上的证据能力,是指法律所明文规定的,具有法律效力,司法机关在办理诉讼案件时必须予以确认的证据资格。

理论上的证据能力,是指法律没有明文规定的专家学者的学术研究的成果,即是从学理上对证据材料的资格所作的界定,不具有法律上的约束力。

**三、诉讼证据的证明力**

诉讼证据的证明力,又称证据价值或证据力,是指证据对于案件事实认定的证明意义或影响力。例如,某被害人陈述被认定是真实的,那么该被害人的陈述

---

① 参见叶青:《刑事诉讼证据问题研究》,中国法制出版社 2003 年版,第 115 页。

就具有证明力,它对认定案件事实就具有证明意义。诉讼证据的证明力所反映的证据价值可以说是诉讼证据的生命。在司法实践中,某一证据是否具有证明力,是法官根据证据的判断标准判断的结果。在西方国家,证据的证明力如何,属于法官自由心证的范围。但是,归根结底,证据是否具有证明力的关键在于它所包含的信息(事实)是否与案件的待证事实相关联。某一诉讼证据证明力的大小、强弱是由其与案件待证事实之间的关联性的紧密程度决定的。一般说来,如果证据与待证事实之间的联系紧密,则该证据的证明力较强,在诉讼中所起的证明作用也较大;反之,则证明力较弱,证明作用也较小。

**诉讼证据能力与证明力的区别**主要有:(1)证据能力是法律关于某一事实材料是否具有证据资格的规定,证明力是法律关于具有证据能力的证据对于案件事实有何证明意义的规定。可见,具有证据能力只是使事实材料成为定案根据具有可能性,只有具有证据价值,这种可能性才能转化为现实性。(2)从立法上看,证据能力的有无,主要是根据证据材料的获取是否违反法定程序来判断的,而证明力的有无则往往是根据单纯的证据规则来判断的,与程序是否合法无关。(3)就犯罪嫌疑人、被告人供述而言,法律关于证据能力的规定侧重于保障犯罪嫌疑人、被告人的人权和司法程序的公正性,而证明力则侧重于保证犯罪嫌疑人、被告人供述的真实性,以防止司法人员偏听偏信而误定案件,避免造成冤假错案。

# 第六章　诉讼证据的法定种类

证据种类,是指法律规定的证据的不同表现形式,又称为证据的法定形式。我国《刑事诉讼法》第50条规定了八种证据形式:"(一)物证;(二)书证;(三)证人证言;(四)被害人陈述;(五)犯罪嫌疑人、被告人供述和辩解;(六)鉴定意见;(七)勘验、检查、辨认、侦查实验等笔录;(八)视听资料、电子数据。"《民事诉讼法》第63条规定的证据形式也有八种:"(一)当事人的陈述;(二)书证;(三)物证;(四)视听资料;(五)电子数据;(六)证人证言;(七)鉴定意见;(八)勘验笔录。"《行政诉讼法》第33条规定的证据形式也是八种:"(一)书证;(二)物证;(三)视听资料;(四)电子数据;(五)证人证言;(六)当事人的陈述;(七)鉴定意见;(八)勘验笔录、现场笔录。"可见,我国现行三大诉讼法都对证据的种类作了具体的划分。这一划分的意义在于规范了证据的划分标准和方法,并从法律上对证据的有效表现形式作了强制性的界定,超出这一界定的证据表现形式是无效的,不能成为有效的诉讼证据。[①]

## 第一节　物　　证

### 一、物证的概念

物证是以其内在属性、外部形态、空间方位等客观存在的特征证明案件事实的物体和痕迹。物证有广义和狭义之分。广义的物证包括书证、视听资料等一切以实物形式表现出来的证据,狭义的物证则不包括书证和视听资料。作为我国法定证据形式之一的物证属于狭义的物证。

物证的证明功能均是通过其客观存在的特征实现的,而物证的特征表现在多个方面,包括内在属性、外部形态、空间方位等。所谓内在属性,是指物证的物理属性、化学成分、内部结构、质量功能等特征;所谓外部形态,是指物证的大小、形状、颜色、光泽、图纹等特征;所谓空间方位,是指物证所处的位置、环境、状态、与其他物体的相互关系等特征。在司法实践中,有些物证只能依据一个方面的

---

[①] 另一种解释是,三大诉讼法中有关证据种类的规定,用语为"证据包括:……"应为有限列举,指的是可以用于证明案件事实的材料,包括这些常用的种类,但不限于这些种类。

特征证明案件事实,有些物证则可以同时依据多个方面的特征实现其证明功能。

物证包括物体和痕迹。作为物证的物体既可以以实体性粒子的形式存在,也可以以电子、光子和场等形式存在。在刑事案件中,常见的物体证据包括作案的对象物(如贪污、盗窃的赃款、赃物,被害人的尸体,被炸毁的楼房或被撞坏的车辆)、使用物(如杀人凶器、撬窃用具、制造毒品的设备)、遗留物(如犯罪现场遗留的毛发、烟头和纽扣)等;在民事案件中,常见的物体证据包括标的物(如婚姻诉讼中的房产)、损害后果物(如侵权诉讼中被损坏的机器设备或电击死亡的尸体)、使用物(如加工合同纠纷中使用的机器)等;行政诉讼中常见的物证主要有:交通肇事后损坏的汽车、罚没的商品、被强制拆除的违章建筑物等。

所谓痕迹,是指一个物体在一定的力的作用下在另一个物体的表面留下的自身反映形象。这种痕迹也具有物体的性质,因为它总要依附于一定的物体,而且它也是人可以直接感知的客观存在的实体。但痕迹的证明价值主要不是基于它自身的特征,而是基于它所反映的那个客体的特征。司法实践中常见的痕迹物证包括手印、足迹、弹道痕迹、车辆痕迹、涂改账册所留下的笔迹等。

在理解物证概念时应当注意的一个问题是物证与固定或保存物证的照片、录像带、模型和笔录之间的关系。在司法实践中,我们经常会碰到一些难以提取的物证,如体积硕大的物证,或者是容易受破坏的物证,或者其形态处于不断变化中的物证,如一车皮的钢材、一卡车的水果、泥地上的脚印、人身上的伤口等,针对这些物证,司法人员往往只能以摄影、摄像、实物模型或者笔录方式予以固定和提取。在理解物证的概念时,我们不能将用来固定、提取或者保存物证的照片、录像带、实物模型和勘验笔录认定为物证,因为上述这些材料只是固定和提取物证本身的一种手段和方法的物质载体,而不是被固定和提取的物证本身。至于在勘验、检查过程中固定和提取物证的载体材料,我国现行三大诉讼法已经将其确定为另一种独立的证据种类,即勘验笔录、检查笔录或现场笔录。

### 二、物证的种类

为了充分认识物证的表现形式从而把握物证的实质,我们可以从不同的角度对物证进行分类。

(一)固体物证、液体物证、气体物证和无形物证

这是以物证的外观形态为标准所作的分类。固体、液体、气体是自然界物质的三种最基本的物理形态,也是物证外观形态上的三种基本的表现形式。而无形物证是指没有固定和直观的物质形状,人的感官不能或难以直接感觉其存在,而要通过一定的仪器设备才能判断其物质形态的物证,如声音、气味、热能、磁

场、电能、红外线或紫外线等以特殊形态表现的物证。

这一分类强调了物证外观形态对于证明案情的重要功能,同时也向司法部门提出了充分利用科学技术固定和保全物证外观形态的重要课题。

(二)特征物证、属性物证和状况物证

这是以物证证明案情的方式和途径为标准所作的分类。所谓特征物证,是指通过其外部特征发挥其证明作用的物证。违法犯罪行为、民事行为和行政行为都是物质运动方式,必然会给周围环境带来外部特征方面的变化,人们通过这些变化就可以认识案件事实发生、发展的过程,如手印、足迹、工具痕迹、尸体和活体的创伤、犯罪工具、赃物以及其他物品和痕迹等。所谓属性物证,是指以物证自身内部的理化构造及其相应功能来证明案情的物证,如毒物、血液、爆炸物、气体、声音等。所谓状况物证,是指以本身的存在位置等状况来证明案情的物证。物品及有关痕迹的时空变化本身也可以成为认定案情的依据,如赃物的存放位置、遗留在现场的各种血迹、汗渍、精斑等。

这一分类揭示了物证具有多角度反映案件事实的功能,这就要求公安司法人员在调查收集和审查判断物证时应当注意提取、固定和保全物证上述三方面的功能价值。

(三)巨型物证、常态物证和微量物证

这是以物证体积的大小为标准所作的分类。巨型物证是指体积巨大,不能以其原物在法庭上出示的物证,如房屋、火车、轮船、汽车、大树等。常态物证是指能够用人的感官发现,能够被随卷提取和以原物在法庭上出示的物证,如衣物、钱币、手枪、弹壳、毛发等。微量物证是指不能被人的感官直接感知和发现,必须借助于科学仪器设备才能发现、提取的体积微小的物证,如微量元素、有害的光污染物、噪音等。

这一分类使司法人员能够根据物证的外在表现形态和是否具备随卷提取、移送和呈递法庭的条件来确定收集、固定和保全物证的方法和手段。尤其是微量物证,由于在收集过程中需要用特殊手段和方法,决定了其呈递法庭后的还原手段和方法必须有充分的设备和技术保证。

(四)视觉物证、触觉物证、嗅觉物证和听觉物证

这是以发现物证的感官为标准所作的分类。所谓视觉物证,是指可以被视觉器官发现并从视觉角度来收集、运用并证明案件情况的物证。绝大多数物证都是人们通过视觉发现和提取的。所谓触觉物证,是指可以被触觉器官发现并从触觉角度来收集、运用并证明案件情况的物证。物证的有些特征通过触觉可以被比较直观地反映,如物质的平滑度和软硬度,通过触觉就比视觉更容易判

断。所谓嗅觉物证,是指可以被嗅觉器官发现并从嗅觉角度来收集、运用并证明案件情况的物证。人对物证的气味特征若要直接辨识,只能通过嗅觉,故嗅觉是人们发现气体物证的重要感官能力。日本司法机关破获麻原毒气杀人案,也是首先在案发现场嗅到了异味再进一步获取残留在现场的"沙林毒气"的。所谓听觉物证,是指可以被听觉器官发现并从听觉角度来收集、运用并证明案件事实的物证。各种声音,包括现实生活中的噪音污染往往是通过人的听觉发现并用科学仪器测定的。当然,先由人的感觉发现的各种物证必须被现实的科学理论和实验结果证明是科学、有效的,才具备诉讼证明的效力,否则只能作为侦查破案的线索材料,不能作为定案依据,如警犬嗅觉的利用。

目前在司法实践中大量的物证是靠视觉发现和提取的,单凭触觉、嗅觉、听觉感受的物证比较少见,多数在其形成一种事实之后转化为证人证言或当事人陈述或视听资料。但是,随着科学技术的不断发展,以对物的触觉、对味的嗅觉和对声音的听觉而形成的具有特殊表现形式的物证将在司法实践中被不断运用,且逐步形成一种稳定的物证形态。

### 三、物证的特点

(一)物证具有较强的客观性

物证是客观存在的物体和痕迹,是以物质的存在形式证明案件事实的,因此,与其他证据相比较,特别是与各种人证相比较,具有较强的客观性。物证中储存着各种各样与案件事实有关的信息,可以为查明和证明案件事实提供重要的依据。虽然物证也可以造假,但是相对来说伪造的难度较大,所以物证往往比其他证据更可靠,具有较高的证明价值。美国著名物证技术学家赫伯特·麦克唐奈曾经指出:"在审判过程中,被告人会说谎,证人会说谎,辩护律师和检察官会说谎,甚至法官会说谎。唯有物证不会说谎。"①

(二)物证以属性、特征或者存在状况证明案件事实

这是物证与书证和各种笔录的区别所在。书证和各种笔录也是一种客观存在的实物,但它们是以其中所记载或者蕴涵的思想内容证明案件事实。所谓实物,对书证和笔录来说,只是一种必要的载体。与此相反,物证没有思想内容,实物本身就是证据。当然,在特定情况下,有的证据既可以作为书证使用,也可以作为物证使用,例如附有签名的信件、合同书,在其以内容证明案件事实时,属于书证;而在其以签名或者字迹、纸张的质量证明案件事实时,属于物证。

---

① 转引自〔美〕刘易斯:《血痕弹道指纹探奇》,何家弘译,群众出版社1991年版,第1页。

物证的属性是指物证的内在结构特征,包括构成要素(元素)、构成要素的内在结构等。物证的特征是指物证的外在表现形式方面的特征,如物品的形状、温度、湿度、大小、轻重等。物证存在状况是指物证的运动状态或者空间位置,如汽车的速度、停放位置,车印的形状、深浅、大小等。属性、特征或者存在状况是物证的证明价值所在,也是某一物品或痕迹成为证据的条件。

(三)物证的证明往往具有间接性

从物证对案件主要事实的证明功能来看,物证属于间接证据的范畴,物证本身往往不能单独直接地证明案件的主要事实,必须依靠其他证据的组合证明,形成严密的逻辑推理,其证明结论才能证明案件的主要事实。虽然物证具有较强的客观性,但其本身的"哑巴"证据特征使其能直接证明的只能是案件事实的某些阶段或者某一方面的情况。它证明的案情信息显得十分有限,只有与其他证据组合成一个缜密的逻辑推理体系,构成一个综合信息体系,才能证明案件的主要事实。因此,物证的证明具有间接性。在司法实践中,一项物证被作为定案根据,往往需要辅之以其他种类的证据,比如在现场发现的一绺头发,要证明是被告人身上的,就必须辅之以鉴定意见。物证的这一间接证明功能是其与言词证据的重要区别之一,也是其自身难以消除的缺陷之一。在特殊情况下,物证可以成为直接证据,能够被直接用来证明案件事实而不必借助其他证据,例如,在持有型犯罪案件中,持有某些特定物品就是构成犯罪的直接证据。

(四)物证具有不可替代性

物证的证明价值通常都属于特定的物体和痕迹。例如,侦查人员在伤害案件的现场提取到一根带有血迹的木棍。在该案中,只有这根木棍本身具有证明价值,侦查人员不能用其他木棍来代替它。因此,物证通常都具有不可替代性。明确物证的这个特点,就是要强调物证的保全。任何物证在现场被提取之后,必须按照法律要求的程序和方式保管,形成完整的物证保全链条,以确保在法庭上出示的物体就是现场提取的物体,就是与案件具有某种关联性的物体。

**四、现行法律有关物证的规定**

(1)最佳证据规则。① 具体而言:对取证而言,公安司法人员应当调取原物;

---

① 参见《最高人民法院关于行政诉讼证据若干问题的规定》(以下简称《行政证据规定》)、《最高人民法院关于民事诉讼证据的若干规定》(以下简称《民事证据规定》)、《最高人民法院、最高人民检察院、公安部、国家安全部、司法部关于办理死刑案件审查判断证据若干问题的规定》(以下简称《关于办理死刑案件审查判断证据若干问题的规定》)、《最高人民法院关于适用〈中华人民共和国刑事诉讼法〉的解释》(以下简称《刑诉法解释》)。

调取原物确有困难的,可以调取复制品、照片,但应当在调查笔录中记明来源和取证情况。对举证和质证而言,当事人应当提供原物。只有在提供原物确有困难的情况下,经法庭许可,才可以提供经核对无误的反映物证特征的照片、固定痕迹的模型等复制件。对认证而言,是否为原物是有关物证真实性审查的一项内容。在证明同一事实的情况下,原物的证明力优于复制品。

(2) 证据补强规则。① 无法与原物核对的复制品不得单独作为定案根据。

(3) 证据补正规则。② 收集物证不符合法定程序,可能严重影响司法公正的,应当予以补正或者作出合理解释;不能补正或者作出合理解释的,对该证据应当予以排除。

(4) 样品证据规则。③ 在物证是种类物并且数量众多的情况下,提供其中的一部分。

## 第二节 书 证

### 一、书证的概念

书证是以文字、图形、符号等所表示的人的思想内容来证明案件真实情况的书面文件或其他物品。广义的书证包括录像、摄像、多媒体图像、计算机存储资料等以记载的内容证明案件事实的视听资料。由于我国法律明确规定视听资料是与书证等并列的证据种类之一,所以本节中讨论的书证不包括上述内容。

书证在司法实践中十分常见,其形态千变万化。从记录人的思想的方式来看,有文字、图形、符号等;从记录人的思想的工具及材料来看,有的书写在纸上或其他物质材料上,有的雕刻在木材、石材或其他材料上,还有的是用人眼不能直接观察的物理或化学方法来书写等。不论书证以何种形式、何种材料记录人的思想意识,其均不能脱离一定的物质载体,所以,我们在定义书证时,要注意物证与书证之间的概念差异。具有书面形式的材料可能是书证,也可能是物证。如果一份书面材料以其记载的内容证明案件事实,它就是书证,例如记载着多次行贿的时间、地点、对象、金额等内容的日记。如果一份书面材料不是以其记载的内容证明案件事实,而是以其内在属性、外部形态、空间方位等客观存在的特

---

① 参见《民事证据规定》第90条。
② 参见《刑事诉讼法》第56条;《刑诉法解释》第86条;《最高人民法院、最高人民检察院、公安部、国家安全部、司法部关于办理刑事案件排除非法证据若干问题的规定》(以下简称《关于办理刑事案件排除非法证据若干问题的规定》)第14条;《关于办理死刑案件审查判断证据若干问题的规定》第9条。
③ 参见《行政证据规定》第11条。

征证明案件事实,它就是物证。例如,在某杀人现场上发现一份打印文件,虽然其内容与该案无关,但是经查是由某嫌疑人专用的电脑打印机印制的,因此其存在的位置和外部形态等特征对案件事实仍然能起一定的证明作用,则该打印文件就属于物证,而不是书证。在有些情况下,一份书面材料可以同时具有书证和物证两种属性。例如,贪污案件中的账本,其记载的内容可以证明贪污手段和金额等案件事实,这是书证的属性;而账本中的涂改添加字迹又可以证明是谁改写的事实,这则是物证的属性。又如,强奸杀人案件的受害人在临死前用血在自己衣服上写下了案件发生的主要经过及犯罪的有关情况,那么这件血衣就同时具有物证和书证的属性。

书证中记载的内容可以证明诉讼案件中争议或待证的事实,但是书证一般都不是为特定案件的诉讼活动制作的,而是在诉讼活动开始之前制作的,或者是在与诉讼活动没有联系的情况下制作的。这是书证与当事人、证人、鉴定人等诉讼参与人提供的书面证明材料的主要区别。当事人陈述、证人证言和鉴定意见也可以是书面形式,其内容也可以证明案件事实,但是它们不属于书证的范畴。在有些案件中,上述书面证言或陈述与书证有很多相似之处,司法人员要根据具体书面材料的制作情况来判断其是否属于书证。例如,张三将某件财物赠与李四时写的赠与书就是书证,而张三在诉讼中提供的该财物是他赠与李四的书面材料就是证人证言或当事人陈述。

尽管书证与物证之间有诸多共同之处,例如它们都属于实物证据,具有实物证据稳定、客观等特性,且司法实践中运用的程序规则也几乎完全相同。但是,在立法体例上呈现出两种不同种类的证据是因为:物证是指以其外部特征、物理属性、空间方位等证明案件真实情况的一切物品和痕迹;书证是指以文字、符号、图像等表达的思想内容来证明有关案件事实的书面文件或其他物品。它们的差异是显而易见的,主要表现在:第一,对案件事实起证明作用的根据不同。书证以文字、符号等表达的思想内容来证明案件事实,而物证以其存在的方式、外部特征、物理属性来证明案件事实。第二,是否反映人的思想不同,书证是以其内容反映和表达人的主观思想及其行为的物质材料,而物证则并不反映人的主观思想。第三,内容和形式是否能为常人所理解不同。书证所表达的内容和形式一般都能为常人所理解,而物证在表现形式上则会受到客观存在的特殊状态的影响,有些还必须借助技术手段进行鉴定,才能被理解和运用。

## 二、书证的种类

通过对书证的表现形式作多视角的剖析,有助于我们深入把握书证的法律属性。

(一) 公文书证和私文书证

根据是否由国家机关或公共职能机构依职权而制作,可以把书证分为公文书证和私文书证。所谓公文书证,是指国家机关或公共职能机构在其职权范围内所制作的格式化文书,以该文书作为证明案件事实的依据即为公文书证。如民政机关制作的结婚证书、离婚证书,公安机关制作的身份证明、行政拘留决定书,房管部门制作的房产证,法院的判决书,国家机关颁发的任免通知书等。私文书证指公民、企业、社会团体等非公共职能主体在社会生活和交往中制作的各种文书,以及国家机关或公共职能机构制作的与其职能无关的文书,如私人写的借据、公司签订的合同、国家机关发出的与其职能无关的信函等。公文书证是依据有关的法律授权,由享有相应职权的特定工作人员按照法定程序或方式制作的,具有较强的规范性。《行政证据规定》第63条第1项规定"国家机关以及其他职能部门依职权制作的公文文书优于其他书证"。《民诉法解释》规定,国家机关或者其他依法具有社会管理职能的组织,在其职权范围内制作的文书所记载的事项推定为真实,但有相反证据足以推翻的除外。必要时,人民法院可以要求制作文书的机关或者组织对文书的真实性予以说明。

(二) 文字书证、符号书证和图形书证

根据书证内容的表现形式不同,可以把书证分为文字书证、符号书证和图形书证。文字书证是指以文字方式记载的内容来证明案件有关事实的书证。这是最常见、最传统的书证,如传单、合同、遗嘱、账册、票据等。符号书证是指以符号形式记载与案件有关联之内容的书证。符号的种类很多,如标记、标识、音符、记号、路标等。有些符号是通用的,常人都可以理解其含义;有些符号是在某个特殊行业或专业领域内使用的,有专门知识的人才能明白其含义;还有些符号是个人之间约定和使用的,外人很难解读。所谓图形书证,是指以图案、图画等形式记载与案件有关联之内容的书证,如侮辱他人的漫画、作案人自制的现场地形图,以及产品说明图、房屋设计图、建设规划图等。有些书证只有一种形式的内容,有些书证可能同时具有两种或三种形式的内容,因此,这种划分是相对的。

(三) 处分性书证和报道性书证

根据书证记载的内容能否引起一定的法律结果,可以把书证分为处分性书证和报道性书证。处分性书证是指所记载的内容可以引发一定的法律后果的书面证据。如工商行政管理部门颁发的工商营业执照,人民法院制作的判决书、调解书,公民个人所立的遗嘱,民事主体之间所签订的合同等。报道性书证是指所记载的内容只是反映了制作人的所见所闻,或者记录制作人的认识、想法等。如会议记录、医生的病情诊断、私人日记等。处分性书证一般能够确定地证明其设立、变更或消灭的法律关系存在与否的事实,这类书证的证明力一旦被确定,在诉讼中的证明作用往往举足轻重;而报道性书证对相关事实的证明则具有一定的不确定性或间接性。

### (四)原本、缮本、正本、副本、全本、节录本、译本等

根据书证形成的方式和来源,可以把书证分为原本、缮本、正本、副本、全本、节录本、译本等。原本是指文书的原始状态,是文书制作者最初制作的文书原稿和原件;缮本即抄录本,是由制作人根据需要制作的从原本中派生的文本,实践中常见的缮本书证有手抄本、印刷本、誊印本、复印本等。正本是指制作者自行保留的文本,副本则是文字制作者送交其他的文件受体的文本。如检察机关在自己留存起诉书正本以外,还应向法院、辩护人或代理律师和当事人等起诉书受体送达起诉书的副本。全本和节录本则以文书所记载的内容是否为完全记载还是部分记载为划分标准。全本可能是原本、正本,也可能是缮本和副本,但节录本一般则是缮本。译本是指运用其他国家或民族的文字将原本或正本翻译出来而形成的文书。

### 三、书证的法律特征

作为一种反映人的思想内容的物质载体,书证所能反映的信息内容明显比物证要翔实。鉴于书证的这一最基本的证据属性,书证在司法实践中体现出其特有的一些法律特征:

#### (一)书证以其记载的内容来证明案件事实

这是书证最基本的特征。书证的该项本质特征决定了书证不论以何种物质材料作为载体,必须以其记载的内容来反映案件事实。而反映案件事实内容的方式既可以是文字、图形,也可以是符号。制作书证的工具既可以是笔,也可以是刀、复印机等。制作书证的方法可以是书写、雕刻或印刷等。因此,司法实践中我们不能望文生义地将书证等同于以纸张为载体的书面证据材料。

#### (二)书证所记载的内容或表达的思想,可供人们认识和了解

在通常情况下,书证所记载内容或表达思想的方式有以文字的方式,如合同文书、遗嘱文书、信件、证明文书等,也有以符号、图形的方式,如设计图、地图、路标等。应当注意的是,可供人们认识和理解的内容不是仅指人们普遍熟知的文字或符号,在某些特定的情况下不被通常使用的密码、暗号、标记,也表达了制作者或使用者的思想,也应属于可供人们认识和理解的范围。但无论以何种方式表现,表达的内容或思想应当是可以被人们认识和理解的。如果书面记载的内

容不表达任何思想或意思,就不能作为书证,如一个人乱写乱涂的材料,或一个人只为练字而模仿字帖所写的文字材料,都不可作为书证。

(三)书证所记载的内容能够证明案件事实的全部或一部

书证所记载的内容能够证明案件事实的全部或一部,即书证所表达的思想或内容应当与案件有关。例如,当事人之间在发生借用关系时,借用方所立的借据能证明双方发生过借用关系。再如,在侵权损害案件中,受害人向法院提供的诊断书能证明受害人受伤的轻重程度。上述事例中的借据、诊断书,都可列为书证。如果书证所记载的内容和思想与案件无关,就不可以作为本案的书证。例如,犯罪嫌疑人本想证明自己曾去过甲地,却向法院提交了一份其到乙地去的飞机票,该飞机票就不可作为其去过甲地的书证。书证所表达的内容或思想应与案件事实有关这一特征,实际上是诉讼证据特征在书证这一具体证据形式上的表现。

(四)书证具有较强的稳定性

书证的内容一经用文字、符号、图形等方式固定下来,就具有较强的稳定性,而不像证人证言和当事人陈述等证据那样容易发生变化。即使书证的内容被人以某种方式改变,一般也可以查到改变的蛛丝马迹,而且这些改变的内容在形成之后,也具有稳定性,也可以从另外的角度证明相应的案件事实。因此,稳定性或固定性是书证的特点之一,也是其作为证据的优点之一。

### 四、现行法律有关书证的规定

(1)最佳证据规则。[①] 具体内容为:对公安司法机关的取证而言,应当收集原件;收集复制件或者副本的,应当在调查笔录中注明来源和取证情况。对举证而言,当事人应当提供书证原件;在确有困难并且经法庭许可的情况下,可以提供照片、复印件、节录本等复制品;复制品应当由所有人或者管理人核对无误,签字或者盖章;经核对无误的复制品具有与原件同等的证明力。因复制品与原件的一致性而发生争议的,由提供证据的一方当事人承担举证责任。对认证而言,是否是原件是单个证据审查的一项内容;在证明同一事实的情况下,原件的证明力优于复制品。

(2)专业书证的说明义务。[②] 对报表、图纸、会计账册、技术资料、科技文献等专业书证,当事人应当附有说明材料。

---

① 参见《行政证据规定》《民事证据规定》《关于办理死刑案件审查判断证据若干问题的规定》及《刑诉法解释》第82条第1项、第84条第1款。

② 参见《行政证据规定》第10条。

(3) 证据补强规则。① 无法与原件核对的复印件不得单独作为定案根据。

(4) 证据补正规则。② 收集书证不符合法定程序,可能严重影响司法公正的,应当予以补正或者作出合理解释;不能补正或者作出合理解释的,对该证据应当予以排除。

(5) 书证提出命令制度。③ 民事诉讼中,书证在对方当事人控制之下的,承担举证证明责任的当事人可以在举证期限届满前书面申请人民法院责令对方当事人提交。申请理由成立的,人民法院应当责令对方当事人提交,因提交书证所产生的费用,由申请人负担。对方当事人无正当理由拒不提交的,人民法院可以认定申请人所主张的书证内容为真实。

## 第三节 证 人 证 言

### 一、证人的概念和资格

(一) 证人的概念

证人是指知道案件的有关情况而向公安司法机关承办案件人员陈述案件情况的人。在英美法系国家,证人被作广义的理解,包括了所有在诉讼过程中向司法机关提供口头证词的人,其范围不限于当事人以外的人,还包括当事人、鉴定人等。正因为如此,证人证言在英美法系的证据制度乃至诉讼制度中占有十分重要的地位。在美国,有所谓"没有证人就没有诉讼"之说,在司法实践中,美国的诉讼过程几乎就是围绕着收集、审查证人证言来进行的。在大陆法系国家,证人的范围较窄,专指当事人之外的知晓案件情况而向司法机关陈述其知晓的案件情形的第三人,不包括当事人和鉴定人等。我国关于证人的理解同大陆法系接近,指当事人之外的知晓案件情况而向司法机关陈述案件情形的人,不包括当事人、鉴定人。我国《民事诉讼法》第 72 条规定,凡是知道案件情况的单位和个人都有义务出庭作证。据此,我国民事诉讼中的证人不仅包括自然人,而且包括单位。而世界上其他国家的法律中,则没有关于将单位(法人或非法人组织)列为证人的规定。

(二) 证人的资格

证人资格,也称证人能力或证人的适格性,是指作为诉讼中合格证人的法律

---

① 参见《民事证据规定》第 90 条。
② 参见《刑事诉讼法》第 56 条;《刑法法解释》第 86 条;《关于办理刑事案件排除非法证据若干问题的规定》第 14 条;《关于办理死刑案件审查判断证据若干问题的规定》第 9 条。
③ 参见《民诉法解释》第 112 条;《民事证据规定》第 45—48 条。

条件。英美法国家和大陆法国家对证人资格基本上均不作详细规定。在英美法国家,除个别的证据规则外,原则上只要有证人身份的人都有作证的资格。对于儿童、精神错乱的人,有无证人资格,由法官按自由心证原则来审查判断。在我国,法律对证人资格问题也仅作了比较原则的规定,如我国《民事诉讼法》第72条规定,凡是知道案件情况的单位和个人,都有义务出庭作证。不能正确表达意思的人,不能作证。《刑事诉讼法》第62条规定:"凡是知道案件情况的人,都有作证的义务。生理上、精神上有缺陷或者年幼,不能辨别是非、不能正确表达的人,不能作证人。"《民事证据规定》第67条规定:"不能正确表达意思的人,不能作为证人。待证事实与其年龄、智力状况或者精神健康状况相适应的无民事行为能力人和限制民事行为能力人,可以作为证人。"《行政证据规定》第41条和第42条也规定:"凡是知道案件事实的人,都有出庭作证的义务","不能正确表达意志的人不能作证"。而具体什么是正确表达意志的人,只能由司法机关根据证人的具体情况来判断掌握。

因此,根据我国法律,证人资格包括两个方面。第一,证人必须是了解案件情况的人。这是证人的基本特征。证人在诉讼中向办案人员陈述其所感知的案件事实,以达到仿佛办案人员也感知了案件事实的效果,这样有助于办案人员对原先不知悉的案件进行事实认定。"了解案件情况",从另一个角度看,实质上是案件事实作用于证人,这也就决定了证人的不可替代性,决定了证人的资格不取决于办案人员的指定,不取决于当事人的选择,也不取决于证人的意愿。在知道案情的方式上,主要指证人直接感知的案情,即以证人自己的眼、鼻、舌、身等感觉器官对案情事实直接感知或体验。我国传统的证据实践中,间接感知案情的人也可作为证人,而非必须要求"目击"。但在刑事诉讼及民事诉讼的审判方式已作重大改革的今天,证人在法庭上要经各方询问,"听说""据说"等引语后的"事实"是无法确认其可信度的。英美法系的传闻证据规则实质在于排除大量的传闻证人的证人资格,此规则具有极大的借鉴意义。第二,证人必须是能够辨别是非、能够正确表达意思的人。这主要指证人的生理和心理状态相对健全,能辨别行为的性质,并能复述所感知的情况。生理上和精神上的缺陷或者年幼的状态是否影响到正确表达其意志,一般由法官最终确定。

由此可见,我国法律规定以下两个条件必须同时存在才不能作证人:其一是生理上、精神上有缺陷或者年幼;其二是不能辨别是非、不能正确表达。对那些虽然生理上、精神上有缺陷或者年幼,但仍然能够辨别是非、正确表达的人,法律并不禁止他们作证。例如,盲人可以提供耳闻事实的证言;聋哑人可以提供目睹事实的证言;间歇性精神病患者在神智正常期间也可以提供证言;年幼的人如果对某些事实具备了辨识能力并能正确表达,也可以提供证言。

### 二、证人证言的概念和特征

证人证言,是指证人在诉讼过程中向公安司法机关所作的对案件有关情况的陈述。这种陈述的外在表现形式是多样的,可能是书面材料,也可能是口头叙述,特殊情形下还可能是"动作"表述。例如,聋哑人以哑语手势表达。

证人证言具备下列证明特征:

(1) 证言的提供者是知晓案件有关情况的特定人。"特定人"凭借自己的感官感知案件情况,然后亲自向司法人员陈述这种感知,是不可替代的。"特定人"不包括当事人。

(2) 证人证言是证人对所感知事实的客观描述。案件事实的客观性制约着证言的客观性,证人不能凭空杜撰所谓的案件情况,而应当是对案件事实经感知、记忆再原封不动地描述。至于证人对案件情况的分析、判断、评论等,均不能作为证人证言使用。

(3) 证人证言具有不稳定性和多变性。即使一个最诚实的人,提供的证言也可能有失真的时候。原因有三:一是言词证据本身固有的特征,每个证言都会受到客观因素和主观因素的影响、干扰而导致其不稳定与多变;二是遇到各种外来因素的干扰;三是每份证言的形成过程,即对案件事实的感知、记忆、表述,每个阶段都有可能出现误差。

### 三、证人的权利和义务

证人是为了协助司法机关查明案件事实而参与诉讼活动的,各国法律为了保障证人能客观、充分地提供证言,都赋予证人一定的诉讼权利,同时也要求证人履行一定的诉讼义务。在我国现行三大诉讼法中,虽然没有专章或专节对证人的权利和义务作规定,但从有关的条款中,同样可以总结出证人享有的诉讼权利和证人应履行的诉讼义务。

(一) 证人的权利

证人主要有下列几项权利:

(1) 客观、充分地提供证言的权利。我国《刑事诉讼法》明确规定,司法机关必须保证证人有客观、充分地提供证据的条件,被取保候审、监视居住的犯罪嫌疑人、被告人不得以任何形式干扰证人作证,法庭笔录中证人证言部分应当当庭宣读或者交给证人阅读。这些规定,都表明法律赋予证人客观充分地提供证言的权利,法律为证人行使该项权利提供保障。

（2）人身安全受切实保障的权利。《刑事诉讼法》第63条规定："人民法院、人民检察院和公安机关应当保障证人及其近亲属的安全。对证人及其近亲属进行威胁、侮辱、殴打或者打击报复，构成犯罪的，依法追究刑事责任；尚不够刑事处罚的，依法给予治安管理处罚。"第64条规定："对于危害国家安全犯罪、恐怖活动犯罪、黑社会性质的组织犯罪、毒品犯罪等案件，证人、鉴定人、被害人因在诉讼中作证，本人或者其近亲属的人身安全面临危险的，人民法院、人民检察院和公安机关应当采取以下一项或者多项保护措施：（一）不公开真实姓名、住址和工作单位等个人信息；（二）采取不暴露外貌、真实声音等出庭作证措施；（三）禁止特定的人员接触证人、鉴定人、被害人及其近亲属；（四）对人身和住宅采取专门性保护措施；（五）其他必要的保护措施。证人、鉴定人、被害人认为因在诉讼中作证，本人或者其近亲属的人身安全面临危险的，可以向人民法院、人民检察院、公安机关请求予以保护。人民法院、人民检察院、公安机关依法采取保护措施，有关单位和个人应当配合。"《民事诉讼法》将对证人打击报复或危害证人人身安全的行为列为妨害民事诉讼秩序的行为，可对行为人处以罚款、拘留，情节严重构成犯罪的，依法追究其刑事责任。

（3）对司法人员侵犯其诉讼权利和侮辱其人身的行为，有权提出控告。证人作为诉讼参与人参加到诉讼中，即享有法律赋予的诉讼权利，司法人员应当尊重证人依法行使诉讼权利，而不得随意侵犯；证人享有宪法和法律赋予公民所享有的一般权利，其人格权应得到保护，司法人员应当尊重证人的人格，不应侮辱证人。《刑事诉讼法》第14条第2款规定："诉讼参与人对审判人员、检察人员和侦查人员侵犯公民诉讼权利和人身侮辱的行为，有权提出控告。"依据宪法的有关规定，民事诉讼、行政诉讼中的证人同样享有类似的权利。

（4）知晓其在诉讼中应享有的诉讼权利、应履行的诉讼义务以及不履行诉讼义务应承担的法律后果的权利。《刑事诉讼法》第125条规定："询问证人，应当告知他应当如实地提供证据、证言和有意作伪证或者隐匿罪证要负的法律责任。"在民事诉讼中，法庭调查时，审判长应当告知证人的权利义务。

（5）在经济上得到补偿的权利。证人参与诉讼，目的是协助司法机关查明案件事实而非为了自己利益。因此，证人因作证而支出的费用以及因作证而造成的经济损失，理应得到补偿。《刑事诉讼法》第65条规定："证人因履行作证义务而支出的交通、住宿、就餐等费用，应当给予补助。证人作证的补助列入司法机关业务经费，由同级政府财政予以保障。有工作单位的证人作证，所在单位不得克扣或者变相克扣其工资、奖金及其他福利待遇。"《民事诉讼法》第74条规定："证人因履行作证义务而支出的交通、住宿、就餐等必要费用以及误工损失，由败诉一方当事人负担。当事人申请证人作证的,由该当事人先行垫付;当事人没有申请,人民法院依法通知证人作证的,由人民法院先行垫付。"

(6)证人有权要求对其个人情况予以保密。刑事诉讼中,证人在侦查期间,有权要求对自己的姓名保密和在整个诉讼阶段对自己报案、举报的行为保密。《刑事诉讼法》第111条第3款规定,在侦查期间,报案人、控告人、举报人如果不愿公开自己姓名的,有权要求侦查机关为其保密。在整个刑事诉讼阶段,证人作为报案人、控告人、举报人,如果不愿公开自己的报案、控告、举报的行为,有权要求司法机关为其保密。这一规定既有利于鼓励和保护公民举报犯罪,防止被举报人打击报复,又有利于侦查机关调查核实举报的真实性,防止因举报的事实有出入而造成不良影响。但是,在审判阶段,证人没有要求为其姓名保密的权利。因为证人要到庭受控、辩双方的询问和质证,因故未到庭的证人,法庭要依法宣读其证言。此外,《行政证据规定》第74条第2款规定:"人民法院应当对证人、鉴定人的住址和联系方式予以保密。"

(二)证人的义务

证人的义务,是指在诉讼过程中证人应当遵守的行为规则。作为诉讼法律关系的主体,证人的义务源于有关诉讼法的规定。在我国,证人的义务主要有:

(1)出庭义务。《刑事诉讼法》第192条规定:"公诉人、当事人或者辩护人、诉讼代理人对证人证言有异议,且该证人证言对案件定罪量刑有重大影响,人民法院认为证人有必要出庭作证的,证人应当出庭作证。人民警察就其执行职务时目击的犯罪情况作为证人出庭作证,适用前款规定。"第193条规定:"经人民法院通知,证人没有正当理由不出庭作证的,人民法院可以强制其到庭,但是被告人的配偶、父母、子女除外。"其中,警察也要出庭作证是我国与世界各国协调一致的一项规定。对于侦查人员出庭作证,我国《刑事诉讼法》规定了两种情形:一是上述提到的目击犯罪;二是控辩双方对某项在讯问中得到的证据存在异议,如认为是刑讯逼供所得,此时侦查人员应根据相关规定出庭说明情况,如果侦查人员说不清楚,这个存在异议的证据会被视为"非法证据",而不被采信。同时,《刑事诉讼法》也规定了出庭的例外情形,被告人的配偶、父母、子女可以不被强制到庭。《刑诉法解释》第253条也规定了几种证人不出庭作证的例外情形,并可通过视频等方式作证:庭审期间身患严重疾病或者行动极为不便的;居所远离开庭地点且交通极为不便的;身处国外短期无法回国的;其他客观原因,确实无法出庭的。

《民事诉讼法》第72条规定:"凡是知道案件情况的单位和个人,都有义务出庭作证。"同时第73条规定了出庭的例外:"经人民法院通知,证人应当出庭作证。有下列情形之一的,经人民法院许可,可以通过书面证言、视听传输技术或者视听资料等方式作证:(一)因健康原因不能出庭的;(二)因路途遥远,交通不便不能出庭的;(三)因自然灾害等不可抗力不能出庭的;(四)其他有正当理由不能出庭的。"

(2) 如实陈述的义务。证人应该就知晓的案情向法庭如实陈述,不得沉默或明确表示不予回答,更不得作虚假陈述,否则,即属于违反如实陈述义务,应承担相应的法律后果。《刑事诉讼法》第125条、第194条,规定了侦查人员和审判人员询问证人应当告知他要如实地提供证言和有意作伪证或隐匿罪证要负的法律责任。在民事诉讼中,《民事证据规定》第72条规定,证人应当客观陈述其亲身感知的事实,作证时不得使用猜测、推断或者评论性语言;第78条规定,证人故意作虚假陈述的,人民法院应当根据情节对行为人进行处罚。在行政诉讼中,《行政证据规定》第45条规定:"证人出庭作证时,应当出示证明其身份的证件。法庭应当告知其诚实作证的法律义务和作伪证的法律责任。"可以看出,如实提供证言是证人的一项重要的法律义务。

我国《刑事诉讼法》第193条对因证人违反上述两项义务而需要承担的责任进行了规定:经人民法院通知,证人没有正当理由不出庭作证的,人民法院可以强制其到庭;对证人没有正当理由拒绝出庭或者出庭后拒绝作证的,予以训诫,情节严重的,经院长批准,处以十日以下的拘留。被处罚人对拘留决定不服的,可以向上一级人民法院申请复议。复议期间不停止执行。可见,我国刑事诉讼中证人逃避作证义务可能被强制到庭、训诫或拘留。

(3) 遵守法庭秩序的义务。《刑事诉讼法》第199条规定:"在法庭审判过程中,如果诉讼参与人或者旁听人员违反法庭秩序,审判长应当警告制止。对不听制止的,可以强行带出法庭;情节严重的,处以一千元以下的罚款或者十五日以下的拘留。"根据这一规定,作为诉讼参与人之一的证人,如果在法庭审理过程中违反法庭秩序,就将受到警告、罚款或拘留的处罚。所以,遵守法庭秩序,维护人民法院审判活动顺利进行,是证人应尽的一项义务。

**四、现行法律有关证人证言的规定**

从我国现行法律及司法解释的规定来看,对证人证言的证据能力和证明力的规范有以下几方面:

(1) 审查根据。① 主要有：一是有关证人可靠性的因素，包括证人与案件有无利害关系，偏见、预断、贿赂的可能性以及品行等；二是有关证言可信性的因素，包括是否出庭、前后叙述的一致性、证人的观察能力、辨别是非的能力、表达能力等；三是有关证言收集程序、方式的因素，包括有无使用暴力、威胁、引诱、欺骗以及其他非法手段取证的情况，有无违反询问证人应当个别进行的规定，笔录是否经证人核对确认并签名或盖章、摁手印等。

(2) 证人证言与其他证据证明力的比较。② 一般而言，证人证言的证明力低于鉴定意见、笔录、物证等。

(3) 不同证人证言证明力的比较。③ 一般规则是：一是利害关系影响证人可靠性，其他证人证言优于与当事人有亲属关系或者其他密切关系的证人提供的对该当事人有利的证言；二是程序保障影响证言可信性，出庭作证的证人证言优于未出庭作证的证人证言。

(4) 证人证言的证明力补强。④ 在特定情况下，只有结合其他证据，证言才能成为定案根据；反之，证言将因没有证据资格而被排除。具体情形是：一是无民事行为能力人或者限制民事行为能力人所作的与其年龄、智力状况或者精神健康状况不相当的证言；二是与一方当事人有亲属关系或者其他密切关系的证人所作的对该当事人有利的证言，或者与一方当事人有不利关系的证人所作的对该当事人不利的证言。

(5) 证人证言的补正规则。⑤ 刑事诉讼中证人证言的收集程序和方式有下列瑕疵，通过有关办案人员的补正或者作出合理解释的，可以采用：一是没有填写询问人、记录人、法定代理人姓名或者询问的起止时间、地点的；二是询问证人的地点不符合规定的；三是询问笔录没有记录告知证人应当如实提供证言和有意作伪证或者隐匿罪证要负法律责任内容的；四是询问笔录反映出在同一时间段内，同一询问人员询问不同证人的；五是询问未成年人，其法定代理人或者合适成年人不在场的。

(6) 意见证据的排除规则。⑥ 法庭在认定案件事实时，对证人的意见，也就

---

① 参见《民事证据规定》第96条；《关于办理死刑案件审查判断证据若干问题的规定》第11条；《刑诉法解释》第87条。
② 参见《行政证据规定》第63条第2项。
③ 参见《行政证据规定》第63条第7、8项。
④ 参见《行政证据规定》第71条第1—3项；《民事证据规定》第90条第2、3项；《刑诉法解释》第143条第2项。
⑤ 参见《关于办理死刑案件审查判断证据若干问题的规定》第14条；《刑诉法解释》第90条。
⑥ 参见《民事证据规定》第72条第1款；《刑诉法解释》第88条第2项。

是证人对案件事实的看法和推测应不予采纳。《民事证据规定》确立了意见证据的排除规则,即证人作证时,不得使用猜测、推断或评论性的语言。

## 第四节 当事人的陈述

当事人的陈述是证据的法定表现形式之一,这在《民事诉讼法》和《行政诉讼法》中均有明文规定。狭义的当事人的陈述仅指民事诉讼、行政诉讼的证据形式。《刑事诉讼法》对"被害人陈述"和"犯罪嫌疑人、被告人供述和辩解"作了分类规定。刑事被害人、犯罪嫌疑人、被告人在刑事诉讼中均被纳入当事人的范畴,因此,本节当事人的陈述是广义的概念,既包括民事诉讼、行政诉讼中当事人的陈述,也包括刑事诉讼中被害人陈述以及犯罪嫌疑人、被告人供述和辩解。

**一、被害人陈述**

(一)被害人陈述的概念

被害人陈述是我国刑事诉讼中一种独立的证据种类。凡是有被害人的刑事案件,如果被害人能够陈述案情,则该陈述在诉讼中就成为司法机关认定和处理案件的重要证据。

被害人陈述是指人身和财产遭受犯罪行为直接侵害的人就其被侵害的事实和有关犯罪分子的情况向司法机关所作的叙述。在我国刑事诉讼中,刑事被害人因法律地位的不同,根据是否有法定的诉权以及涉及不同实体权益的诉权,在诉讼中分为自诉人、公诉案件的被害人以及刑事附带民事诉讼的被害人。虽然这三种诉讼法律关系的主体在不同的诉讼中具有不同的法律地位、享有不同的诉讼权利并承担不同的诉讼义务,但作为一种证据来源主体,我国刑事诉讼法并没有将其加以区别,而是将其归入一种法定证据种类中,即被害人陈述。所以,在理解被害人陈述时,应同时包括自诉人陈述和刑事附带民事诉讼原告人陈述。但受犯罪行为间接危害的人不属刑事案件被害人范围,其陈述当然不能归入被害人陈述范畴。

被害人陈述的内容应包括以下两个方面:第一,是对犯罪分子侵害过程的事实陈述;第二,是对其所了解的犯罪分子进行检举揭发。被害人在向司法机关陈述时可能涉及案件的处理要求的陈述,这种陈述实际上是一种诉讼请求,它并不反映案件的事实内容本身,故不能视作该种证据的内容。

被害人陈述多采用口头陈述的方式,但是也可以采用书面陈述的方式。对于被害人的口头陈述,司法机关应该制作笔录,或者用录音、录像的方式记录。书面陈述一般都应该由被害人亲笔书写,被害人不具备书写能力的,应该提供口头陈述。只有在被害人不具备书写能力,而且无法或不适宜口头陈述的特殊情况下,才可以由他人代笔。

被害人陈述同证人证言的证明作用、收集途径、方法往往有相似之处,故许多国家将被害人陈述作为证人证言。但两者仍有明显区别:

(1) 证明主体同刑事案件的利害关系不同。被害人一般直接遭受犯罪行为侵害,故与案件有切身利害关系;而证人自身未直接遭受犯罪行为侵害,故与案件结局无直接利害关系。

(2) 作证的心理基础不同。被害人因受犯罪行为直接侵害,心理上有一种迫切感,一般希望司法机关及时并从重惩处犯罪人,故往往表现出激动的言行特征,具体表现在能积极协助司法机关查处案件,情绪比较容易激动等;而证人因其与刑事案件的利害关系不如被害人那么直接或根本就没有利害关系,故往往在心理上表现出一种稳定、冷静的状态,对于惩处犯罪分子的要求也就不如被害人迫切。

(3) 证据反映案件事实的范围、详尽程度不同。被害人陈述内容往往是由被害人自身的受害事实所决定的,故其对案件事实的证明范围及详尽程度比证人证言详细和具体。当然,某些目击证人的证言可能比非目击被害人的陈述要详尽和具体,但在大量的案件中特别是以侵犯人身权利为客体的犯罪案件中,被害人陈述都比证人证言更能体现全面、具体的特征。

(4) 故意作假证的法律后果不同。被害人如果捏造事实陷害他人,意图使他人受刑事追究,情节严重的,构成诬告陷害罪;而证人对于与案件有重要关系的情节,故意作虚假证明,意图陷害他人或隐匿罪证的,则构成伪证罪。

《刑事诉讼法》第56条规定:"采用刑讯逼供等非法方法收集的犯罪嫌疑人、被告人供述和采用暴力、威胁等非法方法收集的证人证言、被害人陈述,应当予以排除。"当被害人陈述是由暴力、威胁等非法方法收集时,该陈述应当被排除,不得作为定案的根据。

(二) 被害人陈述的特点

1. 被害人陈述具有不可替代性

这是由被害人在诉讼中的地位决定的。在任何一起刑事案件中,被害人都是特定的,都是不能由他人替代的。因此,向司法机关提供被害人陈述的必须是被害人本人,不能由其亲属代替。即使被害人是法人,也是特定的。虽然代表被害人进行陈述的个人是不特定的,可以有多个人,也可以相互替代,但他们不是代表个人陈述,而是代表法人陈述。因此作为被害人的法人来说,仍然是特定的,是不可替代的。

2. 被害人陈述内容具有综合性

被害人陈述的内容往往带有综合性的特点,即其陈述的内容不仅是对犯罪侵害事实的叙述和说明,还可能包括对作案人的指责、对犯罪的控诉、对社会或有关人员的抱怨、对司法机关的要求等。而且,这些内容往往交织混杂在一起。其中与犯罪事实无关的内容并不具有证据的作用,但是司法人员也要认真听取并记录下来,然后予以综合识别和判断。

3. 被害人陈述可以直接证明案件事实

在犯罪分子与被害人人身直接接触的刑事案件中,被害人是最了解案件情况的人。因此,被害人陈述可能是直接证据的最重要的来源,体现了直接、具体、有较大证明价值的特征,尤其在性侵害案件中,被害人陈述成为反映案件事实的主要证据来源。

4. 被害人陈述往往带有倾向性

被害人对案件事实的认识是直接的,其陈述是查明和证明案件事实的重要依据。但是,被害人是直接受犯罪行为侵害的人,与诉讼结果有直接的利害关系,因此其陈述往往容易受情感、情绪等主观因素的影响,带有较强的倾向性。例如,有些被害人可能在陈述中夸大犯罪行为的侵害程度或侵害后果的严重程度,有些被害人可能在陈述中提供部分编造甚至全部编造的"案件事实"。司法人员在审查和运用被害人陈述的时候,必须考虑到被害人陈述的这一特点。

(三) 被害人陈述的证明价值

作为独立的一种证据种类,被害人陈述特有的证明价值主要表现在以下几个方面:

(1) 在很多案件中,被害人陈述是公安司法机关立案侦查犯罪的根据和起点,是引发司法机关开展追诉等证明活动的源头。

(2) 作为犯罪行为的直接侵害对象,被害人一般对犯罪分子和犯罪过程知道得比较清楚、具体,而且感知深刻,记忆久远。在强奸、侮辱、诈骗、抢劫、抢夺、伤害等案件中,被害人与犯罪分子都有过面对面的接触,不仅对犯罪事实有直接的感受,能够提供犯罪时间、地点、受害经过、犯罪手段、受害结果等情况,还能够提供犯罪分子的面貌、身份、年龄、方言口语、衣着打扮、动作特征甚至姓名、单位、地位等对破案追诉极有价值的细节情况,如果被害人同犯罪分子进行过搏斗,往往还会在犯罪分子的身体上留下种种痕迹。这些情况一经查实,便是证明价值极强的证据。

(3)一般来说,被害人陈述是真实的、比较具体的。在对其他证据进行审查判断时,被害人陈述可以用来进行比对印证,确定其真实性。

## 二、犯罪嫌疑人、被告人供述和辩解

### (一)犯罪嫌疑人、被告人供述和辩解的概念

犯罪嫌疑人、被告人供述和辩解是指犯罪嫌疑人、被告人在刑事诉讼过程中,就与案件有关的事实情况向公安司法机关所作的陈述,即通常所说的"口供"。

口供的内容主要有三种情况:第一种是承认自己有犯罪行为的陈述,即供述;第二种是否认自己有犯罪行为或说明自己罪行较轻的陈述,即辩解;第三种是检举揭发他人犯罪行为的陈述,即攀供。攀供应该属于口供还是证人证言,学界有不同观点。我们认为对此问题应该具体分析,不可一概而论。如果检举揭发的内容与自己的犯罪行为有一定联系,应该属于口供;如果检举揭发同案犯或其他人在其他案件中的犯罪行为,因这种检举揭发的内容与本案事实无关,可以作为查破案件的线索,则应属于证人证言。

界定口供的上述组成内容具有十分重要的现实意义:第一,可以明确口供的内容不同,它在诉讼中的证明作用也是不同的。犯罪嫌疑人、被告人的供述属于控诉证据,是在裁判时支持控方指控的,而犯罪嫌疑人、被告人的辩解属于辩方证据,辩方证据如果被法院采信,将作出有利于被告人的裁决。口供的这种不同作用,为我国刑事审判中调查阶段举证程序的修正和完善提供了理论依据。因为在目前的法庭调查阶段,控方的举证程序是以讯问被告人开始,它是不区分此时的被告人将作供述还是辩解的。我们认为,控方的举证应当提供的是控方的证据,而这时如果是被告人的辩解,则不属控方证据,理应不属控方举证范围。第二,应当允许犯罪嫌疑人、被告人作有利于自己的申辩、解释,司法人员不应一概视其为狡辩。司法人员不应将口供仅理解为有罪供述,而对于犯罪嫌疑人、被告人的辩解不予听取、记录。对于口供内容的完整认识有助于司法人员全面听取犯罪嫌疑人、被告人的陈述,做到兼听则明,防止冤假错案的发生。第三,理解和认识攀供的证据性质,区分攀供与证人证言的区别,有助于正确运用《刑事诉讼法》第55条"只有被告人供述,没有其他证据的,不能认定被告人有罪和处以刑罚"的法律规定,防止在无其他证据的情况下,仅凭同案犯罪嫌疑人、被告人的相互攀供定案,导致错案发生。

(二) 犯罪嫌疑人、被告人供述和辩解的特点

犯罪嫌疑人、被告人的供述和辩解，既是重要的证据来源，又是犯罪嫌疑人、被告人行使辩护权的一种重要手段。因此，犯罪嫌疑人、被告人作为诉讼中的焦点人物，决定了犯罪嫌疑人、被告人供述和辩解所具有的显著特征。

1. 证明案件事实的直接性

犯罪嫌疑人、被告人是案件事实的直接当事人，对自己是否犯罪以及犯罪的情节和过程、犯罪前后及犯罪过程中的心理状态最清楚。因此，犯罪嫌疑人、被告人的有罪供述，能够详尽地交代其犯罪的动机、目的、作案的手段、过程、具体情节、结果以及赃物的去向等，这对查明案件事实具有重要作用。犯罪嫌疑人、被告人所作的无罪或罪轻的辩解，一般会申明理由或提出某些具体的事实根据，这也会使公安司法人员兼听则明，进一步收集到必要的证据，有利于查明案件事实。共同犯罪案件中犯罪嫌疑人、被告人的口供，还可以展现各犯罪人的分工、地位、实施犯罪的全过程，以及犯罪集团、黑社会组织的形成及其实施犯罪的各种过程。总之，查证属实的口供可以反映案件事实的全貌，成为认定案件事实的直接证据。

2. 口供内容的虚假性

这是相伴口供而生的一大特点。犯罪嫌疑人、被告人在诉讼中处于极为不利的被追诉的特殊地位，决定了这一特点产生的规律性。为了逃避法律的制裁，有的犯罪嫌疑人、被告人极力掩盖犯罪事实，避实就虚，避重就轻，作虚假陈述；也有的出于哥们义气或为了争取好的态度，把不是自己的罪行揽到自己身上。因此，有真有假、真假难辨是口供的一个重要特征。司法人员对口供必须采取正确的态度，既要看到它的证据价值，又不能盲目轻信，只有在认真审查的基础之上，才能用作定案的根据。

3. 口供的易变性

在刑事诉讼中，口供常表现得不够稳定，前供后翻、时供时翻是比较普遍的现象。口供属于言词证据，其陈述内容本应是犯罪嫌疑人、被告人亲历、感知的事实，但实践中陈述却会受陈述主体的思想变化所左右。犯罪嫌疑人、被告人由于与刑事诉讼结果有着密切的关系，加之受到种种外界因素的影响，常常导致口供内容的不稳定性，反映出易变的特征，如有的犯罪嫌疑人、被告人作了交代后，由于受到羁押场所其他犯罪嫌疑人、被告人的教唆和影响，为了逃避惩罚而推翻原先的供述；有的犯罪嫌疑人、被告人在获悉其亲友迫使、收买某些被害人或证人改变陈述或证言的消息后而翻供；有的犯罪嫌疑人、被告人迫于讯问的压力甚至遭受刑讯逼供而作的供述，往往会在审判时进行翻供。口供的不稳定会给案

件的查处带来困难,易使诉讼产生反复。对此,司法人员收集口供时,应当注意收集程序的合法化,不留给犯罪嫌疑人、被告人以非法程序取得口供作为翻供的借口,同时注重对口供合理性的全面分析,找出翻供或可能翻供的原因,并特别注意对口供以外的其他证据的收集,运用其他证据来分析判断口供的真实性和可靠性。司法人员应当坚持实事求是的原则,对于先后多次不同的供述,哪一次能够查证属实,就认定哪一次,而不问其供述的先后。简言之,"查证属实者信,查无实据者否"。

(三) 犯罪嫌疑人、被告人供述和辩解的证明价值

犯罪嫌疑人、被告人供述了犯罪的详细经过和情节,无疑有助于公安司法人员迅速及时地查清案件事实。即使其不如实招供、狡辩,也必然会直接或间接地谈及与案件有关的人和事,只要注意分析就能从中发现案件线索,确定调查范围,获取新的证据事实,逐步查清事实。

对于多数类型案件的侦破和认定,除去口供外,还必须有大量的物证、书证等实物证据和若干证人证言等证据的证实。有时没有口供也不会影响这些案件事实的认定,口供的证明价值主要在于与其他证据的相互印证。《刑事诉讼法》第55条规定:"对一切案件的判处都要重证据,重调查研究,不轻信口供。只有被告人供述,没有其他证据的,不能认定被告人有罪和处以刑罚;没有被告人供述,证据确实、充分的,可以认定被告人有罪和处以刑罚。"可见,单凭口供不足以作为裁判的依据,还必须有其他相关的证据予以"补强""佐证"。由此,我国立法上已明确了世界各国普遍适用的补强证据规则。

犯罪嫌疑人、被告人的辩解,有助于司法人员客观、全面、公正地认识案件事实,有助于办案人员理智、冷静地判别案件,避免发生冤假错案。此外,犯罪嫌疑人、被告人的口供,对于判明其认识态度和悔罪程度具有一定的证明价值。

(四) 现行法律有关犯罪嫌疑人、被告人供述和辩解的规定

(1) 非法证据排除规则。[①] 根据《刑事诉讼法》及相关司法解释,采用刑讯逼供等非法方法收集的犯罪嫌疑人、被告人供述和采用暴力、威胁等非法方法收集的证人证言、被害人陈述,应当予以排除。法律明确规定了非法证据排除的具体标准,还规定了人民法院、人民检察院、公安机关都有排除非法证据的义务以及法庭审理过程中对非法证据排除的调查程序。

---

[①] 参见《刑事诉讼法》第56—60条;《关于办理死刑案件审查判断证据若干问题的规定》第19条;《关于办理刑事案件排除非法证据若干问题的规定》;《刑诉法解释》第132—138条。

(2) 口供补强规则。① 只有被告人供述,没有其他证据的,不能认定被告人有罪和处以刑罚。没有被告人供述,证据确实、充分的,可以认定被告人有罪和处以刑罚。

(3) 讯问笔录的补正。② 讯问笔录有下列瑕疵,通过有关办案人员的补正或者作出合理解释的,可以采用:一是笔录填写的讯问时间、讯问地点、讯问人、记录人、法定代理人等有误或者存在矛盾的;二是讯问人没有签名的;三是首次讯问笔录没有记录告知被讯问人诉讼权利内容的。

(4) 反对强迫自证其罪原则。③《刑事诉讼法》第52条规定了不得强迫任何人证实自己有罪,确立了国际社会通行的反对强迫自证其罪原则。这一原则的确立明确了我国刑事诉讼中对禁止刑讯以及各种变相刑讯、虐待、不公正待遇的原则和理念。

### 三、民事、行政诉讼当事人的陈述

(一) 民事、行政诉讼当事人的陈述的概念

民事、行政诉讼当事人的陈述是指在民事、行政诉讼中,原告、被告等当事人就自己所知道的案件事实情况向司法机关所作的陈词与叙述。当事人陈述应当符合下列要件:第一,陈述主体必须是合法原告、被告、第三人以及共同诉讼人。当事人如果是法人,陈述主体应当为法定代表人,如果是其他组织,陈述主体应当为主要负责人。第二,陈述时间只限于当事人从诉讼开始一直到当事人陈述程序的结束为止。第三,在陈述内容上,只能是与诉讼案件事实有关的事实。并不是当事人的所有"陈述"都有证据意义。当事人对有关案件事实的陈述、对诉讼请求的说明、对案件中证据的意见、对争议事实的意见、对争议事实适用法律的建议等,其中具有证据意义的是当事人对案件事实的陈述,可以独立地或与其他证据相结合成为人民法院认定事实的根据。而其他内容则无证据意义,不能成为人民法院行使审判权范围的事项。第四,在陈述方式上,可以用口头或书面的形式向人民法院作明确的叙述。

(二) 民事、行政诉讼当事人的陈述的种类

1. 确认性陈述、否认性陈述与承认性陈述

根据陈述倾向性的不同,可分为确认性陈述、否认性陈述与承认性陈述。确认性陈述,是指当事人对案件事实作出的、旨在宣示某一事实主张或说明某种事

---

① 参见《刑事诉讼法》第55条。
② 参见《关于办理死刑案件审查判断证据若干问题的规定》第21条;《刑诉法解释》第95条。
③ 参见《刑事诉讼法》第52条。

实过程的一种主动性陈述；否认性陈述，是指一方当事人对另一方当事人作出的不利于自己的事实陈述予以全部或部分否认的陈述，具有被动性的特点；承认性陈述，是指一方当事人对另一方当事人所提出的对他不利的事实陈述表示认同或者不加争执，通常被称为事实自认或当事人承认。

2. 书面陈述和口头陈述

根据陈述形式的不同，可分为书面陈述和口头陈述。书面陈述是指由当事人将有关案件的事实情况，以文字等书面方式记载下来，递交司法机关的陈述。口头陈述则是指由当事人就有关案件的事实情况，采用言词方式所进行的陈述。

3. 原告陈述、被告陈述、第三人陈述、共同诉讼人陈述和诉讼代表人陈述

根据陈述主体的不同，可分为原告陈述、被告陈述、第三人陈述、共同诉讼人陈述和诉讼代表人陈述。当事人是诉讼主体，他们的诉讼活动对于诉讼程序的发生、变更或消灭有重大的影响。但诉讼角色不同，同案件结果的利害关系也不同。这对于判断各种陈述的真假有重要参考价值。

（三）民事、行政诉讼当事人的陈述的特征及证明价值

当事人是发生争议的实体法律关系的主体，与案件的处理结果有着直接的利害关系，这一提供证据的主体特殊性决定了其证据形式的特殊性以及证明价值。

首先，当事人的陈述对争议事实证明的直接性、全面性。民事、行政法律关系的发生、发展和消灭，都是由当事人的法律行为引起的，当事人是实体法律关系的直接参与者，比其他任何人，如证人、鉴定人、勘验人、代理人等更为具体、全面及深刻地了解争议事实。从此意义上讲，当事人的陈述对案件事实的证明价值是很大的。从理论上看，当事人的陈述应当比其他任何证据形式都更加能够全面真实地反映案件事实。因此，将当事人的陈述作为法定的证据种类之一，不仅有充分的理由，而且还应受到充分的重视。

其次，当事人的陈述的普遍性和易得性。在民事和行政诉讼中，不存在没有当事人的陈述的情况，这一特点是其他形式的证据所不具有的。由于当事人是争议的法律关系的主体，与案件有直接利害关系，因而他比其他任何人都关心案件的处理结果，为争取对自己有利的结局，他会千方百计向法院说明案件的有关情况，特别是有利于自己的情况。因此，无论是原告还是被告，无论是共同诉讼人还是第三人，都有向法院陈述的积极性，从而使得这种证据的取得较为容易。

最后，当事人的陈述的利己性。除了当事人的承认，当事人的陈述会比较明显地反映利己性的特点，而在利己性中渗透着虚假的成分。由于当事人与案件的结果有切身的利害关系，为使裁判导向有利于自己一方，当事人往往会在陈述

中渗透虚假的成分,并始终带着有利于陈述者的主观性和片面性。因此,对于当事人的陈述,既应充分重视,又不能轻易相信,需要以案件中的其他证据进行佐证,需要经过去伪存真的过程。基于当事人陈述的这一特点,我国《民事诉讼法》第75条第1款规定:"人民法院对当事人的陈述,应当结合本案的其他证据,审查确定是否作为认定事实的根据。"此外,《民事证据规定》第90条规定,当事人的陈述不能单独作为认定案件事实的根据。可见,当事人的陈述必须结合其他证据,方可作为定案依据,仅有当事人的陈述,其诉讼主张不能得到支持。

(四)民事、行政诉讼当事人的承认

当事人承认即当事人作出的承认性的陈述,是指一方当事人对他方当事人所提出的于己不利的事实陈述表示认同或者不加争执,又称为自认。民事诉讼中,当事人主张于己有利的事实的,应当提供证据证明,这是"谁主张,谁举证"的应有之义;而当事人主张于己不利事实,构成自认,具有免除对方当事人举证责任的效力。自认不是证据,而是举证责任的例外情形,是当事人行使处分权的方法,对于保障当事人诉讼权利,节约诉讼成本具有重要意义。《民事证据规定》和《行政证据规定》都规定了自认制度。

《民事证据规定》第3条至第9条分别规定了自认的如下事项:

(1)自认的形式和范围。一方当事人陈述的于己不利的事实,或者对于己不利的事实明确表示承认的,另一方当事人无须举证证明。一方当事人对于另一方当事人主张的于己不利的事实既不承认也不否认,经审判人员说明并询问后,其仍然不明确表示肯定或者否定的,视为自认。同时,除了正式开庭中的言词自认外,在证据交换、询问、调查过程中,或者在起诉状、答辩状、代理词等书面材料中,当事人明确承认于己不利的事实的,也属于自认。

(2)代理人的自认。当事人委托诉讼代理人参加诉讼的,除授权委托书明确排除的事项外,诉讼代理人的自认视为当事人的自认。当事人在场对诉讼代理人的自认明确否认的,不视为自认。

(3)共同诉讼人的自认效力。普通共同诉讼中,共同诉讼人中一人或者数人作出的自认,对作出自认的当事人发生效力。必要共同诉讼中,共同诉讼人中一人或者数人作出自认而其他共同诉讼人予以否认的,不发生自认的效力。其他共同诉讼人既不承认也不否认,经审判人员说明并询问后仍然不明确表示意见的,视为全体共同诉讼人的自认。

(4)附条件自认的效力。一方当事人对于另一方当事人主张的于己不利的事实有所限制或者附加条件予以承认的,由人民法院综合案件情况决定是否构成自认。

（5）自认的撤回。有下列情形之一，当事人在法庭辩论终结前撤销自认的，人民法院应当准许：一是经对方当事人同意的；二是自认是在受胁迫或者重大误解情况下作出的。人民法院准许当事人撤销自认的，应当作出口头或者书面裁定。

（6）自认的限制。对于涉及身份关系、国家利益、社会公共利益等应当由人民法院依职权调查的事实，不适用自认。自认的事实与已经查明的事实不符的，人民法院不予确认。

《行政证据规定》第65条规定："在庭审中一方当事人或者其代理人在代理权限范围内对另一方当事人陈述的案件事实明确表示认可的，人民法院可以对该事实予以认定。但有相反证据足以推翻的除外。"

## 第五节 鉴定意见

### 一、鉴定意见的概念

鉴定意见是有鉴定资格的专业人员就案件中的专门问题向司法机关提供的结论性意见。鉴定意见与案件事实有关，是司法机关查明案件事实的重要依据。但是，鉴定意见不是对案件事实的客观记录或描述，而是鉴定人在观察、检验、分析等科学技术活动的基础上得出的主观认识的结论性意见。这也是鉴定意见与证人证言及勘验检查笔录的重要区别。证人讲述的是自己以看、听等方式感知的案件事实，勘验检查人员记录的是自己观察到的案件事实，而鉴定人提供的是自己关于案件事实的意见。

鉴定的种类包括：(1) 法医类鉴定，包括法医病理鉴定、法医临床鉴定、法医精神病鉴定、法医物证鉴定和法医毒物鉴定；(2) 物证类鉴定，包括文书鉴定、痕迹鉴定和微量鉴定；(3) 声像资料鉴定，包括对录音带、录像带、磁盘、光盘、图片等载体上记录的声音、图像信息的真实性、完整性及其所反映的情况过程进行的鉴定和对记录的声音、图像中的语言、人体、物体作出种类或者同一认定；(4) 根据诉讼需要由国务院司法行政部门商最高人民法院、最高人民检察院确定的其他应当对鉴定人和鉴定机构实行登记管理的鉴定事项。

### 二、鉴定人概述

1. 鉴定人的条件

鉴定人是指根据公安司法机关或当事人的指派或者聘请，运用专门知识和科技手段，对案件中有争议并具有专门性的问题进行检测、分析、鉴别并写出鉴定意见的人。对于鉴定人在诉讼中所处的地位，学界存在如下分歧：

传统观点"独立诉讼参与人说"认为，鉴定人是具有独立诉讼地位的参与人。

"专家证人说"是英美法系证据法的基本观点，理由是鉴定人与一般证人的区别仅仅在于知识不同，其陈述在逻辑学、心理学、法学上没有本质的差别。

"法官助手说"是大陆法系的基本观点，明确区分鉴定人和证人，鉴定人由执法机关聘任，其地位高于证人。主要根据是鉴定人与证人在裁判作用、知识、是否可替代、取证权、接触案件事实的时间、陈述内容、与司法机关是否存在委托关系等方面不同。鉴定人又称"科学法官""法官的科学助手"。

"裁判参与人说"认为，应当吸收两大法系的合理因素，考虑我国鉴定人存在职业型、法律服务型和行政型等类别的实际情况，考虑鉴定本身的科学实证性，鉴定人应当是独立并且中立地为裁判提供技术服务的裁判参与人。

本书倾向于"独立诉讼参与人说"，因为该说既符合鉴定作为一种科学实证行为而具有科学性、独立性和中立性等内在实质属性，又符合鉴定作为一种法律证明行为的外在形式属性。同时该说有助于分清鉴定人与执法人员、当事人、证人之间的关系，突出鉴定人的特殊性，为形成特殊的鉴定人规则奠定良好的学理基础。

根据2005年实施的《全国人民代表大会常务委员会关于司法鉴定管理问题的决定》，鉴定人必须具有法定资格并依法登记，在一定的鉴定组织机构中从事鉴定业务。国务院司法行政部门主管全国鉴定人和鉴定机构的登记管理工作，各省级人民政府司法行政部门负责对鉴定人和鉴定机构的登记、名册编制和公告。

鉴定人应具备以下条件：

（1）具有专门知识。鉴定人的专门知识水平足以达到能够对某一特定的鉴定对象作出科学的鉴定意见。这是鉴定人应具备的首要条件。

（2）与鉴定的案件之间无依法应当回避的情形。鉴定人如果与鉴定的案件及其当事人有利害关系或者其他关系，可能影响客观公正鉴定的，鉴定人应当自行回避，有关的当事人也有权申请鉴定人回避。鉴定人应当回避而没有回避的，将导致鉴定意见形式不合法，没有证据资格，这是重新鉴定的理由之一。

（3）没有出现丧失鉴定人执业资格的情况。例如，丧失行为能力、犯罪或者因违法鉴定而遭受行政处罚等情况。

此外，鉴定人还应具有秉公办事和认真负责的工作态度。

2. 鉴定人参与鉴定活动的途径

符合鉴定人条件的人只有通过必要的途径(或程序)才能正式参与鉴定活动。鉴定人参与鉴定活动的途径通常有两种:指派和聘请。

《刑事诉讼法》第146条规定:"为了查明案情,需要解决案件中某些专门性问题的时候,应当指派、聘请有专门知识的人进行鉴定。"对此,学界的一般理解是,凡是公安司法机关需要由本机关的鉴定人进行鉴定的,则"指派"本机关的鉴定人进行鉴定;凡是公安司法机关需要外单位的鉴定人进行鉴定的,则"聘请"鉴定人进行鉴定。我们认为,自《全国人民代表大会常务委员会关于司法鉴定管理问题的决定》实施后,人民法院和司法行政部门不得设立鉴定机构,侦查机关根据侦查工作的需要设立的鉴定机构,不得面向社会接受委托从事鉴定业务。因此,不能以本单位和外单位来区分指派与聘请,因为只有侦查机关有权设立鉴定机构,而且除公安司法机关根据需要指派、聘请鉴定人外,法律也赋予了当事人委托鉴定人的权利。如《民事诉讼法》第76条第1款规定:"当事人可以就查明事实的专门性问题向人民法院申请鉴定。当事人申请鉴定的,由双方当事人协商确定具备资格的鉴定人;协商不成的,由人民法院指定。"

3. 鉴定人的权利和义务

作为独立的诉讼参与人,鉴定人享有如下权利:

(1)知情权。为了了解鉴定对象,鉴定人可以采取查阅笔录、勘验现场等方法;有权要求提供鉴定的必需材料;有权向委托鉴定机关了解鉴定之后的处理情况。

(2)询问权。根据鉴定需要,经执法人员许可,鉴定人可以询问当事人、证人、被害人等。

(3)独立发表意见权。鉴定人有权发表独立的见解。在出现多个鉴定人意见不一致的情况下,鉴定人可以单独书写自己的鉴定意见。

(4)拒绝鉴定权。在委托违法或者无法进行鉴定时,鉴定人可以拒绝鉴定。

(5)报酬以及其他相关费用请求权。鉴定人有权获得必要的劳务报酬和相关费用的补偿。

(6)人身安全受切实保障的权利。由于鉴定意见对案件有着重大的关系,所以如同证人一样,也有鉴定人被威胁的情形存在。我国法律规定了对鉴定人的人身保护措施和对鉴定人的侮辱、诽谤、诬陷、殴打或者打击报复的行为予以处罚。

(7)其他有关权利。例如,精神病司法鉴定人有权要求委托机关将被鉴定人送至收治精神病人的医院住院检查和鉴定。

鉴定人承担如下义务:

(1) 客观、公正、诚实。《民事证据规定》第 33 条第 1 款规定:"鉴定开始之前,人民法院应当要求鉴定人签署承诺书。承诺书中应当载明鉴定人保证客观、公正、诚实地进行鉴定,保证出庭作证,如作虚假鉴定应当承担法律责任等内容。"

(2) 鉴定。按照法定的期限、程序、格式、方式提出鉴定意见。

(3) 回避。公正地进行鉴定,在具备法定回避事由时,鉴定人应当主动或者因申请回避。

(4) 出庭。按时出庭,接受询问。《刑事诉讼法》第 192 条第 3 款规定:"公诉人、当事人或者辩护人、诉讼代理人对鉴定意见有异议,人民法院认为鉴定人有必要出庭的,鉴定人应当出庭作证。经人民法院通知,鉴定人拒不出庭作证的,鉴定意见不得作为定案的根据。"《民事诉讼法》第 78 条规定:"当事人对鉴定意见有异议或者人民法院认为鉴定人有必要出庭的,鉴定人应当出庭作证。经人民法院通知,鉴定人拒不出庭作证的,鉴定意见不得作为认定事实的根据;支付鉴定费用的当事人可以要求返还鉴定费用。"

(5) 保密。鉴定事项涉及国家机密、商业秘密或者个人隐私的,应当保密。

(6) 保管。妥善保管鉴定材料,不得丢失或者任意挪用。

(7) 不收受贿赂,不吃请受礼,不徇私情,不弄虚作假;否则,应当负法律责任。

4. 鉴定人与"专门知识的人"

在我国刑事诉讼和民事诉讼中,存在一种有别于鉴定人,但又是以其专门知识为法庭提供帮助的人,立法中称为"专门知识的人",具有诉讼辅助人员的性质。允许诉讼当事人聘请"专门知识的人"参与庭审中鉴定意见的质证,其目的在于保障鉴定意见质证的质量,同时也在一定程度上减少重复鉴定的发生,能够节约诉讼资源,提高审判效率。

《刑事诉讼法》第 197 条第 2 款规定:"公诉人、当事人和辩护人、诉讼代理人可以申请法庭通知有专门知识的人出庭,就鉴定人作出的鉴定意见提出意见。"第 197 条第 4 款规定:"第二款规定的有专门知识的人出庭,适用鉴定人的有关规定。"《民事诉讼法》第 79 条规定:"当事人可以申请人民法院通知有专门知识的人出庭,就鉴定人作出的鉴定意见或者专业问题提出意见。"这两个条款都提到了"专门知识的人",而且在立法技术上明显与鉴定人作了区分。

这种具有"专门知识的人"是指在科学、技术以及其他专业知识方面具有特殊的专门知识或经验的人员,根据当事人的请托并经法院准许,出庭辅助当事人对讼争的案件事实所涉及的专门性问题进行说明或发表专业意见和评论的人。有专门知识的人不需要具有鉴定人的资格，其提出意见本身不是重新鉴定，只是从专业角度对鉴定意见提出意见，作为法官甄别证据的参考。

### 三、鉴定意见的特点

鉴定意见是我国三大诉讼法确定的一种独立证据，是一种特殊的证据形式，具有不同于其他证据的鲜明特点：

1. 主体的选择性

作为鉴定意见主体的鉴定人是由司法机关或诉讼当事人选择的，只有经司法机关或诉讼当事人的指派或聘请，具有专门知识能解决案件中专门问题的人，才能充当鉴定人。

2. 对象的专门性

鉴定意见是针对诉讼案件中的专门性问题，运用现代科学技术进行分析、鉴别而作出的结论性意见。由于案件专门性问题是一般司法人员无法认识的，因而必须依靠掌握专门知识的鉴定人通过鉴定解决。

3. 范围的特定性

鉴定人必须对案件中专门问题作出回答，并且只限于对专门问题作出回答，而不能对法律问题作出回答。比如伤情鉴定，只能回答是否构成轻伤或重伤，而不能回答是故意伤害，还是过失伤害。

4. 结果的确定性

鉴定意见必须是确定性意见，不能模棱两可。比如死因鉴定，其结果必须确定致死的原因。如果一个鉴定人难以作出肯定或否定的结论性意见，可以由多名鉴定人集体讨论作出结论性意见；如果在讨论中形成不了统一意见，不同意见的支持者可以分别作出鉴定意见，但鉴定意见都必须是确定性的。

5. 方法的科学性

对案件中专门问题进行分析、鉴别，并提出正确意见，不仅要求鉴定人具有较强的业务能力，而且需要借助于先进的设备、科学的程序。没有科学的方法，形成不了科学的结论性意见。正因如此，国外有人将鉴定人称为"专家证人"，将鉴定意见视为"科学证据"。这正表明鉴定意见具有科学性的特征。

6. 作用的参考性

由于现实中的鉴定意见受到了主客观以及认识技术水平的影响，其绝对的科学准确性往往不能保证。因此对其内容也应当抱着客观审慎的态度，不可绝对崇拜，鉴定意见只是众多证据种类中的一种参考性意见。

**四、鉴定意见的诉讼价值**

1. 鉴定意见可以帮助司法人员认识案件中的专门问题,推动诉讼进行

无论是刑事诉讼、民事诉讼,还是行政诉讼,都会遇到某些专门问题。认识这种问题,需要某种专门知识。通过指派或者聘请鉴定人进行鉴定,作出鉴定意见,可以使案件中的专门问题迎刃而解。鉴定意见的科学性,弥补了司法人员有关专门知识的不足。

2. 鉴定意见是一种独立证据,是查明案件事实的重要依据

在诉讼中,许多重要的事实,如死亡原因、伤害情况、生理状态、精神状态、产品质量、食品卫生、物品性能等,都需要鉴定意见去认定。鉴定意见对解决此类纠纷所起的作用是其他证据无法相比的。

3. 鉴定意见在某种情况下,可以使某些证据发生证明作用

物品、痕迹、文件都可能是很好的证据,但只有通过鉴定意见肯定其与案件的客观联系,才能发挥它们对案件的证明作用。许多国家法律规定,物证要通过鉴定,才能作为证据使用。可见,鉴定意见是某些物品、痕迹成为诉讼证据的重要条件。

4. 鉴定意见可以用来审查其他证据的真实性

由于鉴定意见具有科学性的特点,因而在诉讼中可以用来审查其他证据,特别是证人证言、被告人口供、被害人陈述、当事人陈述等言词证据,判断其真伪。

鉴定意见是很有价值的依据,我们在诉讼中应当充分发挥其作用。但需要指出的是,鉴定意见本身也可能有错,也要进行审查判断,只有确定其正确性后,才能作为定案依据,不能把鉴定意见视为"科学法官"。

## 第六节 视听资料、电子数据

**一、视听资料**

(一)视听资料的概念和种类

视听资料又称为"音像资料",是以录音带、录像带、移动储存设备、电子磁盘等相关设备记载的声音、图像、活动画面。随着我国司法实践的需要和高精技术证据时代的来临,以及我国诉讼法学界对视听资料的研究成果,我国三大诉讼法都将视听资料确认为独立的证据种类。视听资料虽然也是以一定的物质载体如

磁带、录像带、电子计算机等而存在,但它不同于物证,因为其不是利用外部形态而是以内容来证明案件事实,即以视听资料储存的音、像、信息和存储资料来证明案件事实;一般物证可以凭人的眼睛进行直接观察、分析,可以在法庭审理中出示,不需要显现技术设备,而视听资料必须借助于高精技术装备才能显现出来,发挥其对案件的证明作用,因此它是一种独立于物证的证据种类。其次,视听资料不同于书证。与书证以文字、符号、图形等所记载的内容来证明案件事实不同的是,视听资料是以声调、图像、存储资料、信息来证明案件事实的,其表现形式和证明作用都是书证所不能比拟的;书证是人主观思维活动的产物,而视听资料是技术设备进行机械运动的客观结果,不受人的主观因素影响,因此它是一种独立于书证的证据种类。

视听资料具体包括三种形式:

1. 录音资料

录音资料是利用录音设备记录的存储一定音响并证明案件事实的各种音响资料。反映案件发生过程的各种音响,是对案件发生过程原始音响的同步记载,它既包括能对案件起直接证明作用的音响,又包括其形成的背景音响。背景音响虽对案件事实不具证明意义,但可供审查对案件有证明意义音响的真实性。

司法实践中的录音资料有两部分:一是诉讼前的录音资料,包括案发前、案发时,甚至案发后(非诉讼过程)有关能证明案件真实情况的录音资料。这部分录音资料,可以是司法人员录制的,也可以是当事人或其他公民制作而由司法机关依法收集的。二是在诉讼过程中,由司法人员制作的录音资料,比如,讯问犯罪嫌疑人、被告人时所制作的录音资料。这一部分录音资料,就性质而言是固定证据。需要指出的是,司法人员在诉讼过程中,讯问犯罪嫌疑人、被告人,询问证人、被害人、当事人所制作的录音资料,属于口供、证人证言、被害人陈述和当事人陈述,而不属于作为独立证据的视听资料。但是,这种录音资料对于查明有无诱供、骗供、刑讯逼供等非法收集证据行为,又具有独立的证据意义,因而,在这方面又具有视听资料的独立证据价值。

2. 录像资料

录像资料是指运用光电效应和电磁转换的原理制成的摄像机、录像机将事物发生、发展、运动的过程、变化的客观真实情况,原形原貌地录制下来,再经过播放,重新显示形象,是用来证明案件事实的证据材料。

录像资料可以分为三类:一是录制行为过程,即对行为进行同步录像。这种动态地反映行为过程的真实情况,对于判断行为的性质、行为的结果,具有极大的证明力。二是反映行为的录像资料,如接到报案后,侦查人员赶赴现场,对反映犯罪行为结果的现场所作的录像。这种录像只能反映犯罪现场的静态情况，其性质相当于现场拍照、现场绘图、现场记录，具有固定证据的作用。从证据的种类上看，它属于现场勘验笔录，而不属于作为单独证据的视听资料。它的证据价值在于全面清晰地反映行为结果的情况。三是反映诉讼过程真实情况的录像。比如，讯问犯罪嫌疑人、被告人，询问被害人、当事人和证人所制作的录像，如果和录音结合起来，就能真实地再现收集口供、证人证言、被害人陈述、当事人陈述的情况，判明收集证据的过程中有无违法行为，具有程序证据的价值。

3. 电子计算机贮存资料

电子计算机贮存资料，即运用计算机的存贮功能，把需要保存待查的信息资料制作成一定的程序语言，输入存储器，一旦需要从这些资料中检查出某些信息时，就可以操纵输出设备，在终端显示器上显示出图像和数据，或者打印出来，以证明案件的真实情况。

(二) 视听资料的特点

1. 高度科学技术性

视听资料是"高精技术装备"的产物，是一种借助于有形的物质而存在的无形物质。它所包含的是具有一定思想内容、反映物质形态及其本质特征的信息，是对某些未知现象进行科学分析所显现的科学数据。换句话说，表现为声音、图像、数据、信息的视听资料是以声、光、电、磁以及其他粒子形式存在的。要把这些无形物存贮在物质中，如录音带、录像带、激光唱盘、电子计算机贮存软盘、X射线探测信息存贮电路等载体，在需要使用这些资料作为证据时，可以借助于播放器、放映机、电子计算机检查系统、报警装置、电视监视器等现代化电子设备，显现出可供人们听、看和使用的原始资料。离开高科技手段，既无法收集、存贮视听资料，也无法再现视听资料，发挥其证明作用。

2. 客观真实性强

视听资料是运用科学技术手段记录下来的关于案件真实情况的原始材料，它所反映的客观事实、信息数据不受录制人、操作者或者办案人员思想感情的影响，也不受当事人和其他诉讼参与人主观意志的制约。只要收集的原始材料准确，提取的物品或者贮入的信息没有差错，采用的仪器设备精良，操作的方式得当，其最后所得到的结论也必然是准确的、真实的。

3. 直观形象性

视听资料是一种形象证据，它是可以再现供人们直观的证据。尤其是将录像与录音相结合的材料，能够连续地反映整个案件的动态的发展过程。它所展现的直观形象性使人一目了然：是谁实施了犯罪行为，侵犯的对象是什么，行为的方式怎样,结果怎样等,是闻之有声、望之有形、查之有据的证据。这就可以让办案人员直接感受案件的过程,从而作出正确的判断。

4. 体积小、容量大、涉及面广

视听资料依靠现代科学技术的成就,制造出各种精良设备,采用优秀的摄录检测方式,运用先进的科学原理去解决司法实践中提出的高技术问题,是高精技术证据。它的容量之大是其他任何证据无法相比的。

5. 功能巨大

从本质上讲,诉讼是司法人员认识客观事物的活动。人认识客观事物,依赖于视觉、听觉等感觉器官。但是一个人的视觉、听觉作用的发挥,受空间、时间的制约极大。人证制度虽可在一定程度上弥补个人认识的局限性,但仍是十分有限的,要反映原声原貌是根本不可能的。采用高新技术手段的视听资料,把人的视觉、听觉以及记忆功能作了极大的延伸。它能准确地记录案件有关的原始声貌,并能借助于先进设备重新显现出来,使办案人员能够准确地认识案件事实。同时,它可以把犯罪者的作案过程、侦查预审过程、民事行为过程、法庭审判过程等原声原貌地记录下来,反映出来。它可以是静态的,也可以是动态的;可以是肉眼看得见的,也可以是肉眼看不见的东西;可以用来查明案件事实,也可以用来检查我们的侦查、预审、审判工作者有无失误和违法现象。

6. 证明过程的简易性

视听资料采用高科技手段,将案件过程准确无误地、原声原形地记录下来,避免了人的主观因素影响,使证明过程变得简单、容易。比如,某单位财务科保险柜里的巨款失窃,某甲向公安机关举报,说他看到了是张三所窃,办案人员审查某甲所讲的是否真实相当困难。如果通过查看装在室内的录像设备的录像,发现正是张三实施了盗窃,办案人员即可直接确认张三的盗窃罪。这样证明过程就简单容易多了。

7. 审查判断的困难性

运用现代科技手段形成的证据,在某种情况下,对其进行审查判断有一定困难。利用计算机技术记录、贮存、提取的图形、数据、符号等信息用来证明案件事实的证据,可以通过增加、删除、编辑等技术手段改变其内容,但从表面上却难以发现。对录音、录像资料,如果存在芯片录音自动衰减声音高低频率,使录音产生失真,或者是录像技术不到位,画面不清晰,就很难使之发挥证据作用。

(三) 视听资料证明力确定的问题

视听资料的优点是比较客观、准确、直接、形象、科学,但是,它的制作和形成有合法与非法之分,同时,在制作形成过程中,容易受到机械设备制作技术、客观环境等因素的影响,因此,视听资料的证明力必须经过严格的审查判断,查证属实才可作为定案依据。关于视听资料的证明力的确定,首先,要审查制作该视听资料的机械设备是否正常、完备,科技水平是否达标;其次,审查该视听资料的制作时间、地点、周围环境,因为这些都会影响视听资料的准确性;再次,分析视听资料的内容,使其与案件的发生、发展过程与结果对照起来,检查是否有剪接、删除、编纂而失去其真实性;最后,审查视听资料的制作过程是否符合收集与调查的程序,对于非法的视听资料,未经合法审查的转化,不能作为定案依据。

(四) 现行法律有关视听资料的规定

我国三大诉讼法都把视听资料规定为一种独立的证据,确立了视听资料的证据地位。《民事证据规定》《行政证据规定》和《关于办理死刑案件审查判断证据若干问题的规定》对视听资料的收集、审查判断作出了解释,但如何在实践中操作,有些只能取决于法官的自由裁量。

(1) 非法证据排除规则。[①] 以偷拍、偷录、窃听等侵害他人合法权益制作的视听资料不能作为定案根据。以违反法律禁止性规定或者侵犯他人合法权益的方法取得的证据,不能作为认定案件事实的依据。在这里,需要研究的是:一是"偷"或"窃"的认定。从主观方面来看,认定的关键不在于关系人是否知晓和同意,而在于关系人是否具有将交往内容保密即不向外界公开的意思表示。如果被录制、拍摄的事实发生在公共场合或者无关的人在场,则不构成"偷"或者"窃"。例如,两人在公共场合打架斗殴,被记者拍摄;执法人员在公共场合执法,被某公民有意或无意拍摄。从客观方面来看,是否"违反法律的禁止性规定"是认定"偷"或者"窃"是否成立的法律标准。"违反法律的禁止性规定"不仅包括实施法律明确禁止的行为,而且包括一切侵害公序良俗、社会公德、公共利益的行为。例如,人大代表执行职务过程中的言行受保密规定的保护,公安机关滥用窃听权窃听人大代表办公电话的,即使办理了有关的批准手续,仍然属于违反法律的规定。上述主观、客观两个方面的条件必须同时具备,才构成"偷"或者"窃"。因此,偷录、偷拍或者窃听的证据材料并非当然属于非法证据,还需要结合其他标准综合认定。二是"侵犯他人合法权益"是指侵犯他人的通信自由、隐私权、名誉权等。为了调查、防御违法犯罪行为而"偷拍、偷录或者窃听"的,属于正当的执法或者防御行为,不构成"侵犯合法权益"。因为违法犯罪的行为人对其违法犯罪行为没有隐私方面的合法权益,其名誉权受到侵害不是偷拍、偷录或者窃听的结果,而是其本身违法犯罪行为的结果。三是"不能作为定案根据"是指不能

---

① 参见《行政证据规定》第 57 条第 2 项、第 58 条。

用于证明本案事实或者不利于非法取证行为受害者的事实。对证明非法制作视听资料的行为来说,非法制作的视听资料仍然可以作为定案根据,即非法视听资料可以用来证明非法制作视听资料的行为。

(2) 真实性规则。① 除了具备合法性之外,视听资料还应当具备真实性,才可以作为定案根据。具体而言:一是视听资料因制作的技术缺陷致使其内容无法识别的,没有真实性,不能作为定案根据;二是难以识别是否经过修改的视听资料不能单独作为定案根据;三是须注明制作的方法、时间、制作人、证明对象等事项。

(3) 最佳证据规则。② 一方面,当事人应当提供视听资料的原件,在原物灭失或者确有困难的情况下,经法庭许可,可以提供经核对无误的复制件;另一方面,公安司法机关也应当调取原始载体,调取复制件的,应当在调查笔录中说明来源和取证情况。

(4) 当庭播放规则。视听资料应当当庭播放,接受当事人质证。

## 二、电子数据

(一) 电子数据的概念和范围

电子数据是案件发生过程中形成的,以数字化形式存储、处理、传输的,能够证明案件事实的数据。电子数据的外在表现形式具有多样性,根据我国相关的司法解释,③电子数据包括但不限于下列信息、电子文件:(1) 网页、博客、微博客、朋友圈、贴吧、网盘等网络平台发布的信息;(2) 手机短信、电子邮件、即时通信、通信群组等网络应用服务的通信信息;(3) 用户注册信息、身份认证信息、电子交易记录、通信记录、登录日志等信息;(4) 文档、图片、音频、视频、数字证书、计算机程序等电子文件;(5) 其他以数字化形式存储、处理、传输的能够证明案件事实的信息。

电子数据不同于视听资料。电子数据和视听资料均具有可视性强、非纸质的存储形式、需借助一定的设备才能被感知、容易伪造等特点,但二者在存储信息的方法、需要借助的设备、科技含量和存储的信息量,乃至被伪造或者篡改的

---

① 参见《民事证据规定》第 90 条第 4 项;《行政证据规定》第 12 条第 2 项;《关于办理死刑案件审查判断证据若干问题的规定》第 27 条第 2、4 项、第 28 条;《刑诉法解释》108 条第 4、5 项,第 109 条。

② 参见《民事证据规定》第 15 条、第 23 条;《行政证据规定》第 12 条第 1 项;《关于办理死刑案件审查判断证据若干问题的规定》第 27 条第 3 项;《刑诉法解释》108 条第 2 项。

③ 参见《最高人民法院、最高人民检察院、公安部关于办理刑事案件收集提取和审查判断电子数据若干问题的规定》(以下简称《关于办理刑事案件收集提取和审查判断电子数据若干问题的规定》)第 1 条;《民事证据规定》第 14 条。

方式上都有较大区别,其审查判断的方法也不相同。因此,我国三大诉讼法都将其与视听资料分别加以规定。

(二) 电子数据的特点

电子数据以计算机为依托,其产生、存在、呈现的方式具有与生俱来的特殊性,具体来说有以下几点:

1. 高科技性

从电子数据自身来讲,它的产生、储存和传输首先需要有计算机或类似装置的信息处理器,并且须借助于计算机技术、存储技术、网络技术等高科技手段。从电子数据的收集和审查判断真伪来看,同样需要一定的专业技术。而在电子数据受到外界的蓄意篡改或自身出现差错的时候,往往需要光电子、计算机专家凭借其专业方面的科学技术知识进行识别和恢复,不懂计算机技术的人在电子数据面前可谓无从下手。正是这种以高科技为依托的特性,使得电子数据很少受主观因素的影响,其精确性决定了它和其他证据类型的差异。

2. 无形性

电子数据是电子技术这种高科技发展的产物,与依托纸张的传统证据显然不同。它所有的信息都被数字化了,其载体通常是磁性材料、半导体材料或者光学材料。在存储、处理的过程中,必须使用特定的二进制和电磁波进行编码表示,具有无形性。除了外在表现形式的无形性,电子数据还常常不易被发现,涉及侵权、犯罪的电子数据往往通过加密的形式贮存起来或者隐匿在其他文件中,一些嵌入式的程序如计算机病毒也可以嵌入其他文件之中。

3. 信息脆弱性

电子数据所表现出的强数字性给它带来的一个巨大挑战是其内在的信息脆弱性,由此导致的则是电子数据的易被破坏性、易被篡改性、易灭失性。传统的书证尤其是书面文件,因为其使用纸张作为载体,真实地记录下了签署人的笔迹和各种特征,如有任何添加或删改,通过专业的手段均不难检测出来。但是电子数据在电脑处理过程中其中一些二进制编码的数字信号是非连续的,因此若有故意或差错对电子数据进行删节、剪接、窃听、截收,从技术上讲是难以查清的。另外,网络空间具有虚拟性,由此为行为主体破坏、毁灭证据提供了更便利的条件和隐秘的机会。除此之外,电子数据易受病毒攻击的这一特点,对它的收集和保存提出了更高的要求。

4. 可挽救性

为了应对电子数据有脆弱性和易被破坏性的特点,计算机工作者们又开发出一系列新的技术和手段,使得很多被破坏的信息可以得到挽救。如 Word 软件中,在意外断电的情况下,系统还可以将文档恢复到断电前自动保存时的状态。目前的浏览器也都具备了恢复意外关闭的网页的功能,甚至对于被格式化或者被病毒破坏的文件和资料,同样可以通过一些技术手段找到和恢复。这是电子数据的一个将随着技术发展逐渐被强化的优势。

(三) 现行法律有关电子数据的规定

(1) 最佳证据规则。[①] 按照最佳证据规则,在证明同一事实时,原件的证明力优于复制件。但是,在系统状态正常得到证明的情况下,电子数据复制件具有证据资格,并且与原件具有同等的证明力,没有所谓的"大小"或者"优劣"之分。当事人以电子数据作为证据的,应当提供原件。电子数据的制作者制作的与原件一致的副本,或者直接来源于电子数据的打印件或其他可以显示、识别的输出介质,视为电子数据的原件。

(2) 真实性规则。电子数据的完整性、可靠性需要遵循无损性原则、专业性原则和完整性原则。电子数据具有下列情形之一的,不得作为定案的根据[②]:一是电子数据系篡改、伪造或者无法确定真伪的;二是电子数据有增加、删除、修改等情形,影响电子数据真实性的;三是存有疑点的电子数据不能单独作为认定案件事实的根据。

电子数据存在下列情形的,人民法院可以确认其真实性,但有足以反驳的相反证据的除外[③]:一是由当事人提交或者保管的于己不利的电子数据;二是由记录和保存电子数据的中立第三方平台提供或者确认的;三是在正常业务活动中形成的;四是以档案管理方式保管的;五是以当事人约定的方式保存、传输、提取的。

电子数据的内容经公证机关公证的,人民法院应当确认其真实性,但有相反证据足以推翻的除外。

(3) 证据补正规则。[④] 电子数据的收集、提取程序有下列瑕疵,经补正或者作出合理解释的,可以采用;不能补正或者作出合理解释的,不得作为定案的根据:一是未以封存状态移送的;二是笔录或者清单上没有侦查人员、电子数据持有人(提供人)、见证人签名或者盖章的;三是对电子数据的名称、类别、格式等注明不清的;四是有其他瑕疵的。

---

① 参见《行政证据规定》第64条;《民事证据规定》第15条、第23条。
② 参见《关于办理刑事案件收集提取和审查判断电子数据若干问题的规定》第28条;《刑诉法解释》第110条;《民事证据规定》第90条。
③ 参见《民事证据规定》第94条。
④ 参见《关于办理刑事案件收集提取和审查判断电子数据若干问题的规定》第27条;《刑诉法解释》第113条。

## 第七节 笔录证据

### 一、笔录的概念

笔录是指司法人员、执法人员或法律工作者在办案活动中所作的记录。司法实践中的笔录种类很多,我国法律只规定了特定的笔录属于证据之列。按照我国《刑事诉讼法》的规定,可单独用作证据的是勘验、检查、辨认、侦查实验笔录;按照《民事诉讼法》的规定,可单独用作证据的是勘验笔录;按照《行政诉讼法》的规定,可单独用作证据的是勘验笔录、现场笔录。

在刑事诉讼中,勘验、检查、辨认、侦查实验笔录是指侦查人员和司法人员对可能与犯罪有关的场所、物品、人身、尸体进行勘验、检查、辨认、侦查实验时所作的记录;在民事诉讼中,勘验笔录是指人民法院指派勘验人员对与案件争议有关的现场、物品或物体进行查验、拍照、测量时所作的笔录;在行政诉讼中,勘验笔录与民事诉讼中的概念基本相同,现场笔录是指行政机关进行当场处罚或其他处理时所作的笔录。三者在措辞与概念表述上略有不同,但共性在于都限定为特定的笔录,即均属于为司法或执法活动中所见所闻的一种证据保全。

笔录的主要形式是文字记录,但也包括绘图、照相、录音、录像等形式。随着科学技术的发展,以音像方式记录勘验、检查或现场执法活动过程和结果,越来越成为法律实践中普遍使用的做法。它和视听资料有很多相似之处,但就内容而言,二者还是有很多不同,不能混为一谈。

### 二、勘验笔录

勘验笔录是公安司法机关对于与案件有关的现场进行勘查、检验时所制作的实况记录。勘验笔录及时固定了现场原貌,是证明案件现场状况的重要证据材料,经查证属实,可作为定案的根据。由于勘验笔录以书面形式反映现场或物品的客观情况,而不是以物品本身的形状、特征直接证明案件事实,所以它既非书证,也非物证,而是一种独立的证据种类。

(一) 三大诉讼中勘验笔录的区别

我国《刑事诉讼法》《民事诉讼法》和《行政诉讼法》都规定了勘验笔录这种证据,其具有以下共同点:都是一种独立的诉讼证据,经查证属实都可作为认定案件事实的证据;它们都是在司法人员主持下,对案件有关场所进行勘察后所作的记录;形成笔录所采取的手段也基本相同;进行勘验,都必须出示相关的证件。

但是三大诉讼中的勘验笔录也存在明显的区别：

1. 概念不同

刑事诉讼中的勘验笔录，是指侦查人员、审判人员对犯罪有关的场所、物品、尸体进行勘察后所作的文字记录、绘图、拍照、录像等资料的总称；民事诉讼中的勘验笔录，是指审判人员对案件争议有关的场所、物品或者物体进行查验、拍照、测量活动所形成的，反映其过程结果情况资料的总称；行政诉讼中的勘验笔录，是指行政机关及其授权单位，或者审判人员对争议的有关场所、物品进行勘验、检查的结果，包括拍照、绘图、测量以及有关物证的记录。

2. 勘验的主体不同

在刑事诉讼中，勘验主体是侦查人员、审判人员，必要时可指派或聘请具有专门知识的专家参加，但必须在侦查人员、审判人员主持下进行勘验；民事诉讼中勘验的主体是审判人员或者由人民法院指定的有关人员；行政诉讼中的勘验主体主要是执法的行政人员、法律法规授权的单位，人民法院的审判人员也可成为勘验的主体。

3. 勘验的对象和目的不同

刑事诉讼中，勘验的对象是与犯罪有关的场所、物品和尸体；勘验的目的在于认识犯罪活动的具体情况，收集、固定、保全有关物证，推断犯罪者有关情况，从而确定侦查方向和范围，核实调查证据。民事诉讼勘验的对象是原、被告争议的有关场所、物品；勘验的目的在于弄清有关现场和物品的情况，以便正确处理纠纷。行政诉讼中勘验的对象是争议的现场和有关物品；勘验的目的在于固定有关现场情况，收集有关物品，并予以保全。

4. 功能不同

刑事诉讼中的勘验笔录具有综合性证据意义。它可以确定作案时间、地点、人数、行为方式、危害后果，起到固定、保全物证的作用。民事诉讼和行政诉讼中的勘验笔录，一般说，其功能远不如前者。

(二) 勘验笔录的特点

(1) 勘验笔录是由司法人员或者在司法人员主持下制作的，具有来源的可靠性、内容的真实性，属于具有证据意义的文书。

(2) 勘验笔录是对犯罪行为、侵权行为、违法行为作用于客观事物、引起客观事物变化的情况的如实记载。它如实反映客观情况，而不像鉴定意见那样，用推理判断作出。

(3) 勘验笔录的证据意义在于它是以直接反映现场存在的物品和痕迹的所处位置及其相互关系来证明案件情况，而不是以物品、痕迹本身来证明案情，因为物品、痕迹自身属于物证的范畴。

（4）勘验笔录不仅要求司法人员、当事人在笔录上签名，而且要求有两名见证人在场，对司法人员勘验行为作见证，因此，见证人必须在笔录上签名。否则，勘验笔录将失去证据资格。

（5）勘验笔录具有综合证明意义。其他证据的证明范围比较单一，而勘验笔录具有多种证明意义。它可以证明行为人实施行为的时间、地点、人数、方式和方法，行为的危害程度，以及行为人的身高、体重、身体缺陷、行为特征等，其他证据都不可能具有如此广泛的证明作用。不仅如此，勘验笔录的功能远比其他证据多，它不仅反映案件有关的事实，而且具有发现、提取、固定、保全证据的功能，这是其他证据所无法比拟的。

（6）勘验笔录不同于其他证据。第一，它不同于书证。勘验笔录形成于案件发生之后的诉讼过程中，由司法人员制作，是对客观事实的反映；而书证形成于案发之前或者案件发生的过程中，是由当事人或其他人记载的与案件事实有关的内容，书证可以记载人的主观认识，也可以是对客观事实的反映。第二，它不同于物证。物证以其自身的存在、变化、性能、外形等证明案件事实；而勘验笔录以物证存在的方位及其相互关系所形成的证明力，来证明案情。第三，它不同于鉴定意见。鉴定意见是鉴定人运用专门知识和技能，运用推理判断的方法作出的结论性意见去证明案件事实；而勘验笔录则要求以如实记载与案件有关的场所、物品的状况来证明案件事实。第四，它不同于讯问笔录。讯问笔录只是固定犯罪嫌疑人、被告人的口供，不具有独立的证据意义；勘验笔录以其所记载的同案件相联系的物品、痕迹的位置及其相互关系反映案件事实，具有独立的证据意义。

（三）勘验笔录的基本内容

勘验笔录由现场文字记录、现场绘图和现场照片三部分组成。这三方面内容以不同形式、从不同角度完整地反映现场状况，客观、系统、全面地反映现场勘查的全过程和勘查结果，以及发现、提取痕迹、物品及其他物证的情况。勘验笔录是一种法定的独立证据，根据证明案件事实的需要，一般应包括下列内容：(1) 进行勘验的理由和根据，也就是说，进行勘验的法律依据和事实依据；(2) 进行勘验的地点、勘验对象的情况；(3) 勘验的主持人、参加人和见证人的姓名、职业、职务等，当事人的姓名及在场与否；(4) 进行勘验的起止时间；(5) 进行勘验的步骤和方法；(6) 勘验的结果情况；(7) 主持人、参加人、见证人、笔录人、当事人都应当在勘验笔录上签名，并注明具体时间。

### 三、检查笔录

检查笔录是刑事诉讼的法定证据，是指办案人员为确定被害人、犯罪嫌疑人、被告人的某些特征、伤害情况和生理状态，对他们的人身进行检验和观察后所作的客观记载。检查是对活人进行的，即对案件的被害人、犯罪嫌疑人、被告人，但不包括证人。对证人的检查只能用来判断证人的行为能力，确定其是否具有证人资格，而不能对案件事实具有证明作用，因此，一般情况下，对证人检查的笔录不属于检查笔录的范畴。

在刑事诉讼证据中，检查笔录和勘验笔录并列，属于同一个类型的证据，但它们之间也存在明显的区别：

1. 对象不同

勘验的对象是处于静态的有关场所、物品和尸体；检查的对象是活人，是案件的被害人和犯罪嫌疑人、被告人。前者反映行为结果情况；而后者不仅如此，还应当反映原来存在的生理、病理情况。

2. 对适用主体要求不同

勘验主体没有性别要求；而检查有性别要求，如果被检查者是妇女，必须由女工作人员或医师进行。

3. 适用范围不同

勘验笔录所反映的范围广，内容繁多，包括现场勘验、物证检验、尸体检验，这些决定了勘验笔录的复杂性；而检查笔录所反映的范围较小，局限于人体，内容仅是伤害情况以及生理情况。

4. 证明作用不同

现场勘验笔录可以判断案情性质、确定侦查方向与范围；物证检验笔录可以证明物证的特征，尸体检验笔录可供判断死亡原因和时间、致死的工具和手段；而人身检查笔录远不像勘验笔录作用那样广泛，它只能反映被害人、犯罪嫌疑人有别于他人的状态或标志，以及他们的伤害情况、生理状态，用以证明案情。

### 四、辨认笔录

辨认是指侦查机关为了查明案情，在必要的时候，在侦查人员主持下，让被害人、犯罪嫌疑人或证人对与犯罪有关的物品、文件、尸体、场所或者犯罪嫌疑人进行辨认和指认的行为。辨认笔录就是侦查人员对辨认经过和结果所作的客观记录。

在刑事诉讼中根据辨认主体的不同，辨认笔录被分为证人的辨认笔录、被害人的辨认笔录和犯罪嫌疑人的辨认笔录。根据辨认对象的不同,可以将辨认笔录分为对人的辨认笔录、对物的辨认笔录和对现场的辨认笔录。

辨认笔录是刑事诉讼中法定的证据种类,尽管辨认人包括证人、被害人和犯罪嫌疑人,但与证人证言、被害人陈述、犯罪嫌疑人供述和辩解不同。辨认笔录是辨认人对既往的感知回忆以及在回忆基础上进行判断后得出的结论,辨认过程是在有参照物的情况下进行的再认识;而证人证言、被害人陈述、犯罪嫌疑人供述和辩解则仅仅是证人、被害人、犯罪嫌疑人对其经历的一种回忆。因此,在性质上,辨认笔录与证人证言、被害人陈述、犯罪嫌疑人供述和辩解有着本质的差异。此外,辨认过程一般均要求见证人参加,辨认笔录也要求见证人签名。这种见证人制度,也使得辨认笔录有别于证人证言、被害人陈述和犯罪嫌疑人供述和辩解。

辨认笔录也不同于勘验、检查笔录。尽管勘验、检查笔录和辨认笔录都是在侦查机关主导下进行的,但勘验、检查笔录是指司法人员对可能与犯罪有关的场所、物品、人身、尸体进行勘验、检查时所作的笔录,与辨认笔录记录的内容不同。辨认笔录的属性与勘验、检查笔录的属性在司法实践中最为相近。这三者通常都是以记载的内容结合其他材料共同来证明案件的事实,都是在侦查机关主导下进行的,其证明效力都受侦查人员的个人业务能力、经验、工作态度等主观因素的影响,而且都要求有见证人签字以证明其公正性,因此,将辨认笔录与勘验、检查笔录归为一个证据种类。

辨认笔录制作应注意的问题有:(1)主持辨认的侦查人员不少于二人,由侦查人员记录;(2)辨认前辨认人不能见到辨认对象,侦查人员要向辨认人详细询问辨认对象的具体特征;(3)辨认人的辨认活动要个别进行;辨认对象要混杂在具有类似特征的其他对象中,供辨认的对象数量要符合规定;尸体、场所等特定辨认对象除外;(4)对辨认对象、辨认过程和辨认结果进行全面客观的记载,并由侦查人员、辨认人、见证人签名或者盖章。

**五、侦查实验笔录**

侦查实验是为了验证在一定条件下某一事件或现象能否发生,如果发生其后果如何,在与案件相同的条件下实验性地重演该事件的专门活动。侦查实验笔录是指侦查机关在进行侦查实验时当场制作的记载侦查实验的条件、过程和结果的记录。侦查实验笔录是刑事诉讼的法定证据种类。

侦查实验笔录是侦查人员依照法定程序制作的,由于其内容的客观性,具有较强的证明力。但是侦查人员的业务素质参差不齐,责任心以及采用的实验方法是否科学等都影响诉讼行为的质量,从而影响笔录的质量,因为这些都在笔录中得到记载和体现。因此,侦查实验笔录也可能具有虚假性的特点。

侦查实验笔录的内容一般包括:(1)记录案件发生的时间、地点、简要案情、侦查实验的目的和要求;(2)记录侦查实验的方法、过程和结果;(3)记录侦查实验的时间、地点、环境、条件和工具,批准实验的机关,指挥和参加实验的人的姓名、职务;实验的主持人、参加人、见证人应在笔录上签名或盖章,并注明年、月、日;(4)应当附上通过照片、录像、录音绘图以及制作模型等方法加以固定的实验情况的记录文件。

### 六、现场笔录

现场笔录是行政机关或法律法规授权的组织和工作人员,在进行行政行为时,对有关事项所作的当场记录。如物价检查人员在现场对商品价格所作的笔录等。现场笔录是行政诉讼中的法定证据种类。

现场笔录的特征是:(1)有权制作的主体是实施行政行为的行政公务人员;(2)制作的时间是在实施行政行为的过程中,主要是进行行政处罚和行政强制措施的过程中;(3)笔录的基本内容反映行政人员实行行政行为的情况;(4)现场笔录的目的是对特定阶段的客观情况,用文字的方式进行固定,以免事后产生争议。

鉴于行政诉讼是对行政行为合法性的审查,而相当部分的行政行为是在发现情况后当场作出的,并且当场作出的处罚也必须有确实的证据证明行政相对人违反行政管理秩序行为的存在,因此,在发现违反管理秩序行为的现场,用文字的形式予以固定,是非常必要的。

行政执法人员制作现场笔录,应当注意三个问题:一是现场笔录应由实施行政行为的行政执法人员制作;二是现场笔录必须客观、真实地记录当场实施行政行为的情况,载明行政管理相对人违法事实的基本情况、时间、地点和处罚或处理情况;三是现场笔录应由制作人和当事人签名,当事人拒绝签名或者不能签名的,应当注明原因。有其他人在现场的,可由其他人签名。现场笔录以文字记录为主,必要时也可以附有照片、图画等内容。

# 第七章 诉讼证据的理论分类

正如恩格斯所言,分类是科学研究的第一步。诉讼证据的理论分类,是人们在理论上对诉讼证据按照不同的标准所作的划分。这种理论上的分类有益于我们更好地把握各种证据的特点,以便在司法实践中更好地运用各类证据来查明案件事实。

参酌学界通说,可以根据不同的标准将诉讼证据作原始证据与传来证据、控诉证据与辩护证据、直接证据与间接证据、言词证据与实物证据、本证与反证、主证与旁证这六大类型的划分。

## 第一节 原始证据与传来证据

### 一、原始证据与传来证据的概念

按照证据与案件事实的关系不同,证据可以分为原始证据与传来证据。原始证据也称作原生证据,传来证据又称作派生证据。

凡是直接来源于案件事实或原始出处的证据就是原始证据,即原生证据。所谓直接来源于案件事实,是指证据是在案件事实的直接作用或影响下形成的。所谓直接来源于原始出处,是指证据包含的信息直接来源于该信息生成的原始环境。比如,直接感知案件实施的证人证言、当事人陈述,在犯罪现场发现并提取的各种痕迹、物品,搜查扣押的作案工具、赃款赃物、书证原本等。

传来证据是指不是直接来源于案件事实或原始出处,而是通过复制、复印、传抄、转述等中介途径从原始证据处派生获取的证据。比如,书证的复印件、影印件、照片、现场痕迹的模型、证人转述他人感知的事实的证言等。

传来证据与传闻证据不同。传闻证据是英美法系国家证据法中的一个概念,是指证人在法庭之外对直接感知的案件事实亲笔所写的陈述及他人制作并经本人认可的陈述笔录,以及证人在法庭上就他人所感知的事实向法庭所作的转述。显然,传闻证据与传来证据有着较大的区别。首先,传闻证据在范围上仅限于言词证据;而传来证据不仅包括言词证据,还包括实物证据。比如,一个文件的副本是传来证据,但非传闻证据。其次,传闻证据所关注的是证据的外在形式,强调必须是证人在法庭之上就其本人感知的事实向法庭所作的陈述,舍此形式要件,即便所涉内容为真,也原则上不予采信;传来证据则重视证据的内容要件,即强调必须直接来源于案件事实或者原始出处,至于其是不是须符合当庭陈述的外在形式要件,在所不问。最后,英美法系的传闻证据一般须排除,只有在少数例外的情况下方予以采信,是谓传闻证据排除规则;而传来证据在我国诉讼实践中则不受排除。因此,要注意将传闻证据和传来证据区分开来。

一般而言,传来证据都要经过复制、复印、传抄、转述等中间环节得以形成,但这并不意味着凡是复印件、复制品等皆为传来证据。比如在制作、贩卖、传播淫秽物品案中,作为犯罪物品的"母带"和复制品都是原始证据,因为它们都直接来源于案件事实本身。同样道理,在民事诉讼中,商家用复写纸开具的收据的第二联也属于原始证据。因而,在原始证据和传来证据的划分上,不能以证据本身的表现形式是否为复印件、复制品作为标准。

### 二、划分原始证据和传来证据的意义

划分原始证据和传来证据的主要意义在于揭示不同类别证据在可靠程度上的差异和证明力的强弱。原始证据与传来证据来源的不同,决定了原始证据较传来证据更为可靠,在证明力上更强。《行政证据规定》第63条第6项规定:"证明同一事实的数个证据,其证明效力一般可以按照下列情形分别认定:……(六)原始证据优于传来证据"。而且就传来证据而言,转传的次数越多,信息缺损的可能性就越大,变异可能性也就越大。因此,转传环节较少的传来证据要比转传次数较多的传来证据更为可靠。

正是在前述意义上,原始证据与传来证据的划分为司法实践中正确收集、运用这两类证据提供了理论依据。它提示司法与执法人员在办案中应当尽可能查找、获取原始证据,在不能取得原始证据的情况下,也应尽可能地获取转传次数最少、最接近案件事实的传来证据。

### 三、原始证据与传来证据的运用问题

首先,在证据的收集上,应努力获取和使用原始证据。在英美法系证据理论中,有一条主要适用于书证的"最佳证据规则"。该规则要求书证的提供者尽量提供原件,如果提供副本、抄本、影印本等非原始材料,则必须提供充足理由加以说明。这一规则明确规定原始文字材料优先于它的复制品或根据回忆其内容所作的口头陈述。

其次,除了原始证据,也要充分发挥传来证据的作用。传来证据的作用主要

体现在:

(1) 有利于司法机关发现和收集原始证据。以刑事诉讼为例,很多案件都是先发现传来证据,然后以此为线索,才发现原始证据的。

(2) 有助于验证、核实原始证据。例如,在某一目击证人回家后,向家人讲述其目击犯罪发生的前后过程,那么他家人在刑事诉讼中将目击证人当时的陈述作为一种传来证据提供给司法机关,就可以对该目击证人的证言起到核实作用。

(3) 在无法收集原始证据的情况下,经查证属实的传来证据,同样可用作认定案件事实的根据。

(4) 有些案件中,传来证据是提取和固定原始证据的手段。如一些大型建筑物,就要通过照片这种传来证据起到提取和固定作用。

## 第二节 控诉证据与辩护证据

### 一、控诉证据与辩护证据的概念

按照证据对刑事案件的证明作用,证据可以分为控诉证据和辩护证据。控诉证据,是指能够证明犯罪事实的发生,犯罪嫌疑人、被告人犯罪,或者是应当从重处罚犯罪嫌疑人、被告人的证据。它一般由控方在对犯罪嫌疑人、被告人进行指控时提出。

控诉证据根据其所证明的犯罪事实和情节等有关案件事实的不同,主要表现为以下两种形式:第一,证明犯罪事实存在的证据。包括以下几种:(1) 犯罪嫌疑人、被告人遗留在犯罪现场的各种物品、痕迹,如凶器、指纹、脚印以及查获的赃款赃物等;(2) 证人关于犯罪嫌疑人犯罪活动的陈述;(3) 被害人对其受害事实和情节所作的陈述;(4) 对犯罪现场和物品等的勘验、检查笔录。第二,证明有从重处罚情节的证据。例如,犯罪嫌疑人、被告人利用职权挪用扶贫款项,被司法机关查获后,作为指控其犯罪的物证,既证明了被告人犯有挪用公款罪,同时又证明了其挪用的是扶贫款项,属于依法应当从重处罚的情节。

辩护证据,是指能够证明案件事实没有发生,犯罪嫌疑人、被告人无罪、罪轻,或者是能够减轻、免除犯罪嫌疑人、被告人刑事处罚的证据。它一般是由犯罪嫌疑人、被告人及其辩护人提出。比如证人证明被告人不是出于故意而是正当防卫等。

学界有观点将控诉证据与辩护证据的划分等同于无罪证据与有罪证据的划

分。对此我们不能苟同。所谓有罪证据和无罪证据,是从《刑事诉讼法》第 52 条和第 137 条引申出的证据划分。《刑事诉讼法》第 52 条规定:"审判人员、检察人员、侦查人员必须依照法定程序,收集能够证实犯罪嫌疑人、被告人有罪或者无罪、犯罪情节轻重的各种证据。"第 137 条规定:"任何单位和个人,有义务按照人民检察院和公安机关的要求,交出可以证明犯罪嫌疑人有罪或者无罪的物证、书证、视听资料等证据。"学界有观点认为,凡是能够证明犯罪事实存在以及犯罪行为系犯罪嫌疑人、被告人所为的证据,是有罪证据;凡是证明犯罪事实不存在或者犯罪嫌疑人、被告人未实施所指控之犯罪行为的证据,是无罪证据。我们认为,这两种划分不仅不能等同,而且有罪证据与无罪证据的划分在逻辑上也有不周之处。有些证据除能证明犯罪嫌疑人、被告人无罪或有罪之外,还可以证明其罪轻或者罪重,因而有罪证据与无罪证据的划分无法穷尽所有证据的外延,而采用控诉证据与辩护证据的划分则可妥善化解这一问题。

**二、控诉证据和辩护证据划分的相对性**

需要注意的是,控诉证据和辩护证据的区分并不代表它们之间绝对的划分。在某些情况下,控诉证据和辩护证据也存在着重叠,即一个证据可能既包含着控诉证据的信息又包含着辩护证据的信息。例如,犯罪嫌疑人在被询问时对自己的案件拒不承认,却揭发了其他案件中的他人犯罪行为。这一证据就包含着犯罪嫌疑人认罪态度恶劣的从重因素,又包含着犯罪嫌疑人立功的从轻因素。

在一定条件下,控诉证据和辩护证据可以相互转化。在不同案件里,此案的控诉证据可能是彼案的辩护证据,彼案的辩护证据有可能就是此案的控诉证据。比如,能证明被告人过失杀人的证据,相对于被指控故意杀人的案件来说,是一项辩护证据;但如果是在被指控过失杀人的案件中,相对于一项无罪辩护而言,它就是一项控诉证据。即使是在同一案件中,有时随着情况的变化或案件的进展,证据在诉讼中的作用也会发生相应的变化,对证据是控诉证据还是辩护证据的定性也会随之改变。比如,犯罪嫌疑人交出一份各方面完好的财务报表,以证明自身没有进行经济犯罪,因此这一财务报表是辩护证据;但随着案件调查的深入,通过鉴定人的鉴定发现这一报表纯属伪造,则它就转化为指控犯罪嫌疑人做贼心虚的控诉证据。[①]

---

[①] 参见龙宗智、杨建广主编:《刑事诉讼法》,高等教育出版社 2003 年版,第 146 页。

### 三、划分控诉证据与辩护证据的意义

**（一）两种证据类型具有不同的特点和使用要求**

在司法实践中，为达到控诉的目的，必须使控诉证据为案件事实的充分条件，即控诉证据必须组成一个完整的证明链，才能起到证明作用。而辩护证据则无须如此，它只需要一两个关键证据或一组证据能够击破控诉证据的证据链，使得控诉证据构建的推理与逻辑发生破绽，辩护证据就达到了其证明作用。

**（二）办案人员应当全面客观地收集和运用证据，防止主观片面**

《刑事诉讼法》第52条规定："审判人员、检察人员、侦查人员必须依照法定程序，收集能够证实犯罪嫌疑人、被告人有罪或者无罪、犯罪情节轻重的各种证据。"对每个案件，既要查明犯罪嫌疑人、被告人有罪和加重罪责的证据，又要查明犯罪嫌疑人、被告人无罪和减轻罪责的情况；既要收集对犯罪嫌疑人、被告人不利的证据，也要收集对犯罪嫌疑人、被告人有利的证据。只有全面地收集和运用证据，才能查明案件的事实真相。

## 第三节　直接证据与间接证据

### 一、直接证据与间接证据的划分标准

根据证据事实与案件主要事实的证明关系，证据划分为直接证据和间接证据。所谓案件主要事实，就是对确定案件争议或解决诉讼纠纷具有关键意义的事实。不同种类的诉讼，案件主要事实也各有不同。在民事诉讼中，案件主要事实是民事当事人之间争议的民事法律关系发生、变更、消灭的事实；行政诉讼案件的主要事实是行政机关行政行为是否存在以及是否合法的事实；在刑事诉讼中，案件主要事实则是指犯罪嫌疑人或被告人是否实施犯罪行为的事实。所谓证明关系，是指证据对案件主要事实是以直接证明还是间接证明的方式起证明作用。

### 二、直接证据的概念与种类

直接证据，是指能够单独直接证明案件主要事实成立或者不成立的证据。在司法实践中，直接证据为数不多，主要有下列几种：

（1）当事人的陈述。具体包括刑事被害人陈述和犯罪嫌疑人、被告人供述和辩解，民事诉讼当事人的陈述及行政诉讼当事人的陈述。需要指出的是，并不

是所有当事人的陈述都可以成为直接证据,只有能单独直接证明案件主要事实的当事人的陈述才是直接证据。比如刑事被害人陈述,只有当其能指明是谁实施了犯罪行为时,才可以成为直接证据。当然,由于当事人是案件的亲历者,其陈述大多能直接证明案件的主要事实,是最常见的直接证据。

(2)能够证明案件主要事实的证人证言。具体包括:刑事诉讼中,证人证实被告人实施犯罪行为的主要过程,并能明确指认出犯罪分子,或证实该被告人不是犯罪人的陈述;民事诉讼中,证人对其亲眼所见的引起争议的法律关系发生、变更或消灭的事实所作的证言;行政诉讼中,证人对其亲眼所见的据以作出行政行为的事实所作的陈述。

(3)能证明案件主要事实的书证。作为以其记载内容来证明案件事实的书证,如果其所记载内容能直接证明案件主要事实,则为直接证据。例如,民事诉讼中的合同、遗嘱、房屋产权证;行政诉讼中有关行政行为的决定书等。

(4)能证明案件主要事实的视听资料。例如,公共场所安装的监控录像,恰巧将某人行窃的过程录了下来,而且可以辨认出这个人的模样,该录像便可以成为直接证据。

### 三、直接证据的特点

首先,直接证据对案件主要事实的证明关系直截了当,无须借助于其他证据。这一特点使得直接证据运用起来比较简单便捷,一经查实便可用作定案的主要依据。其次,收集审查比较困难。由于直接证据来源较窄,数量少,因而在一般的案件中收集和提取都比较困难,在一些案件中甚至无法提取。如很多刑事案件没有目击证人,犯罪行为由谁实施、如何实施,只有犯罪分子本人最为清楚。若犯罪嫌疑人或者被告人拒绝供述,那么侦查人员就无法获得直接证据,司法人员也就只能依照间接证据来认定案件事实了。在审查判断证据上,由于直接证据大多表现为言词证据,易受到各种主客观因素的影响而出现虚假或失真的情形,且稳定性也较差,这就给证据的审查判断增添了难度。

因此,在直接证据的使用上,既要看到直接证据的优势所在,也要正确认识它的弱点,既不能轻易采信,也不能简单否定。只有经过查证属实的直接证据才能用作定案的根据。而最根本的办法就是要把功夫下在大量表现为实物证据的间接证据的运用上。

### 四、间接证据的概念与特点

间接证据,是指不能单独直接证明案件,而需要与其他证据结合起来通过推理的方式才能证明案件主要事实的证据。

在司法实践中,间接证据的数量和种类是相当庞杂的。如果把案件中的证据比作大海中漂浮的冰山,那么直接证据就只相当于露出水面的一小部分,而间接证据则是藏在水下的巨大山体。就案件构成要素而言,只能证明时间、地点、工具、手段、结果、动机等单一事实要素和案件情节的证据,一般都是间接证据。另外,就证据法定种类而言,物证、勘验笔录、鉴定意见等证据也通常不能单独直接地证明案件的主要事实,因此一般都属于间接证据。

间接证据的特点表现为:首先,间接证据与案件主要事实的联系是间接的,一个间接证据只能证明案件某个片断。也就是说,间接证据需要与其他证据——无论直接证据还是间接证据——相结合,才能证明案件主要事实。其次,间接证据与案件主要事实的间接性,决定了运用间接证据证明案件主要事实必须通过逻辑推理的方式来进行。

**五、间接证据的作用**

虽然每个个体意义上的间接证据所包含的证明信息要比直接证据小得多,但这并不意味着间接证据就没有证明作用。间接证据的证明作用至少体现在以下几点:

**(一)间接证据可以证明案件的非主要事实以及各种情节**

在证明活动中,案件主要事实是指案件中需要证明的一系列事实的关键部分。然而案件主要事实得以证明,并不等于全案事实都得到证明。在证明案件各事实要素以及各种情节时,间接证据仍发挥着不可或缺的作用。

**(二)间接证据是发现和获取直接证据的中介**

由于直接证据为数较少,在司法实践中,往往是先收集到间接证据,再以间接证据为桥梁,发现并获取直接证据。这一作用在刑事诉讼中表现得尤为突出。在刑事案件的侦查工作中,一般总是开始从收集间接证据入手,一步步扩大战果,在取得了大量的间接证据后,才逐步地集中指向犯罪嫌疑人,然后对其采取必要的强制措施,进而通过预审,犯罪嫌疑人供述作案经过,从而取得直接证据。

**(三)间接证据是检验直接证据真伪、增强直接证据证明力的有效手段**

尽管直接证据可以单独、直接证明案件主要事实,但前提是必须保证其真实性。而直接证据是否真实可靠,除了要对直接证据本身进行审查外,还可以通过与间接证据相比照,从而确定其真伪。另外,间接证据可以对直接证据的证明力起到补强作用,从而与直接证据一起构成完整的证明体系。

（四）在无法取得直接证据的情况下，完全依靠间接证据也能定案

在这个过程中，必须严格遵守以下原则：（1）每一个间接证据都必须查证属实，不能存有任何怀疑；（2）每一个间接证据都必须与案件事实有客观联系，即能证明案件中的某些事实、情节；（3）间接证据必须形成一个完整的证明体系，所有的证明对象都应有相应的间接证据证明；（4）间接证据之间、间接证据与案件事实之间必须协调一致，不能存有任何怀疑；（5）依据间接证据形成的证明体系足以得出确定的结论，并且这一结论具有排他性。

## 第四节 言词证据与实物证据

### 一、言词证据与实物证据的概念

言词证据与实物证据，又分别被称为人证与物证，在刑事诉讼证据理论分类中是最常见的一种，是根据证据的不同表现形式所作的划分。

言词证据，是指以自然人的陈述为表现形式的证据。在英美法系，因言词证据以陈述为方式向法庭出示，故又称作"陈述性证据"（testimonial evidence）。我国《刑事诉讼法》中规定的证人证言、犯罪嫌疑人、被告人供述与辩解、被害人陈述均属此类。鉴定意见虽通常都是以书面文件的形式记录的专家意见，但其实质是鉴定人就案件某些专门性问题进行鉴定后作出的主观判断，而且在法庭审理时，当事人有权对鉴定人就鉴定意见发问，鉴定人有义务以口头回答、解释或补充其鉴定意见，所以，鉴定意见也是言词结论。此外，在刑事诉讼中形成的证人证言笔录、被害人陈述笔录、被告人讯问笔录等，虽然表现为物品，但在法庭上出示时仍通常以言词的形式加以宣读，而不是采用展示的方式向法庭出示，因而也属于言词证据。

实物证据，则是以物品或者痕迹为表现形式的证据。在英美法系，因实物证据要以展示或演示的方式向法庭出示，故又称作"实物与展示性证据"（real and demonstrative evidence）。我国《刑事诉讼法》中所列的物证、书证、视听资料、电子数据等均属实物证据。

区分言词证据与实物证据的意义在于：（1）两者形成的时间不一样。实物证据是伴随着案件事实的发生所形成的一种证据形式，它们所记录的是案件事实的某一环节或者片段；言词证据是随着刑事诉讼程序的启动，办案人员主要通过讯问或询问的方式收集起来的证据形式。（2）两者的审查判断方法不一样。言词证据主要通过交叉讯问的方式进行审查判断，而实物证据则主要靠鉴定等

方法来审查判断。(3)证据保全的手段不一样。(4)两者适用的证据规则亦有所不同。言词证据主要适用传闻证据规则,而实物证据主要适用最佳证据规则等。

**二、言词证据与实物证据的特点**

(一)言词证据的特点

1. 言词证据能够生动、形象、系统、全面地证明案件事实

言词证据是当事人、证人等对其直接或间接感知的案件事实的复述,往往能够较为形象生动、详细具体地反映案件事实;尤其当事人是案件事实的亲历者,其陈述不仅可以把案件发生的过程及许多具体情节复述出来,而且还能把案件发生的前因后果、来龙去脉叙说清楚,反映得比较深入。司法和执法人员通过广泛听取和综合分析各种知情人的陈述,可以迅速地从总体上把握案件的全貌。这是实物证据无法比拟的。

2. 言词证据容易受到各种主客观因素的影响而出现虚假或失真的情况

言词证据毕竟是人对客观事物的主观反映,难以避免受到主客观诸因素的影响。就主观方面而言,陈述人与案件的利害关系可能促使陈述人故意作出虚假的陈述。刑事诉讼中的被害人、犯罪嫌疑人或被告人都与诉讼结果有直接的利害关系,这种利害关系就可能促使他们作虚假陈述。即便与案件没有利害关系的陈述人,也往往会因为个人的认知能力、表达能力、心理倾向等作出失真的陈述,或者因为受到威胁、利诱而不如实陈述。在客观方面,言词证据的形成是一个相当复杂的过程,一般要经过感知、记忆、陈述三个阶段,在这几个阶段都可能因各种客观因素的影响而出现失真。

(二)实物证据的特点

1. 实物证据具有较强的客观性和稳定性

实物证据是以实体物质形态对案件起证明作用的,所以不易受人的主观因素的干扰,而且一经收集和固定就具有较强的稳定性,成为证明案件事实的有力证据。

2. 实物证据不易收集

实物证据容易受到自然因素的影响而灭失,如果收集不及时,就可能收集不到。此外,一些微量物证很不容易被发现和提取,一旦采证的方法不得当,也有可能使该实物证据的信息被破坏,故不易收集。

3. 实物证据对案件事实的证明具有片段性

实物证据一般只能证明案件事实的一个片断,而不像言词证据那样比较全

面地反映案件的经过和结果。例如,在合同诈骗案中,当事人提供的合同书经过鉴定有涂改的痕迹,这只能证明有人涂改合同的事实,但是何人、何时、在何种场合下、出于何种目的涂改,则需要其他证据证明。

(三)言词证据与实物证据的收集和审查

鉴于言词证据和实物证据的上述不同特点,对这两类证据在收集和审查判断上需要采取不同的方法。

第一,从收集证据的角度看:对言词证据一般要采取讯问或询问的方式;而对实物证据则通常采用勘验、检查、搜查、扣押等手段。

第二,从保全证据的角度看:言词证据可以采用文字、录音、录像等方式加以固定和保全;而实物证据的保全应当以不损毁、不变形、不丢失为原则,尤其要注意分案件保管,防止不同案件的证据相互混淆。

第三,从审查判断证据的角度看:一是审查的重点不同,对实物证据要着重审查是否因自然因素的影响而使其实物形态遭到破坏;而对言词证据则要审查其是否受到人的主观因素的干扰而失真。二是在审查方法上,言词证据多采用审查证据本身前后是否矛盾,与其他证据能否相互印证,言词证据的主体的感知、记忆、表述能力是否正常,是否受到人为因素的影响,法庭审理时的讯问、质问等方法;而对实物证据的审查则多采用鉴定、辨认、侦查、实验等方法。

## 第五节 本证与反证

### 一、本证与反证的概念

司法诉讼是适用法律的活动,要适用法律规范,就需要主张和证明待适用的法律规范的事实构成要件(即要件事实,或可称主要事实、直接事实)的存在。学理上通常按照诉讼证据对事实主张的证明作用的不同,把诉讼证据分为本证与反证。所谓本证,是指能够证明待适用的法律规范的要件事实存在的证据。因为提出适用某一法律规范,往往会对主张者有利,所以对其要件事实的证明责任一般就分配给主张者承担。在这个意义上说,本证,也就是指能够证明一方当事人主张的某要件事实存在的证据。而所谓反证,是指能够证明一方当事人主张的某要件事实不存在的证据。既然本证、反证所需证明的事实并非所有的案件事实,而是证明责任所需证明的对象,即要件事实,故本证与反证只能是在直接证据基础上的第二次分类。

学界主流观点认为,本证与反证是民事诉讼和行政诉讼理论中的特有概念和分类。① 的确,民事诉讼中贯彻辩论主义(即提出主义)以及存在证明责任分配的复杂多样性,所以我们也认为该种分类,特别是对民事诉讼,有着重要意义。但是在刑事诉讼中,虽然因贯彻国家弹劾主义,证明责任基本由控诉方承担,但是同样存在犯罪要件事实主张和证明责任的问题,所以刑事诉讼证据也可以从对要件事实主张的证明作用的角度作出划分。因此,三大诉讼中实际都存在本证与反证,它们应该成为诉讼证据法学上的一种基本分类。

在不同诉讼中,本证和反证的表现形式有所不同。例如,在刑事诉讼中,控诉方指控被告人有罪或罪重的证据,就是本证;而被告人及辩护人提出的反驳控诉主张的证据,即证明被告人无罪或罪轻的证据,就是反证。在民事诉讼中,各方当事人提出的支持各自不同要件事实主张的证据,就是本证;而一方当事人提出的反驳对方当事人某一事实主张的证据,就是反证。在行政诉讼中,由于争议主要围绕行政主体的行政行为是否合法,因此凡是能够证明行政行为合法的证据,就是本证;而凡是能够证明行政行为违法的证据,就是反证。

在大陆法系国家,也有观点认为,本证、反证是让法官确信某种主张真实与否的活动,是根据证明目的所作的证明分类。本证就是要显示待适用的法律规范的事实构成要件存在的证明,因而是负有证明责任的当事人对某一主张真实的证明。反证就是另一方当事人对某一主张不真实的证明,即反证要显示哪些事实构成要件不成立。② 这种认识,对于我们深刻、全面地理解本证和反证的概念及其复杂性有所裨益。

反证不同于"证据抗辩"这一概念。所谓证据抗辩,又称证据反驳,是指在诉讼中,一方当事人针对对方当事人所提出证据的证据能力,发表辩驳质疑的意见以及进一步提出起否定、减弱作用的证据加以证明的活动。可见,反证为证据,而证据抗辩则为诉讼行为。

在诉讼中,主张事实的一方当事人不断提出证据(本证),企图明亮和巩固法官脑海中的案件事实的影像,而对方当事人则不断提出相反的证据(反证),以模糊和消灭其影像。因此,本证的目的是使法官就事实的存在达到确信,而反证的目的是让法官就事实的心证达到真伪不明。由于当事人的诉讼地位和所肩负任务的不同,这决定了本证通常先于反证提出,而且本证是法律以证明责任强制性加诸一方当事人的,反证则是自己主动提出的。

---

① 参见江伟主编:《证据法学》,中共中央党校出版社 2002 年版,第 163 页;樊崇义主编:《证据法学(第六版)》,法律出版社 2017 年版,第 218 页。
② 参见〔德〕罗森贝克、施瓦布、戈特瓦尔德:《德国民事诉讼法》,李大雪译,中国法制出版社 2007 年版,第 815 页。

## 二、划分本证与反证的意义

总体上说,划分本证与反证,有利于明确提供与调查证据的顺序,区分不同证据的证明力要求,方便法院作出裁判。而有关二者区分意义的更为一般的表述如下:

（一）有利于调动当事人举证的积极性,由此增强诉讼的抗争性

根据证明责任的分配规则,主张某要件事实存在的,就应对自己的事实主张提出证据加以支持,并应达到法律所要求的证明程度。如果不能提出充分的本证来证明自己所主张的事实存在,则要承担败诉风险。对方当事人根据案件审理中法官的心证情况,也有权提出证据证明该要件事实不存在或使法官陷入真伪不明的心证状态。对方当事人所提出的反证如经审查属实,法庭应予采纳。双方提供证据的积极性被调动起来,则诉讼的抗争性势必增强。

（二）有利于法官客观全面地审查判断证据

之所以要件事实需要证明,是因为当事人双方对在诉讼中提出的要件事实之存在与否的主张,意见相左,具有对抗性质。然而,案件的真实情况只有一个,本证与反证阵营所证明或支持的事实存否,不可能同时为真。因此,当对同一要件事实存在肯定和否定两种证据时,法官就运用反证审查本证,或者通过本证来审查反证,容易得出确定的结论。

（三）有利于法官及时查明案件的真实情况

双方当事人举证积极性一旦被调动起来,则证据的来源大大拓宽,必然也有利于法官及时查明案件的真实情况。对于法官来说,一方面可以做到兼听则明,以防偏颇;另一方面可以尽快弄清事实结案,提高诉讼效率,节约诉讼成本。

# 第六节 主证与旁证

## 一、主证与旁证的概念

学理上根据诉讼证据所指向的证明对象的侧重点不同以及证据之间彼此存在的相对依赖关系,将之划分为主证和旁证。所谓主证,亦称"实质证据",是指能够证明案件主要事实存否的证据;所谓旁证,亦称"补助证据",是指能够证明影响主证证明力强弱的事实的证据。① 例如,目击犯罪过程的证言为主证,但佐

---

① 就这一对概念的提法,以"实质证据"与"补助证据"称之,更为准确且容易理解,但考虑到本书前后版本之间的承继性,这里继续沿用"主证"与"旁证"的提法。

证目击者视力不佳的证据则为旁证。对于旁证,如果是属于减弱主证的证明力或信用价值的,就称为弹劾证据;如果是属于增进主证的证明力或信用价值的,就称为增强证据。

主证与旁证无疑都是用来弄清事实的,但主证指向的证明对象的侧重点是案件主要事实,即实体法上的事实;而旁证指向的证明对象的侧重点是影响主证证明力强弱的事实,即证据资料,进而增进或减弱主证与主要事实的联系。二者彼此存在相对依赖关系,无主证也就是无所谓旁证的存在。主证基于自身的特殊性质,为了确保其真实性,需要增强证据予以补充、担保其证明力;为了否定其真实性,需要弹劾证据予以补充、影响其证明力。主证未经补助,不能作为认定案件主要事实的依据。

**二、各国有关主证的规定**

由于主证具有证明案件主要事实存在与否的主要证明价值,因而,对于认定案情具有十分重要的作用。但并非所有用以证明案件主要事实的诉讼证据都是主证。主证只是用以证明案件主要事实的诉讼证据中的一小部分,是需要其他证据予以补助其证明力方能认定案情的那些证据。

立法实践中,各国对于主证的规定不尽一致。在英美法系国家的刑事诉讼中,必须有旁证才得作为定案根据的主证有以下三种情形:(1)被告人自白;(2)证明力较为薄弱的主证,如未宣誓的幼童所作的证言、共犯的陈述、性犯罪案中女性被害人的陈述;(3)重大犯罪(如叛逆罪)或特殊犯罪(如伪证罪)案件的主证。在日本刑事诉讼中,适用补强证据法则的主证仅限于被告人自白一种,而对于担保一般证言的真实性则不适用。

我国对刑事诉讼中被告人供述的补助有明确规定。《刑事诉讼法》第55条规定,"只有被告人供述,没有其他证据的,不能认定被告人有罪和处以刑罚"。也就是说,除非有其他证据作旁证,否则不得仅依被告人口供定罪量刑。

我国对民事诉讼中视听资料的补助也有相应要求。《民事诉讼法》第71条规定,"人民法院对视听资料,应当辨别真伪,并结合本案的其他证据,审查确定能否作为认定事实的根据。"《民事证据规定》第90条规定:"下列证据不能单独作为认定案件事实的根据:(一)当事人的陈述;(二)无民事行为能力人或者限制民事行为能力人所作的与其年龄、智力状况或者精神健康状况不相当的证言;(三)与一方当事人或者其代理人有利害关系的证人陈述的证言;(四)存有疑点的视听资料、电子数据;(五)无法与原件、原物核对的复印件、复制品。"也就是说,上述证据材料要能成为认定案件主要事实的根据,需要有其他证据补助,法院才确认其证明力。

### 三、收集运用旁证的原则

在诉讼证明中,如果存在主证,就必须进一步收集必要的、一定数量的旁证,否则主证不具有足以促使法官对某主要事实形成心证的证明力。在收集、运用旁证上,应当遵循以下原则:(1)旁证应当是具有独立来源的证据。如果旁证从主证衍生而来,则很难起到增强、减弱主证证明力的作用。(2)旁证是具有独立证明价值的各种证据,既可以是直接证据,也可以是间接证据。(3)旁证的证明对象与主证有一定程度的重叠。虽然主证、旁证指向的证明对象的侧重点有所区别,但最终都服务于证明案件主要事实。只有二者证明对象具有一定程度的重叠,才能够与主证相互呼应,避免错误认定案件事实。(4)旁证作为补助事实的证据,应特别重视或是严格解释关联性的问题。(5)旁证应当达到一定的充分性。没有旁证,主证便不可作为定案的根据。也就是说,主证要作为定案根据,必须得到旁证的印证,且旁证具有充分的证明作用,如此才能担保认定案件事实的客观真实性。

# 第三编　证据规则论

## 第八章　刑事诉讼证据规则

### 第一节　取证规则

#### 一、禁止强迫自证其罪规则

（一）禁止强迫自证其罪的含义与渊源

禁止强迫自证其罪（the privilege against self-incrimination）是指任何人都没有协助他方证明自己实施了犯罪行为的义务，而且侦控机关也不得强迫任何人负此项义务。

禁止强迫自证其罪起源于英国，最初是英国普通法为刑事被告人确立的一项基本法律权利。在17世纪以前，被告人即使在由陪审团充当事实裁判者的法庭上，也有义务接受讯问、回答问题。在整个17世纪，作为对那些臭名昭著的法庭（如星宫法庭）所采取的纠问程序的反抗，被告人在法庭上逐渐开始抵制这种带有强制性的讯问。大约在1700年，一种崭新的法律理念在英国出现：任何人在任何法庭上，无论作为被告人还是证人，都不得被强迫回答可能使其受到有罪牵连的问题。禁止强迫自证其罪规则由此开始在普通法中确立。①

---

① See Ronald J. Delisle, *Canadian Evidence Law in a Nutshell*, Thomson Professional Publishing, 1996, p.131.

禁止强迫自证其罪规则具有丰富的内涵。首先,它适用于任何提供言词证据的人,包括犯罪嫌疑人、被告人和证人。其次,它的核心要求是非强制性。它所禁止的不是自证其罪,而是强迫犯罪嫌疑人、被告人、证人自证其罪。如果犯罪嫌疑人、被告人和证人自愿放弃这一权利,自愿作出对己不利的证言,这种陈述也是可以采纳为证据的。最后,要避免犯罪嫌疑人、被告人在受强迫的情况下作出有罪供述,必须给予其一系列的制度保障,如赋予和尊重他的沉默权、建立权利告知制度、建立非法证据排除规则等。

禁止强迫自证其罪规则,虽发端于英美法系,却已随时代发展超越法系的界限,为当今法治发达国家普遍接纳,在一些国家甚至被提升到宪法原则、宪法权利的高度。《美国联邦宪法》第五修正案规定:"任何人……在刑事案件中,都不得被强迫作为不利于自己的证人。"《日本国宪法》第38条规定:"任何人都不受强迫作不利于自己的供述;通过强迫、拷问或威胁所得的口供,或经过不适当的长期拘留或拘禁后所得的口供,均不得作为证据。"《法国刑事诉讼法》第116条规定:"预审法官应告知被审查人,未经其本人同意,不得对他进行讯问。"《意大利刑事诉讼法》第64条第2款规定:"不得使用足以影响被讯问者同意能力或者改变其记忆和评价事实能力的方法或技术进行讯问,即使被讯问者表示同意。"第3款规定:"在开始讯问前除第66条第1款的规定外,还应当告知被讯问者,他有权不回答提问,并且即使他不回答所提出的问题,提起的诉讼也将继续进行。"《德国刑事诉讼法》第136条规定:"初次讯问开始时,要告诉被指控人所被指控行为和可能适用的处罚规定,接着应当告诉他,依法他就指控行为陈述和对案件不予陈述的权利,并有权随时地,包括在讯问之前,与由他自己选任的辩护人商议。"此外,联合国《公民权利及政治权利国际公约》也将其确立为一项刑事诉讼国际准则。

对于禁止强迫自证其罪与沉默权的关系,学界在不否认两者密切联系的前提下,通说认为它们并不等同。沉默权只是体现禁止强迫自证其罪规则的一项子规则,禁止强迫自证其罪包括沉默权,但绝非仅指沉默权。

(二)禁止强迫自证其罪规则与我国刑事诉讼

我国《刑事诉讼法》第52条明确规定,严禁刑讯逼供和以威胁、引诱、欺骗以及其他非法方法收集证据,不得强迫任何人证实自己有罪。但没有赋予犯罪嫌疑人、被告人以禁止强迫自证其罪的权利。将禁止强迫自证其罪写入2012年修正的《刑事诉讼法》,被普遍认为是该次修法的一大亮点,对于维护犯罪嫌疑人、被告人的诉讼主体地位,保障其合法权益,防止刑讯逼供等违法行为具有十分重要的意义。

《刑事诉讼法》第 120 条仍规定,犯罪嫌疑人对侦查人员的提问,应当如实回答。类似条款的保留和沉默权的缺失,使得禁止强迫自证其罪规则在我国司法实践中能否得以切实贯彻尚需观察。

**二、证人须履行作证义务规则**

(一)证人作证的国家义务

各国刑事诉讼法都有类似的规定,即凡知道案件情况的人,都负有作证的义务。这样规定并非偶然,而是体现了证人作证的国家义务。

证人作证是由案件事实所决定的,虽然根据证人作证所起的作用不同,英美法系国家将证人分为控方证人和辩方证人,但是证人作证的本质意义在于帮助法院查明案件事实。证人作证对于帮助司法者再现对案件事实的认识,具有不可或缺的作用。因此,强调证人对国家的作证义务,具有重大的意义。

首先,如果证人故意作伪证,就意味着他故意违反法定的义务,应当承担由此而引起的法律责任。为此,各国法律不仅在实体法中规定了伪证罪,而且在程序法中规定了作证的宣誓或者具结程序。

其次,证人作证既然是向国家尽义务,那么经司法机关合法传唤,证人就应当出庭作证,证人拒不出庭作证就不应仅被视为对当事人不负责任,而且应视为对国家法律的公然对抗。正是从这个角度来理解,强制作证便有了理论根基。

再次,证人作证既然是向国家尽义务,那么证人作证的费用就应由国家承担。

最后,证人作证既然是向国家作证,那么国家就有责任保障证人的人身安全。为此,世界各国立法大都建立了完善的证人保护措施。①

(二)证人作证规则与我国刑事诉讼

我国《刑事诉讼法》第 62 条规定,"凡是知道案件情况的人,都有作证的义务"。然而,证人不作证问题仍是困扰我国刑事司法实践的一大顽疾。尽管缺乏全国性的统计资料,但有学者根据各地提供的局部性资料估算,在刑事审判中,被列入证人名单,庭前也曾接受过调查询问的证人,出庭率不超过 5%。尤其是特别严重案件(主要是死刑案件)中的证人不出庭、各种案件中的关键证人不出庭、疑难案件(即被告人不服指控、证词有争议的案件)的证人不出庭作证并接受质证这三种情形更是引起各方关注。这种审判中基本诉讼角色缺位的现象,极

---

① 参见汪建成:《证人作证制度三论》,载樊崇义主编:《诉讼法学研究(第二卷)》,中国检察出版社 2002 年版。

大地损伤了刑事诉讼的实体公正与程序公正价值,成为阻滞刑事审判方式改革推进的瓶颈性问题。

证人不出庭作证的原因是多方面的,但制度保障上的缺失难辞其咎。为破解证人出庭作证难的问题,根据修改后的《刑事诉讼法》,归结起来主要有以下几点:

1. 明确规定证人出庭作证的前提条件

根据《刑事诉讼法》第192条,证人证言只有在同时符合以下三项条件的情况下,法庭才会通知证人出庭作证:一是证人证言"对案件定罪量刑有重大影响";二是公诉人、当事人或者辩护人、诉讼代理人"对证言存有异议";三是法院认为证人"有必要出庭作证的"。

2. 进一步加大对证人及其近亲属的保护

《刑事诉讼法》第63条明确规定:"人民法院、人民检察院和公安机关应当保障证人及其近亲属的安全。对证人及其近亲属进行威胁、侮辱、殴打或者打击报复,构成犯罪的,依法追究刑事责任;尚不够刑事处罚的,依法给予治安管理处罚。"除此之外,还在第64条明确规定:"对于危害国家安全犯罪、恐怖活动犯罪、黑社会性质的组织犯罪、毒品犯罪等案件,证人、鉴定人、被害人因在诉讼中作证,本人或者其近亲属的人身安全面临危险的,人民法院、人民检察院和公安机关应当采取以下一项或者多项保护措施:(一) 不公开真实姓名、住址和工作单位等个人信息;(二) 采取不暴露外貌、真实声音等出庭作证措施;(三) 禁止特定的人员接触证人、鉴定人、被害人及其近亲属;(四) 对人身和住宅采取专门性保护措施;(五) 其他必要的保护措施。证人、鉴定人、被害人认为因在诉讼中作证,本人或者其近亲属的人身安全面临危险的,可以向人民法院、人民检察院、公安机关请求予以保护。人民法院、人民检察院、公安机关依法采取保护措施,有关单位和个人应当配合。"根据《最高人民法院、最高人民检察院、公安部、国家安全部、司法部、全国人大常委会法制工作委员会关于实施刑事诉讼法若干问题的规定》第12条,人民法院、人民检察院和公安机关依法决定不公开证人的真实姓名、住址和工作单位等个人信息的,可以在判决书、裁定书、起诉书、询问笔录等法律文书、证据材料中使用化名等代替证人的个人信息。但是,应当书面说明使用化名的情况并标明密级,单独成卷。辩护律师经法庭许可,查阅对证人使用化名情况的,应当签署保密承诺书。

3. 进一步落实证人作证补偿制度

《刑事诉讼法》第65条规定,证人因履行作证义务而支出的交通、住宿、就餐等费用,应当给予补助。证人作证的补助列入司法机关业务经费,由同级政府财政予以保障。有工作单位的证人作证,所在单位不得克扣或者变相克扣其工资、奖金及其他福利待遇。《公安机关办理刑事案件程序规定》第77条规定,证人因履行作证义务而支出的交通、住宿、就餐等费用,应当给予补助。证人作证的补助列入公安机关业务经费。《人民检察院刑事诉讼规则》第80条规定,证人在人民检察院侦查、审查逮捕、审查起诉期间因履行作证义务而支出的交通、住宿、就餐等费用,人民检察院应当给予补助。

4. 明确证人作证的强制规则

《刑事诉讼法》第193条规定,经人民法院通知,证人没有正当理由不出庭作证的,人民法院可以强制其到庭,但是被告人的配偶、父母、子女除外。证人没有正当理由拒绝出庭或者出庭后拒绝作证的,予以训诫,情节严重的,经院长批准,处以十日以下的拘留。被处罚人对拘留决定不服的,可以向上一级人民法院申请复议。复议期间不停止执行。这也是我国法律第一次授权司法机关对证人采取强制措施,属于强制措施制度发生的一次变革。此外,《刑诉法解释》第91条第3款规定,经人民法院通知,证人没有正当理由拒绝出庭或出庭后拒绝作证,法庭对其证言的真实性无法确认的,该证人证言不得作为定案的根据。

### 三、证人特权规则

(一)证人特权规则的含义及其体现

证人特权规则,又称证人作证豁免权规则,意指公民在法定情况下可以拒绝充当证人或对某些问题拒绝陈述。该规则广泛存在于西方各国刑事诉讼法中,其目的在于克服片面强调证人作证义务所带来的消极影响。它珍重证人利益和与此相关的特定社会利益,珍视人与人之间关系的和谐,反对对证人动辄施暴(如惩以"藐视法庭罪"),更反对为了追求某种案件利益而牺牲更大的社会整体利益或者某种更值得保护的社会关系。

美国证据学家乔恩·R. 华尔兹认为,这种特免权存在的一个基本理由是:"社会期望通过保守秘密来促进某种关系。社会极度重视某些关系,为捍卫保守秘密的本性,甚至不惜失去与案件结局关系重大的信息。"[①]

考诸世界各国刑事证据法的有关规定,证人特权规则主要体现在以下几个方面:

(1) 禁止强迫自我归罪的特权。如果证人提供证言,有可能使自己或自己

---

① 〔美〕乔恩·R. 华尔兹:《刑事证据大全(第二版)》,何家弘等译,中国人民公安大学出版社2004年版,第356页。

的亲属受牵连以致受刑事追究或被判有罪时，就可以免除该证人提供证言的义务。该特权实际上是禁止强迫自证其罪规则的一部分，兹不赘述。

（2）近亲属之间的特权。意指特定亲等的亲属之间，不得就从对方获知的信息作证或作不利于对方的陈述。

（3）基于公务秘密的特权。所谓公务秘密，意指公开后有损国家利益的政治、经济、军事、文化、科研、情报、外交、选举等方面的信息。另外，法官、陪审团对案件的评议也属公务秘密。

（4）基于职业秘密的特权。证人由于职务上或业务上的保密义务而享有作证豁免权，它是基于保护特定职务上的社会关系而产生的。在美国，享有作证豁免权的职务关系有：律师与其当事人、医生与病人、心理治疗人员与病人、神职人员与忏悔者，甚至新闻记者、告发人都享有特权（不得暴露提供情报人身份的特权）。在日本，医师、牙科医师、助产士、护士、律师、代办人、公证人、宗教在职人或担任过这些职务的人，对由于受业务上的委托而得知的有关他人秘密的事实，有权拒绝提供证言。

（二）证人特权规则的价值基础

证人特权规则首先是对证人人权保障的体现。从宪法上看，任何人都享有拒绝自证有罪的特权。这在表面上是诉讼权利问题，实际上乃是涉及公民宪法性权利和国家根本利益的问题。它不仅适用于被告人，而且适用于证人：只要某人的证言有被用来在未来的刑事案件中证明他有罪的倾向，他也同样享有这项权利；或者说如果某一证言本身就带有明显的对提供证言的人自证有罪的倾向，根据法律规定，毫无疑问，他享有拒绝自证有罪的权利。"禁止强迫自证其罪"的作证特免权，就是这种权利的体现。

证人特权规则的价值，还在于它体现了一种人文关怀和对亲情的尊重，以及对于维系社会正常伦理道德观的重视与强调。证人特权规则，不仅保障证人的利益，还延及对其亲属的保护。我国古代早已有"亲亲相为隐"的原则，所谓"《春秋》之义，为亲者讳"，"父为子隐，子为父隐，直在其中矣"。倘若亲亲不得隐，那么必然使夫妻之间相互提防，父母兄弟之间相互猜疑，生怕有朝一日，现在的话语成为不利于己的证据，正所谓人人自危。如果亲人之间的亲情、信任丧失殆尽，那么社会的伦理道德观念也很难维持。这既会危及社会最基本构成单位——家庭的安定、团结和友爱，必然进而危及整个社会的稳定与有序。鉴于此，世界各国普遍规定了"亲亲相为隐"的作证特权规则，这已经超越了社会意识形态的界限，成为古今中外人类的情感所系和理性诉求。

证人特权规则的价值，还在于它体现了对特定社会关系的保护和对社会公共利益的维护。一个社会的有效运转,有赖于各个行业的存在与健康发展。如果允许律师可以出示不利于当事人的证据,医生可以透露病人的隐私,牧师可以告发忏悔者的罪行,这无异于监守自盗。而这将会使整个行业的声誉受损,其本身的存在与发展岌岌可危。故此,为了整个社会行业群体与职业道德感的形成,为了有效维护社会公共利益,也有必要制定证人特权规则,即"职务作证豁免权"的规定。

(三) 证人特权规则与我国刑事诉讼

证人特权规则在我国以往刑事诉讼立法和实践中一直是个空白。不过,2012年修正后的《刑事诉讼法》对此进行了制度上的确立。根据该法第193条规定,经人民法院通知,证人没有正当理由不出庭作证的,人民法院可以强制其到庭,但是被告人的配偶、父母、子女除外。

### 四、令状规则

(一) 令状与令状规则

所谓令状,是指记载有关强制性处分裁判的文书。令状规则,是指执行侦查职能的警察和检察官只有获得了法官签发的令状的许可,方可执行逮捕、搜查和扣押收集证据的任务。

具体而言,令状规则要求:(1) 对公民的自由权、财产权和隐私权的限制,必须根据令状才能进行;(2) 对公民自由权、财产权和隐私权的限制的决定,只能由中立的法官作出,不能由侦控机关自己决定;(3) 法官在签发上述令状时必须根据法律规定作出;(4) 禁止签发普遍适用的逮捕、搜查、扣押的令状,即令状必须指定具体的被逮捕、搜查、扣押的人或物或地点。

(二) 令状规则的历史渊源与现世体现

令状规则滥觞于1679年英国的《人身保护法》。该法规定了被羁押者可以向法官申请人身保护令,可以要求被保释。依人身保护令而被释放者以及被保释者不得以同一原因再次被羁押,故意违反者,将被课处罚金。虽然随着控制犯罪的需要,英国对警察逮捕权的司法制约机制也有弱化的趋势,但从总体上说,通过令状制度对侦查机关的羁押权加以限制,依然是各国立法的通例。

在英国,一般情况下,警察对犯罪嫌疑人进行逮捕、搜查时,必须事先向治安法官提出书面申请,由治安法官批准后签发逮捕证和搜查证,由警察负责执行。搜查证自签发后一个月内有效,且每张搜查证只能使用一次。如果是有证逮捕,则可以在逮捕后进入犯罪嫌疑人的房屋进行搜查而不必另用搜查证。但如果是无证逮捕,则不允许在逮捕后直接对犯罪嫌疑人的人身与车辆进行搜查。无证逮捕在实务中使用范围十分有限,只在紧急情况下使用。

《美国联邦宪法》第四修正案规定:"人民有保障其人身、住所、文件和财物不受无理搜查和扣押的不可侵犯的权利。除有以宣誓或正式证词为依据的可能的理由,其中特别说明应予搜索的地点、拘捕的人等或者查封的物件外,不得颁发搜查证、拘捕证和扣押证。"据此,警察或其他侦查人员在执行逮捕、搜查或扣押任务之前,必须获得令状。而且,除了传统意义的搜查和扣押外,必须获得令状的情况还包括电子和机械窃听、搭线窃听等侦查活动。令状由司法官签发,警察需要提供给司法官足够的证据,达到一定的证明标准,司法官才可能签发令状,准许警察进行搜查、扣押或逮捕。作为该规则的例外,在紧急情况下也允许无证搜查,包括逮捕附带的搜查。但此种无证搜查被严格限制。

在大陆法系的法国,根据其刑事诉讼法,搜查、扣押和逮捕以及其他强制性的侦查行为的决定权由预审法官行使。而且对于预审法官的司法行为,当事人可以上诉至上诉法院请求审查。

《德国刑事诉讼法》规定,所有对人身、财产、隐私权的限制都必须由法官作出,如扣押和搜查,排查、传送数据,对电讯往来的监视、录制,秘密侦查手段的运用等。

《日本刑事诉讼法》规定,查封、扣押、搜查都必须由法庭决定。逮捕、搜查、羁押、查封、勘验、鉴定处分等强制行为,都必须由检察官、检察事务官和司法警察提出请求,法官认为请求合法且有理由时,才签发令状。

(三)令状规则的理论基础

令状规则是司法权与行政权相分离的结果,体现了权力制衡的原则与精神。在刑事诉讼中,不仅有司法权在行使,还有以侦控权为代表的行政权在发挥作用。西方法治先进国家之所以纷纷确立令状规则,乃是为追诉权的行使套上一个制衡器,从而避免侦控权的滥用以及行政性治罪局面的出现。在令状规则的制约下,即便是强大的侦控机关,也不能借打击犯罪之名而为所欲为,而必须自觉服膺于司法机关的控制之下。

令状规则体现了对公民基本权利予以司法保护的原则和精神。公民基本权利既由一国宪法所规定,就不容轻易被限制和剥夺。但在刑事诉讼中,出于惩罚、打击犯罪的需要,对特定公民的基本权利进行限制又在所难免。为避免这些公民的基本权利遭受办案机关的不当侵害,令状规则要求,限制公民的权利只能依据法官的令状实施,在紧急的情况下检察院也有决定权,但必须在事后获取法院的确认,否则无效。这样,通过为遭受不当侵害者提供司法救济的途径,周全了对其基本权利的保护,体现了法治的精神。

### （四）令状规则与我国刑事诉讼

令状规则在世界范围内获得了广泛的认可。围绕此问题，我国学术界和实务界的观点不尽一致。相对于学术界的普遍欢迎，实务界相当多的人士出于各种考虑对此心存顾忌。我们须意识到，令状规则与我国积习已久的"重打击，轻保护"的刑事司法理念不合。另外，令状规则也在实质上涉及公检法机关相互关系这一宪政意义的结构性问题。而这些也构成了阻碍令状规则进入我国刑事诉讼法和刑事诉讼实践的因素。

## 第二节 查证规则

### 一、直接和言词规则

#### （一）直接和言词规则的含义和要求

顾名思义，直接和言词规则，是由直接规则和言词规则组合而成的。

直接规则有两方面的含义：一是"在场规则"，即法庭开庭审判时，被告人、检察官以及其他诉讼参与人必须亲自到庭出席审判，而且在精神上和体力上均有参与审判活动的能力；二是"直接查证规则"，即从事法庭审判的法官必须亲自直接从事法庭调查和采纳证据，直接接触和审查证据；证据只有经过法官以直接查证方式获得才能作为定案的根据。

言词规则又称为"言词审理规则"，是指法庭审理活动的进行，须以言词陈述的方式进行。这一规则也有两方面的含义：一是参加审判的各方应以言词陈述的方式从事审理、攻击、防御等各种诉讼行为，所有未在法庭审判过程中以言词或口头的方式进行的诉讼行为，均应视同没有发生，或者不存在，而不具有程序上的效力；二是在法庭上提出任何证据材料均应以言词陈述的方式进行，诉讼各方对证据的调查应以口头方式进行，如以口头方式询问证人、鉴定人、被害人等，以口头方式对实物证据发表意见，任何未在法庭上以言词方式提出和调查的证据均不得作为法庭裁判的根据。由于上述两项规则均要求诉讼各方亲自到庭出席审判，法官的裁判须建立在法庭调查和辩论的基础上，而严禁以控诉方提交的书面卷宗材料作为法庭裁判的根据，因此这两项规则有着共同的含义和功能，在理论上往往被综合在一起，称作直接和言词规则。

直接和言词规则是经过中世纪纠问式制度的大陆法系国家对其刑事诉讼制度进行改革和扬弃之后的结果。英美法系国家虽然没有确立直接和言词规则，却设立了与之相关的"传闻证据规则"。鉴于传闻证据将在下节采证规则里予以专门介绍,此处不赘。学界通说认为,直接和言词规则与传闻证据规则尽管性质不同,却具有相似的要求和功能。两者均不承认证人在法庭之外所作的陈述具有证据资格,而不论这种证言是以书面方式还是以他人转述的方式在法庭上提出。

直接和言词规则在刑事审判中具体包含以下几点要求:(1)法庭审判必须在被告人、检察官等亲自在场的情况下进行;(2)在法庭审判过程中,所有提供言词证据的证人、鉴定人、被害人、被告人必须出庭作证;(3)法官对证据的调查和采纳必须亲自进行;(4)法庭审判须持续而集中地进行,一般不得间断;(5)从事法庭审判的法官须自始至终地参加审判,不得中途更换。[①]

(二)直接和言词规则的意义

首先,直接和言词规则旨在切断裁判者与控诉方卷宗材料之间的联系,使裁判者有机会对各项控诉证据进行直接的接触和审查,这不仅使控诉方证据可重新得到独立的审查,而且可以保证辩护方的证据进入法庭调查范围,甚至成为判决的根据,这样裁判者就可以摆脱控方卷宗的控制,独立地评定证据和认定事实,从而在更大程度上确保裁判结果公正的实现。

其次,直接和言词规则确保控辩双方获得向对方证据进行质证的机会,使得控辩双方可以在实质意义上从事攻击、防御活动,从而更积极地参与法庭裁判的过程,并通过各自的诉讼活动对法庭裁判结果产生制约和影响,如此可以促使裁判者减少预断和偏见,使控辩双方受到平等的对待。正是在这个意义上,直接和言词规则对于程序公正价值的实现也有着直接而重要的作用。

(三)直接和言词规则与我国刑事诉讼

在我国刑事司法实践中,由于关于直接和言词规则的刚性规定缺失,公诉方的案卷笔录对于法院认定案件事实具有十分重要的影响。证人、被告人、鉴定人、侦查人员很少出庭,书面审、间接审成为常态。但是,2012年修正的《刑事诉讼法》吸收了直接和言词规则的内容,正式确立了证人、鉴定人出庭作证的制度。该法确立了证人、鉴定人、侦查人员出庭作证的法定情形,规定了证人、鉴定人不出庭作证的法律后果,并且还建立了专家证人出庭作证制度。

## 二、交叉询问规则

(一)交叉询问的含义

交叉询问,是英美法中在庭审时对证人(包括一般证人、被害人、放弃沉默权

---

① 参见陈瑞华:《刑事审判原理论(第二版)》,北京大学出版社2003年版,第164—165页。

出庭的被告人、专家证人等)进行询问的方法。证人首先由提出证据的一方进行直接询问,然后由对方当事人针对证人在主询问时陈述的内容或与此相关的事项对该证人进行反询问,其后举证方和对方可以再次询问和再反询问。在英美法系国家,交叉询问被誉为"毋庸置疑的发现事实真相的伟大的法律发动机"①。

从世界范围内看,交叉询问在结构上有两种模式②,一种是由当事人主导的交叉询问模式,另一种是法官参与的混合式交叉询问模式。前一种主要为早期英美法系国家采用,法庭审判强调当事人双方平等对抗,法官一般不主动干预庭审程序的进程。后一种模式是两大法系相互融合的产物,既强调当事人双方的积极主动性,同时也注重发挥法官的平衡和控制作用。后一种模式又可细分为两类亚模式:在第一类亚模式中,询问由当事人双方进行,法官只是在当事人双方询问前、询问后或者询问过程中根据案件的具体情况介入询问;第二类亚模式适用于对法官传唤的证人的询问。

(二) 交叉询问规则的内涵

作为法庭上对言词证据的调查方式,和法官审问相比,交叉询问具有更为严格的限制规则。这种规则,除了最基本的关联性规则、合法性规则外,至少还包括:

1. 不得质疑己方证人规则

在庭审上接受主询问的证人,在庭前已经接受过举证方的询问,甚至有的已经受到检察官或律师的训导,一般情况下他所提供的证言在举证方的预料之中。但某些情况下,证人也会说出一些出乎举证方预料的言语,包括明显对举证方不利的事实。即便在这种情况下,英美证据法一般也禁止举证方质疑己方证人,其基本理由是,要求出庭的控辩方律师应当为其传唤出庭的证人的诚实性或可靠性担保,并保障交叉询问的有序进行,防止拒证和诉讼秩序的紊乱。

2. 禁止诱导性询问规则

诱导性问题,是在提问中明示可能的答案,从而强烈地暗示证人按提问者的答案作出回答的问题。禁止诱导性询问规则的意义在于,保证证言的客观可靠性,防止受询问人的主观影响。在英美证据法中,这一规则通常只适用于主询问,不适用于反询问。但该规则亦有例外。③

---

① 转引自〔美〕约翰·W.斯特龙主编:《麦考密克论证据(第五版)》,汤维建等译,中国政法大学出版社2004年版,第479页。
② 参见樊崇义主编:《刑事诉讼法实施问题与对策研究》,中国人民公安大学出版社2001年版,第466页。
③ 参见龙宗智:《刑事庭审制度研究》,中国政法大学出版社2001年版,第293页。

3. 反对复合式问题及其他混乱性问题的规则

实践中,有的律师为了扰乱证人的思维和记忆,在反询问中就某一问题,采取不同的方式、使用不同的词语、从不同的角度或者颠倒问题的顺序等进行询问,竭力使证人陷入自我矛盾之中,以达到排除该证人证言的目的。因此,为保证证人清楚和完整地回答问题,控辩双方在询问时,应采用单一式回答,即以一个问题,询问一个事项为准,不得提出可能使证人迷惑与误解,或者缺乏逻辑前提造成逻辑混乱的问题。复合式问题,即一次提出两个以上要求回答的问题,因为容易使问题模糊,证人也难以全部记住,故而也不得提出。

(三) 交叉询问规则与我国刑事诉讼

引进交叉询问制度以强化我国刑事庭审中的对抗因素,曾一度是我国刑事审判方式改革的一个方向。然而,因为法律条文缺位、错位以及受一些主观因素的驱使,非理性的对抗压倒理性的对抗成为我国刑事庭审实践中的常态。控辩双方哪一方可以诱导性发问,哪一方只可以开放性地询问,哪一轮可以诱导性发问,哪一轮可以开放性地询问,都缺乏相应规定。于是人们在刑事庭审中看到,控辩双方在法庭上拼命把开放性和诱导性问题结合到一块,诱导被告人或者证人得出自己满意的答案,如果得不出满意的答案,一方就要抗议,双方就有争执。由于欠缺相关法律规定,面对这种争执,法官也裁判不了。从法庭询问开始,交叉询问的目标就偏了,目的不再是揭示案件的真实情况,而成为你争我夺的一争高下,所谓非理性对抗就此产生。

如何从非理性对抗走向理性对抗,更进一步而言,如何从以对抗为主、合作为辅转向以合作为主、对抗为辅,成为我国未来刑事司法发展的重要课题。

## 第三节 采证规则

### 一、关联性规则

(一) 关联性规则的内涵

关联性规则,是英美证据法上的基础性证据规则。所谓关联性,是指证据必须与案件的待证事实有关,从而具有能够证明案件的待证事实的属性。关联性规则,则是指只有与诉讼中的待证事实有关联性的证据才可以采纳,一切没有关联性的证据均不予采纳。

作为一般规则,可以说所有的相关证据都是可采的。英美法之所以要求证据必须具有关联性才可以采纳,其理由主要有两个方面:第一,英美法实行陪审团审判制度,由陪审团来认定案件事实。为防止当事人将没有关联性的证据提供给陪审团,导致陪审团认定案件事实错误,故需要有关联性规则,以免陪审团受当事人提出的无关联性证据的误导。第二,要求证据必须具有关联性乃是为了限定调查证据的范围。英美法实行当事人主义,如果不加以限制,会导致案件证据的调查无法终结,审判旷日持久,影响诉讼的顺利进行。①

证据的关联性所涉及的是证据的内容或实体,而不是证据提出的形式或方式。从本质上讲,它取决于证据事实是否与案件事实存在内在的联系,是否为案件事实所反映、产生,只有证据事实与案件事实存在内在的联系,才可能有不同程度的证明力。判断证据是否具有关联性,往往需要逻辑推理,而立法上是无法将所有关联性的证据加以穷尽列举的,往往采取将原则上没有关联性的证据加以特别规定,同时设置若干例外的方法。

(二) 两个与关联性规则有关的问题

在英美法中,通常认为品格证据以及曾经有过类似行为的事实,原则上不具有关联性。

1. 品格证据

品格证据是最为常见的关联性难题之一。它的一般规则是,一个人的品格或者一种特定品格(如暴力倾向)的证据在证明这个人于特定环境下实施了与此品格相一致的行为上不具有关联性,即"一次做贼,永远做贼"的说法不能得到法律的承认。当然,反对使用品格证据的规则也有一些重要的例外。例如在以下情况,关于被告人品格的证据可以采纳:被告人可以提出证明自己优良品质的证据;被告人的品格是所控犯罪的基本要素时;被告人提出无罪证据而被交叉询问时询问人在发问时可以涉及过去罪行及品格;被告人定罪之后,法官在判刑之前,可以查询和采纳有关其前科和品格的证据。此外,在一些情形下,被害人的品格以及证人的品格也可以作为证据使用。②

2. 类似行为事实

如前所述,"一次做贼,永远做贼"的逻辑是站不住脚的,更不能成为法律规则。例如,某人在15年前曾被判盗窃罪对目前证实盗窃罪指控来说不具有关联性。美国《联邦证据规则》第404(b)条规定:"关于其他犯罪、错误或行为的证据不能用来证明某人的品格以说明其行为的一贯性。但是,如果出于其他目的,如证明动机、机会、意图、预备、计划、知识、身份,或缺乏过失,或意外事件等,可以

---

① 参见陈朴生:《刑事证据法(第三版)》,三民书局1979年版,第276—277页。
② 参见刘善春、毕玉谦、郑旭:《诉讼证据规则研究》,中国法制出版社2000年版,第220—222页。

采纳。"例如,对于作案手法,公诉方可以证明该被告人实施其他犯罪或不端行为的方法与本案十分相似,足以确定为习惯作案手法。也就是说,该被告人的犯罪行为方法近似于一种签名,当目前对该被告人指控的犯罪以完全相同的方式实施时,作案手法的证明就具有相关性。

(三)关联性规则与我国刑事诉讼

我国刑事诉讼法没有就证据的关联性作出明确规定,但关于证据只有对案件事实有证明作用才能够用来证明案件事实这一点,我国刑事诉讼法学界是一致同意的。此外,《刑诉法解释》等司法解释的一些条文也暗含了关联性规则的精神。例如,上述司法解释第262条规定:控辩双方的讯问、发问方式不当或者内容与本案无关的,对方可以提出异议,申请审判长制止,审判长应当判明情况予以支持或者驳回;对方未提出异议的,审判长也可以根据情况予以制止。

尽管如此,我国《刑事诉讼法》以及相关的司法解释里并没有具体规定哪些证据是没有关联性因而不可采用的。而在司法实践中,关于品格证据和类似行为事实是否具有关联性这一问题,各地把握的尺度也随案情纷杂不一。我们认为,英美证据法中的相关规定对于我国关联性规则的建立和完善有相当大的借鉴价值。

## 二、传闻证据规则

(一)传闻证据与传闻证据规则

传闻证据指的是两种证据材料:一是证明人在审判期日以外对直接感知案件事实亲笔所写的陈述书及他人制作并经本人许可的陈述笔录;二是证明人在审判期日就他人所感知的事实向法庭所作的转述。

传闻证据规则,即传闻证据排除规则,又称反传闻规则,是英美证据法上一个极其重要的证据规则。曾有西方学者如此评价:"它是英美证据法上最具特色的规则,其受重视的程度仅次于陪审团,是杰出的司法体制对人类诉讼程序的一大贡献"[①]。

传闻证据规则,简言之,即除非法律另有规定,传闻证据不得采纳。美国《联邦证据规则》第802条即规定:"传闻证据,除本证据规则或其他联邦最高法院根据立法授权或国会立法所确认的规则另有规定外,不得采纳。"据此,除非法律另有规定,间接转述他人亲身感知经历的陈述以及代替亲自陈述的书面记录均不

---

① 转引自〔美〕约翰·W.斯特龙主编:《麦考密克论证据(第五版)》,汤维建等译,中国政法大学出版社2004年版,第479页。

得作为法庭证明的证据提交法庭进行调查质证;已经在法庭出示的,不得提交陪审团作为评议的根据。

(二)传闻证据排除的缘由

在阐释为何要排除传闻证据时,一位英国学者如是说:"有许多排除传闻的理由,其中主要理由有两个:首先,最初陈述事实的人不能在宣誓的条件下就该事实进行陈述;其次,所提供的证言对一方不利而该方不能对最初提供该事实的人进行盘诘。其他理由包括,事实经过口口相传,价值有所缩小,虚构或者错误的机会就会增加,而且有些可能是谣传,去倾听这样的谣传纯粹是浪费时间。"[1]

在我们看来,传闻证据之所以被排除,主要是出于以下两个方面的考量:首先,就实体意义而言,传闻证据本身不可靠和不可信。"由于传播过程中的错误以及人为的欺骗,传闻证据很容易被歪曲。同时,它来源于不在场证人,该证人既不能对其证据起誓,也不会受到质证,因而其可信程度得不到检验"[2],容易导致误判。其次,从程序意义上讲,传闻证据在法庭上使用,剥夺了控辩双方对原始人证询问和反询问的权利,由于无法以交叉询问进行质证,违背了对抗制诉讼的基本精神。

(三)传闻证据规则的例外

传闻证据规则排除了传闻证据的可采性,但如果排除所有传闻证据,又显然于查明案情不利,所以英美证据法对传闻规则进行了一些限制,设置了许多例外的规则。正是在这个意义上,完整的传闻证据规则,不仅包括排除传闻证据的原则性规定,还应当包括诸多的例外。

传闻证据规则例外规定的典范无疑是美国 1975 年生效的《联邦证据规则》。该法第 803 条和第 804 条一共列举了 30 个例外。这些例外可以分为两类:第一类是陈述者能否出庭作证不具有实质意义,也就是说原陈述者不必出庭作证(第 803 条);第二类是原陈述者不能出庭作证(第 804(b)条)。第一类例外有 24 种:(1)当场的感觉印象;(2)激奋言词;(3)当时存在的精神、感情或身体状况;(4)出于医疗诊断或治疗目的的陈述;(5)已被记录的回忆;(6)关于正常行为的活动的记录;(7)在第(6)项规定的记录中缺乏记载;(8)公共记录和报告;(9)重要统计资料;(10)缺乏公共记录或没有记载;(11)宗教组织的记录;(12)婚姻、洗礼和类似的证明书;(13)家庭记录;(14)反映财产权益的文件记录;(15)文件中反映财产利益的陈述;(16)在陈年文件中的陈述;(17)市场报

---

[1] William Show, *Evidence in Criminal Cases*, Butterworth & Co. (Publishing) Ltd., 1954, p. 102.

[2] 〔英〕塞西尔·特纳:《肯尼刑法原理》,王国庆等译,华夏出版社 1989 年版,第 530 页。

告、商业出版物；(18)学术论著；(19)关于个人或家庭历史的名声；(20)关于边界或一般历史的名声；(21)品格方面的名声；(22)先前定罪的判决；(23)关于个人、家庭或一般历史或边界的判决；(24)其他例外(有效期至1997年12月1日，此后转变为第807条——剩余例外)。第二类例外有6种：(1)先前证言；(2)临终陈述；(3)对己不利的陈述；(4)关于个人或家庭历史的陈述；(5)其他例外；(6)因不法行为而丧失(1997年12月1日生效)。上述例外，都是从过去普通法中庞杂的判例进行简化的结果，在数量上和过去相比已是大大减少。此外，《联邦证据规则》的制定者并没有将传闻证据规则看作一个封闭的系统，还分别在第803条的例外(24)和第804条的例外(5)各规定了弹性条款，以弥补前述列举可能之不足，留待法官自由裁量。

(四)传闻证据规则与我国刑事诉讼

我国刑事诉讼法对于传闻证据规则没有作出明确、具体的规定。但相关法律条文也吸纳了这一法律规则的精神。《刑事诉讼法》第192条规定："公诉人、当事人或者辩护人、诉讼代理人对证人证言有异议，且该证人证言对案件定罪量刑有重大影响，人民法院认为证人有必要出庭作证的，证人应当出庭作证。人民警察就其执行职务时目击的犯罪情况作为证人出庭作证，适用前款规定。公诉人、当事人或者辩护人、诉讼代理人对鉴定意见有异议，人民法院认为鉴定人有必要出庭的，鉴定人应当出庭作证。经人民法院通知，鉴定人拒不出庭作证的，鉴定意见不得作为定案的根据。"

### 三、最佳证据规则

(一)最佳证据规则的含义

最佳证据规则是英美法中的一项关于文字材料的证据可采性规则，意指原始文字材料作为证据的效力高于其复制品的效力，因而是最佳的。

(二)最佳证据规则的历史演变

最佳证据规则是英美法系国家最古老的证据规则之一，早先主要适用于书证，而后适用范围越来越广。

最佳证据规则曾是英国证据法史上一个最为基本的证据规则。早在1745年哈德维克法官在欧姆昌德诉巴克一案(Omychund v. Barker)中提出，"法官和法律先哲们规定只有一条通用的证据规则，即案件性质许可的最佳证据规则"。吉尔伯特在其《证据法》一书中更是突出了这一规则，他说，"与证据有关的第一条也是最显著的规则是：必须在案件性质所允许的范围内尽可能地使用证据；法律的意图就是要在涉及权利的问题上作出更严格的证明，而没有该案件性质所允许的最佳证据就没有对该事实的证明"①。但是过去一百五十多年来,该规则已经很少适用,在现代证据法中也不再作为一项普遍适用的排除规则。现在无论是否为最佳证据,法庭均可采纳,只不过,不能提供最佳证据可能会降低证据的证明力。

在美国的历史上,为了防止出现欺诈和错误,曾经严格实行过最佳证据规则,后来,由于证据开示程序以及其他相关程序的广泛适用,使得在诉讼中使用复制件出错的可能性大大降低,因而在很大程度上减少了适用最佳证据规则的需要。但在以下领域,最佳证据规则仍然发挥着重要作用:(1) 在司法管辖区外,若对文件适用开示程序可能造成时间与金钱的实质浪费的;(2) 对于非先行的文件,实际上不可能进行开示的;(3) 在刑事案件中,由于对证据开示存在固有限制的。②

(三)最佳证据规则与我国刑事诉讼

我国刑事诉讼法没有对最佳证据规则进行专门的规定,但相关法律条文吸纳和体现了最佳证据的精神。《刑诉法解释》第83条规定,据以定案的物证应当是原物。原物不便搬运,不易保存、依法应当返还或者依法应当由有关部门保管、处理的,可以拍摄、制作足以反映原物外形和特征的照片、录像、复制品。必要时,审判人员可以前往保管场所查看原物。物证的照片、录像、复制品,不能反映原物的外形和特征的,不得作为定案的根据。物证的照片、录像、复制品,经与原物核对无误、经鉴定或者以其他方式确认真实的,可以作为定案的根据。第84条规定,据以定案的书证应当是原件。取得原件确有困难的,可以使用副本、复制件。对书证的更改或者更改迹象不能作出合理解释,或者书证的副本、复制件不能反映原件及其内容的,不得作为定案的根据。书证的副本、复制件,经与原件核对无误、经鉴定或者以其他方式确认真实的,可以作为定案的根据。

**四、非法证据排除规则**

(一)非法证据的含义

非法证据,严格地讲应称作"非法证据材料",其概念有广义和狭义之分。从广义上讲,它是合法性证据的一种对称,是指不符合法律规定的证据内容、证据形式、收集或提供证据的人员及程序、方法的证据材料。它包括四种情形,即证据内容不合法、证据表现形式不合法、收集或提供证据的人员不合法和收集提供

---

① 转引自何家弘主编:《新编证据法学》,法律出版社2000年版,第81页。
② 参见何家弘主编:《外国证据法》,法律出版社2003年版,第222—223页。

证据的程序、方法、手段不合法,只要具有这四种情形之一的就是非法证据。在狭义上,非法证据是违反法律规定的权限、程序或以其他不正当方法获得的证据。非法证据排除规则中的非法证据,学界的观点比较一致,应为狭义上的非法证据。

(二)各国对于非法证据的态度

如何对待非法证据,世界各国在立法上或司法实践中有着不同的做法。概括起来,主要有以下几种:

(1)真实肯定。凡是经查证属实的证据,即使是通过非法手段获得的,也都可以采纳。

(2)一律排除。凡是非法证据,一律排除,不得采纳。

(3)排除加例外。非法证据一般都要排除,但法律规定在一定情况下可以采纳,比如在美国非法证据排除规则中的四种例外:诚实的例外、稀释的例外、独立来源的例外和最终必然发现的例外。

(4)线索转化。非法取得的证据不能直接采纳为诉讼中的证据,但是可以用作证据线索,经转化为合法程序或手段之后,可以采纳。

(5)区别对待。非法取得的证据要区别对待,既不能一概采用,也不能一律排除。具体来说,又有以下几种做法:第一,不同种类的证据要区别对待,例如,非法取得的言词证据必须排除,非法取得的实物证据不必排除;第二,不同程度的违法行为要区别对待,例如,严重侵犯人权的非法证据必须排除,轻微违反程序规定的非法证据不必排除;第三,不同情况的案件要区别对待,例如,一般刑事案件中的非法证据必须排除,严重刑事案件中的非法证据不必排除;第四,证据与行为人要区别对待,例如,违法收集的物证可以采纳,但是违法收集证据的侦查人员要受到处罚。采取区别对待做法的国家,往往把非法证据分为两类:一类是由立法明确规定必须排除的;另一类是由法官自由裁量予以排除的。[①]

(三)非法证据排除规则与我国刑事诉讼

《刑事诉讼法》及其司法解释对非法证据排除规则予以明确规定。《刑事诉讼法》第56条规定,采用刑讯逼供等非法方法收集的犯罪嫌疑人、被告人供述和采用暴力、威胁等非法方法收集的证人证言、被害人陈述,应当予以排除。收集物证、书证不符合法定程序,可能严重影响司法公正的,应当予以补正或者作出合理解释;不能补正或者作出合理解释的,对该证据应当予以排除。《刑诉法解释》第123条规定,采用下列非法方法收集的被告人供述,应当予以排除:(1)采

---

① 参见何家弘主编:《外国证据法》,法律出版社2003年版,第57页。

用殴打、违法使用戒具等暴力方法或者变相肉刑的恶劣手段,使被告人遭受难以忍受的痛苦而违背意愿作出的供述;(2)采用以暴力或者严重损害本人及其近亲属合法权益等相威胁等方法,使被告人遭受难以忍受的痛苦而违背意愿作出的供述;(3)采用非法拘禁等非法限制人身自由的方法收集的被告人供述。第125条规定,采用暴力、威胁以及非法限制人身自由等非法方法收集的证人证言、被害人陈述,应当予以排除。

结合其他相关司法解释,学界普遍认为通过这次修法,我国刑事司法领域确立如下的非法证据排除规则:

1. 同时确立了两类非法证据排除规则

我国刑事诉讼法事实上确立了两类非法证据排除规则:一是强制性的排除,也就是法院一经将控方某一证据认定为非法证据,即自动将其排除在法庭之外,没有自由裁量权。例如,对于采用刑讯逼供等非法方法收集的犯罪嫌疑人、被告人供述和采用暴力、威胁等非法方法收集的证人证言、被害人陈述,以及对于收集物证、书证不符合法定程序,可能严重影响司法公正的,应当予以补正或者作出合理解释;不能补正或者作出合理解释的,就适用强制性的排除。除此之外,《关于办理死刑案件审查判断证据若干问题的规定》对更多的非法言词证据和非法实物证据都确立了强制性的排除后果。二是自由裁量的排除。在这种情况下,法院即便将特定证据确认为非法证据,也不一定否定其证据能力,而是要"综合考虑收集物证、书证违反法定程序以及所造成后果的严重程度等情况",然后再作出是否排除非法证据的裁决。它主要适用于侦查人员收集物证、书证不符合法定程序,可能严重影响司法公正的某些情形。

2. 明确强调人民检察院对侦查人员非法取证依法进行法律监督

我国《刑事诉讼法》第57条规定,人民检察院接到报案、控告、举报或者发现侦查人员以非法方法收集证据的,应当进行调查核实。对于确有以非法方法收集证据情形的,应当提出纠正意见;构成犯罪的,依法追究刑事责任。

3. 明确规定人民法院的相关告知义务

《刑诉法解释》第128条规定,人民法院向被告人及其辩护人送达起诉书副本时,应当告知其申请排除非法证据的,应当在开庭审理前提出,但在庭审期间才发现相关线索或者材料的除外。

4. 明确规定了被追诉方启动非法证据排除程序的时间

根据《刑诉法解释》第128条的规定,被追诉方申请排除非法证据的,"应当在开庭审理前提出,但在庭审期间才发现相关线索或者材料的除外"。据此,被追诉方申请排除非法证据的,应当在开庭审理前提出,如果在庭审期间才发现相关线索或者材料的,也可以在庭审过程中提出。

5. 规定通过召开审前会议就非法证据排除问题听取双方意见

《刑诉法解释》第 130 条规定,人民法院可以召开庭前会议,就非法证据排除等问题了解情况,听取意见。在庭前会议中,人民检察院可以通过出示有关证据材料等方式,对这句收集的合法性加以说明。必要时,可以通知调查人员、侦查人员或者其他人员参加庭前会议,说明情况。

6. 规定了审理中非法证据排除程序的启动及条件

《刑事诉讼法》第 58 条规定:"法庭审理过程中,审判人员认为可能存在本法第五十六条规定的以非法方法收集证据情形的,应当对证据收集的合法性进行法庭调查。"当事人及其辩护人、诉讼代理人有权申请人民法院对以非法方法收集的证据依法予以排除。申请排除以非法方法收集的证据的,应当提供相关线索或者材料。

据此,审理中非法证据调查程序的启动包括两种方式:一种是审判人员可以依职权主动启动;另一种是通过当事人及其辩护人、诉讼代理人向法院提供"涉嫌非法取证的人员、时间、地点、方式、内容等相关线索或者材料"(《刑诉法解释》第 127 条),申请启动非法证据排除调查程序。

7. 规定了证据收集合法性的证明责任及证明方式

《刑事诉讼法》第 59 条规定:"在对证据收集的合法性进行法庭调查的过程中,人民检察院应当对证据收集的合法性加以证明。现有证据材料不能证明证据收集的合法性的,人民检察院可以提请人民法院通知有关侦查人员或者其他人员出庭说明情况;人民法院可以通知有关侦查人员或者其他人员出庭说明情况。有关侦查人员或者其他人员也可以要求出庭说明情况。经人民法院通知,有关人员应当出庭。"《刑诉法解释》第 135 条规定,法庭决定对证据收集的合法性进行调查的,由公诉人通过宣读调查、侦查讯问笔录、出示提讯登记、体检记录、对讯问合法性的核查材料等证据材料,有针对性地播放讯问录音录像,提请法庭通知有关调查人员、侦查人员或者其他人员出庭说明情况等方式,证明证据收集的合法性。

据此,人民检察院对证据收集的合法性承担证明责任。人民检察院对证据收集合法性的证明方式是:由公诉人通过出示、宣读讯问笔录或者其他证据,有针对性地播放讯问过程的录音录像。只有在"现有证据材料不能证明证据收集的合法性"时,才启动让有关侦查人员或者其他人员出庭说明情况的程序。在具体程序上,既可以由人民检察院提请法院通知有关侦查人员或者其他人员出庭说明情况,也可以由法院不经提请,直接通知有关侦查人员或者其他人员出庭说明情况,还可以由有关侦查人员或者其他人员主动要求出庭说明情况。经过法庭通知,侦查人员或者其他人员有义务出庭作证。

8. 规定了非法证据排除程序的证明标准

《刑事诉讼法》第60条规定:"对于经过法庭审理,确认或者不能排除存在本法第五十六条规定的以非法方法收集证据情形的,对有关证据应当予以排除。"据此,人民检察院应当证明至完全排除该证据系非法取得的可能性,否则该证据就要被排除。

9. 规定了二审法院对证据收集合法性的法定审查情形

根据《刑诉法解释》第138条规定,具有下列情形之一的,第二审人民法院应当对证据收集的合法性进行审查,并根据《刑事诉讼法》和本解释的有关规定作出处理:(1)第一审人民法院对当事人及其辩护人、诉讼代理人排除非法证据的申请没有审查,且以该证据作为定案根据的;(2)人民检察院或者被告人、自诉人及其法定代理人不服第一审人民法院作出的有关证据收集合法性的调查结论,提出抗诉、上诉的;(3)当事人及其辩护人、诉讼代理人在第一审结束后才发现相关线索或者材料,申请人民法院排除非法证据的。

**五、意见证据规则**

(一)意见证据规则的含义、理论基础与例外

意见证据规则,指的是证人作证只能就自己感知的过去的事实作陈述,而不能将自己的推断和判断作为证言。在英美证据法中,证人包括了普通证人(lay witness)和专家证人(expert witness),后者即大陆法系所谓之鉴定人。但该规则认为,后者不适用意见证据规则。

事实上,区分事实和意见是意见证据规则的一个前提。一般认为,观察、体验的情况为事实,推测、判断的陈述为意见。

之所以要在刑事诉讼中确立意见证据规则,是因为在事实基础上进行推断、形成意见是裁判者的职责,证人提出自己的意见,超越了其作为证人的职责界限。不仅如此,证人提出自己的推断、意见,容易与他们自己感知的事实相混淆,造成偏见或者预断,影响裁判者对于案件事实的正确判断。

几乎每项规则都有例外,意见证据规则亦然。事实与意见之间的界限有时并非那么泾渭分明。当出现事实和意见难以辨识的情形时,通说认为,对于那些直接基于一般生活经验事实的常识性判断,不应予以排除。例如,目击证人可以根据自己看到的被告人的动作、闻到的被告人的气味,并根据常识,说被告人喝了酒,这种意见证据一般是可以采纳的。此外,目击证人在辨认时对人身是否同

一的意见,目击证人对事物的印象和描述,关于自己身体和精神状况的意见,在交通事故中关于车辆行驶速度的意见等都可以采纳为证据。许多国家刑事诉讼法或者刑事证据法中也为意见证据规则附加了例外。"在英国普通法中,意见性证据一般是不能采纳的,但这一规则有许多例外。因此,一名非专家证人可以对年龄、车辆的行驶速度、笔迹和人的正身作证。"[①]另外,《日本刑事诉讼法》第156条第1款规定,"对证人可以令其供述根据实际经验过的事实所推测的事项";第2款规定,"前款供述,即使属于鉴定的事项,也无妨其作为证言的效力"。

(二)意见证据规则与我国刑事诉讼

我国刑事诉讼法没有规定意见证据规则,但《刑诉法解释》第88条第2款的规定体现了意见证据规则的精神:"证人的猜测性、评论性、推断性的证言,不能作为证据使用,但根据一般生活经验判断符合事实的除外"。

## 第四节 认定案件事实规则

### 一、补强证据规则

(一)补强证据规则的含义

补强证据规则,是指为了防止案件事实的误认,对某些证明力显然薄弱的证据,要求有其他证据予以证实才可以作为定案根据的规则。补强证据规则主要适用于言词证据。无论这些证据看上去多么可靠,裁判者也不能单独根据该证据认定相应的案件事实。现代刑事诉讼基于自由心证的原则,一般只是对证据的证据能力作出某些限制,对证据的证明力很少作限制,而是交由法官判断。补强证据规则被认为是自由心证原则的一个例外或者补充。

(二)补强证据规则的历史发展

补强证据规则形成于18世纪后半叶的英国,主要作用于被告人自白,其目的在于保障被告人的基本权利。早期,由英国判例法所形成的证据补强概念并不十分明晰,适用范围也不十分确定。法国大革命后,欧洲社会的人权意识普遍高涨,反对刑讯逼供成为资产阶级刑法革命的主导动力,通过立法的方式限制被告人自白,被视作反对暴力性取证行为的主要途径。经过近一个世纪的发展,特别是在判例的积极推动下,证据补强在近代英美证据法中已经成为一项重要

---

① 〔英〕伊丽莎白·A.马丁编著:《牛津法律词典》,蒋一平等译,上海翻译出版公司1991年版,第350页。

的证据规则,其适用范围也已经超出了被告人自白。当代美国的判例和证据法承继、发展了英国法的证据补强传统,形成了更为简便、更具操作性的补强规则。

大陆法系也有证据补强规则,但其对待证据补强的态度与英美法系明显不同。英美法要求的原则是通过法律限制被告人自白或其他诸如证人证言、被害人陈述、鉴定意见等供述性证据的证明价值,证据补强的概念和适用范围比较明晰。而在大陆法系,除被告人自白必须具有形式性补强证据之外,将供述性证据的证明力判断全权委任于法官。所以,英美法系强调证据补强既具有限制供述证据适用范围的政策目的,又具有保障供述证据真实性的程序目的,而大陆法系的证据补强所重视的仍然是被告人基本权利的保障。[①]

(三)共同被告人口供证明力问题

对于同案审理的共同犯罪案件,共犯的口供能否互为补强证据,即能否凭共犯间一致的口供而不需其他补强证据定案的问题,是一个理论与实践都无法回避的问题。对此,各国的态度不尽一致。在英国和美国,一般要求对共犯的口供予以补强证明。但日本最高法院的判例认为,共犯不论是否同案审理,他犯的自白不属于"本人的自白",对于本人的自白不再需要补强证据。

我国法学界对此存在四种观点:(1)肯定说。认为共同被告人的供述可以相互印证,在供述一致的情况下,可以据以定案。(2)否定说。认为共同被告人的供述仍然是"被告人供述",具有真实性和虚伪性并存的特点,应当适用补强证据规则。(3)区别说。认为同案处理的共犯的供述均应视为"被告人供述",适用补强证据规则;但不同案处理的共犯,可以互作证人,不适用补强证据规则。(4)折中说。认为共同被告人供述一致,符合一定条件即可认定被告人有罪和处以刑罚。这些条件包括:经过各种艰苦努力仍无法取得其他证据;共同被告人之间无串供可能;排除了以指控、诱供、刑讯逼供等非法手段获取口供的情况。

(四)补强证据规则与我国刑事诉讼

我国《刑事诉讼法》第55条规定,"只有被告人供述,没有其他证据的,不能认定被告人有罪和处以刑罚。没有被告人供述,证据确实、充分的,可以认定被告人有罪和处以刑罚。"《刑诉法解释》第141条规定,根据被告人的供述、指认提取到了隐蔽性很强的物证、书证,且被告人的供述与其他证明犯罪事实发生的证据相互印证,并排除串供、逼供、诱供等可能性的,可以认定被告人有罪。学界认

---

[①] 参见陈浩然:《证据学原理》,华东理工大学出版社2002年版,第329—330页。

为,这些规定标志着口供补强规则在我国刑事诉讼立法中正式确立。

**二、疑罪从无规则**

(一)疑罪从无与无罪推定

所谓疑罪,是指对于犯罪嫌疑人、被告人既无法证实其有罪,也无法证实其无罪。所谓疑罪从无,是指在案件中用以证明被告人有罪的证据不足,对于被告人犯罪既不能证实也不能证伪时作出有利于被告人的处理的规则。

一般认为,疑罪从无是无罪推定原则的一项基本要求。无罪推定原则要求提出证据证明被告人有罪的责任由控诉方承担,控诉一方履行证明责任必须达到案件事实清楚、证据确实充分或者不存在合理怀疑的程度,若不能证明被告人有罪或证明达不到法律的要求,则应判定被告人无罪,即疑案作有利于被告人的处理。规定疑罪从无,是从刑事诉讼控辩双方的力量对比和保护被告人的权利考虑的。刑事诉讼的一方是代表国家行使刑事侦控权的公安、检察机关,另一方则是处于被指控地位的公民个人。公安、检察机关有庞大的组织、先进的设备、充足的经费以及采取强制性措施的权力等,与个人力量相比无疑占据强势地位。为了保护被告人的权利,维系控辩双方的相对平衡,法律赋予被告人一系列权利以与国家一方相抗衡,如提供证据证明被告人有罪的责任由控方承担和疑罪有利于被告人。只有这样,被告人才有可能与控诉一方相抗衡,而控辩双方能够真正对抗,司法公正和人权保障才能更加充分地得以实现。

(二)疑罪从无与我国刑事诉讼

我国对待疑罪从无的态度,是与对待无罪推定的态度相联系的。1996年修正的《刑事诉讼法》第12条关于"未经人民法院依法判决,对任何人都不得确定有罪"的规定被认为是初步吸纳了无罪推定的合理因素。2012年《刑事诉讼法》再次修正,延续了这一规定。与此同时,2012年《刑事诉讼法》第171条(现行第175条)第4款规定,对于二次补充侦查的案件,人民检察院仍然认为证据不足,不符合起诉条件的,应该作出不起诉的决定。与此相适应,最高人民检察院的《人民检察院刑事诉讼规则》第367条也明确规定,人民检察院对于二次退回补充调查或者补充侦查的案件,仍然认为证据不足,不符合起诉条件的,经检察长批准,依法作出不起诉决定。人民检察院对于经过一次退回补充调查或者补充侦查的案件,认为证据不足,不符合起诉条件,且没有再次退回补充调查或者补充侦查必要的,经检察长批准,可以作出不起诉决定。第368条进一步规定,具有下列情形之一的,不能确定犯罪嫌疑人构成犯罪和需要追究刑事责任的,属于证据不足,不符合起诉条件:(1)犯罪构成要件事实缺乏必要的证据予以证明的;(2)据以定罪的证据存在疑问,无法查证属实的;(3)据以定罪的证据之间、证据与案件事实之间的矛盾不能合理排除的;(4)根据证据得出的结论具有其他可能性,不能排除合理怀疑的;(5)根据证据认定案件事实不符合逻辑和经验法则,得出的结论明显不符合常理的。

  学界普遍认为此制度贯彻了疑罪从无的现代刑事诉讼规则,标志着我国刑事司法领域人权保障的重大进步。

# 第九章  民事诉讼证据规则

## 第一节  民事诉讼证据规则概述

### 一、民事诉讼证据规则的概念

我国《民事诉讼法》第7条规定:"人民法院审理案件,必须以事实为根据,以法律为准绳"。这里的"以事实为根据",其立法本意是使认定的事实完全符合案件的客观真相。如果我们办理的每一起案件都能以这样一种客观存在为依据,那么我们做出的裁判结果将是最客观、最公正的。然而,人类的认识是有限的,几乎无法达到与客观事实完全一致的状态。所以,依这样的客观存在作为裁判案件的依据只能是一种超越现实的理想主义,而法律是要运用的,不能把它理想化,应强调实用性和可操作性。

证据是诉讼活动中法院认定案件事实的重要依据,在客观真实无法还原的情况下,法院只能通过诉讼过程中对证据的把握实现案件事实认定的法律真实。证据裁判主义是现代诉讼的理性选择,诉讼的核心问题是证据问题。当一个案件进入诉讼程序后,案件事实的"客观存在"已经成为过去,成为"历史"。法院要想认识这样一种客观存在,唯一的途径是合理运用各种证据。从某种意义上讲,整个诉讼过程,实际上就是证据的发现、提供、审查、判断和运用的过程。

任何证明活动都必须遵循一定的规则,否则便不能保证证明结果的正确性,而司法证明活动作为严格的国家司法机关和当事人依法运用证据证明案件事实的诉讼活动,更要遵循一定的规则。作为证据规则发展最为深远的英美法系国家,他们的证据规则重在指证据的可采性规则,即那些在审理中对证据的可采性问题起支配作用的规则。其中,关联性证据规则是可采性规则的前提,而证据排除规则是可采性规则的例外。在我国则不同,我国的诉讼程序立法起步较晚,直到20世纪90年代以后,证据规则的概念才在我国流行起来。[①]

民事诉讼证据规则实质上应当是对民事诉讼证据运作规律的一种反应,具体表现为调整民事诉讼证据运用过程的一系列法律规范。考虑到我国的民事诉

---

① 贺海波等:《我国民事诉讼证据规则的立法与完善》,载《郑州航空工业管理学院学报(社会科学版)》2010年第1期。

讼程序构造，同时借鉴域外国家的证据规则内容，宜将我国民事诉讼证据规则概括为关于诉讼过程中取证、举证、质证、认证活动的法律规范和准则。

## 二、民事诉讼证据规则的功能及特征

证据规则是民事诉讼的灵魂。在民事诉讼活动中，实体公正和程序正义是各方主体共同追求的价值目标。一方面，对案件的实体处理首先取决于能否准确运用证据认定案件事实；另一方面，诉讼程序的演进与程序正义的实现也有赖于证据理念及其应用。对此，我国台湾地区学者李学灯先生指出："认定事实，每为适用法律之前提。因而产生各种证据法则，遂为认事用法之所本。"事实—证据—证据规则的内在关联，尽在其中，而证据规则的重要性，亦在其中。民事诉讼是以适用实体法解决纠纷为指向的，而实体法的适用直接取决于诉讼程序中根据证据所认定的案件事实。毫不夸张地说，证据规则的意义绝不限于诉讼过程，它同时决定着实体法的适用，决定着诉讼的结局。①

证据规则在民事诉讼中有着极为重要的作用，具体体现在以下几个方面：第一，保障诉讼当事人权利。证据规则能够保障当事人各项权利，尤其是程序性权利。第二，制约国家权力。证据规则能够限制国家权力的恣意行使，例如非法证据排除规则能够有效地制约司法机关非法取证等情况。第三，维护诉讼价值的平衡。证据规则在诉讼中起到了平衡各种诉讼价值的"砝码"作用，避免诉讼过度偏向某一种价值，以实现程序公正与实体公正的统一。第四，有助于发现案件事实真相。许多证据规则都存在此种作用，如自白补强规则。

设置民事诉讼证据规则的目的是为了规范和约束诉讼过程中的取证、举证、质证、认证活动，以保证正确认定案件事实，这使得民事诉讼证据规则具有如下三方面的特征：

第一，兼具实体属性和程序属性。民事诉讼就是法官利用双方当事人提供的证据，查明案件事实并进而作出裁判的过程。法官利用双方当事人提供的证据并根据证据规则得出案件结论的过程，实际上就是证据演绎推理的过程。在证据演绎推理过程中，作为演绎大前提的一系列证据法律规范，具有明显的实体法属性。而从当事人将案件提交给法院到法官依据证据作出最终裁决，其间要经过取证、举证、质证和认证等一系列过程。

第二，具有强制的效力，即约束力。民事诉讼证据规则兼具实体属性和程序

---

① 侯东亮、吴如巧：《民事诉讼证据规则的二重视角》，载《山西省政法管理干部学院学报》2009 年第 4 期。

属性,且程序性属性更为明显。程序法多为强行法,民事诉讼证据规则的程序性属性,使得其具有强制效力。不管是法官还是律师、当事人和其他诉讼参与人,只要他们的行为违背了证据规则的规定,该行为就得被认定为无效。

第三,具有明确的指导性。相较于原则而言,规则更加具体,是立法专门就特定问题制定的行为规范和裁判规范。在有规则的情况下,应优先适用更具可操作性的法律规则。因为证据规则是具体的操作规程,执法人员、律师、当事人和其他诉讼参与人可以直接从证据规则中得出自己应当做什么,可以做什么和不能做什么的答案。

### 三、我国的民事诉讼证据规则

证据规则与证据裁判原则是相伴相生的。这一方面源自克服人类理性思维的欠缺、提高事实认定的精确性的需要,另一方面来源于平衡各种诉讼价值的需要。因此,证据规则是我国诉讼法中不可或缺的内容。中华人民共和国成立之后,我国政府一方面废除了国民党旧法统,另一方面在总结革命根据地司法工作经验的基础上,建立了新的证据法律制度。在20世纪50年代,我国颁行的一系列法律规范基本上确立了实事求是、重证据不轻信口供、严禁刑讯逼供等证据采纳的原则。自改革开放以来,又通过《宪法》《刑事诉讼法》《行政诉讼法》《民事诉讼法》进一步确认了这些原则;接着通过一些司法解释、批复形成了一些证据规则。

特别是审判方式改革以后,人们对证据制度的重要性有了进一步的认识,而原有的证据制度在实践中暴露出越来越多的问题,要求完善证据立法的呼声日益高涨。与此同时,学者们也在为证据制度的完善积极做着理论上的准备。在这种情况下,我国有关民事诉讼证据规则在《民事诉讼法》《民事证据规定》和《民诉法解释》中逐渐加以规定和完善。[①]

## 第二节 民事诉讼取证规则

### 一、法院调查证据规则

(一)法院调查证据规则的含义

在诉讼法与证据法领域,证据调查是一个具有多重含义的概念。我国台湾

---

① 江伟、邵明主编:《民事证据法学(第二版)》,中国人民大学出版社2015年版,第80页。

地区学者陈朴生认为:"证据之调查,因其作用不同,得分为形式调查与实质调查两种,前者,重在证据资料之收集,属于立证范围;后者,重在证据态度之发见,属于判断范围。在采当事人进行主义之立法例,形式的调查,属于当事人;而实质的调查,则属于裁判者。在采职权主义之立法例,不论形式的或实质的调查,均属法院职权范围。"①当然,这是基于一个完整的诉讼流程而得出的结论。如果将研究视角局限于取证阶段,则证据调查的内涵会变得小很多,只剩下形式意义,包括证据的收集、固定和保全。以之为前提,所谓法院调查证据,即法院根据当事人的申请或者依职权所实施的收集、固定和保全证据的行为。由于接下来会有专文介绍证据保全规则,所以此处拟对法院调查证据作进一步限缩,即法院所实施的收集和固定证据之行为。

按照传统民事诉讼程序通行的辩论主义,应由当事人提出诉讼请求,并为此请求列明相应的事实,再为上述事实举出相应证据。这一原则在英美法系民事诉讼制度中得到了极端的体现,诉讼证据的举出完全是当事人的自身义务,法官只对程序进行适当的控制和引导,完全不介入调查收集证据的活动。而在大陆法系,各国都或多或少地规定了法官依职权或依申请调查取证的情形,我国亦不例外。根据《民事诉讼法》第64条,当事人及其诉讼代理人因客观原因不能自行收集的证据,或者人民法院认为审理案件需要的证据,人民法院应当调查收集。

有人认为,法院参与调查取证易使法官产生先入为主的心理预判,破坏了居中裁判所必须的"等腰三角形"稳固结构,甚至为司法腐败制造温床。但需要注意的是,传统的辩论主义立场将当事人处于完全平等的诉讼地位作为条件预设,法官严格中立于二者之间,不得主动发现针对案件客观真实的任何证据,做出异于当事人诉讼上自证的判断。问题是,在司法实践中,对立的双方当事人并不总是完全平等,甚至可以说不平等是一种常态,严格、机械的程序性要求必然以牺牲实体正义为代价。本书认为,民事诉讼的公权性质和当事人证据收集能力的欠缺,使法院在民事证据的获取上又不能处于绝对超然的地位,法官收集调查证据已经越来越成为实现个别正义和社会正义的程序手段。

(二)我国法院调查证据规则的发展过程

目前我国民事诉讼制度上以当事人收集证据为主,法院调查证据为补充的做法,并不是一蹴而就的,而是经过了一个漫长的发展演变过程。实际上,自中华人民共和国成立后直至改革开放初期,受"马锡五审判方式"的影响,我国法院曾长期采取法院依职权为主的证据收集方式。从20世纪80年代后期开始,经

---

① 陈朴生:《刑事证据法(第三版)》,三民书局1979年版,第331页。

过"审判方式改革"的洗礼,收集证据的责任逐渐由法院向当事人转移,并最终形成现行做法。大致可分成三个阶段:

第一阶段为"全面取证阶段"。中华人民共和国成立后直到改革开放初期,我国民事诉讼一直奉行"马锡五审判方式",在事实认定和证据收集上采职权探知主义。1982 年《中华人民共和国民事诉讼法(试行)》规定了人民法院应当"全面地、客观地收集和调查证据"。1984 年出台的《最高人民法院关于贯彻执行〈民事诉讼法(试行)〉若干问题的意见》根据这一规定进行了细化,"人民法院收集和调查证据,应当深入群众,依靠有关组织,认真查清纠纷发生的时间、地点、原因、经过和结果,不受当事人提供证据范围的限制"。这表明该时期的法院是依职权独立收集证据的,而不受当事人主张范围的限制。

第二阶段为"当事人主导阶段"。1991 年,我国对职权探知主义进行了大幅度修改。立法机关制定了我国第一部《民事诉讼法》,强化了当事人对证据的处分权而弱化了法院主动依职权调查取证,如 1991 年《民事诉讼法》第 64 条规定"当事人及其诉讼代理人因客观原因不能自行收集的证据,或者人民法院认为审理案件需要的证据,人民法院应当调查收集",并将"全面地、客观地收集和调查证据"改为"全面地、客观地审查核实证据"。

第三阶段为"限定范围阶段"。主要突破是 2001 年的《民事证据规定》,它对法院主动调查证据类型进行了限定,并对当事人及其诉讼代理人申请法院调查收集证据的范围进行了具体细化,同时也留下了"确因客观原因不能自行收集的其他材料"的主观判断余地,我国法院调查证据规则正式形成。2019 年修改的《民事证据规定》虽然删除了相关条款,但上述内容实际上均已经被《民诉法解释》所吸收并得以完善,进而继续指导实践。[①]

(三)我国有关法院调查证据规则的规定

作为当事人收集证据的补充,法院收集证据分为依当事人申请和依职权两种情况。《民事诉讼法》第 64 条第 2 款作为"人民法院应当调查收集"证据的条件,列举了当事人或其代理人"因客观原因不能自行收集"和法院"认为审理案件需要"两种情形。《民诉法解释》分别就这两种情形作了细化的解释,第 94 条规定当事人可以申请法院收集的证据包括,"由国家有关部门保存,当事人及其诉讼代理人无权查阅调取的"证据、"涉及国家秘密、商业秘密或者个人隐私的"证据以及当事人及其诉讼代理人"因客观原因不能自行收集的其他证据";第 96 条

---

[①] 参见姜丰建:《扩张抑或限制:法院调查取证制度前路分析》,载《山东审判》2012 年第 3 期;周健宇:《论民事诉讼中法院调查取证制度之完善——基于实证分析与比较法的考察》,载《证据科学》2014 年第 5 期。

列举了法院可依职权调查收集的证据,即"涉及可能损害国家利益、社会公共利益的"证据、"涉及身份关系的"证据、关于"当事人有恶意串通损害他人合法权益可能的"证据、"涉及依职权追加当事人、中止诉讼、终结诉讼、回避等程序性事项的"证据。《民事证据规定》则对依申请和依职权调查证据的程序性事项作了详细的规定。

当事人及其诉讼代理人申请人民法院调查收集证据,应当在举证期限届满前提交书面申请。申请书应当载明被调查人的姓名或者单位名称、住所地等基本情况,所要调查收集的证据名称或者内容,需要由人民法院调查收集证据的原因,其要证明的事实以及明确的线索。

人民法院调查收集的书证,可以是原件,也可以是经核对无误的副本或者复制件。是副本或者复制件的,应当在调查笔录中说明来源和取证情况。人民法院调查收集的物证应当是原物。被调查人提供原物确有困难的,可以提供复制品或者影像资料。提供复制品或者影像资料的,应当在调查笔录中说明取证情况。人民法院调查收集视听资料、电子数据,应当要求被调查人提供原始载体。提供原始载体确有困难的,可以提供复制件。提供复制件的,人民法院应当在调查笔录中说明其来源和制作经过。人民法院调查收集可能需要鉴定的证据,应当遵守相关技术规范,确保证据不被污染。人民法院勘验物证或者现场,应当制作笔录,记录勘验的时间、地点、勘验人、在场人、勘验的经过、结果,由勘验人、在场人签名或者盖章。对于绘制的现场图应当注明绘制的时间、方位、测绘人姓名、身份等内容。摘录有关单位制作的与案件事实相关的文件、材料,应当注明出处,并加盖制作单位或者保管单位的印章,摘录人和其他调查人员应当在摘录件上签名或者盖章。摘录文件、材料应当保持内容相应的完整性。

### 二、证据保全规则

**(一)证据保全规则的含义**

证据对于案件的审理具有至关重要的意义,为了防止证据灭失造成案件审理困难,《民事诉讼法》规定了证据保全规则,为当事人收集证据提供保障。所谓证据保全,指的是当对于诉讼查明案情真相有重要意义的证据可能因时间经过而发生毁损、消灭及其他不再能够取得的危险时,由当事人向法院提出申请,法院根据当事人申请或依职权采取措施,对处于灭失危险之下的证据加以固定和保护的制度。

证据保全制度在民事诉讼中有着非常重要的意义。第一,保全证据材料,使之完整而不遭受损坏。当事人在以后的诉讼中不致因证据材料的缺失而招致诉讼上的不利后果,有利于尽快解决社会纠纷。第二,证据材料开示之意义。通过证据材料保全,收集没能掌握的证据方法,从中了解新的事实,也起到了将相对方所掌握的信息向举证人开示的作用。第三,基于疏减讼源的需要。民事诉讼的发生,并非完全是双方当事人各抒己见的结果,而常常是因为一方当事人未能保全其证据,他方趁机否认其权利所致。假若证据保全完整无缺,在相当程度上便可减少案件发生的概率,即使发生争讼,也便于在诉讼中达成和解。①

民事证据保全制度是应审判的需求而产生,在多数国家法律规定或判例中都可以找到民事证据保全的身影,大陆法系国家的成文法中对民事证据保全一般都作了规定。《法国民事诉讼法》第145条规定:"如在任何诉讼之前,有合法原因应保全或确定对解决争议可能有决定作用的事实证据,应任何利害关系人的请求,法律允许的各种审前准备措施得依申请或依紧急程序命令之。"《德国民事诉讼法》对证据保全有专节规定,自第485条至第494条都是对证据保全详细的、有体系的规定。《日本民事诉讼法》亦是如此。

(二) 我国证据保全规则的立法进程

证据保全包括诉讼中的证据保全和诉前证据保全。诉前证据保全与诉讼中的证据保全虽然在性质、手段和方法上一脉相承,并无本质区别,但二者在制度目的、适用条件、启动程序、管辖、救济等方面却存在着较大的差异。2012年修正之前的《民事诉讼法》只规定了诉讼中的证据保全,没有规定诉前证据保全。实践中,在起诉前需要进行证据保全的,当事人应向公证机关提出申请。因为《中华人民共和国公证法》(以下简称《公证法》)第11条规定,根据自然人、法人或者其他组织的申请,公证机构可以保全证据。长期以来,我国并没有设立统一健全的诉前证据保全制度,只是先后在《中华人民共和国海事诉讼特别程序法》《中华人民共和国著作权法》《中华人民共和国商标法》《最高人民法院关于审理著作权民事纠纷案件适用法律若干问题的解释》等相关知识产权立法及司法解释中分散规定了诉前证据保全,使得诉前证据保全仅局限于某些类型的案件。例如,《中华人民共和国专利法》(以下简称《专利法》)第67条规定:"为了制止专利侵权行为,在证据可能灭失或者以后难以取得的情况下,专利权人或者利害关系人可以在起诉前向人民法院申请保全证据。"

鉴于其他领域的民事案件同样需要诉前证据保全制度提供保障,有观点主张不仅在诉讼过程中可以证据保全,而且在诉讼提起之前,只要符合情况紧急等条件,当事人也可以申请法院对特定证据采取保全措施。《民事诉讼法》采纳了

---

① 参见喻怀峰:《论民事证据材料之保全制度》,载《法学杂志》2007年第6期。

这一观点,在第 81 条第 1 款规定:"在证据可能灭失或者以后难以取得的情况下,当事人可以在诉讼过程中向人民法院申请保全证据,人民法院也可以主动采取保全措施。"第 2 款规定:"因情况紧急,在证据可能灭失或者以后难以取得的情况下,利害关系人可以在提起诉讼或者申请仲裁前向证据所在地、被申请人住所地或者对案件有管辖权的人民法院申请保全证据。"

(三)我国有关证据保全规则的规定

《民事诉讼法》第 81 条仅仅对证据保全的主体、适用条件、管辖法院等作了简单的规定,至于其他程序,则要求参照适用该法第九章保全的有关规定。问题是,证据保全和财产保全毕竟是两种不同的制度,其根本目的和保全内容均存在较大差异,决定了证据保全的程序不能完全参照财产保全,否则会引发诸多问题。为此,新修改的《民事证据规定》专门就证据保全的程序规则作了规定,详述如下。

当事人或者利害关系人根据《民事诉讼法》第 81 条的规定申请证据保全的,申请书应当载明需要保全的证据的基本情况、申请保全的理由以及采取何种保全措施等内容。当事人根据《民事诉讼法》第 81 条的规定申请证据保全的,应当在举证期限届满前向人民法院提出。人民法院进行证据保全,可以要求当事人或者诉讼代理人到场。根据当事人的申请和具体情况,人民法院可以采取查封、扣押、录音、录像、复制、鉴定、勘验等方法进行证据保全,并制作笔录。在符合证据保全目的的情况下,人民法院应当选择对证据持有人利益影响最小的保全措施。人民法院采取诉前证据保全措施后,当事人向其他有管辖权的人民法院提起诉讼的,采取保全措施的人民法院应当根据当事人的申请,将保全的证据及时移交受理案件的人民法院。当事人或者利害关系人申请采取查封、扣押等限制保全标的物使用、流通等保全措施,或者保全可能对证据持有人造成损失的,人民法院应当责令申请人提供相应的担保。担保方式或者数额由人民法院根据保全措施对证据持有人的影响、保全标的物的价值、当事人或者利害关系人争议的诉讼标的金额等因素综合确定。但是,根据《民诉法解释》第 542 条的规定,在涉外仲裁案件中,当事人申请证据保全,人民法院经审查认为无需提供担保的,申请人可以不提供担保。申请证据保全错误造成财产损失,当事人请求申请人承担赔偿责任的,人民法院应予支持。

需要注意的是,证据保全损害赔偿责任在性质上属于民事侵权损害赔偿,应当适用《中华人民共和国民法典》(以下简称《民法典》)侵权责任编的规定。根据规定,一般侵权行为适用过错责任原则,只有在法律有特别规定的情况下才适用无过错责任。也就是说,法律规定的申请证据保全错误损害赔偿责任,应当适用一般侵权责任过错归责原则,而不能仅依据裁判结果来认定责任的成立与否。

于是,申请人是否应当承担赔偿责任,对过错的判定成为关键。① 在司法实践中,判断申请人的财产保全申请是否存在过错,应当结合具体案情,而不宜简单地以申请人胜诉与否为标准。是否承担责任,仍应当以该申请人是否存在主观过错为判定标准,即在申请人对出现财产保全错误存在故意或重大过失的情况下,才应当认为申请人的申请有错误。②

### 三、文书提出规则

（一）文书提出规则的含义

在民事诉讼中,当事人需对于己有利之事实加以证明,使法官形成内心确信从而获得有利判决,即"谁主张,谁举证"。但在实践中,随着时代的发展,现代型诉讼频发,尤其在环境侵权、产品责任和医疗纠纷等案件中,证据往往偏在于一方当事人控制之下,被害人通常因无法充分掌握证据材料或证明方法而面临举证困难,原本享有的实体法上规定的权利无法于诉讼上得以实现,最终承担败诉的风险。为平衡双方当事人的利益,文书提出命令应运而生。

所谓文书提出命令,是指基于对待证事实负有举证责任的当事人的申请,法院向持有文书的对方当事人或者诉讼外第三人发出提交文书的命令,持有人拒绝提交文书将承担不利法律后果的制度。对于当事人来说,此项制度是当事人通过法院向对方当事人或者第三人收集书证的一种手段,也是以此来证明待证事实的一种举证行为。文书提出命令对于扩展当事人收集证据的能力和手段、查明案件事实具有十分积极的作用。

文书提出命令不仅妥当地解决了因证明责任规则的先天缺陷所造成的尴尬局面,同时也在一定程度上修正了辩论主义。对于文书处于对方当事人或第三人控制之下造成一方当事人举证困难的情形,各国均规定了一方当事人可以请求法院向持有文书之人发出文书提出命令。在英美法系国家,证据开示制度对于保障当事人收集证据具有十分积极的意义,当事人或者案外人不遵守法庭命令进行证据开示,将承担蔑视法庭罪的不利后果。大陆法系国家和地区也普遍以法院的强制力作为当事人取得书证的重要保障,德国、日本和我国台湾地区的文书提出命令制度即为此例。

（二）文书提出规则的构建及不足

从我国的民事审判方式改革和民事诉讼制度发展的过程来看,强化当事人

---

① 参见肖建国、张宝成:《论民事保全错误损害赔偿责任的归责原则——兼论〈民事诉讼法〉第105条与〈侵权责任法〉第5条的关系》,载《法律适用》2016年第1期。

② 参见王金利、王仕华:《财产保全申请错误的认定标准》,载《人民司法》2019年第14期。

举证责任、弱化人民法院调查收集证据的职权,一直是其中最为重要的方面。《民事证据规定》的公布施行,进一步明确了由当事人负责诉讼的实体内容、法院负责程序推进的职权主义诉讼理念,并为《民事诉讼法》和《民诉法解释》所肯定和延续。然而,在强化当事人举证责任的背景下,如果当事人欠缺收集证据的必要手段,势必对其举证能力产生消极影响,影响案件事实的查明和当事人权利的保护。因此,早在2001年《民事证据规定》起草的过程中,如何解决当事人举证能力欠缺、收集证据手段有限的问题,就是最高人民法院试图解决的重要课题。但由于立法并未提供相应的制度空间,司法解释基于自身的性质无法为诉讼外第三人设定一般性的义务,2001年《民事证据规定》在第75条通过证明妨害规则的规定,从消极方面一定程度上解决了当事人之间收集证据的问题。在2012年《民事诉讼法》修改的过程中,最高人民法院也曾经向立法机关建议增加文书提出命令制度,但未获立法机关采纳。为此,2015年《民诉法解释》只能在第112条有限度地对文书提出命令作出规定,从积极方面解决当事人之间收集证据的问题。[①] 2020年的《民诉法解释》对此条未作修改。

不可否认,文书提出规则的确立,对于提升当事人收集证据的能力,保护其合法权益,以及保证人民法院准确认定案件事实、及时审理民事案件,具有非常重要的意义。但与域外立法例相比较而言,这一规定仍然存在如下可能需要完善之处:一是其虽然规定了文书提出命令制度,但并未对文书提出义务的范围特别是被申请人有权拒绝文书提出命令的特殊情形(例如因该文书的提出会使被申请人受到刑事追究)作出明确规定。二是该条款只是针对当事人规定了文书提出命令制度,而对于第三人的文书提出命令制度则没有作出规定。[②]

(三)我国有关文书提出规则的规定

为了发现真实,克服"证据偏在",2001年《民事证据规定》第75条课予证据持有人以"证据提出义务",按此,"有证据证明一方当事人持有证据无正当理由拒不提供,如果对方当事人主张该证据的内容不利于证据持有人,可以推定该主张成立"。由于该规定既没有限定证据的种类,也没有限定证据的范围,等于要求凡是持有证据的当事人都有义务提供证据。这一规定过于简单和粗暴,呈现出强烈的职权主义色彩,导致实际运用中的混乱。2015年《民诉法解释》相比《民事证据规定》在解决"证据偏在"问题上有一定的进步,创设了文书提出义务制度,有了相对简单的程序性限定条件、操作程序和责任后果,不过距离文书提

---

① 参见宋春雨:《新民事诉讼法司法解释中若干证据问题的理解》,载《人民司法(应用)》2015年第13期。

② 参见江伟、肖建国主编:《民事诉讼法(第八版)》,中国人民大学出版社2018年版,第193页。

出义务制度的充实和完善还有很大的差距。① 有鉴于此,最高人民法院在 2019 年修改《民事证据规定》时,新增了 4 个条文,专门就文书提出的程序问题作了规定,我国文书提出规则初成体系。

根据《民诉法解释》第 112 条和《民事证据规定》第 45 条,书证在对方当事人控制之下的,承担举证证明责任的当事人可以在举证期限届满前书面申请人民法院责令对方当事人提交。申请理由成立的,人民法院应当责令对方当事人提交,因提交书证所产生的费用,由申请人负担。对方当事人无正当理由拒不提交的,人民法院可以认定申请人所主张的书证内容为真实。当事人申请人民法院责令对方当事人提交书证的,申请书应当载明所申请提交的书证名称或者内容、需要以该书证证明的事实及事实的重要性、对方当事人控制该书证的根据以及应当提交该书证的理由。对方当事人否认控制书证的,人民法院应当根据法律规定、习惯等因素,结合案件的事实、证据,对于书证是否在对方当事人控制之下的事实作出综合判断。

根据《民事证据规定》第 46 条,人民法院对当事人提交书证的申请进行审查时,应当听取对方当事人的意见,必要时可以要求双方当事人提供证据、进行辩论。当事人申请提交的书证不明确、书证对于待证事实的证明无必要、待证事实对于裁判结果无实质性影响、书证未在对方当事人控制之下或者不符合本规定第 47 条情形的,人民法院不予准许。当事人申请理由成立的,人民法院应当作出裁定,责令对方当事人提交书证;理由不成立的,通知申请人。

根据《民事证据规定》第 47 条,下列情形,控制书证的当事人应当提交书证:(1)控制书证的当事人在诉讼中曾经引用过的书证;(2)为对方当事人的利益制作的书证;(3)对方当事人依照法律规定有权查阅、获取的书证;(4)账簿、记账原始凭证;(5)人民法院认为应当提交书证的其他情形。前款所列书证,涉及国家秘密、商业秘密、当事人或第三人的隐私,或者存在法律规定应当保密的情形的,提交后不得公开质证。

根据《民事证据规定》第 48 条和《民诉法解释》第 113 条,控制书证的当事人无正当理由拒不提交书证的,人民法院可以认定对方当事人所主张的书证内容为真实。持有书证的当事人以妨碍对方当事人使用为目的,毁灭有关书证或者实施其他致使书证不能使用行为的,人民法院可以依照《民事诉讼法》第 111 条规定,对其处以罚款、拘留。

---

① 参见张卫平:《当事人文书提出义务的制度建构》,载《法学家》2017 年第 3 期。

## 第三节 民事诉讼举证规则

### 一、自认规则

#### (一) 自认的含义

所谓诉讼上自认,又称判决上自认,是指在诉讼过程中,当事人对不利于己的事实向本案审判法官所作出的承认。一般而言,英美法系将自认作为一种证据或证据方法看待和使用。如根据《英国民事诉讼法》第9条,在任何民事诉讼中,对诉讼的一方不利的承认,无论是其本人作出的还是其他人作出的,都可以作为反对该方的证据,以便证实该承认中所述的任何事实。而大陆法系大都不倾向于把自认作为一种证据来看待,而是作为举证责任的一种例外,产生免除一方当事人举证责任的效果,或无须其他证据对系争事实加以证明。如《德国民事诉讼法》第288条规定:"当事人一方所主张的事实,在诉讼进行中,经对方当事人于言词辩论中自认,或者在受命法官或受托法官前自认而作成记录时,无需再要证据。"《日本民事诉讼法》第257条也规定:"当事人在法院已经自认的事实及显著的事实,无需证明。"

自认效力的基础在于当事人主义诉讼模式下的辩论主义。辩论主义是指只有当事人在诉讼中所提出的事实,并经辩论才能作为法院判决依据的一项诉讼制度或基本原则。它的基本含义包括:(1)当事人未主张的事实,法院不得认定;(2)当事人无争议的事实,法院必须遵从认定;(3)当事人未申请的证据,法院不得依职权收集调查。[①] 根据辩论主义的基本原理,当事人所主张的事实对法院有约束力,法院不得以当事人没有主张的主要事实作为裁判的依据。一方当事人对对方当事人主张的主要事实的承认,就使该当事人主张的事实成立,法院当然应当受到该事实的约束。因此,民事诉讼法中当事人主义诉讼模式下的辩论主义是自认制度的基石。相反,如果实行职权主义的诉讼模式,由于法院对作为裁判依据的所有事实,包括主要事实,实行职权探知,自认制度便不能成立,自认的事实无法约束法院。

#### (二) 自认的分类

1. 诉讼上的自认和诉讼外的自认

诉讼上的自认是指当事人在诉讼过程中向法庭承认对方所主张的不利于己

---

[①] 参见〔日〕谷口安平:《程序的正义与诉讼》,王亚新、刘荣军译,中国政法大学出版社1996年版,第130页。

的事实。当事人可根据实际情况全部承认或部分承认。自认也可发生在诉讼过程之外。尽管两者都是承认对自己不利的事实,但效力差别很大,理论和实践中都否定诉讼外承认具有免除举证责任的效力,但可以作为一种证据材料使用。

2. 完全自认和限制自认

前者是指对另一方当事人主张的事实全部自认,又称为无条件的自认。后者则是有条件的自认,旨在减轻这种自认的意义。英美证据法中有一项传统的判例规则:当事人一方在诉讼过程中可以一方面承认他已经与另一方达成了协议,另一方面以该协议在形式上不符合欺诈行为法的规定为理由拒绝执行该协议,实际就是限制了自认的效果。

3. 本人自认与代理人自认

前者包括本人和法定代理人的自认,后者是指诉讼代理人的自认。在前一种自认中,法定代理人的自认与本人的自认具有同样的效力,而诉讼代理人的自认则要复杂一些。

4. 明示自认与默示自认

这是根据当事人是否作出明确的意思表示为标准进行的分类。明示的自认是指当事人一方对另一方所主张的事实,以口头或书面的形式明确表示承认;默示的自认又称拟制的自认或准自认,是指当事人一方对另一方所主张的事实,既未明确表示承认,也未作否认的表示,而法律规定应视为自认的情况。多数国家的民事诉讼法对这两种方式均作了规定。

(三)我国有关自认规则的规定

由于我国 20 世纪 80 年代与 90 年代对自认制度研究甚少,《民事诉讼法》并未对自认制度加以明确规定。1991 年《民事诉讼法》第 71 条中规定:"人民法院对当事人的陈述,应当结合本案的其他证据,审查确定能否作为认定事实的根据。"这里仅将自认作为当事人陈述的一部分,不能直接确认其证明效力,必须经过查证属实,才能作为认定案件事实的根据。为弥补这一缺憾,《民事证据规定》对自认制度作了明确规定,并在 2019 年修改过程中予以了完善,详述如下:

根据《民诉法解释》第 92、96 条,《民事证据规定》第 3 至 9 条的规定,在诉讼过程中,一方当事人陈述的于己不利的事实,或者对于己不利的事实明确表示承认的,另一方当事人无需举证证明。在证据交换、询问、调查过程中,或者在起诉状、答辩状、代理词等书面材料中,当事人明确承认于己不利的事实的,适用前款规定。一方当事人对于另一方当事人主张的于己不利的事实既不承认也不否认,经审判人员说明并询问后,其仍然不明确表示肯定或者否定的,视为对该事实的承认。一方当事人对于另一方当事人主张的于己不利的事实有所限制或者附加条件予以承认的,由人民法院综合案件情况决定是否构成自认。当事人委托诉讼代理人参加诉讼的,除授权委托书明确排除的事项外,诉讼代理人的自认视为当事人的自认。当事人在场对诉讼代理人的自认明确否认的,不视为自认。在诉讼中,当事人为达成调解协议或者和解协议作出妥协而认可的事实,不得在后续的诉讼中作为对其不利的根据,但法律另有规定或者当事人均同意的除外。

普通共同诉讼中,共同诉讼人中一人或者数人作出的自认,对作出自认的当事人发生效力。必要共同诉讼中,共同诉讼人中一人或者数人作出自认而其他共同诉讼人予以否认的,不发生自认的效力。其他共同诉讼人既不承认也不否认,经审判人员说明并询问后仍然不明确表示意见的,视为全体共同诉讼人的自认。

涉及可能损害国家利益、社会公共利益的、身份关系的、公益诉讼的、当事人有恶意串通损害他人合法权益可能的事实,以及依职权追加当事人、中止诉讼、终结诉讼、回避等程序性事项的事实,不适用有关自认的规定。自认的事实与已经查明的事实不符的,人民法院不予确认。

有下列情形之一,当事人在法庭辩论终结前撤销自认的,人民法院应当准许:(1) 经对方当事人同意的;(2) 自认是在受胁迫或者重大误解情况下作出的。人民法院准许当事人撤销自认的,应当作出口头或者书面裁定。

**二、最佳证据规则**

(一) 最佳证据规则的含义与比较

最佳证据规则曾是英国普通法上最为古老的证据规则之一。它起源于 18 世纪,是普通法自中世纪由产生、发展到鼎盛时期的一个诉讼上的产物,是普通法上的古代证据制度发展到一定成熟阶段的标志性象征。虽然它在整个诉讼证据法上所担负的历史使命曾被后人认为是昙花一现,但其作为证据法上的灵魂支柱之一,影响深远。

最佳证据规则是指,某一特定的有关案件的事实只能采用能够寻找到的最令人信服的和最有说服力的有关最佳证据方式予以证明。随着历史的发展,这一规则的内涵不断失去其基本规则的主要意旨,其适用范围现已主要局限于书证领域,即有关文书的内容或其存在的真实性的最佳证据方式是出示原本,抄本是第二位的证据。根据最佳证据规则,凡存在直接证据时,就应当排除环境证据的提出,[①] 即原始的文字材料作为证据时优先于其复制品。

---

① 参见刘善春、毕玉谦、郑旭:《诉讼证据规则研究》,中国法制出版社 2000 年版,第 402 页。

大陆法系国家对书证的限制较少,一般也承认书证原本应优先于副本,但并不排斥对副本的收集。在大陆法系的一些国家如日本等,对于书证的复印件的重视程度,与英美法系相比逊色许多。《日本民事诉讼法》第 322 条规定,文书的提出或送交应以原本、正本或有认证的副本进行,并且法院可以不顾此项规定,命令提出或送交原本。因此,日本法就书证复印件尚缺乏具体的适用规则,原本以外的其他证据材料的证明力如何,全凭法官的自由裁量。在法国的书证制度中,与其他类型的文书相比,公证文书具有如同英美证据法上那种最佳证据的证明效力。关于法国法中的有关文书副本的效力,作为一种通则,法律文书的副本并不具有其原本的证明效力,但出生、死亡和婚姻登记则属例外,即经官方确认的此类登记副本与原本具有同等的证明力。因为法国的书证往往与公证制度有密切联系,而公证事务在法国民事流转中又具有崇高地位,因而法国法虽然对书证原件以外的其他证据材料采取严格其证明力的态度,但法律上却允许经过公证的文书在因损毁而无法提供原件的情况下可以提供副本。

与大陆法系国家相比较,英美法系国家对书证复印件的规定较为完善,并实行了一系列的适用规则。这主要是因为最佳证据规则是英美法系的传统证据规则。按照这一规则,当事人在诉讼中必须提出最佳的、最直接的证据材料,由于通常认为最佳证据规则仅适用于文字材料如信件、文件、电文等,因此这条规则也称为"原始文书规则"。[①] 如美国证据法对书证的要求是以原件为原则,例外情形要由立法作明文规定才能适用。

(二) 最佳证据规则的例外

英美法系中的最佳证据规则主要适用于书证,即关于书证的内容或者其存在的真实性的最佳证据方式是向法庭提交原本,抄本则属于第二手证据。但是英美法系国家近年的审判实践在认定书证的证明力上,对是否一定要适用最佳证据规则却出现了许多例外。

在英国,对书面材料允许使用第二手证据的情形有:(1) 一方当事人未按照对方要求出示书面材料的正本,提出要求的一方可以要求对方当事人提出副本作为证据;(2) 凡正本为第三人所占有,而该第三人有理由拒绝出示时,法庭可以采纳副本;(3) 正本已遗失或灭失,可提供副本,但条件是必须能够充分地证明遗失或灭失事实的发生;(4) 凡出示正本在客观上不可能或者至少存在极大的障碍,如贴在墙上的通告,可用副本证明;(5) 对政府文件适用特别规则,政府文件的特征要由官员证明其真实性。

---

① 参见刘善春、毕玉谦、郑旭:《诉讼证据规则研究》,中国法制出版社 2000 年版,第 402 页。

《美国联邦证据规则》第1004条明确规定了不要求书证原件,有关书证的其他证据也可予以采纳的几种情形:(1)所有原件均已遗失或毁坏,但提供人出于不良动机遗失或毁坏的除外;(2)原件不能通过适当的司法程序或行为获得;(3)原件处于该证据材料的出示对其不利的一方当事人的控制之下,已通过送达原告起诉状或其他方式告知该当事人,在听证时该材料的内容属于证明对象,但该当事人在听证时不提供原件;(4)有关书证内容与主要争议无紧密关联。

(三)我国有关最佳证据规则的规定

我国《民事诉讼法》和相关司法解释中均有关于最佳证据规则的规定。如《民事诉讼法》第70条规定:"书证应当提交原件。物证应当提交原物。提交原件或者原物确有困难的,可以提交复制品、照片、副本、节录本。提交外文书证,必须附有中文译本。"该规则一方面规定应当提交原件,但又提出"确有困难的"可以提供复印件,但怎样才是"确有困难",未作具体规定。对此,《民诉法解释》作了补充,即《民事诉讼法》第70条规定的提交书证原件确有困难,包括下列情形:(1)书证原件遗失、灭失或者毁损的;(2)原件在对方当事人控制之下,经合法通知提交而拒不提交的;(3)原件在他人控制之下,而其有权不提交的;(4)原件因篇幅或者体积过大而不便提交的;(5)承担举证证明责任的当事人通过申请人民法院调查收集或者其他方式无法获得书证原件的。前款规定情形,人民法院应当结合其他证据和案件具体情况,审查判断书证复制品等能否作为认定案件事实的根据。

《民事证据规定》在第11至17条中有更详细的规定。当事人向人民法院提供证据,应当提供原件或者原物。如需自己保存证据原件、原物或者提供原件、原物确有困难的,可以提供经人民法院核对无异的复制件或者复制品。以动产作为证据的,应当将原物提交人民法院。原物不宜搬移或者不宜保存的,当事人可以提供复制品、影像资料或者其他替代品。当事人以不动产作为证据的,应当向人民法院提供该不动产的影像资料。当事人以视听资料作为证据的,应当提供存储该视听资料的原始载体。当事人以电子数据作为证据的,应当提供原件。电子数据的制作者制作的与原件一致的副本,或者直接来源于电子数据的打印件或其他可以显示、识别的输出介质,视为电子数据的原件。当事人提供的公文书证系在中华人民共和国领域外形成的,该证据应当经所在国公证机关证明,或者履行中华人民共和国与该所在国订立的有关条约中规定的证明手续。中华人民共和国领域外形成的涉及身份关系的证据,应当经所在国公证机关证明并经中华人民共和国驻该国使领馆认证,或者履行中华人民共和国与该所在国订立的有关条约中规定的证明手续。当事人向人民法院提供的证据是在香港、澳门、台湾地区形成的,应当履行相关的证明手续。当事人向人民法院提供外文书证或者外文说明资料,应当附有中文译本。可见,我国以提交原物或原件为原则,以提交复制件或复制品为例外,即在法律规定的特定情形下,允许提交第二手的证据。不过,我国法律对提交副本的适用情形规定得过于抽象,在实践操作中易导致具体适用标准不一的情形。

**三、庭前证据交换规则**

(一)庭前证据交换规则的含义与功能

庭前证据交换规则,是指开庭审理前由法院组织当事人相互就支持自己主张的证据出示给对方,并由对方发表认可或不认可等意见的活动。

一般认为,证据交换制度是从证据开示制度演变而来。所谓证据开示是指了解原先所不知道的,揭露和展现原先隐藏起来的东西。证据开示制度源于16世纪英国衡平法的司法实践,其目的在于固定庭审证据,整理争议焦点,增强庭审的针对性,防止当事人运用证据突袭的诉讼技巧而造成诉讼结果的不公正。到了17世纪中期英国法院出现了证据开示的判例。直至19世纪英国进行司法改革,将普通法和衡平法合并进行民事诉讼时,开示制度才正式形成。

证据交换的功能主要包括:整理、明确争点,法庭审理准备,证据保全,防止突袭,创建诉讼主体之间的公平论战,促进、达成和解,便于诉讼的提起和进行等。在审判制度中,"它是一种审判前的程序和机制,用于诉讼一方从另一方获得与案件有关的事实情况和其他信息,从而为审判作准备"。[①]

(二)庭前证据交换规则比较

无论是当事人主义,还是职权主义,在开庭审理前进行证据交换是两大法系大多数国家的通常做法。但是,关于庭前证据交换规则,英美法系和大陆法系国家具体又有各自不同的规定。

在英美法系国家,庭前准备程序是诉讼程序的必经程序,其中庭前证据交换是准备程序的主要内容,通过庭前证据交换制度,大部分的纠纷都能够得以解决。如美国通过庭前证据交换后,在联邦法院系统中起诉的案件只有3%进入审判程序,其余案件都在审前阶段,通常是在发现程序之后通过和解或自愿撤销等方式得以解决。[②] 在英美法系,以美国为代表的许多国家,将发现程序规定为民事诉讼法中一个特有制度。与大陆法系明显不同的是,英美法系发现程序中

---

① 龙宗智:《刑事诉讼中的证据开示制度研究(上)》,载《政法论坛》1998年第1期。
② 参见〔美〕史蒂文·苏本、玛格瑞特·伍:《美国民事诉讼的真谛》,蔡彦敏、徐卉译,法律出版社2002年版,第123页。

的证据交换主要是在当事人之间发挥作用,当事人不但享有强迫对方展示证据的权利,并且还能要求对方当事人披露对该方不利的证据。另外,近年来,美国发现程序中的一项重大改革使得当事人在要求对方出示证据之前,自己首先要向对方承担出示所有相关证据的义务,这是对庭前证据交换规则的一次颇具影响的改革。

大陆法系中,当事人对证据的展示,除了在特定情形下一方直接向另一方收集外,在通常情况下,一方当事人不得强迫另一方当事人向其披露有关证据。任何诉讼外第三人要求披露有关证据材料,也主要是依靠法院的职权命令。证据交换在大陆法系国家有更为广泛的含义,它作为庭审活动中言词辩论的基础,其作用是有限的。

(三)我国有关庭前证据交换规则的规定

我国 1991 年《民事诉讼法》虽然有"审理前的准备"程序,但没有将庭前证据交换纳入其中。《民事诉讼法》对证据的规定也仅限于当事人在庭审中的活动。1991 年《民事诉讼法》第 66 条规定:"证据应当在法庭上出示,并由当事人互相质证。"1992 年《最高人民法院关于适用〈中华人民共和国民事诉讼法〉若干问题的意见》第 72 条规定:"证据应当在法庭上出示,并经过庭审辩论、质证。"最高人民法院为贯彻执行《民事诉讼法》的规定,在有关司法解释中对此问题有所涉及,但非常简单。如 1998 年最高人民法院制定的《关于民事经济审判方式改革问题的若干规定》第 5 条仅规定,案情比较复杂、证据材料较多的案件,可以组织当事人交换证据。由于缺乏庭前当事人的活动规则,使得大量可以在庭前完成的事务,需要到庭审中完成,加大了庭审的工作量,审判质量难以保证,审判效率难以提高。

2012 年修正的《民事诉讼法》完善了开庭前准备程序,将庭前证据交换纳入审理前的准备程序中。该法第 133 条第 4 项规定:"需要开庭审理的,通过要求当事人交换证据等方式,明确争议焦点。"《民诉法解释》第 224 条对此作了进一步解释,即依照《民事诉讼法》第 133 条第 4 项规定,人民法院可以在答辩期届满后,通过组织证据交换、召集庭前会议等方式,作好审理前的准备。受限于条文数量,民事诉讼法及其司法解释仅就证据交换作了原则性规定,而更多的程序性内容则可以在《民事证据规定》中找到。

根据《民事证据规定》第 56 至 58 条,人民法院依照《民事诉讼法》第 133 条第 4 项的规定,通过组织证据交换进行审理前准备的,证据交换之日举证期限届满。证据交换的时间可以由当事人协商一致并经人民法院认可,也可以由人民法院指定。当事人申请延期举证经人民法院准许的,证据交换日相应顺延。证据交换应当在审判人员的主持下进行。在证据交换的过程中,审判人员对当事人无异议的事实、证据应当记录在卷;对有异议的证据,按照需要证明的事实分类记录在卷,并记载异议的理由。通过证据交换,确定双方当事人争议的主要问题。当事人收到对方的证据后有反驳证据需要提交的,人民法院应当再次组织证据交换。

## 第四节　民事诉讼质证规则

### 一、关联性规则

（一）关联性规则的含义

关联性规则是指可用于证明案件事实的证据必须与待证事实之间存在内在的、必然的联系。美国《联邦证据规则》第41条对证据的关联性下了定义:证据的关联性是指在法庭上所提出的证据是对诉讼争议事实的盖然性起决定影响的证据。证据必须与待证事实之间具有某种关联,能够说明待证事实的真实情况,或者由于这些证据材料的存在,使待证事实的真实与虚假比没有这些材料的情况下更为清楚。关联性是将证据材料作为证据的必要条件,把握关联性原则在审判中具有重要意义。

（二）关联性与间接证据

关于证据的关联性与间接证据的关系,美国学者华尔兹认为:"相关性问题是与间接证据相联系而产生的,因为关于实质性事实问题的直接证据总是相关的(有证明性),而且将被裁决可以采用,除非它与某些特殊的排除规则发生冲突,如证言特免权规则。"[①]

间接证据是相对于直接证据而言的,它是指不能单独地、直接地通过本身与主要待证事实之间的关联性来显现其证明力的证据。它必须借助与其他证据的关联性,并采用逻辑上的推理形式来形成一种证据构造体系,才能产生有助于证明主要待证事实的证据。每一个间接证据必须与主要待证事实的有关片断或部分存在内在或实质性的关联。在特定条件下,间接证据往往是作为发现直接证据的手段,并成为鉴别直接证据是否具有证据能力和证明力大小的依据。此外,如某一案件中因缺少直接证据或直接证据的证明力仍显得不足时,间接证据就可以用于加强或补充直接证据的证明力。并且,有时一定数量的间接证据形成

---

① 〔美〕乔恩·R.华尔兹:《刑事证据大全》,何家弘等译,中国人民公安大学出版社1993年版,第65页。

的证据链可完全起到直接证据的作用。由此可见,与案件的待证事实有关联性的间接证据对认定案件事实也是十分重要的。

(三) 我国关联性规则的立法规定

我国民事诉讼立法对证据的关联性并未作明确规定,实际上是交由法官对有关证据材料加以自由裁量。但我国《民事诉讼法》第67条第2款"人民法院对有关单位和个人提出的证明文书,应当辨别真伪,审查确定其效力"、第71条"人民法院对视听资料,应当辨别真伪,并结合本案的其他证据,审查确定能否作为认定事实的根据"、第75条"人民法院对当事人的陈述,应当结合本案的其他证据,审查确定能否作为认定事实的根据"的规定,均涉及证据与待证事实的关联性问题。

《民诉法解释》第104条规定:"人民法院应当组织当事人围绕证据的真实性、合法性以及与待证事实的关联性进行质证,并针对证据有无证明力和证明力大小进行说明和辩论。能够反映案件真实情况、与待证事实相关联、来源和形式符合法律规定的证据,应当作为认定案件事实的根据。"因此,在诉讼中,当事人应当收集具有关联性的证据材料,并在质证中说明其所提供的证据与待证事实之间具有什么样的内在联系;法官则在对证据材料进行审查时,根据关联性这一特征,将与待证事实无关联性的材料排除。

## 二、主询问、反询问规则

(一) 主询问、反询问的含义与适用

主询问又称直接询问,作为英美法系的传统,它是开庭审理询问证人的第一阶段。主询问通常由提供证人的一方当事人通过其律师进行。当事人通过询问自己提供的证人,借助于证人所了解的案件事实,把己方主张的理由以及信息、材料来源明确地反映出来,以取得事实审理者的理解和同情。

反询问又称交叉询问,它是开庭审理询问证人的第二个阶段,即在提供证人的一方对该证人进行主询问后,再由对方当事人或律师对该证人进行询问。交叉询问是英美法中最具诉讼特色的程序。反询问主要有两个目的:一是暴露对方证人证言的矛盾、错误或不实之处,以降低其证据的证明力,或证明这个证人是不可信的;二是使对方证人承认对本方有利的有关事实。

反询问也有其固有的缺陷。由于包括反询问在内的诉讼机制使然,诉讼的成败,不是取决于案件原先就存在的证据,而是受制于庭审过程。因此,一些律师不惜利用反询问的机会对对方证人实施某种恐吓和威胁。还有一些律师借助于反询问规则所赋予的较为广阔的空间和回旋余地,在某些枝节或烦琐问题上进行无端的纠缠,扰乱审理者对事实的实质性问题的理智判断,导致案件的判决发生差错。这些缺陷应该引起注意。

在英美法系中,证人证言是一种极为重要的证据方式。由于对询问证人有诸多的规则,且这些规则与英美法中的对抗辩论式诉讼模式紧密关联,因此,对证人的询问成为英美法系庭审活动中不可缺少的一部分。证人通常由当事人自行传唤,通过主询问向法庭证实询问方的主张,是当事人履行举证责任的必要形式。主询问是反询问的前提和基础,因此,无论主询问进行得如何都可能给反询问造成实质性的影响。在进行主询问之后,另一方可对进行主询问的一方提供的证人进行反询问,其后原先进行主询问的一方可以就对方反询问中所涉及的新的事项再进行主询问,再次询问传唤的证人,就同一主题的相关事项作必要的补充说明,目的在于恢复证人证言中被对方反询问削弱的有关内容,从而有利于澄清证人在反询问中暴露出的矛盾之处以及仍被质疑的部分。这种再次进行的主询问是作为整个询问证人过程的第三阶段,被称为再询问。

主询问的作用不仅在于引发兴趣、悬念以及在法庭上创造出一种强烈的感染力,最大限度地引起陪审团的同情与支持,还可以起到直接或间接印证有关涉及案件的书证、物证等其他证据材料的情况,甚至可能对案件事实的认定产生相当大的影响。而对另一方的证人进行反询问,也是当事人的一项当然权利,不得以任何理由对当事人的这项权利加以剥夺,否则,有关当事人可申请法院宣告有关的证人证言无效。在美国,由于法庭询问最精彩的阶段集中体现在对证人的交叉询问中,并且交叉询问在发现事实真相上显示了极为有效的作用,因此,被盛赞为基于查明案件事实所创造的最大的法律运作机制。

(二)主询问、反询问的主要规则

1. 英美法系的规则

(1)主询问的主要规则。依照英美法系的询问规则,所有证人都必须借助问答的方式提供证言,不得仅仅宣读一份书面证言了事。对于在主询问中传唤证人出庭作证的一方而言,对于己方证人的直接询问,应严格遵循以下规则:第一,直接询问应仅限于与案件具有关联性的事实;第二,当事人不得以反询问或其他方式质疑或攻击自己的证人;第三,不得进行诱导性询问;第四,询问不得以导致答复的问题为依据等。但是,在一些特殊情况下,根据一些英美法国家的证据法则,如证人为未成年人或胆怯受惊者时,可以对其进行诱导性询问。又如,当法官认为通过诱导有助于有效地完成直接询问,且于对方也无害处时,可就该种情形加以斟酌后,决定是否准许律师对由己方提供的证人进行诱导。

(2)反询问的主要规则。反询问是一种比主询问更具灵活性和对抗性的问答形式。法律上一般对它所作的限制要比主询问更少。根据英国法,律师既可以不受限制地试图证实新的证据,也可最大限度地削弱对方证人证言的可信度,甚至还可以提出任何他认为与案件有关的问题。但作为唯一的例外,律师不得试图通过贬低对方证人的方法来削弱对方证据的可靠程度。根据《美国联邦证据规则》,反询问仅限于直接询问时的主题和与证人诚信有关的问题;但法庭经斟酌决定,可以允许像直接询问那样对附加的问题予以询问;在反询问时,可以允许一般的诱导性问题。除了在成文法上制定相应的规则外,从英美法系国家的一些判例中也可以体现出以下规则:第一,对一方当事人不利的证据,除非他有在反询问中予以考验其真实性的机会,否则不可采纳;第二,反询问不限于在主询问中证明的事实,还包括能针对一切争执中的事实或有关联性的事实,以及尽管没有关联性,但可以用来质疑证人信用或可靠性的事实;第三,导致答复的问题可以提出,证人必须答复;第四,反询问应针对事实,而非针对论据;第五,如果认为本来属于不可采纳的文书,但因是在反询问中提出而予以采纳的,将是错误的;第六,不反询问证人可能等于接受他对某一事实的陈述;第七,除仅为提出书面申请证人出庭外,所有证人都能受到反询问;第八,法官可以在反询问中不准许提出他认为是强人所难或无关联的问题。①

2. 大陆法系国家适用主询问、反询问规则的情况

大陆法系国家如日本,其民事诉讼法中关于询问证人的规定是借鉴英美法系国家民事诉讼中的交叉询问与保留大陆法系职权询问的结合。大陆法系国家传统的询问证人的方式是法官依职权询问,即法官作为主询问者进行询问,如果当事人需要询问需经法官同意。二战后,日本受英美法系国家法制的影响,在部分修改民诉法时,废除了法官依职权询问证人的方式,引进了美国交叉询问证人的询问方式。由于没有相应地引进当事人之间在审理前准备阶段的发现程序,以及当事人缺乏交叉询问的能力和部分案件没有律师代理等原因,在司法实践中,仍有由法官依职权询问证人或鉴定人的必要。因此,日本修改后的民事诉讼法规定,对证人是否采取交叉询问,由法官听取当事人意见后作出决定。②

(三)我国主询问、反询问规则的有关情况

我国《民事诉讼法》对如何询问证人没有明确的规定,但在第139条第2款规定,当事人经法庭许可,可以向证人、鉴定人和勘验人发问。由此可见,我国民诉法并不排斥交叉询问的做法。在法庭许可的前提下,当事人可以采取与交叉

---

① 参见沈达明编著:《英美证据法》,中信出版社1996年版,第38页。
② 参见常怡主编:《比较民事诉讼法》,中国政法大学出版社2002年版,第570页。

询问相类似的方法询问证人、鉴定人和勘验人。根据《民事证据规定》第74、78条,审判人员可以对证人进行询问。当事人及其诉讼代理人经审判人员许可后可以询问证人。当事人及其诉讼代理人对证人的询问与待证事实无关,或者存在威胁、侮辱证人或不适当引导等情形的,审判人员应当及时制止。必要时可以依法予以处罚。根据该法第82条,经法庭许可,当事人可以询问鉴定人、勘验人。询问鉴定人、勘验人不得使用威胁、侮辱等不适当的言语和方式。根据该法第84条,审判人员可以对有专门知识的人进行询问。经法庭准许,当事人可以对有专门知识的人进行询问,当事人各自申请的有专门知识的人可以就案件中的有关问题进行对质。

需要注意的是,我国《民事诉讼法》及相关司法解释尚没有主询问、反询问的明文规定,同时再询问也只是由法院对当事人进行。此种情形的出现,一是由于在司法实践中存在严重的证人出庭作证难的问题。证人由于种种原因不出庭作证,证人证言大多是通过书面的形式在法庭上向法官出示。为了解决困扰审判实践的证人出庭作证率低的问题,《民事证据规定》在证人陈述证言的时间上作出变通,规定证人在审理前的准备阶段或者人民法院调查、询问等双方当事人在场时陈述证言的,视为出庭作证。双方当事人同意证人以其他方式作证并经人民法院准许的,证人可以不出庭作证。二是由于我国尚未建立当事人主义的审判模式。这些问题若不解决,我国的主询问和反询问规则将无法真正得到贯彻实施。《民事证据规定》中仅仅规定了审判人员和当事人可以对证人进行询问,至于如何询问则未加规定,仍有完善的空间。

### 三、预防规则

#### (一)预防规则的含义

预防规则是指为防止某些证据自身存在虚伪或错误的特殊危险,而在立法或司法上设置相应程序及措施事先加以防范,借以保证证据的真实性和可靠性的规范与措施。在两大法系国家的诉讼活动中,预防规则是针对事物发展过程中的时空作用以及时间不能倒流等消极影响而采取的一系列防御措施。

#### (二)预防规则的适用

预防规则在证据法意义上是由一系列程序或措施所构成的一种询问体系,以防范证据本身存在虚伪或错误。这一体系的主要内容包括证人的宣誓、证人的隔离、排除伪证的处罚、审理的公开等。在司法制度上,正因为人类的证言有其弱点与危险,于是针对此类弱点与危险,设计各种目的一致的规则。学者便将此类规则加以归纳,总称为预防规则。该规定预防的作用主要体现在两个方面:

其一是免除虚伪的危险,例如宣誓制度与伪证的制裁,都是因为人类惧怕受到处罚,因而以此类规则消除其虚伪陈述的动机;其二是使陈述人产生一种顾虑,即恐被他人发现其所陈述为虚伪,如有虚伪,亦可由他人或对方予以揭穿,如审判公开、隔离询问等制度。

1. 证人宣誓制度

宣誓的最初作用是使人惧受神明的处罚,而伪证处罚的作用是使人惧受刑事的制裁。两者都是用以唤起良心上的自觉,而作为真实陈述的保证。宣誓是预防规则之一,作为预防规则,不仅仅限于宣誓这种方式。而宣誓的作用,则是在伪证处罚之外,更加一层真实的保证。① 为了强化证人作证的严肃性和法律制裁的警戒性,增强证人的责任感,许多国家常常将证人宣誓作为在出庭作证时的要式行为。如《美国联邦证据规则》第603条规定,作证前要求每个证人声明如实提供证言,通过宣誓或虽不宣誓但以某种旨在唤醒证人良知和加深证人责任感的方式来进行。再如,根据《美国民事诉讼法》第391条,法院考虑到证言的重要性,为了使证人作出真实的证言,认为有必要命令证人宣誓时,在双方当事人都未放弃宣誓的情形下,证人应该宣誓。誓词中要表明证人应按照自己的良心作真实的陈述,毫不隐瞒。《日本民事诉讼法》也规定:"审判长应当使证人在讯问前进行宣誓"。《英国证据法则》规定由法院书记员或官吏主持宣誓,其誓词是:"我,某某,庄严地、诚意地、真诚地声明,我将提供的证言将是真情,全部真情,只是真情。"

我国《民事诉讼法》对证人作证前的宣誓没有规定,但是最新的《民诉法解释》和《民事证据规定》均增设了当事人和证人的具结和宣读制度。根据最新司法解释,人民法院认为有必要的,可以要求当事人本人到庭,就案件有关事实接受询问。在询问当事人之前,应当责令当事人签署保证书并宣读保证书的内容。保证书应当载明保证据实陈述,绝无隐瞒、歪曲、增减,如有虚假陈述应当接受处罚等内容。当事人应当在保证书上签名、捺印。当事人有正当理由不能宣读保证书的,由书记员宣读并进行说明。负有举证证明责任的当事人拒绝签署保证书,人民法院应当综合案件情况,判断待证事实的真伪。待证事实无其他证据证明的,人民法院应当作出不利于该当事人的认定。与之类似,人民法院准许证人出庭作证申请的,应当通知申请人预缴证人出庭作证费用。人民法院应当要求证人在作证之前签署保证书,并在法庭上宣读保证书的内容。但无民事行为能力人和限制民事行为能力人作为证人的除外。证人确有正当理由不能宣读保证

---

① 参见李学灯:《证据法比较研究》,五南图书出版公司1992年版,第492—493页。

书的,由书记员代为宣读并进行说明。证人拒绝签署或者宣读保证书的,不得作证,并自行承担相关费用。

2. 证人的隔离或排除

证人的隔离或排除是指在证人人数众多时,对证人采用隔离询问制,即对证人应分别加以询问,未经询问的证人不得在场。它的作用在于使证人的证言尽量接近真实,防止串供、伪证的可能性或对其他证言产生影响,且法官对此享有公认和当然的权利。各英美法系国家都有相关的规定。例如,《美国联邦证据规则》第615条规定,根据当事人请求,法庭可以命令证人退场以便他们听不到其他证人的陈述;法庭也可以自己提议作出这种决定。本规定不可用来排除:(1)是自然人的当事人;(2)非自然人的当事人的官员或雇员,被其律师称为代表人的;(3)当事人表明其在场对代表当事人的利益而言是至关重要的。

我国《民事诉讼法》并未规定证人作证的隔离,但在《民事证据规定》第72、74条中明确规定:"证人作证前不得旁听法庭审理,作证时不得以宣读事先准备的书面材料的方式陈述证言。""审判人员可以对证人进行询问。当事人及其诉讼代理人经审判人员许可后可以询问证人。询问证人时其他证人不得在场。人民法院认为有必要的,可以要求证人之间进行对质。"其实我国在司法实践中,为了防止证人之间相互串供、作伪证等,对证人的询问和证人证言的采集均采取了隔离措施。

3. 伪证的处罚

为了使法院能够查明案件事实,防止和避免发生错案,各国在立法上均规定证人有如实作证的义务。如实作证一般包括两个方面的内容:其一是证人必须如实提供证言,如实回答法庭上的询问,不得作伪证;其二是不得隐匿证据,尤其是对认定案件事实具有重要作用的证据。世界各国在立法上往往将证人作伪证视为妨碍司法活动的犯罪行为,为此,有关证人将承担伪证罪的刑事责任。[①] 如《巴西刑法》第342条规定,在法庭、警察或行政的审讯中或者在仲裁过程中,证人、鉴定人或翻译人作虚假陈述、否认或不谈事实真相的,处以1年至3年的监禁并科1000至3000克鲁塞罗罚金。根据《意大利刑法》第372条,作伪证以及隐匿证据的,应处以6个月至3年监禁。《加拿大刑法》第120条规定,在司法程序中作证,明知其证据不实,而故意导致审判错误,提供不实证据的,为伪证罪。该法第12条规定,伪证罪为公诉罪,处14年有期徒刑。

我国《刑法》第305条规定了伪证罪,但仅限于刑事诉讼中的证人、鉴定人、

---

① 参见刘善春、毕玉谦、郑旭:《诉讼证据规则研究》,中国法制出版社2000年版,第504页。

记录人和翻译人员,而在《民事诉讼法》中无此方面的具体规定,但在妨害民事诉讼的强制措施中,规定了诉讼参与人或者其他人有毁灭、伪造重要证据,妨碍人民法院审理案件的,可以对其采取强制措施,法院可以根据情节轻重对其予以罚款、拘留,构成犯罪的,依法追究刑事责任。《民事证据规定》对此予以了重申,在第63、78条中分别规定,当事人故意作虚假陈述妨碍人民法院审理的;证人故意作虚假陈述,诉讼参与人或者其他人以暴力、威胁、贿买等方法妨碍证人作证,或者在证人作证后以侮辱、诽谤、诬陷、恐吓、殴打等方式对证人打击报复的,人民法院应当根据情节,依照《民事诉讼法》第111条的规定,对行为人进行处罚。

### 四、意见证据规则

#### (一)意见证据规则的含义

意见证据规则发端于17世纪的英国,并在美国得到了最为广泛的适用及发展。意见证据规则的定位主要体现在两个规则上:一是意见证据规则是规范证据能力的规则,旨在限制法官对证据的可采性判断;二是意见证据规则是适用于特定证据的证据能力规则,它仅规范证人证言的可采性问题。由于意见证据是英美证据法上的制度,并且在刑事诉讼中被大量广泛地运用,而在民事诉讼中却鲜有规定,成为容易被忽视的部分,这也使得意见证据在整个诉讼法中的地位不足,不能够充分发挥作用。但实际上,意见证据规则自身具有的先进性和在实践中不断凸显出的优越性,都是民事诉讼顺利展开所不可或缺的,有必要对之作专门的介绍。

英美法系国家如英国、美国等传统上区分证人为普通证人和专家证人,因此,意见证据规则实质上同时调整着普通证人和专家证人作证时所给出的相关意见的证据资格问题,规范或约束着证人作证时的内容。根据调整对象的不同,意见证据规则可区分为普通证人意见规则和专家证人意见规则。[①] 按照中世纪法律的古老法则,普通证人讲述的,应该是其所闻所见的事实。正是基于此,意见证据规则要求证人只能就其感觉、感知的事实给出具体的陈述,但不能给出自己基于这些感觉、感知的事实得出的推论、看法、猜测或观点等。而专家证人显然异于普通证人。虽然专家有可能并没有像普通证人那样亲历案件事实,但却拥有专门知识或经验,而该专门知识或经验恰恰是事实认定者缺乏的,是构建某一事实时不可或缺的。由此,意见证据规则允许专家证人作证时给出推论、观点、看法。

---

① 参见李学军:《意见证据规则要义——以美国为视角》,载《证据科学》2012年第5期。

关于民事意见证据规则,可以明确的是,虽然意见证据可以由普通证人提供,也可以由专家证人提供,但两者的采纳规则是截然不同的。普通证人的意见证据,原则上是被排除的,但是证人根据其觉察到的事实进行的逻辑推导,有助于理解其证言或判断争议事实的意见或者推断,可以作为证据使用。专家证人提供的意见证据,原则上只要是具有专家资格的人通过合法的程序提出,并建立在科学基础之上的意见陈述都可以被采纳。综上所述,民事诉讼意见证据规则实质上是普通证人意见排除规则和专家证人意见采纳规则的统一体。①

(二) 意见证据规则的域外立法经验

目前英美法系国家大多都有关于意见证据规则的规定,如《美国联邦证据规则》第7条对意见证据规则作了规定,将意见分为非专家证人和专家证人两类,主要涉及采纳非专家证人意见的例外、专家证人的资格等,并在第7章第701—706条详细规定了"外行证人的意见和专家证词"。例如,第701条规定,"如果证人不属于专家,则他以意见或推理形式作出证言仅限于以下情况:(a)合理建立在证人的感觉之上;和(b)对清楚理解该证人的证言或确定争议中的事实有益。"而美国1942年《模范证据法典》、1937年《统一专家证言法》以及《加州证据法典》等都有关于专家证人意见的规定。②

其他国家如英国、加拿大、澳大利亚、菲律宾等也都有关于意见证据规则的法律规定。例如,澳大利亚联邦《1995年证据法》第76条规定,"意见证据规则:不得采纳意见证据以证明所表达意见的事实之存在",第77、78规定了意见证据排除规则的例外情形。再如,根据《加拿大证据法》第67条,如果证人不是作为专家来出庭主张,除非是基于他所亲自体验到的事实,或有助于证人清晰的陈述,或者有助于事实审理者确定争执点,否则,不得发表任何意见或进行推断。1989年7月1日生效的《菲律宾证据规则》第48条规定,"一般原则——证人的意见是不可采的"③。

(三) 我国有关意见证据规则的规定

1. 普通证人的意见规则

我国《民事诉讼法》尚未规定该规则,只是在《民事证据规定》第72条第1款有所涉及,即证人应当客观陈述其亲身感知的事实,作证时不得使用猜测、推断或者评论性语言。该条文表明了对意见证据的态度,即排除证人对事实的猜测、

---

① 参见高芙蓉:《构建我国民事诉讼意见证据规则的思考》,载《内蒙古大学学报(哲学社会科学版)》2013年第1期。
② 参见何家弘、张卫平主编:《外国证据法选译(下卷)》,人民法院出版社2000年版,第722页。
③ 王以真主编:《外国刑事诉讼法学参考资料》,北京大学出版社1995年版,第109页。

推断和评论。然而,《民事证据规定》并没有规定相应的例外规则。因此,未来完善立法的方向,应当是立足国情,在保持和发扬大陆法系优势的基础上,积极引进和大胆吸收英美法在长期判例法实践中积累、沿用的经验,明确规定什么样的意见是可采的,并且在程序上限制律师要求证人以意见方式作证。

2. 鉴定人意见规则

我国《民事诉讼法》按照大陆法系模式将鉴定人作狭义上的理解,以区别于证人,并将鉴定人分为法定鉴定人和指定鉴定人。前者享有由特定法律、法规直接授予的对某一专门性问题进行鉴定的权利。后者是指由法院指定,具备一定条件的鉴定部门。无论是法定抑或指定,其鉴定意见在我国是一种法定证据形式,在法律上允许由当事人提供,且作为举证责任由当事人来承受;鉴定意见的证明力如何,除了必须经法院审查外,还须经当事人的相互质证,否则不得作为裁判的基础。

《民事诉讼法》第76条规定:"当事人可以就查明事实的专门性问题向人民法院申请鉴定。当事人申请鉴定的,由双方当事人协商确定具备资格的鉴定人;协商不成的,由人民法院指定。当事人未申请鉴定,人民法院对专门性问题认为需要鉴定的,应当委托具备资格的鉴定人进行鉴定。"该法第78条规定:"当事人对鉴定意见有异议或者人民法院认为鉴定人有必要出庭的,鉴定人应当出庭作证。经人民法院通知,鉴定人拒不出庭作证的,鉴定意见不得作为认定事实的根据;支付鉴定费用的当事人可以要求返还鉴定费用。"根据《民事证据规定》第80、81条,鉴定人应当就鉴定事项如实答复当事人的异议和审判人员的询问。当庭答复确有困难的,经人民法院准许,可以在庭审结束后书面答复。鉴定人拒不出庭作证的,鉴定意见不得作为认定案件事实的根据。人民法院应当建议有关主管部门或者组织对拒不出庭作证的鉴定人予以处罚。根据《民诉法解释》第121条,当事人申请鉴定,可以在举证期限届满前提出。申请鉴定的事项与待证事实无关联,或者对证明待证事实无意义的,人民法院不予准许。人民法院准许当事人鉴定申请的,应当组织双方当事人协商确定具备相应资格的鉴定人。当事人协商不成的,由人民法院指定。上述法律规定,明确了鉴定申请程序、鉴定人的确定、法院的职权鉴定、鉴定人的出庭义务及不出庭的法律效果,规范和完善了鉴定意见这一法定证据形式。

《民事诉讼法》第79条规定:"当事人可以申请人民法院通知有专门知识的人出庭,就鉴定人作出的鉴定意见或者专业问题提出意见。"《民诉法解释》第122条和《民事证据规定》第83条分别在对专家辅助人出庭的程序规则作了更详细的设置。但专家辅助人都不同于意见证据规则中的鉴定人。鉴定人在英美法系的证据法上是专家证人。专家证人出具的证言属于意见证据,相当于鉴定意见。而专家辅助人在诉讼中的地位显然不是证人或鉴定人的地位,他所陈述的专家意见,仅是替补一方当事人在对案件涉及的专业问题的说明意见,弥补当事人知识的缺陷与不足,因此,两者的区别是明显的。但是两者均是由专家担任,并对有关涉讼的专门性问题作说明,故两者又是相似的。

**五、非法证据排除规则**

(一)非法证据排除规则的含义

非法证据排除规则是指除非法律另有特别规定,法院不得以非法证据来确定案情和作为裁判的依据。换言之,法院在民事诉讼中只能根据满足合法性要求的证据作出裁判。关于合法性的理解,多数人的观点是证据的形式、收集证据的主体以及收集证据的程序合法。《民事证据规定》第87条要求审判人员应当从证据的形式、来源是否符合法律规定为该种观点提供了支持。与之相对应,非法证据的形态也较为多元,包括证据形式违法、收集证据的主体违法和收集证据的程序违法三种。

在刑事诉讼领域,非法证据特指司法人员违反法定程序或方式而收集到的证据。由于这类违法收集证据的行为易给当事人的人身、财产权利造成损害,因而各国刑事诉讼立法对司法机关违法取证的行为均持否定态度。但是,对于通过非法程序获取的证据,立法发展的趋势却日趋理智,其中最明显的表现就是将非法证据分为口供、物证、以非法证据为线索获取的证据三类,分别适用不同的规则。尤其是对以非法证据为线索获取的证据之可采性问题,各国均逐步趋于放松对这类证据使用的限制。①

在民事诉讼领域,各国对当事人用违法方式取得的证据采取了更为宽容的态度。英国对待非法取得的证据最初的原则是:该证据的可采性取决于它与案件是否存在关联性。但是,不断有人对这一原则提出异议,并最终通过判例形成了新的规则,即在决定非法取得的证据的可采性时,实际上采取了利益衡量的方法,应由法官根据实际情况作出裁决。在美国,法院不予采纳的仅是警察或其他司法机关违反《美国联邦宪法》第四修正案所取得的证据,而公民个人的非法取证行为显然不属于该修正案规范的范围,因此是可以采纳的。② 大陆法系的主要国家中,只有《意大利民事诉讼法》规定,一方当事人以非法手段从对方当事人

---

① 参见江伟、邵明主编:《民事证据法学(第二版)》,中国人民大学出版社2015年版,第87页。
② 参见周叔厚:《证据法论》,三民书局1995年版,第883—885页。

处取得的并且属于对方当事人所有的书证是不可采的。但是,用违法的手段取得的供述证据却是可采的。在大陆法系的另一些国家,比如德国,在确立非法证据排除规则时采取了相当性原则:如果采纳违宪获取的证据是保护他人权益唯一而合理的方式,以及按照法院的裁量,是保护更为紧要的基本价值的唯一合理的方式,德国法院有权采纳违宪取得的证据。①

(二)我国非法证据排除规则的发展沿革

我国民事诉讼历史上并未存在过对非法收集的证据予以排除的程序规则,与此相关,也曾经拒绝接受"证据必须具有合法性"这样的观念。但是,在审判实践中还是不断遇到证据的适格性问题。为此,1995年《最高人民法院关于未经对方当事人同意私自录制其谈话取得的资料不能作为证据使用的批复》中指出:"证据的取得必须合法,只有经过合法途径取得的证据才能作为定案的根据。未经对方当事人同意私自录制其谈话,系不合法行为,以这种手段取得的录音资料,不能作为证据使用。"这是我国在民事领域首次采用司法解释的形式对非法证据排除规则作出的明确规定,对于民事审判活动具有重大影响。

最高人民法院这个"批复"被视为我国民事诉讼制度上开始确立非法证据排除规则的里程碑,对有关证据和程序的观念更新等都具有重大意义。然而,从审判实践的效果来看,绝对排除这类证据材料的证据能力,给当事人举证造成了极大困难,带来了影响实体公正的实现、不利于保护合法的民事权益、放纵违法行为等负面效应。为此,2001年的《民事证据规定》第68条重新界定了非法证据排除规则,即:"以侵害他人合法权益或者违反法律禁止性规定的方法取得的证据,不能作为认定案件事实的依据。"这一规定与上述"批复"相比是一大进步,不再不加区分地将私自录制的视听资料一概作为非法证据加以排除,从而使非法证据的范围大为缩小。不过这一条款在适用中存在一些问题,特别是"以侵害他人合法权益"的方法取得的证据都应当予以排除,而不管其"侵害他人合法权益"的程度大小,这显然不利于充分保障当事人的证明权。因此2015年《民诉法解释》第106条将该规则修改为"对以严重侵害他人合法权益、违反法律禁止性规定或者严重违背公序良俗的方法形成或者获取的证据,不得作为认定案件事实的根据"。尽管如此,由于民事诉讼中非法证据的排除是一个非常复杂的问题,因而如何准确地理解和适用这一规则,需要在理论上进一步探讨,并在实践中积累审判经验和形成具有指导性的案例。②

---

① 参加〔意〕莫卡·卡佩莱蒂:《当事人基本程序保障权与未来的民事诉讼》,徐昕译,法律出版社2000年版,第56—59页。

② 参见江伟、肖建国主编:《民事诉讼法(第八版)》,中国人民大学出版社2018年版,第176页。

在此基础上,有学者认为,非法证据排除规则在西方国家的实行有其偏重形式正义的法律文化传统为基础,且主要是在刑事诉讼中实行。非法证据排除规则与我国偏重实质正义的法律文化不相契合,且民事诉讼取证主体的非公权性、私人取证主体违法取证行为制裁措施的可替代性,民事诉讼制度的分段式审判和法庭结构的一元性,民事诉讼证据和事实认定机制的灵活性,也决定了我国民事诉讼既无实行非法证据排除规则的必要,也无有效实施的条件。非法证据排除规则在设置和操作上的困难,还可能造成制度不经济。因此,主张不宜在民事诉讼中实行非法证据排除,取而代之以法官依自由心证合理取舍。①

(三)我国非法证据排除规则的司法适用

显而易见,《民诉法解释》对于当事人调查取证程序的合法性的要求出现了松动的趋势。根据最新司法解释,以严重侵害他人合法权益或者违反法律禁止性规定或者严重违背公序良俗原则的方法形成或者获取的证据,不能作为认定案件事实的依据。法律规定证据取得方法必须合法,是为了保障他人的合法权利不至于因为证据的违法取得而受到侵害。例如,利用视听资料来证明案件事实时,就要求视听资料的取得不得侵犯他人的合法权利,如他人的隐私权等。常见的容易侵犯他人隐私权的证据取得方式是偷录、偷拍。

在民事诉讼中,原则上应排除非法证据的使用。不过,根据"利益衡量原理",在不与保护人格权和商业秘密权等基本权利显著冲突的前提下,从发现真实和保护弱者的立场出发,也应允许使用包含违法因素的实物证据。② 采用利益衡量的方法决定排除与否是必要的。正如最高人民法院在北大方正公司申请再审案的裁判要旨所指出的,由于社会生活的广泛性和利益关系的复杂性,法律不可能对哪些情形应当排除哪些不予排除——作出规定,在很多情况下,要由法官根据利益衡量、价值取向作出排除与否的决定。在进行利益衡量时,需要考虑收集证据时采用的方法、手段违法的严重程度,收集证据所保护的合法权益的大小,收集证据所使用的手段对他人利益造成损害的大小,权益被侵害人本身是否存在重大的过错等因素。当然,采用利益衡量的方法,就意味着需要结合个案中的具体情况来作出排除与否的决定,《民诉法解释》第106条确定的两个标准只是为法官提供了一个思考的方向。也就是说,即使是当事人、诉讼代理人收集证据侵害了他人合法权益或者违反了法律的禁止性规定,法官根据个案的情况作出不予排除的选择也是合法的。③

---

① 参见张立平:《中国民事诉讼不宜实行非法证据排除规则》,载《中国法学》2014年第1期。
② 参见江伟、邵明主编:《民事证据法学(第二版)》,中国人民大学出版社2015年版,第88页。
③ 参见李浩:《民事判决中的非法证据排除规则》,载《现代法学》2012年第2期。

## 第五节 民事诉讼认证规则

### 一、推定规则

#### (一) 推定规则的含义

作为司法意义上的推定，是指司法者借助于现存的事实，据以推断出另一相关事实存在的一种假设。在通常情形下，这两种事实之间具有共存关系，其中前一事实为已知的事实，亦称基础事实，而后一种事实则是在基础事实之上求得的未知事实，也称推定的事实。推定是事实审理者据以认识和判断证据并最终认定案件事实的常规手段，是人们的主观认识与客观现象相互结合并达到一定认识效果的一种必然的桥梁。

在诉讼上所运用的各种推定，最初起源于人类日常生活经验中所从事的反复性推论，其中的一部分经常呈现出同样的思维逻辑过程，并逐渐脱离了人们的感性认识而上升为理性认识，遂以其特有的适应性而为证据法所吸收，进而演变为法律上所认可的一种证据规则。①

不少国家在立法上对推定的含义也加以界定，如《法国民法典》第1349条规定："推定为法律或审判员依已知的事实推论未知的事实所得的结果。"《意大利民法典》第2727条规定："推定是法律或者法官由已知事实推测出一个未知事实所获得的结果。"我国最高人民法院的有关司法解释也规定，根据法律规定或已知事实，能推定出的另一事实，当事人无需举证。因此，推定本身并非证据，而是一种证据法则。②

#### (二) 推定的基本分类

根据推定是否由法律明确规定以及适用效力的不同，可以将推定分为法律上的推定和事实上的推定。法律上的推定是指由法律明文规定的推定。它是指法律规定的要件事实有待证明时，通常在比该要件事实更容易证明的其他个别事实获得证明时，如无与之相反的证明存在，则认为该法律规定的要件事实已获证明，或由该法律规定的要件事实已获证明的事实，而认为其他法律规范所规定的权利状态或法律关系存在或不存在。法律上的推定，由法律具体规定。法律上推定的事实，当事人可以提供相反的证据予以推翻，但法律另有规定的除外。

法律推定又可以分为推论推定和直接推定。推论推定是指依据法律从已知

---

① 参见刘善春、毕玉谦、郑旭：《诉讼证据规则研究》，中国法制出版社2000年版，第580页。
② 参见叶自强：《民事证据研究》，法律出版社1999年版，第96页。

事实推论出未知事实的推定。直接推定是指法律不依赖于任何基础事实便直接假定某一法律要件事实的存在状况。

法律上推定具有倒置证明责任的效果,即因法律上推定而受益的一方当事人对推定事实的存在不负证明责任,对方当事人应就推定事实的不存在负证明责任。法律上的推定被推翻后,主张推定的一方当事人对推定事实的存在负证明责任。主张法律上的事实推定的当事人,应当对据以推定的前提事实承担证明责任。法律上的事实推定一旦成立,主张该推定事实的当事人即解除其证明责任。

事实上的推定是指法官根据已被确认的事实,依照经验法则,推论另一相关事实的存在。法院可依职权进行事实推定,即人民法院可依已明了的事实,推定待证事实的真伪。事实上的推定由审判人员依据经验法则作出,审判人员应审慎地作出推定。某种损害,如果没有加害人的疏忽一般不会发生,则推定为加害人对造成损害有过错。某种结果,如果没有行为人的行为一般不会发生,则推定行为与结果之间有因果关系。事实上的推定免除主张推定事实存在的一方当事人提供证据的责任,但不改变该当事人对推定事实所负的证明责任。对于事实上的推定,对方当事人可以反证推翻。

(三) 我国有关推定规则的规定

我国有关推定的规则主要规定在《民诉法解释》和《民事证据规定》中。《民诉法解释》第93条第3、4项以及《民事证据规定》第10条第3、4项规定,根据法律规定推定的事实、根据已知的事实和日常生活经验法则推定出的另一事实,当事人无须举证证明,但当事人有相反证据足以反驳的除外。据此,司法解释对推定的方法和效力均作了规定。而在大量的事实推理过程中,最不可或缺的便是日常生活经验了。

所谓日常生活经验,在学理上常被称为经验规则或经验法则,指法官依照日常生活中所形成的反映事物之间内在必然联系的事理作为认定待证事实的根据的有关规则。构成经验规则的具体要素主要包括:其一,所依据的生活经验必须是在日常生活中反复发生的一种常态现象;其二,这种生活经验必须为社会中普通常人所普遍体察与感受,这是产生经验规则的社会基础;其三,经验规则所依据的这种生活经验可随时以特定的具体方式还原为一般常人的亲身感受。

法院在运用"已知的客观事实和日常生活经验法则"进行推定时,作为已知事实与推定事实之中介的"日常经验法则",应当具有高度的盖然性。高度盖然性意味着,某种现象的发生具有极大的可能性,一般情况下是没有例外的;而且,作为人们从生活经验中归纳出来的关于事物因果关系或属性状态的具有普遍性的法则,"日常经验法则"应当是社会上一般人所普遍认同的,而不是法官个人的认识。如果其不具有这种高度盖然性,那么就不能作为推定中介的经验法则。①

**二、司法认知规则**

(一)司法认知的含义

司法认知,又称审判上的认知或审判上的知悉,是指法院在审理过程中就某种特定的待证事实,不待当事人主张或举证,即确认为真实并作为判决的依据的一种证明方式。司法认知源于西方诉讼程序中的一句古老的格言:"众所周知的事实,无需举证。"适用认知规则的直接效力为无需举证,即可免除当事人的举证责任。

(二)两大法系司法认知事项的差异

现代任何一个国家的法律及法院,不论大陆法系或英美法系,不论法律有无明文规定,都有司法认知的事项及相应的问题。司法认知作为各国法院的一种审判职能在确立和认定案件事实中发挥着重要作用。但在审判实践中,究竟哪些事项属于司法认知的范畴,作为待证事实的一部分,仍依立法上所规定的证明方式由当事人负举证责任。这一界定在证据法上决定了是否免除当事人举证的责任,在一定的情形下将决定着诉讼结果,因而意义非同一般。

1. 英美法系对司法认知事项的确定

由于英美法系在历史传统上是以判例法为主,因此数百年沿袭下来的众多判例及其有关规则对认知事项的确定仍具有重要作用。近年来,英美法系各国加大了在成文法上的制定力度,使司法认知的事项在成文法中明确加以规定。出于审判职能的需要,英美法系国家在审判实践中通常使用一些必要的调查或核实手段,以强化在司法认知上的能动性。同时,英美法系各国还重视对立法事实和立法程序的认知。

2. 大陆法系对司法认知事项的确定

大陆法系各国对司法认知虽从立法上加以确定,但一个共同的特点是,规定较为原则、富有弹性,这与大陆法系各国在民事诉讼立法上所确立的自由心证主义不无关系。大陆法系各国或地区法院大都已将"显著事实"列为认知事项,有些大陆法系国家把预决的事实也纳入司法认知的事项来看待。

---

① 参见江伟、肖建国主编:《民事诉讼法(第八版)》,中国人民大学出版社2018年版,第209页。

### （三）我国有关司法认知规则的规定

《民事诉讼法》第 69 条规定，能够作为司法认知的事实为经过法定程序公证证明的法律事实和文书。这种设置过于严格，不能充分反映审判活动的客观要求。为此，《民诉法解释》对司法认知的范围作了扩充性的解释和规定：其一是自然规律以及定理、定律；其二是众所周知的事实；其三是已为人民法院发生法律效力的裁判所确认的事实；其四是已为仲裁机构生效裁决所确认的事实；其五是已为有效公证文书所证明的事实。上述规定在《民事证据规定》中得以延续。

从以上规定可以看出，我国将司法认知归于免证事实的范畴，对司法认知的范围和内容也规定得较为翔实。这与大陆法系国家的原则性规定相比，在司法实践中似乎更易于掌握和操作。但我国缺少像英美法系国家的对立法事实和立法程序进行的司法认知，应在今后的立法中适当予以完善。

### 三、盖然性规则

#### （一）盖然性规则的含义

盖然性规则是指由于受到主观和客观上的条件限制，司法上要求法官就某一案件事实的认定依据庭审活动在对证据的调查、审查、谈判之后而形成相当程度上的内心确信的一种证明规则。由于盖然性规则与法官对事实认定的证明活动紧密相关，因此，又可将这一规则看作一种证明标准。

#### （二）英美法系的"盖然性占优势"

在民事证据上，英美法系国家热衷于一种"盖然性占优势"的标准，这无疑与英美法系当事人的举证活动以及对抗辩论有关。因此，在英美证据法上，所谓的"盖然性占优势"标准主要是使负有举证责任的一方当事人为了支持自己的诉讼主张，必须向事实审理者承担说服责任，只要当事人通过庭审活动的举证、质证和辩论活动，使事实审理者在心证上形成对该方当事人的事实主张更趋相信上的较大倾斜，那么该方当事人的举证责任即告解除。它是事实的裁判者对双方当事人提供的证据进行权衡比较，根据说服力较强的一方当事人提供的证据来认定事实是否存在的证据规则。

"盖然性占优势"的具体含义有：（1）负证明责任的当事人提供的证据比反对其主张的当事人提供的证据更可信；（2）证据是否占优势只能根据证据的可信程度和对事实的证实程度予以确定，而不能以具体的证据数量为标准；（3）负证明责任的当事人提供的证据比反对其主张的证据具有比较优势，陪审团和法官可以裁判待证事实成立,否则视为不成立;(4)"盖然性占优势"只适用于民事诉讼中一般事件的证明。

法律有特别规定的案件,如口头信托、口头遗嘱、以错误或欺诈为由请求更正文件等特殊类型的案件,不能适用该标准,而应当适用"排除合理怀疑"的证明标准。①

(三) 大陆法系的"高度盖然性"

盖然性是一种事物发生的可能性,而非必然性。"高度盖然性"是指一定事实的发生具有相当高的概率。与英美法系明显不同的是,大陆法系在诉讼证明上主张"高度盖然性",这种标准模式的产生并非以当事人的激烈对抗为前提,恰恰相反,当事人在庭审前准备证据以及庭审中的质证活动常常处于法官的职权控制之下,在庭审活动中主要由法官依职权进行证据调查活动,从调查的结果上形成内心确信的基础。因此,在大陆法系国家,由于当事人的对抗并不激烈,法官对事实的认定并非完全着眼于双方当事人通过证据来加以攻击和防御,从而使一方以优势的明显效果导致事实自动显示出来,而主要是由法官对各种证据的调查、庭审活动的开展所直接形成的一种心证,当这种心证在内心深处达到相当高度时,便促使法官形成对某一案件事实的认定。因此,大陆法系的这种"盖然性"规则侧重于事物发展的内在性,更强调审判活动的实体公正;而英美法系的"盖然性"规则更注重事物发展过程中的外在性,以便有章可循,突出表现审判活动的程序公正。②

"高度盖然性"是法官判断案件事实的一种心理状态,是法官的自我理性和对事物的感受,不同的法官对"高度盖然性"的体验和感受往往也会存在一定的差异。

一般情况下,"高度盖然性"标准的要求比英美法系的"盖然性占优势"的要求要高,不仅主张事实的证据应当比反对事实的证据更具说服力,而且这种说服力要达到使法官相信该事实确实发生的程度。

(四) 我国"高度盖然性"的证明标准

我国过去在相当长的时期内实行一元化的证明标准,即三大诉讼法中实行的证明标准,都是"案件事实清楚,证据确实、充分",在理论上,一般将这一标准称为"客观真实"标准。这种一元化的"客观真实"证明标准,要求将所有案件的

---

① 参见江伟主编:《民事诉讼法学》,复旦大学出版社2002年版,第297—298页。
② 参见刘善春、毕玉谦、郑旭:《诉讼证据规则研究》,中国法制出版社2000年版,第631—632页。

结论都建立在经确实、充分的证据证明的"客观真实"的案件事实基础上,其出发点无疑是好的,也是任何诉讼制度和程序应当追求的最高理想。但是,将"客观真实"这一诉讼证明的最高理想作为民事诉讼的证明标准却未必合适,而且,不考虑不同诉讼制度的区别,特别是民事诉讼与刑事诉讼的区别,规定二者都适用统一的证明标准也未必科学和合理。故近年来,学者们对此进行了广泛的探讨,提出了诸多批评和建议。[1] 在进行理论探讨和总结审判经验的基础上,《民诉法解释》和《民事证据规定》试图针对不同情形分别规定其证明标准,以便建立以"高度盖然性"为主、由多个证明标准构成的证明标准体系。

根据《民诉法解释》第108条:"对负有举证证明责任的当事人提供的证据,人民法院经审查并结合相关事实,确信待证事实的存在具有高度可能性的,应当认定该事实存在。对一方当事人为反驳负有举证证明责任的当事人所主张事实而提供的证据,人民法院经审查并结合相关事实,认为待证事实真伪不明的,应当认定该事实不存在。法律对于待证事实所应达到的证明标准另有规定的,从其规定。"紧接着,第109条规定:"当事人对欺诈、胁迫、恶意串通事实的证明,以及对口头遗嘱或者赠与事实的证明,人民法院确信该待证事实存在的可能性能够排除合理怀疑的,应当认定该事实存在。"而根据《民事证据规定》第86条第2款,与诉讼保全、回避等程序事项有关的事实,人民法院结合当事人的说明及相关证据,认为有关事实存在的可能性较大的,可以认定该事实存在。

可见,通过司法解释,围绕着证明标准,我国已经初步构建了以"高度盖然性"为主,排除合理怀疑和疏明为辅之体系。需要注意的是,在民事诉讼中对一类事实的认定采排除合理怀疑的证明标准,实际上有失妥当。《民诉法解释》第108条所确立的"高度盖然性"证明标准相较于英美法系国家的"盖然性占优势"证明标准而言,已经属于要求很高的标准,足以应对民事诉讼中的欺诈、胁迫、恶意串通等事实的认定问题。除此之外,又确立排除合理怀疑证明标准,不仅与我国民事诉讼学界多年来所倡导、论证并赢得共识的证明标准格格不入,而且明显不适当地增加了欺诈、胁迫等行为之受害人的维权难度,对于类似违法行为的发生具有激励作用,与《民事诉讼法》和《民诉法解释》规范不诚信行为的"大动作"也不够协调。因此,在"高度盖然性"的"高"标准确立并严格适用后,未来我国民事诉讼证明标准体系的任务应主要指向"降低"而非"提高"。[2]

---

[1] 参见江伟、肖建国主编:《民事诉讼法(第八版)》,中国人民大学出版社2018年版,第219页。
[2] 参见霍海红:《提高民事诉讼证明标准的理论反思》,载《中国法学》2016年第2期。

### 四、补强证据规则

**（一）补强证据规则的含义**

补强证据规则，是指某一证据由于其存在证据资格或证据形式上的某些瑕疵或弱点，不能单独作为认定案件事实的依据，必须依靠其他证据的佐证，借以保证其真实性或补强其证据价值，才能作为定案的依据。补强证据规则最初出现在刑事诉讼领域，其设立宗旨在于保护处于弱势的被告人的权利，防止对案件事实作出错误认定。也有的学者认为，补强证据又称佐证，它不能证明案件事实，但可用来证明主要证据的可靠性，增强或保证主要证据的证明力。从这个意义上讲，补强证据类似于间接证据。本书认为，补强证据是指证明案件事实的同时，增强或担保主证据证明力，与主证据共同证明案件事实的证据。

**（二）补强证据规则与瑕疵证据**

"瑕疵"，指微小的缺点，在此借用来形容证据形式有缺陷，或者收集证据的手段、程序有一定缺陷。瑕疵证据可以定义为：因民事诉讼当事人收集证据的手段或证据表现形式有缺陷，导致证据能力待定或者证明力下降的证据。

根据审判实务经验，我们可以概括出瑕疵证据的两种类型：第一类是收集证据的手段有缺陷，导致证据的证据能力待定的证据。第二类是因证据外观形式的缺陷而处于真伪不明状态的证据。即一方当事人提供的证据，对方当事人就其真实性提出疑义，而双方均无充分证据证明该证据是真实还是伪造的。瑕疵证据不同于虚假证据，后者是经查实确系伪造的证据材料，是非法的证据；而瑕疵证据不是非法证据，只是"真伪不明"。因此，瑕疵证据不适用非法证据排除规则，但证据的真伪不明同样使得该证据的证明力下降。如果说取证方式的缺陷和证据形式的瑕疵只是瑕疵证据的形式特征，那么证据证明力的瑕疵才是瑕疵证据的实质特征。

瑕疵证据因其证明力有瑕疵，故一般不能单独作为定案的根据，只有在其他证据以佐证方式加以补强的情况下，才能作为定案根据。某种证据不能单独用于认定案件事实，必须用其他证据佐证补强方可作为定案根据的规则被称为"补强证据规则"。瑕疵证据必须适用补强证据规则。

**（三）补强证据规则在我国民事诉讼中的适用**

我国的《民事诉讼法》和相关司法解释都有补强证据规则。如《民事诉讼法》第 71 条规定："人民法院对视听资料，应当辨别真伪，并结合本案的其他证据，审查确定能否作为认定事实的根据。"《民事证据规定》第 90 条对瑕疵证据的补强规则作了规定,即:"下列证据不能单独作为认定案件事实的依据:(一)当事人的陈述;(二)无民事行为能力人或者限制民事行为能力人所作的与其年龄、智力状况或者精神健康状况不相当的证言;(三)与一方当事人或者其代理人有利害关系的证人陈述的证言;(四)存有疑点的视听资料、电子数据;(五)无法与原件、原物核对的复制件、复制品。"

  从以上规定可以看出,我国的证据规则与英美法系国家的证据规则不同,并不通过最佳证据规则和传闻证据规则在单一证据的审核认定中就否认瑕疵证据的证据能力和证明力,而是通过对全部证据的综合审查认定补强其证明力,以求最大限度地接近客观真实,实现案件审理的实体正义。

# 第十章 行政诉讼证据规则

## 第一节 行政诉讼证据规则概述

**一、行政诉讼证据规则的广义性**

行政诉讼证据规则为三大诉讼证据规则之一。证据规则是人类在进行诉讼等发现真实的活动中经长期实践、反复检验后总结的经验性法则。在英美法系国家,许多证据规则表现为习惯、案例或者司法解释,证据规则是普通法的组成部分。但是自英美法系国家推行法典化运动以来,证据规则亦逐步法典化,《美国联邦证据规则》是这方面的代表。在大陆法系国家,出于对欧洲中世纪后期法定证据制度的极度厌恶,资产阶级革命取得胜利建立政权后在司法证明中实行自由心证主义,将决定证据取舍和证明力判断的权力交给法官自由把握,证据规则规定得很少,对证据能力的限制也较为宽松。但是从20世纪中叶以来的发展看,即便是以前奉行较为彻底的自由心证主义的国家和地区,也开始注意到在诉讼立法中增加证据规则的规定。

何谓证据规则?根据《布莱克法律词典》中的解释,是指那些在诉讼庭审中或审理中对证据的可采性问题起支配作用的规则,专指可采性规则。我国台湾地区学者陈朴生认为,"何种资料,可为证据,如何收集及如何利用,此与认定之事实是否真实,及适用之法律能否正确,极其重要。为使依证据认定之事实真实,适用之法律正确,不能无一定之法则,以资准绳。称此法则,为证据法则。"[①] 我国有学者认为,"证据规则是指确认证据的范围、调整和约束证明行为的法律规范的总称,是证据法的集中体现。"[②] 也有人认为,证据规则是"关于诉讼过程中取证、举证、质证、认证活动的法律规范和准则"[③]。由此可以认为,证据规则有广义和狭义之分,上述所列举第一种界定为狭义观点,在英美法系居于通说地位。其他界定,包括本书之前的观点,为广义之说,是指收集、运用证据的规范。我们采广义说,这与我国的证据制度历史发展、司法实际情况、审判改革需要较

---

① 陈朴生:《刑事证据法(第三版)》,三民书局1979年版,第249页。
② 樊崇义主编:《证据法学(第四版)》,法律出版社2008年版,第92页。
③ 何家弘、刘品新:《证据法学》,法律出版社2004年版,第358页。

为吻合。

基于这样的认识，并考虑到与诉讼证明环节的对应性，行政诉讼证据规则可界定如下：确认行政诉讼中证据的资格与范围，调整和约束行政诉讼中的取证、举证、质证、认证活动的法律规范的总称。这种意义上的行政诉讼证据规则具有以下基本特征：(1) 行政诉讼证据规则的目的在于确认行政诉讼证据的资格和范围，约束行政诉讼过程中的取证、举证、质证和认证活动，以保证正确认定案件事实；(2) 行政诉讼证据规则的基本内容是规定行政诉讼过程中何种资料可为证据，如何收集利用证据（即取证、举证、质证、认证）的规范；(3) 证据规则并非某一个或几个法律规范，而是由一系列具有内在逻辑联系的法律规范组成的有机整体。

## 二、按行政诉讼证明环节对证据规则的分类

学理上，依据不同的标准，可以对行政诉讼证据规则进行不同的分类。例如，依据调整内容的不同，将证据规则分为规范证据能力的证据规则和规范证明力的证据规则；依据规范的证明活动的性质的不同，将证据规则分为行政诉讼证据规则、行政程序证据规则；依据法律属性的不同，将证据规则分为实体性规则和程序性规则；依据内容的不同，将证据规则分为权利性规则和义务性规则；依据表现形式的不同，将证据规则分为规范性规则和标准性规则；依据严格程度的不同，将证据规则分为刚性规则和柔性规则等。因为行政诉讼也是一种用证据证明案件事实的过程，根据证明活动阶段及其任务的差异，可以分为取证、举证、质证和认证四个基本环节，而据此就把证据规则分为取证规则、举证规则、质证规则、认证规则。

上述分类，对全面理解和正确适用行政诉讼证据规则很有帮助。尤其是，按行政诉讼证明环节对证据规则的分类与行政诉讼证据规则立法的思路一致，实践中广为人知。因此，本章以下各节就以此种分类作为参考来安排归并相应的内容。

## 三、行政诉讼证据规则的渊源及价值取向

（一）行政诉讼证据规则的渊源

行政诉讼证据规则是一套法律规范的总和，在我国的表现形式主要是制定法和具有法律效力的司法解释文件，其主要渊源为：(1)《行政诉讼法》（第二次修正，自 2017 年 7 月 1 日起施行）；(2)《行政证据规定》（自 2002 年 10 月 1 日起施行）；(3)《最高人民法院关于适用〈中华人民共和国行政诉讼法〉的解释》（自

2018年2月8日起施行,以下简称《行诉法解释》)。

一方面,行政诉讼同民事诉讼和刑事诉讼相比具有自身的特殊性质和特征,其证据规则除了同其他诉讼证据规则存在共同性之处,更具有自己独立的、有别于其他诉讼活动的证据规则。为此,我国在《行政诉讼法》和《行诉法解释》的基础上,颁布了一部相对完整的、适合实际需要的行政诉讼证据规则规定即《行政证据规定》。做这种安排的原因在于:(1) 行政诉讼特有的规则有两种情况:一类是"显性"规则,即可以用独有的条款表述的规则;另一类是"隐性"规则,即表面上看来不是独有的条款,但隐含了行政诉讼的独有特色,例如采取《行政诉讼法》特有措辞的规则(如"调取证据"之类的词语),或者在行政诉讼中特别突出的规则,如非法证据排除在行政诉讼中有特殊的作用。由于"隐性"规则的存在,将行政诉讼证据规则与其他证据规则截然区分开,就比较困难。倘若硬性划分,往往难以做到完善,不利于行政诉讼证据规则体系的严密性和完整性。(2) 方便易行。保持行政诉讼证据规则体系的相对完整性,可以便利审判人员查阅和适用,具有更强的可操作性。

另一方面,从比较法角度看,英美法系国家的证据规则只划分为刑事诉讼证据规则和民事诉讼证据规则,行政诉讼原则上适用民事诉讼证据规则。在大陆法系国家,三大诉讼法及证据规则的相通性得到普遍认同,未见制定单独的行政证据法或者行政诉讼证据规则。原因何在?我们认为,一般上说行政诉讼是从民事诉讼中分离出来的,其性质和程序规定接近于民事诉讼,这就像行政诉讼与民事诉讼等存在差别的相对看法一样不容否定。所以,按照《行政诉讼法》第101条的规定,行政诉讼可以适用民事诉讼的有关规定。因此,对《行政证据规定》未尽事宜,如有需要,有关民事诉讼证据规则可以准用于行政诉讼中。如此看来,行政诉讼证据规则的渊源还应包括诸如《民事诉讼法》《民事证据规定》等包含民事诉讼证据规则的所有法律和司法解释。

(二) 行政诉讼证据规则的价值取向

《行政诉讼法》的立法宗旨为:"保证人民法院公正、及时审理行政案件",其内涵要求之一即为依法查明和准确认定案件事实,这是实现行政审判公正与效率的重要基础;《行政证据规定》秉承《行政诉讼法》的立法宗旨,强调制定该司法解释的目的在于,准确认定案件事实,公正、及时地审理行政案件。通览上述法律和司法解释的具体内容和精神体现,足见行政诉讼证据规则的构建和适用的价值取向主要如下:

1. 强调法官在行政诉讼中的中立地位

根据行政诉讼立法精神,行政审判庭和行政法官作为行政案件的具体承办者,应遵循"以事实为根据,以法律为准绳"的原则,在诉讼中坚持保持中立的地位并积极发挥主持作用,通过有效指挥举证、质证,并准确地认证来认定事实,适用法律,而对案件作出裁判。从行政诉讼证据规则的主要内容来看,它体现了"当事人主义为主,法院职权主义为辅"的原则。在证据问题上,以当事人主义为主,是指证据规则明确强调了案件证据主要来源于原告、被告及第三人的举证,也就是说,举证责任主要由当事人来承担和完成;以职权主义为辅,是指证据规则对法院依职权调取证据的条件和范围作了限制性规定,法院在行政诉讼中一般不依职权主动调取证据,只是根据原告或第三人符合规定的申请或者是在某些特殊情况下,才依职权调取证据作为补充。如此安排,既充分尊重了当事人的诉讼权利,又防止法院因职权主义色彩过浓,过多地干预甚至是代替当事人的举证行为,避免形成偏袒某方当事人的不良后果,影响行政诉讼裁判的公正性。

2. 彰显当事人诉讼法律地位的实质平等

行政法律关系的重要特征之一在于:一方系行政主体,代表国家行使行政权,处于领导者或管理者的地位;另一方是作为行政相对人的公民、法人或者其他组织,在履行法律义务时处于被领导或被管理的地位。双方处于不平等的法律地位。但行政诉讼法律关系与之不同,强调当事人的法律地位平等。行政诉讼证据规则充分考虑当事人在诉讼过程中的举证、质证及认证方面存在现实差异以及其他因素,对于举证责任如何配置作了回应,在遵守公平原则基础上,明确了被告、原告或者第三人的举证责任、具体情形、时间限制、收集补充证据等规则。特别是出于对行政主体往往处于优势地位的考虑,规则中为保障处于被动和弱势地位的行政相对人的诉讼权利,强调了被告负担举证责任的原则,对被告的举证期限及相关举证行为进一步作了严格的限制。同时,从不同方面加强了对原告举证权利的保护力度,从而在诉讼中为当事人共同搭起一个平台,使原告和被告的权利义务实现了实质性的法律上的平等,这是程序公正的重要体现,无疑对依法保护行政相对人的权益具有十分积极的作用。

3. 推动现代法治和正当程序理念在司法审查中逐步确立

现代法治国家在确立正当程序理念方面,基本都崇尚合法、公正、公开、平等、权利、义务、效率、效果等内容;具体到证据规则上,大都对证据裁判原则、举证的告知、举证责任分配、质证认证、非法证据排除、直接言词原则、证据提出命令制度、证明妨碍制度、自由心证原则等予以确认和推行。行政诉讼证据规则的内容和特点,从各个方面体现了现代法治及正当程序的精神。具体而言,立法和司法解释对举证、质证和认证问题的有关例外性规定,体现了公开、公正原则;对排除非法证据的有关规定,体现了合法性和维护正当合法权益的原则;规定证应当在法庭上出示,并经庭审质证,否则不能作为定案的依据,则体现了直接言词和透明度原则;等等。所有这些,为推动上述理念在行政诉讼中的逐步确立打下了牢固基础。

#### 4. 促进对行政主体依法行使行政权的维护和监督

法院通过依法及时有效地开展行政审判工作,维护和监督行政主体依法行政,是促进行政主体积极提高依法管理水平、正确发挥职能作用的重要途径。行政审判实践中,应当通过行政诉讼,来不断改善行政司法环境,并注重以此来加强对行政行为的诉讼保障,支持和促进依法行政。行政诉讼证据规则体现了这些指导思想。例如,行政主体在其职权范围内采取法律未禁止、没有侵害当事人合法权益的方式收集的证据,不作为非法证据予以排除;又如,行政主体在行政程序中已依照法定程序要求原告提供证据,原告依法应当提供而拒不提供,而在诉讼程序中提供的证据,法院一般不予采纳;等等。此类相关规定,都能促使行政主体提高依法行使行政权意识,不断规范行政行为,努力做到依法行政,增强行政管理工作的质量和效能。

#### 5. 倡行行政诉讼程序的规范化

规范化,是行政诉讼程序的重要要求之一。该要求的目的在于限制或避免诉讼主体行使权利的随意性。行政诉讼中各诉讼主体行使涉及证据问题的行为概莫能外,即应强调规范,防止随意。行政诉讼证据规则中渗透着这种要求,并在此方面表现出其积极的价值。例如,行政诉讼证据规则立法对举证事项、举证期限、提供各类证据要求、申请重新鉴定的条件、勘验笔录的内容、证人作证、证据质证、不能作为定案依据的证据材料等问题都作了明确而又规范的规定。法院正是通过认真主持并与当事人一同积极落实有关证据规则,来实现维护正常诉讼程序,促使各诉讼主体按照证据规则行事,防止和限制其随意性,保证查明案件事实的诉讼目的。

#### 6. 注重提高行政诉讼效率

"公正与效率"是司法工作的灵魂和生命,同时也是证据规则所追求的根本价值和目标。行政诉讼证据规则也尽显司法的高效。行政诉讼证据规则对行政诉讼证据问题,包括举证、质证、认证等各个环节的工作都作了明确具体的规定,使当事人和法官详细了解或掌握有关要求,非常有利于在诉讼中正确、及时地行使权利(权力)、履行义务,从而为及时处理案件打下良好的基础。对告知期限、举证期限、申请期限、对当事人申请调取证据的答复期限以及逾期的法律后果等作了具体规定,这些规定的落实,无疑能有效防止拖延诉讼现象,实现举证、质证和认证的全面快速对接,从而有效提高诉讼效率。

## 第二节 行政诉讼取证规则

行政诉讼中的取证,是指调查人员为证明事实主张,而依法展开的收集证据、初步审查证据以及保全证据的活动。取证的主体,包括法院、行政主体、案件当事人及其律师。取证的方法主要有询问、辨认、勘验、检查、调查实验、鉴定和保全等。目前我国还没有统一的行政程序法,行政程序中的取证缺乏明确一致的规定,主要依靠司法解释对举证要求的规定,实现对取证行为的规范。

### 一、取证时限规则

取证时限规则是取证时限上的要求。行政行为应当遵守法定程序,作为行政程序的一般要求就是先取证认定事实,再适用法律作出处理。因此,被告收集证据,一般应在作出行政行为之前的行政程序中进行。也就是说,作为行政主体的被告应受取证时限的约束。《行政诉讼法》第35条规定,在诉讼过程中,被告及其诉讼代理人不得自行向原告、第三人和证人收集证据。《行政证据规定》第60条第1项规定,被告及其诉讼代理人在作出具体行政行为后或者在诉讼程序中自行收集的证据不能作为被诉具体行政行为合法的依据。对上述两条规定作反向解释,可以得出取证时限规则。唯需注意的是,该规则不能约束原告或者第三人。

### 二、证据形式要件规则

所有证据都是形式和内容的统一。证据的形式要件是指证据在形式上所应满足的条件。应该说,证据形式是审查判断证据可采性的重要内容和途径。证据材料能否被采用,除内容因素外,一定程度上也取决于证据形式是否符合法定条件。证据形式是在取证过程中形成的。加强对证据形式要件的理解认识,不仅可以规范取证行为,也有利于提高质证和认证水平。

(一)书证的形式要件

书证是指以文字、符号、图画等所表达和记载的思想内容证明案件待证事实的书面文件或其他物品。书证应调取原件或与原件核对无误的复印件、照片、节录本;应当注明出处并经核对无异后加盖印章;报表、图纸、会计账册、科技文献应有说明材料;询问、陈述、谈话类笔录,应当由执法人员、被询问人、陈述人、谈话人签名或盖章。

## (二) 物证的形式要件

物证是指以其存在形式、外部特征、内在属性证明案件待证事实的实体物和痕迹。物证应调取原物，确有困难的可以调取与原物核对无误的复制件或该物证的照片；种类物则调取其中的一部分。

## (三) 视听资料和电子数据的形式要件

视听资料是以对象事件的图像、音响资料证明案件事实的证据，包括录音资料和影像资料。电子数据是指通过电子邮件、电子数据交换、网上聊天记录、博客、微博客、手机短信、电子签名、域名等形成或者存储在电子介质中的信息。包括下列信息、电子文件：(1) 网页、博客、微博客等网络平台发布的信息；(2) 手机短信、电子邮件、即时通信、通信群组等网络应用服务的通信信息；(3) 用户注册信息、身份认证信息、电子交易记录、通信记录、登录日志等信息；(4) 文档、图片、音频、视频、数字证书、计算机程序等电子文件；(5) 其他以数字化形式存储、处理、传输的能够证明案件事实的信息。当事人以视听资料作为证据的，应当提供存储该视听资料的原始载体。当事人以电子数据作为证据的，应当提供原件。电子数据的制作者制作的与原件一致的副本，或者直接来源于电子数据的打印件或其他可以显示、识别的输出介质，视为电子数据的原件。向法院提交电子数据或视听资料，应调取原始载体或复制件；注明制作方法、制作时间、证明对象、制作人等；声音资料应附有该声音内容的文字记录。

## (四) 证人证言的形式要件

证人证言是指了解案件有关情况的人向法院所作的用来证明案件待证事实的陈述。行政案卷中的证人证言应写明证人的姓名、年龄、性别、职业、住址等基本情况；应有证人的签名，不能签名的，应当以盖章等方式证明；注明出具或生成日期；附有居民身份证复印件等证明证人身份的文件。

## (五) 鉴定意见的形式要件

鉴定意见是指鉴定人接受委托或聘请，运用专门知识或技能，对某些专业性问题进行分析判断后所作出的结论意见。调取鉴定意见这种证据形式的，应当载明委托人和委托鉴定的事项、向鉴定部门提交的相关材料、鉴定的依据和使用的科学技术手段、鉴定部门和鉴定人鉴定资格的说明，并应有鉴定人的签名和鉴定部门的盖章。通过分析获得的鉴定意见，应当说明分析过程。

## (六) 现场笔录和勘验笔录的形式要件

现场笔录是指行政主体在执行职务过程中当场进行调查、处理、处罚而制作的文字记载材料。该证据材料是行政诉讼特有的证据形式。勘验笔录与现场笔录近似，只是制作主体、时间略有区别。现场笔录形式上应当载明时间、地点和事件等内容,并由执法人员和当事人签名;当事人拒绝签名或者不能签名的,应当注明原因;有其他人在现场的,可由其他人签名。法律、法规和规章对现场笔录的制作形式另有规定的,从其规定。

(七)域外证据的形式要件

域外证据主要指在我国领域外形成的证据。当事人调取域外证据,应当说明来源,经所在国公证机关证明,并经我国驻该国使领馆认证,或者履行我国与证据所在国订立的有关条约中规定的证明手续。调取在我国香港特别行政区、澳门特别行政区和台湾地区形成的证据,应当具有按照有关规定办理的证明手续。证明主要有四种方式:(1)我驻港、澳机构的证明;(2)当地工会、联合会等团体的证明;(3)司法部委托的港澳律师的证明;(4)台湾地区不冠以"中华民国"名义的公证机构或民间组织的证明。

(八)外文证据的形式要件

外文证据主要指外文书证、外文视听资料等由外国语言文字表现的证据。当事人调取外文书证或者外语视听资料的,应当附有由具有翻译资质的机构翻译的或者其他翻译准确的中文译本,由翻译机构盖章或者翻译人员签名。

(九)涉密证据的形式要件

涉密证据是指涉及国家秘密、商业秘密或个人隐私的证据。调取的证据涉及秘密或隐私的,在形式上应当作出明确标注和说明。

### 三、法院取证规则

根据《行政诉讼法》第40条、41条的规定,法院有权调取证据,而调取证据的启动方式有两种,即依职权主动调取和经当事人申请而调取。但基本取向是,在启动调取的程序上,限制主动调取,一般情况下是由当事人申请调取;在申请调取证据上,尽量控制调取的目的和范围,只有确有必要时才准予调取。采取此种规定的主要原因是:被诉行政行为主要是在"先取证,后裁决"的情况下作出的,行政诉讼主要是复审作出行政行为的证据和依据,通常无须调取更多的证据;行政诉讼也是以当事人举证为原则,以法院调取证据为例外,不宜扩张调取证据的范围。仅规定原告或者第三人可以申请调取证据,主要是考虑原告和第三人有时存在收集证据上的障碍,在收集证据上处于弱势地位,而被告一般在诉讼程序中也不应再收集新证据。在主动调取证据上,法院有权向有关行政机关以及其他组织、公民调取证据。但是,这仅限于特殊的例外情况。具体包括如下规则:

### (一) 取证目的规则

法院不得为证明被诉行政行为合法性,调取被告在作出行政行为时未收集的证据。

### (二) 依职权调取规则

法院有以下两种情况可以向公民、法人或者其他组织调取证据:(1) 涉及国家公共利益或他人合法权益的事实认定;(2) 涉及依职权追加当事人、回避、中止、终结诉讼等程序性事项。需要调取的证据在异地的,可以委托证据所在地法院调取。不能完成委托内容的,应向委托的法院说明原因。

### (三) 依申请调取规则

原告或者第三人不能自行收集,但能够提供确切线索的以下三类证据,可以申请法院调取:(1) 国家有关部门保存,且须由法院调取的证据;(2) 涉密证据;(3) 确因客观原因不能收集的其他证据。这是申请调取证据的范围。申请调取证据的程序是,申请人应当在举证期限内提交调取证据申请书,写明申请调取证据的原因,证据持有人姓名或名称、住址,拟取证内容和要证明的案件事实。审查调取证据申请的程序是,法院对调取证据的申请应进行审查,符合条件的及时调取;不符合条件的,如该证据与待证事实无关联、对证明待证事实无意义或者其他无调查收集必要的,法院不予准许,并书面通知当事人或其代理人,并说明理由;当事人或其代理人可以在3日内申请复议一次,法院在5日内作出答复。

在依申请调取证据规则内,《行诉法解释》通过第46条建立了基于申请启动的证据提出命令制度,包含了申请主体和义务主体范围、申请证据提出命令的要件、违反命令的后果、证明妨碍后果等,具体规定如下:"原告或者第三人确有证据证明被告持有的证据对原告或者第三人有利的,可以在开庭审理前书面申请人民法院责令行政机关提交。申请理由成立的,人民法院应当责令行政机关提交,因提交证据所产生的费用;由申请人预付。行政机关无正当理由拒不提交的,人民法院可以推定原告或者第三人基于该证据主张的事实成立。持有证据的当事人以妨碍对方当事人使用为目的,毁灭有关证据或者实施其他致使证据不能使用行为的,人民法院可以推定对方当事人基于该证据主张的事实成立,并可依照行政诉讼法第五十九条规定处理。"

## 四、证据保全规则

证据保全是指在证据可能灭失或以后难于取得的情况下,由法院应当事人申请或依职权,对证据进行的固定和保护。具体包括如下规则:

### (一) 证据保全程序规则

当事人向法院申请保全证据的,应当在举证期限届满前以书面形式提出,并说明证据的名称和地点、保全的内容和范围、申请保全的理由等事项。法院可以要求其提供相应的担保。法律、司法解释规定诉前保全证据的,依照其规定办理。

### (二) 证据保全方法规则

法院保全证据可以根据具体情况,采取查封、扣押、拍照、录音、录像、复制、鉴定、勘验、制作询问笔录等保全措施。法院保全证据时,可以要求当事人或者其诉讼代理人到场。

## 五、申请重新鉴定与鉴定意见审查规则

行政诉讼中涉及的鉴定意见既包括被告在行政程序中取得的鉴定意见,又包括法院指定鉴定部门得出的鉴定意见。在当前司法实践中,重复鉴定现象比较突出,《行政证据规定》规定有关鉴定意见的规则的主要意图,是限制不必要的重新鉴定,引导委托鉴定部门的委托行为和鉴定部门的鉴定行为,提高鉴定意见的质量,并使法官在审查鉴定意见时有章可循、有的放矢。具体包括如下规则:

### (一) 申请重新鉴定规则

对行政程序中被告据以作出行政行为的鉴定意见,原告或第三人有证据或者有正当理由表明其可能有错误的,可在举证期限内书面申请重新鉴定,是否准许由法院在审查其证据和理由后作出决定。申请重新鉴定限定的具体事由为:(1)鉴定部门或者鉴定人不具有相应的鉴定资格的;(2)鉴定程序严重违法的;(3)鉴定意见明显依据不足的;(4)经过质证不能作为证据使用的其他情形。对有缺陷的鉴定意见,可以通过补充鉴定等方式解决,尽量避免重新鉴定。

### (二) 鉴定意见审查规则

法院对委托或者指定的鉴定部门出具的鉴定意见,应当审查是否具有下列内容:(1)鉴定的内容;(2)鉴定时提交的相关材料;(3)鉴定的依据和使用的科学技术手段;(4)鉴定的过程;(5)明确的鉴定意见;(6)鉴定部门和鉴定人鉴定资格的说明;(7)鉴定人及鉴定部门签名盖章。上述内容欠缺或者鉴定意见不明确的,法院可以要求鉴定部门予以说明、补充鉴定或者重新鉴定。

## 六、现场勘验规则

勘验是司法或行政执法人员凭借感觉,包括听觉、视觉、嗅觉和触觉以及专门调查工具对案件相关场所进行观察、检验以收集证据的活动。具体包括如下

规则：

**（一）现场勘验程序规则**

法院可以依当事人申请或者依职权勘验现场。勘验现场时，勘验人员必须出示法院的证件，并邀请当地基层组织或者当事人所在单位派人参加。当事人或其成年亲属应当到场，拒不到场的，不影响勘验的进行，但应当在勘验笔录中说明情况。

**（二）勘验笔录制作规则**

法官应当制作勘验笔录，记载勘验的时间、地点、勘验人、在场人、勘验的经过和结果，由勘验人、当事人、在场人签名。勘验现场时绘制的现场图，应当注明绘制的时间、方位、绘制人姓名和身份等内容。

**（三）勘验结论异议规则**

当事人对勘验结论有异议的，可以在举证期限内申请重新勘验，是否准许由人民法院决定。

### 七、证人保障规则

证人、鉴定人及其近亲属的人身和财产安全受法律保护。法院应当对证人、鉴定人的住址和联系方式予以保密。因出庭作证或者接受询问而支出的交通、住宿、就餐等必要费用以及误工损失，由提供证人、鉴定人的一方当事人先行支付，由败诉一方当事人承担。

### 八、妨碍证明处罚规则

证人、鉴定人作伪证的，诉讼参与人或者其他人有对证人、鉴定人、勘验人及其近亲属实施威胁、侮辱、殴打、骚扰或者打击报复等妨碍行政诉讼行为的，应当协助调取证据的单位和个人而无正当理由拒不履行协助义务的，依照《行政诉讼法》第59条的规定追究其法律责任。

## 第三节 行政诉讼举证规则

行政诉讼中的举证，主要是指诉讼双方在审判或者证据交换过程中向法庭提供证据证明其主张的案件事实的活动，包括了将证据材料及其内容以适当方式向法庭予以提出的各种工作，如询问证人、鉴定人、当事人，宣读未到庭证人的证言、鉴定人意见，出示有关物证、书证，播放视听资料、电子数据等。举证的主体是各方当事人，而不包括法官。举证的时间主要是指庭审阶段，也包括庭前的证据交换过程中。只有在举证的时间实施的举证,才产生明确的法律后果。

**一、证明责任分配规则**

详见本书第十三章诉讼证明责任部分的相关内容。

**二、举证期限规则**

举证期限,或称举证时限,是对当事人提供证据的时间限制。当事人必须在举证期限内提供证据,逾期要承担一定的法律后果。行政诉讼中规定举证期限,可以增强当事人提供证据的责任心,防止当事人在提供证据上的无故拖延,有利于提高审判效率,也可以防止当事人无视第一审程序而在第二审程序中搞证据上的"突然袭击",实现第一审程序的应有价值。确立举证期限规则,有利于提高行政审判的效率,也有利于当事人各方在诉讼中进行平等的攻击和防卫。具体包括如下规则：

（一）举证期限

被告应在收到起诉状副本之日起15日内提供据以作出被诉行政行为的全部证据和所依据的规范性文件。原告或第三人应在开庭审理前或法院指定的交换证据清单之日提供证据。其中,原告或第三人的举证期限是一项选择性规定。选择顺序应当是,如果法院指定了交换证据的日期,该日期就是原告提供证据的最后时间界限;如果没有指定交换证据的日期,应当在开庭审理前提供证据,也即开庭审理（原则上是第一次开庭审理）之前一日为原告提供证据的最后期限。原告或者第三人应当在开庭审理前或者人民法院指定的交换证据清单之日提供证据。

（二）延期举证规则

根据《行诉法解释》第34条、35条的规定,对于应提出之证据,被告因不可抗力等正当事由不能如期提供的,应在举证期限届满前（即收到起诉状副本之日起15日内）提出延期举证申请,人民法院准许的,应在正当事由消除后15日内提供证据;原告或第三人因正当事由申请延期,人民法院准许的,可以在法庭调查中提供。

（三）举证失权规则

举证失权,是指无正当理由超出法定举证期限的,即丧失举证权利。被告逾期提供证据的,视为被诉行政行为没有相应的证据。也就是说,不管事实上被告是否有证据和依据,只要其逾期提供,在法律上就视同其没有相应的证据和依据。原告或第三人逾期提供证据的,视为放弃举证权利;在一审程序中无正当事由未提供而于二审程序中提供的证据,法院不予接纳。

### 三、举证管理规则

举证管理规则涉及指导举证、制作证据目录及证据材料交接手续的办理等内容,具体包括以下规则:

(一) 举证阐明规则

法院对当事人举证负有阐明义务,即法院向当事人送达受理案件通知书或者应诉通知书时,应当告知其举证范围、举证期限和逾期提供证据的法律后果,并告知因正当事由不能按期提供证据时应当提出延期提供证据的申请。

(二) 举证目录规则

当事人对所提交证据材料负有整理义务,应制作证据材料目录,即对所提交的证据材料分类编号,对证据来源、证明对象和内容作简要说明,签名或盖章,注明提交日期。

(三) 证据交接规则

法院对当事人提交的证据应当出具收据,注明证据名称、种类、份数、页数、件数及收到时间,经办人签名或盖章。借此可增强法院接受证据的责任心,保护提交证据当事人的合法权益。

### 四、补证规则

行政诉讼中的补证,是指案件已有证据尚不足以证明案件待证事实,当事人依法主动或应法院要求补充相关证据,从而证明案件待证事实的诉讼活动。从广义上讲,补证也属于举证,但二者是两个相对独立的诉讼行为。具体包括如下规则:

(一) 补证目的规则

补证的目的不是为了补充证明被诉行政行为的合法性,而是为了在当事人所举证据有缺陷、尚不足以判断行政行为合法性的情况下,便于法院全面准确审查判断认定已有的证据和待证事实,以及排除非法证据,强化质证和准确认证。补证既是当事人的权利,也是当事人的义务。补证主要适用于以下情形:(1) 当事人提供的证据不足以充分证明其提出的主张;(2) 法院发现当事人只提供了对自己有利的证据,而没有提供对自己不利的证据;(3) 当事人虽然掌握了证据,但出于种种原因未向法院提供或未全部提供;(4) 当事人提供的证据有瑕疵,如证言含混不清、物证不够完整、视听资料不清晰等;(5) 当事人追加诉讼请求不明确;(6) 某项证据的成立,要有其他证据佐证,而当事人并未提供这类证据。

(二) 补证方式规则

原告或第三人提出其在行政处理程序中没有提出的反驳理由或证据的，经法院准许，被告可以在第一审程序中补充相应的证据。对当事人无争议，但涉及国家、公共利益或他人合法权益的事实，法院可以责令当事人补充有关证据。

## 第四节 行政诉讼质证规则

从字面上看，质证可以解释为在法庭上对"证据的对质辨认和核实"。行政诉讼中的质证，是指当事人及其诉讼代理人在法官主持下，于证据交换或庭审中，对对方展示的证据进行辨认、质询、说明、解释以确定证据效力的活动。质证最基本的法律意义在于，它是确定证据效力的必经程序，即未经质证的证据不能作为定案依据。质证直接体现了直接言词原则和正当程序原则。质证的主体为诉讼当事人及其诉讼代理人。但出于审查判断证据的需要，法官在必要时可以对证人、鉴定人等提出问题。各种证据材料均属于质证的客体，免于质证只是特例。证据能力和证明力是质证的两项内容。质证制度的完善是行政审判方式改革的重要内容，有利于强化庭审功能，增强诉讼的对抗性，维护司法公正，提高审判技能和效率。

### 一、证据交换与展示规则

证据交换，是指在法院的组织下，当事人之间将各自持有的证据与对方进行交换。它是审前程序的重心，其目的是在庭审前整理争点和固定证据，以保障开庭审理能充实而有效地进行。通过证据交换、展示，被告可以决定是否需要向法院提出申请补充或收集反驳证据，从而保证程序公平和诉讼效率。具体包括如下规则：

(一) 证据交换规则

对于案情比较复杂或者证据数量较多的案件，法院可以组织当事人在开庭前向对方出示或者交换证据，并将交换证据的情况记录在卷。

(二) 法院调取证据的展示规则

当事人申请法院调取的证据，由申请调取证据的当事人在庭审中出示，并由当事人质证；法院依职权调取的证据，由法庭出示，并可就调取该证据的情况进行说明，听取当事人意见。

### (三) 展示原件规则

对书证、物证和视听资料进行质证时,当事人应当出示证据的原件或者原物。但有下列情况之一的除外:出示原件或者原物确有困难并经法庭准许可以出示复制件或者复制品;原件或者原物已不存在,可以出示证据复制件、复制品或与原件、原物一致的其他证据。视听资料应当当庭播放或者显示,并由当事人进行质证。

## 二、质证原则与例外规则

具体包括如下规则:

### (一) 质证一般原则

《行政证据规定》第35条第1款明确了质证的原则,即"证据应当在法庭上出示,并由当事人相互质证。未经质证的证据,不能作为定案的根据"。

我国诉讼法和有关司法解释对质证效力的规定是逐渐明确的。例如,《民事诉讼法》第68条、《行政诉讼法》第43条第1款只是规定"证据应当在法庭上出示,并由当事人互相质证",而对未经质证的证据的效力未作规定。《最高人民法院关于适用〈中华人民共和国民事诉讼法〉若干问题的意见》亦是如此。《最高人民法院关于民事经济审判方式改革问题的若干规定》第12条明确规定:"未经庭审质证的证据,不能作为定案的根据"。2000年《行政法解释》第31条第1款对未经质证的证据的法律效力作出了规定,即"未经庭审质证的证据不能作为人民法院裁判的根据"。到《行政证据规定》第35条第1款,进一步明确了质证的原则,即"证据应当在法庭上出示,并经庭审质证。未经质证的证据,不能作为定案的根据"。

据此,质证是法院认定证据效力的前提,即除另有规定的特殊情况外,不经质证的证据不能作为定案根据。而且,《行政证据规定》第49条至第51条对补充的证据、二审程序中提供的新证据和仍有争议的第一审程序认定的证据、审判监督程序中的新证据等仍需质证的规定,均贯彻了证据必须经庭审质证的原则。

### (二) 质证例外规则

有关质证的例外的特殊情况如下:

1. 在庭前交换证据中无争议的证据无须质证

在庭前交换证据过程中没有争议的证据,经记录在卷,并经审判人员在庭审中予以说明后,可以直接予以认定,无须在庭审中出示和质证。

2. 涉密证据的质证

根据《行政诉讼法》第 43 条第 1 款、《行政证据规定》第 37 条的规定,对涉及国家秘密、商业秘密和个人隐私或者法律规定的其他应当保密的证据,不得在公开开庭时出示、不得在开庭时公开质证。也就是说,在行政诉讼中,依法需要保密的证据既非一概不出示、不质证,也非一概出示、质证,是否出示、质证以及向哪些诉讼参加人出示、质证由法庭确定。法庭认为需要出示、质证的,应当在不公开开庭时出示,在开庭时不公开质证。通常而言,如果不存在对国家利益、社会公共利益或者个人利益的重大损害而依法需要保密的证据,原则上都要经过庭审出示和质证,不公开出示和质证只能作为例外情况。法律和司法解释设定不在公开开庭时出示、在开庭时不公开质证的规定,其目的就是在质证价值与保护秘密之间寻求平衡,既保护当事人的质证权利,又保护秘密不外泄。此外,对是否属于依法应当保密的证据,法院应当进行审查,这种审查在行政诉讼中更具有意义,因为行政诉讼中作为被告的行政主体往往可以自定哪些材料为秘密,如对涉密证据不能质证,对原告的保护更为不利。因此,法院应当尽量缩小不能质证的涉密证据范围。

3. 被告拒不到庭时的证据认定

《行政证据规定》第 36 条规定:"经合法传唤,因被告无正当理由拒不到庭而需要依法缺席判决的,被告提供的证据不能作为定案的依据,但当事人在庭前交换证据中没有争议的证据除外。"之所以如此规定,是因为在被告不到庭时根本无法质证,因而其提供的证据也就成为未经庭审质证的证据,不能作为定案根据。这样也有利于促使被告尊重庭审的价值和法庭的权威。而且,虽然被告作为执行公务的机构,但在其行政行为被诉时也应当有出庭的特殊义务。

### 三、质证内容与方式规则

具体涉及以下内容:

(1) 当事人应当围绕证据的关联性、合法性和真实性,针对证据有无证明效力以及证明效力大小,进行质证。

(2) 经法庭准许,当事人及其代理人可以就证据问题相互发问,也可以向证人、鉴定人或者勘验人发问。当事人及其代理人相互发问,或者向证人、鉴定人、勘验人发问时,发问的内容应当与案件事实有关联,不得采用引诱、威胁、侮辱等语言或者方式。

(3) 法庭在质证过程中,对与案件没有关联的证据材料,应予排除并说明理由。法庭在质证过程中,准许当事人补充证据的,对补充的证据仍应进行质证。

法庭对经过庭审质证的证据,除确有必要外,一般不再进行质证。

（4）在第二审程序中,对当事人依法提供的新的证据,法庭应当进行质证;当事人对第一审认定的证据仍有争议的,法庭也应当进行质证。

（5）按照审判监督程序审理的案件,对当事人依法提供的新的证据,法庭应当进行质证。"新的证据"是指以下证据:在一审程序中应当准予延期提供而未获准许的证据;当事人在一审程序中依法申请调取而未获准许或未取得,法院在第二审程序中调取的证据;原告或者第三人提供的在举证期限届满后发现的证据。

（6）因原判决、裁定认定事实的证据不足而提起再审所涉及的主要证据,法庭也应当进行质证。

### 四、证人出庭规则

具体包括如下规则:

#### （一）证人出庭作证的义务及例外规则

证人出庭作证不是对当事人的义务,而是对国家的义务。证人出庭作证是原则,不出庭作证属于例外。而且,《行政证据规定》通过第63条第8项规定"出庭作证的证人证言优于未出庭作证的证人证言",以及第71条第3项规定"应当出庭作证而无正当理由不出庭作证的证人证言"不能单独作为定案根据,旨在形成证人出庭作证的激励机制和压力机制,推动证人出庭作证。

证人出庭作证存在以下情形的,经人民法院准许,当事人可以提交书面证言:（1）当事人在行政程序或者庭前证据交换中对证人证言无异议的;（2）证人因年迈体弱或者行动不便无法出庭的;（3）证人因路途遥远、交通不便无法出庭的;（4）证人因自然灾害等不可抗力或者其他意外事件无法出庭的;（5）证人因其他特殊原因确实无法出庭的。

#### （二）证人资格规则

证人必须是能够正确表达意志的人。证人表达意志的方式有书面、口头或者行动,如聋哑人可以通过动作或者文字表达其所知事实。证人资格通常与证人的年龄无关,只与其意识能力有关,未成年人完全可以作为证人。针对行政诉讼的特殊性,《行政证据规定》第44条和《行诉法解释》第41条就行政执法人员出庭作证问题作了大致相同的规定,后者只是淡化了相关行政执法人员的证人角色。即规定有下列情形之一,原告或者第三人可以要求相关行政执法人员出庭说明:对现场笔录的合法性或者真实性有异议的;对扣押财产的品种或者数量有异议的;对检验的物品取样或者保管有异议的;对行政执法人员的身份的合法性有异议的;需要出庭作证的其他情形。

（三）证人作证预防及意见证据排除规则

出庭作证的证人不得旁听案件的审理,以免庭审情况影响证人的客观作证;除组织证人对质外,法院询问证人时其他证人不得在场,以免证人之间相互影响。此为证人作证预防规则。意见证据排除规则是指,证人只能陈述其亲身经历的事实,其根据经历作出的判断、推测或者评论不能作为定案依据,因为判断证据不属于证人的作证范围。

（四）专家辅助人出庭规则

专家辅助人,也称诉讼辅助人,司法解释上称为"专业人员"[①],是指在科学技术和其他专业方面具有特殊知识或经验的人,类似于法官或法庭顾问,其既不同于英美法系国家的专家证人,也不同于鉴定人。对被诉行政行为涉及的专门性问题,当事人可以向法庭申请由专业人员出庭进行说明,法庭也可以通知专业人员出庭说明。必要时,法庭可以组织专业人员进行对质。当事人对出庭的专业人员是否具备相应专业知识、学历、资历等专业资格有异议的,可以进行询问,由法庭决定其是否可以作为专业人员出庭。专业人员可以对鉴定人员进行询问。

**五、缺陷鉴定意见的补救规则**

对有缺陷的鉴定意见,可以通过要求鉴定部门予以说明、重新质证或者补充质证等方式解决。

法院对委托或者指定的鉴定部门出具的鉴定书,应当审查是否具有下列内容:鉴定的内容;鉴定时提交的相关材料;鉴定的依据和使用的科学技术手段;鉴定的过程;明确的鉴定意见;鉴定部门和鉴定人鉴定资格的说明;鉴定人及鉴定部门签名盖章。经审查,如果发现鉴定部门或者鉴定人不具有相应的鉴定资格的,或鉴定程序严重违法的,或鉴定意见明显依据不足的,或经过质证不能作为证据使用的其他情形,而导致鉴定意见内容欠缺或者意见不明确的,法院可以要求鉴定部门予以说明、重新质证或者补充质证等。

## 第五节 行政诉讼认证规则

行政诉讼中的认证,即由法官对经过行政庭审质证的证据(以及特殊情况下

---

① 在我国有关刑事诉讼、民事诉讼的法律和司法解释中称为"有专门知识的人"。

无须质证的证据),按照法定的程序和依据,对其能否作为定案根据进行衡量,并据此对案件事实作出判断的行为或者过程。简单地说,认证就是对证据的认定。取证、举证、质证是为认证服务的,认证是取证、举证、质证的目的与归宿。①

认证的主体只能是法官。认证的内容是证据能力和证明力,或者说是证据的可采性与可信性。认证的方式可分为当庭认证和庭后认证、单一认证和综合认证等。认证规则涉及审核认定证据的一般要求、根据证据效力划分的认证规则、优势证据规则、司法认知等。

### 一、证据裁判主义规则

证据裁判主义,即法院裁判行政案件,应当以证据证明的案件事实为依据。《行政证据规定》第53条规定:"人民法院裁判行政案件,应当以证据证明的案件事实为依据。"据此所确立的规则,标志着以客观事实作为裁判依据时代的结束,开创了以法律事实为基础的"证据裁判主义"的新纪元。"以事实为根据,以法律为准绳",为我国多部法律所确认,被奉为诉讼的基本原则。该原则本无可厚非,但过去一般都认为,"以事实为根据"就是要求司法人员在审理案件过程中,必须以客观存在的案件事实为依据。由于案件都是发生在过去的事情,法官通过证据"重建"的案件事实,只能是带有主观色彩的"法律事实"。因此,"客观事实"在诉讼中是不能实现的,诉讼也没有必要达到客观真实。唯有"法律上的事实"是通过诉讼程序最终认定的事实,具有"可接受性"。依照完善的证据立法和科学的证据规则就可以实现法律事实与客观事实在一定程度的重合。法官的任务就是通过证据去查明和认定法律中规定的"案件事实"。

### 二、自由心证主义规则

按照通常的认识,在大陆法系国家认定事实和适用法律都是由训练有素的职业法官完成,其没有形成系统的证据规则,而英美法系国家因有由陪审团认定事实的传统,为防止未经职业训练的陪审团成员被一些干扰因素误导,发展出一套特殊的证据规则。近年来,我国法学界和司法实践中对证据规则的认识,受英美法系的影响较大,吸收了一些英美法系的证据规则。从目前我国审判实际来看,制定比较详细的证据规则有利于法官在审判工作中掌握和操作,也可以增加证据活动的透明度和可预见性,但无论证据规则如何详尽,均不可能也不必要排除法官在认证中的自由裁量。

---

① 参见何家弘、刘品新:《证据法学》,法律出版社2004年版,第255页。

鉴于这种实际,《行政证据规定》实际上采用了在证据规则基础上的法官心证思路,其第54条典型地体现了这种精神,即法官在遵循客观依据(如法官职业道德、逻辑推理和生活经验)的基础上,对客观存在的证据得出主观上的认识(案件事实)。该规定内容如下:"法庭应当对经过庭审质证的证据和无需质证的证据进行逐一审查和对全部证据综合审查,遵循法官职业道德,运用逻辑推理和生活经验,进行全面、客观和公正的分析判断,确定证据材料与案件事实之间的证明关系,排除不具有关联性的证据材料,准确认定案件事实。"

《行诉法解释》第47条规定,对在行政赔偿、补偿案件中,当事人的损失因客观原因无法鉴定的,法院应当结合当事人的主张和在案证据,遵循法官职业道德,运用逻辑推理和生活经验、生活常识等,酌情确定赔偿数额。据此,对行政赔偿、补偿案件中的损失这一要件事实,在缺少证明损失的直接证据条件下,由法院结合当事人的主张和已有间接证据,按照自由心证主义,对损失这一要件事实作出认定,由此再确定赔偿数额这一法律效果。实际上通过该规定,再次强调了自由心证主义的作用。

### 三、认证方法规则

《行政证据规定》将实践中的认证方法归纳为三种,即个别审查、比较印证和综合分析。个别审查是对单个证据是否符合"三性"的审查;比较印证是对同类证据或者证明同一事实的不同证据的对比分析;综合分析是对全部证据进行总体分析并据此得出整个案件事实的结论。

### 四、证据排除规则

应予排除的证据是不能作为定案根据的证据。"应予排除的证据",可笼统地称为"非法的证据",包括但不限于以下情形:(1)未经庭审质证的证据;(2)经合法传唤,被告无正当理由拒不到庭质证,且需要依法缺席判决的,由被告方提供的证据;(3)证人根据其经历所作的判断、证人的推测或者评论;(4)严重违反法定程序收集的证据材料;(5)以偷拍、偷录、窃听等手段获取侵害他人合法权益的证据材料;(6)以引诱、欺诈、胁迫、暴力等不正当手段获取的证据材料;(7)当事人无正当事由超出举证期限提供的证据材料;(8)在中华人民共和国领域以外或者在中华人民共和国香港特别行政区、澳门特别行政区和台湾地区形成的未办理法定证明手续的证据材料;(9)当事人无正当理由拒不提供原件、原物,又无其他证据印证,且对方当事人不予认可的复制件或者复制品;(10)被当事人或者他人进行技术处理而无法辨明真伪的证据材料;(11)不能正确表达意志的证人提供的证言;(12)被告及其诉讼代理人在作出行政行为后或者在诉讼程序中自行收集的证据;(13)被告在行政程序中非法剥夺公民、法人或者其他组织依法享有的陈述、申辩或听证权利所采用的证据;(14)原告或者第三人在诉讼程序中提供的、被告在行政处理程序中未作为行政行为依据的证据;(15)复议机关在复议程序中收集和补充的证据,或者作出原行政行为的行政机关在复议程序中未向复议机关提交的证据,不能作为法院认定原行政行为合法的依据;(16)鉴定人不具备鉴定资格,鉴定程序严重违法,鉴定结论错误、不明确或者内容不完整的鉴定结论;(17)不具备合法性和真实性的其他证据材料。

《行政证据规定》第57条至第62条规定可以统称为证据排除规则,但排除证据的原因、排除的程度等情况是不同的。

（一）非法证据排除规则

非法证据不能作为定案根据,而非法证据主要是违反法定程序、法定形式或者其他保护他人合法权益的法律规定的证据。《行诉证据规定》第58条规定了非法证据的认定标准,即"以违反法律禁止性规定或者侵犯他人合法权益的方法取得的证据,不得作为认定案件事实的依据"。根据该规定第57、62条的规定,具有下列情形的证据材料应认定为非法证据:(1)严重违反法定程序收集的证据材料;(2)以偷拍、偷录、窃听等手段获取侵害他人合法权益的证据材料;(3)以利诱、欺诈、胁迫、暴力等不正当手段获取的证据材料;(4)当事人无正当事由超出举证期限提供的证据材料;(5)在我国领域以外或者在我国香港特别行政区、澳门特别行政区和台湾地区形成的未办理法定证明手续的证据材料;(6)对被告在行政程序中采纳的鉴定意见,原告或者第三人提出证据证明鉴定人不具备鉴定资格,或鉴定程序严重违法,或鉴定意见错误、不明确或者内容不完整;(7)不具备合法性的其他证据材料。而修改后的《行政诉讼法》第43条第3款规定,以非法手段取得的证据,不得作为认定案件事实的根据。《行诉法解释》第43条规定,有下列情形之一的,属于行政诉讼法第43条第3款规定的"以非法手段取得的证据":(1)严重违反法定程序收集的证据材料;(2)以违反法律强制性规定的手段获取且侵害他人合法权益的证据材料;(3)以利诱、欺诈、胁迫、暴力等手段获取的证据材料。在行政诉讼中,再认定非法证据,应以新的规定为准。

（二）漠视行政程序的证据排除规则

《行政证据规定》第59条规定,被告在行政程序中依照法定程序要求原告提供证据,原告依法应当提供而拒不提供,在诉讼程序中提供的证据,人民法院一般不予采纳。该规定体现了司法复审的特点,因为行政程序是法律设定的程序,行政相对人必须尊重行政程序,如果无视行政程序而在诉讼程序中搞证据突然袭击,必然损害行政程序的应有价值。《行诉法解释》第45条重申了该规则。

(三)行政案卷外证据排除规则

行政案卷外证据排除规则,或称违反"先取证,后裁决"原则的证据排除规则。《行政诉讼法》第35条规定:"在诉讼过程中,被告及其诉讼代理人不得自行向原告、第三人和证人收集证据。"而《行政证据规定》第60条、61条则更为明确地体现了这种精神,即被诉行政机关在行政程序中未收集或者未采用的证据,不能作为认定该行政行为合法的证据。具体情形如下:(1)被告及其诉讼代理人在作出行政行为后或者在诉讼程序中自行收集的证据;(2)被告在行政程序中非法剥夺公民、法人或者其他组织依法享有的陈述、申辩或者听证权利所采用的证据;(3)原告或者第三人在诉讼程序中提供的、被告在行政程序中未作为行政行为依据的证据;(4)复议机关在复议程序中收集和补充的证据,或者作出原行政行为的行政机关在复议程序中未向复议机关提交的证据。

(四)排除不具有真实性的证据

应排除不具有真实性的下列证据:(1)当事人无正当理由拒不提供原件、原物,又无其他证据印证,且对方当事人不予认可的复制件或者复制品;(2)被当事人或者他人进行技术处理而无法辨明真伪的证据材料;(3)不能正确表达意志的证人提供的证言。

**五、补强证据规则**

补强证据,是指某一证据不能单独作为认定案件事实的根据,只有在其他证据予以佐证补强的情况下,才能作为定案证据。补强证据规则是对法官自由裁量的限制。在国外,补强证据规则通常适用于言词证据,而我国不仅适用于言词证据,还适用于视听资料、书证、物证等。我国《民事诉讼法》第71条及其司法解释最先规定了补强证据规则,规定人民法院对视听资料应当辨别真伪,并结合本案的其他证据审查确定能否作为认定事实的根据。

补强证据应当具备两个条件:一为具备证据资格;二为与被补强的证据材料相结合才能证明案件事实。

补强证据主要有以下几类:(1)未成年人所作的与其年龄和智力状况不相适应的证言;(2)与一方当事人有亲属关系或者其他密切关系的证人所作的对该当事人有利的证言,或者与一方当事人有不利关系的证人所作的对该当事人不利的证言;(3)应当出庭作证而无正当理由不出庭作证的证人证言;(4)难以识别是否经过修改的视听资料;(5)无法与原件、原物核对的复制件或者复制品;(6)经一方当事人或者他人改动,对方当事人不予以认可的证据材料;(7)以有形载体固定或者显示的电子数据交换、电子邮件以及其他数据资料;(8)其他不能单独作为定案依据的证据材料。

### 六、最佳证据规则

最佳证据规则,又称优先证据规则,是指应当优先以书证的原件或物证的原物作为定案依据,当书证原件或物证原物缺乏时,才能以书证的复印件或物证的复制件作为定案的依据。[①] 最佳证据规则是英美法系最古老的证据规则,主要适用于书证,现已扩大适用于录音、录像资料,即对文书、录音或录像内容真实性的最佳证据方式是出示原件,副本、抄件、复印件都是第二手或第二手以下的材料。

最佳证据规则的基本要件如下:(1)必须以书证的原件或物证的原物作为定案的依据;(2)当原件与复制件同时并存时,应当优先以原件作为定案的依据;(3)当缺乏原件时,复制件只有在得到其他证据印证的情况下,才能作为认定事实的依据。

我国行政诉讼最佳证据规则,不仅适用于书证,也适用于物证、视听资料和电子数据。主要内容有:(1)提供书证的原件。原本、正本和副本均属于书证的原件;提供原件确有困难的,可以提供与原件核对无误的复印件、照片、节录本;提供由有关部门保管的书证原件的复制件、影印件或者抄录件的,应当注明出处,经该部门核对无异后加盖其印章。(2)提供原物。提供原物确有困难的,可以提供与原物核对无误的复制件或者证明该物证的照片、录像等其他证据。(3)提供有关资料的原始载体。提供原始载体确有困难的,可以提供复制件。(4)以有形载体固定或者显示的电子数据交换、电子邮件以及其他数据资料,其制作情况和真实性经对方当事人确认,或者以公证等其他有效方式予以证明的,与原件具有同等的证明效力。

### 七、优势证据规则

优势证据规则,是指证明同一事实而又相互矛盾的数个证据之间的证明力大小的比较规则,即按照制作人、形成过程等标准确定不同证据之间的证明力优劣的规则。在许多案件中,证明同一事实的数个证据往往相互矛盾,有的肯定该事实,有的否定该事实,此时需要法官对这些证据的证明力进行取舍,在此基础

---

[①] 参见江伟主编:《民事诉讼法学》,复旦大学出版社 2002 年版,第 273 页。

上以占优势的证据认定事实。《行政证据规定》第63条确立的就是优势证据规则,该条规定具有浓厚的法定证据主义色彩,即由司法解释预先设定了不同证据的证明力的优劣。应当注意,该条规定不是绝对的,如果确实有与该条规定的数个证据效力的优劣不同的情形,应当实事求是地认定。该条内容如下:(1)国家机关以及其他职能部门依职权制作的公文文书优于其他书证;(2)鉴定结论、现场笔录、勘验笔录、档案材料以及经过公证或者登记的书证优于其他书证、视听资料和证人证言;(3)原件、原物优于复制件、复制品;(4)法定鉴定部门的鉴定结论优于其他鉴定部门的鉴定结论;(5)法庭主持勘验所制作的勘验笔录优于其他部门主持勘验所制作的勘验笔录;(6)原始证据优于传来证据;(7)其他证人证言优于与当事人有亲属关系或者其他密切关系的证人提供的对该当事人有利的证言;(8)出庭作证的证人证言优于未出庭作证的证人证言;(9)数个种类不同、内容一致的证据优于一个孤立的证据。

**八、自认证据规则**

自认,亦称诉讼上的承认,或裁判上的自认,按照大陆法系国家的一般理解,是指表明承认对方当事人所主张的不利于己的事实的一种辩论陈述。自认对象原则上是构成三段论法律推理小前提的具体事实,当事人一旦承认于己不利的陈述,那么基于该不利事实的判决意味着自己全部或部分败诉。这种作为辩论的陈述,发生于诉讼口头辩论中或者在辩论准备程序中。①

我国证据理论研究拘泥于证据立法实践,一直未完全接受大陆法系国家关于自认的概念和学说。理论研究和司法实践中,对自认更习惯于以"当事人承认"或"当事人认可"的概念来表述。然而,国内对"当事人承认"这个概念的内涵认识并不一致,有的仅指对事实的自认,有的还包括对诉讼请求的认诺。而且,国内证据法学理论和民事诉讼证据规则一般是将自认放在证明责任部分,或证明对象部分的,即自认可以免除当事人的证明责任,自认事实不作为证明对象。《行政证据规定》仍沿用了"当事人承认"或"当事人认可"的概念,并考虑到经自认的事实主张或者证据,可以直接予以认定,所以将其归于"证据的审核认定"(即认证的范畴)之下,但是赋予其特定的含义。即:(1)在庭审中一方当事人或者其代理人在代理权限范围内对另一方当事人陈述的案件事实明确表示认可的,法院可以对该事实予以认定。但有相反证据足以推翻的除外。即一方主张某案件事实,另一方表示同意,实际上是两方当事人之间的陈述的"碰撞",该两

---

① 参见〔日〕新堂幸司:《新民事诉讼法》,林剑锋译,法律出版社2008年版,第376页。

个相对陈述的一致即足以认定该事实。当然,考虑到行政诉讼中自认的复杂性,设定了例外,即"有相反证据足以推翻的除外"。主张相反证据者对其主张负担证明责任。(2)在行政赔偿诉讼中,法院主持调解时当事人为达成调解协议而对案件事实的认可,不得在其后的诉讼中作为对其不利的证据。(3)在不受外力影响的情况下,一方当事人提供的证据,对方当事人明确表示认可的,可以认定该证据的证明力;对方当事人予以否认,但不能提供充分的证据进行反驳的,可以综合全案情况审查认定该证据的证明力。

### 九、司法认知与推定规则

根据《行政证据规定》第68条,下列事实法庭可以直接认定:(1)众所周知的事实;(2)自然规律及定理;(3)按照法律规定推定的事实;(4)已经依法证明的事实;(5)根据日常生活经验法则推定的事实。上述(1)(3)(4)(5),当事人有相反证据足以推翻的除外。该条规定被认为确立了行政诉讼的司法认知规则和推定规则,为行政诉讼提供了两种证明事实的捷径。

司法认知,是英美法系国家证据学上的一个基本问题,也称审判上的认知,是指法院在诉讼程序中依职权或应当事人的请求,就某些裁判事实,直接以裁定方式向陪审团与当事人宣告其为真实的活动。司法认知的对象,限于裁判事实,不得为立法事实,主要包括:(1)法院的司法辖区内众所周知的事实;(2)能依据不容置疑其精确性的资料来源,获得迅速、精确决定的事实。在民事诉讼中,司法认知的事实"应当"采纳为确定事实,但在刑事诉讼中,司法认知的事实"可以"采纳为确定事实。① 大陆法系国家与之有对应性的概念为"显著的事实",包括:(1)因众所周知而法院也知晓的事实;(2)法官在履行职务时理应知道的,即便在现在也具有明确记忆的事实。显著的事实无须证明,但允许当事人就该事实违反真实提出主张并举证。② 与之作一下对应,《行政证据规定》第68条第1、2项为英美法系国家的"法院的司法辖区内众所周知的事实"或大陆法系国家的"因众所周知而法院也知晓的事实",可见,我国所规定的司法认知的范围还是很严格、有限的。

推定作为法律概念,是一种证明事实的方式,也是一项与两个事实性主张有关的程序性措施,第一个事实(基础事实)的证明被视为等同于第二个事实(推定的事实)的证明。有了推定规则,当事人可被准许提出在其他一些事实上的证据

---

① 参见〔美〕Authur Best:《证据法入门——美国证据法评释及实例解说》,蔡秋明、蔡兆诚、郭乃嘉译,元照出版公司2002年版,第305—307页。
② 参见〔日〕新堂幸司:《新民事诉讼法》,林剑锋译,法律出版社2008年版,第383—385页。

以证明他们在争执事实上的立场,而不需要提出与争执事实明确相关的证据。推定的事实无须证明,但也允许当事人就该事实违反真实提出主张并举证。学理上,推定分为事实上的推定和法律上的推定,而后者又分为法律上的事实推定和法律上的权利推定。与之作一下对应,《行政证据规定》第 68 条规定的第 3 项为法律上的事实推定,第 5 项为事实上的推定。

从《行政证据规定》来看,除了上述司法认知和推定的事实外,还有其他事实法庭也可以直接认定:(1)原告确有证据证明被告持有的证据对原告有利,被告无正当事由拒不提供的,可以推定原告的主张成立。该规定实际上是一条证明妨碍规则。(2)生效的法院裁判文书或者仲裁机构裁决文书确认的事实,可以作为定案依据。但是,如果发现裁判文书或者裁决文书认定的事实有重大问题的,应当中止诉讼,通过法定程序予以纠正后恢复诉讼。该规定涉及确定裁判的既判力效力问题,也可称作既判力规则。

# 第四编 证明论

## 第十一章 诉讼证明概述

### 第一节 诉讼证明的概念和特征

**一、诉讼证明的概念**

诉讼证明是证据法理论中的基础概念,它有别于人们在日常、社会生活中经常使用的"证明"。人们社会生活中所说的"证明",通常指用一定的事实材料去说明某一事件或意见的真实性。比如,历史学家通过考古文物的发现证明了某个历史事件的真实性,科研人员通过不懈的科学实验探索证明了某种病毒的来源。这些例子中的"证明"都是日常生活、社会生活中的"证明"。相比之下,诉讼证明具有特定的含义,它特指在诉讼过程中,国家专门机关、当事人和其他诉讼参与人,依照法定的程序和权限,应用证据,对案件事实的认定做出回溯性、还原性的求证活动。

刑事诉讼活动包括立案、侦查、审查起诉、审判、执行等几个阶段,那么刑事诉讼中的证明仅存在于审判阶段,还是贯穿于以上几个诉讼阶段,由于诉讼构造、法律文化等因素的差异,国内外证据法理论和立法对此认识并不一致。[①] 例

---

[①] 参见陈光中主编:《刑事诉讼法学(第5版)》,北京大学出版社、高等教育出版社2013年版,第171页。

如,英美证据法认为,证明是双方当事人在法庭上举证,以说服法官采信其所主张的案件事实的活动。《美国联邦证据规则》第101条规定证据规则的适用范围为联邦法院(审判)程序。而《俄罗斯联邦刑事诉讼法典》第85条规定:"证明是指确认本法典第73条所列的情况而收集、审查和评定证据。"在我国证据法理论中,对这一问题也存在争议,有的观点认为,诉讼证明仅限于审判阶段,侦查、起诉都是为审判阶段的证明服务;也有观点认为,诉讼证明贯穿于诉讼全过程,结合我国《刑事诉讼法》的规定,我国目前刑事诉讼法和证据制度相关司法解释的观点是诉讼证明不局限于审判阶段。①

而在民事诉讼和行政诉讼中,由于诉讼开始是以法院立案为前提,在立案之前,纠纷还没有进入到民事诉讼、行政诉讼之中,因此对这两类诉讼活动的证明理解为仅限于审判阶段,当无异议。

**二、诉讼证明的特征**

要全面深入地把握诉讼证明的本质,就必须分析诉讼证明的特征,这些特征主要包括如下几个方面:

**(一)诉讼证明的主体具有特定性**

诉讼证明的主体仅限于依法享有收集、运用、审查、认定证据的专门机关和诉讼参与人。通常承担证明责任的主体都属于诉讼证明的主体。在刑事诉讼中承担证明被告人有罪的证明责任的主体是控诉一方,即公诉案件的检察机关和自诉案件的自诉人。刑法对有关罪行采取证明责任倒置的除外。例如,根据《刑法》第395条"巨额财产来源不明罪"的规定,国家工作人员财产、支出明显超过合法收入,差额巨大的,可以责令其说明来源。在这种特定情况下,被告人也可能成为证明的主体。另外,如果被告人在审判中提出积极事实,例如主张自己不在犯罪现场、没有作案时间等,也应负有相应的证明责任。在刑事审判阶段,被害人、附带民事诉讼的原告人和被告人对其所主张的事实也负有证明的责任,他们同样也可能成为证明的主体。

从我国刑事诉讼法的理论和立法看,侦查机关、检察机关以及人民法院都是诉讼证明的主体。侦查机关负责收集证据、查明案情,必须依据审判阶段的证据标准去收集证据。检察院负责审查起诉,并对刑事诉讼活动进行监督,这一系列活动都必须建立在证据审查判断的基础上。人民法院行使审判权,一方面根据直接言词原则对控辩双方提供的证据进行审查判断,另一方面依照职权主动调

---

① 参见陈光中主编:《证据法学(第四版)》,法律出版社2019年版,第273页。

查核实证据。所以,从广义的角度看,侦查机关、检察机关以及人民法院都是诉讼证明的主体,而公安司法机关办案人员只是依法行使职权的工作人员,其本身并不是诉讼证明的主体。

在民事诉讼和行政诉讼中,诉讼证明的主体主要是当事人(包括原告、被告、第三人以及共同诉讼人)。另外,法定代理人在诉讼过程中对己方主张的事实,要依法承担证明责任。此外,根据《民事诉讼法》和《行政诉讼法》的有关规定,在当事人因客观原因不能自行收集证据或者人民法院认为审理案件需要的情况下,人民法院应当调查收集证据。作为行使审判权的机关,人民法院对最终认定的事实,必须要有相应的证据予以支持。所以,人民法院也应当是广义上的诉讼证明主体。值得注意的是,人民法院的证明与当事人的证明是有本质区别的,当事人的证明主要源于举证责任的分配,主要是针对自己在诉讼中提出的主张或诉讼事实而产生的举证义务。而人民法院的证明,针对的是法院的裁判,是审判职权职责的体现,因此一般认为人民法院虽然是广义上的诉讼证明主体,但并不承担证明责任。

诉讼参与人中的辩护人、诉讼代理人是否为诉讼证明的主体,我国证据制度对此没有定论。我们认为,辩护人和诉讼代理人在诉讼中维护当事人的合法权益,当他们在诉讼中提出有关案件事实的主张,也应当提供相应的证据证明,在这种情况下他们也是诉讼证明的主体。至于鉴定人、证人和翻译人员这类诉讼参与人是否可以成为诉讼证明的主体,尤其是司法机关通过委托司法鉴定得到鉴定意见,通过询问证人得到证人证言,如何理解这些主体的性质。我们认为,鉴定人、证人和翻译人员等诉讼参与人在诉讼中虽然享有一定的权利,承担一定的义务,但是他们参与诉讼的目的是为了辅助查明案件事实,并不享有控诉或辩护的职能,不提出诉讼主张,也不对相关的事实作出审查判断,他们与案件没有直接的利害关系,不承担败诉的风险,因此不是诉讼证明的主体。

(二)诉讼证明的过程具有法定性

诉讼证据的收集、审查判断和运用都要受到诉讼程序和证据规定的严格规制,违反法定诉讼程序的证明,不具有法律效力。在刑事诉讼中,不得以刑讯逼供等非法方法收集犯罪嫌疑人、被告人供述,不得采取暴力、威胁等非法方法收集证人证言、被害人陈述,否则应当作为非法证据予以排除。在民事诉讼中,当事人必须在规定的举证期限内提出证据,逾期提供证据拒不说明理由或者理由不成立的,会造成该项证据不被法院采纳的后果。在行政诉讼中,被诉的行政机关不得以欺骗、钓鱼执法等方式获取证据,以非法手段取得的证据,不得作为认定案件事实的依据。专门机关审查判断证据不能随意夸大、缩小或捏造。

### (三) 诉讼证明对象具有特殊性

诉讼证明的对象是指在诉讼中需要由证明主体运用证据加以证明的案件事实,又称待证事实。查明案件事实是法院准确适用法律,做出正确裁判的基础,因此,诉讼证明对象必须依法通过证据去严格求证。诉讼证明对象可分为实体法事实和程序法事实,在不同性质的诉讼中,证明对象的实体法事实又有所区别。刑事诉讼的证明对象中的实体法事实主要是有关犯罪行为构成要件和量刑情节的事实。例如,犯罪嫌疑人、被告人的犯罪行为是否发生的待证事实。民事诉讼证明对象中的实体法事实主要是民事纠纷产生、发展的事实,以及民事法律关系构成要件的事实。例如,遗嘱纠纷中继承人持有的遗嘱是否真实有效的待证事实便属于诉讼证明对象。行政诉讼证明对象中的实体法事实主要是与被诉行政行为合法性有关的事实。例如,行政机关认定相对人违法并作出处罚的事实是否成立也是证明对象。而三类诉讼证明对象中的程序法事实主要包括管辖事实、回避事实、适用非法证据排除规则的事实。

需要指出的是,待证事实与客观事实是两个不同的概念。待证事实是要通过证据查明的案件事实,客观事实是事物客观发生过的事实。例如,在佘祥林案中,检察机关指控佘祥林杀死妻子的犯罪事实,但是实际上被告人并不是凶手。"佘祥林杀妻"成为本案的待证事实。十余年后,佘妻张在玉突然从外地归来。这起冤假错案明显表明待证事实与客观事实不一致。又如在民事诉讼中,原告起诉被告未返还借款,但是无法提供相关的证据证明被告向他借过钱,案件事实真伪不明。法院只能依照举证责任的分配,判决原告败诉,在这种情况下,待证事实与客观事实也可能不一致。正因如此,诉讼证明必须慎重对待,使待证事实与客观事实相符,实现程序公正与实体公正相统一。

## 第二节 诉讼证明的要素、分类、作用

### 一、诉讼证明的要素

证明主要是由诉讼证明主体、证明对象、证明责任、证明标准、证明的手段和方法,以及证明过程等要素组成。

#### (一) 证明主体

如上文所述,刑事诉讼中证明主体包括侦查机关、检察机关以及人民法院等专门机关以及自诉人、被告人、被害人、附带民事诉讼的原告人和被告人对其所主张的事实也负有证明的责任,他们同样也可能成为证明的主体。辩护人和诉

讼代理人在诉讼中提出有关案件事实的主张，也应当提供相应的证据证明，在这种情况下他们也是诉讼证明的主体。在民事诉讼和行政诉讼中，诉讼证明的主体主要是当事人（包括原告、被告、第三人以及共同诉讼人）。另外，法定代理人在诉讼过程中对己方主张的事实，要依法承担证明责任。人民法院也应当是广义上的诉讼证明主体。

（二）证明对象

证明对象主要解决"证明什么"的问题，是指在诉讼中需要用证据加以证明的案件事实，又称待证事实。确定证明对象是诉讼证明的首要环节，为证明主体指明了证明的目标和方向。

刑事诉讼证明对象在诉讼证明活动中居于重要的地位，它是诉讼证明活动的起点和归宿，正是因为在观念上首先设定了证明对象，才产生证明主体、证明责任、证明程序等概念。证明对象和证明标准，一起形成了证明的方向、内容和目标，整个诉讼证明活动，都是围绕着证明对象进行的。而证明过程的完成，则依赖于证明对象得到法律所认可的证明。

证明对象是必须运用证据予以证明的案件事实。在刑事诉讼中证明对象主要是由《刑法》所规定的行为人行为是否构成犯罪，以及应当处以何种刑罚的事实，就是实体法事实。此外，在诉讼中对解决诉讼程序具有法律意义的事实，也是应当予以证明的事实，比如，适用逮捕、拘留等刑事强制措施中依据的事实。

实体法事实是决定案件处理结果的关键所在。它主要解决被告人的行为是否构成犯罪，构成何种犯罪，重罪还是轻罪，是否应当判处刑罚等问题，因此是刑事诉讼首要的证明对象。例如，刑法理论认为犯罪事实包括以下几类：(1) 犯罪构成要件的事实，即关于犯罪主体、犯罪客体、犯罪的主观方面和客观方面的事实。(2) 影响定罪量刑的各种量刑事实，作为影响量刑的从重、减轻、免除处罚理由的法定情节或者酌定情节。(3) 足以排除行为的违法性、可罚性和行为人刑事责任的事实，即违法阻却事由和责任阻却事由。如根据《刑法》的规定，正当防卫、紧急避险、意外事件虽然出现损害后果，但由于以合法形式出现，从根本上排除了违法性。

程序法事实对保证案件诉讼程序的合法性很重要。能够成为证明对象的程序法事实主要包括：对犯罪嫌疑人、被告人采取刑事强制措施的事实、有关回避的事实、启动非法证据排除规则的事实、满足申请再审条件的事实、管辖异议的事实。

依据是否需要提供证据加以证明的标准，刑事诉讼中的事实又可以分为待证事实、免证事实两大类，其中，待证事实是指作为证明对象的事实，免证事实是免除双方举证、由法院直接确认的事实。免证事实一般包括司法认知、推定和自认三种。

(三)证明责任

证明责任也称为举证责任。它是证据法和诉讼法的一项基本制度,是指人民检察院或者自诉人应当收集和提供证据,证明应予认定的案件事实或有利于自己主张的责任,否则将承担其主张不能成立的消极后果。证明责任所要解决的问题是:诉讼中出现的案件事实,应当由谁提供证据加以证明,以及在诉讼结束时,如果案件事实仍然出现真伪不明的状态,应当由谁来承担败诉或者不利的诉讼后果。

(四)证明标准

刑事诉讼中的证明标准是指法律规定的,检察机关和当事人运用证据证明案件的事实所要求达到的程度。我国《刑事诉讼法》规定的证明犯罪嫌疑人、被告人有罪的证明标准是,犯罪事实清楚,证据确实充分。

所谓犯罪事实清楚,是指构成犯罪的各种事实情节或者定罪量刑所依据的各种事实情节,都必须是清楚的、真实的。所谓证据确实,是指所有证据都必须经过查证而具有真实性和证明力。证据确实是对定案的证据在质的方面的要求,一是据以定案的证据,单个证据必须查证属实;二是单个证据与案件事实之间,必须存在客观联系。所谓证据充分,是指案件的证明对象都有相应的证据证明其真实可靠,排除其他可能性。证据充分是对定案的证据在数量上的要求,基本要求是,证据的量必须充足,能够组成一个完整的证明体系。

(五)证明的手段和方法

证明的手段是证据,现代证据制度都确立了证据裁判主义,即裁判的基础事实应当建立在可以采信的证据之上。我国对证据的基本要求是真实性、关联性和合法性。证明方法指证明主体利用证据对争议的案件事实进行论证、与对方进行辩论并且说服裁判者作出对己方有利认定所使用的各种方法。证明的方法既可以由法律加以规定,也可以不由法律明确予以规定。需要由法律明确规定的,如法律上的推定。推定是由法律规定并由司法人员作出的具有推断性质的事实认定。[①] 实践中很多证明方法不需要法律作出明确的规定,如归纳和演绎、分析与综合、反证与排除等逻辑推理,以及生活经验法则。

(六)证明过程

从诉讼认识的角度看,证明过程是证明主体对证据的收集、审查判断的过

---

① 参见何家弘:《司法证明方法与推定规则》,法律出版社2018年版,第202—203页。

程。收集证据是诉讼证明活动的基础和前提。它是指证明主体依照法律规定的权限和程序,发现、收集、提取、固定和保全与案件有关的各种证据材料的活动。在刑事诉讼中,收集证据主要发生在侦查阶段,但审查起诉和审判阶段在必要时也需收集证据。收集证据的目的在于发现和收集能够还原案件事实的证据,从而为审判阶段案件事实的审查判断提供依据。证据的保全是在证据可能灭失或者以后难以取得的情况下,采取措施对证据加以固定和保存的行为。只有充分而全面地收集证据才能发现案件事实。对收集到的证据进行审查判断,既是查明案件事实的保障,也是证明案件事实的需要。

**二、诉讼证明的分类**

严格证明与自由证明的概念均来自德国刑事诉讼法,后由翻译引入日本及我国台湾地区。在德国法中,法庭对案件事实的认定存在"严格证明"和"自由证明"之分,其中,"严格证明"是指举证方必须提出证据并说服法官对所主张的事实产生内心确信的活动,也是指使用法定的具有证据能力的证据并经过法定的证据调查程序而进行的证明。在德国,此类证明主要针对实体法事实,例如,犯罪行为的经过、行为人的责任与刑罚幅度等实体法事实,德国法均要求通过较为严格的方式加以证明,这种证明就是严格证明;而对于各类程序性争议事实,一般可以进行自由证明。[1]需要指出的是,德国的这种做法有别于日本。日本学者认为,严格证明对象的事实有两种情况:(1)以被告人的罪责为基础的实体法事实(即犯罪事实和不存在违法阻却事由、责任阻却事由的事实)需要严格证明。(2)通说认为量刑情节只通过自由证明即可。但是,倾向于加重被告人刑罚的情节事实需要严格证明,日本的判例也持这一观点。[2]

"自由证明"是指严格证明之外的证明,是指通过简单的说明使法官相信某一事实具有可能性的活动。在德国,自由证明主要针对程序性事实,例如对于法官的回避事由、恢复原状的法定事由以及拒绝作证的事由,均只需自由证明即可。它是指可以使用不具备法定证据能力的证据,并且无须经过严格的法定程序的证明。但是,在不同的诉讼模式下,自由证明的事项并不完全相同。例如,根据德国联邦法院的判例,了解讯问被告人过程中是否使用了法律禁止的手段,因为是涉及认定程序法适用有无错误的问题,所以可以自由证明。日本的判例

---

[1] 参见〔德〕克劳思·罗科信:《刑事诉讼法(第24版)》,吴丽琪译,法律出版社2003年版,第207—208页。

[2] 参见〔日〕田口守一:《刑事诉讼法(第五版)》,张凌、于秀峰译,中国政法大学出版社2010年版,第269页。

也认为,法院可以通过适当的方式调查自白的任意性。

由此可见,严格证明与自由证明存在以下区别:

首先,二者针对的证明内容不同。严格证明主要针对实体法事实,自由证明主要针对程序性事实。其次,证明方式不同。严格证明适用最为严格的方法,贯彻直接言词原则,而自由证明则可以采取诸如查阅案卷笔录、电话询问等非正式的审查方法。再次,在证据使用方法方面的要求不同。严格证明的事实一律采取最严格的证据能力规则,自由证明采取的证明方法较为随意,原则上可以使用所有证据资料来进行证明,不受证据排除规则的限制。最后,二者的证明程度不同。严格证明的事项要求证明达到法官产生内心确信的程度,自由证明不要求达到如此高的证明标准,甚至可以低于民事诉讼中的优势证明标准。

正是因为严格证明与自由证明存在上述区别,所以有学者把自由证明从证明体系中分离出来,把它称为"释明"或者"疏明"。

### 三、诉讼证明的作用

诉讼证明是证据法理论的核心概念。因为诉讼的过程就是一个查明案件事实的过程,要查明案件的事实,就必须努力收集证据,审查判断证据,运用证据进行证明。事实认定的本质,是事实认定者运用证据进行经验推论,在头脑中再现、重现或重建过去事实的认定过程。有学者将这个过程比喻为"证据之镜"。[①]案件事实的查清,诉讼任务的实现,都有待于诉讼证明任务的完成。所以,诉讼证明在证据法制度中具有重要的作用。

诉讼证明是查明案件事实的基本方法,虽然有些案件事实是不需要证据证明的,我们称之为"免证事实"。例如,众所周知的事实、自然规律和定理、司法认知的事实、自认的事实、公证的事实等。但是,大部分案件的事实,特别是主要的案件事实,通常都需要通过证明的方法加以解决,以保证案件事实的正确认定。

诉讼证明是公安司法机关的办案人员认定案件事实的唯一方法,它是推动公安司法人员进行深入调查研究,全面收集证据,仔细慎重地运用证据查明案件真相的最基本的活动。

总而言之,在刑事诉讼中,通过证明实现打击犯罪、保护人权的目标;在民事诉讼中,通过证明查清案件事实,发挥司法定分止争的功能;在行政诉讼中,通过证明才能裁判行政行为的合法性。因此,诉讼证明是证据法的基础原理,必须高度重视,认真对待。

---

① 参见张保生主编:《证据法学(第三版)》,中国政法大学出版社2018年版,第37—38页。

## 第三节 三大诉讼证明的不同之处

### 一、证明责任的分配不同

在刑事诉讼中,证明责任的承担主体主要是控诉机关和负有证明责任的当事人,即公诉案件的公诉人和自诉案件的自诉人。犯罪嫌疑人、被告人一般情况下不承担证明自己有罪或者无罪的责任,但在特殊案件中,犯罪嫌疑人、被告人也承担一定的证明责任。例如,《刑法》第395条规定的"巨额财产来源不明罪"中,国家工作人员的财产、支出明显超过合法收入,差额巨大的,可以责令其说明来源。

民事诉讼中证明责任的分配在理论上存在诸多学说,主要包括待证事实分类说、法规分类说、法律要件分类说、危险领域说、盖然性说、损害归属说、利益衡量说。在本书有关诉讼证明责任章节中有专门的论述,在此不予展开介绍。按照我国《民事诉讼法》第64条的规定,"当事人对自己提出的主张,有责任提供证据。当事人及其诉讼代理人因客观原因不能自行收集的证据,或者人民法院认为审理案件需要的证据,人民法院应当调查收集。"可见,我国民事诉讼证明责任分配的一般规则是"谁主张、谁举证"。但是在特定情况下,如果仍然适用这一规则,可能造成对一方当事人不公,因此立法确立了举证责任倒置,即原告主张侵权事实,被告否认的,由被告就其否定侵权承担举证责任。

由于我国行政诉讼在历史上是从民事诉讼中分离出来,成为一个独立的部门法,因此行政诉讼在证明责任分配的一般原则上,与民事诉讼相同,即采用"谁主张、谁举证"的一般原则。根据《行政诉讼法》第34条的规定,被告对作出的行政行为负有举证责任,应当提供作出该行政行为的证据和所依据的规范性文件。被告不提供或者无正当理由逾期提供证据,视为没有相应证据。但是,被诉行政行为涉及第三人合法权益,第三人提供证据的除外。

### 二、证明标准不同

我国《刑事诉讼法》第55条规定,对一切案件的判处都要重证据,重调查研究,不轻信口供。刑事诉讼证明标准是"证据确实、充分","证据确实、充分"应当符合以下条件:(1)定罪量刑的事实都有证据证明;(2)据以定案的证据均经法定程序查证属实;(3)综合全案证据,对所认定事实已排除合理怀疑。

盖然性证明标准是民事诉讼普遍遵循的证明标准,我国《民事诉讼法》第64

条规定,人民法院应当按照法定程序,全面地、客观地审查核实证据。2020年5月1日起实施的《民事证据规定》第86条规定:"当事人对于欺诈、胁迫、恶意串通事实的证明,以及对于口头遗嘱或赠与事实的证明,人民法院确信该待证事实存在的可能性能够排除合理怀疑的,应当认定该事实存在。与诉讼保全、回避等程序事项有关的事实,人民法院结合当事人的说明及相关证据,认为有关事实存在的可能性较大的,可以认定该事实存在。"由此可见,民事诉讼证明标准一般采取"盖然性标准",或称为"优势证明标准"。

有关行政诉讼的证明标准,《行政诉讼法》第69条规定:"行政行为证据确凿,适用法律、法规正确,符合法定程序的,或者原告申请被告履行法定职责或者给付义务理由不成立的,人民法院判决驳回原告的诉讼请求。"这一条款主要是从法院审理程序的角度规定,同时也反映出行政诉讼要达到"证据确凿"的证明标准。《行政证据规定》对此也没有细化,第54条规定:"法庭应当对经过庭审质证的证据和无需质证的证据进行逐一审查和对全部证据综合审查,遵循法官职业道德,运用逻辑推理和生活经验,进行全面、客观和公正地分析判断,确定证据材料与案件事实之间的证明关系,排除不具有关联性的证据材料,准确认定案件事实。"可见,我国行政诉讼证明标准在界定上比较模糊,通常认为与民事诉讼和刑事诉讼的证明标准相比,行政诉讼证明标准介于二者之间,由于行政诉讼涉及的问题往往是行政行为的合法性,关系到原告的财产权、人身权,甚至人身自由的剥夺与限制,因此,行政诉讼证明标准兼有民事诉讼和刑事诉讼证明标准的特征,介于"盖然性"证明标准与"证据确实、充分"证明标准之间,具有灵活性、中间性,司法人员必须进行全面、客观和公正的分析判断。

### 三、证明任务不同

根据我国《刑事诉讼法》第55条的规定,刑事诉讼的证明任务就是确定案件事实的真实性,做到犯罪事实情节清楚,证据确实充分。所谓犯罪事实情节清楚,是指有关构成犯罪的全部犯罪事实和情节,以及同案件有关的被告人的个人情况,都必须查对清楚。根据《刑事诉讼法》第55条第2款的规定,所谓证据确实充分,应当符合以下条件:(1)定罪量刑的事实都有证据证明;(2)据以定案的证据均经法定程序查证属实;(3)综合全案证据,对所认定事实已排除合理怀疑。刑事诉讼的证明任务完成与否,以及完成质量的好坏,将直接影响着公安、司法机关适用法律的准确性,是正确解决被追诉人刑事责任的基础。

根据我国《民事诉讼法》的规定,民事诉讼的证明任务就是查明诉讼当事人之间争议事实的原委,或主张事由的合理性和真实性,分清是非责任。发生民事诉讼的前提,就是当事人之间存在实体法律关系冲突,或者应当由哪一方当事人享有权利或承担义务,以及冲突的起因及过错等存在争议。为此,法院需要对当事人提供的证据进行分析论证,以确定当事人之间的权利义务,维护权利人的合法民事或经济权益。

根据我国《行政诉讼法》的规定,行政诉讼的证明任务就是审查国家行政机关所作出的具体行为是否合法,即行政行为是否侵犯了公民、法人和其他组织的人身自由权、财产权或经营自主权等合法权益,为正确适用法律解决行政争议提供客观真实的事实基础,以维护权利人的合法权益。

# 第十二章 诉讼证明对象

## 第一节 诉讼证明对象的概念和特点

### 一、诉讼证明对象的概念和意义

关于证明对象的概念,诉讼法学界的认识基本一致,只是表述上略有差异。通常认为,诉讼中的证明对象,是指案件中必须由证明主体依法运用证据予以证明的案件事实,又称待证事实或要证事实。这些待证事实都是在启动诉讼之前就已经发生了的,裁判者未能亲眼观察到,为了客观全面地查明或确认已经发生而又存在争议的案件事实,只能通过由证明主体提供、运用证据进行证明的方式加以实现。因而,查明案件事实成为诉讼证明的首要任务,而那些与案件相关的事实,则成为诉讼中的证明对象。

证明对象是诉讼证明的前提和基础,是诉讼证明的一个主要构成环节。在某种意义上,正是由于证明对象的存在,才使证明成为必要并引发了相应的证明活动。证明对象构成了诉讼证明的起点和归宿。一方面,证明对象是诉讼证明的出发点。法律正是首先设定了证明对象,才产生了证明主体、证明责任等概念。而且,证明对象和证明标准一起形成了证明的方向和目标,只有明确了证明对象,才能进一步明确哪些材料可以作为证据,由谁负责证明(证明主体和证明责任),证明到何种程度为止(证明标准),以及如何进行证明(证明程序和方法)等问题,为诉讼证明乃至诉讼活动提供指引是证明对象的首要的价值功能。诉讼证明是围绕证明对象展开的,所以在诉讼证明活动中有关证明对象的真假问题是诉讼证明活动的目标,诉讼证明的最终目的就是对此问题作出判断。另一方面,证明对象又是诉讼证明的落脚点。证明活动就是证明主体通过提供证据这种具体的事实来证明抽象事实的存在,以此向裁判者展示该证明对象的实际情况,从而最终作为裁判者形成判决的事实依据。对于案件事实的认定,总体上是通过有关诉讼主体的举证和质证行为来推动诉讼的进程,进而最大可能地为裁判者即法官的采证提供有利于己方的证据。

证明对象主要是实体法规范所确定的案件事实,但并非所有的争议事实都是证明对象,成为待证事实必须具有法律上的价值,即实体法所规定的归责要件事实,如刑法中的犯罪构成要件事实、民商法中的侵权责任要件事实等。所以,证明对象的一个重要功能还在于它限定了证明的范围。在证明对象的规范下,当事人关于纠纷事实的证明有了明确的界限,当事人收集证据也有了明确的范围。同时,证明对象将举证、质证的范围以及裁判者的关注范围缩小到有法律意义的事实,不仅提高了认识的准确性和裁判的公正性,对于提高诉讼效率、节约诉讼成本也有重要意义。

**二、诉讼证明对象范围的界定**

诉讼证明对象范围是指那些属于需要在诉讼中加以证明的事实或内容。关于诉讼证明对象范围的界定,我们认为需要考虑以下因素:

第一,应当将证明对象和诉讼主张联系起来考虑。证明对象之所以称为"待证事实",就是因为这一事实仅仅属于申请方诉讼主张的组成部分,未经司法证明过程,还不能转化为定案的事实根据。通常认为一项诉讼主张包括事实和法律两方面的要素。与诉讼主张相关的争议包括事实争议和法律争议,法律争议的解决一般是以事实争议为前提。因而证明对象的范围也应包括诉讼主张的事实要素和法律要素两方面。

第二,研究诉讼证明对象的范围问题有助于在诉讼证明过程中明确目标,把握诉讼中的核心问题或者争议焦点。由于受实体真实观念的影响,我国长期以来在诉讼中过多关注事实真相的查明,关注实体法事实,而忽略程序法事实和证据法事实的查明。随着诉讼中程序意识的不断提高,尤其是程序性违法制裁以及非法证据排除相关规定的出台,在诉讼中,不仅要关注实体法中规定的要件事实问题,还要对有关的程序法事实和证据法事实加以证明,程序法事实和证据法事实的证明在一定程度上可以影响甚至决定实体法事实的证明。如经依法确认的非法言词证据,应当予以排除,不能作为定案的根据。

第三,应当将证明对象与证明要求联系起来考虑。证明要求,又称证明标准,是指按照法律规定认定事实或者形成一定的诉讼关系对诉讼证明所要求达到的程度或标准。证明最终要解决的问题是在何种证明状态下可以确认某一事实,可以采取某一诉讼行为,启动某一诉讼程序或者实现某一诉讼结果,这种证明状态体现为一定质和量的证据所能揭示案件事实的明晰程度。因而,证明对象的范围不仅与诉讼主张有关,还要受不同诉讼证明要求或证明标准的限制,不同的诉讼模式对于证明对象质和量的要求也不同,如民事诉讼中对证明对象的总体要求为"优势证明",相比之下,刑事诉讼中对证明对象质和量的要求则更为严格。

## 三、诉讼证明对象的范围及特点

### (一) 诉讼证明对象的范围

理论上关于诉讼证明对象的范围存在不同的观点。第一种观点强调证明对象限于实体法事实,即实体法所规定的行为要件事实或权利要件事实;第二种观点认为证明对象是需要用证据予以证明的待证事实,待证事实包括实体法事实、程序法事实和证据事实;第三种观点认为证明对象主要包括实体法事实和程序法事实。[1] 我们基本赞成第三种观点,认为证明对象主要应包括实体法事实和程序法事实,证据事实不属于证明对象。

实体法事实是诉讼中需要证明的对象,这一点目前在理论和实践中已没有争议,但对于程序法事实作为诉讼证明对象的问题,理论界曾有过争议,持否定观点者实际上是对实体法和程序法的关系理解偏颇,认为实体法重于程序法,只要按实体法办案就可以,至于程序是否作为证明对象并不十分重要,这种观点在倡导程序法治的今天看来显然是不可取的。程序法事实主要是指具有程序性意义的事实或对解决诉讼程序具有法律意义的事实。程序法事实应当作为诉讼证明对象的主要原因在于:第一,一些程序法事实如果不加以证明则不能顺利进行有关的诉讼活动,从而将影响案件实体问题的处理。如证人资格问题;是否属于法定回避情形的事实;二审对违反法定程序的一审案件裁定发回重审,其中违反法定程序的事实显然需要证据加以证明。这些程序法事实的证实与否将直接影响案件实体问题的处理。第二,诉讼法是从程序的角度保证实体法的正确实施,将程序法事实作为证明对象有利于增强诉讼主体的程序意识,规范诉讼主体的行为,保障诉讼活动依法规范进行。2012 年修正的《刑事诉讼法》初步确立了我国的非法证据排除规则,明确了控方除承担一般意义上的证明责任外,对于被告方提出排除非法证据申请的,还要对收集证据的合法性加以证明,这是我国法律首次明确将侦查行为的合法性纳入司法证明的对象,明确了程序法事实在诉讼证明中的重要性。侦查行为的合法性属于程序性争议问题,即程序法所规范的事实问题,对这一程序性争议问题的解决还将影响甚至决定对实体法事实的认定。《刑事诉讼法》中也进一步明确了对于经过法庭审理,确认或不能排除存在以非法方法收集证据情形的,对有关证据应当予以排除。

证据事实即证据,对于证据能否成为证明对象,目前学界观点不一。我们认为证据不应成为证明对象。理由是:第一,证明对象与证据是目标与手段的关

---

[1] 参见宋英辉、汤维建主编:《证据法学研究述评》,中国人民公安大学出版社 2006 年版,第 293 页。

系，不能将目标与手段混为一谈。证明对象是指在诉讼中需要运用证据来加以证明的事实，而证据是用来证明这些待证案件事实的方法或手段。若将证据事实视为证明对象无疑混淆了目标与手段的关系，在逻辑上和理论上有混乱之虞。第二，证据需要查证属实并不等于证据是证明对象。认为证据需要查证属实因而属于证明对象的观点混淆了证明对象与证据审查的含义。证明对象是案件中的待证事实，是处理案件首先要解决的问题，主要包括实体法事实和程序法事实。而证据是与这些待证的实体法事实和程序法事实相关联，用来证明待证事实的材料，其本身并不属于案件待证事实的范畴，因而也不属于证明对象的范畴。证据要作为定案根据还必须经过查证属实，即从法律对于证据的属性要件方面，如从证据的客观性、关联性和合法性方面对其进行查证，因而证据应属于被审查证实的对象，而不是案件本身的证明对象。案件的证明对象和证据事实是两个层面的内容，不应混为一谈。

(二) 诉讼证明对象的特点

1. 客观性和主观性相统一

证明对象是指与案件有联系的客观事实。证明对象不管是实体法事实还是程序法事实，都是已经发生过或已经存在的客观事实，不因诉讼而发生或消灭。但证明对象在诉讼过程中，也势必会受到证明主体、诉讼请求、诉讼模式、证明手段和证明方法等诸多因素的影响，不同的证明主体对案件事实的证明对象可能存在不同的认识，因而对证明对象的理解也存在一定的主观性。

2. 证明对象与证明主体的诉讼主张密切相关

证明对象是裁判的基础，证明对象能否得到充分有效的证明关系到证明主体依其诉讼地位提出的权利主张能否得到法院的支持。为了使诉讼请求或抗辩请求得以实现，证明主体必须使用一定的证明方法，即提出各种证据证明待证事实的存在。由此可见，没有诉讼主张，就不会有证明主体，证明对象的存在就没有法律上的意义。换言之，正是诉讼主张使得缺乏法律意义的具有普遍属性的抽象事实变为具体的规则要件事实，并使其能够连接证明主体与各种证明手段和方法，使全部证明活动有序进行。

3. 证明对象是由实体法和程序法所规范的事实

作为证明对象的事实，一般都为法律规范所调整，这里的法律包括实体法和程序法。证明对象的事实主要为实体法所规定。实体法本身就是衡量一定的法律关系存在、变更、消灭的标准，司法机关查处当事人之间的诉争，解决当事人的法律责任的裁判都是建立在实体法事实的基础上的，而程序法规定的要件事实也是司法人员作出合理判决、裁定、决定所必不可少的要件事实，也属于证明对象的范围。

4. 证明对象是需要运用证据加以证明的事实

证明对象在获得证明之前,处于存否不定、真伪不明的状态,需要证明主体运用证据加以证明。在这种意义上,证明对象和证据是目的和手段的关系。证明对象概念本身就含有需要证据加以论证和探知的期待性,因此,已知事实显然不在证明对象之列。例如,公证书记载的事实、众所周知的事实和自然规律及定理等都属于免证事实,不需要当事人举证证明,可由司法机关直接认定。

## 第二节 不同诉讼中的证明对象

尽管成为证明对象的事实具有许多共同特征,比如都是有法律意义的事实,都是能够通过证据认定其为真实而使法官获得心证的事实,但是在不同的诉讼中,因为法律规定的不同、诉讼证明活动属性以及方式的差异,三大诉讼中的证明对象也有所不同。

### 一、刑事诉讼中的证明对象

(一) 刑事诉讼中证明对象的概念

刑事诉讼的目的之一是保障刑事实体法的实施,刑事诉讼中的证明对象主要是指有关犯罪行为构成要件和量刑情节的事实,以及刑事诉讼程序上的有关事实。确定证明对象对于刑事诉讼中的证明主体明确需要证明的问题,有目的、有重点地调查、收集证据,对于人民法院查明案件事实,及时、正确地处理案件具有重要意义。《刑事诉讼法》第52条规定:"审判人员、检察人员、侦查人员必须依照法定程序,收集能够证实犯罪嫌疑人、被告人有罪或者无罪、犯罪情节轻重的各种证据。"该法第238条规定:"第二审人民法院发现第一审人民法院的审理有下列违反法律规定的诉讼程序的情形之一的,应当裁定撤销原判,发回原审人民法院重新审判:(一)违反本法有关公开审判的规定的;(二)违反回避制度的;(三)剥夺或者限制了当事人的法定诉讼权利,可能影响公正审判的;(四)审判组织的组成不合法的;(五)其他违反法律规定的诉讼程序,可能影响公正审判的。"从这些规定可以看出,凡是与被追诉人刑事责任的认定有关的一切需要证明的事实,不管是实体要件事实还是程序要件事实,都可以成为刑事诉讼的证明对象。

(二)刑事诉讼中证明对象的范围

根据现行刑法、刑事诉讼法以及有关司法解释的规定,我国刑事诉讼中的证明对象包括:

1. 刑事实体法事实

刑事案件的实体法事实是由刑法规范规定的,也就是依据刑法认定行为人行为是否构成犯罪、构成何罪、罪轻罪重等必须查明的事实,具体包括有关定罪的事实和有关量刑的事实两个方面。有关定罪的事实,是指有关犯罪构成要件的事实,它是刑事诉讼基本的证明对象;而有关量刑的事实,即对犯罪嫌疑人、被告人从重、从轻、减轻或免除刑事责任所依据的各种事实情节。

(1)有关犯罪构成的要件事实。刑法所规定的犯罪构成要件是判断某一行为是否构成犯罪、是此罪还是彼罪的前提,通常包括犯罪客体、犯罪主体、犯罪的客观方面和犯罪的主观方面四个要件。犯罪客体是指为刑法所保护的而为犯罪行为所侵犯的社会关系;犯罪主体则指达到法定责任年龄、具备刑事责任能力,实施了严重危害社会行为的自然人、法人或其他单位;就自然人而言,需要查明其姓名、性别、年龄、民族、文化程度、职业、是否有前科、住址以及犯罪前后的表现等事实。在这些事实中,有些属于定罪事实,如是否具有特定的身份,有些则属于影响量刑轻重的事实,如是否为未满18周岁的未成年人,或者是否为排除行为人刑事责任的事实。犯罪的客观方面是指我国刑法所规定的、说明侵害某种社会关系而为构成犯罪所必需的诸种客观事实,主要有危害行为、危害结果、刑法因果关系、犯罪的时间、地点和方法等。犯罪主观方面指我国刑法所规定的、行为主体对其所实施的危害行为及已经或可能发生的危害结果所抱的心理态度,包括犯罪故意或者过失,目的和动机以及认识错误。为了司法实践中应用的便利,理论界把上述犯罪构成要件事实概括为"七何",即何人,何时,何地,基于何种动机、目的,采取何种方法、手段,实施了何种犯罪行为,造成了何种危害后果。

(2)有关量刑情节的事实。只有量刑科学、适当,才能真正做到罚当其罪、罪刑相称,所以与犯罪行为轻重有关的各种量刑情节事实也是证明对象。我国《刑法》第61条规定:"对于犯罪分子决定刑罚的时候,应当根据犯罪的事实、犯罪的性质、情节和对于社会的危害程度,依照本法的有关规定判处。"根据刑法的有关规定,有关量刑情节方面的事实具体包括:一是从重处罚的事实。如教唆不满18周岁的人犯罪的教唆犯;组织、领导犯罪集团进行犯罪活动的或者在共同犯罪中起主要作用的主犯;累犯等。二是从轻、减轻或者免除处罚的事实。如对于未遂犯,可以比照既遂犯从轻或者减轻处罚;对于自首的犯罪分子,可以从轻或者减轻处罚,其中,犯罪较轻的,可以免除处罚;防卫过当或者紧急避险造成损害的,应当减轻或者免除处罚;已满14周岁不满18周岁的人犯罪,应当从轻或者减轻处罚等。

(3) 排除行为违法性、不予追究刑事责任的事实。对那些排除违法性、可罚性和行为人刑事责任的事实进行查清和证明,对于保障无罪的人不受刑事追究具有重要意义。排除行为违法性的事实主要包括正当防卫、紧急避险以及意外事件等。这些事实虽然貌似犯罪行为,但由于客观条件或者主观意志方面的正当性,刑法否定了这类行为的违法性。《刑事诉讼法》第16条规定了不予追究刑事责任的情形,具体包括:情节显著轻微、危害不大,不认为是犯罪的;犯罪已过追诉时效期限的;经特赦令免除刑罚的;依照刑法告诉才处理的案件,没有告诉或者撤回告诉的;犯罪嫌疑人、被告人死亡的;其他法律规定免予追究刑事责任的。当犯罪嫌疑人、被告人未达到法定的刑事责任年龄或者行为人在实施犯罪时处于精神不正常状态,对于他们的行为所造成的危害后果,刑法规定排除或者减轻刑事责任。对于排除或者减轻行为人刑事责任的事实,也应该作为刑事诉讼的证明对象。

2. 刑事程序法事实

刑事程序法事实是指与被告人定罪量刑有关的具有法律意义的程序性事实。主要包括:(1) 管辖的事实;(2) 回避的事实;(3) 采取及变更强制措施的事实;(4) 审判组织组成的事实;(5) 延期审理的事实;(6) 诉讼程序的进行是否超越法定期限的事实;(7) 变更执行所依据的事实;(8) 其他与程序的合法性或者公正审判有关的程序事实。

## 二、民事诉讼中的证明对象

与刑事诉讼中的证明对象不同,在民事诉讼中,《民法典》《专利法》等不同的实体法规定的证明对象不同,再加上诉的类型不同,证明对象很难有一个整齐划一的标准。民事诉讼中的证明对象主要是由原告提出诉讼请求所根据的事实和被告进行反驳所依据的事实来确定的。因此,凡是可以成为请求原因与答辩理由的、具有法律意义的事实都应成为民事诉讼的证明对象。另外在民事诉讼过程中有一些对民事实体问题的解决具有重要作用的诉讼程序方面的事实,也应成为证明对象。

民事诉讼中的证明对象主要包括以下三个方面:

(一) 民事实体法事实

民事实体法事实主要是由民事、劳动、经济法律规范所规定的对于确定民事法律关系状况有影响的事实。主要有以下内容：一是引起当事人之间权利义务关系发生、变更或消灭的事实，包括事件和行为。事件是客观事实，如人的出生和死亡；行为是主观事实，如订立合同、聘请律师。无论是事件还是行为，只要被诉讼主体作为诉讼主张的根据或者人民法院认为其与案件的处理有着直接的关系，都会成为民事诉讼中的证明对象。二是民事权利遭到侵害或者发生争议的事实，当事人在请求或者反驳时，也必须提供证据加以证明。三是权利和义务的发生必须符合法律规定的有关条件，否则不受法律的保护，当事人主张因存在一定的事实使得某项权利或义务不曾发生或者存在瑕疵时，对于该妨碍权利和义务发生的事实，应当给予证明，这些事实也就成为证明对象。四是有关民事主体的事实，主要指的是当事人的权利能力和行为能力，这些问题不仅涉及民事法律关系的状况，还直接涉及当事人的诉讼主体资格、诉讼行为是否有效等重要问题，也属于民事诉讼的证明对象。

（二）民事程序法事实

在民事诉讼中，也有一些程序法事实需要证明主体加以证明，这些事实包括：当事人诉讼资格的事实；案件管辖争议的事实；是否经过前置程序处理的事实；审判组织的事实；申请证据保全的事实；申请财产保全和执行的事实；强制措施的事实；诉讼期间的事实；不到庭有正当理由的事实；民事诉讼中止或者终结的事实；申请再审的事实等。

（三）有关特定习惯、经验法则、地方法规、外国法是否存在的事实

特定习惯是指有必要或者应当为法律所认可的，在某个行业或者某一区域为多数人所认知并遵守，就同一类事项继续而反复为同一行为的事实。在一般情况下，法院应当了解这些特定习惯，但法院不了解的特定习惯，则可能成为证明对象，当事人应负证明责任。由于民商事案件的复杂性，还可能涉及特别的经验法则、地方法规、外国的现行法甚至国际法的适用问题，对这些问题都要求法官详情尽知未免苛刻，因此，欲使法官适用有利于己方的特定经验法则、地方法规、外国现行法的当事人，应就这些内容负担证明责任，这些内容也即证明对象。

### 三、行政诉讼中的证明对象

行政诉讼中的证明对象就是在行政诉讼中需要证明主体证明的与被诉行政行为的合法性有关的事实以及规范性文件。我国《行政诉讼法》第6条规定："人民法院审理行政案件，对行政行为是否合法进行审查。"第34条规定："被告对作出的行政行为负有举证责任，应当提供作出该行政行为的证据和所依据的规范

性文件。"此外,行政复议法、国家赔偿法以及公安、卫生、工商等各种部门性实体法律规范都对证明对象作出了相关规定,成为确定行政诉讼证明对象的实体法依据和程序法依据。

根据有关法律规定和司法解释,行政诉讼中的证明对象总体上可分为与被诉行政行为合法性和合理性有关的事实、与行政赔偿构成要件有关的事实和行政诉讼程序事实。

(一)与被诉行政行为合法性或合理性有关的事实

1. 与被诉行政行为合法性或合理性有关的事实

例如,行政机关的行政主体资格和权限的事实;原告是否实施了被处理行为或其实施的行为是否符合法定条件的事实;被诉行政行为是否符合法定程序的事实等合法性问题均属于证明对象。根据《行政诉讼法》第77条,行政处罚明显不当,人民法院可以判决变更。因此,与被诉行政行为合理性相关的事实也可成为证明对象,对行政机关及其工作人员所作出的行政行为与案件事实、情节和性质是否相适应也应提供相关的证据加以证明。

2. 有关抽象行政行为合法性的事实

根据《行政复议法》,行政法规和规章以外的抽象行政行为也是行政诉讼的审查对象,所以与其合法性有关的事实也应成为一般行政诉讼的证明对象,包括以下几个方面的事实:作为抽象行政行为主体的行政机关依法对不特定的人和事件制定具有普遍约束力行为规则的行为;制定抽象行政行为的程序是否合法;抽象行政行为的适用范围和效力情况等。

(二)与行政赔偿构成要件有关的事实

根据《国家赔偿法》,国家机关和国家机关工作人员行使职权,有本法规定的侵犯公民、法人和其他组织合法权益的情形,造成损害的,受害人有依照本法取得国家赔偿的权利。赔偿请求人要求赔偿,应当先向赔偿义务机关提出,也可以在申请行政复议或者提起行政诉讼时一并提出。在行政侵权赔偿诉讼中,所要解决或证明的问题与一般行政诉讼不同,因此其证明对象也应与一般行政诉讼证明对象有别,具体包括以下几个方面:(1)行政机关及其工作人员是否实施了侵权行为;(2)该侵权行为是否是在行使行政职权的过程中实施的,且给相对人造成了人身权利或财产权利的损害;(3)该侵权行为是否违法,包括违反实体法和程序法;(4)侵权行为与损害后果之间是否存在着直接的因果关系。另外,原告单独提出赔偿请求的,赔偿义务机关已先行处理或超过法定期限不予处理的事实也应成为证明对象。

### （三）行政诉讼程序事实

在行政诉讼过程中，会有许多诉讼程序方面的事实需要证明，才能使行政诉讼顺利进行。行政诉讼程序事实具体包括：当事人资格的事实；主管和管辖的事实；采取排除妨害行政诉讼行为的强制措施的事实；审判组织的事实；审判程序的事实；诉讼期间的事实；行政诉讼执行程序是否合法的事实等。

## 第三节 免证对象

### 一、免证对象概述

免证对象是指在诉讼中无须证明即可确认的事实。在诉讼证明活动中，并非所有案件事实都具有证明的必要。因为某些事实的真实性是非常清楚的，无须查明，有些事实的真实性已由法院在其诉讼中查明，有些事实被法律假定为真实，也有些事实因为当事人不存在争议而被视为真实，这些事实都是无须证明的对象。当然，无须证明并非完全排除了对特定事项的证明活动，它只是免除了证明主体对此事项所负的证明责任，但该项无须证明的事实仍然可能遭受来自对方当事人的反驳性证明。

《民事诉讼法》第69条规定："经过法定程序公证证明的法律事实和文书，人民法院应当作为认定事实的根据，但有相反证据足以推翻公证证明的除外。"《民事证据规定》第10条规定："下列事实，当事人无须举证证明：（一）自然规律以及定理、定律；（二）众所周知的事实；（三）根据法律规定推定的事实；（四）根据已知的事实和日常生活经验法则推定出的另一事实；（五）已为仲裁机构的生效裁决所确认的事实；（六）已为人民法院发生法律效力的裁判所确认的基本事实；（七）已为有效公证文书所证明的事实。前款第二项至第五项事实，当事人有相反证据足以反驳的除外；第六项、第七项事实，当事人有相反证据足以推翻的除外。"

### 二、免证对象的范围

（一）免证事实

免证事实是指不需要当事人承担举证责任即可以认定的事实。确立免证事实，可以减轻当事人的证明负担，提高诉讼效率。根据有关立法和司法解释，免证事实在我国诉讼中有以下几种表现形式：

1. 众所周知的事实

众所周知的事实，是指一定区域内的大多数人都知道的事实。各国诉讼法一般均不将众所周知的事实作为证明对象。在我国三大诉讼法中，众所周知的事实也不必证明，可由人民法院直接确认。当然，事实是否众所周知，应结合具体环境、具体社会生活和具体案件确定。一般认为，成为众所周知的事实必须同时具备两个条件：一是诉讼发生时为大多数人知晓；二是审理案件的审判人员也知晓。应当注意，众所周知具有相对性，有的事实在全国范围内众所周知，而有的事实仅在全省、全市乃至更小的范围内为大多数人知晓，但确定众所周知的事实为大多数人知晓的范围时，不能过于狭窄。而且，众所周知的事实还具有时间性，一些原本不为人知的事实可能经过一段时间广为人知，从而不需要当事人证明，而另一些众所周知的事实，却可能经过时间的推移逐渐鲜为人知，从而需要进行证明。

众所周知的事实无须证明，但这并不否认因该事实被认定而处于不利地位的当事人的质疑和反驳权。根据最高人民法院司法解释的规定，对众所周知的事实，人民法院可直接认定，无须证明，但允许因该事实认定而处于不利地位的一方当事人在法庭辩论时，提出不同意见进行反驳。对提出的相反主张应加以证明，在推翻原来的事实之后，其主张才能成立。

2. 自然规律以及定理、定律

在诉讼过程中，有些事实可能涉及自然规律和定理。自然规律是自然界多年形成的不依人类的主观认识而存在的客观规则，而定理则是从公理出发，对自然界和自我，通过长期的观察和实践所证实的规则、规律和结论。这些自然规律和定理，如太阳东升西落、四季更替、万有引力、生物有机体的新陈代谢、作用与反作用定律等，有的广为人知，成为众所周知的事实，因而不必举证证明，有的虽然不具有共知性，但已经经过实践的反复检验证明，即具有一般知识的人都应当知道。《民事证据规定》第10条、《行政证据规定》第68条，均将自然规律、定理作为免证事实看待。但应当指出，对于自然规律和定理、定律，是经过当事人主张后，才能作为裁判的依据，还是由法院直接认定，仍存在不同的认识。我们认为，案件事实中涉及自然规律和定理的，法院应直接查明，也可要求主张适用该自然规律和定理、定律者作出解释。

3. 推定的事实

推定是指根据某一事实的存在而作出的另一事实存在的假定，前一事实称为基础事实，后一事实称为推定事实。基础事实得到证明，推定事实便可以直接确认。因此，根据法律规定或者已知事实和日常生活经验法则，能推定出的另一事实,当事人无须举证证明,司法机关可以直接确认,不必将其作为证明对象。例如,我国《民法典》第46条规定,自然人下落不明满4年的,利害关系人可以向人民法院申请宣告该自然人死亡。人民法院只需查明自然人下落不明已满4年的基础事实,即可推定宣告死亡。又如,《民法典》第1121条规定,相互有继承关系的数人在同一事件中死亡,难以确定死亡时间的,推定没有其他继承人的人先死亡。都有其他继承人,辈分不同的,推定长辈先死亡;辈分相同的,推定同时死亡,相互不发生继承。再如,根据日常生活经验法则,在婚姻关系存续期间生育的子女可推定为婚生子女。

推定的事实可以免证,是以无反证为条件的,如果认为推定的事实对其不利的诉讼主体提出相反的证据,足以将推定的事实推翻,适用推定的事实就成为证明对象。

4. 预决的事实

预决的事实包括已为人民法院发生法律效力的裁判所确认的基本事实和已为仲裁机构的生效裁决所确认的事实。已为人民法院发生法律效力的裁判所确认的基本事实可对以后审理的其他案件事实起预先决定的作用,不需要再行证明。构成预决的事实应具备两个条件:第一,必须是人民法院生效裁判中已经确认的基本事实;第二,该事实与本案有关。预决的事实之所以不需要证明,一是因为该事实已为人民法院经审理确认,客观上无再次证明的必要;二是因为该事实已为人民法院生效裁判所认定,该裁判具有法律约束力,这种约束力自然包括对所认定事实的不可更改性;三是这样处理可以避免人民法院对同一事实作出相互矛盾的认定。

当然,若有新的证据证明人民法院的生效裁判有错时,与其预决事实相反的事实就成为证明对象,当事人应提供相应证据加以证明。例如,在民事诉讼中,依特别程序所作宣告公民失踪、死亡的判决中认定的事实为预决事实,但有证据证明被宣告失踪、宣告死亡的公民重新出现时,经本人或者利害关系人申请,人民法院应当作出新判决,撤销原判决。

仲裁机构的生效裁决虽然不是人民法院作出的裁判,但其与生效判决有着同等的法律效力,因此,仲裁机构依法作出的生效裁决所确认的事实也属于预决事实。

值得注意的是,法院制作的生效调解书虽然也是人民法院处理当事人争议的结果,且生效调解书有等同于生效判决的法律效力,可以作为强制执行的法律依据,但生效调解中涉及的事实不是预决事实,也不属于免证对象。这主要是因为调解与裁判以及仲裁的处理方式不同,调解主要是以当事人互谅互让为基础,是当事人相互妥协所达成的协议,而法院裁判以及仲裁机构的裁决则是在法律和证据的基础上作出的处理结果,前者显然不宜作为预决事实,对于其中的争议事项在将来的诉讼中当事人仍负有相应的举证责任。

5. 公证事实

公证是指公证机构根据当事人的申请,依法证明法律行为、具有法律意义的文书和法律事实真实性、合法性的一种非讼活动。公证事实是已为有效公证文书所证明的事实。公证机关行使着国家证明权,公证机关对事实的认定是依照法定程序,经过严密的审查后作出的。经公证证明的法律行为、法律事实和文书具有法律效力,这种效力既包括证据效力、强制执行的效力,也包括形成法律事实的效力。因此,已为有效公证文书所证明的事实,法院可以直接作为定案根据,而无须再由当事人举证证明。但应当看到,公证事实属于免证事实也有例外的情形。根据我国《民事诉讼法》第69条的规定,经过法定程序公证证明的法律事实和文书,人民法院应当作为认定事实的根据,但有相反证据足以推翻公证证明的除外。即如果有相反的证据足以推翻公证证明的,就应当把公证文书认定的事实列为证明对象予以证明。

(二) 自认的事实

所谓自认是指一方当事人对对方当事人所主张的不利于己的事实予以承认。它是民事诉讼法中一项十分重要的制度,大多数国家的法律对此都有较为详细的规定。在通常情况下,自认可免除对方当事人对所主张事实的证明责任,自认的事实无须证明,因而自认的事实也属于民事诉讼中的免证对象。但自认的事实与前述免证事实不同之处在于,该事实本身属于证明对象,需要举证证明,但由于一方当事人对该事实予以承认从而免除对方当事人的证明责任,该事实之所以可以免证其实是自认产生的法律后果,而非该事实本身不需要证明,若当事人对此事实不予承认,则对方当事人仍需举证证明。

《民事证据规定》第3—5条、《民诉法解释》第92条中都对自认作了较详细的规定:在诉讼过程中,一方当事人陈述的于己不利的事实,或者对于己不利的事实明确表示承认的,另一方当事人无须举证证明。在证据交换、询问、调查过程中,或者在起诉状、答辩状、代理词等书面材料中,当事人明确承认于己不利的事实的,适用前款规定。一方当事人对于另一方当事人主张的于己不利的事实既不承认也不否认,经审判人员说明并询问后,其仍然不明确表示肯定或者否定的,视为对该事实的承认。当事人委托诉讼代理人参加诉讼的,除授权委托书明确排除的事项外,诉讼代理人的自认视为当事人的自认。当事人在场对诉讼代理人的自认明确否认的,不视为自认。一方当事人在法庭审理中,或者在起诉状、答辩状、代理词等书面材料中,对于己不利的事实明确表示承认的,另一方当事人无需举证证明。

当然,并不是任何情况下的自认都会发生免除对方当事人证明责任的效果。对于涉及身份关系、国家利益、社会公共利益等应当由人民法院依职权调查的事实,不适用自认的规定。自认的事实与已经查明的事实不符的,人民法院不予确认。此外,在诉讼中,当事人为达成调解协议或者和解协议作出妥协而认可的事实,不得在后续的诉讼中作为对其不利的根据,但法律另有规定或者当事人均同意的除外。

# 第十三章 诉讼证明责任

## 第一节 诉讼证明责任概述

### 一、国外证明责任制度的产生和发展

（一）古罗马时代的证明责任制度

证明责任制度最早产生于古罗马时代。古罗马法关于证明责任制度的规定主要体现为学者们所概括的五句话：(1) 主张之人负有证明义务，为否定之人则无之；(2) 事物之性质上，否定之人无须证明；(3) 原告不举证证明，被告即获胜诉；(4) 原告对于其诉，以及以其诉请求之权利，须举证证明之；(5) 若提出抗辩，则就其抗辩有举证之必要。这也是后人所说的"谁主张，谁举证"的由来。

（二）德国普通法时代的证明责任制度

到德国普通法时代（从继受罗马法至德国民法典颁行），证明责任制度与古罗马时期相比有了新的发展，即采取宣誓制度作为法官解决疑难案件的配套和补充制度。根据1847年汉诺威王国的《民事诉讼法》第170条的规定，当时盛行的裁判宣誓制度被称为"通常必要的宣誓"，分为两种情况：一是补充宣誓；二是雪冤宣誓。前者适用于负担证明义务的当事人，后者适用于不负证明义务的当事人。如果负担证明义务的当事人所提供的证据不充分，但在证明程度上已超出一半，该当事人便取得了补充宣誓权，经过补充宣誓后，法官即可认定该待证事实为真；反过来，如果该当事人所提供的证据没有达到证明程度的一半，对方当事人便取得了雪冤宣誓权，经过宣誓后，法官则认定该待证事实为假。

宣誓制度的引进突破了罗马法时代法官各行其是的做法，为他们断定是非、解决疑案提供了明确可循的统一规则。这样就形成了证明责任和宣誓制度的双轨机制，使之在不同的领域结合起来，发挥各自独特的功效。

（三）近代大陆法系的证明责任制度

19世纪，德国学者尤利乌斯·格拉查最早提出了关于证明责任概念的理论，该理论认为证明责任可分为两个层次。

一是形式上的或称主观上的证明责任，即当事人在具体的诉讼中为了避免败诉的危险，而向法院提出证据，证明其主张的一种行为责任。由于这层意义上

的证明责任强调的是当事人的举证行为而不涉及诉讼后果,因而又称为行为意义上的证明责任。

二是实质的或称客观的证明责任,即当某种事实的存在与否处于真伪不明的状态时,规定应由哪一方当事人承担不利后果的一种负担。由于这层意义上的证明责任与诉讼的结果有关,故又称为结果意义上的证明责任。

结果意义上的证明责任的提出深化了传统证明责任理论,提高了证明责任制度在诉讼中的地位和作用。后来客观证明责任理论进一步发展,很快成为德国理论界的通说,传播到日本也成为日本学界的通说。

大陆法系国家的刑事诉讼奉行职权主义,刑事案件多由检察机关代表国家起诉。检察官应当证明自己的控诉主张,但也必须顾及被告人无罪或者罪轻的情况。法院应当根据职权积极主动地收集、调查证据,不受检察官或者被告人提出证据的限制。被告人不负证明责任。在民事诉讼中,当事人负有证明责任,法院认为证据不足时,可以要求当事人补充证据,并可向当事人、证人、鉴定人发问。大陆法系法官的活动比较积极,法官收集和调查证据是为了更好地发现和认定案件事实,但其并没有提出任何诉讼主张,也不需要承担证明意义上的法律后果。因此,不能认为大陆法系的法官承担了证明责任。

(四) 英美法系的证明责任制度

英美学者一般认为,证明责任在诉讼的具体运用中可分解为两个既有密切联系又有明显差别的责任。

一是举证责任或称举证负担(burden of producing evidence)。举证责任即提供证据的责任,是指双方当事人在诉讼过程中,应当根据诉讼进行的状态对其主张的事实提供证据加以证明。如果主张的事实提出后主张者不提供证据加以证明,法官则拒绝将该事实提交陪审团审理和评议,对方当事人也没有反驳的义务。在此情形下,法官会将该事实作为法律问题处理,决定主张者承担败诉的后果。

二是说服责任或称说服负担(burden of persuasion)。说服责任是指当事人不仅必须提供证据证明自己的诉讼主张,而且必须提供充足而有力的证据使其所主张的案件事实达到法定的证明标准或程度,以说服陪审团和法官相信其诉讼主张是能够成立的,并作出对其有利的认定。否则,若需要证明的事实处于真伪不明的状态,对该事实具有说服责任的人则应承担由此产生的不利后果。

由此可见,英美法系中,法律为诉讼证明者设置了两道关:第一关是诉讼程序的发动者必须向法官或陪审团提供证据,以便能被接受或继续进行审理;第二关是诉讼证明者必须提供足够的、有说服力的证据,以使法官或陪审团相信其证明的事实或诉讼主张,从而最终作出对其有利的认定。

举证负担和说服负担既有联系又有区别,表现为以下几个方面:(1)举证负担解决的是法律问题,针对的对象是法官;说服负担解决的是事实问题,面对的是陪审团。(2)举证负担根据诉讼法和证据规则的要求产生,目的在于形成特定事实的争议,从而有必要交由陪审团审理;而说服负担根据实体法的要求产生,目的在于解决特定事实的争议,产生陪审团作出事实成立的结论。(3)举证负担所要求的证明标准较低,一般认为低于盖然性优势的程度;说服负担所要求的证明标准较高,一般认为民事案件要达到盖然性优势的程度,刑事案件要达到排除合理怀疑的程度。(4)举证负担在双方当事人之间来回转移,它是推进诉讼进程的负担;而说服负担则固定于一方当事人,它是承担败诉风险的负担。

**二、我国证明责任的概念**

我国对证明责任和举证责任的研究相对滞后。证明责任和举证责任的概念都是"舶来品"。清末,在国内外政治压力之下,清政府摆出一副社会改革的姿态,曾大量模制西方国家的法律。《大清民事诉讼律草案》就是在当时制定的。由于清末文化受日本影响,在制定该草案时就请了当时很有名的民事诉讼法学家松冈义正帮助立法,请他给立法的官员们讲授民事诉讼法的基本理论。松冈义正的著作《民事证据》的中译本也在1933年出版,该书第一次将当时的举证责任理论介绍到中国,对当时中国的民事诉讼理论产生了很大的影响。松冈义正指出:"举证责任者,兼言之,即当事人为避免败诉之后果,而有证明特定之必要。"

我国民事诉讼理论最早使用的"证明责任"是经日本引入的德国法上的概念,直接沿用日译的"举证责任""立证责任""证明责任",但多因历史原因,一直沿用日译的"举证责任"。我国证明责任的理论后深受苏联诉讼理论的影响,民事诉讼中对举证责任的理解仅限于提供证据的责任。直到20世纪80年代中后期,我国才开始系统地介绍国外的证明责任理论,至此,证明责任的理论研究才逐渐兴起。

关于证明责任的概念,理论上有颇多争议。争议的焦点是如何认识证明责任与举证责任的关系。关于证明责任和举证责任的关系,常见的有以下观点:(1)并列说。认为两个概念是并列的关系,是两个完全不同的概念。证明责任是专指刑事诉讼中控方承担的、收集运用证据证明被告是否有罪的法律义务,而举证责任是指当事人向司法机关提供证据的责任。两者的主体、证明标准和法律后果皆不同。(2)包含说。认为证明责任包含举证责任,证明责任是指司法机关或者当事人应当收集或提供证据证明案件事实，否则将承担不利的法律后果。而举证责任仅指当事人提供证据来证明自己主张的责任。(3) 同一说。认为证明责任就是举证责任，也就是指谁负有提出证据证明案件事实的义务。(4) 先后说。认为证明责任和举证责任是两个独立的概念，但两者之间存在一种先后关系。举证责任主要是指提供和收集证据，而证明责任主要指判断和适用证据。从认识论的角度讲，前者属于感性认识，后者属于理性认识。

我们认为，首先应区分"举证责任"和"提供证据责任"这两个概念。若将举证责任和提供证据责任等同，则举证责任和证明责任明显有别；若将举证责任与提供证据责任从诉讼的意义上来全面理解，则举证责任和证明责任在本质上应是一致的，区别不过是表述习惯的差异而已，我国不少学者也主张以"证明责任"的概念取代"举证责任"的概念。从目前我国的三大诉讼法及诉讼理论来看，一般在民事诉讼和行政诉讼中习惯于使用"举证责任"这个概念，而在刑事诉讼中则使用"证明责任"的概念。无论在何种诉讼中，证明责任（或举证责任）均应包括以下三层含义：(1) 证明主体提出证明主张；(2) 证明主体收集、提供证据证明其主张；(3) 若证明主体举证不能或不足时应承担不利的法律后果。从以上三层含义来看，不应将收集提供证据的责任混同于举证责任，证明责任或举证责任都应包括行为意义上的责任和结果意义上的责任。前者指证明主体对所主张的事实负有收集、提供证据加以证明的责任，后者指若举证不能或不足使案件事实处于无法确定或真伪不明状态时，证明主体应承担相应的诉讼风险。当然，因诉讼类型的不同，证明责任或举证责任以上三层含义的具体内容及要求也不同。

### 三、诉讼证明责任的特点

诉讼证明责任不是普通意义上的责任，它不是一种权利，当然也不能被单纯地视为一种义务，它是诉讼证明中所确立的一种特定的责任。与其他普通证明责任相比，这种特定的责任有它独有的特点，具体包括如下几个方面：

#### （一）证明责任主体的特定性

在诉讼中，并非所有诉讼主体都有资格承担证明责任，证明责任必须由特定主体来承担。在刑事公诉案件中，侦查、起诉机关作为广义的控诉方，共同承担着追诉犯罪的任务。公安机关负责大多数刑事案件的侦查，在侦查终结时，必须有足够的证据证明自己行为的合法性，必须调查、收集足够的证据证明是否有犯罪事实发生，犯罪行为是否为犯罪嫌疑人实施。若公安机关无证据或无足够的证据证明犯罪嫌疑人有罪这一事实，侦查行为应当终止，否则将无法保证人民检察院控诉任务的顺利进行。从这个意义上看，侦查机关的侦查工作是为人民检察院履行证明责任提供保障和依据。

人民检察院作为狭义的控诉方,是证明责任的承担主体。人民检察院通过审查起诉对侦查机关调查、收集到的证据进行审查以决定是否向法院提起公诉。在审查起诉过程中,人民检察院对证据不足的,除退回侦查机关补充侦查外,还可以自行补充侦查收集有关证据来证明案件是否符合起诉条件或者不符合起诉条件。在提起公诉时,人民检察院应提出确实、充分的证据证明其指控的犯罪事实,否则将承担指控犯罪不能成立的风险。

人民法院不是证明主体。1996年我国的《刑事诉讼法》修改后,人民法院在刑事诉讼中的作用发生了较大改变,证明责任主要由控诉机关,即人民检察院承担。犯罪嫌疑人和被告人原则上也不是诉讼证明责任的主体。犯罪嫌疑人和被告人是诉讼主体,不应承担自证其罪的义务。尽管法律规定,犯罪嫌疑人对侦查人员的提问,应当如实回答,但这里的"如实回答"不能被看作犯罪嫌疑人的证明责任。如果犯罪嫌疑人或被告人承担证明责任,将会使司法人员推卸责任,同时也不利于保护犯罪嫌疑人和被告人的人权。当然,犯罪嫌疑人与被告人可以提出证明自己无罪或罪轻的证据,但这不是他们所承担的证明责任,而是法律赋予他们的辩护权。但在特殊类型的案件中,如巨额财产来源不明案,犯罪嫌疑人和被告人要对其巨额财产的合法来源承担证明责任。

在自诉案件中,自诉人承担证明责任。自诉人必须向人民法院提出证明被告人侵犯其人身权利和财产权利的证据。如果自诉人提不出充分的证据证明自己的主张,其请求就不能成立。自诉案件的被告人依法提起反诉的,则对反诉的主张承担证明责任。

在民事诉讼中,双方当事人都可能成为证明责任的主体,但对于相同要件事实不能同时承担证明责任。证明主体须对自己的主张提出证据加以证明,当不履行证明责任或者证明不能时,应承担败诉或者其他不利后果。

在行政诉讼中,一般情况下,身份、地位与被告的不对称性决定了原告无法也不应成为证明责任的主体,而应由被告即行政机关对作出的行政行为承担证明责任。

(二)证明责任根据的法定性

我国三大诉讼法以及相关司法解释对于证明责任及其分配作出了规定,为证明责任的承担提供了法律依据。

《刑事诉讼法》第51条规定:"公诉案件中被告人有罪的举证责任由人民检察院承担,自诉案件中被告人有罪的举证责任由自诉人承担"。《刑事诉讼法》第52条规定:"审判人员、检察人员、侦查人员必须依照法定程序,收集能够证实犯罪嫌疑人、被告人有罪或者无罪、犯罪情节轻重的各种证据。"第54条规定:"人民法院、人民检察院和公安机关有权向有关单位和个人收集、调取证据"。

《民事诉讼法》第65条第1款规定:"当事人对自己提出的主张应当及时提供证据。"《民事证据规定》第1、2条规定:"原告向人民法院起诉或者被告提出反诉,应当提供符合起诉条件的相应的证据","人民法院应当向当事人说明举证的要求及法律后果,促使当事人在合理期限内积极、全面、正确、诚实地完成举证"。

《行政诉讼法》第34条规定:"被告对作出的行政行为负有举证责任,应当提供作出该行政行为的证据和所依据的规范性文件。被告不提供或者无正当理由逾期提供证据,视为没有相应证据。但是,被诉行政行为涉及第三人合法权益,第三人提供证据的除外。"

(三)证明责任过程的时限性

诉讼证明有其特殊性,证明责任的承担理应在诉讼过程中,不能超出诉讼之外。《民事诉讼法》第65条规定,当事人对自己提出的主张应当及时提供证据。人民法院根据当事人的主张和案件审理情况,确定当事人应当提供的证据及其期限。当事人在该期限内提供证据确有困难的,可以向人民法院申请延长期限,人民法院根据当事人的申请适当延长。当事人逾期提供证据的,人民法院应当责令其说明理由;拒不说明理由或者理由不成立的,人民法院根据不同情形可以不予采纳该证据,或者采纳该证据但予以训诫、罚款。根据这一规定,负担证明责任的当事人未在合理期限内提供证据的,将导致证据可能不被采纳的法律后果。《行诉法解释》第35条规定,原告或者第三人应当在开庭审理前或者人民法院指定的交换证据清单之日提供证据。因正当事由申请延期提供证据的,经人民法院准许,可以在法庭调查中提供。逾期提供证据的,人民法院应当责令其说明理由;拒不说明理由或者理由不成立的,视为放弃举证权利。原告或者第三人在第一审程序中无正当事由未提供而在第二审程序中提供的证据,人民法院不予接纳。

诚然,诉讼最大的目的是追求正义。从理论上讲,举证时限的要求有可能导致诉讼结果的不公,但是,正如法谚所言:"正义被耽搁等于正义被剥夺,即低效率的代价是昂贵的。人们诉诸法院是希望获得援助与救济,一个向法院寻求救助的人希望援助早日来临,否则判决就毫无意义。"

(四)证明责任总是与一定的法律风险相联系

证明责任既包括行为责任,即提出证据证明主张成立的责任,也包括结果责任,即负有证明责任的主体,如果不履行证明责任,或者在事实真伪不明时,就要承担其作出的认定或提出的主张不能成立的风险。正如有些学者所言,证明责任就是一种诉讼风险,证明责任的分配就是一种风险的分配。诉讼风险是一种诉讼结果不确定性的风险。之所以将这种风险分配给控诉方或当事人,原因是多方面的。首先在于诉讼这种纠纷解决方式的局限性。法律的作用是有限的,它不可能对纷繁复杂的事物都规定得非常细致完备。作为法律体系重要内容的诉讼制度也不例外。判决形成的主要依据是已被证明的案件事实,但法律在事实发现方面的极大缺陷以及某些案件事实的复杂性,使得有些案件往往会出现事实真伪不明的状态,因此,必须引入证明责任来推定或拟制事实以作为判决的依据。其次是效率原则的要求。西方有句法谚:"迟来的正义为非正义。"诉讼不是无休止的,必须受到时效和时限的限制。在事实认定上,即使是疑难案件也不能仅仅为了追求发现案件事实的客观真实而牺牲效率。这种时限或者说效率的要求也可以理解为一种风险。换言之,正因为有了效率的要求,诉讼的风险变得更大。最后是诉讼风险性的要求。诉讼解决的是当事人的纠纷,而争议的解决是有代价和风险的。法官之所以不承担证明责任,就是因为法官只是居中裁判者,不承担控诉机关或者当事人所承担的指控或者主张不成立的风险。当事人选择诉讼作为争议的解决方式时,就应当同时意识到这是一种带有风险的解决方式,因此要承担这种风险。无论从公平的角度还是从法经济学的角度,当事人对有利诉讼结果的期待是要付出一定代价的,这种风险的分配从法理上说也是公平和有效率的。

## 四、诉讼证明责任的功能

### (一) 首要功能:促进案件事实的发现

由于案件事实具有不可逆性,裁判者通常在审理案件前不了解案情,他们对案件事实的认识只有依靠现存的证据,借助逻辑推理和经验法则才能实现,因此,发现案件事实以存在足够的证据为条件,而证据是查明案件事实的唯一依据,所以,如何获得、收集证据至关重要。证据的获得,以及证据的真实性都依赖于证明责任的合理设置,因而,在整个诉讼证明中,首先要解决的问题就是,诉讼证据的收集、审查判断及其运用的责任应由谁承担。换言之,诉讼证明责任不明确,证据的收集就有困难,合理与合法就无从谈起,当然案件事实也就难以查清。

诉讼证明活动是诉讼活动的核心内容,证明责任的分配直接决定着案件事实发现的程度以及能否实现通过诉讼公正解决纠纷的预期目的,而对证明责任的模糊认识必然会使诉讼证明活动陷入无序。根据马克思主义认识论,正确的认识对实践有积极的作用,促进事物向好的方面发展,相反,错误的认识对实践有消极的作用,使事物向反方面发展。如若制度上对证明责任的分配没有规定,诉讼过程必然寸步难行,完全靠自觉自发提供证据发现案件事实是不切实际的。

明确诉讼证明责任要求依法承担举证责任的当事人主动、积极地提供证据证明其主张,要求依法承担证明责任的控诉机关客观、全面地收集证据,证明其主张认定的案件事实,这对诉讼活动的顺利进行具有重大意义。

(二)裁判功能:解决事实真伪不明的裁判方法

在诉讼中时常面临这样的情况:由于认识手段的局限性、认识客体的限制、认识期限的局限以及认识主体的原因,诉讼主体在用尽了调查程序和手段、穷尽了一切认识资料后,当事人提供的证据和司法机关收集的证据仍不足以证明案件事实,也就是说案件事实处于真伪不明的状态。遇此情形,法院作为司法请求的保障者和裁判者又不得以案件事实真伪不明为由拒绝裁判,这时,裁判者必然面临两难境地。在这种情况下,法官无法直接作出适用或不适用某一法律规范的判决,于是寻找另外的法律解决机制成为必要。对此,欧洲中世纪和我国西周之前的古代诉讼曾采用"神明裁判",即法官对证据不足的疑案无法判决时,借助于神的指示来作出被告人有罪或无罪的判决。随着社会的发展,人类认识能力的提高,"神明裁判""司法决斗"等非理性司法证明方法先后被以"人证"为主和以"物证"为主的理性司法证明方法所取代。但理性的司法证明方法仍然无法避免事实真伪不明状态的出现,在案件事实无法查明时,法官仍可能以个人确信为由任意裁决被告人有罪或者无罪。由于任意裁判不具有可预测性,往往不能为受裁判者所接受,因而不能从根本上达到定分止争的目的,有碍司法公正的实现。为防止法官任意裁判,法律需要针对案件事实真伪不明时裁判者如何裁判规定一定的标准,即在案件事实真伪不明时谁应当承担败诉的不利后果。这样,即使在案件事实真伪不明的情况下,当事人仍可以预见案件的裁判结果,从而通过提高裁判结果的正当性,使其易于被受裁判者接受。

质言之,证明责任的产生或设立,主要就是在要件事实真伪不明状态下,为法官提供将不利的诉讼后果判给某一当事人承担的明确法律依据,从而显示在该种情况下法官的判决不是任意的。所以,与上述"神明裁判"、法官任意裁判相比,证明责任的这一本质反映了现代法治国家极力强调法的安定性、法的可预测性及司法信赖性。

(三)效益功能:诉讼多元价值的有效保障

现代社会价值取向逐步多元化,公平、正义、效益、人权、秩序都是诉讼追求的目标。理论界对于几项目标中孰重孰轻的争论从来就没有停止,但不管哪一方获胜,诉讼都不可能只存在一种价值追求,价值的多元化是现代诉讼发展的必然方向。而在诉讼的诸多价值目标中,公正无疑是诉讼活动追求的第一目标,公正解决纠纷也是设立证明责任制度的根本目的。但应当看到,受主客观条件的限制,在具体案件中,有时不可能认识到案件的全部客观事实,有时即使能发现客观事实,也需要付出漫长的时间和其他方面的投入,从而使诉讼的预期成本远远大于其预期收益,因此,在诉讼证明活动中,对公正尤其是实体公正的追求必须受到效益原则的限制和约束。证明责任是一项兼顾公正与效率的制度设计。

证明责任可以督促证明主体为避免承担不利后果而及时提出于己有利的证据,为法官认定案件事实提供充分的证据,使法官能够及时作出正确的裁判。当然,案件事实在法定的期限内仍然无法查明的现象是不可避免的,在这种情况下,证明责任以拟制的事实作为法官裁判的依据,不仅可以使争议的法律关系尽早趋于稳定,保护涉案当事人的合法权益,也可以大大避免搜寻客观事实的司法资源耗费。在民事诉讼中,证明责任的分配也可以通过将诉讼风险分配给能以最低成本避免风险的一方,从而激励证明主体尽合理的注意义务或者采取合理的预防措施以避免损失和损害的发生。而且,证明责任是预置在实体法之中的,那么依据证明责任进行裁判时,多数情况下只要考察实体法的规定即可,这也可以在很大程度上提高司法的效率。

可以说,证明责任的产生是认定案件事实的需要,其目的既包括促进对案件事实的探知,也包括使纠纷得以有效率地解决,其本身就是实质正义和形式正义的综合体现。

## 第二节 刑事诉讼中的证明责任

### 一、刑事证明责任的分配原则

刑事诉讼中证明责任的分配是指证明被告人有罪、无罪或其他与犯罪有关的特定事项的责任如何在有关机关和个人之间进行配置的问题。科学合理地分配证明责任,不仅有利于保障被告人的合法权益,也有利于实现司法公正和诉讼证明任务的顺利完成。刑事证明责任的分配相较民事证明责任的分配而言较为简单,从世界各国刑事证明责任的分配来看,主要可归纳为无罪推定原则和利益衡量原则。

(一) 无罪推定原则

自1789年法国《人权宣言》首次将无罪推定原则写入成文法,世界各国纷纷将其纳入本国刑事诉讼法典,甚至上升为宪法原则。自20世纪中叶以来,随着《世界人权宣言》《公民权利及政治权利公约》等重要国际法律文件的先后确认,无罪推定原则已成为一条世界各国普遍适用的刑事司法准则。无罪推定的核心在于通过假定每个公民均处于无罪的原始状态,赋予控诉机关推翻这种原始状态时必须提供充分证据证明其有罪的义务。正如英国的罗纳德·沃克所言,无罪推定无须证明基础事实,因而仅仅是确定首先由谁负担证明责任的问题。①

从这个意义上看,无罪推定的本质乃在于明确控诉机关在刑事诉讼中的证明责任。具体而言,无罪推定要求:(1)提供证据证明被告人有罪的责任由控诉一方承担,不得采用酷刑和其他非法方法收集证据;(2)控诉一方履行证明责任必须达到案件事实清楚、证据确实充分或者排除合理怀疑的程度,若不能证明被告人有罪或者证明达不到法律的要求,则应判定被告人无罪或疑罪从无;(3)被告人有辩护的权利,没有证明自己无罪的义务,不能因为被告人无法证明自己无罪而推定其有罪。

无罪推定原则确立了被告人在审判过程中应有对抗国家追诉权的防卫抗辩程序保障,使国家侦查检控机关权力的行使受到限制和制约,使诉讼更具公平性和对抗性,也有助于程序正当性和司法正义的实现。可以说,无罪推定原则是刑事证明责任分配的最基本原则和基础。我国《刑事诉讼法》第12条规定了未经人民法院依法判决,对任何人都不得确定有罪。该条被普遍认为吸收了无罪推定保障被告人人权的合理内核,是我国刑事诉讼强化人权保障和正当程序的重要表征。

### (二)利益衡量原则

所谓利益衡量原则,是指在某些特殊的刑事案件中,基于各种综合因素的考虑而将部分或局部的证明责任分配给被告人一方,从而使刑事案件的证明责任分配模式得到适当平衡。英美法系的利益衡量说在分配证明责任时主要考虑的要素包括政策、公平、证据距离、盖然性、经验规则、方便等要素。日本学者石田穰教授也提出,法官依判例形成证明责任分配规范时应考虑的要素包括证据的距离、依事实性质立证的难易、关于事实存在或不存在的盖然性、诚信原则或禁反言等。在刑事诉讼中,刑事政策、证明的难易和诉讼效率是分配证明责任时通常的考虑因素。

1. 刑事政策

为了打击某类特殊的犯罪,立法者往往通过改变证明规则来加大打击力度,基于刑事政策的考虑而将部分证明责任分配给被告人一般是由实体法作出特别的规定。从世界范围来看,随着贪污、受贿、贩毒、恐怖活动犯罪的猖獗,各国政

---

① 转引自徐静村主编:《刑事诉讼法学》,法律出版社1997年版,第177—178页。

府均采取各种措施预防和控制上述犯罪,其中之一便是在成文法中将证明责任分配给被告人承担。例如,英国为了惩治恐怖犯罪,1994 年通过的《刑事审判和公共秩序法》对沉默权作了限制,法庭和陪审团可以从被告人的沉默中作出不利于被告人的推论。2003 年联合国大会通过的《联合国反腐败公约》中也明确了由罪犯证明犯罪所得或者其他应当予以没收的财产的合法来源。

2. 证明的难易

公平性是程序正义的内在要求。在分配证明责任时公平性是必须要考虑的因素之一,根据双方举证能力的大小和难易程度来分配证明责任,即谁有更强的举证能力,谁更容易举证则由谁承担相应的证明责任。在通常情形下,刑事诉讼中的侦查机关和检察机关与被告人相比,拥有更多更强大的诉讼手段和诉讼资源,因而也具有更强的举证能力,更容易调查、收集证据来发挥证明作用,而被告人在刑事诉讼中处于弱势地位,具有非常有限的举证能力和诉讼证明手段,由其承担证明责任缺乏公平性和正义性。这也是各国刑事诉讼法普遍将证明有罪的责任分配给控方的主要原因之一。当然,在刑事诉讼中,也有一些事实或事由被告人更容易证明,则应考虑由被告人承担相应的证明责任,一味强调诉讼中所有的证明责任均由控方承担显然也缺乏公平性和正义性。如英国就根据接触证据来源和提供证据的便利性将以下一些事由的证明责任置于被告人一方:精神失常、减轻责任、自杀契约、贩毒案件中的财产来源、不在犯罪现场、合法使用武力、受挑衅、认识错误等。美国证据法上,被告人对于下列情形也负有提出证据证明的义务:精神病或不宜接受审判、意外事件或受到胁迫、出于自卫等。

3. 诉讼效率

刑事证明活动不仅要追求公平和正义,也要讲究效率。在刑事诉讼活动中,对享有证据信息优势的一方,由其提供证明不仅可以节省司法资源、降低诉讼成本,同时也有利于迅速及时查明案情。正如贝勒斯所言,"当一方当事人被认为具有一种获取信息的特别条件,让较少有条件获取信息的当事人提供信息,既不公平,又不经济"[①]。由于控方具有较强的诉讼地位和证明优势,因此,在诉讼中由控方收集、提供证据可以提高诉讼效率,节省司法资源,但对于一些事由若被告人享有证据信息优势,则由被告人承担一定的证明责任既有利于迅速查明案件,也可使被告人早日摆脱讼累。

---

① 〔美〕迈克尔·D.贝勒斯:《法律的原则——一个规范的分析》,张文显等译,中国大百科全书出版社 1996 年版,第 67 页。

**二、我国刑事诉讼中的证明责任**

在我国刑事诉讼中,证明责任的承担主体主要是控诉机关和负有证明责任的当事人,即公诉案件中的公诉人和自诉案件中的自诉人。犯罪嫌疑人、被告人不负证明自己有罪或无罪的责任,但在特殊案件中,犯罪嫌疑人、被告人也承担一定的证明责任。

(一)公诉案件中的证明责任

1. 公诉案件中由人民检察院承担证明责任

我国《刑事诉讼法》第51条规定,公诉案件中被告人有罪的举证责任由人民检察院承担。公诉机关的证明责任主要表现为以下几点:

(1)提出控诉的证明主张。我国《刑事诉讼法》第176条规定:"人民检察院认为犯罪嫌疑人的犯罪事实已经查清,证据确实、充分,依法应当追究刑事责任的,应当作出起诉决定,按照审判管辖的规定,向人民法院提起公诉,并将案卷材料、证据移送人民法院"。人民检察院承担证明责任的首要任务是提出控诉主张,即向人民法院提起公诉,请求人民法院追究被告人的刑事责任。

(2)提供证据证明其起诉主张。人民检察院作为狭义的控方承担着提供证据证明起诉主张的责任,而侦查机关作为广义的控诉方起着协助人民检察院承担证明责任的作用和职责。具体而言,侦查机关主要承担侦查阶段调查、收集证据的责任,人民检察院对侦查机关收集的证据进行审查后,认为犯罪事实清楚、证据确实充分的,决定向人民法院提起公诉并出庭支持公诉。在开庭审理阶段,公诉人在法庭上要宣读起诉书,提出控诉主张,同时还应当向法庭出示、宣读所提供的证据,通过进一步阐述论证自己的起诉主张以说服法官或者合议庭形成内心确信,支持其起诉主张。

(3)举证不能或不足时应承担不利的法律后果。《刑事诉讼法》第200条规定:"在被告人最后陈述后,审判长宣布休庭,合议庭进行评议,根据已经查明的事实、证据和有关的法律规定,分别作出以下判决:(一)案件事实清楚,证据确实、充分,依据法律认定被告人有罪的,应当作出有罪判决;(二)依据法律认定被告人无罪的,应当作出无罪判决;(三)证据不足,不能认定被告人有罪的,应当作出证据不足、指控的犯罪不能成立的无罪判决。"这意味着若人民检察院能提供确实、充分的证据证明被告人有罪的,其起诉主张将获得法院支持;若人民检察院无法提供证据或证据不足的,则应承担不利的法律后果,人民法院将作出有利于被告人的处理决定,即作出无罪判决或证据不足的无罪判决。

## 2. 犯罪嫌疑人、被告人一般不承担证明责任

刑事诉讼中犯罪嫌疑人、被告人一般不承担证明责任。反对强迫自证其罪是现代诉讼民主与法治的要求,是刑事诉讼中人权保障的重要内容。刑事诉讼的主要目标和任务是控诉犯罪,追究被告人的刑事责任。刑事诉讼的证明责任是基于控诉权而产生的,因此,应该由提出控诉主张的主体承担证明责任,作为被追究对象的犯罪嫌疑人、被告人不承担证明责任,不能因为犯罪嫌疑人、被告人不能证明自己无罪便据此推定其有罪。当然,在刑事诉讼中,犯罪嫌疑人、被告人有反驳指控的辩护权利,有权提出证明自己无罪、罪轻、减轻、免除其刑事责任的材料和意见。辩护权的行使不得被剥夺或限制,除非犯罪嫌疑人、被告人本身放弃该权利。我国《刑事诉讼法》并未规定犯罪嫌疑人、被告人享有沉默权,对于侦查人员的讯问,犯罪嫌疑人应当如实回答,但如实回答并非意味着被告人须承担证明责任。刑事诉讼中的证明主张是有罪而非无罪,因此,应由提出有罪主张的主体承担证明责任,犯罪嫌疑人、被告人不如实陈述不会也不应导致其承担不利的法律后果,在此情形下,控方应收集除口供以外的其他证据来证明其控诉主张。

作为犯罪嫌疑人、被告人不承担证明责任的例外情形是巨额财产来源不明案件。《刑法》第395条规定:"国家工作人员的财产、支出明显超过合法收入,差额巨大的,可以责令该国家工作人员说明来源,不能说明来源的,差额部分以非法所得论,处五年以下有期徒刑或者拘役;差额特别巨大的,处五年以上十年以下有期徒刑。财产的差额部分予以追缴。"对于此类案件,首先承担证明责任的仍然是控方,当控诉方收集到足够的证据证明国家工作人员的财产或者支出明显超过合法收入且差额巨大时,证明责任即转移至犯罪嫌疑人或被告人,其必须说明差额部分的来源是合法的,否则应承担对其不利的法律后果。此类案件之所以规定犯罪嫌疑人、被告人承担相应的证明责任,主要是出于打击贪污贿赂犯罪的需要,且在此类案件中由被告人承担相应的证明责任也更为便利。

## 3. 人民法院不承担证明责任

《刑事诉讼法》第52条规定:"审判人员、检察人员、侦查人员必须依照法定程序,收集能够证实犯罪嫌疑人、被告人有罪或者无罪、犯罪情节轻重的各种证据。"第196条规定:"法庭审理过程中,合议庭对证据有疑问的,可以宣布休庭,对证据进行调查核实。人民法院调查核实证据,可以进行勘验、检查、扣押、鉴定和查询、冻结。"据此,有人认为人民法院也应承担证明责任,我们认为这种观点是值得商榷的。首先,将法院视为承担证明责任的主体有违中立性和公平性的要求。将法院视为证明主体,意味着法官应承担并履行证明责任,同时又要作为

裁判者对待证事实进行评价。为保证裁判的公平性和公正性,裁判主体应避免实施任何带有追诉性质和后果的诉讼行为,也不得产生不利于被告人的追诉心理和趋向,而人民法院承担证明责任无疑会使其丧失中立地位,从而有损诉讼的公平及公正。其次,将法院视为承担证明责任的主体有违控审分离原则。证明责任与控诉主张密切相关,应由提出控诉主张的主体来承担,证明责任的承担也是控诉职能行使的具体形式。认为法院也承担证明责任无疑承认法院也承担控诉职能,这显然违背控审职能分离的原则,不利于案件的公平和公正处理。在诉讼过程中,人民法院虽有收集、调查核实证据的职权,但将其理解为人民法院承担证明责任则混淆了法院查证核实证据的责任与证明责任二者的区别,查证核实证据是法院审判职能的内容,而非控诉职能的内容。最后,从证明责任的结果意义来看,人民法院收集、调查证据是为了更好地查明事实真相,为最终的裁判提供更有说服力的依据。人民法院即使不调查、收集证据也可以直接依据证明主体提供的证据作出裁判,其并不因此而承担任何诉讼上的风险。因此,人民法院不是刑事诉讼的证明主体,不承担任何证明责任。

(二)自诉案件中的证明责任

自诉案件中自诉人负有证明责任。《刑事诉讼法》第51条规定,自诉案件中被告人有罪的举证责任由自诉人承担。第211条规定,人民法院对犯罪事实清楚,有足够证据的案件,应当开庭审判;人民法院对缺乏罪证的自诉案件,如果自诉人提不出补充证据,应当说服自诉人撤回自诉,或者裁定驳回。由此可见,在自诉案件中,人民法院不再主动调查收集证据,而要求自诉人承担向法院提供相应证据证明犯罪事实的责任。如果自诉人提供的证据未达到一定的证明标准,将承担对自诉人不利的法律后果。同样,若自诉案件中被告人提出反诉的,被告人对其反诉主张也应负有相应的证明责任。

(三)证据合法性的证明责任

《刑事诉讼法》第56条规定:"采用刑讯逼供等非法方法收集的犯罪嫌疑人、被告人供述和采用暴力、威胁等非法方法收集的证人证言、被害人陈述,应当予以排除。收集物证、书证不符合法定程序,可能严重影响司法公正的,应当予以补正或者作出合理解释;不能补正或者作出合理解释,对该证据应当予以排除。"这一规定意味着我国立法初步确立了刑事非法证据排除的相关规则。《刑事诉讼法》第59条规定:"在对证据收集的合法性进行法庭调查的过程中,人民检察院应当对证据收集的合法性加以证明。现有证据材料不能证明证据收集的合法性的,人民检察院可以提请人民法院通知有关侦查人员或者其他人员出庭说明情况;人民法院可以通知有关侦查人员或者其他人员出庭说明情况。有关侦查人员或者其他人员也可以要求出庭说明情况。经人民法院通知,有关人员应当出庭。"这一规定明确了人民检察院应当对证据收集的合法性进行证明,即作为控诉方,人民检察院应对控诉证据的合法性承担证明责任。

证明责任的分配不仅是一个程序和证据的问题,也关乎实体权利的配置及司法正义的实现。司法正义对诉讼程序的一项基本要求是控辩力量的平等。立法者在分配证明责任时要兼顾控辩双方取证能力的差异,在权利义务的配置上应适当偏向弱势方,从而在一定程度上平衡控辩双方的力量。在刑事诉讼中,作为代表国家行使犯罪追诉权的侦查机关和检察机关,无论在法定的诉讼手段上还是诉讼资源的拥有上都远胜于作为公民个人的辩方,由处于强势地位的国家机关承担证明责任不仅具有便利性和可行性,也符合诉讼经济和效率的原则。而处于弱势一方的犯罪嫌疑人、被告人不仅缺乏与国家机关相抗衡的收集、调查证据的能力,且司法实践中绝大多数犯罪嫌疑人、被告人处于被羁押状态,人身自由受到限制,由其承担证据合法性的举证责任无疑极为困难且很难胜任。因此,由控方对证据的合法性承担证明责任不仅是程序正义的基本要求,也是司法实践的现实要求。我国《刑事诉讼法》第58条规定当事人及其辩护人、诉讼代理人有权申请人民法院对以非法方法收集的证据依法予以排除。申请排除以非法方法收集的证据的,应当提供相关线索或者材料。这意味着当事人及其辩护人、诉讼代理人对证据的合法性有异议的,首先应提供相关的线索或者材料,但证据合法性的证明责任还是由人民检察院承担。2010年"两高三部"《关于办理刑事案件排除非法证据若干问题的规定》第7条对人民检察院承担证据合法性举证责任的内容作了较为详细的规定,即公诉人应当向法庭提供讯问笔录、原始的讯问过程录音录像或者其他证据,提请法庭通知讯问时其他在场人员或者其他证人出庭作证,仍不能排除刑讯逼供的,提请法庭通知讯问人员出庭作证,对供述的合法性予以证明。为了保证和促进公诉机关能顺利地承担该证明责任,《刑事诉讼法》第123条规定侦查人员在讯问犯罪嫌疑人的时候,可以对讯问过程进行录音或者录像;对于可能判处无期徒刑、死刑的案件或者其他重大犯罪案件,应当对讯问过程进行录音或者录像。录音或者录像应当全程进行,保持完整性。

## 第三节 民事诉讼中的证明责任

### 一、民事诉讼证明责任分配的概念

司法诉讼是一种发现真实进而在此基础上适用法律的活动。但在某些情形下,即便穷尽了各种手段(包括运用各种法律上的证据调查程序、手段及斟酌法庭审理过程和辩论内容)后,法官对于事实存在与否依然不能达到确信状态,换言之,法官的心证不能达到证明标准。这种对于事实存在与否不明的状态被称作"事实主张的真伪不明"。当陷于这样的真伪不明时,法官该怎么办?近代各国民事诉讼法所采用的都是通过"假定"该事实存在或者不存在来作出判决的方式。这就是所谓"依据证明责任作出判决"。证明责任成为特定类型案件进行法律推理的大前提。从当事人的立场看,证明责任即指当某个事实存在与否不明确时,某一方当事人将承担以该事实为要件的于己不利之法律效果或不利益的危险。

民事诉讼中采用辩论主义,[①]将提出判决所需的事实资料的主张责任和提出证明所需的证据资料的证明责任交付当事人,同时,在公平原则下,依照一定的基准,将责任让当事人分担。证明责任的分配所要解决的问题是,由哪一方当事人负责收集、提供证据(行为意义上的证明责任),当诉讼即将终结时,如果案件事实仍然真伪不明,由谁承担不利的诉讼后果(结果意义上的证明责任)。

同刑事诉讼、行政诉讼相比,民事诉讼中的证明责任分配颇为复杂。民事诉讼双方当事人都有相同或者相近的条件了解案件的事实,在收集、调查、提供以及运用证据方面,都有大致相同的机遇和能力。所以,在民事诉讼案件中,可能由原告承担证明责任,也可能由被告承担证明责任。而在复数当事人诉讼中,情况就更为复杂了。明确证明责任一方面可以促使承担证明责任的当事人为避免败诉而积极举证,另一方面为法官在案件事实真伪不明时提供裁判的依据。

**二、民事诉讼证明责任分配的学说及评价**

如何分配证明责任?长期以来存在争论。这是因为证明责任的分配既要考虑法律的抽象价值,又要考虑到具体案件的差异;既要考虑设定的分配标准的概括性,又要考虑其在诉讼过程中的可操作性。加之社会总是在不断发展进步,原有的分配标准总会受到新类型案件的挑战。正如国内有学者指出:"在整个证明责任理论研究领域中,证明责任分配应是理论性最强,实务性价值最高,内容也最为复杂的部分,而其中的核心课题就是证明责任分配标准。"[②]自罗马法以来,证明责任分配及其标准问题一直受到各国学界和实务界的高度重视,涌现了各种学说,并被引入国内。这些学说,在证据法学和诉讼法学教科书中均有介绍,

---

① 当然辩论主义(或提出主义,我国国内习惯称辩论原则)也有适用于刑事诉讼、行政诉讼的,但对于通常认为的辩论主义三个内容中的"自认事实直接成为判决的基础"只允许适用于民事诉讼中。
② 陈刚:《证明责任法研究》,中国人民大学出版社2000年版,第170页。

业已为国内所熟悉,故本书在此不加出处注明。现采撷如下:

(一) 待证事实分类说

该学说以待证事实能否得到证明以及证明的难易程度来分配证明责任。具体做法是将案件事实分为积极事实和消极事实、外界事实和内界事实。积极事实是指已经实际发生或存在的事实,即肯定事实;消极事实是指没有发生或不存在的事实,即否定事实。外界事实是指通过五官能够从外部体察的事物,如物体的形与色等;内界事实是指无法从外部直接感知的事物,如善意与故意、真实与虚假等。因消极事实没有发生过,不会与外部世界发生联系,不会留下证据,要求主张消极事实的当事人举证极其困难。内界事实不能从外部世界加以感知,也无法举证。因此,主张积极事实和外界事实的人应负担证明责任,主张消极事实和内界事实的人不负担证明责任。

(二) 法规分类说

该学说从实体法规范的分析中归纳出分配证明责任的原则。认为实体法规范通常由两部分构成:一是原则性规定;二是例外性规定。凡是要求适用原则性规定的当事人,应就原则性规定所包含的要件事实的存在负担证明责任,无须证明例外性规定所包含的要件事实的不存在;凡是要求适用例外性规定的当事人,应就例外性规定所包含的要件事实的存在负担证明责任,无须证明原则性规定所包含的要件事实的不存在。

(三) 法律要件分类说

该学说主张依据实体法规定的法律要件事实的不同类别分配证明责任。它与待证事实分类说的不同之处在于以权利保护的要件,而不是以待证事实的性质来分配证明责任。法律要件分类说又有多种分支学说,其中尤以德国的莱奥·罗森贝克法律规范分类说最具影响力。罗森贝克将错综复杂的实体法规范分成四大类:(1) 权利发生规范,即能引起某一民事实体权利发生的规范,如合同订立规范等;(2) 权利妨害规范,即权利欲发生之初,便与之对抗,使之不得发生的规范,如无行为能力规范;(3) 权利消灭规范,即权利发生后与之对抗,具有将已发生的权利消灭的作用的规范,如债务的履行、免除等规范;(4) 权利受制规范,即权利人欲行使权利之际发生对抗作用,能够遏制或排除权利,使之无法实现的规范,如消灭失效规范。后三种规范又并称对抗规范。在此基础上分配证明责任,即主张权利存在的人,应对权利发生的法律要件存在的事实负担证明责任;否认权利存在的人,应就权利妨害法律要件、权利消灭法律要件或权利受制法律要件存在的事实负担证明责任。

### (四) 危险领域说、盖然性说、损害归属说、利益衡量说

对于传统的案件，在大多数情况下，以上学说理论可以做到证明责任的公平分配，但是，随着环境污染、交通事故、产品责任等现代社会新类型案件的大量产生，越来越多的案件需要具体问题具体分析，而难以用一两个简单的公式恰当地解决诉讼中出现的形形色色的证明责任分配问题。于是，一些新的学说开始应运而生，主要有：

1. 危险领域说

该学说认为，在高度工业化社会，危险领域正在不断扩大，对普通大众的生存与发展构成威胁，在因此而产生的损害赔偿诉讼中，出于公平考虑，诸如损害发生原因等这些案件中的待证事实属于哪一方当事人控制的危险领域范围内，就应由哪一方负担证明责任。

2. 盖然性说

该学说认为应当以待证事实发生的盖然性的高低决定证明责任的分配。根据常识、生活经验和统计结果，对发生盖然性高的事实，主张该事实的当事人不负担证明责任，而由对方当事人对该事实没有发生负担证明责任。

3. 损害归属说。该学说认为应当以实体法确定的责任归属或者损害归属原则作为分配标准。因为证明责任实际是民事实体法归责原则在诉讼中的表现形式，所以应通过对实体法条文的比较分析，寻找实体法关于某一问题的归责原则，然后由实体法规定应承担民事责任方负担证明责任。

4. 利益衡量说。该学说认为在解决具体案件的证明责任分配问题时应当考虑三个因素：一是双方当事人与证据距离的远近；二是举证的难易程度；三是诚实信用原则。参考这三个因素，看哪一方当事人对案件享有更大的利益，再决定由利益较小的一方当事人负担证明责任。

简单评述如下：以上学说理论及其发展反映了证明责任的分配经历了一个从简单到复杂、从追求形式公平到实质公平、从一刀切到具体案件具体处理这样一个发展过程。危险领域说等新学说对调整损害赔偿法领域内当事人的证明责任具有积极意义，然而其缺陷也异常明显。例如，在危险领域说和盖然性说中，"危险领域""待证事实发生的盖然性"的准确含义在特定情况下难以确定和把握。在损害归属说中，损害归属是对案件事实而言的，只有到诉讼终结（或达至心证形成）时才能明确下来，把一个多数情况下需要历经全部审理活动到最后才能认定的问题前移到诉讼过程中并落实到具体当事人身上，着实不具操作性。利益衡量说主要为事实出发型的英美法系民事诉讼采用，实际上是一个不要证明责任分配的规范标准，而交由法官基于一定的参考因素，针对个案确定的证明

责任分配标准,究竟能否适合规范出发型的大陆法系民事诉讼是有疑问的。而法律要件分类说,尤其是罗森贝克的规范分类说,长期以来,在德国、日本一直处于通说地位,也对我国民事诉讼立法的证明责任规定产生了深刻影响。尽管该学说或因权利根据规定和权利障碍规定很难在实体法上作出明确区别而受到一定质疑,但由于该学说原则具有法的安定性和法的可预测性,所以仍不失为最具合理性和现实意义的证明责任分配标准。"争论的最终结果,并不应以新学说全面代替法律要件分类说,而是对之进行实证性的修正或完善"[①]即可。

**三、我国民事诉讼证明责任分配的一般原则及落实性规定**

(一)我国民事诉讼证明责任分配的一般原则与特点

我国现行《民事诉讼法》第64条第1款规定,"当事人对自己提出的主张,有责任提供证据",即通常所称的"谁主张,谁举证"原则的法源。这一规定早在1991年即被放入了《民事诉讼法》第64条中。一般认为,1991年的该规定确立了我国行为意义上的证明责任或提供证据责任,但并未确立结果意义上的证明责任。

随后,最高人民法院通过总结各级法院的实践经验,于2002年实施的《民事证据规定》中正式确立了结果意义上的证明责任,其第2条规定如下:"当事人对自己提出的诉讼请求所依据的事实或者反驳对方诉讼请求所依据的事实有责任提供证据加以证明。没有证据或者证据不足以证明当事人的事实主张的,由负有举证责任的当事人承担不利后果。"该规定被2015年施行的《民诉法解释》几乎原封不动地接纳,规定在第90条,即"当事人对自己提出的诉讼请求所依据的事实或者反驳对方诉讼请求所依据的事实,应当提供证据加以证明,但法律另有规定的除外。在作出判决前,当事人未能提供证据或者证据不足以证明其事实主张的,由负有举证证明责任的当事人承担不利的后果"。随后,2019年修正的《民事证据规定》就未规定证明责任分配的一般原则。

基于上述法律规定和司法解释,可以认为我国民事诉讼立法已确立了完整意义上的证明责任及分配的一般原则,即由提出或反驳诉讼请求之当事人负担证明责任。虽然依然表述为"谁主张,谁举证"(这里的"主张"指的是对作为证明对象的主要事实的主张),但已包含和意味着在"澄清事实关系失败"的情况下拟制否定证据的结果,也就是否定事实上实现了相应的事实构成要件,由负担证明责任的当事人承担不利的后果。

---

[①] 陈刚:《证明责任法研究》,中国人民大学出版社2000年版,第225—226页。

同时,我国民事诉讼立法规定的证明责任的分配,具有由法律预先规定的特点。"法律预先规定",既包括由民事实体法和民事诉讼法按照权利保护要件和当事人的诉讼地位作出的体现一般原则的规定,又包括例外的特殊规定即一般所谓"证明责任倒置"的那些规定。

(二)我国民事诉讼证明责任分配的一般原则的落实性规定

2002年实施的《民事证据规定》第4、5条分别规定了侵权诉讼、合同纠纷案件的证明责任的分配规则,①以落实"谁主张,谁举证"的原则。到了《民诉法解释》,则将之概括统一起来,于第91条规定:"人民法院应当依照下列原则确定举证证明责任的承担,但法律另有规定的除外:(一)主张法律关系存在的当事人,应当对产生该法律关系的基本事实承担举证证明责任;(二)主张法律关系变更、消灭或者权利受到妨害的当事人,应当对该法律关系变更、消灭或者权利受到妨害的基本事实承担举证证明责任。"

在其他司法解释中,也出现了具体落实一般原则的规定。例如,《最高人民法院关于适用〈中华人民共和国合同法〉若干问题的解释(二)》第6、7条规定:"提供格式条款一方对已尽合理提示及说明义务承担举证责任";"对于交易习惯,由提出主张的一方当事人承担举证责任"。根据《最高人民法院关于审理融资租赁合同纠纷案件适用法律问题的解释》第8条的规定,承租人对系依赖出租人的技能确定租赁物或者出租人干预选择租赁物的事实主张,承担举证责任;《最高人民法院关于审理建筑物区分所有权纠纷案件适用法律若干问题的解释》第14条规定,行为人对成本的支出及其合理性承担举证责任;《最高人民法院关于审理人身损害赔偿案件适用法律若干问题的解释》第6条规定,赔偿义务人对治疗的必要性和合理性有异议的,应当承担相应的举证责任。

上述证明责任分配的具体规则,无疑吸收了法律要件分类说的观点,具有较强的可操作性。

**四、我国民事诉讼证明责任分配的特殊规则**

法律确立证明责任分配的目的在于使双方当事人负担均衡,以求公正和有

---

① 2002年实施的《民事证据规定》第4、5条对已确立的证明责任分配的一般原则作出落实性规定如下:(1)在合同纠纷案件中,主张合同关系成立并生效的一方当事人对合同订立和生效的事实承担举证责任;(2)主张合同关系变更、解除、终止、撤销的一方当事人对引起合同关系变动的事实承担举证责任;(3)对合同是否履行发生争议的,由负有履行义务的当事人承担证明责任;(4)对代理权发生争议的,由主张有代理权一方当事人承担举证责任;(5)主张侵权损害赔偿请求权的当事人应当对其请求权产生的法律要件事实——加害人行为违法、存在损害事实、加害行为与结果之间存在因果关系、加害人过错等承担证明责任;(6)加害人就妨碍权利产生的事实主张予以抗辩的,应当对该事实的存在加以证明。

利于诉讼,保护双方当事人拥有同等的保护实体权利的机会和手段。但是,在一些特殊类型的案件中,按照证明责任分配的一般原则及其落实性规则确定双方当事人的证明责任,往往可能导致主张方因为无法证明而失去胜诉的可能性,诉讼结果就会失去公正性。因此,就需要在证明责任分配的一般原则的基础上,经由法律和司法解释确立证明责任分配的特别规则。通常采用的是证明责任转换和减轻的办法,借以对证明责任分配的一般原则进行调整和补充。

(一)证明责任转换

所谓证明责任转换,是指与一般的证明责任分配不同,在某些特殊情况下,由对方当事人就相反事实承担证明责任。证明责任的转换,是规定证明责任分配的一项立法技术,"属于立法政策论问题,同时也是实体法的解释论问题"[①]。

证明责任转换不同于基于具体的案件审理过程而产生的举证必要性的转换。举证必要性,即从自己利益中产生的、为避免诉讼上的不利而对争议事实举证的必要性。也就是在案件审理过程中,受对方当事人提出证据和法院对事实认定程度或心证状况的支配。举证的必要性产生提供证据责任及其在当事人之间进行转换的问题。对于这种转换,最高人民法院的司法解释早已关注。在1998年《关于民事经济审判方式改革问题的若干规定》中,第11条规定:"案件的同一事实,除举证责任倒置外,由提出主张的一方当事人首先举证,然后由另一方当事人举证。另一方当事人不能提出足以推翻前一事实的证据的,对这一事实可以认定;提出足以推翻前一事实的证据的,再转由提出主张的当事人继续举证。"

根据《民法典》《水污染防治法》《中华人民共和国消费者权益保护法》《最高人民法院关于审理因垄断行为引发的民事纠纷案件应用法律若干问题的规定》等规定,归纳列举实行证明责任转换的案件类型主要有:(1)因侵害他人民事权益造成损害发生纠纷,依照法律规定推定行为人有过错,行为人应对自己没有过错的事实承担证明责任;(2)因污染环境、破坏生态发生纠纷,行为人应当就法律规定的不承担责任或者减轻责任的情形及其行为与损害之间不存在因果关系承担举证责任;(3)因水污染引起的损害赔偿诉讼,由排污方就法律规定的免责事由及其行为与损害结果之间不存在因果关系承担举证责任;(4)经营者提供的机动车、计算机、电视机、电冰箱、空调器、洗衣机等耐用商品或者装饰装修等服务,消费者自接受商品或者服务之日起6个月内发现瑕疵,发生争议的,由经

---

① 〔日〕新堂幸司:《新民事诉讼法》,林剑锋译,法律出版社2008年版,第401页。

营者承担有关瑕疵的举证责任;(5)对于有《中华人民共和国反垄断法》(以下简称《反垄断法》)第13条明文列举的横向协议的,可以推定其具有排除、限制竞争的效果的事实成立,而由被告对其行为不具有排除、限制竞争效果承担证明责任;等等。

(二) 证明责任的减轻(推定)[①]

法律上的事实推定和(事实上的推定之)大致推定(即表见证明)缓和了有关推定事实的证明责任,从而减轻了当事人的证明负担。

1. 法律上的事实推定

由已经存在的一定事实,推认另一事实的行为就是推定。人们一般把前者称为前提事实,把后者称为推定事实。若对其分类,其中按照适用制定法的法规化方式进行的推认称为法律上的推定,而在法官自由心证范围内实施的推认则是事实上的推定。而法律上的推定,又细分为两种,即"对事实进行推定的事实推定"和"对权利或法律关系本身进行推定的权利推定",不过在立法例中,权利推定属于例外。我国现行实定法上就规定了事实上的推定和法律上的事实推定,把依据推定所得事实作为当事人无须举证的事项。

法律上的事实推定的例子,如《民法典》第544条规定,当事人对合同变更的内容约定不明确的,推定为未变更;第623条规定,当事人对检验期限未作约定,买受人签收的送货单、确认单等载明标的物数量、型号、规格的,推定买受人已经对数量和外观瑕疵进行检验,但是有相关证据足以推翻的除外;第1121条规定,相互有继承关系的数人在同一事件中死亡,难以确定死亡时间的,推定没有其他继承人的人先死亡。都有其他继承人,辈分不同的,推定长辈先死亡;辈分相同的,推定同时死亡,相互不发生继承。又如,《最高人民法院关于审理企业破产案件若干问题的规定》第31条所作的破产原因的规定。企业法人欲进行破产宣告,则必须是处于"不能清偿到期债务"的状态。"不能清偿到期债务"的内涵是很不确定的,对其证明未必容易。于是,司法解释在制定法基础上进一步明确规定:债务人停止清偿到期债务并呈连续状态,如无相反证据,可推定为"不能清偿到期债务"。"停止清偿到期债务并呈连续状态"是外在地表明债务人不能清偿债务的行为或状态,例如票据在连续时间内屡遭拒付,这样就极大地降低了证明的难度。法律上的事实推定是一项通过"以对易于证明事实的证明来替代对难以证明事实之证明"的方式,使法院能够作出一定判决的法律技术。

---

[①] 此标题下的内容可参见谢文哲:《论避免通过证明责任作出判决的对策》,载《法学家》2005年第5期。

2. 表见证明

表见证明是德国证明规则上的概念,日本与之几乎相当的表述为"大致的推定",我国有学者称之为"显而易见的推定"。表见证明是由判例和学说发展而来,只在典型事件经过上才予以考虑,即通过确认一定的事实情况,而该"事实情况"依照生活经验(普遍的或具有高度盖然性的经验法则)能指示特定原因。这一概念对过失与因果关系的证明尤其重要。例如,如果一般的事实认定过程好比乘坐各站点都停靠的列车,而表见证明则是通过"Z"字头直达专列来进行的特殊的事实认定。为进一步说明,举交通事故中的追尾为例。证明责任人只需阐明依照普遍生活经验,即依普遍的或具有高度盖然性的经验法则,指示特定原因(撞车驾驶员的过失)的事实情况(追尾前面的车)。如果法官已确认这样的经验法则并确信存在该事实情况,则特定原因就已得到证明。所谓"典型事件经过"是指一种定型化的事态发展过程,具体可界定为"无需经过像一般生活经验那样详细的解明就可以认定其存在的,并基于其定型化之性质而无需考虑个别事实具体情况的事态发展过程"。在生活中,相当数量的事件在通常情况下都是按照这样的过程来发展的。表见证明的特色表现为,当事人只要对事态发展外形的经过作出证明即可,而法官无须对更细微、更具体的事实进行认定,或者仅进行"存在某种过失事实"这样概括式的事实认定,或者也可以进行"或是注射液体不良,或是注射器消毒不完全"这样二者选一式的事实认定。由于此处用于认定过失或因果关系的经验法则具有高度的盖然性,因此表见证明中允许存在着这样的特点。虽说如此,就具体的纠纷而言,也可能会出现不符合这种经验原则的情形,对方当事人所要作的是以反证途径来动摇这种确信,通过它使法官确信非典型事实过程的重大可能性(如追尾是由于前面的人无理由地紧急刹车)或确信另外的典型事实过程的重大可能性,这样就抽走了表见证明的基础。负担证明责任的当事人则必须为首先由表见证明指示或证实的原因直接提出证据。由此看来,表见证明不颠倒或转移证明责任。

表见证明的例子,是《最高人民法院关于审理因垄断行为引发的民事纠纷案件应用法律若干问题的规定》第9条的规定,但为了便于理解,也需把与其相关的第8条规定一并转录如下:被诉垄断行为属于《反垄断法》第17条第1款规定的滥用市场支配地位的,原告应当对被告在相关市场内具有支配地位和其滥用市场支配地位承担举证责任。被告以其行为具有正当性为由进行抗辩的,应当承担证明责任。被诉垄断行为属于公用企业或者其他依法具有独占地位的经营者滥用市场支配地位的,人民法院可以根据市场结构和竞争状况的具体情况,(大致推定)认定被告在相关市场内具有支配地位,但有相反证据足以推翻的除外。

## 第四节 行政诉讼中的证明责任

### 一、行政诉讼证明责任分配的学说及评价

由于行政诉讼是一种同民事诉讼有着密切关系的特殊诉讼,行政诉讼理论发展受到了来自民事诉讼理论的较大影响,在上一节介绍的有关民事诉讼证明责任分配的学说理论,尤其是罗森贝克的法律规范分类说也成为行政诉讼证明责任分配的标准。除此之外,其他两种行政诉讼证明责任的分配学说也获得了关注。

(一)法律要件分类说

该学说为德国通说,认为对于行政诉讼中证明责任的分配,应与民事诉讼一样采用法律要件分类说。在事实不明的情形下,其不利益原则上归属于能从该项事实导出有利法律效果的诉讼当事人。换言之,主张权利或权限的人,在有疑义时,除法律另有规定外,原则上应就权利(权限)发生事实负担证明责任;而否认权利(权限)之人,或主张相反权利(权限)之人,对于权利的妨害、消灭或排除的事实,负担证明责任。根据法律要件分类说,当私人请求行政机关对其作出授益性的行政处理时,必须就请求权发生的事实承担证明责任,而行政机关则应就阻碍权利的事实承担证明责任。如果案件所涉及的是附许可保留的禁止,则行政机关应对拒绝理由的存在承担证明责任。在干预性行政处理中,如禁止、下令或同意的撤销等,由行政机关就相关授权法规所规定的构成要件负担证明责任。[①]

(二)权利限制、扩张区别说

该学说在批评法律要件分类说的基础上提出,不应当根据要件事实分类,而应当从宪法秩序最大限度尊重个人自由权利的基本原理出发,归纳出妥当分配举证责任的一般原则。日本有学者认为:"在决定撤销诉讼上举证责任的分配原则时,应构成基本观点者,乃是应重视基本人权的保障及法治主义之宪法上原则……准此以解:(1)在限制国民权利、自由,课予国民义务之侵害的行政处理,原则上,行政机关应对于包含手续的要件、实体法的要件之行政处分的适法性的根据事实,负担举证责任。从而在科税处分……被告行政机关对于处分适法的要件事实负有举证责任……原告主张非科税规定或税捐免除的事由时,或依通

---

[①] 参见〔德〕Eyermannn:《德国行政法院法逐条释义》,陈敏等译,我国台湾地区司法机构 2002 年印行,第 86 页。

常的经济交易所不能预测,且行政机关也不能调查的事由,而主张税额的减少时,例外的,原告就其主张的根据的事实,得有负担举证责任的情形。(2)国民根据委请立法者之政策选择之法律,请求扩张自己之权利领域或利益领域之情形,宜解释为原则上,主张之人应举证其根据之事实。"日本实务界也有法官直截了当地指出,"在行政诉讼的各领域,当自由权的侵害成为问题时,也同样受刑事诉讼上相同原则(即疑罪从无原则)的支配。……要言之,在请求撤销限制国民自由、课予国民义务的行政处理的诉讼上,通常行政机关就其行为的适法性负担举证责任;在国民对于国家请求扩张自己的权利、利益领域的情形,原告就其请求权的基础事实,负担举证责任。"① 根据英国的行政法理论,任何行政机关及其工作人员无权干涉英国公民的自由与财产,除非他能在法院证明其合法性,因此行政机关对于干预公民权益的行为如果不能提出充分的证据证明其合法性,则属越权的行为,要被撤销;但是如果相对人主张行政机关出于恶意地滥用权力,相对人承担说服责任。此外,如果相对人申请授予利益,则由其对符合法定的条件承担说服责任。②

(三)依事件的性质说

该学说认为,行政法规范所规范的是国家的行政活动,是行政机关的行为规范,与民事实体法的性质不甚相同,不可能像民事实体法一样在立法时即注意到依正义与衡平理念分配证明责任。因此,行政诉讼的证明责任分配原则不能照搬民事诉讼上的法律要件分类说,而应谋求公益与私益的调整,斟酌以实现公平正义为目的的行政法规范以及其所调整的行政关系的特殊性,合并考虑当事人的公平、案件的性质、举证的难易程度等,在具体案件中决定证明责任的归属。③

简单评述如下:法律要件分类说是建立在"维持现状"原则基础之上,即从保护法律和平状态目的出发,谁要求法律所确保的现存状态发生变更,即应负担关于相关构成要件事实存在的"查明危险"。法律要件分类说在一定程度上反映了各类诉讼的一般规律,在原则上也应适用于行政诉讼,但其纯粹从法律规定的形式出发的思考方式并不适合于缺乏统一法典的行政法领域的法律争议,因此对其加以适当的调整。尤其在判断某一事实属于权利发生的原则事项还是权利妨害等例外事项时,不应专注于拟适用的实体法所规定的文义,而应依据规范目的、现行法整个体系以及宪法所认可的基本法律价值与正义理念,加以判断。既

---

① 陈清秀:《行政诉讼法》,翰芦图书出版有限公司2001年版,第385页以下。
② See Wade and Forsyth, *Administrative Law*, 8th edition, Oxford University Press, 2000, pp.297-298.
③ 参见陈清秀:《行政诉讼法》,翰芦图书出版有限公司2001年版,第383页以下。

然行政诉讼法所关切的重点为公民权利的保障,在进行这一判断时,必须将相关行政行为对公民权利的影响予以足够的重视。在这一意义上,权利限制、扩张区别说有其合理性。证明责任分配有形式标准和实质标准之分。形式标准是依据法律和司法解释的规定分配证明责任,前述的法律要件分类说与权利限制、扩张说等学说理论即为形式标准。实质标准是由法官根据具体案件的情况,自由裁量证明责任的分配。成文法国家一般应当以形式标准为基础,以实质标准为补充。考虑到行政案件的复杂性,在承认法律要件分类说或权利限制、扩张说的同时,应当为实质分配标准留下空间,也即在根据一般规则无法确定证明责任的承担主体,或者会导致显失公平的后果时,应允许法官根据衡平原则、案件的性质(特别是所涉及的公民权利的性质)、举证的难易等,就具体案件决定证明责任的归属,此时可以借鉴依事件的性质说的一些成果。

## 二、我国行政诉讼证明责任分配的一般原则及其制度安排理由

(一)我国行政诉讼证明责任分配的一般原则

我国的行政诉讼是从民事诉讼中分离出来的,其性质和程序规定接近于民事诉讼。故在证明责任分配的一般原则上,行政诉讼也与民事诉讼相同,适用"谁主张,谁举证"的一般原则。

由于我国的行政诉讼是以被诉行政行为进行合法性审查为核心的诉讼,行政行为合法性的证明就成为行政诉讼立法关注的重点问题,《行政诉讼法》和《行政证据规定》关于证明责任的分配的主要规定,都集中在被告对作出的行政行为负有证明责任上。行政行为是被告根据事实、依据法律行使行政权作出的意欲发生行政法上效果的意思表示,原告不服该行为而提起行政诉讼,主张该行为不合法,而被告便处在主张该行为合法的地位上。因被告主张的是一种积极的、肯定的、行政权发生法律要件存在的事实,所以规定应由其承担证明责任。对于行政行为以外的其他证明对象,上述法律文件则根据具体情况规定了由原告或被告分别承担证明责任。这种分配结果,充分体现了"谁主张,谁举证"的原则。

(二)我国行政诉讼证明责任分配一般原则的制度安排理由

法律和司法解释已经明确,被告要对被诉行政行为合法合理承担证明责任。具体说,主要有两种情形:一是对作出被诉行政行为合法性有关的事实负担证明责任;二是对行政处罚的适当性和不履行法定责任的不作为有合法理由的事实负担证明责任。行政诉讼中强调被告对争议行为承担证明责任除了是贯彻"谁主张,谁举证"的一般原则的结果外,还有一些其他的重要参考因素:

1. 行政诉讼程序的"案卷复审"属性

行政诉讼程序是一种复审程序,①即此前一般已经历了完整的法律程序(如行政处罚程序、行政裁决程序、行政许可程序等),行政审判是一种由法院对被诉行政行为的复审,类似于上诉审。在证据规则上的突出体现是,行政审判的事实认定是以行政程序收集的证据为基础,对其在获取和处理证据及得出事实结论上是否符合法律要求,进行审查。②这就决定了我们必须从复审程序的视角确定具体的证据规则,因而也必然具有一些特殊的规则,如被告负证明责任。因此,被告负担证明责任是行政诉讼的复审性质的必然要求。

2. 保证诉讼中的对抗性

被告对作出的行政行为负担证明责任,有利于平衡其与原告的地位关系,保证诉讼中的对抗性。由于行政诉讼中的被告始终是行政主体,而在行政法律关系中,行政主体居于主导地位,其实施的行政行为无须征得行政相对人的同意,而行政相对人则处于被管理者的地位,为平衡双方的地位关系,保证双方当事人在诉讼中的可对抗性,就应当要求被告证明其行为的合理合法性,否则承担败诉的不利后果。

3. 基于立法政策和行政导向考虑

将对作出的行政行为的证明责任加载于被告身上,还有立法政策上的理由和行政导向上的意义。行政程序的一个基本规则就是"先取证,后裁决",即行政行为的作出必须建立在有事实根据、有法律依据的基础上。行政主体的行政行为被诉至法院时,行政主体应当有充分的证据材料和规范依据支持其行为的合理合法性,否则应当承担败诉的后果。这种制度安排能有效促进依法行政。

4. 符合证明责任分配的公正价值标准

行政主体的举证条件要比行政相对人优越,由其负责举证,更符合证明责任分配的公正价值标准。许多案件的取证需要一定的知识、技术和设备等手段或条件,而行政相对人往往不具备收集证据、保全证据的能力和条件,如果由相对人负责举证,则容易造成不公正的结果。

---

① 需要说明的是,在行政诉讼中还有一些不属于或者不完全属于复审程序的特殊情形。典型的情形:一是起诉不履行法定职责的案件。此时被告因没有作出特定的行政行为而被诉,原告起诉的目的也是要被告给付一个行政行为,因而无从谈起以"案卷"为基础的复审。当然,此时即使要求被告负举证责任,也是出于"案卷复审"以外的原因,如可能考虑被告有举证的优势等。二是行政赔偿案件。此类案件针对的是被告的侵权行为,即便限定原告的举证范围而让被告承担一些在一般侵权行为中本应由原告承担的证明责任,也是出于"案卷复审"以外的其他政策考虑。这些特殊的情形,究竟如何分担证明责任,仍然是需要进一步探索的课题。

② 与此相类似者如《民事诉讼法》第168条有关"第二审人民法院应当对上诉请求的有关事实和适用法律进行审查"的规定。

### 三、我国行政诉讼证明责任分配的一般原则的落实性规定

上述提及的法律和司法解释对行政诉讼证明责任分配的一般原则作出落实性规定如下：(1)对被诉行政行为合理合法性，由被告承担证明责任。(2)对起诉超过诉讼时效的事实，由被告承担证明责任。(3)在起诉被告不作为的案件中，对在行政程序中曾经提出申请的事实，由原告承担证明责任。但是，被告应当依职权主动履行法定职责时，原告无须提供证据证明其在行政程序中曾经提出申请的事实；原告因被告受理申请的登记制度不完备等正当事由不能提供相关证据材料并能够作出合理说明的，豁免原告对其提出申请事实的证明责任。(4)在行政赔偿诉讼中，对因受被诉行为侵害而造成损失的事实，由原告承担证明责任。(5)对起诉符合法定起诉条件涉及的事实(被告认为原告起诉超过起诉期限的除外)，由原告承担证明责任。(6)原告主张的本案的其他主要事实，由原告承担证明责任。

# 第十四章　诉讼证明标准

## 第一节　诉讼证明标准的概念和特点

在证据制度和证明活动中,证明标准具有极其重要的作用。当事人行使诉权、律师代理诉讼、法院行使审判权、检察机关行使审判监督权,以及学者们研究与评判法院判决对事实的认定,都离不开证明标准,甚至历史上相继出现的各种证据制度,在很大程度上也是依据证明标准来区分的。在证明体系中,证明标准与证明对象一起决定着证明活动发展的方向和目标。其中,证明对象规范的是哪些内容需要证明,证明标准规范的是证明应当达到的程度。

### 一、诉讼证明标准的概念

在英美证据法上,学理上的证明标准被理解为负有承担证明和提供证据责任的一方当事人,就其主张的事实予以证明应达到的水平、程度或量(lever, degree or quantum)。也就是说,所谓证明标准,是指为了避免遭到于己不利的裁判,负有证明责任的当事人履行其责任必须达到的法律所要求的程度。

对于证明责任所要求的程度,国外在学理上存有不同的认识:

1. 指证明负担得以卸除的程度

英国证据法学家墨菲认为:"证明标准是指证明责任被卸除所要达到的范围和程度,它实际上是在事实裁判者的大脑中证据所产生的确定性或可能性程度的衡量标尺;也是负有证明责任的当事人最终获得胜诉或所证明的争议事实获得有利的事实裁判结果之前,必须通过证据使事实裁判者形成信赖的标准。"[①]对这种程度的含义,该学者认为,它不过是测量在法官头脑中显示的案件事实所处的确然性或盖然性状况的看法。负有证明负担的一方当事人必须采用举证来使事实审理者得以信服,从而取得胜诉,或者就有关争议的事实力争作出证明,从而展现出对其有利的案件事实。而且,它还标志着铸成了具有适格性和说服力的证据,从而卸除了证明负担。

---

① Peter Murphy, *A Practical Approach to Evidence*, Blackstone Press Limited, 1992, p.104.

2. 指举出的证据应具有特定说服力的程度

在澳大利亚,有学者认为,证明标准这一概念是用来表达负有举证责任的一方当事人,使其所举证据应达到具有某种说服力(persuasive)的程度。① 并且,这一概念从观念上而论完全属于主观性问题。因为,在审理者审查证据以便确定有关当事人是否已卸除证明负担满足所适用的标准的过程中,该种标准通过人的主观判断呈现出不同的内涵。

对于证明标准的概念,我国学者争议较大。有学者认为,所谓证明标准,是指承担证明责任的一方通过提出证据和进行证明活动,使裁判者对本方待证事实所形成的内心确信的程度;②有的认为,所谓司法证明的标准,是指司法证明必须达到的程度和水平;③还有人认为,证明标准是指衡量证明主体的证明活动是否达到证明要求以及具体达到何种程度的准则和标尺;④等等。

我们认为,证明标准是指用以衡量对案件事实的证明是否达到法律所要求的程度的具体尺度,包括以下几方面的含义:

第一,证明标准是对证明对象加以证明的标准。证据法学界对证明对象的范围,在认识上存在分歧。笔者认为,只有实体法事实对案件事实的认定,对被告人的定罪量刑才具有意义,因此,证明标准的设立也只能以实体法事实所确定的范围为限。从这一意义上说,证明对象限制着证明标准的内容,影响着证明标准的广度和深度。为证明对象之外的事实确立证明标准,有违诉讼的目的。

第二,证明标准是衡量对案件事实的证明是否达到证明要求的具体尺度。证明要求是指法律规定办案人员运用证据证明案件事实所要达到的程度。在诉讼中,对不同证明对象的证明达到何种程度才算是尽了证明责任,完成了证明任务,达到了证明要求,不能由证明要求本身去判断,它需要一个外在的证明标准作为评价依据。证明标准与证明要求并非全然等值的术语。证明要求是立法者在法律规范中确立的目标模式,原则而抽象,有时甚至可能过于理想化;而证明标准作为一种具体尺度,具有可操作性,在司法实践中,能够为办案人员据以衡量对案件事实的证明是否达到法律的要求。

第三,证明标准体现了法律确定的价值观。司法证明的目的是就行为过程而言的,体现了证明活动的追求和方向,是带有一定理想色彩的目标;司法证明

---

① See Peter Gilles, *Law of Evidence in Australia*, Legal Books International Business Communications Pty. Ltd., p. 64.
② 参见陈瑞华:《对证明标准问题的一点思考》,载《人民检察》2003年第5期。
③ 参见何家弘、刘品新:《证据法学》,法律出版社2004年版,第336页。
④ 参见韩春晖:《美国行政诉讼的证明标准及其适用》,载《法商研究》2011年第5期。

的标准则是就行为结果而言的,是根据一定的价值观念和需要设定的,是法律所认可的具有现实性品格的衡量标准。

## 二、诉讼证明标准的特点

### (一)主观性与客观性

证明标准的形成与存在有其客观基础。在内容上,证明标准指向的是裁判者根据证据等法定证明手段所获得的关于证明对象的认识状态。在证据范围上,既包括来自证实方当事人的证据,也包括证伪方当事人提出的证据。因此,证明标准指向的是以主观形式存在的认识状态,此种认识状态既不是纯粹的个人意见,也不是哲学上的客观存在,而是一种包含了客观内容的主观认识,亦即法官有限制的主观"视其为真",是思想、自然和经验的结合。① 换句话说,此种认识状态的存在形式是个人的主观判断,但这种主观判断是以法庭所调查的证据为基础的,其中包含了一定的客观内容。需要指出的是,这里的客观内容指的是裁判者对法庭调查证据的反映,是存在于裁判者与证据之间的客观性,而不是我国证据法学界通常所说的裁判者对案件事实的客观反映。

### (二)明确性与模糊性

证明标准是一种明确具体的法律标准,因为诉讼中确立证明标准的目的就是为诉讼当事人和事实裁判者进行相应的诉讼行为提供基准和参照,因此,不宜将证明标准理解为一种应然模式或理想状态。作为标准与尺度,总是越具体、越清晰、越精确,就越容易把握,就越能够用它来准确测量所需测量的事物,但遗憾的是证明标准却不具有人们所希望的精确性。"内心确信""排除合理怀疑""确实、充分""高度盖然性""优势证据"等,都是具有相当模糊性的标准。"内心确信""排除合理怀疑",或"确实、充分",或"高度盖然性""优势证据",究竟是一种什么样的状态?怎样才算达到上述要求?以上种种标准本身并不能给出确切的答案。因此,需要对这些标准予以解释。例如,将"内心确信"解释为"社会上普通人不夹杂任何疑念的相信";将"排除合理怀疑"解释为"达到道德上确定性的证明,是理性的陪审团依据证据对指控进行推理时,排除了每一个合理的假设,形成犯罪是被告人实施的确信";将"优势证据"理解为"诉讼中一方当事人所提供的证据比另一方所提供的证据更有说服力或更令人相信"。然而,即便作出了解释,标准仍不够清晰,因为仍然还会遇到怎样才算"消除疑念",怎样才算"达到道德上的确信",怎样才算"一方提供的证据比另一方更有说服力"的问题。为了

---

① 参见[德]汉斯·普维庭:《现代证明责任问题》,吴越译,法律出版社2000年版,第99页。

尽可能精确地说明证明标准,西方学者用百分比来形容证据优势,将其解释为51%：49%或者75%：25%,将合理怀疑解释为5%至25%之间的怀疑。这样的解释在表达上虽然说是精确的,但将其运用于实务,仍然会遇到如何将证明力转化为百分比的难题。①

(三) 多样性与阶段性

证明标准是一个动态的变化的量。证明标准不同于证明目的。在各种案件中,证明的目的都应该是一样的,但是,不同种类案件中的证明标准则应有所不同。例如,刑事诉讼由于涉及被告人的定罪量刑问题,其法律后果最为严重,因此,各国无一例外地将对被告人定罪判决的标准定为最高。刑事案件的证明标准不同于民事案件的证明标准,严重犯罪案件的证明标准不同于轻微犯罪案件的证明标准。即使是在同一诉讼、同一案件中,在不同的诉讼阶段,随着诉讼的深入,对证据、案件事实的认识和掌握提出了不同的证明要求,证明标准也相应地发生变化。甚至于证明对象系程序法事实还是实体法事实,是主要事实还是次要事实也应适用不同的证明标准。对于证明标准的这一特点,我国有学者持有不同观点,如有论者认为：诉讼证明标准为对实体法律要件事实认识的应然要求,而非实然的结果。虽然刑事案件与民事案件的纠纷性质不同,以及民事纠纷解决的效率要求,但不能得出对民事诉讼中实体法律要件事实的认识从"应然"上有所差别。从应然上而言,无论是刑事案件还是民事案件,都要求司法者查明实体法律要件事实的真相,即追求实体法律要件事实的客观真实,这是对司法制度公正性要求的本质使然。②

## 第二节 不同诉讼中的证明标准

大陆法系与英美法系的诉讼证明标准的表述有所不同。大陆法系证明标准的表述是"内心确信",如法国 1959 年《刑事诉讼法》第 304 条规定,法官和陪审官应以"诚实自由的人们所应有的公平与严正,根据指控证据与辩护理由,凭借着自己的良心与确信作出判断"。同样,在民事诉讼中,法律也赋予法官自由判断证据的权力。法院所裁判的事实问题不必达到绝对真实的程度,而只要具有某种盖然性——一种大致的可能即可。因而,民事诉讼证明标准与刑事诉讼证明标准是有区别的。在英美各国,针对上述两种不同诉讼的证明标准,其要求及

---

① 参见李浩：《证明标准新探》,载《中国法学》2002 年第 4 期。
② 参见汪祖兴、欧明生：《试论诉讼证明标准的客观真实与一元制》,载《现代法学》2010 年第 3 期。

程度是有较明显差别的。英美刑事诉讼证明标准是"排除合理怀疑"。所谓"合理怀疑",《美国加利福尼亚州刑法典》对其表述为:"它不仅仅是一个可能的怀疑,而是指该案的状态,在经过对所有证据的总的比较和考虑之后,陪审员的心理处于这种状况,他们不能说他们感到对指控罪行的真实性得出永久的裁判已达到的内心确信的程度。"①有人也认为合理怀疑是陪审员没有将(有罪)事实证明到道德上确信程度时的一种状态。② 显然,通过排除那种可疑的状态或不可靠的道德确信,建立起完全的(有罪)信念,才是法律所要求的。在民事诉讼中,英美国家一般采用"优势证据"的证明标准。所谓"优势",即可认为某事存在或不存在的可能性大于其不存在或存在的可能性时的状态。有时,比例上可以认为,一事只要有 51% 的可能性存在或不存在时,即可认定。

我国现行三大诉讼法均没有关于证明标准的明确条款,但是从相关立法条文中可以推导出其潜在思想,即都要求达到"事实清楚,证据确实、充分"。

例如,《刑事诉讼法》第 200 条规定:"在被告人最后陈述后,审判长宣布休庭,合议庭进行评议,根据已经查明的事实、证据和有关的法律规定,分别作出以下判决:(一)案件事实清楚,证据确实、充分,依据法律认定被告人有罪的,应当作出有罪判决;(二)依据法律认定被告人无罪的,应当作出无罪判决;(三)证据不足,不能认定被告人有罪的,应当作出证据不足、指控的犯罪不能成立的无罪判决。"

《民事诉讼法》第 170 条规定:"第二审人民法院对上诉案件,经过审理,按照下列情形,分别处理:(一)原判决、裁定认定事实清楚,适用法律正确的,以判决、裁定方式驳回上诉,维持原判决、裁定;(二)原判决、裁定认定事实错误或者适用法律错误的,以判决、裁定方式依法改判、撤销或者变更;(三)原判决认定基本事实不清的,裁定撤销原判决,发回原审人民法院重审,或者查清事实后改判;(四)原判决遗漏当事人或者违法缺席判决等严重违反法定程序的,裁定撤销原判决,发回原审人民法院重审。"一般认为,这是从否定的方面表述民事诉讼证明标准,即"事实不清、证据不足"的案件要改判或发回重审。如果改为正面表述,民事诉讼的证明标准依然是"事实清楚,证据确实、充分"。

《行政诉讼法》第 69、70 条规定:"行政行为证据确凿,适用法律、法规正确,符合法定程序的,或者原告申请被告履行法定职责或者给付义务理由不成立的,人民法院判决驳回原告的诉讼请求。""行政行为有下列情形之一的,人民法院判

---

① 转引自白绿铉、卞建林:《美国联邦民事诉讼规则和证据规则》,中国法制出版社 2000 年版,第 202 页。
② 参见〔英〕塞西尔·特纳:《肯尼刑法原理》,王国庆等译,华夏出版社 1998 年版,第 549 页。

决撤销或者部分撤销,并可以判决被告重新作出行政行为:(一) 主要证据不足的;(二) 适用法律、法规错误的;(三) 违反法定程序的;(四) 超越职权的;(五) 滥用职权的;(六) 明显不当的。"第89条规定:"人民法院审理上诉案件,按照下列情形,分别处理:(一) 原判决、裁定认定事实清楚,适用法律、法规正确的,判决或者裁定驳回上诉,维持原判决、裁定;(二) 原判决、裁定认定事实错误或者适用法律、法规错误的,依法改判、撤销或者变更;(三) 原判决认定基本事实不清、证据不足的,发回原审人民法院重审,或者查清事实后改判;(四) 原判决遗漏当事人或者违法缺席判决等严重违反法定程序的,裁定撤销原判决,发回原审人民法院重审。原审人民法院对发回重审的案件作出判决后,当事人提起上诉,第二审人民法院不得再次发回重审。人民法院审理上诉案件,需要改变原审判决的,应当同时对被诉行政行为作出判决。"据此,可以看出《行政诉讼法》的规定既从正面也从反面阐述了证明标准,亦为"事实清楚,证据确实、充分"。

通观我国现行法律对证明标准的规定可以看出,我国证明标准的规定较为概括和模糊,这与证明标准本身的特性相关,也与具体的诉讼理念和制度设计相关。为此,我们认为诉讼证明标准应具有一定程度的差异性,这种差异性一方面表现为不同诉讼程序应具有的不同要求,另一方面也反映在刑事诉讼在程序性推进的不同阶段应具有不同的特定内容。

### 一、刑事诉讼的证明标准

我国的刑事诉讼不采用审判中心主义,以公诉案件为标准,始于立案,经侦查、起诉至审判阶段结束。各诉讼阶段相互衔接,依次进行,前一阶段未达到证明标准的不能进入下一阶段,这使刑事诉讼证明标准呈现阶梯形结构,即立案阶段的证明标准最低,审判阶段的证明标准最高。由此,将适用于特定阶段的证明标准,如"排除合理怀疑"等标准作为我国刑事诉讼的证明标准有欠妥帖。

我国刑事诉讼证明标准体系的确立,应以辩证唯物主义认识论为主导,同时辅以形式理性观念为其理论基础,在法律真实模式下呈现一定的阶段性。

(一) 立案阶段:"怀疑"

整个刑事诉讼程序一般都要经过立案、侦查、起诉、审判、执行五个诉讼阶段。诉讼活动必须按先后次序严格进行,只有前一诉讼阶段任务完成之后,才能进行下一个阶段的诉讼活动,不能跳跃任何一个阶段,也不能将先后次序颠倒。每个诉讼阶段都相互联系,它们像一个诉讼链,环环相扣,前一诉讼阶段为后一诉讼阶段的准备,后一诉讼阶段是前一诉讼阶段的发展结果。只有依照刑事诉讼法,按先后阶段依次进行诉讼活动,使诉讼活动有条不紊地运转,才能保证及时、正确、有效地处理案件,做到事实清楚、证据确凿、定性准确、量刑适当,从而通过正确运用刑事诉讼法以实现刑事诉讼法的任务。当然,由于刑事案件的具体情况不同,不是每一个现实中的案件都必须经过这五个诉讼阶段,有些事实清楚、情节轻微的案件,不经过侦查阶段,直接由人民法院依法进行审判;也有的案件,由于法定的种种情形只进行到某一诉讼阶段即告终结,如在起诉阶段,对于依法不需要判处刑罚或者可以免除刑罚的,人民检察院可以作出不起诉的决定,而无须经过审判和执行阶段。但是,任何刑事案件都必须经过立案阶段,其他诉讼阶段才能依次序先后进行。

立案是刑事诉讼的开始,作为独立的诉讼阶段,它有自己特定的任务:接受控告、举报或犯罪分子自首的材料,收集和审查判断证据,根据事实和法律,正确认定有无依法需要追究刑事责任的犯罪事实,以决定应否将案件交付侦查或审判。与立案阶段诉讼任务相对应的证明标准比较低,《刑事诉讼法》第112条规定:"人民法院、人民检察院或者公安机关对于报案、控告、举报和自首的材料,应当按照管辖范围,迅速进行审查,认为有犯罪事实需要追究刑事责任的时候,应当立案。"这清楚地表明,立案阶段的证明标准有两条:一是确实发生了犯罪事实,或者发现有犯罪嫌疑人;二是需要追究刑事责任。

由此,立案阶段的证明标准应为:有需要追究刑事责任的犯罪事实的怀疑存在。如果怀疑有犯罪事实存在,且需要追究刑事责任就应立案;反之,如果没有犯罪事实存在,或者犯罪事实显著轻微,不需要追究刑事责任的,就不应立案。立案时,既不要求查明谁是犯罪分子,也不要求查清犯罪动机、目的、手段和犯罪过程。司法实践中存在的那种所谓先破案后立案,案件不破就不立案的做法,不符合法律规定的办案程序的要求,也是对立案阶段证明标准的错误理解。

(二)逮捕阶段:"初步确定的证据"

逮捕的证明标准,是指逮捕时案件的证据对案件事实的证明程度所应达到的标准。我国《刑事诉讼法》第81条规定:"对有证据证明有犯罪事实,可能判处徒刑以上刑罚的犯罪嫌疑人、被告人,采取取保候审尚不足以防止发生下列社会危险性的,应当予以逮捕:(一)可能实施新的犯罪的;(二)有危害国家安全、公共安全或者社会秩序的现实危险的;(三)可能毁灭、伪造证据,干扰证人作证或者串供的;(四)可能对被害人、举报人、控告人实施打击报复的;(五)企图自杀或者逃跑的。"虽然《刑事诉讼法》对社会危险性进行了进一步的明示和例证,但对于"有证据证明有犯罪事实"由于表述和理解原因容易引起不同的实践适用。

目前,我国法学界对逮捕的证明标准问题主要有以下几种观点:

1. "有相当证据"的观点

持此论者认为只要"有相当证据证明发生了犯罪事实",并且"该犯罪事实是犯罪嫌疑人所为",便符合"有证据证明有犯罪事实"的逮捕条件,"在证明程度上,只要有相当证据证明上述两个方面的事实即可,不一定达到充分的程度"。① 其中,"有相当证据"一语已涉及逮捕的证明标准问题,但含义不甚明确。在我国证据理论中,只要能作为证据,就必然与案件的事实有一定的关联性,也就是说有一定的证明力。但是,不同证据的证明力强弱有所不同,不同证据的组合对犯罪事实的证明程度也不一样,那么,证据要达到怎样的证明程度才能称得上"有相当证据"? 对此,论者没有进一步的解释,逮捕的证明标准不甚明了。

2. "若干确实的证据"的观点

主张证明有犯罪事实的证据在质上要达到"确实"的程度,在量上要有两个以上可相印证的证据,但不必达到充分的程度。这一观点,正如有学者所反驳的那样,证据的"确实",必须以"充分"这一量作保证,离开"充分"就谈不上"确实"。② 这等于将起诉所要求的"证据确实、充分"的证明标准用来要求逮捕阶段,而证据的"确实"是一个步步深入,不断地去伪存真、相互甄别的过程,在侦查中间阶段的审查逮捕之时便要求证据达到侦查终结乃至起诉、审判阶段所要求的"确实"程度,显然缺乏合理性,实践中也难以做到。再者,即使有若干"确实"的证据,对犯罪事实所能证明的程度亦有高有低,尤其是当证据均为间接证据时,其证明程度更具有不确定性,此时逮捕的证明标准是什么呢? 这一观点显然没有解决这一问题。

3. "三个基本"的观点

主张将逮捕的首要条件理解为:起点犯罪事实基本清楚,证据基本确实、充分,犯罪事实基本上为犯罪嫌疑人所为。这一观点在证明标准问题上,仍没有划出清晰的界线。"基本"一词含糊不清,难以准确把握。"三个基本"实际上是三个十分模糊的概念,容易在实践中产生一些人认为达到"三个基本",而另一些人认为仍未达到的情况。

我们认为,界定逮捕的证明标准应考虑以下因素:(1)应与逮捕所处的诉讼阶段相适应;(2)有利于逮捕功能的发挥;(3)有利于实现刑事诉讼准确、及时地惩罚犯罪和保障人权两个目标的统一;(4)具有可操作性。在充分考虑上述因素的基础上,同时适当地参考国外的做法,逮捕的证明标准界定为:经查证属实

---

① 参见樊崇义:《刑事诉讼法学》,中国政法大学出版社 1996 年版,第 186 页。
② 参见朱孝清:《关于逮捕的几个问题》,载《法学研究》1998 年第 2 期。

的证据足以初步确定犯罪嫌疑人已实施了犯罪,简称"初步确定"观点。

所谓"初步确定",包括以下含义:(1)"经查证属实的证据"中的"有证据"是指起码的证据要求,即客观存在的犯罪结果是犯罪嫌疑人的犯罪行为所致;(2)作出判断的基础是建立在初步侦查所收集的证据上,证据尚未达到充分、全面的程度;(3)"查证属实的证据"足以使一般人形成犯罪嫌疑人实施了犯罪的初步认识。

需要指出的是,"初步确定"指的是程序上对案件事实的初步判断,不是实体意义上对犯罪嫌疑人是否犯罪的宣判,两者不可混为一谈;同时,初步确定的犯罪事实并不排除在逮捕后继续侦查的过程中发现新的证据,从而发生改变,甚至被完全否定的情况,这是由审查逮捕所处的诉讼阶段本身存在的局限性所决定的。

(三)侦查阶段:"确实、足够的证据"

依据侦查阶段的主要任务与职能,侦查机关对案件移送审查起诉的一般要求应为有"确实、足够的证据",即侦查机关在移送起诉时,已有足够的、确实的证据证明犯罪嫌疑人实施了犯罪行为。这里的"确实"就是指证据要真实可靠,而且经过审查判断,确属对于案件真实情况有证明力,能如实反映案件事实。在实际操作中,它包含三方面的内容:(1)证据必真。也就是说证据应是真实的,是客观存在的,是犯罪事实所留下的真实记录,而不是主观臆造的,也不是假设、推理、估计、捏造、歪曲的事实。这是证据确实的首要条件,离开了真实性,据以定罪量刑的案件事实将无从谈起。(2)证据与犯罪事实相关联。对证据确实的认识绝不应仅仅停留在证据的真实上。证据确实还应表现在与犯罪事实相关联上,也就是要求证据有明确的指向性,即对犯罪事实有证明的作用。(3)证据可采。证据必须由法定的人员依法定程序提出和收集,必须符合法定形式,不违反有关证据规则。"足够"是对证据量的要求,即证明犯罪嫌疑人实施了犯罪行为的证据已形成比较完整的证明体系,不仅案件主要事实均有相应的证据予以证明,而且足以得出肯定的结论。

目前,我国侦查阶段的证明标准与审查起诉和审判的证明标准并没有实质差别,《人民检察院刑事诉讼规则》第 63 条规定:人民检察院侦查终结或者提起公诉的案件,证据应当确实、充分。其中证据确实、充分应当符合的条件与审判阶段并没有实质性差别,依然为:定罪量刑的事实都有证据证明;据以定案的证据均经法定程序查证属实;综合全案证据,对所认定事实已排除合理怀疑。笔者认为,将起诉阶段的证明标准与审判阶段的证明标准统一具有一定合理性,但将侦查阶段的证明标准也进行统一则存有较大问题,不符合刑事程序推进式发现案件真实的特征。

(四) 审判阶段:"排除合理怀疑"

在英美法系国家,刑事诉讼中作出有罪裁决的证明标准是对被告人被指控的犯罪事实证明到排除一切合理怀疑的程度(beyond a reasonable doubt)。由于英美法系国家采用审判中心主义,其审判标准即为证明标准。我国由于诉讼制度等方面的差异,广义的刑事诉讼包含立案、侦查、起诉、审判和执行,在审判阶段的证明标准应为排除合理怀疑。

法律事实观要求,一切进入刑事程序的证据,必须受到法律的严格制约。这种制约表现在两个方面:一是刑事实体法的制约,它规定了需要证明的案件事实的构成要件,证据必须与其具有相关性,才有可能具有可采性;二是刑事程序法和证据法的制约,它们规定了证据的可采性标准。同样,依据这些证据认定案件事实,也必须受到法律的制约。在刑事诉讼中,不存在超越法律之外的客观事实,所有的事实必须在进入刑事程序之中的证据的基础上,并且依照法定的程序推论出来,即在法律规定的机制和标准上得出关于事实的结论,也就是法律事实,而法律事实应当具有合理的可接受性。那么,如何使法律事实具有合理的可接受性呢?不言而喻,这种关于事实的结论,其精确程度要达到很高的程度,我们才可以接受。最高的标准当然是客观真实,但这种标准不但实现不了,而且还会带来消极后果。可能性的标准显然又低了,我们不能说某人可能实施了某一犯罪行为就宣称他是罪犯。所以,案件事实的结论必须具有一定的确定性。至于如何把握这种确定性,众说纷纭。其实,对于不能从正面来把握的问题,我们可以从反面去理解。可以这样说,一个结论如果能够排除对它的合理疑问,不是任意妄想的怀疑(fanciful doubt),过于敏感机巧的怀疑(ingenious doubt),臆测的怀疑(conjecture),故意挑剔、强词夺理的怀疑(captious doubt),基于无凭证言的怀疑(unwarranted by the testimony),故意为被告开脱罪责的怀疑(to escape conviction)等,它就具有确定性。这种确定性对于一个具有正常理智的人来说,必然具有合理的可接受性。这种合理的可接受性一方面要有充足的证据作为依据,另一方面还要在法律规定的机制和标准上产生。可见,排除合理怀疑的证明标准一方面可以使案件结论达到一定的确定性,另一方面又尊重了法律尤其是刑事程序的规定及其价值,是法律事实观逻辑发展的必然结果。英国早期理论研究认为法庭证明不可能达到绝对确定,而只能在经验认知的范围内达到最大限度的可能性。① 据美国学者威格莫尔考证,英国最早在判例法上确立"排除合理怀疑"的证明标准,是在18世纪的初期,那时仅适用于死刑案件,而对其他案件并未作此要求。在其他的刑事案件中,最初适用的证明标准乃是对被告人的定罪量刑必须具有"明白"的根据。嗣后,又交替使用各种不同的用语,旨在表述"信念"的不同程度。直到1789年在都柏林所审理的谋逆案件中,才将信念程度落在"疑"(doubt)字上,形成了一直沿用至今的刑事证明标准,即"排除合理怀疑"。正是在此标准正式确立之后,无罪推定才引申出这样一条著名规则:如果对被告人有罪的证明存在合理的怀疑,则应作有利于被告的特定解释。由此看来,现代意义上的无罪推定,只有在排除合理怀疑的证明标准的配合下,才能展示出完整的内容。

尽管关于排除合理怀疑标准的定义或解释众说纷纭,但各种解释背后有某些共同的特征,如排除合理怀疑标准强调怀疑的合理与有据,排除合理怀疑标准要求裁判者有理性与良知,排除合理怀疑标准的基本价值取向是对被告人合法权益的保护,排除合理怀疑标准与无罪推定紧密相连,等等。② 我国《刑事诉讼法》第55条规定:对一切案件的判处都要重证据,重调查研究,不轻信口供。只有被告人供述,没有其他证据的,不能认定被告人有罪和处以刑罚;没有被告人供述,证据确实、充分的,可以认定被告人有罪和处以刑罚。这里的确实、充分要求定罪量刑的事实都有证据证明;据以定案的证据均经法定程序查证属实;综合全案证据,对所认定事实已排除合理怀疑。由此,《刑事诉讼法》第一次将证据确实充分进行了进一步的明确,同时将排除合理怀疑确立为我国刑事审判阶段的证明标准。

将"排除合理怀疑"作为刑事审判证明标准,关键在于其具体适用问题,即排除合理怀疑的证明,究竟是指向作为犯罪构成的具体系争事实,还是指向对被告人有罪认定的整体性事实?或者二者兼而有之?从英美证据理论的主要著述来看,英美判例法对此采取了两种截然不同的做法和主张。其一为统一说,认为证明标准的实际指向乃是案件中当事人的诉辩主张确定的事实,陪审团唯有就案件中所有的系争事实都得到了排除合理怀疑的确信,才能使案件的有罪认定得到排除合理怀疑的证明。前者是后者的充要条件,后者是前者的逻辑结果。由此派生出来的一大命题乃是,若系争事实中存在任何一个没有得到排除合理怀

---

① See Theodore Waldman, Origins of the Legal Doctrine of Reasonable Doubt, *Journal of the History of Ideas*, Vol. 20, No. 3, 1959, pp. 299-316.
② 参见杨宇冠、孙军:《"排除合理怀疑"与我国刑事诉讼证明标准的完善》,载《证据科学》2011年第6期。

疑的证明,陪审员都不可能形成被告有罪的确信。整个案件的证明程度只能小于或等于诸具体事实中的最低证明程度。其二为分离说,认为应当将诸系争事实的证明程度同整个案件的证明程度分别对待。它们之间既有内在的关联性,又有相对的独立性。对整个案件有罪认定的排除合理怀疑的证明,并不必然要求诸具体事实都得到同等程度的证明,反之,诸具体事实虽未得到排除合理怀疑的证明,但整个案件的有罪认定却可以得到如此程度的证明。对此,我们赞同分离说的主张。有罪判决的认定,是对案件总体事实认定的结果,需要达到排除合理怀疑的证明,而不是用来表示数学意义上的绝对肯定性,因此,即便基础事实尚未得到排除合理怀疑的证明,但这并不意味着由此得出的结论不可以达到如此程度的证明,基础事实与所得结论之间不存有绝对的对应关系。

### 二、民事诉讼的证明标准

案件审理之前当事人之间所发生的事实对法官来说可能完全是陌生的,所以案件审理的过程同时也是法官了解案件事实的过程。为使法官了解案件事实,作出有利于己的判决,负有举证责任的当事人往往竭力把自己所掌握的证据资料展示给法官。法官须依据一定标准裁定该当事人何时已履行了举证义务,该标准即为证明标准。证明标准与举证责任存在着密切的联系。但长期以来,由于我们立足于对客观真实这一理想的追求,并由此而认为民事诉讼证明标准为确定、充分,因而对证据法中这一基本问题缺乏足够重视,只是在近年来理论界才有学者开始涉足这一问题。

#### (一) 民事诉讼证明标准的类型

民事诉讼证明标准相对于刑事诉讼证明标准而言更为复杂多样,它所固有的可变性和灵活性适应了不同诉讼的价值判断和选择。而在法律制度一体化的英美法系国家,民事证明标准既有总体的趋同,也有细微的差别。英美法系国家对于普通民事案件,基本上都适用盖然性占优势证明标准,但使用的用语有所不同。美国法中多使用优势证据,而或然性权衡多见于英国法。盖然性占优势标准,是指负有举证责任的当事人需把其主张的事实证明至存在比不存在更为可能的程度。如墨菲认为:"在民事案件中,证明标准无非是要求'或然性权衡'和'盖然性占优势'的标准,也就是说,足以表明案件中负有法定证明责任的当事人就其主张的事实上的真实性大于不真实性。"[①]

与英美法系国家不同,大陆法系国家如德国、日本、法国等的民事诉讼证明

---

[①] 转引自毕玉谦:《民事证据法判例实务研究》,法律出版社1999年版,第414页。

标准称为"高度盖然性标准",也称"内心确信标准"。它是指法官对案件事实的心证达到了依据日常经验可能达到的那样的高度,疑问即告排除,从而产生近似确然性的可能性,法官可以判决待证事实存在。其基本逻辑依据是,在事实真伪不明而当事人又无法举证时,法院认定盖然性明显高的事实发生,远较认定盖然性低的事实发生,更能接近真实而避免误判。所以,凡证明待证事实发生的盖然性明显较高的,主张该事实发生的当事人不负举证责任,相对人应就该事实不发生负举证责任。

对高度盖然性标准的"高度"及盖然性占优势标准的最低限的确定是个极其复杂的问题。大陆法系一般用德国学者埃克罗夫和马森创立的刻度盘理论来表述:刻度盘的两端分别为 0% 和 100%,两端之间分为四级:第一级为 1%—24%,第二级为 26%—49%,第三级为 51%—74%,第四级为 75%—99%,其中 0% 为绝对不可能,50% 为可能与不可能同等程度存在,100% 为绝对肯定,第一级为非常不可能,第二级为不太可能,第三级为大致可能,第四级为非常可能。① 这种理论主张民事诉讼中的证明标准应定在第四级,即在穷尽了可获得的所有证据后,如果达到或超过 75% 的证明程度,应认为待证事实的存在已获得证明,如果达不到 75%,法官应认定待证事实不存在。近年来,我国有学者主张从法官心证强度的角度把盖然性标准进行量化,将待证事实的证明程度区分为:初级盖然性的心证强度为 51%—74%,表明事实大致如此;中级盖然性的心证强度为 75%—84%,表明事实在一般情况下如此;高级盖然性的心证强度为 85%—99%,表明事实几乎如此。② 一般而言,盖然性占优势标准的心证强度的最低限为 51%,但学者们对高度盖然性标准的心证强度的最低限却有不同看法,有的认为应达到 75%,也有的认为应达到 80%,有的甚至要求更高。

(二) 我国民事诉讼证明标准

比较大陆法系和英美法系国家民事诉讼的证明标准,不难发现,盖然性证明标准是两大法系国家普遍实行的证明标准。我国《民事诉讼法》第 64 条第 3 款规定:"人民法院应当按照法定程序,全面地、客观地审查核实证据。"第 170 条规定,原判决认定基本事实不清的,裁定撤销原判决,发回原审人民法院重审,或者查清事实后改判。《民诉法解释》第 108 条规定:"对负有举证证明责任的当事人提供的证据,人民法院经审查并结合相关事实,确信待证事实的存在具有高度可能性的,应当认定该事实存在。对一方当事人为反驳负有举证证明责任的当事

---

① 转引自〔德〕汉斯·普维庭:《现代证明责任问题》,吴越译,法律出版社 2000 年版,第 108—109 页。
② 参见李浩:《民事诉讼证明标准的再思考》,载《法商研究》1999 年第 5 期。

人所主张事实而提供的证据,人民法院经审查并结合相关事实,认为待证事实真伪不明的,应当认定该事实不存在。法律对于待证事实所应达到的证明标准另有规定的,从其规定。"可以看出,对我国现行民事诉讼证明标准的理解应包含两层含义:一层为理念与理想追求中的"客观真实"的证明标准;另一层为法律操作层面的"高度可能性"证明标准。

以"高度可能性"作为民事诉讼的证明标准,实现和刑事诉讼的差异化,有其合理性和可行性:

1. 有利于诉权的行使

法治国家尊重和保障公民的诉权,为人们进行诉讼提供便利。当民事权利受到侵犯或发生争议时,当事人是否选择诉讼受多种因素的制约,证明标准就是其中重要因素之一。在民事诉讼中,举证责任是根据当事人是主张权利的一方,还是否认权利的一方进行分配的,与担当"原告"或"被告"的角色并无必然的联系。然而,一个不争的事实是,在绝大多数诉讼中,原告是主张权利的一方,需要对产生权利的事实负举证责任。在产生权利的事实获得证明前,被告几乎没有败诉的风险。只有在原告成功举证后,才发生被告对其主张的积极抗辩事实负举证责任的问题。这意味着,尽管法律尽可能均衡地在原被告之间分担风险,但由于在举证责任负担问题上原被告之间存在时间上的"先后",原告实际上面临着比被告更多的败诉风险。如果证明标准规定得过高,原告提起诉讼后,常常因为不能满足证明要求而被驳回诉讼请求,面临败诉的风险。败诉的高风险使人们在提起诉讼前犹豫不决,进而成为人们行使诉权的制约因素。

2. 有利于提高诉讼效率

以"客观真实"为证明标准,如果对案件事实的证明不能达到确实、充分,那么证明活动就会无休止地进行下去,法院会要求当事人继续举证或自行调查取证。有的法院在当事人无法继续举证而自己又缺乏人力、物力进行调查取证活动时,为确保判决的事实能够符合"客观真实",往往会搁置案件的审理,这是全国各地法院普遍存在大量超审限案件的原因之一。民事诉讼是在特定期间内进行的,如果一味追求"客观真实",势必造成诉讼过程的拖延,诉讼成本的增加,当事人可能转求其他解决途径,民事诉讼解决纠纷的功能将因此而萎缩。而高度可能性的证明标准,可以把证据法上抽象的原则转化为证据之间证明力强弱的较量,人民法院在证明过程即将结束时,只需要将经过审查核实的全部证据综合比对分析,以确定哪一方当事人的证据更有说服力,或者说确定证据的优势在哪一方进而判断事实的真相。因此采用高度可能性的证明标准,法官无须为追求客观真实而反复求证或搁置判决,只要发现有证据表明事实很可能是一方当事人主张的那样时,法院便可以依据盖然性证明标准认定或否定这一事实,从而保证民事诉讼高效率地进行。

3. 有利于民事诉讼改革的顺利进行

"客观真实"的证明标准,从一定意义上说是国家本位、计划经济的产物。随着市场经济的建立,在审判方式改革的体系中,如果证明标准不变,即使从立法上强化了举证责任,改革了庭审方式,法律条文在内部仍会出现冲突,改革最终也不会被彻底落实。因为,完全意义上的当事人负举证责任及法官的消极中立化是与证明标准的客观真实格格不入的。只有确立高度可能性的证明标准,使之与民事审判方式改革形成配套的诉讼体系,才能在民事诉讼中彻底贯彻辩论原则,落实当事人的举证责任。

**三、行政诉讼的证明标准**

关于行政诉讼的证明标准,《行政诉讼法》中并无明文规定。行政诉讼法教科书中亦较少论及,学界对此众说纷纭,主要观点有:(1) 刑事、民事、行政三大诉讼实行同一证明标准,即确实、充分标准。要求案件事实有已经查实的必要证据予以证明,证据之间、证据与案件事实之间的矛盾得到合理排除,得出唯一的结论。[①] (2) 行政诉讼与民事诉讼一样,对证据的认证标准并非要达到如同刑事诉讼的"确实、充分"的程度,而仅要求某种占优势的盖然性。[②] (3) 行政诉讼证明标准应和刑事诉讼证明标准相同,高于民事诉讼的证明标准。[③] (4) 行政诉讼证明标准具有中间性,低于刑事诉讼而高于民事诉讼的证明标准,并且取决于具体判决种类。[④]

可见,我国行政诉讼证明标准在界定上比较模糊,且受其他诉讼证明标准理论的影响过大,而忽视了自身的特征。不能否认,三大诉讼法之间本身存在一定共通之处,作为晚近兴起的学科,行政诉讼证明标准理论在一定程度上借鉴了刑事、民事诉讼证明标准理论。然而这种借鉴并不宜直接采用,并借此来界定行政诉讼证明标准。

在现代民主法治国家体制下,为达到保障人权与增进公共福祉的目的,要求一切国家行为均应具备合法性,此种合法性原则就行政领域而言,即所谓依法行

---

① 参见陈一云主编:《证据学》,中国人民大学出版社 2010 年版,第 71—72 页。
② 参见何家弘、张卫平主编:《简明证据法学(第二版)》,中国人民大学出版社 2011 年版,第 299—300 页。
③ 参见刘善春:《行政程序和行政诉讼证明标准研究》,载《行政法学研究》1993 年第 2 期。
④ 参见高家伟:《行政诉讼证据的理论与实践》,工商出版社 1998 年版,第 172 页。

政原则。在依法行政原则的作用下,行政实体法规定了行政行为合法的严谨要件。行政实体法决定行政救济法上请求权及行政行为之合法性,而事实决定实体法的适用,如行政诉讼法上仅要求宽松的证明标准,则将导致行政实体法严谨要件规定松动,而违背法治国家依法行政的要求。同时,行政诉讼制度本身也是为法治国家服务,其目的在于确定公权力的合法行使与保护公民的权利,必然要求行政行为合法和满足严格构成要件,并由法院进行控制。因此,我们认为,与民事诉讼和刑事诉讼的证明标准相比,行政诉讼证明标准应具有中间性和多层次性。

1. 中间性

所谓"中间性",是指行政诉讼证明标准居于刑事诉讼证明标准——排除合理怀疑与民事诉讼证明标准——盖然性之间。这一特点是由行政诉讼的性质,尤其是涉及问题的重要程度决定的。

刑事诉讼由于涉及当事人的财产权、人身自由权和生命权等重大问题,因此确立了较高的证明标准。对于排除合理怀疑的证明标准,丹宁法官在米勒诉老金大臣一案(1947年)中,将其描述为:"它不必达到肯定,但必须是一个相当高程度的可能性,证明排除合理怀疑并不是要求证据排除怀疑的阴影。如果法律允许一些离奇的可能性来影响司法过程,那么它将不能保护社会,如果对一个人的指控的证据是如此充足,以至于对该人有利的证据只是一种遥远的可能性,根据这种证据作出的判决是当然可能的,这样案件就已经达到排除合理怀疑的程度,任何缺乏这种程度的证明都是不充分的。"[①]

各国在刑事诉讼中之所以采用如此高的证明标准,就是因为刑事诉讼涉及的利益重大,相比之下,民事诉讼解决的问题主要涉及当事人的财产权、自由权和生命权以外的人身权,相应的证明标准较低,盖然性的优势证据,"使陪审团公平的心靠近其中的一方,并使作为请求原因的事实,变得在客观上可能断定"[②]。

行政诉讼所涉及的问题通常是行政行为的合法性,它关系到原告的财产权和生命权以外的人身权,同时也涉及国家行政行为的效力。相应的,在证明标准方面,行政诉讼的证明标准在总体上应介于排除合理怀疑与盖然性证明标准之间。

2. 多层次性

所谓"多层次性",是根据不同的行政案件所涉及的权益大小、所适用的程序

---

① Cited from Peter Murphy, *A Practical Approach to Evidence*, Blackstone Press Limited, 1992, p. 106.

② 张卫平:《诉讼构架与程式——民事诉讼的法理分析》,清华大学出版社2000年版,第273页。

繁简程度来确定多元化的行政诉讼证明标准。具体而言,结合具体案件具体分析,根据行政行为的种类、行政案件的性质及对当事人权益影响的大小等因素,将排除合理怀疑作为我国行政诉讼的一般证明标准,将占优势盖然性证明标准确定为我国行政诉讼的补充证明标准。

排除合理怀疑的证明标准是诉讼证明的严格标准,有利于推进依法行政,应当作为我国行政诉讼的一般标准,具体适用于下列行政案件:(1)限制人身自由权的案件;(2)适用听证程序作出的具体行为的案件;(3)行政机关适用一般程序作出行政行为的案件;(4)人民法院作出变更判决和履行判决的案件等。

优势盖然性的证明标准,是指行政机关认定案件事实必须具有一定可靠和有证明力的证据,只要行政机关的认定结论与其采纳的定案证据之间具有合理的联系,而且这种联系的紧密程度大于其他可能性,法院就可以据此认定案件事实。作为补充证明标准,具体适用于下列行政案件:(1)行政机关适用简易程序作出行政行为的案件;(2)涉及预测性事实的行政案件;(3)行政裁决案件;(4)行政机关临时保全措施案件等。

作为诉讼法的有机组成部分,证明标准体系是由证据法来进行规范和调整的。在我国,由于长期以来一直未曾颁布专门的证据法典,有关证据运用的法律规则一般被称为"证据制度"。通常情况下证据制度所要解决的核心问题,是如何保证司法人员能够正确认识案件事实,亦即如何保证其主观符合客观。

按照马克思主义关于真理的绝对性与相对性辩证关系的原理,我们认为,对一个具体案件的证明标准,只能达到近似于客观真实,而且是越接近客观真实越有说服力。那种"必须"达到或"一定"要达到客观真实的说法,在理论上是不成立的,在实务上是有害的,更是无法实现的。客观真实只能成为刑事案件证明的一个客观要求,它告诫办案人员要努力地接近它,但不应成为个案的一个具体的证明标准。客观真实在诉讼证明上重视案件事实认定中的客观因素,强调从客观实际出发,实事求是,在我国未设立严格证明规则的情况下,有利于防止主观臆测。不过,诉讼证明既然是主体与客体两方面的矛盾运动,只有对两者都加以重视,才能把证明标准建立在科学的基础上。证明案件事实不是科学研究与实验,而是依据证据进行的主观思维过程,就这一认识过程而言,可以肯定地说,诉讼证据事实是经验事实,即办案人员对客观事物已经作出的一种判断。"经验事实同客观事实,二者既有联系又有区别。客观事实是经验事实的原始模型,是经验事实生存的根基和土壤,经验事实是以诉讼对客观事实形成的结论。二者的区别在于客观事实是纯客观的东西,而经验事实则包括主观认识和客观存在两个方面的要素。"① 由此，我们认为办案人员在处理具体案件过程中，应注意：

首先，诉讼领域中的"事实"在法律程序中有双重含义：一是社会和经验层面上的事实；二是法律层面上的事实。按照形式理性观念，无论是裁判者还是控辩双方，都不能为寻求社会和经验上的事实而无限制地活动。裁判者不可能为探求所谓"实质真实"而任意进行调查活动，他主要局限在法庭上，主要局限于对控辩双方提交的证据材料进行审查，并受到控辩双方举证、质证和辩论活动的限制，同时还要受到严格的程序期限的限制。裁判者不可能为发现事实而反复启动法律程序，也不可能为此而拒绝法律规定的手段和形式。相反，裁判者必须在承担证明责任的一方进行证明的前提下，对案件事实是否存在进行裁判。显然，经过这种法律裁判活动，裁判者对案件事实的认定带有较强的法律适用色彩，属于自己对案件事实所作的主观判断。因此，在严格的法律形式主义限制下，裁判者所认定的事实显然不是社会或经验层面上的所谓"客观事实"，而只能是法律上的事实。实际上，客观事实的完全发现既是不可能的，有时也是没必要的。对案件事实是否属于这种客观事实的检验也不能无代价地无限进行，而必须有一个标志其终结的决定。换言之，"事实"的揭示过程处处受到法律程序的限制，它不再是绝对客观的事实，而只能是服务于诉讼的解决争端目标的"法律事实"。

其次，程序的正当性对诉讼结果具有决定性意义。法官审判案件，力求客观再现纠纷冲突事实和过程，有两个因素必须加以考虑：其一，法律和社会意识对公正、正义理解的价值取向；其二，客观上的实现可能性和程度。追求认定案件事实的客观真实，实际是把实体公正作为最高价值。能达到实体公正，当然是完美状态，但这仅仅存在于价值理念中，现实中却难以实现。为此，我国诉讼的证明应严格遵守诉讼规则取得证据，并按法定程序审核作出合理认定的事实。法律真实的案件与客观真实可能一致，也可能不一致，但它最终符合认定案件的各项规定，从诉讼外观上看，它是必然的结果，以其作为裁判的事实基础，符合诉讼公正的最高价值——程序公正。

最后，司法人员的主观判断对案件事实的最终结果具有决定性意义。由于人类理性的有限性，对于已经发生的事实往往不可能得出绝对无误的认识。法律从现实的角度考虑，在案件所涉及的利益不同时规定不同的证明标准，但是其间并无截然的区分。我们实际上无法在"无合理怀疑标准""清楚的、明确的和令人信服标准"及"盖然性占优势标准"间找到客观、明确的分水岭。问题的核心在于，法律要求司法人员在不同的案件中根据案件所涉及的利益大小及其他诸种

---

① 樊崇义：《客观真实管见》，载《中国法学》2000年第1期。

因素,进行不同程度的谨慎求证。因此,我们应该客观地看待在诉讼中司法人员对案件事实的认定过程。可以说在诉讼过程中新呈现的案件事实,实际上是司法人员凭借相关证据材料所形成的主体性认识。再现案件事实的真实程度,取决于司法人员这种主体认识与证据本身的接触和理解上的准确性、合理性。因此,案件事实的最终确定是司法人员源自于证据而形成的"真实"。

# 第十五章　诉讼证明方法

所谓诉讼证明,是指办案人员运用证据得出案件事实的思维过程,而诉讼证明方法则是指这一思维过程所适用的规则,如演绎、归纳、同一认定等。

通常认为,诉讼证明方法具有以下特征:首先,主体是司法机关的办案人员,即司法人员。虽然作为诉讼活动的主体,当事人及其代理人、辩护人也实施证明行为,但对案件事实进行最终认定的是司法机关的办案人员,特别是审判人员。当事人及其代理人、辩护人所实施的证明行为,其作用在于影响司法人员对案件事实的判断;换言之,仅仅是为司法人员心证的形成提供材料。虽然当事人及其代理人、辩护人进行证明时也会运用到相应的证明方法,但只有司法人员的证明行为对案件事实的认定和案件裁判才具有终极意义,因此将诉讼证明方法的主体限定为司法人员更具实践意义。其次,诉讼证明方法是根据证据来认定案件事实的规则,也可以称为事实认定的方法。这里的案件事实通常是指案件的要件事实,即通常所说的主要事实或者基本事实。除了要件事实外,案件中还存在间接事实和辅助事实;但对于要件事实来说,间接事实和辅助事实起到一种证据的作用。因此,对诉讼证明方法的讨论应聚焦于要件事实,以防范围的泛化。最后,运用诉讼证明方法来认定案件事实的前提是运用的证据已经查证属实,即证据资格得到了确认。如果证据没有经过认证,就不能作为认定案件事实的依据。从这里也可以看出,诉讼证明方法与认证方法、证据审查方法不是同一概念;虽然学界存在"证据事实"的说法,但从学术的严谨性来说,不能把对证据的审查认定与对案件事实的认定相混淆。当然,广义的诉讼证明也包含证据的审查判断在内,而证据资格与证明力的判断又与事实认定存在着紧密的关联,因此关于证据审查认定的方法也可以看作广义上的诉讼证明方法。换言之,关于事实上的证明方法通常也可以用于对证据的审查判断。在我国传统的证据法学中,由于刑事诉讼法学的重要性更加突显,导致对诉讼证明的理解一直是比较泛化的,即包括证据收集、证据审查和证据运用等与证据相关的所有诉讼活动,故而诉讼证明方法不单单指运用证据来认定事实的方法,也包括对证据的审查判断方法。

如果说证据是能够带领我们抵达案件事实的车辆,那么证明方法就是道路。只有选择的道路正确,证据的车辆才会将我们带到案件事实的目的地。从实践来看,诉讼证明的方法是多种多样的,而理论上的分类也不尽相同,原因在于分类的依据即视角不同。常见的分类有以下几种：一是根据案件事实与证据之间的关系，可以分为直接证明法和间接证明法；二是根据推理的方式，可以分为演绎证明法和归纳证明法；三是根据证明过程是从部分到整体还是从整体到部分，可以分为要素证明法和系统证明法。由于最后一种分类中的方法并不是就具体事实的认定而言，故本书不予讨论。另外，推定和司法认知在诉讼证明中也是常用的方法，本书一并予以阐述。

## 第一节 直接证明法和间接证明法

### 一、直接证明法

直接证明，是指利用查证属实的证据直接对案件事实作出认定，不需要经过推理或者复杂的论证过程，也就是通常所讲的用证据的真实性直接得出案件事实的真实性。例如，在刑事案件中，发现了某人的尸体，就可以直接得出某人已死亡的事实；在民事案件中，根据银行转账，就可以得出钱款交付的事实。

直接证明与直接证据并非同一概念，两者区别是明显的，但也存在着联系。所谓直接证据，是指对案件的要件事实能够起到直接说明作用的证据。直接证据一般都具有较强的证明力，通常情况下，办案人员根据直接证据就能够对案件的相关要件事实作出认定。因此，存在直接证据的情况下，可以运用直接证明的方法对案件事实作出认定。当然，案件中除了要件事实外，还存在间接事实、辅助事实等，对于这些事实进行认定时也会运用到直接证明的方法，但却和直接证据无关。对于一个要件事实，如果没有直接证据，则无法利用直接证明的方法进行认定；如果存在间接证据，则需要通过逻辑推理等方式来对案件的要件事实进行认定。

演绎证明法和归纳证明法都是常见的直接证明法。

#### （一）演绎证明法

演绎证明法就是运用演绎推理的方式从证据直接得出案件事实的真实性，而演绎推理是以一般性的原理、规则为前提的，即将一般原理、规则运用于具体案件情况，进而得出相关案件事实的真实性。演绎证明中演绎推理的具体形式有三段论、联言推理、选言推理和假言推理等，其中以三段论适用最多。适用三段论时，一般原理、规则是大前提，具体案件中的证据则是小前提，案件事实的真实性则为结论。为了保证结论的正确性，作为论据的一般原理、规则必须真实可靠，证据必须查证属实，而推理的形式也需符合规律。例如，在杀人的刑事案件中,关于致死的凶器是何种锐器,就可以通过演绎证明法来加以判断,其中大前提是不同形状的锐器导致的伤口样态是不同的,小前提是本案中死者身上伤口的具体样态,结论是凶器的形状。

(二) 归纳证明法

归纳证明法是指运用归纳、类比等或然性的推理形式来得出案件事实的真实性,即通过引述若干事实的或者特殊性的判断,来论证案件事实的真实性。可以看出,归纳证明与归纳推理不完全相同。归纳推理是从个别事实推导出一般原理的思维方式;而归纳证明则是运用一系列事实或者一组证据来推导出案件事实的真实性。与演绎推理中结论的必然性不同,归纳推理、类比推理所得结论具有或然性,因而归纳证明中所得结论的可靠性不及演绎证明中的;但演绎推理中的前提一般较为抽象,而归纳推理、类比推理所依据的都是具体事实或证据,因而归纳证明所得结论仍具有较强的说服力。在诉讼实践中,归纳证明的方法往往被司法人员用来归纳采信证据、证成案件事实。

**二、间接证明法**

所谓间接证明,是指通过证明与案件事实相反或者相斥的事实为不真实来对案件事实作出认定,即通过证明相反或者相斥事实为假来得出案件事实的真实性。例如,在刑事案件中发现某人系中枪身亡,射击的枪支在死者手里,则存在自杀、他杀和意外事件(枪支走火)三种可能,但通过相关证据表明子弹系从背部垂直射入,且射击距离在1米左右,从而判断自杀和意外事件(枪支走火)不成立,则就能认定系他杀。

可以看出,间接证明与间接证据也并非同一概念,两者的区别还是非常明显的。间接证据是指对案件的要件事实不能起到直接的证明作用,需要同其他证据结合起来通过逻辑推理对要件事实进行证明。所以间接证据对案件的要件事实仍然是从正面进行证明,即顺向性证明,而间接证明则是采用迂回的方式对案件事实进行证明,即逆向性证明。另外,间接证据是从证据与要件事实的关系来说的,而间接证明的方法不仅限于对要件事实的证明,它还可以运用于案件中所有事实的证明。

常见的间接证明方法有反证法和排除法。

(一) 反证法

反证法是通过论证反论题(即与论题相矛盾的判断)为假,再根据排中律确定论题真实性的证明方法。反证法也是一种常见的逻辑证明方法,与排除法有相似之处,而且反证法往往与排除法相辅相成;反证法所证明的结果,就是排除法所要排除的论题。但是,排除法主要依靠的是逻辑的基本规律,而反证法所体现的是逻辑的一种证明方法。诉讼证明中大多数的证明方法都是顺向性思维方式,这也是同事物发展变化过程和思维习惯的顺向性相一致的。但反证法也是极为重要的一种证明方法,不仅可以丰富诉讼证明的思维方式,而且还可以对其他证明方法提供验证,确保证明结果的准确性,达到证明目的;特别是在没有证据能够直接证明案件事实时,即进行顺向性证明缺乏基础时,采用反证法不失为一种有效的方法。

反证法具有一定的反面性。反面性是指,反证法实际正面证明的命题与应当证明的命题相反,并且以这一相反的命题来论证应当证明的命题的正确性。反证法的逆向性是从思维过程上来讲的,而反面性是从实际证明的论题与应当证明的论题的关系上来看的。但正是反证法思维的逆向性决定了其实际证明的论题的反面性,反面论题的提出也正好反映了思维的逆向性。反证法的证明过程整体上是逆向的、反面的,但在具体论证相反的论题时,也是顺向的、正面的,也就是说在具体证明反论题时,思维方式是从因至果,正面论证。可见,任何证明方法都离不开顺向的、正面的论证。

使用反证法证明案件事实必须具备两个条件:第一,用证据直接确定的事实和所需要证明的案件事实之间是一对相矛盾的命题,即对案件事实的认定结论只有"是"或者"不是"两种可能。如果两者之间没有互相矛盾,即使证明出一定的事实,也不能依据所证明的事实得出所要证明的案件事实。例如,在民间借贷纠纷案件中,被告称收到的钱款系原告的合伙出资,并非借款。就收到的钱款性质来说,借款与合伙出资并非一对矛盾命题,因此即使得出合伙出资为不真实,也不能得出借款为真实。第二,用作证明相反命题的证据,必须经过查证属实。即证明虚假事实的证据必须经过查证属实,同时结论必须全面而准确地反映证据认定的虚假事实,否则就不能准确证明原命题的正确性。

反证法从反面证明案件事实,有一定的局限性。一般它只能用来证明案件的局部事实,而无法证明案件的全部事实。我国法律规定,定案证据必须确实、充分,特别是在刑事诉讼中不能单独用反证法来确定被告人有罪的事实。

(二)排除法

排除法是指依据一定的标准和界限,把不符合条件的事物、事实清除,以实现证明目的的一种证明方法。诉讼过程是一个证明过程,证明就是一步步从模糊走向明确,从大范围走向小目标的过程,也就是去伪存真的过程。因此,只有不断地排除非真实的、虚伪的事实,排除干扰判断、混淆视听的证据,才能明确对案件本来面貌的认识,以确实、充分的证据得出排除其他可能性的证明结果。从某种意义上讲,证明过程也就是一种排除过程,排除虚假的事实,得出真实的判断。排除法是一种相当重要的证明方法。例如,根据储备知识找到这样一个选言命题:一个人的死亡或者是自杀,或者是他杀,或者是意外事故,或者是病死;其次,根据调查、勘验和法医鉴定得知某甲的死亡不是他杀、不是意外事故也不是病死,那么就能认定某甲是自杀身亡。

排除法是逻辑证明方法的一种,它是在对事物进行若干判断,对一系列的命题的真假有一个初步认识的基础上,再运用逻辑的规律进行进一步的排除,去伪存真。逻辑的基本规律是指同一律、矛盾律、排中律和充足理由律。在排除法中运用较多的是前三种规律。这些逻辑的基本规律都是排除法得以发挥功效的前提。同一律是指在同一思维过程中,每一命题与其自身是同一的,而且这种同一有条件限制,即"A 是 A"("A"表示一种思想)。因此,同一事物、同一判断或同一认识在证明过程中应当保持其前后的一致性,如果违反了这种一致性,就会出现"偷换概念"或"转移论题"的错误。矛盾律就是指在同一思维过程中,两个相互否定的命题不能同时为真,必有一假,即"A 不是非 A"("A"表示一种命题,"非 A"表示与"A"相否定的命题)。在诉讼证明中,当出现两种截然相反的情况时,其中一种必定是假的,就可以对假的予以排除。排中律是指在同一思维过程中,两个相互矛盾的命题不能同时为假,必有一真,即"A 或非 A"。排中律在证明活动中的运用,就是要求对案件事实在同一时间,由同一方面,对同一事物的认识,两个相互矛盾的判断不能都是虚假的,其中必有一真,另一个则是假的,没有第三种可能。如在一起关于债权债务纠纷的民事案件中,原告主张被告欠其债务,而被告则认为并没有欠原告债务,根据排中律可知,原、被告的主张为两个相互否定的命题,不可能同时为假,必有一真,当确定其中一种主张为真时,则可以排除另一种虚假的主张。同一律、矛盾律和排中律都是命题确定性的表现,只不过这三者是从不同的角度来保持命题的确定性的。同一律从正面规定了命题确定性原则,即"A 是 A"。矛盾律从反面规定了命题确定性的原则,即"A 不是非 A",也就是任何命题不能既否定又肯定,要保持前后一致。矛盾律用否定的语言表达了同一律用肯定的语言所表达的内容,在这个意义上,矛盾律是同一律的继续和展开。排中律则是从非此即彼的明确性方面,保持命题确定性的原则,即"或 A 或非 A",必须有一个明确的选择。矛盾律不允许命题有逻辑矛盾,指出相互否定的命题不能同真,必有一假,也可以同时为假;排中律更进一步要求在相互矛盾的命题中承认必有一真,不可能同时为假,这又是矛盾律的深入和展开。可见,三者相互联系,层层加深,最终得出为真的判断。排除法正是利用逻辑的基本规律对各种证据和事实进行筛选,排除虚假,作出判断。

在司法实践中，在没有证据直接证明待证案件事实的情况下，仅有证据能证明其他可能的案件事实的虚假性时，排除法发挥着重要的作用。运用排除法证明案件事实时，必须注意穷尽一切可能存在的案件事实，否则，不能运用此方法进行案件事实的认定。

## 第二节　同一认定法

所谓同一认定法，就是指司法机关的办案人员依据事物本身的特征来判断案件中两次或者多次出现的事物是否是同一个事物的方法。同一认定是人们认识客观事物的一种基本方法，普遍地存在于日常生活之中，人们对身边事物的识别，就是使用了同一认定的方法。而在诉讼证明中，特别是刑事诉讼证明中，同一认定也是经常使用的一种方法，因为同一认定本身就是基于刑事侦查学和司法鉴定学的发展而形成的专门术语。

要正确使用同一认定的方法，就需要对同一认定的含义有准确把握。"同一"是指事物与其自身相等同，而非相似或者相同。所谓相似，通常是指两个事物在某些方面、某些特征相同；而相同，也只能是指两个事物的某些方面、某些特征相一致，但不能是所有方面、所有特征都一致。因此，"同一"只能是指事物与其本身相一致。应该说，正是事物与其本身同一的属性为我们进行识别提供了基础和可能。当然，对同一的判断往往始于相似，但只具有相似性是不足以作出同一判断的；只有当本质特征（细节特征）等同时，才能够作出同一判断。虽然有哲言云："人不能两次踏入同一条河"，但是对于人们生活来说，对于办理诉讼案件来说，这种哲学上的绝对是过于迂腐的，也是没有必要的，否则的话就会陷入不可知论的泥沼。虽然每个事物都是处于变化之中的，但都有其成为自身的根本特征，从而区别于其他事物，只要我们把握住这些根本特征，认识到此事物与他事物的差异，就能够作出同一判断。因此，进行同一认定时，既要考虑到事物自身的变化，但更要把握住与他事物的差异，因为不同事物之间的差异性是绝对的，能够同一的只能是同一个事物；同时要注意把握本质差异与非本质差异，前者是根本特征上的差异，后者为非根本特征上的差异。

另外，在什么情况下才需要对事物是否同一进行判断，对这个问题的回答也是准确把握同一认定的一个方面。通常来说，一个事物只在我们的认识中出现过一次，不会出现需要同一认定的问题；只有当这一事物再次出现的时候，才会产生同一认定的问题。例如，在杀人的刑事案件中，侦查人员在案发现场提取了一些指纹和脚印，这时并不会产生同一认定的问题。当犯罪嫌疑人确定后，对于指纹和脚印才会出现同一认定的问题,即现场的这些指纹和脚印是否是该犯罪嫌疑人的;同时,对于该犯罪嫌疑人是否就是凶手,也会产生同一认定的问题,因为此时作为作案人这个认识对象,也已在侦查人员的认识中出现了两次。因此,同一认定就是对办案人员的认识中先后出现的事物是否为同一事物进行判断。在同一认定的理论中,将先出现的事物称作被寻找客体,后出现的事物称作受审查客体。如果两者被认定同一,就实现了证明目的;如果两者被认定不同一,是两个不同的客体,也能实现排除虚假,于案件事实的查明也是有意义的。

从对象上来说,诉讼证明中的同一认定会涉及人、物、场所和事件等。例如,在买卖合同纠纷的民事案件中,通过原告提供的有瑕疵产品上的批号认定该产品就是被告所交付的产品;在交通肇事罪的刑事案件中,通过事故现场的轮胎痕迹认定某车辆就是肇事逃逸的车辆。这些同一认定的事物均在办案人员的认识中出现过至少两次,第一次是在案件发生时,第二次是发生在诉讼之中。而能够关联起这两次出现,帮助办案人员实现同一认定的,就是特征反映体,具体包括案件发生过程中形成的材料(检材)和案件办理过程中获取的材料(样本),前者是由被寻找客体留下的,后者则取自受审查客体。通过特征反映体,就可以把被寻找客体和受审查客体关联起来作同一认定,从而完成诉讼证明。

不难看出,同一认定实际上就是通过对相似客体的排除而最终认定同一,使案件的相关事实得以确定的过程,因此有观点认为同一认定法就是排除法。我们认为,同一认定中的确会运用到排除法,两者存在联系,但同一认定法与排除法还是有所区别的。排除法中通常是在对事物形成的多个判断,进行逻辑推理,逐个进行否定后得出最终的认定;而同一认定法中通常只是一个受审查客体与被寻找客体进行比对,如果得出肯定的结论,则完成同一认定,如果得出否定的结论,则意味着这一排除过程中止。当然,在同一认定中也有可能存在根据被寻找客体的某些特征而确定的受审查客体为多个的情况,这时就需要进行逐个排除。或者说,在此情况下,进行单个对比时,我们运用了同一认定法;而就最终结论的形成来说,我们运用了排除法。

## 第三节 推 定

**一、推定的概念和特点**

推定是指由办案人员依照法律规定或者经验法则,从已知的基础事实推导出未知的相关事实,并允许当事人提出反证予以推翻的一种证明方法。我国《民法典》第1121条规定:"相互有继承关系的数人在同一事件中死亡,难以确定死亡时间的,推定没有其他继承人的人先死亡。"据此,如果相互有继承关系的几个人在同一事件中死亡的事实得到了证明,而且死亡的先后时间不能查明,就认定没有继承人的人先死亡的事实是真实的。主张没有继承人的人先死亡的一方当事人无须提供证据对此进行证明,而提出否认的对方当事人则应当提供证据对否认主张进行证明。本条的规定就是典型的推定。一般说来,诉讼中的推定具有以下特征:

(1) 推定本身并非证据,也不是证据方法或证据标的,而是一种证明方法或者证据规则。易言之,推定是法律所直接认可或间接允许的证明案件事实的一种特殊规则。

(2) 推定涉及两个事实:一个基础事实;另一个为推定的事实,即案件中的待证事实。在通常情况下,这两种事实之间存在某种关系,通过已知的事实可以推断出待证事实,故可使推定得以成立。在证据法上之所以设置推定规则,就在于降低证明难度,减轻当事人的证明负担。法谚云:"法不强人所难。"当对于推定的事实难以直接进行证明,对基础事实进行证明相对容易,而两者又存在紧密联系的情况下,通过推定规则的设置,就可以降低案件事实的证明难度。需要指出的是,并非所有推定规则的设置都是基于基础事实与推定的事实之间常态联系或者盖然性伴生关系,有些是基于价值论或者政策性考量,如上文所述的继承中的推定。

(3) 推定的事实是可以被推翻的。推定的事实毕竟是一种拟制的真实,因而允许否认的当事人对提出的证据充分予以推翻。否认的当事人即可以通过推翻基础事实来推翻推定的事实,也可以直接推翻推定的事实。

(4) 推定的根据既可以是法律的明确规定,也可以是经验法则。依据法律规定进行的推定称为法律推定,依据经验法则进行的推定称为事实推定。当然,通常来说,法律推定是上升为法律规范的事实推定。

(5) 在诉讼中,推定是一种辅助的、补充的证明手段。尤其是事实推定,在诉讼的特定情况下,可以运用事实推定方法确定某些案件事实。不过应当注意,凡是可以通过取得充分、确实的证据来认定案件事实的,不应运用推定,推定不能代替证据的证明作用。

## 二、推定的种类

如上文所述,根据推定所依据的内容不同,可以把诉讼中的推定分为法律推定和事实推定。

## （一）法律推定

法律推定是指当某一事实有待证明，由于举证困难或举证不能无法证明时，立法者在没有立法技术障碍的情况下，预先设置的一种法则，即如果较为容易证明的另一事实存在，则能证明某一待证事实的存在。在这种情况下，如果没有相反的证明，则认为待证事实存在。法律推定是由法律明文规定的，由法律要求事实认定者在特定的基础事实被证实时，必须作出的判断；如果没有作出法律所规定的判断，则属于法律适用错误。对于法律推定，立法者一般在法律条文中以"推定"二字加以表示，也有一些条文并不使用这两个字，但仍然属于法律上的推定。

法律推定根据其适用对象和方式的不同，可以作出多种划分，比较重要的有以下几类：

1. 不可反驳的推定和可反驳的推定

从法律推定在诉讼上所具有的法律效力来看，法律推定可分为不可反驳的推定和可反驳的推定两种。不可反驳的推定又称为终局性推定，例如《民法典》第25条规定："自然人以户籍登记或者其他有效身份登记记载的居所为住所；经常居所与住所不一致的，经常居所视为住所。"不可反驳的推定既然不允许当事人提出证据反驳，也不允许司法人员作出其他判断，实际上是一种必须遵守的法律规定，本身不涉及基础事实和推定事实的推理问题。因而，在英美法系国家，学者们认为不可反驳的推定不是推定，而是一种实体法规则，大陆法系的通说也已经不承认所谓绝对推定的存在，而将其划归为法律拟制的范畴。因此，关于不可反驳的推定和可反驳的推定仅仅是传统证据法理论对推定进行的划分。

可反驳的推定的成立条件是没有别的证据与被推定的事实相矛盾或冲突。它能够为案件事实提供表面上看来确凿无疑的证明，除非其被更有力的证据所推翻。比较而言，可反驳的推定在数量上远远多于不可反驳的推定。

2. 直接推定与推论推定

按照是否需要前提事实的标准，法律推定可以分为直接推定和推论推定。直接推定是指不需要证明前提事实所产生的推定，其典型例证就是刑事法律中的"无罪推定"和民事法律中的"过错推定"。直接推定不依赖于任何前提事实，法院在适用该推定时不要求因推定而处于有利地位的当事人证明任何事实，它的作用仅在于确定推定事实不存在的证明责任由何方当事人承担。因此，直接推定也是以推定形式表现出来的实体法规范。

推论推定是建立在前提事实获得证明的基础上的推定。因此，推论推定是法律推定中最典型、最标准的推定，是依据法律从已知事实推断未知事实、从前提事实推断推定事实的结果。推论推定可以将提供证据责任从一方转换给另一方,完全符合推定的本质特征,因而大陆法系学者称之为"真正的法律上的推定"。这种推定广泛存在于世界各国的民事法律中,如失踪达一定期限的人被推定为死亡,夫妻关系存续期间出生的子女被推定为婚生子女等。

3. 因果关系的推定、过错推定和责任推定

以推定的效果为标准,推定可以分为因果关系的推定、过错推定和责任推定。因果关系的推定,是指按照法律规定可推断出案件事实之间因果关系的推定。过错推定,是指按照法律规定可推断出案件当事人主观上是否有过错的推定。责任推定,是指依照法律规定可推断出案件当事人是否承担某种法律责任的推定。其实,广义上的事实推定包括了因果关系的推定和过错推定。在过错责任原则下,过错推定是建立在因果关系推定的基础上的,没有因果关系的推定,过错推定原则便失去了存在的可能性和必要性。在这个范围内的过错推定与责任推定的含义完全一致。在过错责任原则下,因果关系的推定等同于责任推定。所以,在民事责任的确定中,因果关系的推定是第一位的,而过错推定和责任推定则居于第二位。

4. 基础事实的推定和无基础事实的推定

按照是否以基础事实进行推定的标准,推定可以分为基础事实的推定和无基础事实的推定。从基础事实中可以或者应当推断出推定事实,这是证据法上推定的一般规则。例如,推定公民的死亡就是基础事实的推定,只有公民失踪满法定年限的事实得到了证明之后,才能推定其已经死亡。无基础事实的推定是有基础事实推定的对称,它的适用范围比较广泛,不仅适用于特定的诉讼案件,而且适用于其他任何情况。比如,人人平等的推定,它要求无论在民事诉讼、刑事诉讼还是行政诉讼中,任何公民、法人和其他社会组织都被推定为地位平等。

(二) 事实推定

事实推定,是指法院将已知的事实作为基础,根据经验法则和逻辑规则,推断出某一未知事实的证据规则。事实推定具有推论的属性,它是一种逻辑上的演绎推论,是人类理性思维的产物。事实推定就其本质而言,是立法机关用法律赋予司法人员在一定情形下行使自由裁量权,调节证明责任的具体运作,从而决定是否认定事实的司法原则。立法具有一定的预见性,但这种预见性是有一定限度的。当立法者在立法时没有预见到此种情况,或者虽然已经预见到,但不能肯定其法律效果,难以对所有具体案件作出统一规范时,为解决这一问题,立法者便规定由司法人员根据经验法则进行逻辑上的演绎,以做到具体问题具体分析,原则性和灵活性相结合。事实推定虽然来源于执法人员的逻辑推理,但是经

过理论和实践的长期总结,已经演变成一种先定的推定规则。

事实推定的成立,一般应具备以下条件:一是只有无法直接证明案件待证事实真伪时,才能借助间接事实推断待证事实。二是基础事实已经得到法律上的确认,这是事实推定的前提条件。三是基础事实同推定事实之间存在着内在的必然联系。这种联系表现为互为因果、互为主从、互相排斥、互相包容等,只有具备了这些逻辑条件,才能进行事实上的推定。四是事实推定应当符合经验法则。所谓经验法则,是指从一般生活经验归纳得出的关于事物的因果关系或性质状态的知识或法则。这些经验法则是人类从社会生活中概括和抽象出来的事实,是客观的普遍知识,是不需要经过任何证据证明的基本常识。

(三)法律推定与事实推定的关系

事实推定区别于法律推定的明显标志在于是否有法律的明文规定,若事实推定被法律明文规定时,就成为法律推定。事实推定能否上升为法律推定,取决于立法者对某一类推定的预见程度,以及对司法者的信任程度。立法者一般把行之有效或者重要的,并且不存在立法技术障碍的事实推定上升为法律推定。

法律推定与事实推定在诉讼中的作用不同,具体表现在:第一,对证明责任的影响不同。一般意义上来说,推定的规则是在司法人员形成心证的过程中发挥作用,因而主要影响行为意义上的证明责任,不会影响结果意义上的证明责任。相对于事实推定来说,法律推定的存在会进一步增加否认者提供证据的负担,也就是说,当事人推翻法律推定比推翻事实推定所提供证据的分量要更大。第二,性质不同。对于法律推定司法人员必须遵守,而事实推定则由司法人员自由适用。事实推定作为整个推定制度中的重要组成部分,是法律推定的必要补充。也就是说,凡是法律推定法院必须适用,而事实推定由法院酌情决定是否适用。第三,产生方式不同。在事实认定过程中,是否适用事实推定规则来推定待证事实,是法官根据经验法则和逻辑法则,从公平的理念和正义的要求出发自由裁量决定的,而法律推定是法律明文规定的。

## 第四节 司法认知

### 一、司法认知的概念

司法认知也称"审判上的认知"或"审判上的知悉",是指对于应当适用的法律或某一待定事实,法官依申请或依职权认定其为真实的一种诉讼证明方式。司法认知源自古罗马"显著事实,无须证明"的法谚,现在也为世界上许多国家证据法所普遍采用,成为就某些特定的案件事实由法官直接加以认定,从而免除当事人举证证明的一种诉讼规则。

诉讼中,所有待证事实都应有相应的证据加以证明,而哪些案件事实是待证事实通常是根据司法机关或者当事人的诉讼主张予以确定的;证据法本身并不确定某一案件中的哪些事实属于有争议的待证事实,被认为具有争议的待证事实主要是参照实体法和程序法所规定的、具有一定法律意义的事实。能否正确地认定这些待证事实,直接关系到当事人之间的实体法律关系,关系到案件是否能够得到公正处理。它们既是诉讼双方提出权利主张和抗辩的根据,又是法官适用法律进行裁判的基础。

当实体法和程序法所调整的某些待证事实为社会一定范围内人们所共知、公认的事实时,该种客观事实一旦与一定法律后果相联系,便可直接作为裁判的基础,而不必通过运用证据进行证明的方式来加以判定。这种在诉讼上所产生的"不证自明"的效果便是来自于司法认知。它的法理基础在于,不需要相关证据,审判人员就能够对相关案件事实形成内心确信。

**二、司法认知的范围**

我国现行有关立法并未对司法认知制度作出明确规定,最高人民法院的有关司法解释是从免证事实的角度来确立这一诉讼制度的。

《民事证据规定》对免证规则作出了完善,第 10 条规定:"下列事实,当事人无须举证证明:(一)自然规律以及定理、定律;(二)众所周知的事实;(三)根据法律规定推定的事实;(四)根据已知的事实和日常生活经验法则推定出的另一事实;(五)已为仲裁机构生效裁判所确认的事实;(六)已为人民法院发生法律效力的裁判所确认的基本事实;(七)已为有效公证文书所证明的事实。"其中,第 2 项至第 5 项事实,当事人有相反证据足以反驳的除外;第 6 项、第 7 项事实,当事人有相反证据足以推翻的除外。

《行政证据规定》也作出了和上述民事诉讼中相类似的规定,第 68 条规定:"下列事实法庭可以直接认定:(一)众所周知的事实;(二)自然规律及定理;(三)按照法律规定推定的事实;(四)已经依法证明的事实;(五)根据日常生活经验法则推定的事实。前款(一)(三)(四)(五)项,当事人有相反证据足以推翻的除外。"第 70 条规定:"生效的人民法院裁判文书或者仲裁机构裁决文书确认的事实,可以作为定案依据。但是如果发现裁判文书或者裁决文书认定的事实有重大问题的,应当中止诉讼,通过法定程序予以纠正后恢复诉讼。"

事实上,司法认知与免证事实的范围并不完全相同。如自认的事实在民事诉讼中属于免证事实，但不属于司法认知的对象；而上述关于免证事项的规定中，推定的事实也不属于司法认知的范畴。

### 三、司法认知规则

司法认知规则是指人民法院在采取司法认知时应当遵守的规则。具体包括以下程序规则：

（一）法院依职权采取司法认知和依申请采取司法认知

关于司法认知是否属于法官的职权事项，理论上的认识并不完全一致。总体上来说，在奉行职权主义的诉讼中，法院可以依职权也可以根据当事人的申请采取司法认知来认定相关案件事实；在贯彻辩论主义的诉讼中，法院不能依职权通过司法认知来认定案件事实，只有在当事人提出事实主张或者援引相关裁判后，法院才可以适用司法认知进行判断。

（二）采取司法认知之前应当进行必要的调查

为了正确地采取司法认知，法院应当进行调查研究，具体方式包括听取当事人陈述、询问证人和专家、参阅书籍等。调查的意义不仅在于保障司法认知的正确性，而且在于保障当事人的诉讼权利。在采取职权主义的诉讼中，法院进行调查的范围和方式不受当事人请求的限制，可以考虑或者驳回任何一方或者双方当事人提出的意见，可以进行庭外调查，也可以仅以现有的或者当事人提供的材料为根据。

（三）采取司法认知时应当为当事人提供反驳的机会

司法认知的法律效力最终取决于本案判决的效力，在本案判决生效之前，司法认知并不意味着调查程序的完结，案件事实只能在作出裁判时确定下来。为了保证司法认知的正确性，给当事人提供充分的程序保障以提升结果的可接受性，法院在采取司法认知时应当给当事人提供发表意见的机会。当事人提出意见的方式可以是口头的，也可以是书面的，但是必须提出相应的证据来证明其主张。

# 第十六章 域外的诉讼证明

## 第一节 我国香港特别行政区的诉讼证明

### 一、香港诉讼证明制度立法背景及概况

基于"一国两制"的基本国策所设立的香港特别行政区是我国的一个特别法域,为了确保香港的长期繁荣稳定,由七届全国人大三次会议在1990年4月4日通过的《中华人民共和国香港特别行政区基本法》在明确香港回归和"港人治港"的前提下,确立了香港沿袭其殖民地时期所实施的各项法律制度的基本原则。该法第8条明确规定香港地区的法律渊源为"香港原有法律,即普通法、衡平法、条例、附属立法和习惯法,除同本法相抵触或经香港特别行政区的立法机关作出修改者外,予以保留"。第9条还进一步对法律语言的适用作出明确规定:"香港特别行政区的行政机关、立法机关和司法机关,除使用中文外,还可以使用英文,英文也是正式语文。"因此,在司法制度方面,香港所实行的是与内地差别巨大的、具有英国法律烙印的普通法体系,反映在诉讼证明制度方面,香港更多地体现其原先所特有的英美证据法品格。由于香港地区在司法制度的实际应用中习惯上一般均采用英文,加上普通法的中文表述的统一规范化需要内地和香港的法学家们做大量的工作,因此,目前我们尚无法完全用中文直接表述香港地区包括诉讼证明制度在内的各项法律制度,只能通过研究来缩小这种由语言运用习惯而造成的法律文化差异,尽可能地消除彼此间沟通和理解过程中的困难。

香港的诉讼证明规则既有法典化的专项条例,如《诉讼证据条例》,也有散见于其他法律中的条件,如《刑事诉讼程序条例》《刑事罪刑条例》《侵犯人身罪条例》《防止贿赂条例》《地方法院条例》《高等法院条例》等,而有关"无罪推定"的基本证明规则则被作为一项"宪法性"原则直接规定在《中华人民共和国香港特别行政区基本法》中,该法第87条第2款规定:"任何人在被合法拘捕后,享有尽早接受司法机关公正审判的权利,未经司法机关判罪之前均假定无罪。"香港的立法除了条例以外,大多寓于高等法院的判例报告。参照香港有关刑事证据的实体和程序法例,其中对何种事实应当被列为证明对象,何种事实为免证对象,何

种证据具有可采性,诉讼中的举证责任分配,证人资格,证明程序及陪审员、法官依据什么证据作出判断均有较为明确具体的规定。

**二、关于证据的分类**

香港的诉讼证据分类,既有法例中的散见规定,也有理论上的分析归类,在审判实践中往往由法官对各法例中有关诉讼证据的归类规定加以理解并应用于具体的案件。根据香港《诉讼证据条例》等法律中有关证据形式的规定,常见的证据形式有:口头证据、文件证据和实物证据。这是英国证据制度对证据的典型归类法,香港沿袭了这一传统分类法。所谓口头证据,亦称为人证,一般指证人作证时的口述证词。香港将口头证据作为一种独立的证据种类,不能用文件证据替代。当然,口头证据也不能限制和否定文件证据,除非文件证据被确认是错误或伪造的。所谓文件证据,是指由文件所构成的证据,如香港《诉讼证据条例》第三部中所规定的"可获接纳作为证据之文件",包括各种文件资料,如证明书、书面记录等。但香港证据法例规定,文件证据通常要由该文件的制作人加以证实,以便证明其可靠性。所谓实物证据,一般是指向法庭出示以证明主张的物品,即以其外在形式、内在属性及存在位置等内容来证明案件事实的物品,它在各类诉讼中被广泛采用。香港除了上述三种较为常用的证据种类外,还有一些延伸的证据种类,如香港《刑事诉讼程序条例》第65DA条规定中所涉及的专家证言,一般可以被归入上述人证的范畴,但该条款所涉及的当事人在提出专家证言的时候根据对方当事人的要求所提供的观察记录、实验或计算副本等如何归类的问题值得研究,因为同其他普通法系国家一样,香港同样也没有"鉴定意见"这一独立的证据种类。又如,香港《刑事诉讼程序条例》第79条有关通过现场闭路电视系统或录像记录提供证言的规定,由于香港实行传闻证据排除规则,故这种方式本身并不是独立的证据种类,而是一种经法官严格审批后执行的证据提供和采集的手段。在香港,视听资料并没有如内地一样成为一种独立的证据种类。

香港的证据分类也采用一些类似内地诉讼证据分类理论的方法,即根据一定的分类标准对证据进行分类。其主要的分类有:

(一)直接证据和情况证据

该项分类是依据证据对案件争议事实所能作出结论的关系进行划分的。所谓直接证据是指能够单独、直接证明案件争议事实的证据,如目击证人的证词、被告人的书面证供等。所谓情况证据是指不能单独、直接证明案件争议事实,必须借助其他证据以间接推论的方法才能证明案件争议事实的证据,如被告人与被害人的关系,遗留在杀人现场的、带有被告人指纹的匕首等。由于情况证据对于案件争议事实的证明作用是间接的,因此,在香港情况证据也称作"间接证据"。

(二) 原始证据和传闻证据

该项分类是依据证据的不同来源进行划分的。所谓原始证据是指从第一来源获取的证据,如目击案件事实发生过程的证人证言、文件的原始文本、遗留在现场的犯罪工具等。所谓传闻证据,是指第二手证据或第二手以上的证据,这类证据是从原始证据中派生或从派生证据中进一步再派生出来的证据,如证人转述他人的陈述。由于香港实行陪审团制度,因此,同其他普通法系的国家及地区一样,其审判过程非常重视证据的对抗质证过程,故而也禁止采用传闻证据。

(三) 主要证据和补强证据

该项分类是依据证据对待证事实的证明作用进行划分的。所谓主要证据是指对待证事实起主要证明作用的诉讼证据。所谓补强证据是指对主要证据起补充证明作用,以加强和确认主要证据证明力的证据。在法例规定必须适用补强证据的情况下,没有补强证据,主要证据的证明力就不能确定。香港刑事诉讼法例对一些刑事罪案审定的证明要求很高,除要求主要证据充分外,还必须有补强证据,即不能仅依靠主要证据来卸除证明责任,例如,香港《刑事罪行条例》第43条所规定的伪证罪。

(四) 最佳证据和次要证据

该项分类是依据证据本身的证明力强弱进行划分的。所谓最佳证据是指证明力最强的证据。所谓次要证据则是指证明力弱于最佳证据的证据。诉讼证明过程中,当存在两个以上不同种类证据的情况下,香港证据法例要求选择对于证明待证事实最直接、最原始、最主要的证据,同时明确,直接证据证明力优于情况证据,原始证据证明力强于传闻证据。

### 三、证据特征要素

从理论上归纳香港证据法例对证据的构成要素,一般有两个方面:第一,与案件有关联,即具有关联性;第二,可为法院所采纳,即具有可采性。所谓证据的关联性是指证据必须与案件的待证事实有关,能够用来证明案件的待证事实。证据的关联性是英美法系国家证据法中的重要内容,也同样为香港证据法例所沿用并确立。所谓证据的可采性,是指证据必须为法律所容许,可用于证明案件的待证事实。证据的可采性在英美法系国家的证据法律中不仅被确定为证据本身的一项要素,更被设定为一项证据法则,通常情况下,传闻证据、意见证据、品格证据以及前科证据,均属于法定不具有可采性的证据,原则上不可采。当然,香港证据法例在确定证据可采性原则的同时,也设定了一些例外规则,如关于前科证据,原则上属于非可采性的证据,但香港《诉讼证据条例》第64条第1款规定:"在任何永久形式诽谤或短暂形式诽谤的诉讼中,如某人有否犯某刑事罪行的问题与在该诉讼中出现的争论点有关联,而在对该争论点予以裁定的时间,有证明该人仍就该罪行被定罪,则该证明即为他曾犯该罪行的不可推翻的证据,而他就该罪行的定罪亦据此可接纳为证据。"

**四、诉讼证明责任**

香港的诉讼证明责任的法例设计方案同样追随英美法系的立法惯例。由于英美法系奉行辩论主义和对抗模式,因此,香港证据法例所确定的证明责任的分配原则为"谁主张,谁举证",即证明责任随当事人主张而转移。如在刑事诉讼中,控告人对被告人提出刑事检控的同时,必须提出足够的证据支持罪名成立的检控。法官、陪审团对控诉证据有合理怀疑或认为不充分时,即宣告被告人罪名不成立。被告人在反驳控诉时,证明责任从控方转移到辩方。如被告人辩解自己患有精神疾病,没有刑事责任能力,或否认所占有的他人的被盗物品是偷窃所得以及罪案发生当时自己不在案发现场,等等,被告人必须举证证明,否则,法院可以推定辩解不成立。如果被告人无法举证推翻检控证据,法院可以推断检控罪行的成立。

**五、证明对象**

如前所述,一般情况下,当事人应当就自己主张的事实承担举证责任,这是由"谁主张,谁举证"的原则所决定的。但是,香港证据法例同时还设定了一些无须举证加以证明的待证事实,主要有:(1)当事人的正式承认,又称为司法承认,指在诉讼过程中,一方当事人对某争议事实的承认豁免了另一方当事人对该事实的证明义务。(2)司法认知,即法官对某项事实可以直接认可其存在。认知的事实多为常识,如美国首都为华盛顿、香港启用新机场后老机场停用、不同距离的等高物体在视觉上是前高后矮、水有浮力,等等。(3)推定,即依据已经确认的事实必然或可以推断的事实结论。推定通常有两种,首先是法律推定,法律推定又分为不可反驳的法律推定和可反驳的法律推定。根据香港证据法例,不可反驳的法律推定是指从确定的事实中必然得出的结论和不能被任何反证反驳的结论,如香港法律规定,推定七岁以下的儿童不能犯任何罪;可反驳的法律推定是指法律规定,结论要从没有相反的证据中推出,如无罪推定和精神正常的推定,失踪七年推定死亡等。其次是事实推定,即从事实判断或陪审团从其已经证实的事实中得出的结论。这是运用情况证据的一种特定的形式。

**六、证明标准**

香港对证明标准的认识原则上与英美法系同宗,就刑事诉讼而言,是指证明被告人有罪或无罪、此罪或彼罪、一罪或数罪、罪轻或罪重时对刑事证据在质量、数量上的要求程度。具体的证明标准在香港证据法例中并没有明确的规定,事实上也难以规定,故法官与陪审团通常所遵循的原则是不存在任何合理怀疑,而民事判决所遵循的证明标准通常是优势证明标准。

**七、诉讼证明手段**

对案件事实,香港诉讼通常采用以下证明手段,即以证人证言、文件证据及实物证据来证明案件事实。

首先是证人证言,香港证据法例对证人资格以及作证程序有明确规定,原则上,知情者均有到庭提供呈堂证供的义务,否则有可能构成藐视法庭罪而受到惩罚,但特殊情况下可豁免作证义务,如香港《证据条例》第3条规定,只有以下的人没有资格在任何法律程序中提供证据:精神不健全而在接受讯问之时看似不能对讯问所关乎的事实得到确当的印象或如实叙述该等事实的人;并且在传召任何已知为精神不健全的人到某人或法庭席前作证人前,须先取得该人或法庭的同意。香港证据法还对拒绝作证权作出明确规定,如香港"证据条例"第6、7条规定,本条例的规定,并不使丈夫有资格或可予强迫在任何刑事法律程序中为妻子提供证据或提供证据指证妻子,亦不使妻子有资格或可予强迫在任何刑事法律程序中为丈夫提供证据或提供证据指证丈夫;在刑事法律程序中,不得强迫丈夫披露妻子在婚姻期间向其作出的任何通讯,亦不得强迫妻子披露丈夫在婚姻期间向其作出的任何通信。该条例第10条同时还规定了被告人拒绝作证权,即"任何人如在刑事法律程序中被控告可公诉罪行或可循简易程序定罪而判罚的罪行,本条例并不使该人成为可予强迫为其本人提供证据或提供证据指证其本人。本条例亦不使任何法律程序中的任何人可予强迫回答倾向于导致其入罪的问题"。为强化证人的诉讼道德意识,香港证据法例还规定了证人宣誓或誓愿程序,该程序是法庭上必须进行的作证仪式。其中,基督徒采用手执《圣经》向上帝宣誓的方式表明所作证供都是真实的;非基督徒采用誓愿仪式,以示其是郑重和诚实作证,所作证供全部都是真实的,其中,伊斯兰教徒可以在法庭上手执《古兰经》誓愿。根据香港法律,任何人在宣誓或誓愿后的作证过程中故意作假,并影响诉讼正常进行的,作证者就要负发假誓罪的责任。但在刑事诉讼中,被告人可以提供未经宣誓的证供。

其次是文件证据,即以文件形式提供的证据。在香港,文件证据的种类很多,通常包括官方记录、档案、法令和其他公共文件资料、证明文件、调查记录以及私人书信等。香港证据法例对文件证据一般适用最佳证据规则,且必须由文件的制作人加以证实,以便确认其真实性和可靠性。

最后是实物证据,即能够通过其形态、结构、标志和所处位置等外部特征来证明案件真实情况的证据。在刑事诉讼中,常见的实物证据有三种:(1)犯罪工具,如刀具、枪支弹药;(2)犯罪对象,如赃款赃物;(3)现场遗留物,如脚印、指纹等。

## 第二节 我国澳门特别行政区的诉讼证明

### 一、澳门诉讼证明立法概述

同香港特别行政区一样,澳门特别行政区是我国实行"一国两制"基础上形成的一个特别法域。长期以来,澳门作为中外文化交汇的特殊地区,其法律制度同样纷繁多样,其立法既受源于欧洲大陆法系的葡萄牙法的深远影响,又不失澳门本地特色。自中葡两国政府于1988年1月15日互换的《中葡联合声明》及其附件被批准之日起,澳门开始了其回归祖国的政权交接过渡时期。根据《中华人民共和国澳门特别行政区基本法》,澳门回归祖国前在澳门生效的葡萄牙本土法律,如葡萄牙《刑事诉讼法典》《民事诉讼法典》等,除非在1999年12月19日前通过本地化程序转化为澳门本地法律,否则,自1999年12月20日我国恢复对澳门行使主权开始将自动失效。为此,澳门政府立法会在1994年7月18日制定了《行政程序法典》,1996年9月2日制定了新的《刑事诉讼法典》(1997年4月1日生效),1999年10月8日制定了新的《民事诉讼法典》。作为有着深刻大陆法烙印的澳门立法同许多大陆法系国家一样,也没有独立的证据法典,有关证据制度的内容均在相关的实体法、诉讼法典中以专章或专节的形式加以规定,如澳门《民法典》中规定了民事证据的内容,共7节,计57条。

(一)证据的概念及证明对象

澳门《民法典》第334条规定:"证据具有证明事实真相之功能。"澳门《刑事诉讼法典》对"证据"一词并未作出法律定义,但却界定了证明对象的含义,该法典第111条规定:"一切对犯罪是否存在、嫌犯是否可处罚以及确定可科处之刑罚或保安处分等在法律上属重要之事实，均为证明对象。如有提出民事损害赔偿请求，则对确定民事责任属重要之事实亦为证明对象。"因此，在澳门，所谓证据就是已经证实和确定的事实，而证明对象则是有待证实和确定的事实。证明对象能否被证实和确定，取决于一系列依法进行的证明活动。

（二）证据的合法性

澳门证据法律制度沿袭了大陆法系有关证据的合法性原则，主要包含两层含义，即证据种类的合法性和获得证据方法的合法性。如澳门《刑事诉讼法典》明确规定，通过酷刑或胁迫，又或一般侵犯人的身体或精神的完整性而获得的证据，均属无效，且不得使用。

此项规定将法律禁止使用的证明方法归纳为三大类：(1) 酷刑。《联合国禁止酷刑和其他残忍、不人道或有辱人格的待遇或处罚公约》第1条规定，"酷刑"是指为了向某人或第三者取得情报或供状，为了他或第三者所作或涉嫌的行为对他加以处罚，或为了恐吓或威胁他或第三者，或为了基于任何一种歧视的任何理由，蓄意使某人在肉体或精神上遭受剧烈疼痛或痛苦的任何行为，而这种疼痛或痛苦是由公职人员或以官方身份行使职权的其他人所造成或在其唆使、同意或默许下造成的。纯因法律制裁而引起或法律制裁所固有或附带的疼痛或痛苦不包括在内。澳门《刑法典》第234条第2款亦规定，意图扰乱被害人作出决定之能力或自由表达其意思，而使其身体或心理受剧烈痛苦或严重疲劳，又或使用化学品、药物或其他天然或人造之工具等行为，视为酷刑又或残忍、有辱人格或不人道之待遇。使用酷刑是刑法所禁止的犯罪行为，因此，以此方法所获取的证据当然不得在刑事诉讼中采纳。(2) 胁迫。所谓胁迫指以暴力或以其他加害手段相威胁。胁迫亦构成刑法上的犯罪，故以胁迫方法获取的证据亦不得采纳。(3) 侵犯人的身体或精神的完整性。这里主要是指以实施澳门《刑法典》分则第一编第三章规定的侵犯身体完整性的犯罪来获取证据。此外，澳门《刑事诉讼法典》明确规定，利用下列手段获得的证据，亦属侵犯人的身体或精神的完整性：一是以虐待、伤害身体、催眠又或施以残忍或欺骗的手段，扰乱意思自由或决定自由；二是以任何手段扰乱记忆能力或评估能力；三是在法律容许的情况和限度以外使用武力；四是以法律不容许的措施作威胁，以及以拒绝或限制给予依法获得的利益作威胁；五是承诺给予法律不容许的利益。

除了以上三类方法以外，法律还规定，未经有关权利人同意，通过侵入私人生活、住所、函件或电讯而获得的证据，亦属无效，但属法律规定的情况除外。所谓法律规定的情况，主要是指由法官许可或命令采取的有关获得证据的方法，如住所搜索、函件扣押、电话监听等。

### (三) 自由心证

澳门《刑事诉讼法典》规定的证据制度是自由心证制度,即评价证据是按照经验法则和有权限的实体的内心确信而进行的。应该指出,澳门《刑事诉讼法典》规定的自由心证制度不是绝对的自由心证制度,法律也明确规定了一些不适用自由心证的情况。例如,澳门《刑事诉讼法典》第149条第1款规定:"鉴定证据固有之技术、科学或艺术上之判断推定为不属审判者自由评价的范围。"又如,第154条规定:"如并无对公文书或经认证文书之真确性或其内容之真实性提出有依据之质疑,则该文书所载之实质事实视作获证明。"当然,所谓"心证",并不是指法官仅凭主观臆断审查证据的价值,自由心证要求法官所形成的心证必须是客观的、合乎逻辑的、有理由的心证。

### (四) 举证责任和举证责任倒置

澳门《民法典》第335条对民事举证责任作了较为具体的规定:(1)创设权利之事实,由主张权利之人负责证明。(2)就他人所主张之权利存有阻碍、变更或消灭权利之事实,由主张权利所针对之人负责证明。(3)如有疑问,有关事实应视为创设权利之事实。该法典同时对特别情况下举证责任的分配也作了规定:(1)在消极确认之诉中,由被告负责证明有关创设其所主张权利之事实;(2)如属原告应自获悉某一事实之日起一定期间内提起之诉讼,则由被告负责证明该期间已届满,但法律另有特别规定者除外。(3)如原告所主张之权利受停止条件或始期约束,则由原告负责证明停止条件已成就或期限已届至;有关之权利受解除条件或终期约束时,则由被告负责证明解除条件已成就或期限已届至。

### (五) 证据直接性和辩论性原则

证据的直接性原则有两层含义:(1)应尽可能使用原始证据;(2)审查证据应尽可能采用言词方式,让诉讼主体直接、亲身参与证据的质证。证据的直接性原则在审判听证过程中显得尤为重要。为保障法院及时且直接获取证据,澳门法律要求,除特殊情况外,人证应该当庭提交,而不应宣读事先制作好的书面证词笔录。

证据的辩论性原则是指证据必须经过控辩双方的直接辩论。在审判听证和辩论预审过程中,只有经过控辩双方辩论的证据才可采纳。澳门《刑事诉讼法典》第308条明确规定,在听证过程中提出的证据必须遵从辩论原则。

### (六) 证据保全

澳门相关法例依据诉讼证据本身的特点确定了不同的证据保全措施。澳门《刑事诉讼法典》规定的证据保全措施主要有三类:(1)澳门《刑事诉讼法典》第232条规定的,由刑事警察机关采取的保全措施,如检查犯罪痕迹、向有关人员收集资料、对可扣押之物件采取保全措施等。(2) 供未来备记用的声明。澳门《刑事诉讼法典》第 253 条第 1 款规定,如证人患重病、前往内地或欠缺在澳门居住的许可,而可预见该情况将阻碍其在审判时作证的,预审法官应检察院、嫌犯、辅助人或民事当事人的申请,可在侦查期间询问证人,以便有需要时能在审判中考虑其证言。从某种意义上讲,供未来备记用的声明须提前进行听证。(3) 通过强制措施进行的证据保全。澳门《刑事诉讼法典》第 188 条规定,如果存在扰乱诉讼程序进行的危险,尤其是对证据的取得、保全或真实性构成危险,亦可适用强制措施。

(七) 推定规则

澳门《民法典》第 343 条对法律推定作了如下规定:(1) 因法律推定而受益之一方,对所推定之事实无须举证;(2) 法律推定得以完全反证推翻,但受法律禁止者除外。同时,该法典第 344 条规定,事实推定,仅在采纳人证之情况及条件下,方予采纳。

## 二、澳门诉讼证明依据的种类

澳门《刑事诉讼法典》并未直接规定证据的种类,而只是规定了七种证据(证明)方法:(1) 人证;(2) 嫌犯、辅助人和民事当事人的声明;(3) 通过对质的证据;(4) 通过辨认的证据;(5) 事实的重演;(6) 鉴定证据;(7) 书证。从某种意义上讲,澳门《刑事诉讼法典》是根据证据(证明)方法来区分证据种类的。

澳门《民法典》规定民事证据的种类有:(1) 自认;(2) 书证;(3) 鉴定证据;(4) 勘验证据;(5) 人证。

(一) 人证

在澳门,人证通常理解为通过特定人的有关陈述对案件事实所作的证明。这里所谓"特定人"实际上指的是证人。人证与证人是两个不同的概念,证人是人证的来源,因此,所谓人证,亦可表述为证人证言。根据澳门《刑事诉讼法典》,只有直接知悉有关事实的证人所作的证言才可作为人证。如果证言的内容是来自听闻他人所说(间接证言)的,法官应传相关人员作证,否则该部分证言不得作为证据使用。但如果该等人已死亡、精神失常或未能被寻获,则有关间接证言可以作为证据使用。这一规则,同样适用于内容来自阅读某文件的证言,而证言非为该文件作者的情况。此外,澳门法律还特别规定,拒绝指出或不具条件指出通过何人或从何来源知悉有关事实的人所作的证言,在任何情况下均不得作为证据。

人证在澳门刑事诉讼中被广泛运用,对查明案件事实具有重要意义。

1. 证人资格

澳门《刑事诉讼法典》第118条第1款规定："凡未因精神失常而处于禁治产状态之人，均有成为证人之能力，仅在法律所规定之情况下方得拒绝作证。"此项规定包含着以下两层含义：

第一，何人可以成为证人。人证是认识声明，而非意思声明，即证人是对客观事实进行陈述，而不是表达自己对客观事实的看法或评价。既然是对客观事实的陈述，证人首先应当对该事实有所认识或了解。为此，就需要证人有认识能力。澳门《刑事诉讼法典》采用排除法来规定什么人可以成为证人，因此，该法第118条第1款关于证人能力的规定并不全面。我们知道，人的认识能力除了与精神状况有关以外，还受年龄及其生理因素的限制。刑事诉讼法只规定精神状况对证人能力的影响，并未规定其他诸如年龄、生理缺陷等对证人能力的影响。因而，我们在确定证人能力时有必要参照澳门民事诉讼法关于证人能力的规定。因为澳门《刑事诉讼法典》第4条规定："如出现未有规定之情况，而本法典之规定亦不能类推适用，则遵守与刑事诉讼程序相协调之民事诉讼程序规定"。根据澳门《民事诉讼法典》第517条，除因精神失常而处于禁治产状态之人不得成为证人外，下列人员亦不得成为证人：(1) 失明或失聪之人，就其生理缺陷所不能认识的事实，不得作证。例如，失明之人不得证明其看到某种事实；失聪之人不得证明其所听到某种声音。(2) 未满七岁的未成年人。

此外，同一诉讼或相牵连诉讼中的嫌犯、辅助人和民事当事人亦不得作为证人。这是因为，法律已将这些人所作的声明视为不同于人证的独立的证据。但是，如果诉讼程序分别进行，同一犯罪中的各嫌犯或相牵连犯罪中的嫌犯只要表示同意，便可以以证人身份作证。

第二，何人应当作证。根据澳门立法例，任何人都有义务协助法院查明事实。因此，原则上讲，凡是被依法传唤或通知的证人都应当作证。但是，澳门刑事诉讼法基于证人与嫌犯的关系或证人的职业缘故，规定了两种证人可以不履行作证义务的特殊情况：(1) 证人拒绝作证情形。根据澳门《刑事诉讼法典》第121条第1款，如果证人与嫌犯之间具有以下关系时，证人可以拒绝作证：其一，证人是嫌犯的直系血亲卑尊亲属、兄弟姊妹、二亲等以内的姻亲、收养人、嫌犯所收养之人、嫌犯的配偶，以及与嫌犯在类似配偶状况下共同生活之人；其二，证人曾是嫌犯的配偶或曾与嫌犯在类似配偶状况下共同生活之人，就婚姻或同居存续期间所发生的事实。根据法律规定，接收上述证人作证时，应当预先告知有关证人享有拒绝作证权，否则所作证言无效。(2) 证人推辞作证情形。澳门《刑事诉讼法典》第122条第1款规定："律师、医生、新闻工作者、信用机构之成员、宗教司祭或各教派司祭及法律容许或规定须保守职业秘密之其他人,得推辞就属职业秘密之事实作证言。"可以看出,在推辞作证的情况下,存有两个相互对立的公共利益:其一为发现事实以实现公正;其二为具有特定身份或职业之人信守密义务以全面履行职责或从事有关职业。在此,法律选择了保护后者,而牺牲前者。从本质上讲,允许推辞作证,是法律对证明方法的限制。尽管法律允许推辞作证,司法当局仍有权且有义务对推辞的正当性进行调查,如经调查认为推辞不当的,应命令有关人士作证或申请命令其作证。

此外,上级法院或高等法院根据刑法的有关规定和原则,可以决定有关证人无须保持职业秘密而作证。这里所说的刑法规定和原则,主要是指澳门《刑法典》第189条(违反保密罪)和第35条(义务冲突)的规定。但是,免除保守职业秘密的,并不适用于宗教秘密。

值得一提的是,澳门刑事诉讼法将公务员在执行职务时知悉的秘密排除于上述职业秘密之外,并且作出了不同的规定。澳门《刑事诉讼法典》第123条第1款规定:"不向公务员询问其在执行职务时知悉且构成秘密之事实。"这一规定有别于因职业秘密而推辞作证的情况。因职业秘密而推辞作证,是法律赋予证人的一项权利,而证人为公务员,且证明对象涉及职业秘密或称公务秘密时,法律并未赋予公务员拒绝作证的权利,而是对接收证据的实体(司法当局)规定了一项义务——不得向公务员询问有关事实。从某种意义上讲,法律这样规定,暗含有公务员在任何时候均有作证义务,只是在某种特殊情况下,法律不要求公务员作证。根据法律规定,不得向公务员询问其在执行职务时知悉且构成秘密的事实并不是绝对的,在法律规定的情况下,司法当局仍可要求有关公务员作证,有管辖权的法院亦可决定公务员无须保密。

2. 证人的权利和义务

关于证人的权利,澳门《刑事诉讼法典》没有专条作出规定。但是,我们从证人在不同诉讼阶段的介入情况,可以概括出证人主要有以下权利:(1) 使用本国语言或方言的权利。我们知道,中文和葡文是澳门的官方语言。然而,澳门是一座国际性城市,有很多人母语并非中文或葡文,因此,法律允许证人以其母语作证,且当证人不通晓澳门官方语言时,司法当局有义务为其指定翻译。(2) 在法律作出起诉批示或指定听证日期的批示前,证人有权要求为其姓名保守秘密。(3) 人格权。司法当局有责任保护证人的名誉或名声不因作证而受到侵害。(4) 由于作证而影响正常收入的证人,有权要求法院给予适当补偿。

关于证人的义务,根据澳门刑事诉讼法的规定,证人的义务主要有:(1) 依照司法当局的传召或通知,到场作证;(2) 向司法当局作证前,进行宣誓;(3) 遵守就作证方式依法对其发出的指示;(4)如实回答向其提出的问题。

根据澳门《刑法典》第324条,作为证人,无合理理由拒绝作证,或作虚假证言的均须负刑事责任。然而,澳门《刑事诉讼法典》第119条规定了一个例外情况,即如果证人提出回答有关问题将导致其负刑事责任,则无须回答该问题。此时,拒绝回答并不构成拒绝作证。

3. 询问证人的规则

澳门《刑事诉讼法典》第125条和第337条第2款就询问证人规定了以下程序规则:(1)证人必须亲自作证。作证是亲身行为,在任何情况下均不得由他人代为作证。(2)询问证人时,应首先识别证人的身份,查明证人与嫌犯、被害人、辅助人、民事当事人及其他证人等之间有无亲属关系或利害关系,以及对评价证言的可信属重要之情况(如证人在目睹案件发生时的身体或精神状况等)。(3)如证人是向司法当局作证,则作证前必须宣誓:"本人谨以名誉宣誓,所言全部属实,并无虚言。"证人拒绝宣誓等同于拒绝作证,将负刑事责任。(4)不应向证人提出暗示性问题或离题的问题,亦不得向证人提出可能妨碍其自发和真诚回答的问题。所谓暗示性问题,是指那些引诱、启发或便利证人作出特定回答的问题。所谓离题的问题是指那些与诉讼毫无关系的问题。所谓可能妨碍证人自发和真诚回答的问题,是指那些在提问中直接或间接包含有某种承诺或恐吓的问题。在听证过程中,控方或辩方如提出上述法律禁止之问题,主审法官有权予以阻止。(5)在询问证人时,可以向证人展示任何诉讼文书及有关的文件、罪犯所使用的工具或其他被扣押的物品。(6)证人亦可呈交某物品或文件作为证据,此时应作记录,并将有关物品或文件附于卷宗或妥为保管。(7)曾接收不可宣读的声明的刑事警察机关,以及曾以任何方式参与收集该等声明的任何人,均不得就该等声明的内容以证人身份接受询问。(8)特定人物或实体作证时,在作证义务、作证方式和地点等方面可以依法享有豁免权和特权。所谓特定人物或实体,主要是指政务司、立法会议员、外交人员、高等法院法官、助理总检察长、司法委员会委员、宗教负责人、律师公会负责人等。这些人物或实体作证,应依照澳门各专门法律及民事诉讼法的规定进行。

(二)嫌犯、辅助人及民事当事人的声明

根据澳门刑事诉讼法的规定,嫌犯、辅助人及民事当事人在诉讼的任何阶段,均可作出声明,并且,他们所作的声明具有证据的属性。从某种意义上讲,辅助人和民事当事人所作的声明本质上属于人证。至于嫌犯所作的声明,由于其诉讼地位特殊,决定了其所作的声明既是证据又是辩论手段。因此,法律规定,嫌犯就被指控的事实,可以自认、否认或者拒绝回答。而辅助人和民事当事人只能如实作证,否则将负刑事责任。

1. 嫌犯声明

(1) 嫌犯声明的一般规则。此类规则实际上也是司法当局讯问嫌犯时所要遵守的行为准则。根据澳门《刑事诉讼法典》第127条,讯问嫌犯时应遵守以下规则:一是嫌犯人身不受约束。不管嫌犯是否已被拘留或拘禁,在让其作声明时,应保证其人身不受束缚,即不得使用诸如手铐、脚镣、绳索等器械。但是,为了预防嫌犯逃跑或作出暴力行为而有必要作出防范措施的不在此限。二是应向嫌犯讯问其直接知悉且为证明对象之事实。三是嫌犯必须直接、亲身接受讯问,不得委托他人代被讯问。四是不得向嫌犯提出暗示性或离题的问题,亦不得提出其他可能妨碍答复的自发性和真诚性的问题。五是嫌犯作声明前,无须宣誓。六是可向嫌犯展示任何诉讼文书、与诉讼有关的文件、犯罪所使用之工具或其他被扣押的物品。嫌犯亦可呈交作为证据的物品或文件。七是嫌犯对有关其身份或前科的提问必须如实作答,就其身份或前科作虚假声明的将负刑事责任。八是嫌犯对指控其的事实的提问可承认、否认或保持沉默。嫌犯就指控其的事实作出虚假声明并不承担刑事责任。

(2) 对被拘留的嫌犯进行首次司法讯问。根据澳门《刑事诉讼法典》第128条第1款,嫌犯被拘留后,如果不应立即提交审判(即案件应适用普通程序时),则应在48小时之内,送交预审法院法官进行首次司法讯问。首次司法讯问只能由预审法官进行,除检察人员、辩护人、司法公务员及翻译人员(有需要时)外,其他人员均不得在场。但基于安全理由,可以允许看守人员在旁戒备。预审法官应详细询问嫌犯身份资料和有无前科,对此嫌犯须如实回答。预审法官在查明嫌犯身份及有无前科后,应告知嫌犯享有澳门《刑事诉讼法典》第50条第1款所规定的各项权利。之后,预审法官应审查拘留的理由,并将理由告知嫌犯及向嫌犯说明其被指控的事实。嫌犯对被指控的事实,可以承认或否认,亦可进行辩护。在讯问期间,检察院及辩论人不得作出任何干涉,但有权就诉讼程序上的无效提出争辩。如检察或辩护人认为某些问题有利于发现事实真相,而预审法官未提问的,可在讯问完结后,嫌犯不在场的情况下,申请预审法官向嫌犯提问有关问题,是否接受该申请,由预审法官决定,且对此决定不得提起上诉。

(3) 对被拘留的嫌犯进行首次非司法讯问。对被拘留的嫌犯,如不应立即按简易程序进行审判,原则上应由预审法官进行首次司法讯问。由预审法官进行首次讯问的目的在于保护拘留的合法性以及嫌犯所享有的各项权利不被侵犯。然而,法律又允许在将被拘留的嫌犯提交预审法官之前,检察院可以对嫌犯进行非司法讯问。澳门《刑事诉讼法典》第129条第1款规定:"如被拘留之嫌犯在拘留后未立即被预审法官讯问,须将之送交检察院,而检察院得以简要方式听取之。"

应该指出,检察院进行首次非司法讯问的可能性是比较小的,而且也是不必要的。这是因为,法律要求在嫌犯被拘留后48小时内将之提交预审法官。法律这样规定体现了尽快将嫌犯提交司法审判的原则。此外,在48小时内,将嫌犯提交两个司法当局讯问,在程序上显得烦琐,在人力和物力上也造成不必要的浪费。根据澳门刑事诉讼规则,检察院进行首次非司法讯问所要遵守的规则与首次司法讯问的规则基本相同,所不同的是,在非司法讯问中辩护人的援助不是强制性的,即只有在嫌犯被告知其享有的权利后,且嫌犯要求由辩护人援助时,辩护人才可介入。此外,如属恐怖主义、暴力犯罪或有高度组织的犯罪,检察院可以命令被拘留之人在进行首次司法讯问前,除与辩护人联络外,不得与任何人联络。

值得一提的是,澳门《刑事诉讼法典》第129条第3款规定:"作出简要讯问后,如检察院不将被拘留之人释放,须采取措施,依据上条之规定将该被拘留之人送交预审法官。"此项规定实际上是对预审法官进行首次司法讯问的一种限制。因为第128条规定的首次司法讯问的对象是不应立即被审判的被拘留嫌犯。然而,检察院又有权将被拘留的人释放,从而排除了首次司法讯问的可能。

(4) 其他讯问。澳门刑事诉讼法还就其他情况下对嫌犯进行讯问的规则作了如下规定:在侦查阶段,对被拘留的嫌犯或对有行动自由的嫌犯进行的讯问,由检察院负责;在预审阶段,对上述嫌犯进行的讯问,由预审法官负责;在审判阶段,则由主审法官讯问上述嫌犯。如系合议庭审理,每一法官均可讯问嫌犯;在侦查阶段或在预审阶段,检察院或预审法官可以授权刑事警察机关讯问嫌犯。

2. 辅助人和民事当事人声明

如前所述,辅助人和民事当事人的声明具有人证的属性。因此,他们所作出的声明基本上由作证制度规范,但该制度中明显不适用的部分及法律另有规定的部分除外。这里应该特别强调以下几点:(1) 辅助人和民事当事人作声明有两种方式:应申请作声明,即自己申请或应嫌犯申请;司法当局要求辅助人和民事当事人声明。(2) 辅助人及民事当事人作出声明前无须宣誓,这不同于证人。(3) 辅助人及民事当事人有义务如实陈述,违反该项义务应负刑事责任。

(三) 通过对质的证据

对质实际上是获得证据的一种方法。根据法律规定,如果共同嫌犯、嫌犯与辅助人、各证人或证人与嫌犯和辅助人或上述人等与民事当事人或民事当事人所作的声明之间存在矛盾,矛盾各方可进行对质。可见,通过对质的证据不外乎是嫌犯、辅助人、民事当事人或证人的声明。因此,通过对质获得的证据似乎不应作为独立的证据种类。之所以会出现上述将获得证据的方法与证据本身混为一谈的立法现象,主要原因在于,立法者采取了以获得证据的方法为标准来划分证据,而不是以证据本身的属性来划分。这无疑是立法上的缺陷。

(四)通过辨认的证据

辨认同样也是获得证据的方法之一,它是指对先前认知的一种确认,即确认辨认时的认知与先前的认知具有一致性。

澳门刑事诉讼法规定了两种辨认,即对人的辨认和对物的辨认。无论是辨认人还是物,均应遵守以下法定规则,否则所作之辨认不具有证据价值:(1)辨认人或物时,应要求辨认人对被辨认人或物进行描述,并指出一切他所能记住的细微之处;随后,向其询问以前曾否见过该人或该物以及当时的状况;最后,询问是否存在可能影响其识别可信性的情节。(2)在辨认人时,如所获得的识别资料不完整,则应召唤最少两名与被辨认之人尽可能相似之人到场,并将被辨认之人安排在该两人的旁边(此规则只适用于召唤两人的情况,如果召唤三人或三人以上,法律则未规定如何安排被辨认人的位置),此时再传辨认人进行辨认。(3)在辨认物时,如辨认后仍有疑问,则应将被辨认之物与最少两件相似的物品放在一起进行辨认。(4)如有理由相信辨认人可能因进行辨认而感到胆怯或受困扰,则应尽可能使辨认在被辨认人看不到辨认之人的情况下进行。但此条规定不适用于在审判听诉时所进行的辨认。(5)多个辨认人辨认同一人或同一物品时,应分别进行辨认,且须防止各辨认人之间互相联系。同样,同一人辨认多人或多个物品时,亦应逐一分别辨认。

(五)事实重演

所谓事实重演,即侦查实验,是指尽可能真实地重组某一事实发生的条件和方式。事实重演的目的在于查明某一事实在特定条件下能否发生。

事实重演不同于其他证据方法。因为其他证据方法的作用在于证明已发生过的某一事实。而事实重演要证实的则是在某种情况下,某一事实有无可能发生。应该指出,事实重演往往涉及对案情的重组,因此,应尽可能避免公开进行。

(六)鉴定证据

鉴定证据,即鉴定结论。所谓鉴定,是指为了理解或审查有关事实,而由具有特定技术、科技或艺术知识的人进行的一系列鉴别和认定活动。应当指出,鉴定本身是获得证据的一种方法,鉴定得出的结论(鉴定报告)才是证据。

根据澳门刑事诉讼法,鉴定应遵守以下规则:(1)鉴定应由司法当局以批示命令进行,且原则上应在适当的场所、实验室或官方部门内进行。(2)鉴定人必须履行有权限实体所指定的鉴定义务。但适用回避、拒绝或自行回避制度的情况除外。(3) 鉴定人不当履行职务时,司法当局可将之替换。明显违反鉴定义务的鉴定人,法官可依职权或应申请判决其缴付 750 澳元至 2000 澳元的罚款。(4) 如有多个鉴定人,且各鉴定人之间有不同意见,则各自呈交鉴定报告,如属结合不同学科知识的鉴定,亦须各自呈交报告。(5) 法医学及精神病学鉴定,应由医学鉴定人进行。如不可能或不适宜时,则交由任何专科医生或相关专科医务所进行。(6) 对嫌犯人格的鉴定应交由社会重返部门及专门机构进行。(7) 鉴定人为进行鉴定,而必须毁坏、改变或严重损害任何物品之完整性时,应向命令其进行鉴定的实体申请许可。(8) 对在非官方机构内进行的鉴定或由非官方鉴定人进行的鉴定应给予报酬。报酬数额由命令其进行鉴定的实体决定,对有关报酬的决定不服的,可以提出申诉或提起上诉。(9) 鉴定证据固有的技术、科学或艺术上的判断不属审判者自由评价的范围。也就是说对鉴定证据的价值,不适用自由心证原则。根据法律规定,当审判者的心证有别于鉴定证据时,法律推定应以鉴定证据为准,但审判者应说明分歧的理由。

(七) 书证

书证是指以文件形式及其所载内容来证明案件真实情况的证据。所谓文件,是指依据刑法规定视为文件的、表现于文书或其他技术工具的表示记号或注记。澳门《刑法典》第 243 条将"文件"定义为:(1) 表现于文书,又或记录于磁盘、录音录像带或其他技术工具,而可为一般人或某一圈子之人所理解的表示,该表示系令人得以识别由何人作出,且适合用作证明法律上之重要事实,而不论在作出表示时系作为此用,或之后方作此用;(2) 对一物实际所作或给予之记号,又或实际置于一物上之记号,其系用以证明法律上的重要事实,且令一般人或某一圈子之人得以识别其用途及其所证明之事。

根据澳门《刑事诉讼法典》,使用书证应遵守以下规则:(1) 载有匿名声明的文件,不得附于卷宗。所谓匿名声明是指无法查明声明人身份的声明。但是,如果文件本身是犯罪对象或犯罪元素,尽管其中的声明是匿名声明,仍可将该文件附于卷宗。例如,在伪造文件或以书信形式进行诽谤的案件中,被伪造的匿名文件或诽谤信均应附于卷宗作为证据。(2) 作为书证的文件原则上应于侦查或预审进行期间附于卷宗,如侦查或预审期间无法附于卷宗,则应在听证终结前附卷。(3) 作为书证的文件必须经过辩论才能作为定罪量刑的证据。(4) 律师、法学家或技术人员的意见书亦属书证范畴,且可在听证终结前任何时刻附于卷宗。(5) 对以非官方语言或密码制作的文件,或难于阅读的文件,须将之翻译、破译或转录。(6) 以摄影、录影、录音或以电子程序复制之物,以及任何机械复制物,只有在依据刑法确认其并非不合法时,才能作为证明事实或证明被复制之物的证据。(7)在不能将文件原本附于或继续存于笔录时,依法以机械方法复制之物,只要在同一或另一诉讼程序中已被认定为与原本相同,即具有与原本相同的证据价值。(8)法院可依职权或应申请在判决主文部分中宣告附于卷宗的文件是虚假文件。在此情况下,或当法院有依据怀疑文件为虚假文件时,应将该文件之副本转交检察院。

澳门《刑事诉讼法典》对文件的种类未作出规定,因此,这一问题应参照澳门《民法典》及澳门《公证法典》的有关规定。根据这两部法典的规定,文件包括公文书和私文书两大类。其中,公文书包括:(1)由公共当局在其职权范围内依法定形式(手续)制作的文书;(2)由公证员或具有公信力的公务人员,在各自职能活动范围内,依法定形式(手续)制作的文书。私文书包括:(1)当事人依公证法规在公证员面前确认的文件;(2)由公证员对字体、签名进行辨认后予以鉴证的私人文书;(3)普通的私人文书。

根据澳门刑事诉讼法,如未对公文书或经认证的文书(根据公证法规由公证员确认的私人文书)的真实性或其内容的真实性提出有依据的质疑,则该文书中所载的事实视为已获证明。至于其他私文书的证据价值,则由法官自由心证。

(八)自认

自认是指一方承认不利于己,但有利于对方的事实的真实性。自认分为诉讼中的自认和诉讼外的自认。诉讼中的自认是指在有管辖权或无管辖权的法庭、仲裁庭和属非讼事件的程序中作出的自认。以与诉讼中的自认不同的任何一种方式作出的自认,即是诉讼外的自认。澳门《民法典》规定,在下列情况下,自认对自认人不构成不利证据:(1)涉及法律禁止承认或调查的事实;(2)涉及不可处分权利的有关事实;(3)被自认的事实不可能或明显不存在。

### 三、澳门诉讼证明依据的收集方法

证据方法和收集证据的方法是诉讼法中所规定的两个不同的概念,在澳门《刑事诉讼法典》中规定的所谓证据方法,应该是指证据的种类,而收集证据的方法,则是指在刑事诉讼过程中,司法当局调查和收集证据所运用的方法或手段。澳门《刑事诉讼法典》规定的获得证据的方法有以下四种:检查、搜查和搜索、扣押、电话监听。

(一)检查

检查,是指通过查看犯罪可能遗留下的痕迹,以及有关犯罪的方式、地点、犯罪行为人以及犯罪所针对之人的一切迹象,来收集证据的方法。检查的对象可以是人身、地点或物,但主要是针对人身。

澳门刑事诉讼法规定,一旦获知实施犯罪的消息,司法当局或刑事警察机关应采取措施,尽可能防止犯罪的痕迹在检查前湮灭或改变。在紧急情况下,任何具有当局权力的人员,在有权限的司法当局或刑事警察机关抵达现场之前,有权采取措施以防止犯罪痕迹湮灭或改变。如果犯罪痕迹已被改变或消失,则应对可能曾带有痕迹的人、地方和物所处的状态进行描述,并尽可能将有关痕迹加以重造并说明其改变或消失的方式、时间和原因。在进行检查时,如有人逃避或阻碍检查,有权限的司法当局可以决定强行检查或强迫有关人员提供应受检查的物。此外,有关司法当局或刑事警察机关还可命令某人或某些人不得离开受检查的地方。必要时,可借助警察部队强迫有关人员逗留于受检查的地方,直至检查完毕。

澳门刑事诉讼法同时规定了对人身检查应尊重受检查人尊严的规则,且尽可能尊重其羞耻心。为此,当检查可能使受检查人感到羞辱时,法律要求仅进行检查的人和有权限的司法当局才能在场,并在不延迟检查的情况下,允许受检查的人由其信任的人陪同。有关司法当局或刑事警察机关应当告知受检查的人享有此项权利。

(二)搜查和搜索

搜查,俗称"搜身",是指在有迹象显示隐藏任何与犯罪有关或可作证据的物品的人的身上进行搜寻、查找,以获取有关证据(澳门《刑事诉讼法典》第159条第1款)。搜索,是指在有迹象显示隐藏任何与犯罪有关或可作为证据的物品的地方进行搜寻、查找,以获取证据(澳门《刑事诉讼法典》第159条第2款)。因此,搜查和搜索的对象是不同的,搜查的对象是特定的人,搜索的对象是特定的场所。而搜查、搜索与检查又有所不同,主要区别在于目的的不同。根据一般理解,搜查主要是对有关人员身上所携带的物品或有关可能藏匿证物的场所进行搜寻、查找,而检查则主要是对人的身体本身进行检验、勘查。根据法律规定,进行搜查时也同样要求尊重个人的尊严和羞耻心。

根据澳门刑事诉讼法,搜查和搜索必须依照以下法定程序进行:

(1)搜查和搜索原则上只能由有权限的司法当局以指示许可或命令进行,并应尽可能由该司法当局主持。但是,在下列情况下,刑事警察当局亦可进行搜查或搜索,而无须司法当局的许可或命令:一是有理由相信延迟进行搜查或搜索可对具有重大价值的法益构成严重危险。在此情况下,刑事警察当局应立即将所实施的措施告知预审法官,并由预审法官审查该措施,以便使之有效,否则该措施无效。二是获被搜查之人或被搜索地方之实际支配人同意且该同意应以任何方式记录于文件上。三是有关犯罪曾处以徒刑且行为人在现行犯罪情况下被拘留。

（2）除由刑事警察机关在上述三种情况下进行的搜查和搜索外，进行搜查和搜索前，必须先将命令搜查或搜索的批示副本交予被搜查人或实际支配被搜索地之人。

（3）对有人居住的房屋或其封闭的附属部分的搜索，只能由法官命令或许可进行，且除非得到搜索所针对之人的同意，不得在日出之前，亦不得在日落之后进行。应该指出，刑事诉讼法并未对日出和日落的具体时间作出规定。这是因为，由于季节的变化，日落的时间应以在正常情况下公共道路照明灯的开启时间为准，即早上公共道路照明灯熄灭之时为日出之时，晚上公共道路照明灯开启之时为日落之时。另外，在有理由相信延迟搜索可对具有重大价值的法益构成危险或获得搜索所针对之人同意的情况下，住所搜索亦可由检察院命令进行，或由刑事警察机关进行。但是，应立即将所实施的措施告知预审法官进行审查。

（4）对律师事务所或医生诊所的搜索，必须由法官亲自在场主持，否则无效。如果有代替律师或医生职业的机构，法官应预先告知有关机构的主持人，以便其本人或其代表能在场。

（三）扣押

根据澳门《刑事诉讼法典》第163条第1款，对于曾用于或预备用于实施犯罪的物品，构成犯罪的产物、利润、代价或酬劳的物品，以及行为人在犯罪地遗下的所有物品或其他可作为证据的物品，均应予以扣押。

扣押原则上应由司法当局以指示许可或命令作出。刑事警察机关在进行搜查或搜索时，或在紧急情况下，亦有权实行扣押，但应于扣押后72小时内由司法当局宣告有效。此外，对于检察院所许可、命令或宣告有效的扣押，可以于五日内向预审法官申诉。申诉期间扣押仍需执行，即申诉仅具有移审效力。

应当指出，扣押和预防性假扣押是不同的。前者是澳门刑事诉讼法规定的获得证据的方法之一，后者则是刑事诉讼中的一种财产担保措施，即嫌犯或应负民事责任之人不提供其被命令提供的经济担保时，法官依据澳门民事诉讼法的规定，扣押其财产。

根据法律规定，在进行扣押时，应特别注意以下几点：

（1）扣押函件必须经法官作出指示许可或命令，且在同时具备以下三个条件时才可进行，否则无效：一是函件是涉嫌人所发或寄交涉嫌人的；二是涉及的犯罪可处以最高限度逾三年之徒刑；三是扣押对发现事实真相或在证据方面非常重要。

澳门对扣押函件之所以规定如此严格的条件,主要目的在于最大限度地保障公民的通信自由权不受侵犯。尽管如此,澳门刑事诉讼法仍然禁止扣押及以任何方式管制嫌犯与其辩护人之间的函件,除非法官基于有依据的理由相信该函件为犯罪对象或犯罪元素,否则扣押或管制嫌犯与其辩护人之间的函件均属无效。法律规定此项禁止,不仅在于保护公民间的通信自由,而且在于保护嫌犯辩护权的行使和辩护制度的推行。

(2) 在律师事务所或医生诊所内进行的扣押,必须由法官亲自在场主持。如有代表该职业的机构,法官应预先告知该机构的主持人,以便其本人或其代表能在场。澳门法律规定,对于属职业秘密的文件,除其本身为犯罪对象或犯罪元素外,不得扣押,否则所作的扣押无效。

需要强调,无论是函件扣押,还是在律师事务所或医生诊所内进行的扣押,许可或命令扣押的法官是首先知悉被扣押函件或文件内容之人。法官知悉被扣押函件或文件内容后,如认为函件或文件在证据方面具有重要意义,应将之附于卷宗,否则应归还权利人。函件或文件被归还后,不得作为证据。法官对其所知悉的内容负有保密义务。

(3) 对存于银行中且与犯罪有关的物品进行扣押,法官有权检查银行的函件或任何文件,但检查应由法官亲自进行;如有需要,可以由刑事警察机关和具有资格的技术人员协助。各人对其所知悉且未被作为证据的内容负保密义务。

(4) 如需要扣押的文件或物品涉及职业秘密或本地区机密,则适用人证制度中的有关规定。

(5) 被扣押的物品应尽可能加上封印;封印解除时,在加上封印时曾在场之人应尽可能在场,并由其证实封印未受破坏及被扣押的物品未被改变。如被扣押的物品属可灭失或变坏之物或危险品,司法当局按情况可命令将之出售、毁灭或作对社会有益之用途。

(6) 被扣押的物品一旦无须作为证据继续被扣押时,或一旦判决确定,应返还其权利人。但是,宣告权利丧失而被没收者除外。

此外,如被扣押的物品属嫌犯或应负民事责任的人所有,则应依澳门《刑事诉讼法典》第212条关于预防性假扣押的规定,继续扣押有关物品,而不予归还。

(四) 电话监听

电话监听是通过截听以电话或其他技术方法传达的谈话或通信内容,而获取证据的一种方法。从本质上讲,电话监听是对通信秘密和通信自由的一种限制,因此必须对电话监听规定严格的适用条件。根据澳门《刑事诉讼法典》,进行电话监听必须具备以下条件:(1) 只能针对下列犯罪:最高限度超过三年徒刑的犯罪;有关贩卖麻醉品的犯罪;有关禁用武器、爆炸装置或材料或者相似装置或材料的犯罪;走私罪;通过电话实施的侮辱罪、恐吓罪、胁迫罪及侵入私人生活罪。(2)进行电话监听对发现事实真相或在证据方面属非常重要。(3)必须取得法官的批示命令或许可。

除了以上法定条件外,澳门刑事诉讼法还规定了一项禁止:禁止对嫌犯与其辩护人间的谈话或通信进行截听和录音。这实际上是对嫌犯辩护权的一种特殊保护。但是,如果法官基于有依据的理由相信嫌犯与其辩护人间的谈话或通信构成犯罪对象或犯罪元素时,则可命令或许可对谈话或通信进行监听。

电话监听应遵守以下法定程序:(1)缮立笔录。监听笔录与录音带或相类似的载体应立即送交命令或许可监听的法官,让其知悉有关内容。(2)法官应将所收集的重要资料附于卷宗,对不重要的资料应命令销毁,所有参与监听行动之人对其所知悉的内容均负有保密义务。(3)嫌犯、辅助人以及谈话被监听之人有权查问有关笔录。但在侦查或预审期间,法官有理由相信嫌犯或辅助人一旦知悉笔录或录音的内容,可能使侦查或预审的目的受损害,则可拒绝嫌犯或辅助人查问有关笔录。

根据法律规定,未具备电话监听的条件或未按法定程序实施的电话监听均属无效。

## 第三节 我国台湾地区的诉讼证明

### 一、台湾地区诉讼证明的立法

台湾地区主要沿袭大陆法系的立法风格,采用职权主义,成文立法构成其法律的主体渊源。

与绝大多数大陆法系国家一样,台湾地区的诉讼证明立法也没有被法典化,而是被规定在各项诉讼立法中。同时,直接从祖国大陆延续的文化背景和法律体系,构成了台湾地区法律制度深刻的中华法烙印。由于祖国大陆相同文化脉络和习惯理念的影响,源于中华血脉的台湾地区法律制度与长期受殖民地法律制度影响的港、澳地区法律制度之间从形式到内容有着较大的品格差异。也正因为如此,从某种意义上讲,两岸法律制度往往具有更多可直接引鉴和互相交流的价值。

(一)台湾地区诉讼证明立法的体系

大陆法系国家由于采用成文法体例,故大都没有设立专门的证据法。有关诉讼证明方面的规定，一般都散见于各诉讼法当中。我国台湾地区亦是如此。如台湾地区所谓"刑事诉讼法"第一编"总则"第十二章为"证据"（该章共分四节，分别为通则、人证、鉴定及通译、勘验）。而台湾地区所谓"民事诉讼法"则在第二编"第一审程序"中规定了鉴定、书证等内容。同时，在其他章节中，也有关于证据的规定。如"刑事诉讼法"第248条规定侦查中讯问证人、鉴定人之程序，第275条规定审判期日前之举证责任，第276条规定审判期日前人证之讯问及第288条规定证据之调查。值得注意的是，在刑事证据专章以外的有关证据的规定，多属于程序性规定（台湾地区有些学者将刑事诉讼有关证据的规定，细分为证据实体规定和证据程序规定）。

（二）台湾地区诉讼证明立法的沿革

1928年7月，以民国北京政府《民事诉讼条例》为基础，当时的南京国民政府拟订了《中华民国民事诉讼法（草案）》，经立法院议定，首先通过了该草案第一至四编及第五编的前三章，于1930年12月公布。不久，又由立法院议定，通过了该草案的第五编第四章，并于1931年2月公布。至此，国民政府的第一部《中华民国民事诉讼法》完成，并于1935年2月1日正式公布，同年7月1日施行。在这部仿效奥地利民诉法而制定的法律中，民事证据的规定十分抽象和简单，根本谈不上证据规则的体系化。此后，又于1945年、1968年、1971年、1983年、1984年、1986年、1990年先后对该法进行修正，1996年再次修正公布第363条。目前，我国台湾地区施行的所谓"民事诉讼法"共九编640条。包括总则、第一审程序、上诉审程序、抗告程序、再审程序、督促程序、保全程序、公示催告程序、人事诉讼程序。其中有关诉讼证明方面的法条共99条，主要就举证责任、证据程序、人证、鉴定、书证、勘验、证据保全等方面作了详细规定。

台湾地区现行的所谓"刑事诉讼法"则源于1928年7月28日公布，同年9月1日施行的《刑事诉讼法》（又称"前刑事诉讼法"）。该法中的证据规则的规定，与当时的日本刑事诉讼法相似，极其简单，其程序虽采诉讼制度，但因受纠问制度的影响，仍以职权主义为其基本，兼采自由心证主义。1935年1月1日国民党政府又公布了一部《刑事诉讼法》并于同年7月1日施行、1945年11月30日修正（俗称"旧法"）。该法仍沿袭旧制，重在调查证据程序。虽然该法第268条、第269条就采用证据裁判主义及自由心证主义作了规定，但其内容过于简单，偏重职权，仍不足以发挥诉讼制度之精神。1967年该法进行了较为全面的修订。其后，又多次进行修改和补充：1968年对该法的第344条和第506条进行了修正；1982年对该法的第27条、第29条、第30条、第31条、第33条、第34条、第150条、第245条、第255条进行了修正，并增订第71条之一、第88条之一的条文;1990年修正公布第308条、第451条、第454条,并增订第310条之一、第451条之一、第455条之一的条文;1993年修正公布第61条条文。目前,台湾地区的所谓"刑事诉讼法"共分九编512条,分别规定了诉讼参加人、管辖、回避、强制处分、证据、公诉、自诉、再审、非常上诉、执行、附带民事诉讼等内容。

1993年台湾地区司法机构又提出了所谓"刑事诉讼法"修正草案,其中关于"证据"一章的修文共有七条,其修正特色在于酌采当事人进行主义之调查证据,共分四点:第一,将检察官就被告犯罪事实有举证责任之原规定改为"检察官应就被告犯罪事实,指出证明之方法。法院因检察官指出之证明方法不足认为被告有显著之犯罪嫌疑时,得以裁定定期通知检察官捕提,逾期未捕提者,得径行判决",以落实检察官之举证责任(第161条)。第二,法院为发现真实而为之证据调查,由原定"应"依职权调查之,修正为"得"依职权调查之,以减少职权进行主义之色彩(第163条)。第三,于审判长讯问证人、鉴定人后,增修"应告知当事人及辩护人得直接诘问之,被告如无辩护人时,得申请审判长诘问之",以加强当事人之交互讯问,增强当事人主义之色彩(第166条第1项)。第四,增订当事人或辩护人申请调查之证据,认为无必要调查之情形为:"(1)不能调查者;(2)与证明事实无重要关系者;(3)显与已调查之证据相重复者;(4)证明事实已臻明了,无再调查之必要者;(5)同一证据再行调查者。"(第172条第2项)

台湾地区所谓"刑事诉讼法"历经修改,其主要特点为:(1)刑事诉讼法溯源至今,直接受德、日刑事诉讼法之影响,采用大陆法系职权主义模式,也吸收了英美法系当事人主义之长处;(2)证据不单独立法,在诉讼法的"总则编"设立专章,其证据法采自由主义和直接审理主义;(3)法庭对证据调查,采取法官讯问制,不采取单纯当事人交叉发问制(以职权主义调查为本,兼采当事人交叉诘问为辅)。

台湾地区的诉讼法除所谓"刑事诉讼法""民事诉讼法"两部法律外,还包括其他相关的法律、法规。如台湾当局发布的"法院办理刑事诉讼案件应行注意事项"(1980年),"法院办理重大刑事案件速审速结注意事项"(1980年,1983年至1991年先后五次修正),"少年事件成立法"(1962年,1967年至1980年先后四次修正),"少年事件处理施行细则"(1971年,1980年修正),"保安处分执行法"(1983年,1967年至1995年先后四次修正),"民事诉讼须知"(1970年,1995年修正)等。

(三) 台湾地区诉讼证明的原则

台湾地区主要遵行的诉讼证明原则有:直接采证原则、自由心证原则、控方即检察官举证原则等。

所谓直接采证原则,即在诉讼程序中证据的调查与采取应以直接方式进行,唯有以直接调查并衡量评价而采取的证据,才能作为判决依据。首先,法官对证据的调查与认定,务必亲自为之,不可委托其他法院或其他法官代替(除法定情形以外);其次,未经法官直接采证的证据或直接审理查证的证据,不能作为判决的依据。如台湾地区所谓"刑事诉讼法"第159条规定:"被告以外之人于审判外的陈述,除法律有规定外,不得为证据。"又如该法第160条规定:"证人个人之意见或推测之词,不得作为证据。"

所谓自由心证原则,又称"证据评价原则",即诉讼法对证据证明力之评断,不作条文列举式的规定,而仅作原则性提示规定,由法院依据其实质真实之调查与经由直接并公开的审理以及言词辩论程序,而获得之确信,自由判断认定。如台湾地区所谓"刑事诉讼法"第155条第1项规定:"证据之证明力由法院自由判断。"

所谓控方(检察官)举证原则,即在刑事诉讼中要求检察官负举证责任。检察官应就被告的犯罪事实,承担举证责任,而被告自身不负自证其罪的责任。

## 二、台湾地区诉讼证明的理论

(一)证据的概念

对于证据的概念,有不同的学说。其中"原因说"认为,证据是确信某种待证事实存在或不存在的原因;"结果说"认为,证据是对待证事实之认定;"方法说"则是把证据看作认定待证事实的方法和手段。我国台湾地区采用的则是"证明说",即认为证据是以已知事实为基础对待证事实的推测(该学说强调司法人员的主观意识作用)。

(二)证据的分类

因为证据是指能证明案件真实情况的一切事实,所以任何事实只要能证明案件的真实情况,均可成为证据并加以使用。根据证据的这种特性,在立法体例上,有的国家(地区)的诉讼法将证据明确划分为几类,有的则不加划分,一律以证据加以使用。台湾地区采用后一种方式,对证据种类未作明确划分。"民事诉讼法"只是对人证、鉴定、书证、勘验四种证据方法(证据程序)作了详细规定,在"刑事诉讼法"中,按其表现形式,大体上分为人证、物证和书证。以人的知识经验为资料的证据方法,为人证。因其证据价值不同,可分为被告陈述、共犯陈述、证人证言、鉴定人鉴定、被害人陈述、自诉人或告诉人陈述诸种。以物之存在或状态为证据方法者,为物证,如凶器、赃物。人的身体,亦得为物之证据方法。文书证物,系以其文书之存在或状态为证据者,固属物证;同时以其所表示的意思,即其记载内容为证据方法者,如诬告书状,亦属证物。书证,或称文书证据,系以文书之意义作为证据,有广狭二义。广义书证,包括为证物的文书在内;狭义书证,则专指证据书类而言,系以其文书的内容为证据。台湾地区所谓"刑事诉讼法"第165条所称卷宗内的笔录及其他文书,即指证据书类。

在学理上,台湾地区一些学者对刑事证据作如下分类:

1. 本证与反证

本证是指足以证明被告犯罪的证据,故又称有罪证据或攻击性证据。相对于本证具有否定的证据,即为反证,因属于有利于被告之证据,又可称为无罪证据或防御性证据。对于被告必须有本证之存在,如得认定有罪,而不得仅以被告之反证系属虚伪而不成立,遂为有罪之认定。

2. 原始证据与传闻证据

凡与待证事实具有原始关系的证据,称为原始证据,包括原始直接证据与原始间接证据。前者如凶杀现场目击者的证言,后者如目睹被告衣服染有血迹者的证言。由间接传闻而来的证据,则称为传闻证据,主要有以下三种情形:(1)以书面代替到庭的陈述;(2)在审判期日外所作的陈述书,或录取其陈述的笔录;(3)在审批期日以他人的陈述为内容所为的陈述。(其中,第一类传闻证据,除有不得已的情形,且须在其所在或于所在地的法院得到讯问,否则不得采为认定事实的根据。)传闻证据证明力相对较弱,但对于发现原始证据、加强原始证据的证明作用以及在无法得到原始证据的情况下用以证明案件事实上都有着较为重要的作用。

3. 主要证据与补强证据

足以证明主要事实或关联事实的证据,为主要证据(又称独立证据)。凡是足以增强或保证主要证据证明力的证据,称为补强证据。补强证据的作用在于担保主证据的真实性,以防止下列情形:(1)自白的虚伪性。如台湾地区所谓"刑事诉讼法"第156条第2项规定对于被告的自白,不得作为有罪判决的唯一证据,仍应调查其他必要的证据,以察其是否与事实相符。(2)被害人等供述的夸张性。

4. 直接证据与间接证据

直接证明案件主要事实的证据为直接证据。直接证据具有确定性,无须依推理作用,即可依人的知觉同时认识待证事实。如被告对于主要事实的自白,在犯罪现场目击罪犯实施犯罪行为之证人的陈述,伪造文书罪中所伪造或变造的文书,诬告罪中记载诬告事实的呈状等。间接证据系指用于推理证明主要事实的间接事实,或者说是不能单独直接证明,需要和其他证据结合起来才能证明案件主要事实的证据。如犯罪分子现场留下的物品或痕迹,实施犯罪行为的工具等。用间接证据来证明案件主要事实时,必须经过逻辑推理。

5. 供述证据与情况证据

供述证据,是指相关人员就有关案件事实所作的陈述。供述证据以外的证据,为情况证据,或称为非供述证据。供述证据,因其内容不同,可分为体验供述与意见供述。前者,指其所供述的内容,为其体验的事实;后者,是指供述其意见。被告及证人的供述为体验供述,鉴定人的供述为意见供述。情况证据一般又分为展望证据、并存证据及回顾证据。所谓展望证据,是指可以预想其将来为一定行为的证据,如被告有某种犯罪计划或有犯某种犯罪心性等。并存证据,是指犯罪当时存在的情况事实。回顾证据,以犯罪后被告的言语、态度、行为等,得推知其有无该项犯罪,如被告持有赃物,犯罪后逃亡,毁灭证据等。

6. 通常证据与补助证据

证明主要事实或关联事实的证据,为通常证据;与证据的信用有关系的事实,称为补助事实,证明补助事实的证据,为补助证据。通常证据自然可以成为认定犯罪事实的证据,但补助证据并不足以成为确认被告犯罪行为的积极证据,亦不可仅凭法院自由心证所为的推理,来成为据以认定犯罪事实的唯一证据(补助证据一般用来证明人证或书证是否可以凭信)。

(三) 证明对象

要证事实,即指应依证据证明的事实,或称证明对象。大致分为三种:事实、法规、经验法则。在刑事诉讼中,证明的主要目的在于认定犯罪事实,包括外在事实和内在事实。前者指构成犯罪行为的客观事实,后者则指被告主观的不法意图。犯罪事实的认定必须兼就外在事实与内在事实而为综合判断,不得仅以犯罪之客观外在事实而推断内在事实,也不得仅以犯罪之客观外在事实而推断内在事实以作为认定犯罪之依据。

证明的客体除犯罪事实外,尚有经验法则。所谓经验法则,是指从人们生活中所形成的法则,因其性质之不同,可分为一般经验法则与特别经验法则。前者指依人们日常生活或法律生活所得知的事实,其形成的法则无证明的必要。因此,一般经验法则并非证明对象。后者,是指具有特别知识或经验者所得知的事实,其形成的法则仍有待证明。特别是可以经由科学方法加以确认或检验的法则,如以指纹鉴定被告,或以验枪学确认用于杀人之枪支及子弹,仍为证明对象。

通常情况下,法规为裁判官所通晓,也往往为一般人所知晓,故不应为证明的对象。但是,对于外国法规、地方习惯、自治法规或其他特别法规,其内容及意义,往往并非法院所能理解,因此法院在搜集此类法规、资料及学者研究成果,调查其内容时,仍属证明范畴,并且某种法规,其制定的过程及是否有效,也应依证据予以证明。

**三、台湾地区诉讼证明的根据**

证明的根据,即能够证明案件事实的证据。台湾地区一般认为证据包括证据方法和证据资料。前者指为证明事实而采用的证明方法,如以被告、证人、鉴定人、被害人等为人证的证据方法,或以文书、证物等为物证的证据方法。后者则指使用证据方法而获得的足以充作证明事实的资料,如讯问证人所得的证言,勘验所得的证据等。证据还必须具有严格证明资料的能力或资格(称为证据能力或证据资格),才能成为证明的根据。

(一)人证的调查

1. 人证调查的对象

包括被告、证人、鉴定人等。证人包括:(1)与本案有关的第三人,如被害人、告诉人或告发人等;(2)与本案无关的第三人,如现场目击者;(3)司法警察或司法警察官。

2. 人证调查的内容

包括陈述与文书报告(如鉴定报告)。陈述是指被告、证人、鉴定人等人的口头陈述,除陈述的内容外,应同时注意陈述者陈述态度与表情,察言观色,以断真假。

3. 对于被告的调查

对于被告的讯问,在侦查中由检察官进行,在审判中由审判长或受命推事进行。在审判期日,陪席推事经告知审判长之后亦得讯问被告。讯问事项以起诉的犯罪事实为主,包括犯罪的客观事实与被告主观的犯意。

讯问被告应告知被告其犯罪的嫌疑和所犯罪名。告知罪名后,认为应变更的,还要再行告知。讯问被告,应给予被告辩明犯罪嫌疑的机会。讯问被告以采用问答式为原则,同时为使被告有辩明犯罪嫌疑的机会,应使被告得以从始至终连续陈述。

讯问被告不得用强迫、胁迫、利诱、欺诈及其他不正当方法。被告有数人时,应分别讯问,未经讯问者,不得在场。但为发现案件真实,可以让他们互相对质。被告亦可请求对质。但是,为防止共同被告串供,或以雷同陈述以掩盖真相,应先分别讯问,而后再就其陈述互有出入或矛盾之处,诘问对质。被告为聋、哑人或语言不通的,要用通译,并可以文字讯问或命其以文字叙述。

对于被告的自白(所谓被告的自白,是指被告自己对其犯罪事实的陈述),须符合自白作为证据的要件,才可采为证据。台湾地区所谓"刑事诉讼法"第156条第1项规定:"被告之自白,非出于强暴、胁迫、利诱、诈欺、违法羁押或其他不正之方法,且与事实相符者,得为证据。"也就是说,被告自白必须是在自由状态下的自愿供述并且自白的内容与事实相符,才能作为判断事实的依据。同时,台湾地区所谓"刑事诉讼法"第156条第2项规定:"被告之自白,不得作为有罪判决之唯一证据,仍应调查其他必要之证据,以察其是否与事实相符。"即被告的自白,虽符合证据的要件,但要采为证据,尚有两种限制:(1)自白不得作为有罪判决的唯一证据;(2)尚应调查其他必要证据。

关于自白的方式,台湾地区规定可以以书面方式进行,如提出自白书,也可以以言词陈述进行。以书面进行的,必须由被告亲自为之,以言词方式进行的,则须记载于笔录中。但对于审判外的自白,并不以笔录为唯一的证据方法,如无笔录,而有其他证据足以证明被告当时确有此项自白的,亦可采为证据。

4. 对于证人和鉴定人的调查

证人,是指在诉讼中陈述自己观察到的事实的第三人,其陈述为证据资料,系供述证据之一。该陈述必须是证人自身所体验的不可代替的过去的事实,而不可以是证人个人的意见或推测。台湾地区所谓"刑事诉讼法"第160条也明确规定:"证人个人意见或推测之词,不得作为证据。"但证人所体验的事实,并不以眼力观察为限,只要是五官感觉到的即可,因此,聋哑人亦可作为证人。对于证人在审判中以他人的陈述为内容所作的陈述(一般称为传闻证据),也并非毫无证据能力,只不过其证明力相对较弱。

证人必须是诉讼程序中诉讼关系人以外的第三人,因此,下列人员能否作为证人,应视情形而定:(1)推事。因推事位居裁判官的地位,故推事不得同时作为证人。如属证人范围,对于该案应自行回避,不得执行职务。(2)检察官。检察官虽有侦查犯罪及提起公诉的职能,但并不因此丧失其作为证人的资格。检察官如有在侦查阶段外体验的事实,仍可为证人。不过此时该检察官对本案应自行回避,不得执行职务。(3)司法警察官与司法警察。他们虽从事该案的侦查职务,但相对于该案的审判程序,他们既非当事人,又不参与审理,因此司法警察官或司法警察可以就其职务上观察到的事实,出庭作证(其供述为传闻供述)。(4)辩护人。台湾地区将辩护人分为选任辩护人和指定辩护人。对于选任辩护人作为证人后,能否再继续作为辩护人参与同一案件的审理,由选任人和辩护人自行决定(一般当辩护人的证言对被告有利时,选任人对该辩护人不予解任);而当指定辩护人同时又为证人时,审判长则应另行指定辩护人。(5)共同被告。台湾地区所谓"刑事诉讼法"认为证人应为诉讼关系人以外的第三人,因此在同一诉讼中的共同被告,始终居于被告的地位,其陈述只能作为被告的陈述,而不能同时作为其他共同被告的证人。若非共有犯或有其他牵连关系,且仅就其他被告的事实所作的陈述,则仍具有证人的资格。

讯问证人,应先行传唤,证人到场后,除确有不得已的情形外,应按时讯问。证人不能到场或有其他情形,应于其所在地或于其所在地法院予以讯问。讯问证人的态度应恳切,不得用强迫、胁迫、利诱、诈骗及其他不正当方法。同时应让证人就讯问事项连续陈述,不应随意打断。证人为聋、哑或语言不通者,得用通译,并可以以文字讯问或要求证人以文字陈述。当证人为数人时,应分别讯问(只有为发现真实之必要,才可让证人与其他证人或被告对质)。

在审判过程中,为发现案件真实,当事人或辩护人在审判长讯问后,可以诘问被告。诘问的内容,不以审判长所讯问或证人陈述的范围为限。当事人及辩护人以外的其他诉讼关系人,不得享有直接诘问权,而只能申请审判长诘问。当事人或辩护人诘问不当时,如诘问与本案无关的事实、诘问为虚伪诱导或错误诱导等,审判长可以予以制止。

法院采用证人的证言,以言词讯问所得到的为限。如果证人仅以书面陈述代替当庭陈述,则该种陈述不得被采用为证据。

证人对自己的陈述有具结的义务。所谓具结,是指证人以文书保证其陈述的内容为真实,亦即欧美国家所称的宣誓。法院讯问证人前或讯问证人后,应让证人具结。如果法院未说明证人不具结的原因而采用该证言作为证据,则该判决为违法判决。对于下列情形,证人可免除具结的义务:(1)证人未满16岁;(2)证人因精神障碍,不解具结之意义及效果;(3)证人与本案有共犯或藏匿犯人及湮灭证据、伪证、赃物各罪之关系或嫌疑;(4)证人为被告或自诉人之受雇人或同居人;等等。

同时,我国台湾地区亦规定证人遇有下列情形,可以拒绝证言:(1)证人与被告或自诉人具有下列身份关系之一者,可拒绝证言:第一,证人现为或会为被告或自诉人之配偶、五亲等内之血亲、三亲等内之姻亲或家长、家属者;第二,证人与被告或自诉人订有婚约者;第三,证人现为或会为被告或自诉人之法定代理人或现由或会由被告或自诉人为其代理人者。以上各款所称的被告或自诉人包括共同被告或共同自诉人在内。(2)证人恐因陈述致自己或与其有前述三款关系之人受刑事追诉或处罚者,可拒绝自己证言。(3)证人为医师、药剂师、药商、助产士、宗教师、律师、辩护人、公证人、会计师或其业务上佐理人或会任此等职务之人,就其因业务所知悉有关他人秘密之事项受讯问者,除经本人允许外,得拒绝证言。(4)以公务员或会为公务员之人为证人而就其职务上应守秘密之事项讯问者,应先得到其监督机关或该公务员本人允许,未经允许,不得加以讯问,否则,该证人可拒绝其证言。证人拒绝证言,应将拒绝的原因加以释明。拒绝证言的许可或驳回,侦查中由检察官,审判中由审判长或受命推事决定。同时,具有以上情形的证人,如果放弃权利而不拒绝证言,法院采用其陈述作为判决依据则并非违法。

所谓鉴定,是指于诉讼中为取得证据资料而指定专家,就特定事项以其专业知识,加以分析、实验而作出判断,以作为法庭审理的参考。接受审判或检察机关指定从事鉴定的专家,即为鉴定人。有权就任鉴定人的,须就鉴定事项有特别知识经验且经政府机关委任后方可。鉴定一般应在法院内进行;鉴定人因鉴定的需要,经审判长、受命推事、检察官许可,可以检查身体、解剖尸体或毁坏物体、检阅卷宗及证物;鉴定人还可请求讯问被告、自诉人或证人,自己并可在场及直接发问。对于鉴定人的其他调查,原则上与证人调查相同,此不赘述。

(二) 物证的调查

物证,是指以物的状态、存在或文书的意义作为证据方法。凡与犯罪事实有关的物体,均为物证调查的对象。物证调查的内容包括普通证物与书证。前者指以物体的存在而证明事实,如凶杀案中的凶器;后者则指以文书所载内容作为证据,如公务员在刑事追诉中所制作的笔录。

对于物证的调查,首先应该对证物的外形加以观察,并辅以自然科学方法而对证物作科学的分析、实验或化验。其次,证物应向被告出示,让被告辨认,如果被告对文书的内容及意义不明白,则应如实相告。法院在审判期日内违反规定而直接运用所采证物作为判案的根据,则其判决属于违法。另外,根据辩论原则,如果卷宗内的笔录或其他文书可作为证据,则该文书或笔录应向被告宣读或告以要旨,以给被告辩解的机会(当该文书内容有关风化、公共安全或有损他人名誉时,则交被告阅读而不得宣读)。只有如此,该笔录或文书才能作为判决的依据,否则,该判决为违法。

总之,证物及证言要成为证明的根据,必须具有作为严格证明资料的能力或资料,即证据能力(或称为证据资格)。根据台湾地区立法,下列证据不具有证据资格:(1) 违背直接审理与采证原则得到的证据。证据资料并非经直接审理与采证而获得,而是单纯的传闻之词,或是未经直接审理程序的行政机关的调查报告,或证人所出具的代替到庭陈述的书面文件等,均不具有证据能力。台湾地区所谓"刑事诉讼法"第196条规定:"证人于审判外之陈述,除法律有规定外,不得作为证据。"此处的"除法律有规定外"是指以下例外情形:其一,证人在侦查中已经合法讯问,其陈述明确无再讯问的必要;其二,推事或检察官受审判长委托讯问证人所得的证言;其三,受命推事于审判期日前讯问被告及证人所得的证言。上述三类证言虽为审判外的陈述,但仍具有证据能力。(2)违背自由陈述原则所得的证言。被告或证人必须在自由情形下所作的陈述才具有证据能力,任何利用强暴、胁迫、利诱等不正当方法获得的证据,均不具有证据能力。(3)证人的个人意见或推测之词。证人的证言是指就自己见闻的事实加以陈述,与鉴定人及其他专业人员就具体事物而做成的鉴定有别。因此,如果证人所陈述的内容并非其亲身经历的见闻,而是其个人意见或推测之词,则此陈述无证据能力。

**四、台湾地区诉讼证明的标准和责任**

(一) 台湾地区诉讼证明的标准

证明标准,一般认为是指衡量是否符合法律规定的证明要求的具体尺度,或者说是达到法定证明要求的具体条件。台湾地区诉讼证明的标准与法官的自由心证密切联系,即法官通过对证据的审查判断形成内心信念的"心证",当这种"心证"达到深信不疑或排除合理怀疑的程度,便形成确信。该自由心证的实质内容,就是对于各种证据的真伪、证明力的强弱以及认定案件事实的方式,法律概不作详尽的规定,没有英美证据法中那些诸多排除规则和例外规则,而是全凭法官依据"良心"和"理性"来判断证据,不设任何限制和框架。自由心证的形成过程,大致如下:(1)无证据则无心证;(2)自由心证系选择证据中的证据,并非证据外的证据;(3)自由心证,系判断证明力的心理要素,并非证据裁判主义的例外;(4)由有证据能力的证据形成心证,并非以自由心证判断证据能力,亦不许以自由心证创造证据能力;(5)自由心证,由调查证据而形成,不得以自由心证缩小调查的范围,亦不许证据未经合法调查而形成自由心证;(6)无关联性的证据,无从形成自由心证,亦不许以心证使证据与事实关联;(7)心证由直觉或推理形成;(8)以经验法则及伦理法则形成心证,并非以经验法则和伦理法则作为证据;(9)依自由心证,判断证据的证明力,而非以心证制造证据,更不得以心证作为证据。

同时,法律也规定了自由心证的例外情形:(1)自然科学已经证实的知识,法官只能采信,不可再依伦理逻辑与经验法则进行推理以决定取舍;(2)被告拒不供述,仍不可以此作为对被告不利的证据而加以评价;(3)检察官、法官采证时,对于迟疑难决的事实,应本着有利于被告的原则加以认定。不过,以上例外情形仅适用于对事实真相的调查,并不包括对法律问题的认定,对法律的适用、被告的罪行、应用的刑罚尺度,不同的裁判官有着不同的理解,不可能完全达到一致。

关于台湾地区证明标准或证明程度的问题，依其刑事诉讼法对于事实的证明所要求的"绝对真实""相对真实"或介于两者之间的"近乎绝对真实之相对真实"而异。不过，由于一切犯罪均发生在过去，时间不可倒转，往事不可再现，证据也往往不可能全部收集到庭上，要达到"绝对真实"几乎不可能，因此，只能满足于近乎绝对真实之相对真实的标准。即证明标准只要达到确信性（确信程度）、高度盖然性或不容有合理怀疑的程度即可。确信性要求以间接证据证明的犯罪必须达到令人确信的程度。必须注意的是，此处的"令人确信"在台湾地区刑事诉讼中不是指某一个人主观的确信，而是指一般人的客观的确信。也就是说，在确定客观的确信程度时，须求助于社会上的经验法则，只要社会上的经验法则认为是合理的就具有客观的确信程度。盖然性又称为或然性或计算机率，高度盖然性则表示具有较高的计算机率。当案件事实无法完全予以证明而需要依赖生活经验及统计上的盖然性时，则盖然性高者可认定事实，低者不能认定事实；当双方均提出证据，在比较双方的证据质量后，则以有高度盖然性者作为事实是否存在的证明。不过，台湾不少学者认为，不论采用何种证明标准，对于是否符合这一标准的证明程度的判断，不应再苛求其客观的数量化，例如达100%或90%等，而应由法院自由判断，只要法院认为已符合其所定的标准，即可认为犯罪事实已获得证明。

对于台湾地区民事诉讼的证明标准，有部分学者认为其与台湾地区刑事诉讼的证明标准并无区别，两者均需要高度盖然性，即按照通常经验可能达到较高的程度，疑问即告消除，接近确然的可能性即可。但另有一些学者则倾向两者实际适用不同的标准。如台湾地区李学灯认为，在刑事案件中，因其结果远较民事更为严重，对于刑事被告用有罪之判决以剥夺其生命自由，或名誉，显然要较为严谨之法则，甚至罪刑愈重者，要求证明之程度亦愈高。刑事审理中，控方所需证明之程度，有两大特征：一则高于民事审判中之当事人，再则高于刑事审判中的被告。被告就一般防御事项，只需举证使审理事实之人发生合理之怀疑，即于被告有利，控方必须证明至无合理怀疑之余地。

对民事程度上的有关事实，台湾地区采取分别对待的做法，即在证明标准上存在证明与释明之分，依据证明对象的性质，将有关待证事实分别适用证明或释明。当事人提出证据，使法官获得强固之心证，认为普遍经验上确系如此行为，称为证明；当事人提出证据，仅使法官获得大概可信而形成较为薄弱之心证，则非证明，而称为释明。对于实体事实的认定，原则上应经证明，而对于有关程序事实的认定，以释明方式即可。如申请推事回避的原因、非因过失迟误期间的原因、证人拒绝证言的原因、拒却鉴定人的原因等，均释明即可。

## (二)台湾地区诉讼证明的责任

对于诉讼证明责任的定义,有多种不同的理解。有的认为证明责任就是举证责任,有的则认为应区分证明责任与举证责任,举证责任指对一定的诉讼主张应负的证明义务,而证明责任专指在诉讼证明中具有某种义务的人所承担的一种责任,不以诉讼主张与诉讼双方为限。台湾地区一般采用前一种主张,即认为证明责任就是举证责任,并把举证责任分为形式的举证责任和实质的举证责任。形式的举证责任,是指当事人为避免因不能证明某项事实的存在而有承担对其不利裁判的危险,从而负担证明此项事实而提出证据的责任;实质的举证责任是指依当事人所提出或法院依其职权所调查的证据,未能使裁判者获得确信,该当事人应负担对其不利的裁判。

受大陆法系的影响,台湾地区刑事诉讼仍以职权主义为基础,同时兼采英美法系的当事人主义。如"刑事诉讼法"明确规定:"检察官就被告犯罪事实有举证责任。"因此,若检察官不能证明被告的犯罪事实,法院将作出无罪判决。被告则不负举证责任。但对于检察官的控诉,被告虽无反证的举证责任,但为其本人的利益,则往往有反证的必要。所以,当检察官的举证足以使法院对被告被控诉的犯罪事实有足够合理怀疑时,被告为能洗清其犯罪嫌疑,会提出反证,但被告只是站在从属的立场,协助法院从事实质真实的职权调查,不能就此认为被告负有举证的责任。法院不能因为被告不能反证且不经实质真实的职权调查,就肯定检察官的控诉而判决被告有罪。如果检察官的举证已足以让法院有了合理的确信,那么检察官形式的举证已告结束,但台湾地区基于职权主义的理论,法院为发现真相,仍应依职权调查证据,并且其调查证据的范围,并不限于具有认定犯罪事实能力的证据,用以证明证据凭信性的证据也包括在内。

在民事诉讼中,证明责任指当事人为避免败诉的风险所负有提供证据证明其主张的事实存在的责任。台湾地区一般认为,原告有举证的责任,即原告应就其主张的事实负举证责任,若原告不尽举证责任则判决原告败诉;若原告尽其举证责任,则被告应提出反证以推翻原告所提出的证据。同时又认为,提出主张的人有举证责任,否定的人没有举证义务,即谁主张谁举证,否定者不负举证责任。

对于事实,一般要依证据加以证明,即使是当事人没有争执的事实,为了发现案情的真实,仍有证明的必要。如台湾地区所谓"刑事诉讼法"第156条第2项规定:"被告之自白,不得作为有罪判决之唯一证据,仍应调查其他必要之证据,以察其是否与事实相符。"但因为证明对象事实的性质,或基于一定的理由,有些事实法院显然可以认定则无证明的必要,亦即无须举证。该情形大致有以下几种:(1)公知事实。公众周知的事实,无须举证。所谓公众周知的事实,是指该事实为具有通常知识经验的一般人所通晓且无可置疑。公知的事实,既能为一般人所通晓,又无误认的可能,故不必以证据证明。但该项事实,因承受时间场所的不同而具有相对性。如在甲地为公知的事实,在乙地则未必;现在公知的事实,若干年后则可能为大众所不知。(2)裁判上显著的事实,是指某事实为一般人所周知,并且亦为推事审理时所知晓。台湾地区所谓"民事诉讼法"没有将公知事实与裁判上显著的事实分开,而是笼统地规定事实于法院已显著的,无须举证(不过此项事实仍应由当事人提出)。但在"刑事诉讼法"中,则将两者分开,认为公众周知的事实,重在就一般人的认识而言,裁判上显著的事实,则重在就法院的认知而言。(3)职务上已知的事实,指裁判官于行使司法职务上所得知的一切事实(不仅包括在本诉讼中所得知的,还包括在其他诉讼中所得知的事实),如法令(包括国内法、国际法及条约、外国法、习惯、地方法规)。

**五、台湾地区诉讼证明的证明方法**

(一)严格的证明和自由的证明

除无须证明的事实以外,其他事实均要依证据加以证明。证明的方法主要包括严格的证明和自由的证明。关于诉讼客体(犯罪事实是否存在及刑罚权范围的问题)的立证,应适用严格的客观法则,关于其他事实的立证,则由法官自由裁判。关于客观的立证法则(证据法)的证明,为严格的证明;关于程序形式的立证,因没有直接设定其客观法则,则委由法官裁量,对此项事实的立证,为自由的证明。严格的证明与自由的证明的区别大致有以下几点:

1. 立证主题的不同

前者的立证主题是一定的犯罪事实及其法律效果(亦即刑罚权的范围)。犯罪事实是诉讼上最基本的事实,直接影响实体判决的结果。法律为保障当事人的权利,对证明此项事实设有严格的法则,以此限制裁判官的裁量。后者的立证主题为形成程序的事实。此项事实,往往随诉讼的进行而发生,而并不像严格证明的对象那样其立证主题自始确定,始终不变,因此可由裁判官自由裁量而不加以法律上的限制。

2. 证据资料的不同

严格的证明,其对象为关于犯罪事实存在与否及刑罚权的范围,故对证明该项事实的资料法律上有所限制。如关于被告自白的任意性、证人在审判外的陈述、意见或推测之词、无证据能力的证据等,都不能作为判断的依据。关于程序上事实的证明,其证据资料法律上并没有限制,无证据能力的证据或未经合法调查的证据,如与事实无关的证据、重复证据等,法院有权以裁定驳回;反之,如果其申请的证据是用来证明犯罪事实及确定刑罚权范围的,法院若既没有裁定驳回,又不予调查,同时又不在判决内说明不予调查的理由,则法院的诉讼程序即属违法。对于程序上事实的证明,法院不受当事人申请的拘束,法院可以依职权进行,当事人的申请,仅具有促使法院依职权审理的机能。

3. 上级审效果的不同

依严格的证明所认定的事实,原则上足以拘束上级审的判断,上级审也应尊重原审依严格的证明所认定的事实,这同时也是严格证明的重要效果。依自由的证明所认定的事实,原则上不足以拘束上级审,其证明的效果也不及于上级审,上级审依其本身的固有立场来认定事实。因此,程序上事实的证明,不限于第一审,其证明的效果,属于各级审本身的职权,各审互不干涉,此即自由证明的本质机能。

(二)严格事实和自由事实

经严格证明的事实为严格事实,经自由证明的事实为自由事实。

严格事实包括:(1)犯罪事实。起诉书状所记载的犯罪事实,应经严格的证明。犯罪事实有:犯罪的客观要素(行为与结果),包括行为人与被告是否是同一人;犯罪的日期、场所、方法、被害人、被害物体等;犯罪的主观要素,具体包括犯罪的故意、过失、动机等,如公然侮辱罪中所含的侮辱、轻蔑意思。(2)刑罚事实。主要有刑罚加重、减免事由,如加重结果犯、未遂犯减轻、不能犯减免、中止犯减免、防卫过当减免、避难过当减免、从犯减轻等;量定刑罚有关的事实,如实施犯罪的动机、犯罪的手段、损害的轻重等。至于其他单纯科刑时应考虑的情形,如犯人的生活状况、品行、经历、家庭、与被害人平时的关系、犯罪后的态度等,经自由的证明即可。(3)处罚条件事实。客观的处罚条件事实,一般认为属于犯罪事实,自然属于严格的证明范畴;如仅属诉讼条件的事实,则为程序法上的事实,经自由的证明即可。(4)间接事实。间接事实是指用来推理主要事实是否存在的事实。对此间接事实也要经严格的证明。(5)自白任意性之基础事实。自白任意性之基础事实,是指被告人的自白并非由强迫、欺诈等不正当方法而获得的基础事实。对于该事实是否应经严格的证明,英美法系认为自白的任意性为赋予证据能力的要件,须经严格的证明;大陆法系采取职权主义与自由心证主义,对证据能力很少加以规定,被告的自白是否属于任意性,属法院依职权调查的范围,且被告的自白,其证据价值如何,由法官自由裁量,因此认为自白任意证明属程序法上的证明的一种,经自由的证明即可。台湾地区所谓"刑事诉讼法"与大陆法系的规定略有不同,认为对此项事实,与一般证据能力的事实无异,且自白是否出于任意对被告的利益极其重要,因此当被告主张其自白并非出于任意性时,法院应依职权加以调查,非经严格的证明其自白确出于任意性,该事实即欠缺证据能力,不得作为证据(如果被告没有主张其自白非出于任意性,则法院对此事实无须经严格的证明)。(6)特别经验法则。从具有特别知识或经验者所得知的事实,应经严格的证明,至于一般的经验法则,则属判断证明力的问题,并非证明的对象。

自由事实主要指程序上的事实,包括形式裁判上事实与诉讼程序上事实,大致有以下几种:(1)有无免诉事由;(2)是否受理诉讼;(3)有无管辖权;(4)补助事实;(5)其他诉讼程序上的事实,如推事回避的原因、证人拒绝证言的原因、拒却鉴定人的原因、判断证人的具结能力、停止审判的原因、不到庭的理由是否正当、有无再进行辩论的必要情形、有鉴定被告心神或身体的必要应否将被告送到医院或其他适当场所、有无继续羁押的必要等;(6)简易程序,台湾地区所谓"刑事诉讼法"将审判程序分为通常程序和简易程序,依通常程序审理的案件,除特别规定外,双方当事人应进行言词辩论后方可判决,依简易程序则可不经言词辩论。简易程序主要用于不受理、管辖错误、第三审、非常上诉审中。不受理和管辖错误的原因事实,经自由的证明即可;第三审和非常上诉审的职责,仅在于纠正法律上的错误而无认定事实的权利,故亦无须经严格的证明。

(三) 外部事实与内部事实

外部事实是指因实行犯罪而遗留下的有形的痕迹,如凶手的血迹、脚印、毛发、指纹、精液、遗留物等。这些痕迹均是寻求证据资料的对象。对于外部事实,不仅可以利用外部的痕迹作为其证据资料,还可以利用人证作为其证明方法。因此,认定外部事实的证据,不仅可以是直接证据,各种间接证据经综合推理后也可作为认定事实的基础,且该证明比较具有积极性、实体性和具体性。

内部事实又称内心事实,是指虽实施了犯罪,但未留下有形痕迹的犯罪事实。内部事实的证明对象具有消极性、浮动性、抽象性,因此证明内部事实的方法不是很宽泛,其真实性也比外部事实低。在纠问程序中,自白是证明内心事实的唯一资料,现代诉讼中,被告的自白、证人证言、鉴定人的鉴定、物证等均有证明的可能。根据证明对象的不同,证明内心事实的方法也不一样,主要有:(1)对责任意思(故意或过失)的证明。台湾地区所谓"刑法"规定:"行为,非出于故意或过失者,不罚。"此处的主观因素(故意或过失),即为证明对象。它的证明方法为:其一,被告的自白,具有直接证据的效力,但仍应有补强证据以印证该自白是否与事实相符,对自白的采证,应受法律的限制;其二,证人的证言,具有间接证据的效力;其三,外部资料,可作为参考资料。(2)对能够预见的证明。台湾地区所谓"刑法"规定对结果加重犯应以行为人能预见犯罪结果的发生为要件。能预见本属内部事实,但在实践上一般认为是指客观情形,即以客观事实为其证明方法。因此,结果的发生是否属行为人所不能预见,应以结果的发生是否出于行为人偶然所不能预见为准,与主观上有无的情形不同。(3) 概括的犯意。连续数个行为,基于一个概括的犯意反复进行而侵犯同一性质的数个罪名,依台湾地区所谓"刑法"以一罪论处。该数个独立犯罪行为是否基于概括犯意,属内部事实,其证明方法和对意思责任的证明方法基本相同。(4) 犯罪的动机。犯罪动机指引导犯罪行为人实施某种行为的有利原因,或者说是决定行为人行为方向的内部的有利因素事实。当该动机构成犯罪要件之一或与刑法的范围有关时,应加以证明,其证明方法也和意思责任的证明方法大致相同;当该动机仅为量刑时应考虑的因素时,则属裁判上的事实,应由裁判官自行斟酌,于判决理由内加以说明即可。(5) 被害人的意思状态。如在强奸案中犯罪行为人所使用的手段是否足以抑制被害人的抗拒并使被害人丧失自由意思表示。被害人的意思状态,系犯罪构成要素,属于内部事实,被害人的证言为直接证据,不过,由于被害人的陈述往往具有虚假性,在实践中仍常常辅之以补强证据。

(四) 基本事实与关联事实

基本事实是指被告人是否犯罪的事实。基本事实由追诉机关提出,一般在提出后保持不变,对该基本事实,检察院负有举证责任,证明基本事实的证据一般为直接证据(现在有扩大的趋势,往往也利用间接证据加以证明)。对于关联事实,检察官和被告均可提出,而且常随诉讼的进行而变化,证明关联事实的证据一般为间接证据即可。

(五) 法规

一般认为对法规的证明只需自由的证明,即对法规的调查和证据资料的判断由裁判官自由裁量,台湾地区法律对此也未加限制。因此,当该法规作为认定犯罪事实的根据时,该认定不足以拘束上诉审法院,上诉审法院仍应根据自己的立场对该法规予以调查认定。

## 第四节 大陆法系国家的诉讼证明

欧洲大陆在孕育深厚的哲学和其他人文学科基础的同时,也培育了具有不同于英美法系风格的法律文化体系。大陆法系传统源远流长、历久弥新,且对世界构成了深远的影响,今天我们在世界许多地方都能寻觅到大陆法系传统的影子。诉讼证明制度作为大陆法系传统法制的一部分,伴随着大陆法系不断发展、壮大的过程,同样几经更迭,并在相距遥远的国度生根、发芽、结出不同的果实。

要想在简短的篇幅中,把该法系各国的情形详尽地描述出来,几乎是一件不可能的事。为此,我们特意选择了法国、德国、意大利这三个传统大陆法系国家作为介绍的对象。法国是欧洲大陆诸国中率先进行资产阶级革命的国家,无论在政治改革上还是在立法上都走在欧洲诸国前列,并为近、现代大陆法系法制的发展奠定了初步基础;德意志民族作为一个擅长理性思考的民族,在吸收了法国革命期间的立法思想后,又进行了大量的理论加工,发展出许多精辟的理论;意大利本身是一个传统的大陆法系国家,但自二战以来,在吸收、借鉴英美法系诉讼制度方面却走在各国前面。我们希望通过对上述三个国家诉讼证明制度的介绍,能为更多的人了解大陆法系的证明制度提供一扇小小的窗口。

**一、大陆法系诉讼证明的立法**

(一)诉讼证明制度的历史沿革

1. 弹劾式诉讼模式下的神示证据制度

在欧洲大陆最古老的时代,刑事诉讼程序和民事诉讼程序并无甚区别,诉讼不分刑、民都是弹劾式的,由被害人或者其家属提起控告,并提供证据。证明活动除了依靠证人证言和实物证据等通常的证据外,还可以通过宣誓、神明裁判或其他更为原始的方法进行。

2. 纠问式诉讼模式下的法定证据制度

随着社会发展以及"犯罪"概念的形成,民事诉讼与刑事诉讼的界限也日见分明。到了中世纪后半叶,最早从教会法庭发展起来的纠问式诉讼程序逐渐成为欧陆各国刑事诉讼的主要模式。纠问式诉讼的证明方式是法定证据制度,在该制度下,每一类诉讼证据的证明力都由法律事先加以规定。法官的任务就是根据法律事先的规定,确定每一个证据的证明力,然后把其相加,看其是否符合法定的证明标准。纠问式诉讼中,被告人的自白被列为诉讼的重要证据,当时法律规定:自被告人被逮捕起,最迟 24 小时之内,必须对被告人进行讯问。讯问被告秘密进行,没有辩护人协助,并且为了取得被告人的供述,可以采取"严刑拷打"的手段。[①]

3. 自由心证的证据制度

最早提出在立法中废除法定证据制度并建立自由心证制度的是法国的资产阶级代表杜波耳。他于 1790 年 12 月 26 日向法国制宪会议提出革新草案,虽然有人反对,经过辩论,法国制宪会议于 1791 年 1 月 18 日通过了杜波耳的草案,

---

① 参见〔法〕卡斯东·斯特法尼、乔治·勒瓦索、贝尔纳·布洛克:《法国刑事诉讼法精义(上)》,罗结珍译,中国政法大学出版社 1999 年版,第 79—80 页。

并于 1791 年 9 月 29 日发布训令明确宣布:法官必须以自己的自由心证作为裁判的唯一依据。此后,在拿破仑主持下制定的 1808 年《刑事诉讼法典》率先在大陆法系诸国中确立了自由心证的证据制度。

在法国的影响下,意大利于 1865 年、德国于 1877 年相继在本国的刑事诉讼法典中采纳自由心证原则,比利时、荷兰、西班牙、奥地利、瑞士等欧洲大陆国家也都先后采用该原则,大陆法系国家的诉讼制度和证明制度开始步入一个全新的发展阶段。

(二)现行的立法状况

1. 刑事证据制度的立法状况

(1)法国。《法国刑事诉讼法典》中有关证据的规定很少,也没有列专门的章节加以规定,其现行《刑事诉讼法典》的前身是 1808 年的《刑事诉讼法典》。《刑事诉讼法典》在证据方面最重要的特点是规定了自由心证原则。二战后,法国在对战争和法西斯主义的反思中,在蓬勃发展的人权运动的影响下,开始着手对旧有的刑事诉讼制度进行改革。法国自 1956 年至 1959 年完成新《刑事诉讼法典》的起草和颁布工作,新的《刑事诉讼法典》于 1959 年 3 月 2 日起实施。该法典生效后又经历过几次重大修改,最典型的就是 1993 年 1 月 4 日的修改,这一修改加强了犯罪嫌疑人在刑事诉讼程序中的权利而对执法机构尤其是预审法官的权利进行了限制。但这一修改遭到了一些人的反对,同年 8 月 24 日被重新修改,一定程度上回到了原来的地方,但一些成果仍被保留了下来。2000 年以来,法国对《刑事诉讼法典》又作了几次修改,证据方面的规定有 2000 年 6 月 15 日通过的第 2000-516 号《关于加强保障无罪推定和被害人权利的法律》。

(2)德国。从证据制度的立法角度看,德国也没有独立的证据法典,其刑事证据规则散见于《刑事诉讼法典》中,但德国刑事诉讼法的证据立法要比法国详尽得多。1994 年,统一后的两德修改颁布了《德国刑事诉讼法典》并沿用至今。该法典同样对证据规则作了详尽规定,并延续了大陆法系自由心证的传统。在该法典通则部分,对证人、鉴定人、勘验、扣押、监视电信通信、扫描侦查、使用技术手段、派遣秘密侦查员、搜查等问题作了专章的规定。[①]

(3)意大利。与相对保守的法、德两国相比,意大利对诉讼及证据制度的改革要大胆和激进得多。现行的《刑事诉讼法》被认为是国家职权主义和当事人主义互相融合的产物。意大利的刑事证据制度非常发达,作为传统的大陆法系国家,虽然它仍秉承大陆法系在诉讼法中规定证据法规则的传统,但在 1988 年的

---

① 参见何家弘、张卫平:《外国证据法选译》,人民法院出版社 2000 年版,第 436—459 页。

《刑事诉讼法》中灵活地引进了当事人诉讼模式,并非常重视证明制度的规制。现行的意大利《刑事诉讼法》第三编即以"证据"为名,共设三章:第一章"一般规定"对证明对象以及证明活动的基本原则作了简明的规定;第二章"证明方式"对证人证言、询问当事人、对质、辨认、司法实验、鉴定、文书等问题分别作了具体的规定;第三章"收集证据的方法"又对检查、勘验、搜查、扣押、谈话和通信窃听等收集证据的程序作了较为详细的规定。

2. 民事证明制度的立法状况

从历史的视角分析,大陆法系民事诉讼制度变革不如刑事诉讼制度变革那样频繁和深刻,间或有所改革,往往也不会涉及基本原则和基本制度。最为典型的是罗马法所设定的"谁主张,谁举证"的基本证明原则,至今仍是大陆法系的基本民事诉讼证明原则并发挥着重要的立法和司法的导向作用。事实上,罗马法成熟的民事规则使后人难以再对该法作出能够创造新的司法精神的改革模式。

(1) 法国。法国的民事证据立法主要体现在《法国民事诉讼法典》与《法国民法典》中。《法国民事诉讼法典》在其第一编"序则"第一章"诉讼的指导原则"第四节"证据"部分规定了民事证明制度的基本原则;在第七编"提出证据"部分对书证的提出、法官调查(证据)、当事人出庭和询问当事人、证人作证以及鉴定、(技术)验证等问题作了较为详细的规定;[①]《法国民法典》第 1341 条及随后条款对证据方法、证据能力以及证据价值作出了规定;《法国民法典》第三卷第三编"契约或约定之债的一般规定"和第六章"债的证明与清偿的证明"对书证、人证、推定、当事人自认、宣誓等证据方法作出了规定。

(2) 德国。德国现行《民事诉讼法》证据部分对证明制度作了颇为详细的规定。法典第五节"调查证据的一般规定"规定了证明制度的基本问题;第六节至第十节依次对勘验、人证、鉴定、书证、询问当事人、宣誓与具结等证据方法作了详尽的规定;第十一节"证据保全"对申请证据保全的程序作了规定。[②]

(3) 意大利。意大利现行《民事诉讼法》证据部分第三项至第十项依次对"证据的提出""对个人制作的文书的承认和审查核实""对书证真实性的异议""诉讼中的自认""宣誓""询问证人""核实证据、物理性再制和实验""计算"等问题作了规定。[③]

---

① 参见何家弘、张卫平:《外国证据法选译》,人民法院出版社 2000 年版,第 405—435 页。
② 同上书,第 467—495 页。
③ 同上书,第 531—545 页。

## 二、诉讼证明的理论

### （一）刑事诉讼的证明理论

与民事诉讼不同，在刑事诉讼领域，证明制度要受到来自各方面因素的制约。这其中既有来自刑事诉讼法本身的基本原则的制约，也有来自宪法性规定的制约，甚至还应当考虑到公平正义和司法理性的要求。因此，实务中刑事证明的情况要比民事证明复杂得多，理论上的研究亦是如此。大陆法系的刑事证明理论非常丰富，在此我们综合了大陆法系诸国最为核心部分，力图能反映其全貌。

#### 1. 法定证据与自由心证

法定证据即证据的价值是由法律决定的，法官没有任何评判自由，只要证明力已由法律确定的证据一经提出，法官即应作出有罪判决。这种制度由于其存在很大的弊端，因而成为自由主义的理论家纷纷批判的对象。[1] 法国大革命以后，自由心证的证据制度逐渐取代原来的法定证据制度成为大陆法系国家现行的证据制度。

在自由心证的证据制度下，法官以完全的自由来评判向其提出的证据的价值。法官按照其意志自行作出决定，依据其内心确信来判断被告有罪还是无罪，并无须对其认定的证据所赋予的证明力作出任何说明。内心确信指证据的取舍及证明力的大小法律不预先加以机械的规定，而由法官根据自己的良心感悟等自由判断。[2] 现行《法国刑事诉讼法典》第 353 条作了如下表述："在重罪法庭休庭前，审判长应责令宣读下列训示，并将内容大字书写成布告，张贴在评议室最显眼处；法律并不考虑法官通过何种途径达成内心确信；法律也不为法官树立某种规则并让他们必须依赖这种规则去认定某项证据是否完备，是否充分。法律只要求他们心平气和、集中精神、自行思考、自行决定，本着诚实、本着良心，依其理智，寻找针对有罪证据和辩护理由所形成的印象，作出判断。法律只向他们提出一个概括了全部职责的问题：您是否已形成内心确信的决定？"

与僵化的法定证据制度相比，自由心证赋予审判人员在复杂多变的诉讼环境中一定的自由裁量权。近两个世纪的实践表明，自由心证的证据制度是一项成功的制度。但是，任何自由都是相对的，所谓自由心证并非指判决可以不依赖事实和理由。法国是比较彻底实行自由心证的国家，但是其诉讼法仍作出规定，

---

[1] 参见〔法〕卡斯东·斯特法尼、乔治·勒瓦索、贝尔纳·布洛克：《法国刑事诉讼法精义（上）》，罗结珍译，中国政法大学出版社 1999 年版，第 79—80 页。

[2] 参见邱丽娜：《两大法系刑事证明标准及其借鉴》，载《广东商学院学报》2002 年第 S2 期。

轻罪法庭和违警罪法庭的判决必须包括判决所依据的各项理由，否则判决无效。① 重罪法庭的审理虽然无须说明理由，但是重罪的审理要受到更严密的程序规则的制约。此外，上级法院和最高法院可以对判决的合法性行使监督权。

2. 证明和释明

在德国的证据理论中严格区分了"证明"（beweisen）和"释明"（glaubhaftmachung）的概念，证明要使审判人员对所主张的事实产生确信；与此相对，释明则只要使人相信其主张的事实的存在具有某种可能性即可。通常情况下，案情事实是证明的主要对象；而对于程序性的事实，例如申请法官回避（《德国刑事诉讼法》第 26 条第 2 项）、申请期间回复的理由（《德国刑事诉讼法》第 45 条第 2 项）、拒绝作证的理由（《德国刑事诉讼法》第 56 条），则只需释明即可。②

3. 严格证明与自由证明

德国的证明理论将证明方式分为严格证明与自由证明。所谓严格证明，是指在涉及认定犯罪事实、行为人的责任以及量刑等重要事项方面，法律规定必须以严格的方式提出证据。它包含两层意思：一是证明的根据被限制为法律所规定的证据种类；二是这些法定的证据种类只能依刑事诉讼法规定的严格程序予以运用。对于严格证明之外的事项，法院可以根据实务惯例依通常的方式开展调查活动，在认定事实上也不必遵循特定的形式，法律对此没有特别的要求。自由证明主要适用于程序法上所需证实的事实（如对证人年龄的认定）以及裁定事实（如签发羁押命令或开启审判程序的裁定所需的事实）。

4. 证明的对象

民事诉讼程序，由于普遍采用当事人进行主义，因此只有双方当事人争议的事实才有证明的必要。然而，在刑事诉讼领域，基于大陆法系国家普遍适用的职权调查原则，为了调查事实真相，法院应当依职权将证据调查延伸到所有对于裁判有重要影响的事实中（如《德国刑事诉讼法》第 244 条第 2 项）。根据不同的标准，对这些需要被证明的事实又可以作不同的分类。

根据比较典型的德国证据法理论，需要被证明的重要事实可以分为直接重要事实、间接事实以及证据辅助事实。直接重要事实是指可以对行为的可罚性产生不利影响（如证人曾目击某人盗窃）或者有利影响（如证人曾目击某人打死人，但系出于正当防卫的目的）的事实。间接事实是指有助于推导出直接重要事实的事项。例如，在一凶杀案的被害人遇害之前，犯罪嫌疑人曾经对其进行过人

---

① 参见〔法〕卡斯东·斯特法尼、乔治·勒瓦索、贝尔纳·布洛克：《法国刑事诉讼法精义（上）》，罗结珍译，中国政法大学出版社 1999 年版，第 46—47 页。

② 参见〔德〕Claus Roxin：《德国刑事诉讼法》，吴丽琪译，三民书局 1998 年版，第 87、236 页。

身威胁。证据辅助事实是指有助于审判判断所获证据性质的事项。例如,一证人对真理的热爱或者其记忆力较强。

根据法国的证据法理论和刑法理论,要证实一项犯罪,通常就应当证明构成犯罪的三个要件均告存在,即"法有规定要件""事实要件"以及"心理要件"。"法有规定要件"是指在提出控告时,应当首先指出提起追诉所依据的法律条文或条例条文,同时还应当确认这一"法有规定要件"并未因大赦或完成公诉时效而消失。"事实要件"是指具体的犯罪行为,既包括作为,也包括不作为,甚至还包括事实上的加重情节。"心理要件"是指犯罪时行为人故意或者过失的心理状态。但是对于某些不要求有故意或者疏忽大意的过失即可成立的违警罪,则仅需要证明存在构成违警罪的事实上的行为。

此外,根据《意大利刑事诉讼法》,证明的对象可以分为与适用实体法规范相关的事实和与适用诉讼规范相关的事实。其中,与适用实体法规范相关的事实包括与控告、可罚性、刑罚以及保安处分的适用有关的事实(《意大利刑事诉讼法》第187条)。

证明对象还存在例外的情形,即对于众所周知的事实无须证明。但对于何种事实才成为众所周知的事实,理论上还存在争议。通常情况下,众所周知的事实必须是能为一般大众所知的事实,例如,自然界的变化过程;对于那些由于受到某种条件限制,只有特定的人群才能获取的知识,也可以成为众所周知的事实。但是,对于法官在职务之外私下所获知的事实则一律不能算是"法院已知的事实"。此外,尽管众所周知的事实无须证明,但是如果能够成功地提出反证,也可以推翻该事实。①

5. 证据禁止

在德国理论界,对于所谓"证据禁止"并没有统一的专业用语。在证据禁止的概念下,将证据禁止进一步分为证据取得的禁止和证据使用的禁止。前者是在证据的收集过程中设定禁止性的限制条件;后者是禁止法院使用违法手段取得的证据作为案件认定事实的依据。

(1) 基于社会公共利益、职业道德或者公共安全等其他因素的考虑,有些特定的事实不能成为举证的对象。

为维护家庭成员内部密切的依赖关系,法律容许被指控人的订婚人、配偶(即使婚姻关系已经不存在)、直系亲属或直系姻亲(包括现在是或者曾经是)以及其他有密切亲属关系的人员可以有权拒绝作证。

---

① 参见〔德〕Claus Roxin:《德国刑事诉讼法》,吴丽琪译,三民书局1998年版,第237—238页。

未成年人因理解能力欠成熟，或者未成年人、被监护人因患精神病或者心理上的障碍，不能充分认识拒绝作证的意义的，只有在他们愿意作证并经法定代理人同意时，才能对他们予以讯问，但法定代理人本人如果是被指控人的，不能决定是否使用拒绝作证权。

从事特种职业的人员对其在执业过程中获得的有关事项，可以拒绝作证。法律作此限制主要是为了维护从事这一类职业所应具有的基本职业道德以及社会公众对这一类职业的信赖感。而此类职业道德和公众对其的依赖正是这些职业能够存在和正常开展的必要条件。例如，神职人员、被指控人的辩护人对其在行使职务时被依赖告知或者知悉的事项有权拒绝作证。此外，律师、专利代理人、财会师、宣誓过的查账员、税务顾问和税务全权代表、医生、药剂师和助产士等对于其在行使职务过程中被依赖告知或者知悉的事项同样有权拒绝作证。

法官、公务人员和其他公职人员（包括国家元首在内）对他们负有保密义务的事项接受询问和作证，适用有关法规中的特别规定。纵然前述人员已经离任，上述关于保密义务的规定仍然是适用的。

此外，每个证人对有可能给自己、法律规定范围内关系较为密切的亲属成员带来被追诉危险的问题，都可以拒绝回答。上述拒绝作证的权利在询问证人之前必须先行告之。

(2) 基于保障基本人权的原因，有些特定的举证方法不得在诉讼过程中使用。例如，法律禁止用虐待、疲劳战术、伤害身体、服用药物、折磨、欺诈或者催眠等方法侵犯被指控人的意志自由，禁止使用有损被指控人记忆力、理解力的措施。同时，法律也禁止以上述法律所禁止的措施相威胁或者以法律没有规定的利益相许诺来套取证据。

(3) 此外，还存在某些相对禁止举证的情形。例如，在对当事人或者证人进行身体检查时要遵守法律规定的条件和程序。某些检查必须由医师或者特定的人员进行。

6. "毒树之果"理论

在德国，对于通过明确禁止作为证据采用的事实而获得的其他事实能否作为证据采用，大多数意见认为这是"毒树的果实"，也应禁止利用，否则，证明禁止这一规范就不易被实行。然而，在某些州高级法院判例中也有利用的情况。联邦法院的某些判例认为应禁止利用，但没有明示其意见。[①]

---

① 参见卢永红主编：《国外刑事诉讼法通论》，中国人民公安大学出版社2004年版，第142页。

**(二) 民事诉讼的证明理论**

在大陆法系民事诉讼中,古罗马传统的"谁主张,谁举证"的民事诉讼原则始终是适用的。当事人进行主义在大陆法系的民事诉讼中被充分肯定和贯彻,被动和中立这一诉讼的基本特征在大陆法系的民事诉讼中得以充分实现。在此原则的指导下,诉讼所需的各项证据均由各方诉讼当事人查找。法官原则上并不自行查找证据,而只是负责评判由各方当事人向其提出的证据。上述情形即使有所例外,也仅仅限于极个别的领域。因此,在民事诉讼领域,大陆法系的诉讼法学界对这一项基本理论均持肯定态度。

**三、诉讼证明的根据**

大陆法系国家通常将证明根据区分为证据方法和证据资料两个概念。所谓证明根据即通过合法的证据方法(如书证、证人、供述、鉴定、勘验检查等)获取的证据资料。

**(一) 证人与证人证言**

1. 证人的能力

德国法在证人的资格上并没有特别的限制,只有当可能作证的人不能清晰地表达或理解时,其作证资格才被取消,例如过于年幼的儿童。但法律并未规定证人的最低年龄,对于作证能力的判断取决于可能作证儿童的个人发展情况与需要作证的事实。

另外,德国、意大利的诉讼法规定,本案的被告或者共同被告,不得在自己的案件中担任证人的角色。《意大利刑事诉讼法》第197条还规定,关联案件的被告人、民事负责人和对财产刑承担民事责任的人、在同一诉讼中担任法官或公诉人职务的人以及他们的助理人员,不得兼任证人。

2. 专家证人

专家证人指具有法院没有的专门知识,能帮助法院查明案件事实,没有其他诉讼身份而出庭接受询问的公民。《德国刑事诉讼法》第85条规定,为了证明过去的事实、情况需要询问具有特别专门知识的人员时,适用关于证人的规定。[①] 最典型的专家证人是鉴定证人,鉴定证人不同于鉴定人,区别就在于:鉴定人是通过诉讼内的途径了解案件事实情况,而鉴定证人则是通过诉讼外的途径感知案件情况。

3. 证人的权利和义务

证人有三项基本义务:到场、陈述证言和宣誓。《德国刑事诉讼法》第51条

---

① 参见程荣斌主编:《外国刑事诉讼法教程》,中国人民大学出版社2002年版,第295页。

规定,对于依法传唤不到场的证人要承担应传不到造成的费用,同时还要科处秩序罚款或秩序拘留,亦允许强制拘传。同时该法第 70 条规定,证人无法定理由拒绝作证、宣誓的,应当承担因此造成的费用,同时科处秩序罚款或秩序羁押。《法国刑事诉讼法》第 103 条也规定了证人的宣誓义务。

证人有反对自我归罪的特权和获得安全保障及相关补偿的基本权利。根据《德国刑事诉讼法》第 55 条,对证明自己及亲属构成犯罪行为、违反秩序行为从而可能受到追诉的行为,证人有权拒绝回答。同时,《德国刑事诉讼法》第 68 条规定了对证人的若干保护措施。

4. 证人证言的排除规则

意大利在其刑事诉讼法典中大量引进了英美法系的证据排除规则。(1)品格证据排除规则。意大利《刑事诉讼法》第 194 条规定,"证人不得就被告人的道德状况作证"。(2)传闻法则。传闻证据指证人就其从原始证人那里了解到的有关案件情况向法庭所作的复述。由于该种证据存在不准确或者伪造的可能以及当事人无法对其询问,法律禁止其作为证据使用,这种规则就称为传闻法则。①《意大利刑事诉讼法》第 195 条详细规定了传闻法则。

(二) 被告人与被告人陈述

德国证据理论界认为,被告人陈述不是一种独立的证据,这是因为被告人作为诉讼主体不能被迫在本案中对自己作证,尤其是不能被迫自证其罪;只有当被告人的精神状态以及生理状况需要被勘验检查,或者需要对其照相、采集指纹时,以及需要与其他证人对质的时候才具有证据的性质。除此之外,不得将被告的陈述作为证据来使用。②但是由于德国是实行自由心证的国家,被告人在审判过程中的陈述对法院判决的形成有非常重要的影响,所以有时甚至法院的判决全部依靠被告人的自白。法国立法也承认被告人的诉讼主体地位,但其实行彻底的自由心证原则。

根据上述论述,可以看出,在大陆法系中,被告人陈述对诉讼证明的价值是不确定的,我们不能说被告人陈述是大陆法系的证据资料之一,但也不能说大陆法系没有自白证据。

(三) 鉴定人与鉴定结论

1. 鉴定人的职能

鉴定人以其专业知识协助法院就证据问题加以判断。鉴定可以通过如下方

---

① 参见程荣斌主编:《外国刑事诉讼法教程》,中国人民大学出版社 2002 年版,第 358 页。
② 参见〔德〕Claus Roxin:《德国刑事诉讼法》,吴丽琪译,三民书局 1998 年版,第 87、259 页。

式进行:(1)鉴定人向法院提供一般性经验知识(及其专业知识);(2)鉴定人利用其专业知识对某些事实加以深入理解、判断进而作出某种决定;(3)鉴定人根据其专业知识,对案件事实进行调查后得出某种认定,并根据学术性的推衍规则,从该认定导出某一结论。

2. 鉴定人的选任和聘请

关于鉴定人的选任和聘请的规则,不同国家之间并无统一的规定。但通常情况下,法官和检察官对于如何聘请鉴定人,在法律规定的范围内有一定的自主权。例如,依德国法,法官如果自己有足够的专业知识,也可以拒绝询问鉴定人的查证申请(《德国刑事诉讼法》第244条第4款)。依法国法,任何预审法官或审判法官,在案件出现技术方面的问题时,可以根据检察院的要求,或者依职权,或者应一方当事人的要求,命令进行鉴定。鉴定专家应从最高法院办公厅制作的全国专家名册中所列的自然人或者法人中选取,或者从各上诉法院与总检察长商定提出的名册中选取。在特殊情况下,各级法院可以作出附理由的决定,从列入上述任何名册的专家中选取(《法国刑事诉讼法》第156条、第157条)。意大利法官在任命鉴定人时也有一些自主权,这里不再赘述。

3. 鉴定人的资格

在某些情况下,法律限制某些人在特定的案件中担任鉴定人。如《意大利刑事诉讼法》第222条规定,下列人员不得担任鉴定人,否则行为无效:(1) 未成年人、被禁治产人、被剥夺权利的人、患有精神病的人;(2) 被禁止(包括被暂时禁止)担任公职的人,被禁止或者暂停从事某一职业或技艺的人;(3) 被处以人身保安处分或防范处分的人;(4) 不能担任证人或者有权回避作证的人,被要求担任证人或译员的人;(5) 在同一诉讼中或者在有牵连的诉讼中被任命为技术顾问的人。

此外,鉴定人也存在回避的问题。通常情况下,诉讼法上关于法官回避的规定也适用于鉴定人(《德国刑事诉讼法》第74条、《意大利刑事诉讼法》第223条)。

4. 鉴定活动的规则

鉴定人必须按照法律规定的程序并在法官的主持或监督下履行其职责。此外,德国法和法国法还都保留有传统的鉴定人宣誓制度。法律还规定,某些特殊检查一定要由专门的技术人员进行。如《德国刑事诉讼法》第81c条第2款规定:"抽取血样验血,在任何时候都只允许由医师进行。"

5. 鉴定结论的证明价值

为保护科学的威信、法院的权威,法国法规定,对鉴定人的工作提出批评,应当在对其不足与缺漏尚有可能进行补救时以不公开的方式提出。为此,预审法官在鉴定被提交后,应当传唤各方当事人及其律师,以法律规定的形式向他们通报鉴定结论。各方当事人在预审法官规定的期限内可以提出补充鉴定或反鉴定的意见。此后,除非有非常充分的论据,如果在鉴定报告提交后未对鉴定工作与鉴定人结论提出任何批评的当事人,就很难在审判过程中提出此类意见。①

(四)物的证据方法与实物证据

1. 书证的范围

依意大利诉讼法,书证的范围非常广泛,除了构成犯罪物证的文书之外,书证还包括:(1)在法院之外制作的其他文件文书,如附带证明中制作的证据笔录;(2)涉及人格判断的文书;(3)民事审判中获取并采纳了的证据笔录;(4)一切不可重复制作的文字材料;(5)录音磁带。

但是,德国的证据理论则倾向于把录音带证据排除在书证之外,理由是:(1)录音带是非书面的证据,无法被朗读;(2)录音带所记录的是口述的话语,不同于经过思考后形成文字的书证;(3)录音带容易被伪造,因而其可行性不如书证。

2. 书证的证明力

(1)书证优先原则。从理论上讲,书证作为证据的一种,应当具有与其他证据相当的证明价值。但在法国民事诉讼法中,书证的证明力却要高于其他证据,这也是法国特殊的书证优先原则,它被规定在《法国民法典》第1341条中:"一切物件的金额或价额超过150法郎者,即使为自愿的寄托,均须于公证人前作成证书,或双方签名作成私证书。证书作成后,当事人不得另行主张与证书内容不同或超出证书记载的事项而以证人证之,亦不得主张于证书作成之时或以前或以后有所声明的事项而以证人证之。"

(2)书证优先原则的例外。即使在法国,书证优先原则也不是绝对的。首先,根据民事诉讼中当事人自治原则,双方当事人可以根据合意放弃《法国民法典》第1341条规定的原则;其次,在诉讼中,当事人也可以通过明示或者默示的方式放弃该原则;最后,审判实践也并没有严格地执行该原则。

(五)勘验证据

1. 勘验证据的范围

依德国法的理论,几乎所有物件,包括活人与尸体,都能成为勘验证据,只要

---

① 参见〔德〕卡斯东·斯特法尼、乔治·勒瓦索、贝尔纳·布洛克:《法国刑事诉讼法精义(下)》,罗结珍译,中国政法大学出版社1999年版,第654—655页。

该物件能由其存在、位置或状态影响法官内心确信的成立。

2. 勘验的方法

勘验可以由每一种感官完成,如视觉、听觉、嗅觉、触觉等。此外,如果罪犯没有留下痕迹或物质后果,或者这些痕迹、物质后果已经消失、消除、消耗、改变或者移动,则可以由司法机关制作标记、描绘、照片或者进行其他技术工作完成(《意大利刑事诉讼法》第244条)。

3. 勘验笔录

依德国法,如果法官已经参与勘验笔录的制作,则该审理法院可以在法庭上宣读该勘验笔录,以代替勘验。但为了弥补勘验笔录作为证据可能存在的不足,法律对审判程序外进行的勘验,规定了较为宽松的在场权。如德国《刑事诉讼法》第168d条规定:"法官勘验时,允许检察官员、被指控人和辩护人在场。"

**四、诉讼证明责任和标准**

(一) 诉讼证明责任

诉讼证明责任指诉讼中的当事人应当为其诉讼请求负担证明的义务。这种义务既包括当事人为其诉讼请求提供证据的义务(即通常人们所称的举证责任),也包括在案件事实真伪不明时所要承担的败诉风险(即证明责任)。然而,在证明理论发展初期,两大法系无论在理论上还是司法实践中,均未对上述两种责任加以明确区分,或者就将诉讼证明的责任理解为单一的举证责任。自1883年德国学者格尔查首次将诉讼证明的责任区分为举证责任和证明责任后,又经过多年的实践检验,目前两大法系的学者一般都认为,举证责任与证明责任是两个不同的概念,两者共同构成完整意义上的诉讼证明制度。①

1. 举证责任论

就举证责任而言,无论大陆法系还是英美法系,在民事诉讼领域都普遍奉行"谁主张,谁举证"的基本证明原则。同样,该原则亦适用于刑事诉讼。所不同的是,在民事诉讼中举证责任由作为当事人的原告来承担,而在刑事诉讼中,举证责任是由代表国家利益的检察院来承担。而且,检察院在刑事诉讼中始终是主当事人,而在民事诉讼中,检察院即使参加,也往往只能充当从当事人。当然,也有例外,在刑事案件中,受害人如果已经在刑事法院成为民事当事人,则也应承担举证的责任。②

---

① 参见常怡:《民事诉讼法学》,中国政法大学出版社1996年版,第175—176页。

② 参见〔法〕卡斯东·斯特法尼、乔治·勒瓦索、贝尔纳·布洛克:《法国刑事诉讼法精义(上)》,罗结珍译,中国政法大学出版社1999年版,第34页。

2. 证明责任论

(1) 证明责任辨析。证明责任是指当事人向法院证明案件事实的责任。在德国诉讼法术语中,证明责任被写作"Beweislast",但是,包括德国在内的大陆法系学者又都普遍认为,"Beweislast"一词包含两重含义:它首先是指当事人向法院提供证据的责任;其次是指在法庭辩论结束后,对于无法证明的问题,应由谁来承担败诉的风险的责任。德语中把前者称为"Beweisfuhrungslast",把后者称为"Festsellungslast"。本书把诉讼中的证明责任称为"诉讼证明责任",把事实真伪不明时败诉的风险称为"证明责任"以示区分。

(2) 刑事诉讼证明责任的分配。大陆法系国家刑事诉讼的证明责任基本上是由检察官、预审法官和主审法官共同承担的。这主要是因为:首先,在刑事诉讼领域,基本上所有的国家都实行无罪推定和疑罪从无的诉讼原则。因此,作为指控方的检察官,显然要承担指控罪名成立的证明责任。其次,大陆法系的刑事诉讼程序普遍奉行职权主义原则,负责预审和审判的法官也有查明案件事实的义务。

(3) 民事诉讼证明责任的分配。关于民事诉讼证明责任的分配在大陆法系国家理论界存在多种学说,最有代表性的是德国罗森贝克的"规范说"。该说是建立在对实体法规范分析的基础上的,罗森贝克把民事实体法规范分为权利发生规范、权利妨碍规范、权利消灭规范和权利限制规范。在上述四种分类的基础上,他进一步确定了自己的证明责任分配原则,即主张权利存在的当事人应当对权利发生的法律要件存在之事实承担证明责任;否认权利存在的当事人应当对妨碍权利的法律要件、权利消灭的法律要件或权利限制的法律要件之存在的事实承担证明责任。由于"规范说"在理论上较为平易,便于人们理解和操作,因而在长达半个多世纪的时间里成为德国学术界占绝对支配地位的学说,并为德国判例所接受。① 自20世纪60年代开始,德国学者针对"规范说"展开激烈的批判,又出现了"危险领域说""盖然性说"等,现在德国学者普遍承认罗森贝克证明责任分配规则的适用有原则和例外的情况。这些例外适用情况主要表现在两个方面:一是承认制定法有明确不同于"规范说"的证明责任分配规则的规定;二是法官可以通过对法律要件的解释对罗森贝克的证明责任分配规则加以修正。②

(二) 诉讼证明标准

1. 刑事诉讼的证明标准——实质真实原则

大陆法系国家在刑事诉讼中普遍采用职权主义,在证明标准上采用实质真

---

① 参见陈刚:《证明责任法研究》,中国人民大学出版社2000年版,第184—188页。
② 同上书,第200—201页。

实原则。依此原则,刑事法院以发现客观真实为己任,自行对犯罪事实加以调查,不受诉讼参与人申请或陈述的约束。如《德国刑事诉讼法》第 224 条第 2 款规定,为了调查事实真相,法院应当依职权将证据调查延伸到所有对于裁判具有意义的事实、证据上;第 245 条第 1 款又进一步规定,除非证据的收集为不准许,证据调查应当延伸到所有的由法院传唤并且到庭的证人、鉴定人,以及其他由法院、检察院依法调取的物品证据上。基于上述原则,法院在审判活动中有权自主决定是否采纳各诉讼参与人的主张,而不受诉讼参与人的主张的约束,尤其不受被告自白的约束;并且,在刑事诉讼程序中没有所谓的缺席审判程序,如果被告不出庭,法院不得据此判定其有罪。

2. 民事诉讼的证明标准——形式真实原则

大陆法系国家在民事程序中采用当事人主义,在证明标准上采用形式真实原则。依形式真实原则,法官对自认的事实可以无须再作调查,就直接采纳为裁判的依据;甚至对一方当事人所主张的事实,只要对方没有反驳,也可以径行采纳为裁判的依据——民诉法上的缺席判决程序和公示催告程序即以此为基础。在民事诉讼中,当事人负有相应的举证责任和证明责任,即使遇到有争议的事实需要用证据来加以证明,法院在通常情况下也无须亲自调查证据,而只要根据双方当事人的主张和所提供的证据作出裁判。

**五、诉讼证明的方法**

(一)广义的证明方法和狭义的证明方法

广义的证明方法是指在各个不同的诉讼阶段中,司法机关和诉讼参与人为了达到该阶段所应达到的证明程度,而使用的各种方式、手段。例如在侦查、预审阶段,为了达到提起公诉所应具备的证明程度,司法警察、检察官和预审法官必须通过勘验现场、讯问犯罪嫌疑人、询问有关当事人等方法来获得初步证据,以决定能否将犯罪嫌疑人起诉至刑事法院;在审判阶段,为了证明被告人是否有罪,法院要组织各方诉讼参与人就其提交法院的各类证据进行质证和辩论,以决定最终采纳哪些证据作为判决的依据。

狭义的证明方法则仅指在审判阶段中所运用的证明方法。区分广义和狭义的证明方法主要是为了研究的方便。因为不同的诉讼阶段,所采用的证明方法往往存在极大的差异。在侦查、预审阶段,证明活动主要依靠司法官员的职权行为进行,所运用的证明方法往往带有一定的强制性;而一旦进入审判阶段,检察官和被告人、民事诉讼的原告与被告所能运用的证明方法基本上都是对等的。

### (二) 民事的证明方法和刑事的证明方法

根据大陆法系的立法,民事的证明方法与刑事的证明方法有一定差异,以法国最为典型。(1)《法国民法典》第1341条及随后条款的有关规定,确立了法国民事证明制度的基本原则——书证优先原则。① 但其刑事证明制度所奉行的是"证据自由"的原则,不存在哪种证据方法或证据资料"优先"的问题。(2)依法国法,刑事诉讼中不允许采取"决讼宣誓"的方式,而《法国民法典》第1358条则规定,"不论何种争议,均得要求进行决讼宣誓"。(3)在刑事诉讼程序中供述不仅可以得到考虑,甚至可以分割。相反,《法国民法典》第1356条规定,"裁判上的自认,不得对作出自认的人分割利用之"。

值得注意的是,当刑事诉讼过程中出现某些民法上的问题时,刑事法律上的证据自由即告消失。在这种情况下,有关民事行为的证据应当按照民法规定的证据方法提出。②

### (三) 主要事实的证明方法和次要事实的证明方法

区分主要事实的证明方法与次要事实的证明方法的根据,实则来源于德国法上关于"证明与释明""严格证明与自由证明"的理论。③ 依通常见解,涉及犯罪事实是否存在、行为人的责任以及对被告人定罪量刑方面的事实是主要事实;而仅仅涉及程序问题的事实则为次要事实。区分主要事实与次要事实的意义在于:主要事实必须适用严格的证明方法,次要事实可以适用自由的证明方法。

### (四) 外在事实的证明方法和内在事实的证明方法

所谓外在事实是指通过行为人的行为作用于外部客观世界后形成的事实状态。依通常的见解,对外在事实的证明可以通过勘验、搜查、鉴定等客观的证据方法,或者通过现场痕迹、血迹、笔迹、脚印等客观的证据资料加以证明。

所谓内在事实是指存在于行为人内心的主观过错或心理因素。由于内在事实往往存在于行为人的内心,因此对内在事实的证明,往往要通过推定进行。例如,依法国刑事诉讼法的有关规定,检察院应当证明存在构成犯罪的心理要件。但是,法院的判例通过将"不予归罪的原因"视为"具有证明效力的事实",认定应当由被告人举证证明其在实施犯罪行为时是因为受到强制,或者认定,行为人即使不能证明,至少也要援用其本人在行为之时发生的精神错乱之事实。

外在事实的证明方法与内在事实的证明方法的分类仅仅具有相对性。有些

---

① 参见本节"三、诉讼证明的根据"中有关"书证"部分。
② 参见〔法〕卡斯东·斯特法尼、乔治·勒瓦索、贝尔纳·布洛克:《法国刑事诉讼法精义(上)》,罗结珍译,中国政法大学出版社1999年版,第42—43页。
③ 参见本节"二、诉讼证明的理论"中有关"证明与释明""严格证明与自由证明"部分。

证据可以同时被用来证明外在事实与内在事实,如证人证言、被告人供述;有些客观的证据方法也可以证明内在事实,如对被告人作精神鉴定;此外,对外在事实的证明有时必须依赖推定法则进行。

**六、大陆法系诉讼证明制度的评价**

(一) 诉讼证明制度与其他制度、模式的关系

任何一种制度往往都与该制度所依存的环境有着紧密联系,当我们评论大陆法系的诉讼证明制度时,绝不能将其视为一个孤立存在的法律制度体系。即使是非常相似的立法,由于受所在国的政治制度、司法制度、诉讼模式、历史文化传统等因素的制约与影响,在具体执行过程中仍会存在一定的差异。

在诸多因素中,对大陆法系诉讼证明制度影响最大、最为直接的因素是大陆法系本身的司法制度和诉讼模式。大陆法系的诉讼证明制度往往以追求"实体真实"作为其诉讼的重要价值目标,为了追求"真实",法官可以设定或限制调查的范围,甚至可以越过当事人自行调查证据(在刑事诉讼中尤为明显),这正是职权主义诉讼的基本特征。与英美法系(尤其是美国)国家的法官不同,大陆法系的法官通常直接从法学毕业生中产生,法官在身份上属于国家公务员编制。基于职业经历与背景身份,大陆法系的法官从来就不曾享有过英美法系法官那种归属于法官特有的独立权威,尽管大陆法系也强调法官的独立性与中立性,但是社会首先希望法官能够维护社会的正义。

(二) 大陆法系诉讼证明制度的发展

1. 大陆法系是一个开放的体系

在漫长的发展过程中,大陆法系不断地吸收着人类文明发展的最新成果:从原始的神明裁判到依证据裁判;从中世纪的法定证据制度到现代的自由心证证据制度;从口供中心主义到证据裁判主义。我们可以发现,大陆法系证明制度的变革与人类的认识能力、文明的发展几乎是同步的。

2. 在开放的过程中,大陆法系的一些传统被保留并有所发展

当大陆法系的神明裁判、司法决斗已经成为历史的时候,同样古老的宣誓制度却几乎被完整地保存下来,现行法国《刑事诉讼法》第103条所规定的"证人应当宣誓据实陈述,只讲真实"便是很好的说明。不仅如此,宣誓制度还被引入像司法鉴定这样对专业性、科学性都有很高要求的制度中,例如德国《刑事诉讼法》第66a—e条对鉴定人宣誓制度的规定。

(三) 两大法系的相互融合

通常人们认为,两大法系的融合是现代才发生的事情。但事实上,两大法系

在历史渊源上的亲近关系,导致这种融合在很久以前就已经开始,而且似乎也没有停止过。

早在法国资产阶级革命以前,孟德斯鸠等许多启蒙思想家就对当时法国所实行的秘密的、书面的纠问式诉讼程序提出强烈的抨击,同时倡议以当时英国的法律制度作为法国法院组织法和刑事诉讼程序改革的范本。在法国大革命期间,英美法即被法国所继受。诸如公诉附带全民告诉原则、(刑事诉讼)当事人的证明义务、言词辩论、公开审判、陪审制度等重要制度,都是在当时被引进法国的。当1808年法国开始编撰《刑事诉讼法典》时,上述有的制度便被法典吸收成为法国刑事诉讼制度的一部分。

二战后,随着人权运动的蓬勃发展,欧洲大陆国家纷纷对其原有的刑事诉讼制度进行改革。这次改革使两大法系之间的融合更加紧密,其中以意大利刑事诉讼法的改革最为激进。现行的意大利刑事诉讼法典大量引进了英美法系当事人主义诉讼的基本模式,对意大利原有的刑事诉讼制度作了重大改革。新法取消了预审程序,强调检察官的证明责任;在庭审中实行由检察官和当事人及其律师分别对证人和鉴定人进行主询问和交叉询问的制度;参照英美法系的证据法,制定了更为完备的证据规则。

我国近现代的立法活动是从吸收、引入大陆法系的法律制度开始的,此后我国与大陆法系之间的联系就几乎从未中断过。就目前而言,无论在诉讼制度方面还是在证明制度方面,我国与大陆法系的共同点更多一些。因此,我们相信,通过研究大陆法系证明制度的过去、现在与未来,能对正确评价我国现行的证明制度以及进行这方面的改革有所裨益。

## 第五节 英美法系国家的诉讼证明

英美法系的证据法律制度与英国早期的司法制度有着千丝万缕的联系,英国的证据法可以回溯至中世纪,但在诺曼征服前的盎格鲁-撒克逊王朝及更早些时期,其主要是适用习惯法。严格意义上的英国法的历史开始于诺曼征服后,威廉一世在承认英国早期习惯法的同时,也开始了法制的统一进程,从而形成了英国另外两大法律渊源即普通法和衡平法。但是,英国并未在这一进程开始之初就形成比较系统的证据规则,英国一位学者指出:"在我们的司法程序开始传唤证人向陪审团举证这种实践后的相当长的时间内,证据法还没有形成确定的形式。直到 17 世纪，证据规则才开始在民事法庭第一次出现。"①当然，有着遵循先例传统的英国在 19 世纪和 20 世纪所进行的司法改革仍在很大程度上依赖于早期所建立的不可或缺的证据制度基础。

英美证据法的显著特征是建立了以证据排除规则为主体的证据规则体系，其成因主要是受中世纪诺曼征服后的英国所确立的陪审团、宣誓和普通法抗辩式的诉讼体制这三项制度性因素的深远影响。因此，证据排除规则已构成英美法系证据规则的主体。

英美法系诉讼证明理论的核心则主要集中在证明责任和证明标准这两个紧密关联的问题上，并占据着十分重要的地位，其制定法对证明责任的分担及证明标准等作了明确规定。实践中，这两个问题不仅对法官和陪审团的裁判产生决定性影响，同时也往往直接从证据角度决定当事人双方的胜败。理论上，英美法学者们对诉讼证明的研究也多集中在证明责任和证明标准这两项核心课题上，如关于证明责任的含义、分配规则及依据、证明责任的转移、证明标准的把握等。

本节着重就英美法系中的证明责任和证明标准问题进行概述和评价，同时，简要介绍一些英美法系的主要证据规则。

### 一、证明责任的含义

"证明责任"一词是经日本传入我国的德国民事诉讼术语"Beweilast"的中译，在英美法中与之对应的诉讼法术语为"burden of proof"，被译为"证明责任"，也有学者更为形象地将其译为"证明负担"。按照英美诉讼法理论的学理解释，"burden of proof"一词具有双重含义：其一，是指当事人向法官提供足以使案件交付陪审团评议的证据的行为责任，未履行提供证据责任的案件不得交予陪审团评议，而由法官通过指示评议(directed verdict)进行判决；其二，是指当事人对交予陪审团进行事实认定的案件，在审判程序的最后阶段，因事实真伪不明而承担的诉讼不利益。前一种解释，英语表示为"the burden of producing evidence""production burden"或"the duty of producing evidence"，中文通常译作"说服责任"或"法定责任"等。在过去证明责任理论发展的相当长的一段历史时期，无论是英美法系还是大陆法系的学者都是从上述第一种解释即提供证据责任的角度来把握证明责任的本质意义的，简言之，就是把提供证据责任与证明责任等同视之。据美国学者威格莫尔的考证，英美法系理论上首次将证明责任含义一分为二的是美国证据学者赛耶。赛耶在 1898 年出版的专著《证据理论研

---

① 〔英〕塞西尔·特纳:《肯尼刑法原理》，周叶谦译，华夏出版社 1989 年版，第 504 页。

究》中,就"burden of proof"双重含义在诉讼中的各自地位和作用进行了详细的论述。赛耶指出,在传统上,英美法学者通常从三种含义上使用"burden of proof":第一,是指当事人如果不证明自己的主张就会对该主张承担败诉危险的责任;第二,是指当事人在整个审判过程中提出证据的责任;第三,是指不与第一、第二种责任相区别,包含两者或是其中任何一种意义上的责任。另外,他还在分析大量判例的基础上指出,判例经常将第一、第二种含义上的"burden of proof"不加以区别,由此引致实务中存在着无以计数的令人费解的判决。针对理论上和实务上通用"burden of proof"一词表述提供证据责任和证明责任的缺陷,赛耶主张应将"burden of proof"的双重含义在概念上加以区别使用。① 该主张得到威格莫尔、摩根、麦考密克、马哥莱、克莱尔利、菲利普等证据法学者的极大肯定,并成为现代英美法系国家证明责任理论的代表性学说。

英美法系的立法也支持赛耶关于证明责任理论的分层学说。《美国联邦证据规则》第 301 条以"the burden of going forward with evidence"(提供证据责任)和"the risk of nonpersuasion"(证明责任)对"burden of proof"的双重含义作了区别。② 美国法学会曾在 1942 年起草的《示范证据法》中,以"对事实的说服责任"和"对事实的提供证据责任"对"burden of proof"的双重含义作了定性解释。美国统一州法委员会在 1953 年制定的《统一证据规则》中,不再使用《示范证据法》规定的"对事实的说服责任"(burden of persuasion of a fact),而是直接使用"burden of proof"表示说服责任,即本文所说的证明责任。③

目前,证明责任的双重含义在英美法系国家的法学界和司法界已经取得较为一致的看法,"一般认为,证明责任是一个总概念,其中包括'令人信服的责任'(即说服责任,persuasive burden)及'提供证据责任'(the burden of producing evidence)两个分概念"④。

(一) 说服责任

说服责任,又称"令人信服的责任""法定责任"(legal burden)等,指承担此责任的一方诉讼当事人,必须说服裁判者(法院或陪审团)相信其所提出的证据,并相信其主张为真实,否则,裁判者必须就该事实作出其败诉的判决。它包括:(1) 当事人通过证明"系争事实"(facts in issue)从而确立诉因的义务;(2) 说服

---

① See Thayer, *A Preliminary Treatise on Evidence at the Common Law*, Boston: Little, Brown, and company, 1898, pp. 355-364.
② 参见《美国联邦刑事诉讼规则和证据规则》,卞建林译,中国政法大学出版社 1996 年版,第 104 页。
③ See The Uniform Rule Evidence, Rule(4), (5).
④ 程味秋主编:《外国刑事诉讼法概论》,中国政法大学出版社 1994 年版,第 84 页。

责任的履行程度对当事人权利是否能得到法院的保护有决定性的影响,不能履行该责任,当事人可能要承担败诉的结果。在民事诉讼中,如原告提起诽谤之诉,原告负有说服责任即须证明实体法规定的构成诽谤的所有要件,否则就要承担不利的结果;而在刑事诉讼中,如控方要在谋杀的指控中胜诉,就必须证明实体法中规定的有关谋杀构成的所有要件,如果控方不能够证明这些法定要件,法官和陪审团就要作出有利于被告的裁判。

(二) 提供证据责任

提供证据责任,又称"证据责任"(evidential burden),指承担此责任的一方诉讼当事人,有义务向法院提出相当的证据,以证明待证事实,若无法提供相当的证据,则法院无须等待审核证据的真实性及证明力,亦无须经实体审理,即得作出对其不利的判决。它包含四层含义:(1) 当事人有义务提出适当的证据证明某些待证事实,以便法官在被证明的事实基础上作出对于其有利的裁定;(2) 如果当事人未能提出适当的证据,他就有可能但并不是必然要冒在特定主张上失利的风险,这与说服责任履行不能的后果有所不同;(3) 提供证据责任一旦由一方当事人适当履行,它便具有转移的效力,即他方当事人因此而承担提供证据责任;(4) 提供证据责任是否适当履行,取决于证明标准是否达到。

事实上,上述两种责任并不是完全分开的,说服责任应当包含证据责任,但两者含义确有差异,尽管可能十分微妙。例如,甲对乙提起过失损害赔偿之诉,就证明责任而言,甲应当承担证明乙有过失的证明责任。甲应当让裁决方确信因为乙未尽到法律要求的适当注意义务而导致甲受损害的事实,在此甲必须承担对上述主张的说服责任;此外,甲必须承担提出证据以支持其所提出的所有主张的证据责任。如果被告乙主张甲本人对损害也负有责任,那么,证明此一主张的证据责任便由乙承担。由此可见,这两种不同层次上的证明责任虽有重叠之处,但其含义是有区别的,在履行主体和效果等方面都有差异。

## 二、证明责任的分担

确立证明责任有两个基本目的;其一是明确证明主体,即对所主张的事实谁负证明的义务;其二是确立证明的具体场合(occasion),即两造当事人在哪些情形下负证明事实的责任,及用何种方式履行证明义务。因此,证明责任的分担方式是证据法所要解决的根本问题。[①]

---

[①] 参见李浩:《英国证据法中的证明责任》,载《比较法研究》1992年第4期。

## (一) 证明责任的分配理论

证明责任,指事实真伪不明时,法官因不得拒绝裁判而适用的处理案件的方法。法官在具体案件中如何适用证明责任,是证明责任分配理论的问题。在英美法系传统的诉讼法理论中,有关证明责任分配的学说主要有三种。

### 1. 肯定事实说

该说主张,在诉讼中主张积极性(肯定)事实的当事人承担证明责任。英美法系的旧判例和若干立法例持此观点。但随着证据法的不断发展,这一传统的证明责任分配理论受到越来越多学者们的反对。赛耶指出:"将当事人主张的事实划分为肯定或否定,并以此为标准分配证明责任,这实际取决于实体法的解释,因而是一种不适当的分配方法";"违反契约(breach of promise)也可以换称为不履行(non-fulfillment),何者为肯定或否定的事实完全属于相对性概念"。此外,反对论者还举例说明,在实务中,当原告将否定事实作为诉讼原因的一部分时,仍有很多需要由原告承担证明责任的情形。

### 2. 诉答责任说

该说主张,在诉答中对某一事实承担主张责任的当事人也应对该事实承担证明责任。反对论者认为,证明责任和诉答责任的所在往往是不一致的。例如,在诉答中主张不支付(nonpayment of an obligation)债务的责任通常属于债权人,但证明责任却应由债务人承担。实务中,诉答基本以答辩书或再答辩书的形式终结,而一些在诉答中没有的事实有时也会成为审判程序的争点,在此情形下,因诉答责任的所在不明确,也就无法对证明责任的所在提供指导性的作用。目前,英美法系的学者们尚未对诉答责任的分配理论达成共识,通常是采用与证明责任分配一样的方式,即依据"利益衡量说"决定诉答责任的分配。

### 3. 主张必需说

该说主张,某一事实对自己的主张是必需的当事人,应当对该事实承担证明责任。反对论者认为,某一事实究竟对何方当事人是必需的,仅是认识上的问题,它可以根据立场不同而有不同的见解。

通说认为,证明责任的分配不存在一般性标准(原则),而是在综合若干要素的基础上就具体案件进行具体性分配。英美法系的学者认为,在对具体案件进行证明责任分配时所考虑的要素包括:(1)政策(policy);(2)公平(fairness);(3)证据所持(possession of proof)或称证据距离;(4)方便(convenience);(5)盖然性(probability);(6)经验规则(ordinary human experience);(7)请求变更现状的当事人理应承担证明责任;等等。① 该种分配证明责任的学说称作"利益衡量说"。对各要素之间的区别,英美学者通过实例分析认为,在实务中,通常以相近似的意义适用"公平"和"证据所持",或"盖然性"和"经验规则"。此外还认为,可以将"方便"包括在"盖然性"中,而"请求变更现状的当事人承担证明责任"理应包括在"政策"中。

在进行具体证明责任分配时,究竟应当重视哪方面要素?英美学者就证明责任分配应当综合政策、公平(包括证据距离)、盖然性(包括经验规则)这三个要素进行衡量,达成共识。大陆法系的反对法律要件分类说以及新说所强调的证据距离,在英美法系国家不是证明责任分配的一般性要素,而且,由于英美法系当事人可以通过证据展示制度收集证据,所以在证明责任分配的实务中,并不十分重视证据距离的重要性。② 有美国学者主张,证明责任的分配属于实体法的问题,可以按各州的州法规定进行分配(美国联邦最高法院也持这一观点)。但是,就某一具体案件的证明责任分配而言,有可能出现各州法之间相冲突的情况。

因此,英美法系"利益衡量说"的证明责任分配原则具有灵活性、司法对策性强的特点,但也存在任意性、不统一性的缺点。而大陆法系"法律要件分类说"的证明责任分配原则恰恰与此相反。现今两大法系在证明责任分配标准上已逐渐互相沟通和借鉴。以判例法优位的英美法系国家基本上采取利益衡量说为主、法律要件说为辅的证明责任分配原则。

(二)证明责任的承担

1. 民事诉讼中的证明责任

英美民事诉讼奉行两条最基本的原则:一是"谁主张,谁证明"(He who asserts must prove);二是"证明责任由积极主张者承担,而不由消极否认者承担"(The burden of proof lies upon he who affirms, not upon the person who denies)。上述两条原则的要旨是:(1)原告必须证明其主张的所有事实;(2)原告必须提出证明反驳被告就系争事实所提出的辩护;(3)被告对自己所提出的反驳负有证明义务;(4)被告在主张新事实时也负证明义务。

也就是说,在英美民事诉讼中,通常是由原告承担举证责任。如果原告提出主张并提出了使陪审团确信其主张成立的证据后,被告没有提出任何证据,举证责任则转移给了被告;如果被告提出了证据,他可以请求陪审团确立事实争点,

---

① 参见陈刚:《证明责任概念辨析》,载《现代法学》1997年第2期。
② See Tortora v. General Motors Corp, 130 N. W. 2d 21,24,373 Mich. 563(1964).

或者在提出了充分证据后使原告再次承担举证责任。但说服责任是一种结果责任,不能在当事人之间转移。

2. 刑事诉讼中的证明责任

英美刑事诉讼的证明责任主要由控诉方承担,但也有例外。

首先,控诉方负有说服责任,他有义务"无合理怀疑"(beyond reasonable doubt)地证明被告人的罪责,从而推翻有利于被告人的"无罪推定"(presumption of innocence),否则控诉方要承担败诉后果,且控诉方的这一证明责任一般具有不可移转性。英美法系国家实行无罪推定的法律原则,必然导致控诉方承担证明被告人有罪的责任。这一原则由英国上议院在 Woolmington v. D. P. P.(1935)案件中确立。简言之,证明犯罪行为的应是控诉方,罪犯没有证明无罪的责任,他只要对罪行提出一个疑问就可以了。有些英国法官和学者对这项原则评价很高,认为这已经成为贯穿英国刑法网络的一条金线,普遍适用于依据刑法的一切指控。至于控诉方承担的"令人信服的责任"的证明范围和程度,英美法律有明确的规定:要求控诉方必须对其指控的每种罪行的每项犯罪要件予以证明;并且,对其所指控的罪行的每项要件的证明必须达到排除合理疑点的程度。

其次,除说服责任外,控诉方还要承担提供证据的责任。法官在庭审初期根据其提供的证据判断控诉方是否具有初步证据(或表面证据)。主审法官认定具有初步证据的,庭审继续进行;否则,法官可不通过陪审团而直接作出无罪裁断或撤销诉讼。不过,由于并不是根据这些证据作出最终判决,因此初步证据的证明程度不要求无合理疑点,只要求充分性。提供证据责任是否可以转移,英美学者对此有不同意见:持肯定态度者认为可以转移且在庭审的全过程中不断转移;否定者则认为,提供证据的责任与令人信服的责任一样,都是不可转移的,刑事诉讼中的证明责任始终由控诉方承担,可以转移的是"暂时的"和"最终的"责任。许多学者倾向于前者的证明责任转移说。

需要特别指出的是,控诉方在审判过程中负有证明责任,但被告人在例外情形下也负有一定的证明义务。以英国为例:(1)成文法明文规定被告人负有证明责任的例外情形。英国有些刑事单行法明文规定被告人应负令人信服的证明责任。如《道路交通法》规定,证明驾驶人血液酒精浓度并未超越法定界限的责任在被告人;《惩治贿赂法》规定,证明未受贿赂的责任在被告人;《滥用毒品罪》规定,被告人主张他不知道或没有怀疑该物品是毒品时,负有证明责任。(2)被告方主张被告人行为时处于精神错乱的状态。这一规定的理论依据是正常精神状态的法律推定,即法律一般都推定人们是在神志正常的状态下实施行为的,因此,控诉方在指控某人犯有罪行时,对被告人实施犯罪行为时的精神状态的正常性不承担任何证明责任。(3) 被告人拟引用成文法所规定的例外、免除责任、但书等为自己辩护时,他应当证明这些事实。英美实体法在规定某种禁止的行为的同时,往往还规定有但书、免除责任等例外情形。凡被告人主张符合但书、免除责任等例外情形者,应当由被告人承担令人信服的证明责任。如英国1980年《治安法院法规定》、1972年《道路交通法》第84条、1964年《执照法》第160条的有关条款中都规定了例外。再者,如被告人被指控拥有受禁止的药物,他辩护自己是医生,则需提供其医生的开业执照来证明;被告人在审判中提出正当防卫、被害人挑衅的抗辩时,证明防卫、挑衅事实的义务由被告方承担。需要指出的是,上述关于是否适用法律规定的例外,属于适用法律的问题,应由法官而非陪审团决定。(4) 被告人拟推翻成文法所推定的事实。比如,一个男人与一个妓女共同生活,或将她置于自己的控制之下,法律推定该男人是以妓女卖淫所得为生。被告人若要推翻此法律推定,必须进行证明。

英美刑事诉讼中有两点应当明确:(1) 证明责任的性质。控诉方的责任是"法定的"或"最终的"责任,而被告人受无罪推定原则的保护,原则上不承担证明责任。但为了有效反驳控诉方的指控,被告人可能需要在法庭上提供证据证明自己是无辜的。被告人承担的这种责任,就其性质而言,是"暂时的"或"最终的"责任,可以认为是被告人享有的一项诉讼权利。(2) 证明要求。控诉方的证明责任自始至终要达到排除合理怀疑的程度。

3. 程序法上的证明责任

这里涉及的问题是如果被告人主张其自白是违反刑事诉讼法的有关规定的,即以刑讯方式取得的,而警察机关否认,则究竟谁负有证明责任;又如英美证据法中规定有非法证据排除规则(exclusionary rule),究竟由检察官负证明责任证明合法取得,还是由被告人举证证明非法取得;等等。

刑事程序法争执不同于实体法:程序法的争执非本案事由,程序法审理的对象是执法者而非被告人。这些差异决定了应当适用不同的证明责任分配标准。

(1) 关于非法证据排除规则程序上的证明责任。美国各州的法律对此规定不同:第一种,检察官对证据取得之合法性负提出证据的责任,被告人对此反驳,必须负说服责任,如纽约州为此立法例。第二种,被告人对证据非法取得负提出证据责任及说服责任。执法人员的一般行为被推定具有合法性。但若证据是在没有搜索票的情况下取得的,如附带搜索、一目了然等①,检察官对证据合法取

---

① 附带搜索(search incident to a lawful arrest),指若被告经合法逮捕,执法者虽无搜索票亦得搜索被告身体,以防止其毁灭证据及保护执法者人身安全。一目了然(plain view),指如执法者有合法理由在某场所,以目视即能发现某些物品为证据或违禁物,得无搜索票而对该物品扣押。

得负提出证据责任及说服责任。以联邦法院最具代表性。第三种,检察官对所有证据合法取得负提出证据责任及说服责任,其理由为检察官要于审判中使用证据,自然应对证据的合法性负有举证责任。英国法律规定比较简单,证据可采性包括合法性的证明责任一般都由企图提供证据的一方当事人承担。

(2) 关于自白排除规则程序上的证明责任。英美法规定被告人享有不受强迫自证其罪的特权,目的在于保障被告人认罪供述的自愿性。以美国法为例,自白被排除有两种理由:一是自白非任意性(involuntariness)违反正当程序规定;二是自白取得违反米兰达规则(即缄默权、律师告知权等)。美国多数州要求检察官就自白为任意性负提出证据责任及说服责任,但有少数州要求被告证明自白非任意性。美国联邦最高法院在判决中曾指出,若被告人主张自白非任意性时,检察官最少必须以证据优势证明自白具有任意性,亦即当自白之任意性成为争执时,不论谁负有提出证据的责任,依宪法规定,检察官对自白的任意性负说服责任,且程度只能高于而不能低于证据优势。至于被告人主张自白取得违反沉默权规定,检察官必须证明被告人已被告知应有的权利,且被告人自愿放弃其权利而作出自白。对于证明的标准,美国联邦最高法院于 Colorado v. Connelly 判决中,认定以证据优势证明被告放弃"米兰达权利"并不违反宪法规定,即检察官对被告人自白之取得符合米兰达规则有提供证据责任及说服责任,但说服责任依宪法规定仅需达到证据优势程度即可。当然,各州得自行就检察官之说服责任程度,作更严格的要求。

值得注意的是,目前,米兰达规则在美国也受到越来越多的批判。2000 年到 2004 年间,四个重要的米兰达问题被提交美国联邦最高法院:一是国会是否有权改变米兰达规则?二是是否"毒树之果"规则要求排除违反米兰达规则所发现的实物证据?三是当警察机关故意违反米兰达规则时,适用什么证据规则?四是是否"米兰达权利"被侵犯的公民有权提出民事损害赔偿?在此背景下,美国的米兰达规则有了一些松动,2004 年联邦最高法院以 5 比 4 裁决,违反米兰达规则的自白而获得的实物证据不再作为"毒树之果"被排除。

(3) 关于起诉方证人适格性的证明责任。英美证据法中证人的适格性会影响其证言的效力。一旦被告人对起诉方证人的适格性提出异议,起诉方就应承担证人适格的证明责任。意见证据排除规则、证据的可采性规则等都与之有关。值得注意的是,作为对被害人的一种平衡,英国 2003 年《刑事司法法》修改了刑事诉讼关于传闻证据和不良品格证据可采性的规定:允许证人参考他们先前的主张,对有关的法庭外陈述的可采性的法律进行法典化,扩大证人书面证言适用的范围,允许采纳符合特定条件的传闻证据(经转述的证据);具体规定了使用不良品格证据(包括被告人及证人①或被害人)的条件。

(三) 证明责任的转移

证明责任转移(shifting of the burden of proof)是指:"在审判过程中,证明责任因一方当事人履行完毕从而移向他方当事人的情形。"②英美国家绝大多数学者都认为证明责任具有转移的效力。在民事诉讼中,证明责任转移的情形最为普遍。例如,乙的货船与甲的客轮相撞而引起损害,甲以过失致害为由对乙提出损害赔偿之诉。甲提出证据证明,事故发生时,其客轮正停泊在码头,而且当时天气状况很好,被告不会因客观原因而引起损害。因此,被告有过失,应承担赔偿责任。至此,原告的证明责任已暂时履行完毕,如果被告不想败诉的话,他就有义务证明导致损害的原因系不可抗力。在一定意义上,证明责任便转移到被告身上。对刑事诉讼中证明责任是否转移,英美国家司法界和法学界并无一致的看法。有人认为,同民事诉讼一样,刑事证明责任也在控方和辩方之间转移;也有人认为,刑事诉讼中不存在转移问题,因为制定法和司法实践明确认可了被告人负证明责任的具体情形,谈"转移"是没有多少实际意义的。对此,诺克斯教授曾有相当精辟的论述:"证明责任转移是指:甲卸去负担,而乙又承担起另一种负担。但甲绝不是将其负担推给乙,乙也不将其负担推还给甲。转移的虽然是义务,然而却是证明不同事实的义务。"③因此,有关证明责任转移的学说受到了很多法学家的批驳。在这些批评者看来,证明责任与同当事人之间分担和所谓"转移"并非一回事,既然当事人各自承担的证明责任具有不同性质,则将他们各自履行不同责任的情况视为证明责任的转移是不恰当的。

### 三、证明标准

证明标准(standard of proof),或称证明要求或证明责任的程度,是指诉讼中各诉讼主体提出证据对案件情况等待证事实进行证明所要达到的程度(要求),一些英美证据法的专家或法官在讲到证明标准时,通常暗指说服责任,是指使被说服者采信证明者主张的说服责任的卸除标准。承担证明责任的一方当事人唯有达到证明标准,才能卸除其所承担的证明责任,裁判者也必须依据证明标准衡量待证事实是已得到证明还是仍处于真伪不明的状态。

---

① 关于证人和被害人的不良品格只有在符合下列三种情况之一时才能提出:(1)该证据是十分重要的解释性证据;(2)该证据对某争议事项具有实质性的证明作用,且该争议对案件具有实质性的重要程度;(3)控辩双方同意该证据被采纳。参见陈光中主编:《21世纪域外刑事诉讼法立法最新发展》,中国政法大学出版社 2004 年版,第 146 页。

② 转引自李浩:《英国证据法中的证明责任》,载《比较法研究》1992 年第 4 期。

③ 同上。

现代世界各主要国家一般都根据案件性质的不同设置了不同的证明标准。英美法系国家依据案件的不同性质，设立二元乃至多元的证明要求和标准，即对刑事案件与民事案件的证明标准差别对待。

（一）民事诉讼中的证明标准

对于普通民事案件的证明要求，英美法系国家一般采用盖然性居上或占优势（proof on a balance of probabilities）标准。美国学者斯蒂文·L. 艾默纽尔等认为："民事诉讼中的证据证明标准，一般为盖然性占优势标准。当一事实主张被陪审团确信为在证据上具有占优势的盖然性，即存在的可能性要大于不存在的可能性，那么，此项事实主张就被认定为真实。"[1]英国学者墨菲和澳大利亚学者彼得·吉利斯也同意此观点。

盖然性占优势的证明标准，是英美法系国家对普通民事案件的最低限度的证明要求。所谓盖然性，是指有可能而不是必然性，或者说是一种可能的状态。而对于证据占优势的理解，英美学者普遍认为，证据优势不是指一方当事人提供的证据在量上或证人数量上比对方多，而是指一方当事人提供的证据达到了比对方提供的证据更具有说服力的状态，即能达到一般正常人在具有普通常识的情况下，认为具有某种必然的或合理的盖然性或确信程度就够了，并非要达到刑事案件要求的须达到按情理无可置疑的证明标准。"在民事案件，通常所用证据之优势一语，系指证据力量较为强大，更为可信者而言，足以使审理事实之人对于争执之事实认定其存在更胜于其不存在。因此，所谓证据之优势，亦即为盖然性之优势。"[2]然而，裁判者如何权衡证据优势之程度，英美法律并未对此作出规定。学理认为，权衡证据的重量，由法官形成内心确信，即"证据之重量，系指对于裁判事实之裁判机关，足以使其信服待证事项为真实之证据的力量而言。证据经权衡后，在裁判机关之心理上，纵或不免仍存其他之疑惑，但依证据已足明示于其意识，使其信为真实有更大之可能，则该待证之命题，即经证据之优势而得证明。"[3]"所谓优势，依若干法院之意见，须使审理事实之人真正置信于事实之真实。亦即需要有高度的盖然性。此依证据可信之价值而定，与举证之数量无关。审理事实之人可置信于唯一之证人，而对于相反数十名之证人不予置信；唯如有相等之凭信性，则数量亦可为决定优势之因素。"[4]

---

[1] Steve. Emanuell, Howard M. Rossen, Wilton S. Sogg, *Civil Procedure*, West Publishing Co., 1977, p.184.
[2] 李学灯：《证据法比较研究》，五南图书出版公司1992年版，第393页。
[3] 〔美〕E. M. 摩根：《证据法之基本问题》，李学灯译，世界书局1982年版，第49页。
[4] 李学灯：《证据法比较研究》，五南图书出版公司1992年版，第393页。

综上所述,对英美民事诉讼的盖然性占优势证明标准,可作如下理解:(1)就某项事实承担提供证据责任的一方当事人,必须以达到证据占优势这一标准的证据证明争执事实的存在方能卸去这一负担;(2)证据优势是指证据的证明力和证据能力,必须是以争执事实存在的可能性大于其不存在的可能性,并能使事实审理者产生确信其存在的可能性很大的心理状态,因此,微量证据一般不得作为判决事实的依据;(3)优势证明是一种盖然性证明,陪审团只要相信事实存在比不存在具有更大的可能性即可判定事实;(4)证据优势不是依证据的数量,而是依据证据产生的盖然性以及案件的全部环境而定,只有在双方证据具有相等的可信程度时,证据的数量才有决定优势之分。

英美法系国家根据民事案件的不同性质分别设置了不同的证明标准,使之呈现多元化现象。对某些特殊类型的民事案件,如口头信托、口头遗嘱、以错误或欺诈为理由请求更正文件等,确立了比普通民事案件更高的证明要求,主张的一方当事人必须以明确的及令人信服的证据证明其主张。另外,在英国,还有少数民事案件要求证明必须达到按情理无可置疑的程度,如藐视法庭,因为此行为是准犯罪行为。

(二)刑事诉讼中的证明标准

1. 排除一切合理怀疑标准

在英美法系国家,对刑事案件证明要求的最低限度是控诉方必须将所指控的犯罪证明到排除一切合理怀疑的程度。如果刑事判决错误将会导致更加严重的后果,包括失去自由甚至生命,因此刑事诉讼证明标准是一种比民事诉讼要求高得多的证明标准。美国联邦最高法院在温石普(Winship)一案中明确作出裁定:"正当法律条款保护被告人非因证据达到合理怀疑的程度不被定罪的权利,这些证据必须排除合理怀疑地证明构成他所被指控的犯罪所必需的每一事实"[1]。对排除合理怀疑的刑事证明标准,可作如下理解:(1)要求事实审理者(陪审团和法官)要有基本的良好的职业道德,从公正诚实的立场认识案件事实;(2)这种怀疑必须是一种实在的、诚实的,为良心所驱使而产生的;(3)这种怀疑的产生必须建立在证据所表明的事实基础上,凡非如此的种种幻想、臆测等理念上的怀疑均为不合理怀疑。

需要指出的是,英美证据立法和证据法理论对刑事诉讼中各个不同阶段涉及的证明标准作了细致的划分。排除合理怀疑的标准只适用于审理的定罪阶段,对影响量刑的事实,则适用较低的标准。此外,排除合理怀疑的证明标准适

---

[1] Mueller and Kirkpatrick, *Evidence*, Aspen Law & Business, 1999, p.145.

用于犯罪构成要素的各个方面,但并不适用于用来证明某个要素的每一个证据,即使意见证据的真实性不能得到排除合理怀疑的证明,也可以被采用作为证明犯罪的一个要素;并且,这一标准当然不适用于审理法官根据《美国联邦证据规则》第 104 条规定裁决的预备性问题,例如一位专家证人是否适格、一项法庭外的陈述是否属于传闻证据的例外,或者一份供述是否出于自愿。除排除合理怀疑标准外,还有证据优势,这是刑事辩护时的证明要求,"被告就一般防御事项,只需举证使审理事实之人发生合理怀疑,即于被告有利,控方必须证明至无合理怀疑之余地"①。

因此,在刑事诉讼中,如果没有达到"无合理怀疑"的程度,应被视为"疑罪",根据无罪推定原则,应作出有利于被告人的处理结果,即使控诉方的证据盖然性非常之大,也不能认定被告人有罪。但是"盖然性占优势"的证明标准则不同:法官或陪审团根据双方的证据进行比较,即使仍然对证据占优势这一方当事人的主张事实存在"合理的怀疑",仍应要作出裁判;且这种裁判必须依举证责任规则,根据双方当事人提供的证据进行比较后作出,其结果不一定是有利于被告人的裁判。

2. 排除一切合理怀疑标准的理论

(1) 无罪推定原则理论。该理论认为,无罪推定为刑事诉讼的基本原则,要求检察官证明犯罪要素到不容置疑的程度,即是实现无罪推定原则的具体内容。② 但是,无罪推定与要求检察官证明到不容置疑的程度原本没有关联,此原则(无辜推定)也并非英美法所独有的观念,大陆法系国家引用"*in dubio pro reo*"(无罪为轻原则)表达同样的观念,法国及德国皆有无罪推定的概念。而且,无罪推定原则理论仍未能清楚解释:无罪推定仅推定被告无罪,但为何检察官必须证明被告有罪到不容置疑这样高的证明程度?为何不能同民事诉讼的原则一样,仅要求证明到证据优势即可推翻无罪(无辜)的推定,或者以证明到证据明确的程度来推翻无罪之推定?

(2) 维持控辩双方在诉讼中的对等理论。该理论认为,排除一切合理怀疑是为了维持检察官与被告在诉讼中的对等。检察官有国家的财政作后盾,有无数的警察供其指挥调度。被告与检察官相比有天壤之别。唯有要求检察官证明被告犯罪到不容置疑的程度,才有可能均衡两者资源的不对等。但是,要求检察官对被告犯罪事实证明到不容置疑的程度,与控辩资源的不均等却没任何关系,

---

① 李学灯:《证据法比较研究》,五南图书出版公司 1992 年版,第 394 页。
② In re Winship, 397 U. S. 358,359(1970).

即使要求检察官负不容置疑的证明责任,检察官所拥有的财力及人力资源,并不因此而减损,反之被告的资源却并未因此而增长。此目的(维持对等)与手段(不容置疑证明责任)之间,可说并无太大的关联性可言。

（3）降低误判的机会理论。该理论认为,要求检察官负不容置疑的证明责任,目的在于降低被告被误判有罪的机会。该标准下的裁判者被要求：确信无怀疑,始能作出被告有罪判决,故被告被误判为有罪的机会极小。从防止无罪者被误判为有罪的角度而言,要求检察官证明犯罪到最高的程度,有其正当的理由。笔者认为此理论最能正确说明检察官的证明责任为何应为不容置疑的程度,如图16-1所示：

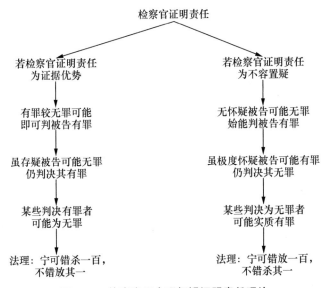

图 16-1　检察官无合理怀疑证明责任理论

### 四、英美证据法证明责任与证明标准的评价与借鉴

英美法系的证明责任,受对抗制诉讼模式的影响,表现出与大陆法系不同的另一种格局。此外,陪审制是英美法系的特色之一,证明责任的发生必须以案件交付陪审团进行事实认定为前提;而大陆法系不实行陪审团,所以证明责任以法官"用尽自由心证"为发生条件。在实体法方面,英美法以判例法为优位,因此在证明责任的分配上较注重法官的自由裁量,而大陆法系则强调按制定法规定行事。当然,两大法系在诉讼模式和实体法上的差异并不意味着两者在证明责任理论等方面没有"沟通"和借鉴的余地。

英美证明责任有许多值得我们借鉴的地方。首先,英美法将证明责任分为提供证据责任和说服责任,基本反映了审判实践中各方当事人在不同情形下承担的责任,既有利于证明责任的理论研究,也有利于指导诉讼实践。其次,"利益衡量说"证明责任分配原则是在综合各种诉讼利益的基础上,以实证方式分配证明责任,体现了法的正义精神。最后,英美法国家依据案件的不同性质,设立了二元乃至多元的证明要求和标准。在民事诉讼中,又区分普通与特殊民事案件,分别规定不同的证明标准;在刑事诉讼的不同阶段也设立不同的证明标准,使证明标准的设定更符合各方诉讼主体的认识规律和证明规律。

当然,英美证明责任也有其不足之处。例如,"提供证据的责任",理论上解释为只适用于陪审团参加庭审的情形,但在只有法官进行审理的法庭上,当事人企图将提出的问题成为法庭审议的争议问题时,是否也应当承担这种证明责任,应予明确。又如,英美刑事审判过程中,当事人除对有关犯罪事实的"实体"问题负有证明责任外,对证据的可采性、证人适格性等"程序"问题也承担证明责任,这是何等层次上的证明责任并未明确。再如,英美对抗制诉讼下,证明责任的分担方式会受到诸多因素的影响,而如果在有陪审团参与审理的情况下更为明显。"基于对抗制审理方式的本质,使举证远非在一种试验室那样严谨的状态下进行。相反,各方律师竭力塑造那种尽可能对其当事人有利的案件事实。哪些证据材料被提出和过分渲染以及故意漏掉或轻描淡写,常常取决于策略上的需要和个人技能的发挥。……这种情况在有陪审团参加审理的案件中表现得更为明显,以至于情感或'预感'在判定证据的价值上以及作出最终裁判上占有很大分量。"[①]

综上,借鉴英美法系的立法与理论,结合我国司法实际,对我国民事、刑事诉讼法中证明责任制度的完善提出以下几点建议:

第一,应当正确区分举证责任和证明责任。目前,我国证据学界通常是将举证责任与证明责任等同使用。实际上,两者差异明显。英美法系证明制度中举证责任表现在审判的开始阶段:为了证明法官应当把系争问题提交陪审团裁决,或者在没有陪审团参加审理的情况下,允许审判继续进行而提出充分证据的责任。这可以被看作提出主张之当事人必须越过的第一道关口——原告或控诉方必须提出数量充分的证据,以防止法官根据自己的看法或被告人提出的控诉不成立的抗辩把系争问题撤回。如果原告或控诉方越过了这一道关口,他还可能

---

① Jack H. Friendenthal, Arther R. Miller, John E. Sexton, *Civil Procedure: Cases and Materials*, West Publishing Co., 1989, p.934.

在第二道关口（证明责任）上失败，即在审查了全部证据之后，审理事实的人（陪审团或法官）如对系争事实仍执有合理的怀疑，那么，因此而败诉的一方当事人就是那个系争事实证明责任的承担者。例如，在谋杀案件中，如果裁判者对被告人是否杀害了死者尚存合理的怀疑，控诉方就必然败诉；在对过失责任争执的民事诉讼中，如果法官或陪审团根据可能性差额并不确信被告过失，原告也将败诉。因此，控诉方和原告承担"说不服的风险"。在诉讼中，当全部证据都提出之后，证明责任便具有决定性的意义。与举证责任相比，证明责任表现在较后的审判阶段上。

第二，应当在法律上对诉讼证明责任的分配与承担规则作出明确而具体的规定。目前，我国三大诉讼法对证明责任的分配规则均采用笼统规定的技术方法，如《民事诉讼法》第 64 条第 1 款规定："当事人对自己提出的主张，有责任提供证据。"但对当事人在诉讼中应当对哪些事实负举证责任没有涉及，没有设置系统完备的举证责任的分配规则，无法真正解决举证责任的分配问题。[①] 虽然最高人民法院以司法解释的方式对民事诉讼证明责任的分配及承担规则作了一些具体规定，但从规范国家统一的证据法则的立法要求来衡量，由审判机关给自己设定证据规则的做法终究不是一项长久之策，也不符合立法的精神。再以刑事程序法中的证明责任为例，我国《刑事诉讼法》第 52 条规定，严禁刑讯逼供和以威胁、引诱、欺骗以及其他非法方法收集证据。最高人民法院则通过司法解释明确了非法证据的排除规定。但是，一旦控、辩双方在诉讼中就是否存在刑讯等非法取证手段而获取证据资料的事实发生争议时，该争议事实究竟由承担控诉职能的检察机关承担，还是由主张被刑讯逼供的被告人举证证明，无论是《刑事诉讼法》还是最高人民法院的司法解释，对此均无明文规定，在司法实务中往往也是各行其是。因此，我国刑事诉讼法对此应当有明确具体的规定。

第三，立法中应明确刑事诉讼和民事诉讼采用"二元制"证明标准。我国现行的三大诉讼法，均规定司法机关在认定案件事实时，需达到案件"事实清楚，证据确实、充分"的"客观真实"的证明程度。这种"一元制"证明标准只考虑了证明的客观因素即证据条件，而没有充分考虑案件的裁决者即被说服者的主观认识条件。事实上，证明责任的卸除程度在很大程度上取决于证明者运用证据说服裁决者以及裁决者对其说服能力的认同程度。企图摆脱主观认识条件的证明标准，其本身就违反了证明活动所特有的规律。证明责任并不是建立在证明人单

---

[①] 参见毕玉谦主编：《最高人民法院关于民事诉讼证据的若干规定释解与适用》，中国民主法制出版社 2002 年版，第 16 页。

方面的说服义务上的,而是构筑在最终让裁决者被证明人说服的程度基础上的。为此,在学术和实践的双重推动下,最高人民法院自 2002 年 4 月 1 日开始实施的《民事证据规定》第 73 条采纳了"盖然优势"的证明标准;而在这之前的 1999 年,最高人民检察院在其所发布的《人民检察院刑事诉讼规则》第 286 条关于不起诉决定的证明要求中也吸收了"排除合理怀疑"的证明标准。但是,这些证明标准并没有被上升到立法层面,我国《刑事诉讼法》中没有适用"盖然优势"和"排除合理怀疑"的概念表征,因此,仍然存在较大的改革空间。

### 五、英美法系的证据规则[①]

英美证据法奉行当事人主义的诉讼对抗模式,并主要由陪审团裁决证据以解决案件的事实问题。为避免陪审团因缺乏法律常识而误采不当证据作为裁判基础,英美证据法往往通过制定完备而细密的证据规则来加以约束。这些证据规则来源于司法实践,并以大量的判例和惯例作为制定规则的基础,从而对证据的资格、适用范围等作出严格限制,使陪审团在依赖经验对证据的证明力进行判断的同时,必须充分依托证据规则评判证据的资格即证据能力。

英美法系的证据规则内容十分复杂,其设计目的包括:第一,为了限制论辩的范围和方法,以保证诉讼的顺利进行;第二,为了保证证据的真实性,防止认定事实发生错误;第三,为了禁止非法取证,保证诉讼的公正性。

(一)关于限制论辩的范围和方法的规则

1. 司法认知(judicial notice)

当事人主义的诉讼原则决定了当事人必须对主张承担证明责任,但有时候当事人所主张的事实是法官根据其地位和职权所已经知悉或应当知悉的,当然就不需要当事人再进行争论,而可以直接进行司法认知。司法认知规则的适用可以缩小当事人争议的事实范围,从而大大提高案件的审理效率。英美证据法并不可能完全规定什么样的事实可以被司法认知,因为这本身并非应由证据法来规定,但该问题与证据规则有密切的联系。这方面的重要原则有:(1)法官职务上必须认知的事实,如国家的法律法规、政府的公文、政府的机构组成和政府行为、政府的档案记录、众所周知的极端显著事实。如果法官对上述事实并不知悉,为了便于诉讼的顺利进行,当事人也可以用适当的方法向法官释明。(2)非法官职务上必须认知的事实,但该事实在当时当地的环境中极其显著,法官认为

---

① 该部分内容主要引自刘善春、毕玉谦、郑旭:《诉讼证据规则研究》,中国法制出版社 2000 年版,第一编第三节。

无须举证就可以了然的,也可以斟酌情形直接予以认知。如日常事务:各大银行的营业时间、当地地铁的运营时间表等;如一些自然常识:酒精的麻醉性、农作物的收获季节、山脉的走向、潮汐的涨落等。如果属于有关历史朝代的起讫点、政权更替、经济体制的变化等,这类事实特别烦琐,史学家往往都存有争议,一般人更难知晓,所以对该类事实的认知必须慎重,即必须是显著无疑才能列入免证范围。另外,认知的内容必须限于公知的事实,与法官个人所独知的事实有严格的区分界限,否则,法官只能作为本案的证人。该种认知并非法律要求法院必须认知,而是属于法官的自由裁量权,所以,诉讼中允许对方当事人可以提出确实证据来推翻这种认知。

2. 推定(presumption)

分为基本推定和技术的推定。所谓基本推定,是一种涉及举证责任的推定,即"一切主张在证明前推定其不成立",如刑事诉讼中的无罪推定。基本推定所反映的实际是刑事诉讼和民事诉讼中的一项重要的原则,严格意义上讲,基本推定并非推定。另一种是技术的推定。在诉讼证明过程中,进行攻击或防御的当事人如果有法律上的推定可资利用,以代替证明,则证明可以变得轻而易举,但这种推定只有代替证明的效力,在法律上形成"表面上的确实情况",其本身具有法律上的拟制性质,因此可称为技术的推定。技术的推定与证明方法有关,然而其具体内容却不属于证据法的范畴,而散见于各种实体法。英美法所承认的推定常见的有:(1)配偶失踪满7年者推定其死亡;(2)占有动产或不动产者推定其系合法所有人;(3)7岁以上14岁以下的未成年人推定为无刑事责任能力,追诉一方主张其有责任能力的,对于精神成熟状态及识别力应负举证责任。此外,关于人的精神状态的推定,依英美法均推定通常人都有健全的精神状态,因此如果主张任何人的精神不健全,应当提出证据加以证明。有学者对此项原则是不是推定有不同意见,认为被告人的刑事责任须依据证据来认定,而精神状态是刑事责任的基本事实,应当由追诉方负证明责任。因此主张"精神健全的推定"并非推定,只是因为裁决者依照常识经验认为通常人都有正常的精神状态,因此当被告人的犯罪事实已经得到证明,即使对被告人的精神状态未予积极指证,法官也可以认为是当然的,不需要追诉者一一提出。但这里所说的"当然",只是法官的认知作用,并非推定,被告人也不负有提出反证的责任。当精神状态发生争议时,如果要认定被告人有刑事责任能力,仍然须提出证据,以判明其精神是正常的。

3. 交叉询问(cross-examination)

即诉讼的任何一方提出证人到庭作证的,都需要由提出证人的一方当事人当庭对证人就待证事实进行连续的提问,由证人逐一回答,此乃"主询问"。接着由对方当事人进行"反询问",其目的是就证人陈述的事实及有关问题作驳斥性反问,以发现证言的矛盾和不可信。之后,另一方可以"再询问",目的是阐明该证人原先陈述的内容并对反询问中受质疑的内容作可能的补充解释,以增强证言的可信性。交叉询问规则源于当事人主义对诉讼中的证据调查遵循言词辩论方式的原则,因此,在诉讼中,所有证据尤其是言词证据的提出,必须经交叉询问程序,而审理者原则上只居中聆听,并不参与直接发问。

4. 证据关联性(relevancy)

英美证据法非常重视证据的关联性,凡对自己的主张提出证据的,所提供的资料须与其主张及争议事实有关联,以此来限制双方当事人的辩论范围。英美证据制度认为必须在逻辑上绝对相关才能作为证据。由此产生如下证据规则:"过去的行为不能用来证明现在的行为。但对于一般证人的不良品格问题,则可以提出证据,不在排除之列。"因为这类证据的目的是评价证言的可信性,故不能说是与本案无关,如有关证人为人不诚实,或与本案有利害关系,或指明其对同一事件以前曾有不一致的陈述等。证人一旦被对方当事人指证为与案件有利害关系或者陈述前后矛盾,本方当事人不得再提出证据进行反驳,因为这种指证一般都比较具体,能否成立很容易判明,不允许当事人反复争辩是为了防止诉讼拖延。当然,法庭也要求任何一方传讯人出庭时均不得先举证证明证人品格良好,更不能指证其在过去某场合曾有过相同的陈述。如果说前一种情形会成为诉讼的累赘,后一种情形也不一定会增加证言的可信度,故都不能成为合理的证据。

(二) 关于保证证据真实性的规则

1. 最佳证据规则(best evidence rule)

保障被告人获得公平审判是当事人主义的一项重要原则,所以,诉讼中的所有证据资料,不但要相关,而且还应力求确实,最佳证据规则就是为了实现这一目的而产生的。英美证据制度中的最佳证据规则以适用于文书内容的证明为主,即当文书成为证明犯罪的关键时,应当直接提出文书原件即原始证据(primary evidence)为证,其他次级证据(secondary evidence),甚至证人证言,都在排除之列。考虑到对最佳证据规则限制过于严格,有时难免会发生困难,故英美证据法又规定了使用次级证据的例外:(1) 原件已经被确认灭失,则曾经见过该文书的人可以作为证人进行陈述;(2) 文书的载体不能或不容易移动的,如碑文、崖刻等,可以其他方法证明;(3) 文书被对方当事人持有,经要求提交而被拒绝的,或文书被第三人持有,而该第三人依法有权拒绝提供的;(4) 依照次级证据所表明的文书原件的内容,已经被对方当事人承认的;(5) 所需要提交的文书是公文书或者其他特殊文书,已经依法提交抄件的。以上各种情形,可以考虑不再要求使用原始证据。如果不是关于文书内容的争议,则原始证据与次级证据居于同等地位。

2. 传闻证据规则(hearsay evidence)

该规则实际是关于传闻证据的排除规则,所谓传闻证据,通常是指证人的陈述,不是陈述其亲身经历的事实,而只是转述传闻的内容,也就是将其他人的陈述在法庭上提出,作为自己作证的证言。排除传闻证据的理由是因为其缺乏确实性或可信性,无法实现法庭对证人的交叉询问目的。但该项规则也存在例外,如果复述或者间接提出他人的言语举动而不妨碍其确实性的,也可以考虑接受传闻证据,如临终遗言等。

3. 证人能力(competency of witness)

英美法系证据制度中,法律对什么人有资格在诉讼案件中作为证人,即证人能力问题,极为重视。判断能力有无的标准有两个:一是具有相当的意思能力,足以了解作证的意义并履行作证义务。按照通例,证人出庭作证首先必须宣誓,但如果因精神缺陷或宗教信仰原因,无法理解宣誓目的的,都不能认为有证人能力。但从近代开始,英美法系国家对此限制有所放宽,例如,英国1888年《宣誓法》对于因信仰不同或不信宗教而拒绝宣誓的证人免除其宣誓义务。二是与案件必须没有利害关系。因为如果诉讼与自己有关,则其证言难免偏向对自己有利的一方,难以达到真实。因此,原来规定,案件的当事人不能担当本案的证人。但这一原则在近代也有了很大改变,利害关系的存在与否已经不再是决定证人能力的重要标准,被告及共同被告、被告的配偶、被害人等均可成为证人。考虑到存有利害关系将影响证人陈述的可信度,尤其对被害人的陈述,有时候需要另有补强证据。

4. 被告人自白(confession)

英美证据法意义上的自白有广义和狭义之分,狭义自白是指被告人在法庭审判中对犯罪事实的自认;而广义的自白则包括被告人在法庭审判外所作的关于犯罪的承认。在当事人主义的诉讼环境中,只有广义的自白才具有证据法上的意义。因为被告人如果在法庭开始审判时即自认犯罪,基于当事人利益可处分原则,应视为被告人对争议事实已经自认,法院可以据此定案,不必再作证据调查。此项原则与职权主义诉讼有显著差别。因此,只有庭外自白,且在庭审中又为被告人推翻的,对方当事人欲将其作为证据,才发生是否有证据能力的问题。英国证据法仅在这种自白非追诉机关强迫所得,且被告人完全出于自愿时,才承认其具有证据能力。当事人主义本来就对自白不作过高估计,而且认为被告人应有权保持沉默,被告与原告地位平等,双方有权就证据进行对抗辩论。

5. 补强证据(corroborative evidence)

如前所述,当事人主义的证据规则对于何种证据资料可以作为证据,即具有证据能力,证据法上有详细规定。而对于各种证据的证明力如何,则很少作硬性规定。英美证据规则比较注重证据的个别衡量,其判断证据的一般原则是:证明犯罪事实须使裁决者的确信达到排除合理怀疑的程度,至于何种证据可以导致这样强烈的内心确信,则没有什么限制。这一原则沿袭至今,一直没有被废弃,只是为了保障被告利益,就特殊重大的案件以及某些证据证明力显然薄弱的案件,仍要求有法定证据或者补强证据。这些例外主要有:(1)关于叛国案件,须有法定证据。例如《美国联邦宪法》第3条第3项规定叛国罪的成立需要有两名证人证实其叛国行为,或者被告人在公开的法庭上自白所犯罪行。(2)被告人在法庭审判外的自白,经他人提出法庭作证的,须另有补强证据,才可以作为可考虑的证据。(3)关于伪证案件,仅凭一名证人的指证,不足以定案,否则会造成一个人的宣誓证言可以推翻另一个人的宣誓证言。(4)对妇女儿童犯风化罪,如强奸等,仅凭一名证人的证言是不足以定罪的,因为这样的指证只是出于被害人之口,没有其他佐证,不能增强其证明力。(5)幼年人作为证人时,其证言的可信性也有限制。例如,英国1933年《青少年法》虽然允许不了解宣誓意义的幼年人作证,但其证言需要另有补强证据。(6)关于共犯的证言或一般陈述,英国法院的意见认为,法官应当告知陪审员,注意考虑共犯的证言没有充分的证明力,必要时需要参考补强证据。如果法官没有告知,即构成撤销陪审团裁决的理由。

(三)禁止非法取证、保证诉讼公正性的规则

对非法手段所获取的证据,英国和美国这两个英美法系的代表国家所持态度有所不同。相比之下,美国对非法证据的排除态度更为明确和坚决。

(1)英国将是否排除非法取得的证据的决定权交给主持审判的法官,由法官自由裁量。这一类的非法获取证据的排除规则过去主要存在于大量的司法判例之中,1984年《警察与刑事证据法》颁布之后,该法第78条成为解决非法证据排除问题的主要成文法根据。该条规定:在任何诉讼中,法庭在考虑到包括证据收集在内的各种情况以后,如果认为采纳这一证据将会对诉讼的公正性产生不利影响,以至于不应将它采纳为证据,就可以拒绝将控诉一方所以提出指控的这一证据予以采纳。本条的规定不应对任何要求法庭排除证据的法律规则的适用产生不利影响。从前述规定可以发现,英国要求法官在排除某一证据时必须对该证据的证明价值及它对诉讼的公正性所产生的不利影响加以权衡。这是自

由心证在证据排除规则上的充分体现,法官在行使这种自由裁量权方面所要把握的基本尺度是:保证被告人获得公正的审判,并排除所有严重妨碍被告人获得公正审判的证据。很明显,英国对非法证据的排除规则带有较强的主观色彩,缺乏相对客观、可供操作的法律标准,只有一个所谓的"保证被告人获得公正审判"这一弹性较大的标准。

(2)美国对非法取得的证据采取强制排除规则,主要以《美国联邦宪法》第四修正案至第六修正案的规定为代表。一是排除通过非法搜查、扣押所取得的物证和书证。《美国联邦宪法》第四修正案规定:"人民有保障其人身、住所、文件和财物不受无理搜查和扣押的不可侵犯的权利。除有以宣誓或证实证词为依据的可能的理由,其中特别说明应予搜索的地点、拘捕的人等或查封的物件外,不得颁发搜查证、拘捕证或扣押证。"违反该条规定而获得的物证、书证,原则上不能作为认定案件事实的证据。二是排除非法获得的被告人口供。《美国联邦宪法》第五修正案明确规定:"在任何刑事案件中不得强迫被告自证其罪。"违反该条规定所获得的被告口供在诉讼中是不可采的。虽然也存在一些例外规则,但排除以强制、威胁手段获取的口供和没有告知沉默权而获得的口供以及没有律师在场情况下获得的口供是一项基本原则。三是与证人对质的权利。《美国联邦宪法》第六修正案规定:"在任何刑事案件中,被告享有以下权利:……准与对方的证人对质"。这一规定与美国的"证据交叉询问"规则有重合之处,但其侧重点不同。交叉询问规则是为了限制辩论的范围,使争议焦点更加明确,而且适用于所有的证人,包括辩方证人。而被告与证人对质的权利则强调对被告人的保护和诉讼程序的公正,是被告人的宪法权利,主要是针对控方证人。

## 第六节 日本的诉讼证明

对外来文化的吸收使明治维新后的日本得以迅速发展并一跃成为当时的世界强国之一。以明治维新为分水岭,之前,日本经历了漫长的纠问诉讼模式过程。公元8世纪,日本接受中国唐朝的律令制度,制定了《大宝律令》和《养老律令》。之后一直到江户时期,日本基本实行纠问式诉讼。该时期的日本法律文化深受以《唐律》为代表的中华法系的影响。明治维新至二战期间,日本先后以法国法和德国法为蓝本制定自己的法律,如于1872年设立检事制度,1878年以后逐步确立国家追诉主义。1922年日本重新制定了《刑事诉讼法》,该法提高了被告人的当事人地位,旨在改善辩护制度。二战后,随着美军对日本的占领,美国法开始深刻影响日本,并逐渐成为影响日本立法的主要渊源。其显著表现是,二战后所制定的《日本宪法》明确规定了一系列尊重人权保障的规定。如该法第36条规定:"绝对禁止公务员实行拷问及残酷刑罚";第37条规定:"对于一切刑事案件,被告人均有接受公正的法院迅速公开审判的权利。刑事被告人享有询问所有证人的充分机会,并享有使用公费依强制程序为自己寻求证人的权利";第38条规定:"不得强制任何人作不利于本人的陈述。以强迫、拷问或威胁所得的口供,或经不正当的长期拘留或拘禁后的口供,均不得作为证据。任何人如对其不利的唯一证据为本人口供时,不得定罪或科以刑罚。"上述宪法规定突显战后日本深受英美法系当事人主义影响的立法趋势:一方面仍维持其职权主义的诉讼结构,另一方面采纳当事人主义通行的程序和证据规则。1947年日本制定的《刑事诉讼法应急措施法》中规定了诸如"起诉状一本主义"、传闻证据排除法则等当事人主义诉讼及证据规则,之后1948年所制定的《日本刑事诉讼法》也有英美法系的大量痕迹。日本诉讼证据制度的立法史实际上是一个不断吸收其他法系诉讼证明精华的过程。目前,日本仍属于职权主义的诉讼模式,而且也实行自由心证制度,所以,其刑事证据规则的简略程度与法国差不多。

没有本国主导的诉讼证明立法,既重视"实体真实",又注重"正当程序",实行"职权主义"与"当事人主义"互为融合的混合诉讼模式,这就是日本诉讼立法在经历了长期的模式沿革后所作出的一种制度选择,企图体现其"完美风格"。这种风格在日本1948年《刑事诉讼法》第1条中被诠释得明白无误:"本法律以在刑事案件上,于维护公共福利和保障个人基本人权的同时,明确案件的真实真相,正当而迅速地适用刑罚法令为目的。"

日本的民事诉讼立法是在改革1806年法国古典的当事人主义民事诉讼法典的基础上发展起来的,其民事诉讼立法在实体内容方面仍然承认当事人有决定权,并在该前提下,从诉讼公权说出发,确定法院对诉讼程序的运作和指挥权。显然,日本在民事诉讼中同样实行职权主义与当事人主义的互相融合,其特点集中表现在当事人收集证据和进行举证的诉讼行为上。英美法系和大陆法系民事诉讼举证规则虽然具体做法有所差异,但都程度不同地允许当事人在法院不介入的情况下收集证据或交换证据。而在日本民事诉讼中,当事人收集证据或进行证明必须通过法院进行,即收集证据或进行证明,是当事人的权限和责任,当事人主动向法院提出申请,由当事人启动程序,这就是当事人主义;而当事人又是在法院介入和指挥下收集证据和进行举证,这就是职权主义。

日本所采取的职权主义不仅不否认当事人在诉讼中起决定作用,相反,法院还支持和帮助当事人进行诉讼,这有利于加快诉讼进程。日本在民事诉讼模式上的这种改革把大陆法系国家民事诉讼及其法律体系从民法体系中分立出来,使其本身的独立价值被提升到科学理论的研究高度,代表了民事诉讼改革的总趋势,一定程度上也深刻影响着其诉讼证明制度的改革。

## 一、诉讼证明的理论

### (一)诉讼证明对象辨析

诉讼证明对象,又称待证事实或要证事实,是指诉讼中需要运用证据加以证明的事实。证明对象随诉讼性质的不同而有所区别。

1. 诉讼证明对象

在刑事诉讼中,证明对象包括三方面内容:(1)成为严格证明的对象的事实。即关于刑罚权是否存在及其范围的事实,包括公诉犯罪事实、处罚条件及处罚事由、刑罚的加重减免事由。(2)成为自由证明的对象的事实。包括:情状,如被告人的经历、性质、犯罪动机、是否已经赔偿损害及协商成立等;诉讼法上的事实。(3)例外。原则上,认定事实应当依据证据来证明,但也有例外,即法院可以不进行证明而认定该事实。这种例外包括:公认的事实;对于法院显著的事实;法律上推定的事实;事实上推定的事实;经验法则。

在民事诉讼中,诉讼证明对象应包括当事人提出主张的事实和理由,或者进行答辩、反驳或反诉的事实,以及法院调查的有关案件事实等。

2. 诉讼证明对象辨析

日本诉讼证明中关于诉讼证明对象的界定并非绝对,在特定情况下,某些诉讼证明对象的范围有可能扩大或缩小:

(1)法令作为证明对象的辨析。日本上告审法院一判例认为:法令不是证明对象。判决适用的法律,没有必要证明公布日期,地方法规则必须予以明确。虽然不需要严格证明,但法规内容不清时就有证明必要,并且提到当事人面前,让他发表意见,适用外国法、习惯法判断违法行为时应当严格证明,要给当事人攻击和防御的机会。

(2)推定、公认事实作为证明对象的辨析。推定和公认事实原则上不需要证明,但根据证明对象的性质,也有例外。根据推定在法律明确规定以及适用效力的不同,推定可分为法律上的推定和事实上的推定。第一,法律上的推定,是指基于证明待证事实的需要,立法者在法律上预先设置的有关规则,以便使司法者基于某事实的存在而推定另一事实的存在。因此,法律上的推定是强制法官作出推定事实存在的认定。除非遇有反证,法官无从依其心证而认定推定事实的不存在。如《日本公害犯罪处罚法》第5条规定:"在认定某工厂排出了有害物质时,就要推定其有公害犯罪行为。"第二,事实上的推定,是指审判者基于一定的经验法则，就已知的事实作为基础，进而推论出未知事实的证明手段。事实推定作为整个推定制度中的重要组成部分，是法律推定的必要补充。当基础事实在诉讼中得以确定时，则结论事实的存在，应以通常推理的规则经逻辑上的演绎而得出。在无相反的事实提出之前，这种逻辑上演绎出来的推论自有认定事实真伪的效力。

就事实推定与法律推定比较而言，法律推定主要表达了立法者的审判意图，是预先设定、凡是遇有相关情形必须认真执行的规则，具有某种非理性的因素，与事实推定要采取论理规则才能进行演绎不同。事实推定主要是基于审判的自由裁量权的行使，没有立法上的明确而强行的规则，受诉法院对诉讼中的特定证明事项是否运用事实推定，原则上由相关法院自由裁量。因此，事实推定在适用效力上要弱于法律推定。

但是，事实推定和法律推定都有一个共同点，即为了达到推定事实（结论事实），它们的前提事实或事由（基础事实或事由）的存在与否必须首先得以确立，在不能确立时，有关人员（包括审判者）应证明（或内心确认）其存在状态。此时，前提事实或事由（基础事实或事由）即成为证明对象。

公认事实是指在日常社会生活中具有普通知识和经验的一般人所当然知晓的事实。公认事实因其种类、时间、地点不同，不需要人尽皆知，而是以一般人日常生活中所具有的具体知识和经验为标准，相对地认定。

公认事实无须证明，其可靠性合理存在，证明也不会增加其证明力，因此，仅以公认事实认定案件事实不会影响其真实性。如《东京都交通规则》规定市内行车速度每小时不超过40公里，并在一些地方设置路标，这对东京都的汽车司机来说，当然是公认的事实，不需要证明。

但在当事人对公认事实有怀疑时，法院应把它提到审判庭，让当事人辩论，也有必要证明。确认某一事实为公认事实的程序也很重要，即使是公认事实，也应当尽可能给当事人以攻击、防御的机会，并在判决书上写明。因此在这种情形下，公认事实即成为证明对象。

（二）诉讼证明中部分证据资料之证据能力评析

证据具有双重性：证据能力和证明力。证据能力是证明力的前提基础，有证据能力的证据方有证明力可言；有证明力的证据必须有证据能力才可予以采用。在证据的可采性问题上，证据能力体现在形式上，而证明力则体现在实质价值的大小与强弱的分量和程度上，其中法官自由裁量的因素同时存在，只不过存在的方式与范围的大小不同而已。

1. 证言中的推测意见

传统诉讼观认为:证人应该陈述自己的直接经验,不能讲述推测意见,英美法在这方面规定较严,他们把专家意见作为证言,严格排斥专家以外的证人陈述推测意见。理由是:推测是判断,证人证言判断事实会侵犯法官对案件事实的判断职权;证言中的意见是主观的,存在妨碍公正认定事实的危险。

不过《日本刑事诉讼法》第156条规定:"对证人可以使其陈述根据实际经历过的事实所推测出来的事项。推测陈述,即使属于鉴定事项,也无妨其作为证言的效力。"即审判官对证言的推测,都是根据调查来证明所获得的间接经验,证人根据直接经验所作的推测,只是法官形成心证的一种资料,并没有侵犯其审判职权。故推测意见作为一种证据资料,在日本诉讼证明中具有证据能力。

2. 证人未经宣誓的证言

证人宣誓具有宗教意义,起保证证言真实的作用。《日本刑法》第169条对证人作虚伪陈述作出制约:"经依法宣誓的证人而作虚伪的陈述的,处三个月以上十年以下惩役。"《日本刑事诉讼法》第154条规定:"除本法有特别规定的以外,应当令证人宣誓。"第155条对无宣誓能力人规定:"对于不能理解宣誓意义的人,应当不令其宣誓而直接询问。前项所列人员虽未经宣誓,其供述也无妨于作为证言的效力。"《日本民事诉讼法》第201条规定:"证人,除另有规定外,应当使其宣誓。未满16岁的人或者不能理解宣誓意义的人作为证人询问时,不得使其宣誓。"《日本刑事诉讼法》第116条规定:"证人是否理解宣誓的意义有疑问时,宣誓人可应就此点进行询问,必要时应说明宣誓的意义。"第117条规定:"宣誓必须在询问前进行。"

这里的宣誓能力,是指理解宣誓内容的能力,与陈述自己经验的精神能力(即证言能力)并非完全一致。无宣誓能力但有证言能力的,其证言有证据能力,但该证言的价值低于普通证言的证明力,以法官的心证决定。有宣誓能力的人未经宣誓而作的证言,有伪证可能,不如宣誓和告知伪证罪后所作证言的可靠性大。日本多数学者认为,有宣誓能力的人未经宣誓所作的陈述不具有证言效力,记录也不称为证言笔录,理解为无证据能力。日本判例也认为,宣誓是为保证证言真实,先询问证人后进行宣誓的,或者宣誓未写成书面的都无效。

3. 未成年人、精神病人的证言

在日本,证人资格没有年龄限制,法律没有规定幼儿不能作为证人,这是一个抽象的问题,对个别具体的人能否成为证人,由法官判断。

证言能力是证人对自己过去经历的事实基于其记忆力能够进行陈述的意识能力。它一般取决于证人的观察力、记忆力和表现力。证言能力与证言的可靠性互相作用;证言的可靠性,对证人来说是人的信用和正直程度问题,对证言来说是真实性与正确性的问题。

因此,未成年人、精神病人证言的证据能力,应具体情况具体对待。日本证据法中并没有"未成年人证言比成年人证言可靠性小"等规定,也没有"精神病人不能作证人"之规定,所以应具体分析未成年人、精神病人证言在收集、提供时环境等因素的影响来综合评判其证据能力。

4. 检举材料作为证据

检举材料是指有检举权的人和犯罪人以外的人向侦查机关报告犯罪事实并要求追诉的文书。一般包括报告犯罪事实和追诉的意思表示。

对于检举材料这两方面的含义,学者因理解不同而产生了意见分歧。日本诉讼法学界部分观点是:检举材料主要是追诉犯罪的意思表示文书,它同起诉书、警察(起诉)意见书一样,不能作为认定事实的根据,根据意见法则,意见不能作为证据。学者团藤重光认为检举材料具有两重性质:关于追诉的意思表示部分,相似起诉书不具有证据能力;关于报告犯罪事实部分,在传闻法则允许的范围内,有证据能力。因此,对于检举材料应具体分析判断其法律性质,决定其证据能力。我们同意后一种观点。

5. 新闻报道、副本、节录本、抄件的证据能力

判断新闻报道是否具有证据能力,主要评判其是否系传闻证据。非原稿的新闻报道可理解为典型的传闻证据,根据最佳证据规则,对新闻报道应当对其原稿进行证据调查,其印刷过程不是传闻过程。经调查证实有原稿,报道与原稿内容一致,但原稿损失,提供有困难的,可认为新闻报道有证据能力。

副本,就是用与原本相同的文字、符号,全部誊写出原本的全部内容,并附有证明认证其内容与全本相同的文书。日本证据法学界普遍认为,副本具有证据能力应符合三个条件:(1)曾有原本并有证据能力;(2)副本是正确誊写;(3)已认定提出原本不可能,或者有困难。

节录本是同原本相同的文字,符合誊写出原本内容的一部分,并附有证明。因只誊写一部分,有可能传错原本的完整意思,所以节录本不能代替原本进行证据调查,只有符合原本的那一部分才有证据能力。

抄件,是指以与原本相同的文字、符号誊写(抄写、打字、复印等方法)原本的全部或者一部分内容,而没有认证、证明其内容与原本相同的文书。二战后,对内容不清的抄件,即使对方同意,法院也认为没有证据能力;对未确认原本存在的,虽其内容具有同一思想的抄件,亦不能作为证据,要求非常严格。但是,抄件没有证明、认证与原本内容是否有异,就断然否定其证据能力是不合理的,应当

通知誊写人到庭作为证人加以询问,查问他是否正确地誊写,以判断抄件的证据能力。

6. 录音磁带、照片、电影胶片的证据能力

判断录音磁带证据能力应以其是否系传闻证据以及提供方式、收集为依据。由于不能排除录制、编辑人员按主观意图操作录音和编辑材料的可能性,因此不能将录音磁带传送声音的过程与人的知觉、记忆、表达过程等同视之,从这点上说"传闻证据说"是有一定道理的,但并非笼统地认为录音磁带全无证据能力。依据《日本刑事诉讼法》第321条关于传闻例外中的陈述笔录规定,录音磁带有证据能力。复制、编辑的录音磁带作为证据资料时,按最佳证据规则应要求提出原始文件,在可充分证明原录音磁带已损毁,且复制、编辑是正确进行的,能够认定它与公诉事件有关联时,应当承认其证据能力。

另外,一些通过非法方式提供、收集的录音磁带,如刑讯逼供情形下录制的自白磁带,长期拘禁中录制的自白磁带、窃听磁带,以及以欺骗手段进行录音的磁带,应认定为完全无证据能力。如日本最高法院1961年判例认为:窃听获得的资料作为证据,如果收集这一证据有重大违法,特别是违反宪法的情况,应该否定其证据能力。1999年,作为有组织犯罪的对策出台的《关于以犯罪侦查为目的实施的通信监听的法律》,对合法的通信监听的要件及实施作了详细规定。

照片是否具有证据能力在证据法学界颇有争议,有学者认为照片在多数情况下是拍照人的主观因素(这一点尤其与照片的静态性相关)与技术起作用,照片所再现的不一定是真实,它与陈述证据有同样的危险,因而不应承认照片具有证据能力。也有学者认为,摄影是依靠机械力量自动拍摄的,没有作假和误谬的余地,因此它符合《日本刑事诉讼法》第323条第3项"特别可以信赖的书面"的规定,是在特别可以依赖的情况下制成的,适用传闻证据的例外规定,应有证据能力。另外,还有一些学者认为照片是独立证据,不是证据物,也不是报告文书,而是勘验物的代替物,不适用传闻法则,只要有关联性,就有证据能力。我们认为对照片的证据能力应在判断其系无造假物质状况下予以认定,而不能一概而论。

对于电影胶片(也可理解为录像等)的证据能力,有关判例曾认为:电影胶片的拍摄与证人的观察、记忆、表达相似,但它是以机械记忆和表达,比证人证言忠实、详细,反映更正确、明确。电影胶片具有两种性质:(1)类似陈述证据的形成过程加入摄影人主观意图的可能性,从观察、记忆、再现过程来看,有故意或过失人为的危险性,它不同于证据物,即或有关联性,也不允许无限制地作为证据;(2)机械性的动态记忆和再现,属非陈述证据,没有反询问的余地,把它作为证

据文书传闻法则加以禁止是不适当的。

我们认为,电影胶片的准确程度超过人的知觉、记忆能力,它同人的语言陈述有着本质不同。虽有被伪造、篡改的可能,但这是所有证据的共同问题。电影胶片的证据能力,不在于摄入的情况而在于它与待证事实的关联性。由于电影胶片具有动态性,故可借助画面的连续播放再从整体把握其证据能力(这一点是照片无法比拟的),从而能够更加提高其证据能力价值。电影胶片的制作过程中没有人的陈述因素,它与传闻法则无关,如其反映之内容受人的影响,这是评价其证明力而不是确认其证据能力的问题。

7. 违法没收物的证据能力

对违法没收物的证据能力,日本法学界已逐渐从"实质真实"观点向"正当程序"观点转变。前者认为:没收手续虽然违法,但其本身的证明力完全不受影响,可以利用它作为证明犯罪事实的证据,如果否定它的证据能力就违反实质真实原则。后者受英美法正当程序观点的影响。日本二战后几乎一致采纳排除违法证据说:肯定违法没收物的证据能力就是法院支持侦查人员的违法行为,否定其证据能力就可以抑制侦查人员的违法搜查和没收,主张发现真实也应该根据正当程序。

日、美排除违法没收物的证据能力的法律根据是两国宪法关于禁止非法搜查和没收的规定(《日本宪法》第35条、《美国联邦宪法》第四修正案)。两国的立法者主张,国家机关必须遵守自己制定的法律,禁止使用违宪收集的证据。我们同意这种否定违法没收物证据能力的观点。

(三) 诉讼证据分类

能直接证明主要事实的称为直接证据;证明间接事实的称为间接证据,也叫情况证据。以人的陈述的事实内容进行证明的,称为供述证据;除此之外的,称为非供述证据。证明主要事实是否存在的证据称为实质证据;证明实质证据可靠性的事实称为辅助证据。对证人、鉴定人、通译人或翻译人,以询问方式进行调查的叫人证,即口头证据;以出示的方式进行调查的,称为书面意义的物证。对证明力不够的自白进行补充证明的称为补强证据。

(四) 证据裁判主义的证据规则

确定证据能力的立法例主要有英美法系证据裁判主义的证据规则和大陆法系自由心证主义的证据规则(大陆法系的"自由心证"不仅赋予法官对证据证明力的裁判权,还赋予其对证据的取舍权,即证据能力的判断权,故此处的"自由心证"不完全等同于下文第五部分的"自由心证",其范围较后者更广)。日本二战后在证据能力的确定规则上采用英美法系的做法——以客观性的证据裁判主义的证据规则为指导。《日本刑事诉讼法》第 317 条规定："认定事实应当根据证据。"此"证据"即为经证据规则确定后适格之证据。

证据裁判主义主张，在认定犯罪时，必须基于法律上许可的证据（有证据能力的证据），即以合法程序调查的结果。它认为人（包括裁判者）的理性不足以使其能洞察一切，人（包括裁判者）还会先入为主或存有成见，或受舆论的影响，或因为感情冲动，以至于存在偏见。所以为了达到认识案件事实的目的，有必要规定一套证据适用规则来指导人们对证据能力进行评判。日本部分吸收了英美法系证据规则，主要体现在传闻法则、自白法则（包括补强法则）、非法证据排除法则等。

1. 传闻法则

（1）传闻证据的含义及设定传闻法则的理由。传闻证据指两种证据资料：一是证明人在审判期日以外对直接感知的案件事实亲笔所写的陈述书及他人制作并经本人认可的陈述笔录；二是证明人在审判期日就他人所感知的事实向法庭所作的转述。传闻证据有三个特点：第一，以人的陈述为内容的陈述证据；第二，不是直接感知案件事实的人亲自到法庭所作的陈述，而是对感知事实的书面或者口头形式的转述；第三，没有给予当事人对原始人证进行反询问的机会的证据。传闻法则是指原则上排斥传闻证据之证据能力的证据规则。它的确立主要是因为传闻证据在诉讼中的使用，剥夺了诉讼双方对原始人证的询问和反询问的权利，无法以交叉询问进行质证，违背了对抗制诉讼的基本精神，易导致误判。同时，传闻证据的使用也违反了直接审理原则，不利于法官获得正确的心证。《日本刑事诉讼法》第 320 条规定："除第 321 条至第 328 条规定的以外，不得以书面材料作为证据代替公审期日的供述，或者将以公审期日以外其他人的供述为内容所作的供述作为证据。"

（2）传闻法则的例外。实践中做不到绝对排除传闻证据，强行排除不仅会造成诉讼拖延，而且也妨碍查明事实真相，有违设立传闻法则的初衷。因此，日本法不仅采纳英美法传闻法则例外的做法，而且，还规定传闻证据可基于当事人双方同意或合意而取得证据能力，故其传闻证据的例外较之英美法更为宽广。《日本刑事诉讼法》第 321 条至第 328 条对传闻证据的排除作了十分详尽的规定。

第一，对被告人以外的人所作的书面陈述，或所作陈述的笔录，在一定条件下，承认其证据能力：一是记录在法官面前所作陈述的书面材料，由于陈述人死亡，或有精神或身体的障碍，所在不明或现在外国而不能在公审准备或公审期日陈述时，或陈述人在公审准备或公审期日作出与以前陈述不同的陈述时。二是在检察官面前作成的书面陈述笔录,陈述人有无法在法庭上陈述的情形;或者其陈述与在法庭上的陈述有矛盾,但存在着以前的陈述比在公审准备或公审期日的陈述更可依赖的特别情形时。三是在法官或检察官以外的任何人面前所作成的陈述的笔录或其他本案被告以外的任何人所作成的书面陈述,如不是由原陈述人亲自提至法院作为证据,而是由他人提出时,须具备以下条件:首先,原陈述人无法到庭;其次,是在特别可信的情况下作出;最后,该陈述对证明本犯罪事实的存在与否,具有不可缺少的重要性。除了以上限制外,无论是何种书面陈述或笔录,依法均须有陈述人的署名或盖章,以保证陈述内容的真实性和笔录制作的正确性。

第二,被告人以外的人在公审准备或公审期日所作的陈述的书面记录材料,或者记载法官或法院的勘验结果的书面材料。

第三,记载检察官、检察事务官或司法警察职员勘验结果的书面材料,当这些人在公审期日作为证人而受询问时,已经供述该项书面材料所写成为真实时,可以不顾第一项的规定而以之为依据。关于鉴定人所写成的记载鉴定过程及结果的书面材料,亦与前项同。

第四,规定被告人所作的书面陈述的证据能力。被告人写成的供词或是以书面形式记录被告人的供述并有被告人的署名或盖章的材料,只要是以承认对被告人不利的事实为内容的,或者是在特别可信的情况下写成的,即可作为证据。

第五,规定其他书面材料的证据能力。下列物品,可作为证据:一是公文书的证明文件:户籍副本、公证证书副本及其他公务员(包括外国的公务员)在其职务上可以证明的事实而由该公务员所写成的书面材料;二是业务文书:商业账簿、航海日志以及其他在通常业务中所写成的书面材料;三是其他具有信用性的文书:除前两项所载的文书外,在特别可以依赖的情形下所写成的书面材料。这一条可谓是真正的传闻规则的例外。

第六,口头陈述的例外情形:被告人以外的人,在审判准备或审判期日,以被告人在审判外所作的陈述内容为其证言的,有被告人签名或盖章的材料,可作为证据;被告人以外的人,在审判准备或审判期日,以被告人以外的人陈述内容为其证言的,在原陈述人无法出庭,且在特别可信情况下作出,对本案具有不可缺少的意义的,可作为证据。

第七,有关任意性的调查的规定,依日本《刑事诉讼法》第321条至第324条的规定,可以作为证据的书面材料或供述,须调查是否是出于任意,然后才可以采为证据。

第八，检察官及被告人同意作为证据的书面材料或供述，法院应考虑做成书面材料或供述时的情况，而以认为相当时为限，不受前几条的限制，可以作为证据。另外，被告人未出庭即视为已有前项之同意。这一条是英美法所没有的规定，是日本刑事诉讼法的特殊规定。

第九，法院对于检察官及被告人或辩护人的合意，就文书的内容，或预料将在审判期日陈述的内容，记载于书面提出时，可以不调查其文书或陈述人，其书面材料即可以作为证据，但关于书面的证明力，仍然可以争论。这一条文的立法目的，在于节省并避免传唤证人或提出文书的麻烦，有利于诉讼的进行。

第十，不得作为证据的书面材料或供述，如为了在审判准备或审判期日对被告人、证人或他人所为供述的证明力进行争辩，仍可以作为证据。

2. 自白法则

自白是指被告人承认自己犯罪事实的供述。它属于"承认不利事实"，即被告人仅为犯罪事实明确表示承认有罪，而不必承认自己应负刑事责任；或者被告人承认构成犯罪要件的事实但主张正当防卫。

（1）自白的证据能力。《日本宪法》第38条规定："以强制、拷问或胁迫所取得的自白，或者经过不适当的长期拘留或拘禁后的自白，都不得作为证据。"《日本刑事诉讼法》第319条规定："出于强制、拷问或胁迫的自白，在经过不适当的长期扣留或拘禁后的自白，以及其他可以怀疑为并非出于自由意志的自白，都不得作为证据。"日本学者否定自白的证据能力的学说主要有四种：排除虚伪说、保护人权说、折中说和排除违法说。前两种学说都是以主张自白的"任意性"为其共同点的。排除虚伪说认为，不是出于任意的自白，虚伪的危险性很大，所以要排除。保护人权说认为，为了防止侵害供述的自由和宪法规定的基本人权以致违法、不当的压迫，必须排除不任意的自白。同时承认这两种主张的就是折中说。违法排除说着眼于取得自白手段的合法性，主张违法收集的证据，原则上应当否定其证据能力，认为不任意的自白也属于违法排除之列。

不任意的自白是指在自由的合理意志受到限制的情形下所作的自白，即施加超出法律和情理允许的程度的压力而取得的自白。但是，实际讯问时允许使用压力的程度，界限并非很明确。对任意性有怀疑的自白，也不能作为证据。以排除违法说来看，怀疑为违法取得的自白，一般也要否定其证据能力。总之，凡是采取与法律示例事由的程度相当的违法行动而取得的自白，都必须从证据中排除出去。

（2）自白的证明力。《日本宪法》和《日本刑事诉讼法》对自白证明力的精神是一致的。一般认为，公审庭上的自白，要有其他证据补强。判例为防止误判和偏重自白的侦查有侵犯人权的危险,强调对自白的补强法则特别是公审外自白的运用,曾指出以下几点:第一,公审庭上的自白应在自由状态下进行;第二,如果是虚伪的自白,辩护人应当直接以再询问的方式加以纠正;第三,法院能从被告人的态度中判断自白的真实性和任意性;第四,法院为形成心证应该寻根问底地讯问;第五,英美法的自白概念不包括公审庭上的供认。

日本判例对下述几项较为典型的自白情形的证据能力阐述了自己的观点:

第一,夜间调查的观点。判例认为,夜间调查本身并不一概使自白丧失证据能力,除非夜间调查与自白的任意性之间有因果关系。

第二,没有取下手铐进行的调查。判例认为,施加手铐的情形下进行的讯问,推定被羁押人身心受到一定的压迫,不能期待任意的供述,只要没有反证,应当对该供述的任意性抱有怀疑。

第三,出于承诺的自白。判例否认了出于以下承诺下作出自白的证据能力:一是如果自白将不起诉;二是如果自白就不逮捕并以罚金结案;三是如果自白将尽快释放;四是若自白将得到恩赦;五是即使自白也不将其作为证据;六是若自白将提供兴奋剂;七是若自白将允许与亲属联系、带来律师费用等。总之,对出于承诺的自白,多数情况下判例否认其证据能力。

第四,出于诡计的自白。判例确定的标准为:诡计是否使被疑人受到心理强制,从而是否有诱导虚假自白的可能性。如有的判例认为,专卖局官员诈称私人侦探虽然不是好的方法,但却不会伴随诱发虚假自白的危险,因而确认了该自白的证据能力。

第五,当自白笔录是唯一的直接证据时,若该自白是侦查当局将被告人拘禁在"代用监狱"中强迫取得的,则该自白不具有任意性,因而也不具有证据能力。

因此,有关公审庭上的自白应理解为需要补强的证据。补强法则的精神即在于限制侦查官集中精力取得自白,同时也防止审判官偏重自白。《日本刑事诉讼法》第301条规定:"可以作为证据的被告人的供述,如果是出于被告人的自白时,除非在有关犯罪事实的其他证据经过调查之后,不得请求调查。"这就是说,如果把自白作为证据,必须在对其他证据调查之后才能对供述笔录请求调查。对口供的补强证据,必须是独立的和充分的,与自白的内容是相联系的。

关于补强证据的证明力,相对而言,自白与补强证据相结合能够证明犯罪事实的,就足以满足补强程度,即使自白的证明力大,补强证据的证明力也是如此。因为补强证据是用来认定犯罪事实的证据,所以必须要有严格证明的资格,并使之与自白相独立,如果只是重复被告人自白的第三人陈述,就不能认为是补强证据。

### 3. 非法证据排除法则

非法证据排除指的是对于非法收集的证据不赋予其证据能力的一种证据规则。根据《日本宪法》第35条,违反令状主义进行搜查、扣押而取得的证据就是非法收集的证据。日本有关判例也持类似观点。

非法收集的证据,大体可分为两大类型:一类是以非法方法获得的口供,另一类是违反法定程序取得的实物证据。具体做法是:

第一,对以非法方法获得的口供应当排除。理由如下:一是以非法方法获取的口供对基本人权损害极大,应当严格禁止;二是以非法方法获取的口供亦可能妨害获得案件的实质真实;三是排除以非法方法获取的口供的另一法理依据是自白任意性法则。自白任意性法则要求,凡是通过违法或不恰当的方式获得的并非出于陈述人自由意志的自白应当绝对排除。

第二,对违反法定程序获取的物证,适用利益权衡原则。它体现了现代刑事诉讼追求实体真实以惩罚犯罪和严守正当程序以保障基本人权两个目的的尖锐对立。日本1978年最高法院判例宣示,在以下条件下应否定非法搜查、扣押取得的证据:一是证据物的收集程序有违背令状主义精神的重大违法的;二是从抑制将来的违法侦查的角度看认为是不适当的。从反面看,如果没有违反这两项条件,则应赋予违反法定程序获取的物证的证据能力。

### (五) 自由心证证据制度——证据证明力的判定标准

#### 1. 自由心证证据制度在日本的演进

自由心证证据制度是在欧洲资产阶级革命以后,作为法定证据制度的对立物开始步入诉讼证据舞台的。

日本在历史上曾实行过法定证据主义。而且,日本诉讼证明中的"自由心证"所判断的对象只有证明力,而不像大陆法系那样还兼有证据能力。

#### 2. 经验法则和逻辑法则

日本自由心证证据制度是指法官自由判断证据的证明力,一般先判断每个证据的可靠性(依赖性),然后从证据推论有无待证事实(狭义的证明力),帮助法官形成心证的是经验法则和逻辑法则,法官自由判断时如违反经验法则和逻辑法则,可作为上告的理由。

通过自由心证认定事实,法官必须依靠经验法则和逻辑法则,倾注全部知识和所有经验,凭良心以至诚之心,根据理性作出判断。

经验法则,指法官依日常生活中所形成的反映事物之间内在联系的事理作为认定待证事实的根据的有关规则,其特征为:(1)该规则非由法律规定,而是人类社会普遍规律中的经验法则;(2)并非任何生活经验都能成为审判意义上的经验法则,而是法官以其人格与职业属性经提炼后的认知社会的常规机制。

经验法则可以分为一般的和特殊的经验法则。前者是一般人(包括法官)都知道的,而后者是有专门知识的人才能理解的。特殊的经验法则不能作为证明对象,只能根据其鉴定结论作为判断的前提。

认定案件事实,属于历史证明,由于诉讼要求迅速、节约,并受资料的局限性,因此,对事实的认定,能达到高度盖然性的真实就能肯定事实的存在。所谓高度盖然性的真实就是接近真实的盖然性,对真实的确信达到一般人不会怀疑的程度。

逻辑法则就是根据证据作出一定的判断,再以这一判断为前提进行推理作出判断。判断的思维规律包括同一律、矛盾律、排中律和充足理由律。推理的形式有演绎法、归纳法、综合辩证法。盖然性经验法则的推理是不完全的归纳法;必然法则的推理系三段论法的演绎法。

判断使用的多是盖然性经验法则。盖然性经验法则是类比推理,从一部分到另一部分,也就是在认定事实作类比推理时,对允许类推的类推现象是否存在所作的判断,类似点则是对推理事项作出它是否有本质的共同属性这一判断的根据。

**二、诉讼证明责任和证明标准**

(一)诉讼证明责任

由于日本的诉讼模式是集当事人主义诉讼模式与职权主义诉讼模式特点于一身的"混合式"诉讼模式,故在诉讼证明责任分配方面也具有其特点。

1. 民事诉讼中举证责任的分配

(1)罗森贝克理论。日本民事诉讼举证责任分配受大陆法系的德国法影响较大,其中罗森贝克学说的影响不容低估。根据罗氏主张,某一事实如果存在,那么就可以针对该事实适用有关法律,但如果认定该事实不存在或无法断定该事实是否存在时,则不能适用。然而,即使无法断定一定的事实是否存在,也不能以此为由不进行审判,仍然必须作出某种决断。在这种情形下,举证责任就开始发挥把这种决断所带来的利益和不利益在当事者之间进行适当分配的作用,此即举证责任。

(2)莱伊波尔特学说。按照莱氏观点,举证责任的前提是如果不清楚事实是否存在就不能适用法规。这里所说的法规包括权利根据规定,即作为构成权利的根据所必要的事实(要件事实的法规),以及与此相对的权利障碍规定,即作为妨碍权利成立的根据的事实。①

（3）石田骧教授的主张。日本东京大学从事民法教学的石田骧教授提出了两点主张：第一，证据距离的问题。例如，按照他的观点，错误的主张只有发生错误的本人才最清楚，因此应该由发生错误的本人来承担举证责任。第二，就证据审查或举证、证明过程中常见的各种问题提出了许多具体的主张。简而言之，要根据具体情况作出更为实际的考虑之后再分配证明责任。

（4）三种学说的比较。莱氏学说与罗氏理论在举证责任分配根基于实体法上并无本质区别，两者均认可实体法对举证责任分配的根基性。石田骧教授吸收了莱氏学说的一些精神，但他不主张举证规则的建立最终回归到实体法上去，而应从别的角度来考虑由谁来承担举证责任。

2. 刑事诉讼中举证责任的分配

在日本，证实犯罪事实的责任由检察官承担，具体如下：一是不存在排除违法的事由和排除责任的事由，由检察官负举证责任。二是关于处罚条件、刑罚的加重或减免的事由的存在或不存在，也由检察官负举证责任。被告也在某种情况下承担举证责任：存在排除违法的事由和排除责任的事由时，必须由被告人提出证据，被告人如果不能使审判官对犯罪事实的认定产生合理的疑点，就会被判有罪。对实体法上的事实，原则上由检察官负责举证。但有时，举证责任也转移给被告人，如毁损名誉出于公益目的不受罚（日本《刑法》第230条之2）；爆炸物的制造、进口、持有或订货不是出于妨害治安或伤人的目的（《爆炸物管理罚则》第6条）；雇用儿童劳动不知其年龄无过失（《儿童福利法》第62条第3款）；毁损名誉罪中指摘事实真实的证明等。

3. 行政诉讼中举证责任的分配

（1）关于日本行政诉讼举证责任分配之判例。日本判例认为，在撤销诉讼中，被告行政厅负有证明其处分合法的责任。在无效等的确认诉讼中，原告负有证明无效原因的缺陷存在的责任。例如："最高法院认为，在对裁量行政处分的司法审查中，关于裁量权的逾越、滥用事实的举证责任，由原告方面负担"（最高法院1967年4月7日民事判例集第21卷第3号572页）。日本判例还认为，对已经作出的处分是否履行了一定必要的程序，一般认为行政厅对此负有举证责任。

（2）关于日本行政诉讼举证责任分配的学说。第一种学说"原告负举证责

---

① 莱伊波尔特关于举证责任的学说，详见日本谷口安平所著《程序的正义与诉讼》一书中"民事诉讼中的证据法问题"专题。

任说"认为,行政行为有公定力,接受合法性的推定,所以应由提出撤销申诉的原告证明该行为的违法性。第二种学说"被告负举证责任说"认为,行政行为即使是违法的,除无效外,也被认定有效,而且在法治行政下,行政厅应确保行政行为的合法性,所以在撤销诉讼中,作为被告的行政厅对处分的合法性应负有举证责任。第三种学说"谁主张谁举证说"认为,民事诉讼中适用的举证责任分配原则也同样适用于撤销诉讼,即规定行政行为的权限(权利)根据的要件事实属于被告行政厅的举证责任,规定行政行为的权限(权利)障碍、消灭的要件事实属于原告的举证责任。第四种学说"行政行为种类不同,各负举证责任说"认为,从处分内容看,关于负担行为的合法性,属于被告行政厅的举证责任,关于奠定授益行为请求权基础的事实,属于原告的举证责任。第五种学说"具体情况具体确定说"认为,制定一般性、根本性的举证责任分配标准极其困难,所以应在考虑各种行政法律关系的具体性质、举证的难易程度、诉讼当事人之间的对等性、公平性等各种要素的基础上作出规定。日本学者室井力对上述五种学说分别进行了评价。他认为,第一种学说、第二种学说的解释未免太过于形式,而第四种学说只留下就法律保留的侵害保留说的影响,因而也太一般化。所以,归根结底,以第三种学说为原则(参照《日本行政案件诉讼法》第7条),同时加上第五种学说进行解释是合适的。

(二) 诉讼证明标准

1. 日本刑事诉讼证明标准

证明标准在刑事诉讼过程中随阶段的不同而有所不同。概括地说,起诉时的证明标准低于有罪判决时的证明标准。

受英美法影响,日本在起诉证明标准上实际已采纳了"百分之五十一规则",即如果有罪判决可能性大于无罪开释的可能性,此案就应起诉。在日本,将有犯罪嫌疑作为起诉的条件。解释何谓"犯罪嫌疑"时称:"被嫌事实,有相当大的把握可能作出有罪判决时,才可以认为是有犯罪嫌疑。"

在作出有罪判决时,《日本刑事诉讼法》没有直接规定证明标准,但从该法第1条可见端倪:"本法以在刑事案件上,于维护公共福利和保障个人基本人权的同时,明确案件的事实真相,正当而迅速地适用刑罚法令为目的。"可见,在作出有罪判决时,其证明标准是查明案件的"事实真相",即采取了"客观真实"标准,而不似英美等国所采取的"排除合理怀疑"标准。当然,由于日本实行自由心证证明制度,故法官判断证据证明力的主观色彩较浓。

2. 日本民事诉讼证明标准

日本对于民事诉讼过程中的有关事实,依据未知事实的不同性质采取差别对待的办法,在证明标准上有证明与释明之分。

根据日本学者的解释,所谓证明,就是为了使法官对事实的存否产生充分确信的举证活动,或者根据这种活动达到确信的状态。

所谓释明,就是为了使法官产生大概确信的举证活动,或者是根据举证活动所达到的状态。释明的证明程度低于证明的证明程度。《日本民事诉讼法》第188条规定:"释明,应以能即时调查的证据进行。"即对于释明的进行不得拖延过长,其适用的对象,限于某些与实体权利义务有关的程序上急需解决的事实。如《日本民事诉讼法》第35条"特别代理人"和第198条"释明拒绝证言的理由"分别规定,"要对于未成年人或禁治产人进行诉讼行为的人,在没有法定代理人或法定代理人不能行使代理权的情况下,可以释明由于延迟诉讼而造成损失的理由,并向受诉法院的审判长申请选任特别代理人","拒绝证言的理由,应当释明"。

### 三、诉讼证明的根据和方法

一般而言,在日本,争议事实是通过证人的证言、书面证据或实物证据得到证实的。

(一) 证人

1. 适证资格与作证义务

《日本刑事诉讼法》第143条规定:"法院除本法有特别规定的以外,可以任何人作为证人进行询问。"但并非任何人作证的资格与义务完全等同,常见情况如下:(1)未成年人。法官可运用自由心证取消未成年人出庭作证的资格。未成年人如能够理解宣誓的性质与后果或知道欺骗是危险的行为时,可以宣誓作证。(2)精神不健全的人。一个人如果精神错乱,但尚不足以影响证言的主要意义,纵有可能严重影响可信性,也仍不丧失其证人的能力。患有间歇性精神错乱的人,在神智正常时,依然可以作证。但在赋予精神不健全的人以作证权利时应格外谨慎,以防出错。

2. 宣誓和未经宣誓的证言

(1)宣誓。证人一般有宣誓的义务,《日本刑事诉讼法》第160条和第161条分别规定,"证人没有正当理由而拒绝宣誓或者拒绝提供证言时,可以裁定处10万日元以下罚款,并可以命其赔偿由于拒绝所产生的费用","没有正当理由而拒绝宣誓或拒绝提供证言的,处以10万日元以下罚金或拘留。犯前项罪的,可以酌情并科罚金及拘留"。(2)未经宣誓的证言。在一般情况下,证人只有在宣誓以后所作的证言才有证据能力。《日本刑事诉讼法》第154条规定:"除本法有特别规定的以外,应当令证人宣誓。"但也并非一切未经宣誓的证人的证言都没有证据能力。该法第 155 条"无宣誓能力"规定:"对于不能理解宣誓意义的人,应当不使其宣誓而直接询问。"由此可见,宣誓也不过是一种确保证人提供真实证言的手段,其本身并不能必然带来证人说实话的结果。为了防止伪证,《日本刑法》第 169 条规定:"经依法宣誓的证人而作虚伪的陈述的,处 3 个月以上10 年以下惩役。"

3. 询问证人

证人提供证言应遵循两条基本法则:(1) 证人应当庭公开提供口头证言,但有许多例外做法(详见前述"传闻法则例外");(2) 证人的证言必须限定于证人亲眼所见的事实。这条法则排除了意见和传闻作为证明的手段。为了保证证人所提供证言的真实性,各国诉讼法普遍规定了询问证人的方法与规则。日本现行的诉讼模式亦采用主询问和反询问。证人由提出对其询问的当事人先行询问(主询问),在其询问完毕之后,再由对方当事人进行询问(反询问)。虽然日本的这种询问证人的方式显示了英美法中的一些重要特征,但是与英美法还是存在差异的,有些地方仍然体现了职权主义的特征。例如,证人只能由法院传唤;法官对证人询问的作用并不亚于当事人对证人的询问,甚至在一些情形下,法官就当事人对证人的询问起限制性作用等。

4. 特权

"作证豁免权"的规则构成了证据法上的一种特权规则。日本在学习美国法的过程中也部分吸收了有关特权精神,其主要表现在下列五个方面:(1) 自诉其罪的拒绝权。《日本刑事诉讼法》第 146 条"拒绝证言"规定:"任何人,都可以拒绝提供有可能使自己受到刑事追诉或受到有罪判决的证言。"这项原则既适用于证人,也适用于当事人;既适用于刑事审判,也适用于民事审判。(2)《日本刑事诉讼法》第 147 条规定:"任何人,都可以拒绝提供有可能使下列人受到刑事追诉或受到有罪判决的证言:(一) 自己的配偶、三代以内的血亲或二代以内的姻亲,或曾与自己有此等亲属关系的人;(二) 自己的监护人、监护监督人或保佐人;(三) 由自己作为监护人、监护监督人或保佐的人。"《日本民事诉讼法》第 196 条也规定,证人在事关"配偶,四亲等内的血亲或三亲等内的姻亲,或者曾经是有监护人,与被监护人的关系"时,可拒证。(3) 因公务上负有保密义务而享有拒绝证言权。公务人员在执行公务活动的过程中较普通人易于获得一些秘密事项,但若令其提供证言则不利于公务人员执行公务,故应赋予其拒绝证言权。《日本刑事诉讼法》第 144 条规定:"对公务员或者曾任公务员的人得知的事实,本人或者该管公务机关声明是有关职务秘密的事项时,非经该管监督官厅的承诺,不得作为证人进行询问。"第 145 条规定:"下列人员提出前条声明时,对第一项所列人员非经该院承诺,对第二项所列人员非经内阁承诺,不得作为证人进行询问:(一)众议院或参议院的议员,或者曾经担任该项职务的人;(二)内阁总理大臣或其他国务大臣,或者曾经担任该项职务的人。"但是,上述两种情形下的拒证权在"妨害国家重大利益的情形"之下应予解除。(4)因职务、业务或技术上负有保密义务而享有拒绝证言权。强令职务、业务或技术上负有保密义务的人提供证言虽对个案的解决有利,但从长远角度上看,则不利于社会关系的稳定,应赋予其拒绝证言权。《日本刑事诉讼法》第 149 条规定:"医师、牙科医师、助产士、护士、律师(包括外国律师)、代办人、公证人、宗教职业者或担任过以上职务的人,对由于受业务上的委托而得的有关他人秘密的事实,可以拒绝证言。"《日本民事诉讼法》第 197 条也有类似的规定。(5)拒绝宣誓特权。日本法律为了配合使用证人的拒绝证言权,相应地规定了证人的宣誓拒绝权。《日本民事诉讼法》第 201 条第 4 款规定,证人对自己或与自己有亲属关系的"关系人显著利害关系的事项,受到询问时,可以拒绝宣誓"。

(二)书面证据

如果诉讼当事人一方试图利用某一文件证实一项事实,必须首先证明以下两点:

1. 证实文件的内容

一般而言,在证据的各个分类中,只有原始证据能直接证明文件的内容,有关文书的内容或其存在的真实性的最佳证据方式是出示原本,抄本是第二位的证据。根据最佳证据规则,凡存在直接证据的情形时,就应当排除环境证据的提出。

日本法就书证复制件尚缺乏具体的适用规则,原本以外的其他证据材料的证明力如何,全凭法官的自由裁量。关于文书的制作,日本《民事诉讼法》第 228 条规定"文书必须证明其制作的真实性"。然而,法院可以不顾及此项规定,命令提出或送交原本。但这并不排除在必要时,法院可以使当事人提出所有引用文字的副本或节本。

2. 证明文件的真实性和有效性

在民事、刑事诉讼中,证明某个文件的真实性和有效性的证明方式主要有笔迹证明和推定证明等。(1)笔迹证明。有关笔迹方面的证明,普通证人和笔迹专家都可以进行,但一般是请文书的书写人作证人,在证人席上请他辨认。此外,通常比较可靠的方法是请笔迹专家作鉴定。《日本民事诉讼法》第 229 条第 1 款规定:"文书制作的真伪,也可以核对笔迹或印迹证明。"第 3 款规定了核对的保证:"如果核对文书没有对方当事人的适当的笔迹时,法院可以命令对方当事人提供适于核对的文字笔迹。"(2) 推定证明。《日本民事诉讼法》第 228 条第 2 款规定:"文书,依制作的方式及目的应认为公务员在职务上做成的,推定为该文书制作是真实的。"第 3 款规定:"私文书,有本人或代理人的签名盖章时,推定为其制作是真实的。"第 224 条第 1 款规定:"当事人不服从提出文书命令时,法院可以认定对方当事人所主张的关于该文书的记载为真实。"

(三) 实物证据

实物证据指的是以物品的性质或外部形态、存在状况、物质属性为内容的证据。它主要包括送交法院检验的物品(物证)、勘验、文件的外形特点等。

1. 送交法院检验的物品(物证)

送交法院检验的物品一般是指一些可以移动的实物,如武器、碎片、被盗物品等。这些物品通常是原始证据,但在一些情况下,一些不能移动的物品或移动后会损坏其证明价值的物品也可送交复制品予以检验,如模型等,但对于复制品证明力的确认应予谨慎。

2. 勘验

勘验,是指法官或司法警察职员"为了发现事实而有必要时"实地勘验与某一事实有关的现场、物品或人身的行为。日本《刑事诉讼法》第十章"勘验"就与勘验有关的内容,包括宗旨、范围、时间、方式、保证方式均作了较全面的规定。根据该法,日本刑事勘验主要包括"检查身体、解剖身体、发掘坟墓、毁坏物件或其他必要的处分"。通常勘验结果具有较强的证明力,因此在司法实践中,法官十分注重勘验行为的合法性,在立法上作了一些强制性规定。如日本《刑事诉讼法》第 138 条对"没有正当理由而拒绝检查身体"规定"应当处 10 万以下罚金或拘留",以保证勘验行为的正常进行。

3. 文件的外形特点

如果使用某文件旨在证明与其内容有关的事实,则该文件是书面证据,但如果出示文件的目的只是为了证实其外形特点,它就是物证。因此,出示文件不是为了证实其本身内容而仅是旨在证明其外形特点时,文件是物证,而作为物证,是不适用最佳证据规则的。

**四、对日本诉讼证明的评价**

在亚洲各国中,日本率先引进西方现代诉讼法律文化,从模仿到创新已经历了一百多年的历程,有许多经验与教训是值得我们研究和借鉴的。

(一) 证人作证义务

日本诉讼法规定了证人的范围、证人负有作证的义务以及违反该项义务应受的处罚,从而有效地促使证人履行作证义务。而我国法律在证人作证方面的规定较少,强制性保障措施也规定得不到位,从而使得实践中很多证人没有尽到作证的义务。

通常,我国证人拒证的原因主要有以下几点:(1) 法律没有规定证人拒绝作证所要承担的法律后果。日本法中有关于拒绝作证要承担的法律后果的规定,如《日本民事诉讼法》第 150、151 条规定了"对于没有正当理由而不出庭的",法院可以命令拘传,以及受到传唤的证人没有正当理由不到法庭作证可以对其施以罚款、罚金及拘留等。《日本民事诉讼法》第 192、193 条规定"证人没有正当理由而不出庭的",法院应处以 10 万日元以下罚款、罚金、拘留。(2) 法律没有规定证人作证的经济补偿问题。日本法为鼓励证人作证,在法律上作了规定,以解除证人的后顾之忧,如《日本民事诉讼法》第 164 条第 1 款规定:"证人可以请求交通费、日津贴费及住宿费。"

(二) 证据展示制度

证据展示,又称证据开示、先悉权,指庭审调查前在双方当事人之间相互获取有关案件信息的行为。它对于诉讼双方明确争诉焦点、获取必要证据、防止诉讼突袭、缩短诉讼期间、提高诉讼效率都具有重要的意义。我国目前仅在民诉证据规定里有所涉及,但未上升到立法高度。我国刑事诉讼法对此制度规定得也不彻底,主要表现为三个方面:(1) 辩护律师能够在庭前了解到的控方所掌握的证据材料严格限制在"证据目录、证人名单和主要证据复印件及其照片"范围内,律师的先悉权无法保证,从而使其辩护职能不能充分行使;(2) 对辩方向控方开示的证据未作任何规定,这与证据开示的双向性原则极不相符;(3) 没有证据开示的程序性规定,证据开示的主体、时间、方式以及不进行开示的法律后果均无法律依据。

《日本民事诉讼法》第 299 条第 1 项规定:"检察官、被告人或者辩护人请求询问证人、鉴定人、口译人或者笔译人时,应当预先向对方提供知悉以上的人的姓名及住址的机会。在请求调查证据文书或者证物时,应当预先向对方提供阅览的机会。但对方没有异议时,不在此限。"这一规定确定了证据展示制度的主体、内容及对象,对我国设立证据展示制度具有较大的借鉴价值。

(三) 主询问—反询问规则

查证活动中,通过主询问—反询问—再主询问—再反询问的方式可以使法官通过当事人或其律师对证人的反复询问达到查明事实的目的。而在我国当前诉讼立法中,法庭调查与法庭辩论是截然分开的两个程序,询问证人作为一项独立步骤安排在法庭调查阶段进行,在询问证人过程中,法律也没有以上述方式进行询问的规定,通常是一个回合下来即告终结,因此询问不彻底,往往使询问流于形式。

日本的证人询问规则在借鉴英美证据制度的基础上仍保留了一些职权主义的做法,对于我国证人询问规则有可资借鉴之处。主要表现在如下两个方面:(1)日本法在询问证人过程中,法官对证人询问的作用并不亚于当事人对证人的询问,在有些情况下,法官就当事人对证人的询问起限制性作用,日本《民事诉讼法》第202条对此作了规定;(2)日本的审判长从诉讼指挥立场出发,可以就当事人对证人的询问主动进行干预。

(四)传闻规则

我国没有传闻证据排除的规定。我国《民事诉讼法》第72条规定:"凡是知道案件情况的单位和个人,都有义务出庭作证。"也就是说,在我国,只要知道案情都可以作为证人出庭作证,而不管是直接感知还是他人转告,甚至是道听途说。

《日本民事诉讼法》第320条规定了"传闻证据和对证据能力的限制",明确规定:"除了第321条至第328条规定的情形以外,在公审期日代替供述的书面材料,或在公审期日外,以他人的供述为内容所作的供述,都不得作为证据。"日本法在传闻证据例外情形的规定方面与英美法传闻证据例外不同的是,传闻证据可基于当事人双方合意或同意而使原本属于传闻范畴的证据取得证据资格,这种差异更符合对效率与诉讼民主的时代要求,对于我国将来制定相关证据规则不无一定的借鉴价值。

(五)诉讼证明标准

我国刑事诉讼侦查终结移送起诉、作出起诉决定以及作出有罪判决等各个阶段所依据的证明标准基本一致,即案件事实、情节清楚,证据确实、充分。刑事起诉与作出有罪判决采用同一标准,一方面会导致大量案件以证据不足不起诉的形式终结,而不起诉的决定在法律性质上相当于无罪决定,故可能会放纵犯罪行为;另一方面会导致被告人长期处于被追诉的地位,还有可能在审前处于被羁押的状态,从而不利于对被追诉者权利的保护。所以,不管是对于打击犯罪,还是对于保护人权,"同一标准论"都不能起到积极的作用。

日本在此方面的做法有一些可供我们参考之处,如《日本刑事诉讼法》第256条规定,检察官在作出提起公诉决定时,只要具有一定的证据而不是必须具备充分证据即可,至于罪名能否成立则交由法官裁断。《日本刑事诉讼法》第335条第1款规定,在作出有罪判决时则"必须指明应构成犯罪的事实、证据的目录及适用的法令"。

因此,将来我国在修订诉讼证明标准时应采用刑事起诉标准低于作出有罪判决标准的做法。

(六)民事诉讼争点和证据整理程序

我国目前民事审判有"一步到庭"的状况,往往一件案子能拖好几年,出现这种现象最主要的一个原因就是诉讼争点与证据整理程序的规定未尽完善。可考虑如下改革:(1)将口头辩论分为口头辩论的准备阶段和对争点集中审判的阶段。"口头辩论"一词,在实质意义上是指当事人在公开法庭上向法院陈述自己的请求和主张的诉讼行为;在形式意义上是指双方当事人以口头进行辩论的审理程序本身。《日本民事诉讼法》把口头辩论划分为两个阶段的目的是:当事人之间、当事人与法院之间真正明确了争点以后,再进入法庭实质性审判,可以提高庭审功能和效率,这与以往以法律事实或待证事实为中心开庭审判有很大不同。(2)将证据随时提出主义改为证据适时提出主义。所谓"随时提出主义"是根据旧《日本民事诉讼法》第139条规定,除法律另有规定外,当事人在口头辩论即法庭审理终结之前,随时可以提出攻击和防御之证据,这也是招致诉讼拖延的重要原因之一。而"适时提出主义",是根据《日本民事诉讼法》第162条,指由审判长规定的期间内提出,有的是在争点和证据整理程序内提出,但至少是在集中进行实质性口头辩论之前提出攻击和防御方法。

我国目前很多地方的法院在民事案件审理中也是采用"一步到庭"方式,貌似追求公正、讲究效率,实则是一种不合理的方式。因此,日本民事诉讼在此方面的立法很值得我们思考。

(七)裁判员制度

在英美法系的陪审团与大陆法系的参审制度之间,日本摈弃了旧陪审团制。日本的裁判员制度实质上是参考参审制,在平等的基础上又对裁判员的权限作了必要限制:裁判员与职业法官在认定事实和量刑上具有平等权限,但裁判员没有解释法律的权限。2004年5月,日本颁布了《关于裁判员参加刑事裁判的法律》,对日本民众参与度、刑事庭审结构、证据展示等多方面产生重大影响,这对于我国人民陪审员制度也有一定参考价值。

# 第五编　证据实践论

## 第十七章　证据的调查与收集

### 第一节　证据的调查与收集概述

**一、证据调查与收集的概念**

证据的调查与收集是诉讼程序必不可少的组成部分,是当事人维护自身合法权益的手段,也是司法机关认定案件事实的必经途径。证据的调查与收集是诉讼证明活动的基础和前提。它是指特定的国家机关和有关诉讼参与人,为查明案件事实或证明自己的诉讼主张,依法定的程序和方法,发现、判断、提取、固定和保全证据的活动。其中,调查和收集之间有着密不可分的联系,调查是收集的前提,而收集是调查的目的。司法人员在立案时必须对案件涉及的犯罪事实、民事纠纷及行政争议事实进行调查,收集与案件有关的各种证据。证据的调查与收集是正确办理刑事、民事和行政诉讼案件的重要工作。

证据的调查与收集存在于一切案件的诉讼过程之中,无论是刑事案件还是民事案件、行政诉讼案件,都离不开证据的调查与收集活动。虽然在不同的案件中,证据调查与收集的方式和重点有所不同,或者说不同案件的证据收集与调查活动各有一定的特殊性,但是它们在基本步骤、方法、规则等方面都有本质的共性。对这一概念的理解,应当注意下面几点问题:

1. 证据调查与收集的主体具有广泛性

调查收集证据的主体包括国家行政机关,以及公安机关、人民法院和人民检察院等侦查、司法机关,同时也包括一般的公民、法人和其他组织。国内有的学者将调查收集证据的主体局限在执法机关和律师,有的将之局限在负有证明责任的诉讼主体,我们认为这些观点是不足取的。前者认为应当区分调查收集证据和收集证据两个概念,调查收集证据的主体为执法机关和律师,而收集证据的主体还包括一般的公民、法人和其他组织。我们认为,作此区分没有任何实际意义,而且容易造成概念混淆,况且执法机关的提法本身也并不严谨。对后者来讲,现实中调查收集证据的显然不仅仅是负有证明责任的一方当事人,例如在刑事诉讼中,检控方在绝大多数情况下负有证明责任,但犯罪嫌疑人或被告人的辩护律师同样有调查取证权,所以不应以是否负证明责任为标准,对调查收集证据的主体范围也没有必要作严格限制。

2. 调查收集证据不包括审查判断证据的含义

如前所述,调查收集证据的主体可以很广泛,但审查判断证据的主体仅局限于侦查机关和司法机关。调查收集是为了获得一切有关的证据材料,而审查判断的目的在于注重证据的综合审查和运用,既要审查证据的客观性、关联性,也要审查证据的合法性,确保证据与证据之间、证据与案件事实之间不存在矛盾或者矛盾得以合理排除,剔除不符合证据构成要件的证据材料。例如,《关于办理死刑案件审查判断证据若干问题的规定》,就是针对侦查、司法机关在办理刑事案件,特别是办理死刑案件过程中,对各类证据的收集、审查、判断和运用的问题进行了具体的规范。可见,审查判断证据是国家机关的法定权力和职责,而调查收集证据对公民、法人和其他组织来讲则是一种权利。

3. 调查收集到的只是证据材料

通过调查收集获得的仅仅是证据材料,还不能成为真正的诉讼证据,也就是说还不能够作为定案的依据。证据材料只有在经过了法庭查证,通过了审查判断之后,才能成为定案的证据。例如,《民事诉讼法》第 63 条规定:"证据必须查证属实,才能作为认定事实的根据。"第 68 条规定:"证据应当在法庭上出示,并由当事人互相质证。"可见,在民事诉讼案件中,双方当事人所出示的证据材料必须经过法庭质证,并且由法庭查证,核实比对,确定属实,才能成为真正意义上的证据,才能成为认定案件事实的定案依据。又如,《刑事诉讼法》第 61 条规定:"证人证言必须在法庭上经过公诉人、被害人和被告人、辩护人双方质证并且查实以后,才能作为定案的根据。"因此,通过收集获得的证人证言,尚不能被称为证据,只有在审判人员的主持下,由控辩双方对证人证言的证据能力和证明力相互进行质疑和辩驳,才能确认其是否作为定案的依据。

4. 证据调查收集的范围不包括免证对象

证据的调查收集范围虽然因个案情况与性质不同而有所区别,但从总体来说,只要是与案件事实存在联系,并且可以证明案件客观事实的,都属于收集的范围。主要包括以下四个方面的内容:(1) 有关能证明案件对象的事实;(2) 肯定案件事实方面的证据材料,如犯罪嫌疑人或被告人有罪的证据材料;(3) 否定案件事实方面的证据材料,如犯罪嫌疑人或被告人无罪的证据材料;(4) 其他与案件处理有关的一切证据材料。调查收集证据的范围,是指证明待证事实所必需的证据范围,不包括免证对象。对于不需加以证明的案件事实,最高人民法院《民事证据规定》第 10 条明确规定了七种无须证明的事实,《人民检察院刑事诉讼规则》第 401 条对免证对象作了进一步规定,除此之外的其他证据均需由诉讼主体举证。

5. 三大诉讼法调查收集证据的具体规定各有不同

具体而言,《刑事诉讼法》第 50 条、第 52 条、第 54 条、第 55 条、第 56 条,《民事诉讼法》第 64 条,《行政诉讼法》第 40 条等分别对侦查机关或司法机关调查收集证据作了规定。《刑事诉讼法》第 40 条、第 41 条,《民事诉讼法》第 61 条、第 65 条,《行政诉讼法》第 32 条等分别对律师或当事人调查收集证据作了相应规定。不仅公安机关和检察机关的侦查人员要进行证据调查与收集,法官、公诉人、律师和当事人也要调查收集证据,不同人员的证据收集与调查各具特点,三大诉讼的参与主体和运作模式也各不相同。同时,《最高人民法院关于执行〈中华人民共和国刑事诉讼法〉若干问题的解释》《人民检察院刑事诉讼规则》《民事证据规定》《行政证据规定》等司法解释中均有证据规则的规定,所以无法笼统地规定哪个主体享有哪些权限,而要区别对待。

## 二、证据调查与收集的目的和任务

(一) 证据调查与收集的目的

证据调查和收集最根本的目的只有一个,就是发现和收集能够证明案件事实的证据。这一目的是不会因调查收集证据的主体不同而不同的。尽管诉讼主体在一个具体的案件中有自己的主张和立场,但调查收集证据以证明特定的案件事实,进而为正确适用法律奠定事实基础,在此基础上由法院作出裁判这一点具有明显的共同之处。具体来讲,需要证明的案件事实由时间、地点、人物、方式、原因、情节等要素构成。需要注意的是,这与写记叙文的六要素完全不同,在诉讼案件中,案件发生时的一些细节问题对于查明案件事实往往有着不可低估

### 第十七章 证据的调查与收集

的作用,这是调查和收集证据的主体应当特别重视的。

（二）证据调查和收集的任务

调查收集证据的任务是与其目的紧密联系的。证据调查和收集的目的是任务的核心和集中概括,而任务是目的的扩展和具体体现;证据调查和收集的目的是任务的总体方向和终极目标,而任务是案件中的具体工作要求。可将调查收集证据的任务概括如下:

1. 明确查明案件事实所欠缺的事实要素

调查收集人员在着手调查收集证据之时,大多对案件事实已有或多或少的了解,例如案件的发生地和发生时间等。当然所了解的内容不足以探明案件的全部主要事实,故需要作证据调查收集的工作。而调查收集证据首要的任务就是明确哪些案件事实要素是查明案件事实所必需而暂时又没有掌握的,这是进行证据调查收集工作的前提。

2. 全面收集了解案件事实要素所必需的各种证据材料

这是证据调查收集工作最核心的任务。在掌握了一定的线索并结合分析推理的前提下,通过各种法定的手段,例如提取原物、询问与讯问、搜查、鉴定等,来取得能够证明案件事实的各种证据材料并加以固定保全,是证据调查收集工作的关键。

3. 综合分析评价所收集的各种证据材料

这是为向法庭证明案件事实所作的准备工作。对案件事实证明没有任何价值的证据材料,就应当舍弃;而有价值的证据材料则应作合理的排列,使其相互佐证。所收集到的有效证据应该能够形成一个对案件的证明锁链,以达到证明目标,从而保证具体案件中证据调查收集工作的完整性和科学性。

### 三、证据调查与收集的意义

国家机关和有关诉讼参与人为查明案件事实或证明自己的诉讼主张,按照法律规定的范围和程序收集证据和证据材料。从司法实践的角度看,相当一部分冤假错案是没有依法正确、合理、全面收集证据造成的;从法律规定的角度看,诉讼主体依照法律积极主动采取相应措施、运用各种方法,深入、细致地调查研究,以发现和取得与案件相关的各种证据,是正确处理案件的必经阶段和基本前提。在诉讼活动中,证据的调查和收集对查明案件事实,正确处理案件,具有十分重要的意义。

（一）正确认定案件事实

收集证据,对查明案件事实、正确认定案件事实,具有十分重要的意义。在诉讼中,没有证据或证据不足就不能正确认定案件事实。具体到刑事诉讼中,就无法打击犯罪和保障人权;在民事诉讼中就不能正确处理纠纷,救济当事人所受的权益损失;在行政诉讼中就无法判断行政行为是否侵害了行政相对人的合法权益。证据是唯一可以反映案件事实的东西,缺少了证据,诉讼就失去了意义。

(二)保证正确适用法律

诉讼主体依照法律积极主动地采取相应措施,运用各种方法,发现和取得与案件相关的各种证据,只有取得了合法确实充分的证据,才能发现案件事实,即查明和认定案件事实。了解了案件事实,才能正确适用法律,合法公正地处理案件,使法律的规定得到实现。如果失去了证据,法律规定的正义将无法实现。同时,它也是一个国家法制健全与否的重要标志之一。从司法实践的角度来看,相当一部分冤假错案是由于没有依法正确、合理、全面收集证据造成的,例如刑讯逼供、诱供等。由于收集证据的不合法、不充分、不确实,因此认定案件事实没有必要的根据,势必会导致适用法律的错误,以致酿成冤假错案。

(三)保护当事人的合法权益

证据的调查和收集规范了诉讼程序,制约和保障侦查、司法机关的诉讼行为,保护公民的合法权益。将证据的调查和收集规定于法律条文中,赋予当事人全面的调查取证权具有十分重要的意义,有助于树立用证据说话的观念,杜绝主观臆断、刑讯逼供等现象,防止出现违法运用职权的现象,保护当事人的合法权益,进而有效地保障国家、集体和个人利益不受损失,以维护社会主义秩序,保护社会主义市场经济的健康发展。

(四)提供审查判断证据的基础

一般情况下,证据的调查和收集在前,证据的审查、判断和运用在后,证据的调查和收集与审查、判断、运用是紧密联系的。证据的调查和收集是办理各种案件的必经阶段,也是完成证明事实任务,查明案件真相的基础前提。没有证据的调查和收集,就得不到案件的详细情况,也就无法使诉讼程序正常进行。因此,证据的调查和收集为其审查判断提供了基础,贯穿于各类诉讼活动的始终。

## 第二节 证据调查与收集的原则、要求和重点

### 一、证据调查与收集的原则

证据的调查与收集是一项十分重要的诉讼活动,是正确处理案件的前提,调查收集证据时必须严格遵守相应的原则。证据调查与收集主要应遵循以下

原则：

(一) 严格依照法定的程序和权限原则

我国三大诉讼法对证据调查与收集的法定程序作出了明确规定，并且就证据收集的具体行为规定了步骤、方式和方法等。因为调查收集证据具有强制性的特点，如果使用不当，极易造成对公民、法人和其他组织合法权益的侵害，这在刑事诉讼程序中表现得尤为突出。因此，刑事诉讼法中有较多的条文规范取证行为，例如《人民检察院刑事诉讼规则》中规定：讯问犯罪嫌疑人、被告人的检察人员或者检察人员和书记员不得少于两人；询问证人应当个别进行；搜查及勘验、检查过程中应当有被搜查人或者其家属、邻居或者其他见证人在场，但检查妇女身体必须由女性工作人员或医师进行，在场的见证人也必须是女性；搜查妇女身体，也只能由女性工作人员进行；采集血液等生物样本应当由医师进行；辨认物品时，同类物品不得少于五件，照片不得少于五张等。为确保证据收集工作有效进行，刑事诉讼法还对非法证据收集的行为规定了制裁措施，严禁司法人员刑讯逼供和使用威胁、引诱、欺骗及其他非法的方法收集证据。上述都是侦查、司法人员在收集证据过程中必须严格遵守的行为规范。

对于刑事诉讼、民事诉讼和行政诉讼中当事人及其代理人、辩护人所进行的调查收集证据行为，由于其拥有的权限范围比侦查、司法机关要小得多，而且不可以使用带有强制性的手段，所以法律的规制自然要少得多。例如，《刑事诉讼法》第43条规定："辩护律师经证人或者其他有关单位和个人同意，可以向他们收集与本案有关的材料……辩护律师经人民检察院或者人民法院许可，并且经被害人或者其近亲属、被害人提供的证人同意，可以向他们收集与本案有关的材料。"因此，只有严格依照法定的程序进行证据调查与收集，才能保证调查收集证据的诉讼活动客观、公正和有效。

(二) 当事人调查收集为主原则

在一般情况下，证据收集应由当事人及其代理人自主和为主进行，这是由当事人的程序主体地位所决定的，是由当事人的诉讼主张与举证责任所决定的，也是尊重当事人处分权和辩论权的必然要求，是对当事人取证权的保障和规范取证行为的必然要求。当事人对自己主张的事实负有证明责任，理应由其收集、提供证据证明其主张的权利或法律关系存在与否。在民事诉讼和行政诉讼中，法律都有确定哪一方当事人负有证明责任的规定，达不到证明责任的要求，当事人就只能承担败诉后果。例如，《民事证据规定》第1条规定："原告向人民法院起诉或者被告提出反诉，应当提供符合起诉条件的相应的证据。"《刑事诉讼法》规定人民检察院在向人民法院提起公诉时应当承担证明被告人有罪的责任，同时，在法庭审理过程中合议庭对证据有疑问的可以宣布休庭,对证据进行调查核实。可见,刑事诉讼法是以控方承担证明责任为原则。因此,确立当事人调查收集证据原则,其目的是在最大限度上确保诉审分离,确保法院和法官都处于中立的裁判地位,确保程序正义的可实现。当事人调查收集原则不仅要求赋予双方当事人平等地收集证据的权利和手段,使双方当事人能够在彼此之间平等地收集证据,同时法院对双方当事人收集证据应给予平等协助,不应有所偏袒。

(三)人民法院调查收集为辅原则

三大诉讼法均体现了这一原则,这既符合三类诉讼案件的特点,又可充分调动人民法院收集证据的主动性,以查明案件事实,保证办案质量,提高办案效率。例如,《民事诉讼法》第64条第2款规定:"当事人及其诉讼代理人因客观原因不能自行收集的证据,或者人民法院认为审理案件需要的证据,人民法院应当调查收集。"《行政诉讼法》第40条规定:"人民法院有权向有关行政机关以及其他组织、公民调取证据。"这些规定都体现了审判机关调查收集证据原则,促使人民法院查明案件事实的职能得以发挥,保证了诉讼公正又不失效率。人民法院调查收集证据的事项包括:(1)需要鉴定和勘验的事项。无论鉴定还是勘验,一般都应由当事人申请而开始,而且鉴定意见和勘验笔录都应在法庭上接受对方当事人的询问和质证。(2)涉及国家秘密或商业秘密的事项。当事人一般无法直接收集国家秘密或商业秘密,而占有证据的主体负有保守秘密的职责,因此由当事人提出申请,法院作为司法机关代替当事人行使取证权利,以免秘密泄露可能造成的损失。(3)依职权调查事项。

除了以上两类需当事人提出申请调取证据的情形外,人民法院也应依职权进行调查。主要有四类事项:(1)涉及可能有损国家利益、社会公共利益或者他人合法权益的事实,或者当事人及其诉讼代理人确因客观原因不能自行收集的其他材料。(2)某些诉讼程序事项。程序事项由人民法院作出裁决,如回避申请是否符合法定情形的调查应由法院主持进行。(3)既判力事项。判决的既判力不仅作用于当事人,也作用于法院,法院作为作出判决的权威机构,应当对与本案事实有关的既判力事项承担职权调查责任。(4)经法官阐明当事人仍无法正确举证的事项。如果确实为认定案件事实所必需,法官可酌情进行职权调查,但法官依职权调查证据仍然是有限制的,其范围与法官行使阐明权的范围相一致。因此,人民法院调查收集为辅原则虽有法官负调查取证之责,但并不意味着法官承担有如同当事人一样程度的证明责任,在证据调查收集的领域,当事人调查收集证据处于绝对的主导地位。

## 二、证据调查与收集的要求

### （一）合法要求

这是对证据调查收集合法性的要求。合法性是判断证据是否具有证据资格的标准之一。所谓合法，主要是指证据收集必须合法。具体有以下几层含义：一是收集证据的主体必须合法。只有法律明文规定的侦查机关、司法机关、当事人及其诉讼代理人才有权在诉讼中调查收集证据，否则，便会构成主体违法的非法证据。例如，根据《刑事诉讼法》第52条的规定，司法工作人员应当依法收集证据。二是收集证据的客体必须合法。即取证行为所指向的对象物必须是法律有明文规定的证据材料，法律没有规定的证据形式如测谎结论等不应成为证据收集的客体。三是收集证据的程序必须合法。强调证据收集应依法定程序进行，确保证据的真实性、关联性和合法性。例如，《刑事诉讼法》第118条至第154条对如何讯问犯罪嫌疑人、询问证人、被害人、勘验、检查、搜查、扣押书证、物证、鉴定，技术侦查和秘密侦查等都作了明确的程序规定。四是收集证据的方法必须合法。即取证主体收集证据所采用的方法应当是法律规定或者不为法律所禁止的。在收集证据时，法律对于公民人身权利、民主权利和其他权利给予了充分的保障。

### （二）主动及时

这是对调查收集证据在时间方面的要求。证据的内容会随着时间推移而发生变化甚至消失，所以调查人员必须迅速及时地收集证据，主要表现为特定的物品、痕迹或语言文字，离案发时间越远，物品、痕迹就越难以查找和发现，而知情人对案情的记忆也越模糊。随着时间的推移，证据材料会逐步消失，更有当事人为了逃避责任会隐匿、销毁对己不利的证据或者串供。所以，及时取证十分关键。而且从诉讼效率角度而言，迟来的正义也不是正义。三大诉讼法都规定了调查取证的时限，即要在保证质量和遵守法定程序的前提下，尽可能提高效率，侦查、公诉机关和当事人及代理人向法院提出证据一般有时间的限制，这就必须在调查收集证据时积极主动、迅速及时。可见，主动及时地收集证据不仅可以降低收集证据的困难程度，而且可以提高收集证据的可靠程度。例如，刑事被告人翻供、变供、当事人改变陈述后，要及时查证；发现新的证人还要及时询问，发现新的物证要及时收集。

### （三）客观全面

这是对证据调查与收集在内容方面的要求。所谓客观，是指证据调查与收集主体在调查收集证据过程中一定要尊重客观事实，按证据的本来面目来认识和反映证据，不能以主观臆断、先入为主代替客观事实，更不能弄虚作假、歪曲事实，否则就会触犯刑法，构成犯罪。所谓全面，是指对能够反映案件真实情况的一切证据材料都应该收集，只有这样才能从各个方面了解案件事实的全貌。例如在刑事诉讼中，侦查、司法机关不能只注意收集能够证明犯罪嫌疑人有罪、罪重的证据，同时也要认真收集有利于该犯罪嫌疑人的证据；本证、反证都要收集，而且要特别注意收集能够排除其他可能性的证据，这样司法人员才能从不同种类、正反方面、多种角度的证据入手，综合判断，真正了解案件的真实情况，为进一步确定案件性质，正确处理案件奠定基础。

（四）深入细致

这是对证据调查收集主体工作态度的要求。收集证据应当深入，要求办案人员对证据的收集要深入案件的实际中去，收集一切与案件有关的证据。收集证据应当细致，则要求办案人员精密思考，仔细发现和了解微小的迹象和可疑的线索，细心加以收集。具体是指调查收集主体应具有敏锐的洞察力、分析能力，不被证据材料的表面现象或假象所迷惑，要保持耐心，不放过任何看来是细枝末节、不引人注意的情况和线索，对每一件证据材料要了解其来龙去脉，透过现象看到本质，这样才能找到对查明案件事实有重要意义的证据。细致还可以辨别证据材料的真伪。在遇到取证对象不予配合时，应当做耐心的说服工作，使其自觉提供证言或其他证据。

（五）妥善保全

这是对证据调查与收集在保全方面的要求。具体是指对调查收集到的各种证据材料必须采用适当的方法予以固定，妥善保管。如果对证据的保全不够重视，那么有可能会失去经过艰辛工作所取得的证据，无法发挥预期的效果，最终不利于案情的查明。例如，《民事诉讼法》第81条规定："在证据可能灭失或者以后难以取得的情况下，当事人可以在诉讼过程中向人民法院申请保全证据，人民法院也可以主动采取保全措施。因情况紧急，在证据可能灭失或者以后难以取得的情况下，利害关系人可以在提起诉讼或者申请仲裁前向证据所在地、被申请人住所地或者对案件有管辖权的人民法院申请保全证据。"《行政诉讼法》第42条也作了同样的规定。

（六）依靠群众

这是对证据调查收集在方式方法上的要求。任何案件都是在一定的时空条件下发生的，必然会在一定的社会环境中留下痕迹、产生影响，这就为查明案件真相提供了客观可能性。司法机关收集证据必须依靠群众，到群众中去调查了解，依靠群众提供线索和证据。深入群众，依靠群众，进行调查研究，是我国司法

## 第十七章　证据的调查与收集

实践的一贯做法,是收集证据的优势。依靠群众是我国刑事诉讼法的一项基本原则。《刑事诉讼法》第 52 条规定,"必须保证一切与案件有关或了解案情的公民,有客观地充分地提供证据的条件,除特殊情况外,可以吸收他们协助调查。"除此以外,《民事诉讼法》第 67 条、《行政诉讼法》第 40 条均规定了人民法院有权向有关机关、团体、企业事业单位、公民个人调取证据。在证据收集过程中依靠群众,广泛地调查访问,详尽收集一切与案件有关的证据,虚心听取群众的意见,耐心细致地做好群众的思想工作,使广大群众提高认识,如实反映案件真实情况,同时应充分考虑群众的利益,尽量不要影响群众正常的生活和工作。

### 三、证据调查与收集的重点

所谓证据调查与收集的重点,是指认清哪些证据材料或信息可以收集,哪些证据不应收集或者即使收集了也不具有证据资格和证明力的问题。大体而言,凡是出现于案件当中又为法律所规定的各种证据材料或者与获取证据有关的信息,均应成为证据调查与收集的重点。因此,取证活动不能盲目进行,诉讼主体在取证之前,应当周到考虑、精心设计,以求得到"最优的证据收集"。这就要求诉讼主体在确定证据调查收集的范围时,应确定那些有重要证明价值的证据范围,而证据调查收集的范围如何确定,则取决于证据本身的特有属性以及有关证据制度的强制性规定。

(一)证据本身的特有属性影响证据调查与收集重点的确定

证据的证明力涉及证据与待证事实的关系问题,被提交给法庭的各种证据的证明力并不完全等同。理论上一般认为,证明力有有无之分,也有大小之别。决定证据证明力的因素很多,其中主要是证据的关联性、真实性和证据种类。

首先,就关联性来说,证据与案件事实有关,则证据有证明力,反之则无证明力;证据与待证事实的联系越紧密,则其证明力越大,而两者的联系越疏远,则其证明力越小。其次,就真实性来说,证据的证明力以证据的真实性为前提。一个证据不符合客观实际,令人疑窦丛生,值得辩驳,则该证据没有证明价值,即没有证明力;反之,一个证据客观真实,与实相符,且与待证事实相关,没有什么可疑之处,则该证据具有一定的证明力。例如《民事证据规定》第 87 条所规定的五种证据不能单独作为认定案件事实的依据,均有可疑之处,如无其他证据补强或无其他证据印证,则其没有证明力。此外,同一份证据所针对的待证事实不同,其证明力也有强有弱,即证明对象的不同会对证据证明力的大小产生影响。证据的证明力为诉讼主体调查与收集证据指明了方向,即其在调查收集证据的过程中,应当远离那些没有证明力的"证据",收集那些有证明力的证据,重点是收集那些证明力较强的证据。

(二)证据制度的强制性规定影响证据调查与收集重点的确定

如果说证据本身具有的特有属性在总体上影响着证据收集的客体范围的话,那么一些证据制度的强制性规定则局部地影响着证据收集重点的确定。具体有以下几个方面的表现:

1. 法定证据形式对证据调查与收集重点的影响

诉讼主体调查收集的拟用于证明案件事实的证据材料,必须是法律有明文规定的材料,也就是符合法律形式要件的材料。对何种事物可以作为证据材料,各国法律均予以明文规定。例如,我国《刑事诉讼法》第50条规定的证据材料有下列几种:物证;书证;证人证言;被害人陈述;犯罪嫌疑人、被告人供述和辩解;鉴定意见;勘验、检查、辨认、侦查实验等笔录;视听资料、电子数据。诉讼主体所收集的证据必须是在法律明文规定的证据形式之内,才具有法律效力。这是从形式上保障证据的事实内容的客观性,如果不是法定形式的,则不能作为证据使用。例如,运用测谎技术得出测谎结论,尽管在当今许多国家的诉讼中,已被作为一种获取证据或证据线索的手段,但由于其可靠性还经不起检验,还没有被各国的诉讼法或证据法规定为一种证据形式,我国也没有将测谎结论纳入法定证据种类的范围。所以,利用测谎技术取得的所谓"证据"不具有证据资格,不能被采纳。

2. 法律和司法解释规定对证据调查收集重点的影响

为确保收集证据工作有效进行,法律和司法解释对收集证据的法定形式或程序作了明确规定。例如,《刑诉法解释》对于八个证据种类的审查与认定采取列举方式均规定了重点审查内容,如果不按照法律规定取得的证据,也可引起证据无效的后果。例如,经人民法院通知,证人没有正当理由拒绝出庭或者出庭后拒绝作证,法庭对其证言的真实性无法确认的,该证人证言不得作为定案的根据;在勘验、检查、搜查过程中提取、扣押的物证、书证,未附笔录或者清单,不能证明物证、书证来源的,不得作为定案的根据;讯问笔录具有缺少讯问人签名等瑕疵,不能补正或者作出合理解释的,不得作为定案的根据;勘验、检查笔录存在明显不符合法律、有关规定的情形,不能作出合理解释或者说明的,不得作为定案的根据等。还有诸如非法证据排除规则等,也会在一定程度上对证据调查与收集的重点带来影响。显然,法律规定中关于无效证据的规定,就是提醒或指引诉讼主体在收集证据的过程中应当注意的法定情形,若不遵守或违反强制性规定,则会引起该项证据不得作为定案根据的法律后果。

3. 证据的理论分类对证据调查收集重点的影响

在证据法理论上,证据可分为直接证据与间接证据,一般来说,直接证据的证明力要大于间接证据的证明力。间接证据之所以证明力较小,是因为法官要作出判断,就必须作多次连续推断,才能把间接证据与待证事实挂钩,而每一次推断只具有或然性而不是必然性。为作出预期结论,所必需的推理步骤越多,其证明力就越弱,每个推理环节越薄弱,则其证明力也越小。但在没有直接证据的情况下,如何进行间接证据的调查与收集,就要看证据的理论分类是否为立法所采纳。例如,《刑诉法解释》第140条规定:"没有直接证据,但间接证据同时符合下列条件的,可以认定被告人有罪:(一)证据已经查证属实;(二)证据之间相互印证,不存在无法排除的矛盾和无法解释的疑问;(三)全案证据形成完整的证据链;(四)根据证据认定案件事实足以排除合理怀疑,结论具有唯一性;(五)运用证据进行的推理符合逻辑和经验。"该条文对间接证据的证明力作了充分性规定。可见,证据的理论分类研究成果已被我国的司法解释部分采纳,成为证据制度的组成部分,即间接证据在满足法定条件的情形下,可以作为定案的依据。

4. 证据的保密要求对证据调查收集重点的影响

在证据调查收集的过程中要注意保密,包括保守国家秘密和保护个人隐私方面的内容。收集证据要保守国家秘密可分为两个方面:一是所收集的证据本身涉及保守国家秘密规定的文件、物品、事项的,司法人员必须遵守保守国家秘密法的相关规定,不得泄密。二是根据《中华人民共和国保守国家秘密法》第9条的规定,追查刑事犯罪中的秘密事项也属于国家秘密的范围。司法人员在办理刑事案件中,收集证据时必须保守国家秘密,否则不利于案件的侦破。此外,在办理民事、行政案件中,凡收集到涉及公民个人隐私的证据材料,司法人员应注意保密,泄露证据不仅会产生不良的社会影响,更重要的是会影响案件的查明。

## 第三节 证据调查与收集的步骤和方法

### 一、证据调查与收集的步骤

证据调查与收集的步骤是诉讼主体对证据调查收集所作的战略性部署。不同证据调查与收集的步骤也不尽相同,案件的种类、性质和具体情况不同,证据调查和收集的程序和步骤也有所不同。但就大多数案件来说,这一过程可以分为以下几个步骤:

### （一）综合分析已经掌握的案件证据材料和线索

在着手进行证据调查之时，首先应综合分析已了解的案情和已掌握的证据。无论是何种案件，调查人员都可能通过某种方式了解到一些情况，例如刑事诉讼中，侦查、司法机关可以通过受害人或其他公民报案，公民检举、揭发或者扭送，犯罪嫌疑人自首等了解到的案情，民事诉讼中当事人亲身经历所掌握的材料等，都可以构成调查主体先行分析的线索材料。通过这种先期的分析可以使调查主体了解查清案件事实所欠缺的要素和要了解这些要素大概的努力方向。

需要注意的是，在这个阶段所确立的努力方向并不一定是完全正确的，还需要随着调查的深入不断依据情势的变更而作出相应的调整。确定努力方向时一定要遵守客观的原则，不能过多地受主观臆断的干预，例如在刑事诉讼中不顾现有可靠证据证明某犯罪嫌疑人没有作案时间，而臆想其必是实施犯罪的人，因而确定不切实际的调查方向，这样做的结果只能是背离事实的本来面目，造成人力、物力和财力的浪费。

### （二）明确具体的调查任务及拟定调查提纲

通过分析已知材料，证据调查收集主体对案情有了一个初步估计，大概了解了本案存在哪些疑点，需要查明哪些事实以及为了查明这些事实需要调查收集哪些证据、采用哪些调查方法。即可确定具体的调查任务、提出证据调查的假设，根据具体的调查任务和需要的证据材料推测未知的事实和可能存在的证据。

一般来说大多数案件都存在多种可能性的假设，此时要权衡出最大的可能性。当然，在掌握的证据线索严重不足时，一旦确立了唯一的调查方向就相当于忽视了其他可能，所以也不应盲目排除其他可能性，而应保持一种开放性的思维，在各种可能性相当的情形下要多面出击，沿不同的思路摸索前进，随着调查的不断深入，再沿可能性最大的方向全力出击，收获自然会事半功倍。

在提出证据调查收集假设的前提下，证据调查人员可以进一步拟定调查提纲，这实际上是对调查取证计划的一个书面记录。这种书面记录会随案情调查的深入进一步细化和明朗化，对理清调查人员的思路很有帮助。

### （三）发现和提取证据材料

所谓发现证据，是指运用特定的设备和方法来寻找并最终找到证据材料，使对案件有证明价值的材料暴露和显现的过程。所谓提取证据是指用特定的设备和方法取得和固定已经发现的证据材料的过程。发现证据是提取证据的前提，提取证据是发现证据的目的。

实践中，存在很多已经发现了证据但由于种种原因未能顺利提取的情况，所以迅速及时地采用科学合法的手段提取证据非常重要。科学是指只有运用专门的技术手段才能发现和取得一些肉眼看不到或无法识别的物品和痕迹,如指纹、足迹、字迹等;合法是指获取证据材料的过程和方法要严格遵守法律的规定,否则,若提取证据过程中有严重违法行为,如刑讯逼供、侵犯他人隐私等,即使取得了证据也没有使用的价值。

提取证据的方法有很多种,需要运用物理、化学等自然科学的技术手段,针对不同种类的证据,提取的方法有所不同,而同一种类的证据也可以通过不同的方法提取。常见的提取证据方法有:

1. 笔录提取法

笔录提取法,是指通过用文字记录言词、实物存在状态和特定活动内容的方式来提取和固定证据的方法,主要适用于提取以言词、活动、状态为内容的证据材料。这是一种使用频率最高的证据提取方法。例如,用以记录言词的询问笔录和讯问笔录;用以记录事物存在状态的物证检验笔录、尸体检验笔录、人身检查笔录、现场勘验笔录;用以记录活动内容的侦查实验笔录、搜查笔录等。

2. 音像记录法

音像记录法,是指即通过拍照、录音和录像等手段来提取证据的方法,主要适用于提取各种物证、书证以及以声音和形象为内容的证据材料。具体而言,拍照可以记录事物的静态形象,录像可以记录事物的动态发生发展过程,录音则可以记录声音。这类证据提取方法较笔录提取法更加生动和直观。

3. 直接提取实物法

直接提取实物法,是指直接提取与案件有关的,并且便于移动的各种物品、文书的方法,例如物证、书证、视听资料等,主要适用于体积不大的证据材料,以及一些便于移动的痕迹载体。

4. 提取模型法

提取模型法,是指用塑造模型的方法提取三维痕迹的做法,主要适用于各种立体痕迹物证,例如三维手足印迹、三维牙齿咬印等,制作模型的常用材料有石膏、硅胶、塑料等。

5. 粘印提取法

粘印提取法,是指通过粘贴、复制、吸附等方式来提取证据材料的方法,主要用来提取各种平面痕迹物证,方法有胶带粘贴、粉末吸附等。

6. 电子数据取证法

电子数据取证法,是指通过现代信息技术提取电子数据的方法,电子证据的提取必须借助于计算机技术、存储技术、网络技术等设备,主要适用于电子数据的收集,方法包括数据复制、信息加密、电子证据复原、数据截取、数字签名和数字时间戳等。

(四) 妥善保管所收集的证据材料

收集证据的最终目的是用以在法庭上证明案件事实,所以收集到的证据在被用于法庭证明之前应妥善保管,防止其灭失或失去证明价值。这包括以下两方面内容:

1. 保持证据的物理特性

证据是依靠其物理特性来发挥证明作用的,所以要保证提取固定后的证据材料不发生物理属性的改变,包括其成分、状态、内容、外观等多个方面,应该根据保管不同证据材料的不同需要而确定。例如,不能受潮、易霉变的证据材料应放在干燥通风处;不耐高温的可置于冰箱内冷藏;在处理和操作的过程中要小心,防止因处理不当而改变其物理属性,如使之受到污染等。同时还应强化证据的保管,防止证据被人为盗窃、调包、破坏或因过失而遗失。总之,根据不同情况采取必要措施,尽可能保护证据,不使其失去证据价值。

2. 保证证据的证据属性

保证证据不丧失为法律所认可的证据能力和证明力,整个证据保管的过程要符合法律的规定,要有完善的证据移交手续和证据保管手续,避免发生导致法律否定证据材料证据能力的情形,否则即使证据材料事实上并未受到破坏、污损或替换等,但由于难以得到法律的认同,也必然导致其证明价值的丧失。为此,调查人员在提取证据材料时应为其制作证据标签。标签上一般应写明下列情况:(1)案件的名称或编号;(2)提取该证据的日期和场所;(3)证据的编号;(4)提取证据人的姓名;(5)证据的主要特征等。当证据材料进行移交时,每位接管人应将自己的姓名和接管日期写在标签上。

**二、证据调查与收集的方法**

(一) 侦查、司法机关调查与收集证据的方法

调查收集证据的主体可分为侦查、司法机关和普通公民、法人或其他组织两大类。区分的理由是法律明确规定前者享有强制性调查收集证据的手段,而后者只享有一般性手段,不能用强制性方法来获取证据,但是前者运用强制性手段调查收集证据也必须符合法律的规定,包括方式方法、使用对象、使用限度等。具体来讲,侦查、司法机关可以运用调查收集证据的方法主要有:

1. 询问

询问是通过向掌握案件事实的人问话的方式了解案件情况的一种取证方法。被询问的对象包括证人、鉴定人、刑事被害人、民事和行政诉讼的当事人等。

询问是收集与保全言词证据的重要方法之一,其常用的证据固定方法是制作询问笔录或录音录像。询问有一定的程序要求,例如必须由两名以上司法工作人员进行,制作的笔录需交被询问人阅读,被询问人可要求补充、更正,记录无误或补充更正后,被询问人应当签名等。对于三大诉讼法所规定的各种证据形式,如果出现在诉讼中,其来源如何,是否具有客观性、关联性和合法性,能证明案件中的何种事实以及当事人及其代理人是否有异议等,均需通过法官询问来查明或核实。无论刑事案件还是民事案件、行政诉讼案件,收集证据的其他措施和方法或许可以不用,唯独询问是必不可少的。

2. 讯问

讯问是侦查、司法机关工作人员要求犯罪嫌疑人、被告人陈述、交代案件事实情况的取证方法。讯问是收集言词证据的另一种重要方法,其程序要求与询问类似,其对象不包括普通公民、法人或其他组织,仅限于刑事案件中的犯罪嫌疑人或者被告人,其主要形式为犯罪嫌疑人、被告人供述和辩解,既包括犯罪嫌疑人或被告人的有罪供述,也包括他们无罪的辩解。讯问是执法人员或司法人员的一种职务行为,必须严格依法进行。既包括程序法的规定,也包括实体法的规范。例如,讯问时讯问人员一般不得少于两人等。只有严格依法进行讯问,才能保证办案质量,准确地惩治犯罪和违法行为,保障无辜的人不受法律追究。

3. 勘验

勘验是侦查、司法机关工作人员对与案件有关的场所、物品和尸体进行勘查和检验,以发现和收集对案件事实有证明意义的痕迹、物品和伤情的一种专门活动。勘验是通过实地观察,发现并收集实物证据的方法。勘验的主体仅限于侦查、司法机关,其对象是与所调查案件有关的现场、物品和尸体,根据对象不同可分为现场勘验、物证检验和尸体检验三种情况,包括文字记录、绘图记录、照相记录、录像记录等不同方式。需要注意的是,勘验只能由侦查人员进行,必要时可以指派或聘请具有专门知识的人,并在侦查人员的主持下进行。侦查人员进行勘验,必须持有人民检察院或公安机关的证明文件。勘验过程中应要求当地基层组织或者当事人所在单位派人参加,且当事人或者当事人的成年家属应当到场,拒不到场的,不影响勘验的进行。

4. 检查

检查是侦查、司法机关工作人员依法对与案件有关的人进行人身检查的专门活动。检查主要在于确定被害人、犯罪嫌疑人的某些特征、伤害情况或者生理状态,例如人身伤害案件、造成人体损伤的责任事故案件等。检查的对象一般为人的身体,因而又称为人身检查。检查的主要形式为人身检查笔录,包括提取指纹信息，采集血液、尿液等生物样本等。对犯罪嫌疑人必要时可以强制检查，可以提取其指纹信息，采集血液、尿液等生物样本；侦查人员不得对被害人强制进行身体检查；检查女性的身体应当由女性工作人员或者医师进行。

5. 搜查

搜查是侦查、司法机关工作人员依法对犯罪嫌疑人以及可能隐藏犯罪嫌疑人或者案件证据的人身、物品、住所和其他处所进行强制性搜寻、检查的行为。搜查的目标包括犯罪嫌疑人和可以对案件事实起到证明作用的证据材料。搜查除广泛运用于刑事侦查外，还适用于民事案件的执行和行政执法过程中。搜查的对象包括人身、场所、车船等。进行搜查时必须出示搜查证；参加搜查的侦查人员不得少于两人，并要求有见证人在场并签名；搜查女性应由女性工作人员进行，见证人也应选择女性；过程应制作搜查笔录。

6. 扣押

扣押是侦查、司法机关工作人员依法强行提取、扣留与案件有关的物品、文件的行为。扣押的目的是获取和保全证据，一般与勘验、搜查行为同时进行，但其本身也可以独立运用。侦查、司法机关工作人员通过勘验等途径发现了与案件有关的书证、物证、视听资料、电子数据，而持有证据的当事人、第三人拒绝提供证据，或者企图隐匿、毁灭证据，法院可直接对该证据进行扣押。扣押的对象除一般物品外，还包括邮件、电报和存款、汇款等。显然，这种证据收集方法带有一定的强制性，因而适用扣押方法的取证主体一般应为侦查、司法机关工作人员，当事人及其代理人不应使用这种取证方法收集证据。扣押邮件和电报的时候，必须经公安机关或者人民检察院的批准。

7. 鉴定

鉴定是专门机构或者人员接受指派和委托，利用其专业技术知识、特殊技能和科学设备对有关专门问题进行检测、分析和鉴别，并得出相关意见的活动。鉴定的主体是各学科或者专业领域内的专家，客体有书证、物证、人体等，主要可分为法医鉴定、司法精神病鉴定、司法会计鉴定、刑事技术鉴定、一般技术鉴定、DNA鉴定等，主要形式为鉴定意见。因鉴定意见对案件事实具有独特的证明作用，法律和司法解释对鉴定活动的权限分配、鉴定程序的启动、鉴定活动的进行、鉴定意见的制作以及鉴定人的出庭要求等作了较为严格、系统的规定。

8. 辨认

辨认是要求当事人或者证人在若干类似的物品、场所或者人员中，选出自己曾经所见所闻的部分的专门活动，常被用于查明某个人或某件物品是否与案件有联系，或某场所是否为某事件的发生地点等。辨认既可作为验证证据的方法，本身也可作为证据。辨认的主体是案件中的当事人或证人。根据辨认客体的不同,辨认可以分为人身辨认、物品辨认、场所辨认等。辨认的主要形式为辨认结论、证人证言、辨认笔录等。应当说,辨认的功能主要是审查判断证据,但它同时也具有一定的证据收集功能。通过辨认可以排除与案件无关的证据,明确与案件有关的证据,并促使取证主体进一步收集与案件有关的证据。

9. 实验

实验主要适用于刑事诉讼中,即侦查人员为了查明与案件有关的某些事实或行为在某种情况下能否发生,而按照原来的条件进行模拟试验的专门活动。实验既可以用来审查案件中的证据,又可以用来验证有关案件情况的推断,还可以帮助调查人员发现新的案情线索和证据。实验多用于刑事案件的侦查过程中,所以又被称为侦查实验。但是,在其他种类的案件中也可能使用这种再现性实验方法来查明事故的原因或者验证当事人或证人的陈述。实验的主要形式为实验笔录。但是,法律规定有伤风化、具有危险性的实验严禁进行。为了保证侦查实验结果的准确性,侦查实验的时间、环境等条件,以及使用的工具、材料样品应当与原事件的有关情况相同或基本相同。

10. 查询冻结

侦查、司法机关工作人员按照法律规定对存款、汇款、债券、股票、基金份额等财产进行查询、冻结的措施,可要求有关单位和个人配合。采取该措施需制作查询、冻结财产通知书,通知银行或者其他金融机构、邮电部门执行。已冻结的财产不得重复冻结,但应要求有关银行或金融机构在解除冻结或者作出处理前通知侦查、司法机关。对于被扣押、冻结的债券、股票、基金份额等财产,权利人申请出售的,经审查认为不损害国家利益、当事人利益,不影响诉讼正常进行的,以及扣押、冻结的汇票、支票、本票的有效期即将届满的,经过批准手续,可以在案件办结前依法出售或者变现,所得价款由指定专门的银行账户保管,并及时告知当事人或者其近亲属。

11. 技术侦查

侦查机关在立案后,对于采取其他方法难以收集证据的刑事案件,经过严格的批准手续,可以采取技术侦查措施。一般而言,技术侦查措施应当同时具备两个要素:一是要运用现代科学方法或技术装备;二是要在一定范围内秘密实施。技术侦查措施仅适用于刑事诉讼中。公安机关可针对危害国家安全犯罪、恐怖活动犯罪、黑社会性质的组织犯罪、重大毒品犯罪或者其他严重危害社会的犯罪案件,采取技术侦查措施;人民检察院对于重大的贪污、贿赂犯罪案件以及利用职权实施的严重侵犯公民人身权利的重大犯罪案件,可以采取技术侦查措施,并按照规定交有关机关执行。采取技术侦查措施,必须严格按照批准的措施种类、适用对象和期限执行。同时,采取技术侦查措施获取的材料,只能用于对犯罪的侦查、起诉和审判,不得用于其他用途。

12. 秘密侦查

秘密侦查是侦查机关基于侦查的必要性,经过侦查机关负责人的批准,派出有关人员隐瞒身份进行的侦查活动。秘密侦查体现在身份保密,以虚构的身份骗取对方信任,或使对方产生误解,从而进行收集证据、了解案情、保护被害人、抓捕犯罪嫌疑人、控制犯罪活动等侦查行为。《刑事诉讼法》第153条规定,"为了查明案情,在必要的时候,经公安机关负责人决定,可以由有关人员隐匿其身份实施侦查。但是,不得诱使他人犯罪,不得采用可能危害公共安全或者发生重大人身危险的方法。对涉及给付毒品等违禁品或者财物的犯罪活动,公安机关根据侦查犯罪的需要,可以依照规定实施控制下交付。"可见,为规范秘密侦查行为,不仅要对侦查机关实施秘密侦查行为进行明确的授权,而且需要对秘密侦查行为加以程序限制,即只有为了查明案情,在必要的时候,经公安机关负责人决定,可以由有关人员隐匿其身份实施侦查。

13. 委托调查

人民法院需要调取的证据在外地的,可以书面委托证据所在地人民法院调取。受托人民法院应当在收到委托书后,按照委托要求及时完成调取证据工作,送交委托人民法院。受托人民法院不能完成委托内容的,应当告知委托的人民法院并说明原因。根据《民事证据规定》第16条、《行政证据规定》第16条的规定,当事人向人民法院提供的证据在中华人民共和国领域外形成的,该证据应当经所在国公证机关予以证明,并经我国驻该国使领馆予以认证,或者履行我国与该所在国订立的有关条约中规定的证明手段;当事人向人民法院提供的证据是在香港、澳门、台湾地区形成的,应当履行相关的证明手续。

(二)其他诉讼主体调查与收集证据的方法

所谓其他诉讼主体,是指除上述侦查、司法机关以外的当事人及其代理人、辩护人等主体。法律也赋予其他诉讼主体调查取证权,但具体内容不同:在民事诉讼和行政诉讼中,当事人和代理诉讼的律师以及其他诉讼代理人有权调查收集证据;而在刑事诉讼中,除代理律师和辩护律师外的其他诉讼代理人和辩护人不享有调查取证的权利。在行政诉讼中有特殊的规定,即在诉讼过程中被告不得向原告和证人收集证据,作为被告诉讼代理人的律师,同样也不得自行向原告和证人收集证据。

凡是在民事、行政案件中可用的证据调查与收集的手段在刑事诉讼中都可运用,反之则不然。例如,搜查只可以在刑事案件的证据调查与收集活动中运用;讯问只针对犯罪嫌疑人、被告人;侦查实验也多用于刑事诉讼中。可以说,凡是除侦查、司法机关以外的其他诉讼主体可以实施的调查收集证据的方法,侦查、司法机关都可以采用,反之则不然。

其他诉讼主体调查收集证据的权限远远小于侦查、司法机关。即使是享有调查取证权的普通公民、法人或其他组织,其所享有的调查取证权限也无法与侦查、司法机关相比,前者不享有强制性的权力,其取证行为仅仅在不违背其他主体意志和法律规定的情况下才可进行。这就是说,除侦查和司法机关外的其他诉讼主体只可以使用询问、申请鉴定等方法收集证据。

具体来讲,其他诉讼主体可以运用调查收集证据的方法主要有:

1. 查阅案件卷宗材料

当事人及其诉讼代理人可以查阅本案有关材料,并可以复制本案有关材料和法律文书。例如,《最高人民法院关于人民法院执行公开的若干规定》第 16 条规定,"人民法院对执行过程中形成的各种法律文书和相关材料,除涉及国家秘密、商业秘密等不宜公开的文书材料外,其他一般都应当予以公开。当事人及其委托代理人申请查阅执行卷宗的,经人民法院许可,可以按照有关规定查阅、抄录、复制执行卷宗正卷中的有关材料。"在司法实践中可以查阅的主要材料包括:起诉状、答辩状、双方当事人的举证材料、法院调查或鉴定取得的有关证明材料。可见,查阅卷宗材料是一种收集证据的简便方法。

2. 公证取证

根据《公证法》第 11 条规定,"保全证据"是公证机关的法定业务之一,即公证机关享有保全证据的权利。根据当事人的申请,公证机关保全证据既可以在诉讼之前进行,也可以在诉讼之中进行。但两者存在区别,前者是在纠纷发生前的公证证明行为,后者是纠纷发生后的证据保全行为。《民事诉讼法》第 69 条规定:"经过法定程序公证证明的法律事实和文书,人民法院应当作为认定事实的根据,但有相反证据足以推翻公证证明的除外。"该条规定并不是针对证据保全,而是对法律事实的证明行为,该证明行为具有特别的证明效力,法院一般不予以推翻。可见,无论是诉讼前还是诉讼中进行的公证机关证据保全,都具有推定为真的效果,作为当事人利用公证机关收集证据的方法之一。

3. 法院保全证据

在诉讼过程中或诉讼程序启动之前,在证据可能灭失或者以后难以取得的情况下,诉讼参加人或者申请人可以向人民法院申请保全证据,人民法院也可以主动采取保全措施。它是其他诉讼主体收集证据的一种特殊方法。人民法院进行证据保全可以要求当事人提供相应担保,并根据具体情况,采取查封、扣押、拍照、录音、录像、复制、鉴定、勘验、制作笔录等方法。例如,《民事诉讼法》第81条规定,"在证据可能灭失或者以后难以取得的情况下,当事人可以在诉讼过程中向人民法院申请保全证据,人民法院也可以主动采取保全措施。因情况紧急,在证据可能灭失或者以后难以取得的情况下,利害关系人可以在提起诉讼或者申请仲裁前向证据所在地、被申请人住所地或者对案件有管辖权的人民法院申请保全证据。"《行政诉讼法》第42条规定,"在证据可能灭失或者以后难以取得的情况下,诉讼参加人可以向人民法院申请保全证据,人民法院也可以主动采取保全措施。"可见,证据保全可以对已经发现或提取的证据加以妥善固定和保管,防止其毁坏或灭失,以确保证据的客观性,保全证据的证明价值。

4. 申请法院调查收集证据

一般情况下,当事人及其诉讼代理人应以自身的能力收集证据,只有在确有客观原因的情况下,方可申请法院调查收集。《民事诉讼法》和《行政诉讼法》中都规定了当事人及其诉讼代理人可以申请人民法院调查收集证据的情形,主要有:(1) 申请调查收集的证据属于国家有关部门保存并需人民法院依职权调取的档案材料;(2) 涉及国家秘密、商业秘密、个人隐私的材料;(3) 当事人及其诉讼代理人确因客观原因不能自行收集的其他材料等。

5. 证据交换

当事人可以通过证据交换的方式收集证据。例如,《民事诉讼法》第133条第4款规定,"需要开庭审理的,通过要求当事人交换证据等方式,明确争议焦点。"《民事证据规定》第57、58条和《行政证据规定》第21条也对证据交换作出了规定。又如,《最高人民法院关于互联网法院审理案件若干问题的规定》第9条规定,"互联网法院组织在线证据交换的,当事人应当将在线电子数据上传、导入诉讼平台"。可见,通过交换证据,双方当事人可以做到证据资源的共享共用,同时弥补己方证据之不足。证据交换具有收集证据的功能。

除了法律法规和司法解释等有明确规定的上述取证方法外,在实际取证过程中,当事人及其代理人还可以采取的方法有:(1) 访问取证。即走访证人,通过与证人谈话并制作笔录取得证人证言;或者走访持有其他证据的证人,通过交谈等方法,让持证人交出证据。(2) 拍照。可用于对书证、物证的收集。(3) 录音录像。视听资料比谈话记录更能真实地反映谈话内容,尤其能如实反映谈话的具体环境和全过程。调查收集证据时要注意法律法规和司法解释对视听资料使用的要求和规范。(4) 拷贝或复制。对于存储于电脑或其他电子设备中的证据资料,可通过拷贝或复制并要求持证人说明来源的方法进行收集。

# 第十八章　证据的审查判断

## 第一节　证据审查判断的内容

发现真相的依据即是证据,因此证据便成为诉讼活动的核心内容。但是,实践中呈现于诉讼程序中的证据往往掺杂着虚假信息,因此需要对收集到的证据材料进行综合审查判断,这既是查明案件事实的保障,也是证明案件事实的需要。无论是刑事案件还是民事案件,无论是经济纠纷案件还是行政诉讼案件,收集来的证据材料往往有真有假,有相互一致的也有相互矛盾的,只有经过审查才能够去伪存真保障诉讼真实。这些证据材料,必须经过认真的评断与核实之后,以明确其证据能力和证明力,才能用作定案的依据。

对证据材料的审查判断一般可从以下三方面进行:一是审查判断其真实性,即判断这些证据材料所反映的或者所证明的是否为案件中的客观、真实情况;二是审查判断其证明力价值,即判断这些证据材料对证明对象有没有证明力,在反映或证明案件的真实情况上具有多少证明力;三是分析证据的合法性,即判断收集的方法和程序是否合法,证据的表现形式是否合法、是否存在瑕疵。当然,对于不同种类的证据,审查判断的内容也有所不同。

### 一、物证审查的内容

(一)审查物证获取手段的合法性

对于以非法方法取得的物证,应当提出质疑。《刑事诉讼法》第56条规定,收集物证不符合法定程序,可能严重影响司法公正的,应当予以补正或者作出合理解释;不能补正或者作出合理解释的,对该证据应当予以排除。

(二)审查物证的真实性

对物证,必须在认真分析、去伪存真之后,才能认定。例如,律师为被控收受巨额回扣的被告人辩护,检举人提供了一个该厂的产品价格本。价格本上反映出来的价格与被告人付的货款差异确实很大。不过,律师发现价格本封皮比纸芯要短,经与别处得到的该厂价格本比较,发现是用他厂几年前的价格本芯套上该厂当年的价格本封皮变造而成。律师分析了这一伪造证据,有效地维护了被告人的合法权益。

### （三）审查物证的关联性

如物证与本案案情关联不大或者没有关联,则否定或部分否定其证据效力。在诉讼程序中被运用的物证应当具有这样的品质,即其能够证明相关事实更有可能或更无可能发生,而且被证明的事实必须对发现案件真实或解决诉讼纠纷是有价值的。

## 二、书证审查的内容

### （一）审查书证制作者及其动机

书证有可能掺入人为因素,从而影响其真实性。例如,有一起受贿案,行贿单位财会部门出具的小金库账单上的数字与其他证据相比明显要大,但被告人不承认有这么多。经反复核查,才发现出具账单的人(单位掌管小金库者)本身就有贪污行为,企图让别人作替罪羊。经律师分析,不仅维护了被告人的合法权益,还使另一起犯罪得以暴露。

### （二）审查书证制作的时间和地点

例如,律师为一桩责任事故案的被告人辩护,发现用来证明被告人造成损失金额的发票中,有当时尚未使用的增值税发票。律师循其疑问深入调查,核减了赔偿金额,维护了被告人的合法权益。

### （三）审查是否更改和仿造

律师在一次办案中,分析发现一份合同的签字存在问题,就要求进行笔迹鉴定。原来这一签名是有人用合同纸盖在他人签名之上描摹而成,如不仔细甄别,很难辨别真伪。

### （四）审查关联性

分析书证形式与书证内容是否关联、书证之间有否关联、书证与案件事实之间是否有关联。

## 三、证人证言审查的内容

由于证人本身的复杂性,要综合运用法学、心理学、自然科学和社会科学等方面的知识对证人证言进行研究,判断其证明力的有无和大小。

### （一）审查证言来源

从证据学角度说,如果是证人亲眼所见或者亲身经历的,则系原始证据;如果是从原始证人那里得到再加以转述的,则为传闻证据。前者可信程度较强而后者较弱。案件中如果仅有后者,则应当将其视为证据线索,进一步进行调查。如果是捕风捉影的传闻,则应当否定其证据效力。

我国《刑事诉讼法》第 62 条第 2 款明确规定:"生理上、精神上有缺陷或者年幼,不能辨别是非、不能正确表达的人,不能作证人。"《民事诉讼法》第 72 条规定:"凡是知道案件情况的单位和个人,都有义务出庭作证。有关单位的负责人应当支持证人作证。不能正确表达意思的人,不能作证。"因此,分析证人证言,还要审查证言是否出于上述人等。但是,对于间歇性精神病患者的证言,就需要对患者所感受、记忆案件事实的时间进行分析。如属于清醒期能够辨别是非、能正确表达的,可以认定其证言合法有效。未满 14 周岁的儿童作的证言,只能对一些与其感受能力相当、简单的事物作证,而且必须查证属实后方能认可。对同案犯的证言,因身份的特殊性,往往有很大的虚假性,应分析他们是否分别关押,有否串供可能,只有在排除上述可能并经其他的证据印证之后才能认可。如果关键事实只有同案犯证言而无别的旁证,可以认为"证据不足"。

(二)审查收集方式

收集证人证言必须依法进行,用非法手段(如以胁迫、诱骗手段收集,或在证人签字后又擅自增加新的内容等)得来的证言是无效的。即使是公安、检察机关提供的证人证言,律师也必须对其收集方式进行分析。《刑事诉讼法》第 56 条规定,采用刑讯逼供等非法方法收集的犯罪嫌疑人、被告人供述和采用暴力、威胁等非法方法收集的证人证言、被害人陈述,应当予以排除。

(三)审查形成过程

证言形成过程中,不可避免地会受到许多因素的影响,既有主观方面的因素,又有客观方面的因素。在分析时,必须对书证的制作者及其制作动机加以分析。

对证人而言,主观方面的因素影响更为明显。如一起刑事自诉案件,原告方提供的证据主要是目击证人的证言。但经分析,发现 9 位目击证人中的 8 位竟是原告的父母、兄妹及其配偶,其中有的当时根本不在现场,证词的内容也与调查的情况有较大出入,可见这些证人完全出于"亲帮亲"的动机而提供证言。

(四)审查证言本身

证人证言具有主观性强、易变性突出的特点。因此分析证言本身,就是要运用形式逻辑方法分析同一证言的前后是否矛盾,不同证言之间是否矛盾,能否相互印证。条件许可的话,可以要求证人出庭,让证人当庭作出解释。

**四、被害人陈述审查的内容**

在刑事案件中,被害人的指认可以直接证明犯罪。但是,由于被害人是犯罪行为的直接承受者,无论是犯罪结果还是处理结果都与其有利害关系,因此很难保证其不会有意或无意地作出虚假陈述。首先,被害人可能出于愤怒和怨恨,夸大被侵害的事实;其次,由于在受到侵害时心理处于极度紧张之中,而对罪犯和具体环境的描述发生错觉。个别情况下,被害人陈述还有诬陷的可能。因此,对被害人的陈述要作具体分析。

### 五、犯罪嫌疑人、被告人供述和辩解审查的内容

(一)审查犯罪嫌疑人、被告人供述和辩解的动机

司法实践中发现,有的人出于"哥们义气"或者顾及亲情而包揽他人罪责。如一桩故意杀人案,死者除背部有一利器伤外,头部还有两处钝器伤,被告人除承认利器伤是他用水果刀刺伤外,还承认钝器伤也是其用水果刀把打的。但法医对钝器伤的鉴定描述却是"头骨骨折""边缘整齐"。经再三讯问,被告人才说出钝器伤是其舅舅用秤砣打的,反正自己是死罪,干脆把舅舅的罪责也担当起来。对此被告人的供述,如不分析清楚,不仅会不合理加重被告人的罪责,还会放纵别的罪犯。

(二)审查犯罪嫌疑人、被告人供述和辩解时的客观条件

出于犯罪嫌疑人、被告人自身意愿所作的供述和辩解,有较大的可信性。如系办案人员引诱、逼迫所作的供述和辩解,便要仔细分析。这就需要结合犯罪嫌疑人、被告人自身人格和心理状况,以及当时的客观条件综合分析,作出正确的判断。

(三)审查犯罪嫌疑人、被告人供述和辩解的理由

一是纵向比较法,将同一犯罪嫌疑人、被告人的几次供述和辩解对比,分析是否存在前后不一的情况;二是横向比较法,将该犯罪嫌疑人、被告人供述和辩解与案件的其他证据对比,看有无矛盾之处。根据形式逻辑的同一律,凡同一事实的判断相互矛盾,则必有一假。

### 六、鉴定意见审查的内容

鉴定意见虽然是一种科学的判断,但是科学永远在不断的发展和前进,科学结论也永远处于自我修正之中,而所谓唯一准确、正确的鉴定结果,常常只是一种理想状态。与此同时,鉴定意见受制于主客观条件,同样会出现错误。分析鉴定意见的内容是:

(一)审查鉴定人自身的条件

不能把自己的眼光局限在鉴定意见本身,还要分析鉴定人的业务水平,分析其与本案有无利害关系。鉴定意见的得出需要专业知识技能的运用,而鉴定人

是否掌握相应知识和技能需要审查确认。

（二）审查所依据的材料

在排除主观因素的前提下,材料决定结论。鉴定所依据的材料是否充分、真实,是影响鉴定意见可信性的重要方面。如一起刑事自诉附带民事诉讼案中,法医鉴定为"脑震荡",经辩护人走访法医,发现这一鉴定意见是根据自诉人报送的入院三天转科后的材料作出的。于是辩护人赶到医院调查,复制了全部原始材料,经重新鉴定,推翻了原来的鉴定。

（三）审查鉴定设备和方法

通过专门的科学设备和方法进行鉴定,要比用一般设备和方法鉴定更为准确。有必要对作为证据使用的鉴定意见是用何种设备和方法得出的进行分析,了解国内是否有更先进的设备和方法,以及对该问题的鉴定,已经使用的设备和方法是否完全足够。

### 七、勘验检查笔录审查的内容

（一）审查程序要件

根据法律要求,勘验检查笔录的取得要符合以下程序要求:公安、司法人员主持勘验、检查;有见证人在场;勘验、检查人员和见证人签字或盖章。另外,要注意分析其程序要件,程序正确是保障实体正确的重要条件。

（二）审查记载是否全面、准确

应事先对与案件有关的场所、物品、尸体和人身进行了解,并到现场去观察,再分析勘验、检查结论是否全面、准确。

（三）审查与其他证据是否矛盾

勘验检查笔录还要与案件其他证据相结合,分析其是否可信。判断是否矛盾的标准则是勘验笔录与其他证据是否能够形成相互印证的逻辑关系。

### 八、视听资料审查的内容

视听资料具有直观准确、客观性强、信息量大、能连续记录运动画面等优点,有着其他证据难以企及的优点。不过,视听资料也有其缺点,就是容易伪造。对视听资料的分析,除需要一些专门知识外,还要注意以下几点:

（一）审查合法性

我国《刑事诉讼法》第52条规定,司法人员"必须依照法定程序,收集能够证实犯罪嫌疑人、被告人有罪或者无罪、犯罪情节轻重的各种证据"。根据有关司法解释,制作书证的副本、复制件,拍摄物证的照片、录像以及对有关证据录音时,制作人员不得少于两人。提供书证的副本、复制件及照片、音像制品应附有关于制作过程的文字说明。如不是法定程序收集制作的,应予排除或补正。

(二)审查材料本身

主要看是否具有真实性和连贯性。视听资料如不清楚,即所谓"失真",不仅不能起到证明案件的作用,反而会产生误导。实际上,现场制作的视听资料,往往由于工作环境关系或条件不佳,效果并不理想。这就需要认真分析,尤其是借助先进科技手段去鉴别真伪,看是否有剪接、删除的现象。

分析证据内容的各种方法在实际操作中是互相联系的。比如,对视听资料的分析就涉及科学鉴定,分析勘验笔录又可以借助视听资料,录音可用证人证言进行校对等。

### 九、电子数据审查的内容

最高人民法院、最高人民检察院、公安部联合出台了《关于办理刑事案件收集提取和审查判断电子数据若干问题的规定》,其中规定对于电子证据的审查主要在以下方面:

(一)审查电子数据是否真实

主要包括:(1)是否移送原始存储介质;在原始存储介质无法封存、不便移动时,有无说明原因,并注明收集、提取过程及原始存储介质的存放地点或者电子数据的来源等情况;(2)电子数据是否具有数字签名、数字证书等特殊标识;(3)电子数据的收集、提取过程是否可以重现;(4)电子数据如有增加、删除、修改等情形的,是否附有说明;(5)电子数据的完整性是否可以保证。

(二)审查电子数据是否完整

应当根据保护电子数据完整性的相应方法进行验证,包括:(1)审查原始存储介质的扣押、封存状态;(2)审查电子数据的收集、提取过程,查看录像;(3)比对电子数据完整性校验值;(4)与备份的电子数据进行比较;(5)审查冻结后的访问操作日志。

(三)审查收集、提取电子数据是否合法

应当着重审查以下内容:(1)收集、提取电子数据是否由两名以上侦查人员进行,取证方法是否符合相关技术标准;(2)收集、提取电子数据,是否附有笔录、清单,并经侦查人员、电子数据持有人(提供人)、见证人签名或者盖章;没有持有人(提供人)签名或者盖章的,是否注明原因;对电子数据的类别、文件格式等是否注明清楚;(3)是否依照有关规定由符合条件的人员担任见证人,是否对相关活动进行录像;(4)电子数据检查是否将电子数据存储介质通过写保护设备接入到检查设备;有条件的,是否制作电子数据备份,并对备份进行检查;无法制作备份且无法使用写保护设备的,是否附有录像。

## 第二节 证据审查判断的方法

审查判断证据是一项相当复杂的工作,它与发现收集证据的过程不同,在实践中也不可能对所有证据的审查判断规定一个刻板、固定的模式,而应该根据证据材料的不同特点,采取不同的审查判断的方法。

### 一、一般的证据审查判断方法

(一)鉴别法

对每个证据材料,逐一进行分析判断。这是分析证据最常用的方法,也是最先使用的方法。应依据案件发生、发展、变化的一般规律和常识,对证据的真假和证明力进行初步的分析鉴别。通过逐一鉴别,将那些不符合案件发展的客观规律或与案件事实没有联系的事实和材料,从案件证据中清除出去,为进一步审查判断证据创造条件。

(二)对比法

对比法,是指对案件中两个或两个以上具有可比性的证据进行比较对照,判断它们所反映的案件事实是否一致,并据此判断证据的真伪。一般来说,证据所反映的内容基本一致没有矛盾的,说明证据确实可信;反之,则说明证据还存在一定的问题,需要进一步查证。

在采用对比法分析证据时,应注意证据之间具有"可比性",即证据所证明的对象必须是同一事物或事实。如果证据之间不具有这种"可比性",则不能进行比较,否则会得出错误的结论。

(三)印证法

将若干证据分别证明的若干事实联系起来进行考察,以验证它们所反映的案件事实是否相互呼应、协调一致。按照唯物辩证法原理,事物总是互相联系的。案件发生后,不仅证据与一定案件事实之间存在着必然的联系,而且,证据与证据之间也存在着一定的联系,甚至某些证据的存在互为条件。分析证据时,可以把该证据与案件事实以及案件的其他证据联系起来进行考察,看它们之间能否相互印证、协调一致。如果能够相互印证,则说明证据是真实的;反之,就是虚假的。

印证法不要求证明对象的同一,而只要求与所证明的事实存在着客观联系,因而在司法实践中采用比较普遍,特别在判断间接证据的真伪时,采用印证法效果更好。

（四）实验法

实验法,是指为了分析判断某一现象在一定时间或情况下能否发生,将现场发生的过程进行重演或再现,以判明证据的真伪。这种方法一般在核实某些言词证据的真实可靠性时加以采用。它可以判明在某种条件下,能否听到某种声音或看清某种事物或行为、能否发生某种现象或完成某种行为,或者使用某种工具能否留下某种痕迹等问题,从而进一步判明证人证言、被害人陈述、被告人供述和辩解等证据的真实性、可靠性。

（五）对质法

在两个以上证人的陈述之间出现矛盾时,为了判明某一证据的真伪,而组织这些人员就该事实的真实情况进行互相质询与诘问。这也是分析判断证据的一种方法。对质应在个别询问的基础上进行。先由参加对质的人就所了解的事实分别进行陈述,再组织另一证人就他人所作的与其矛盾或不符的陈述提出质问。通过相互质问来揭露矛盾,判明各个言词证据的真伪。

（六）辨认法

指在对有些证据不能确定的情况下,可以有计划地组织被害人、证人或与该证据有过接触的人员对其进行指认和确定。这也是分析判断证据的一种有效方法。辨认可以公开进行,也可以秘密进行。在组织辨认时应注意:(1)辨认之前,应向辨认人详细询问他所知道的辨认对象的特征,并进行记录,以便在辨认以后,分析其所认定的对象是否具有这些特征。(2)除尸体和整容照片外,在辨认人辨认之前,不能让其看到辨认的对象,以防先入为主,造成偏差。(3)对人或物的辨认,不管是公开的还是秘密的,都应采用混杂原则,不能把辨认对象单独拿出来进行辨认。(4)辨认人为多人时,必须分别进行辨认,以免互相影响。(5)在辨认过程中,不能用任何方式向辨认人暗示,或诱使其按照自己的意图进行辨认。对辨认的过程与结果,应作详细笔录。对辨认结果的使用要特别慎重,必须结合其他证据进行。否则,容易发生错误,造成被动。

（七）鉴定法

对于某些物品或物质痕迹,仅凭感官无法判明其性质和特征,必须由鉴定部门凭借科学技术手段进行检查验证,作出鉴定意见。因此,技术鉴定是分析某些物证、书证的必要手段。司法实践中,比较常见的有法医鉴定、司法精神病鉴定、司法会计鉴定、刑事科学技术鉴定等。对于鉴定意见,还需要和其他证据联系起来比较分析,不能单凭鉴定意见。

除了上述几种方法外,分析判断证据还必须充分运用逻辑学的知识和方法,根据有关事实和逻辑规律,通过判断、推理,分析判断证据的真实性。各种分析判断证据的方法是互相补充、相辅相成的。在应用上,应根据案件的具体情况而定。有的案件需要综合上述各种分析判断证据的方法,有的案件则只需要运用一二种即可。

**二、对间接证据的审查判断方法**

间接证据与案件主要事实的联系是间接的,需要与其他证据相结合,才能证明案件主要事实,但间接证据在司法实践和具体案件中的数量和表现形式远远多于直接证据。如何审查判断间接证据,是查明案件事实的一个重要内容。对间接证据,一般可以分三个层次进行审查判断:

(一)对间接证据的个别分析

即对具体证据进行具体分析,以判断证据的真实性和关联性。

1. 分析间接证据的真实性

主要从分析证据的来源、证据的真伪、证据的确定性三个方面进行。(1)要分析证据的出处与由来,看其是否来自于客观实际,是原始的还是传来的;分析证据的提取手段和方法,看其是否科学合法,从根本上保证证据的客观性。(2)要分析证据的真伪。这是分析证据的核心。由于受主客观条件的限制,证据可能出现差错,甚至是虚假证据。这就需要对证据进行分析判断,有的可将同一证据进行前后比对,还有的可以结合案件当时的具体条件,看证据是否可能出现或产生。(3)要分析证据的确定性。即分析证据所反映信息量的大小、证明的事实是否确切以及有无定向证明的功能。如某强奸案件,被告人近邻证明:在案发时"好像隐约听到被告人大门响了一下",试图以此证明被告人曾出门作案。事实上,这样的证言无论在局部上还是整体上都不具有确切的证明意义。

2. 分析间接证据的关联性

即分析间接证据与案件事实有无内在的客观联系。由于直接证据的证明力可以涵盖整个案件,因此其关联性比较明显。而对间接证据的关联性,则需认真分析。作为有证明案情价值的证据,必须同时具备与案件事实和当事人的双向联系。这种联系必须是本质的联系,而不是表面的联系。如某盗窃案,失主证实被窃物品中有一个卡西欧计算器,而被告人家中恰好搜出同一型号的计算器,从表面上看,似乎可以认定此次盗窃系被告人所为,但经深入了解,被告人称该计算器是从其姐姐家拿来,并非赃物,从而否定此为犯罪证物。

## （二）对间接证据的比对分析

即将相关的间接证据加以比对，相互印证，分析其是否有本质联系，是否具有矛盾。如犯罪凶器与尸体伤口形态的比对，犯罪手段与尸体鉴定结论、现场勘查笔录的比对，失主报案记录与收缴赃物的比对，以及被告人供述、被害人陈述、证人证言与有关证据材料的比对等。通过比对，找出不同间接证据之间的因果关系，实现间接证据之间的相互说明和定向证明。在比对分析中，对间接证据之间的差别要精心分析、高度重视。一般情况下，间接证据之间有三种差别：

1. 互容的差别

相关的间接证据已具有本质的因果联系，其中的差别是非本质的，可以容许的。例如，法医尸检的刀口长度略大于凶器的宽度，这种差别并不影响证据的真实性和准确性。

2. 互存的差别

相关的间接证据之间已具有因果联系，但由于受客观条件的限制，证据内容不完全一致，存在多种可能并存的不确定关系。如被害人由于天黑、惊恐等原因，证实的犯罪嫌疑人使用的凶器与在现场收集到的凶器不完全一致；刑事科学技术鉴定认为提取的作案工具可以形成某一痕迹，但无法作出同一认定；失主报失的现金数额或品种与犯罪嫌疑人的供述有某些差别；等等。在这些情况下，证据之间虽可以相互印证，但无排他性。因此，必须结合其他证据来进行分析。

3. 矛盾的差别

相关的间接证据相互对立，互为否定。例如，被害人伤口是双刃刀形成，而收缴的凶器却是单刃刀；强奸案件的被告人血型与在被害人处提取的精斑血型不符；被害人提供的犯罪嫌疑人特征与被告人有重大差别；犯罪现场的指纹不是被告人的指纹；等等。这样的证据必须通过收集证据、重新鉴定等，来排除伪证、假证。

## （三）对间接证据的综合分析

对间接证据的个别分析和比对分析主要是证实证据的真实性和关联性，而对间接证据的综合分析则是为了判断证据的系统性和排他性。

1. 全部间接证据是否具有直接、间接和客观的相互联系

这是系统性的前提。由于这种联系不像链条那样直观，因此必须用分析推理的方法将各个间接证据连接在一起，形成完整的证据体系。这种推理是建立在对每个证据证明内容正确理解和限定的基础上，根据各个间接证据之间的本质联系进行的。有时，一个间接证据所包含的信息量并不限于证明一个事实，而是可以同时证明几个事实。例如，在犯罪现场发现的血型与指纹，从指纹特征可

以对被告人进行人身识别，从指纹位置可以证明被告人到过现场及活动情况，从血型可以证明被告人对被害人有过加害行为，从血指纹的新鲜程度和覆盖顺序可以判断作案时间，等等。因此，要发挥间接证据所蕴含信息的作用，精心分析各个事实之间的有机联系，排除间接证据的伪装。

2. 间接证据是否具有足够的数量，足以证明案件的基本要素和基本事实

这是对系统性量的要求。案件取证的基本要素是指案件的"七何"，而基本事实则有更加广泛的外延，它包括当事人的动机、目的、手段、情节、后果、影响及责任能力、态度及表现等。仅仅证明基本要素只是达到定案的证明要求，而只有证明基本事实才能满足判决要求。

例如，在凌某故意杀人案中，起诉书指控凌某玩弄本单位女青年宋某，后为摆脱宋某，于某日晚将宋某从市中本单位约到位于郊区的凌家，两人发生关系后，凌某以吃避孕药为名，骗宋某服下磷化锌灭鼠药，又骑自行车将宋某送回位于市内的宋家。后宋某因药性发作，次日下午死亡。此案被告人凌某拒不供述。公安机关通过深入调查，取得了大量的间接证据。如宋某到市郊时的公共汽车票、宋某鞋上沾有同凌家门口相似的泥土、宋某阴道内分泌物中的精子血型亦与凌某相同。但凌某如何投毒杀害宋某，却没有任何证据证实。由于在作案手段这一核心事实上出现漏洞，导致整个证据链条的中断，因而不能认定凌某犯有故意杀人罪。因此，在用间接证据定案时，只要否定任何一个环节，便可动摇整个间接证据的证明体系。

3. 用以定案的间接证据之间有无矛盾

这是对间接证据系统性质的要求。出现矛盾性、对立性的反证，就可能动摇某一环节证据的确定性，由此导致整个证据链条的崩溃。用以定案的间接证据体系所证明的事实必须是唯一的、排他的，符合形式逻辑的排中律。存在多种可能性时，不能模糊认定。为此可以分析证据与案件事实之间的相互联系，找出案件的关键环节，将证明这些环节的证据综合分析，运用判断、推理得出结论，检验其结论是否排他。对于在某一环节结论不能排他的，还必须结合其他有关的环节进行分析，以求得案件事实的确定性、稳定性。

当然，对间接证据的个别分析、比对分析、综合分析是相互交织、反复进行的。在进行个别、比对分析时，还应将其他有关证据纳入整个证据体系综合加以分析。在综合分析中，也必须对个别证据进行鉴别和比对，从中发现矛盾、解决矛盾，否定和舍弃伪证、假证，补充和查实新的证据。

### 三、"一对一"证据的审查判断方法

"一对一"证据多发生在刑事案件中。在办理刑事案件过程中,有时会遇到这样一种证据现象:对于某一案件事实,被告人与被害人或者被告人与证人之间各执一词,相持不下。除此之外,再无其他证据或者至多只有一些不能形成完整证明链条的间接证据。这种现象在司法实践中通常被称为"一对一"证据现象。

(一)"一对一"证据的种类

(1) 从证据的相互印证角度看,以是否具有其他间接证据印证为标准,分为绝对的与相对的"一对一"证据。绝对的"一对一"证据,即就某一案件事实而言,除了"一对一"的证据以外,再无其他任何证据可予证明;相对的"一对一"证据,即除了"一对一"证据以外,案内还有一些零碎的、片断的间接证据可以印证。

(2) 从证明的内容角度看,以是否对当事人的主张有利,分为有利的与不利的"一对一"证据。例如,刑事案件中证明有罪与无罪、罪重与罪轻的"一对一"证据。

(二)"一对一"证据的特点

(1) "一对一"证据现象多发生在犯罪嫌疑人单独实施犯罪行为,作案手段狡猾隐蔽,发案时间间隔较久或者取证工作比较粗糙的案件中。例如,无第三者在场的受贿案件、被害人没有立即报案的强奸案件,以及其他现场勘查、物证检验等工作没做或已失去条件的案件。这些案件中除了被告人口供与被害人陈述,或者被告人口供与证人证言之外,再无其他任何证据,或者只有一些不能形成完整证明锁链的间接证据。

(2) "一对一"证据都是直接证据,有可能反映案件的真实情况,查证其中之一就能作出正确的结论。但是,它们对于同一案件的证明功能是相左的:一个是证明被告人有罪或者罪重的控诉证据,另一个则是证明被告人无罪或者罪轻的辩护证据。根据形式逻辑不矛盾原理,它们不可能同时为真,其中必有一个是虚假或者部分虚假的。

(3) "一对一"证据均属言词证据,而且言词证据提供者多与案件事实或者案件处理结果有一定的利害关系。其中被告人和被害人自不待言,即使某些证人也不是法理上所谓的纯粹证人,往往与案情有一定的瓜葛。在"一对一"证据体系中,无论是被告人口供还是被害人陈述或证人证言,都存在虚假的可能性。被告人可能为逃避或者减轻自己罪责而拒不认罪或者避重就轻;被害人和证人也可能出于某种原因和动机而夸大事实,甚至无中生有嫁祸于人。因此,对于"一对一"证据的任何一方证据,都不能偏听偏信,更不能先入为主地认为被告人

无罪或者罪轻的辩解都是正确的,而被害人陈述、证人证言的可信程度就一定较低。

(三)"一对一"控诉证据的审查判断思路

由于"一对一"证据是案件中仅有的直接证据,除此之外,案内再无其他任何证据,或者只有少量的间接证据。为此,对"一对一"证据案件的分析,应着重围绕"一对一"证据本身进行。

对于"一对一"证据的分析,一般应先将其中的控诉证据和辩护证据进行比对。虽然这里的控诉证据与辩护证据的证明功能是相对的,但它们都是用于证明同一案件事实的,这种证明对象的同一性决定了它们之间具有"可比性"。在将"一对一"证据体系中的控诉证据和辩护证据作比对分析的基础上,还要对这两个证据分别进行分析。由于这里的控诉证据多表现为被害人陈述和证人证言,为此分析工作可以从以下几方面展开:

1. 分析被害人或者证人提供证据的动机

动机不正,其言必假。影响被害人、证人提供证据动机的因素主要有两个:一是被害人、证人与被告人的关系;二是被害人、证人的思想品质。因此,可以通过被害人、证人的思想品质及其与被告人的关系来分析他们提供证据的动机,进而对控诉证据真伪作出判断。如果被害人、证人与被告人素不相识或关系正常,则其故意捏造事实、提供虚假证据的可能性就比较小;如果被害人、证人与被告人有冤仇,则容易夸大事实真相,以期加重被告人的罪责。同样,被害人、证人思想品质的好坏,也会影响其提供证据的动机。实践表明,思想品质好的人,个人顾虑少,容易实事求是地提供证据;思想品质不好的人,则往往计较自己的利害得失,提供的证据较易出现虚假。当然,这仅仅是一种较易发生的情况,并非必然的现象。

2. 分析被害人、证人感知、储存和复现案件事实的主客观条件

在许多情况下,即使被害人、证人提供证据动机是正当的,但也不能完全保证提供的证据是真实的,因为被害人陈述和证人证言受主观能力和客观环境等一系列因素制约。因此,对控诉证据的分析,还要注意考察被害人、证人是否因认识上、记忆上和表达上等原因而提供了不实的证据。被害人、证人在感知案件事实时,是否因距离较远、空间障碍、光线太暗、声音太小或者因事发突然、短暂等原因,而影响其感知的准确性和全面性;被害人、证人提供证据时,有无受到外界的不良影响,诸如胁迫、引诱、欺骗、贿买和指使等。只有完全排除上述足以影响证据真实性的主客观因素,控诉证据才有可能是真实的。在进行这一方面分析的时候,可以对被害人、证人的主观能力进行鉴定。必要时,也可以进行现场

实验,判断在被害人、证人所讲的情况下,他们有无可能了解其所说的那些事实。

3. 分析被害人陈述、证人证言的内容

被害人陈述和证人证言都是以其叙述的内容发挥证明力的,分析其内容对于作出正确的判断,具有特别意义。分析内容,一要分析内容本身是否合情合理,有无矛盾;二要分析内容是否稳定,前后几次叙述是否一致,有无反复和出入;三要分析内容与案内的其他间接证据是否协调,能否相互印证。同任何客观事物一样,案件事实的发生、发展也有其内在的逻辑规律。假如被害人、证人如实叙述所了解的案件事实,则其内容本身一般不会有矛盾和反复,与案内被查证属实的其他间接证据也能够印证一致;反之,假如他们有意作伪证,无论是夸大情节,还是捏造事实,难免会露出破绽,前后矛盾,与案内的其他间接证据也不能相互印证。这些都需要仔细分析辨别。

(四)"一对一"辩护证据的审查判断思路

在刑事案件中,"一对一"证据中的辩护证据,其实就是被告人的辩解。对其分析可以从以下几个方面进行:

1. 分析被告人的辩解是出于什么动机、在什么情况下作出的

司法实践表明,被告人辩解的原因是多种多样的:有的出于保护自己合法权益而提出自己无罪、罪轻或者可以免除刑事处罚的事实材料和意见;有的企图蒙混过关逃避惩罚而虚构事实,曲解法律,无理狡辩;有的根据自己的自由意志作出;有的受到别人撑腰打气,拒不认罪,一味抵赖。查清被告人辩解的原因,对于正确判断其真实性,无疑具有十分重要的意义。

2. 分析被告人辩解的内容是否合理、稳定

对于被告人的辩解不能一概全信或一概不信。一方面,要运用甄别的方法,即依据案件发生、发展和变化的一般规律和常识,分析被告人辩解是否合理;另一方面,要采取比对的方法,将被告人前后多次口供联系起来,考究其是否稳定。如果被告人辩解的理由不符合案件发生、发展和变化的一般规律,辩解前后不一致,那就极有可能是虚假的。当然,由于社会生活复杂,在分析时,也应考察被告人辩解的理由是否属于在特殊情况下出现的反常现象,其口供的变化有无企图逃避罪责以外的原因。

3. 分析被告人的辩解与案内其他间接证据能否相互印证一致

分析被告人辩解的真伪,只对其本身进行分析还不够,还必须把它与案件中的间接证据联系起来,在联系和比对中考察,这样比较容易发现矛盾。当发现口供与间接证据有矛盾时,一定要分析产生矛盾的原因,看看能不能做到合理解决矛盾。当发现口供与其他间接证据彼此协调、相互一致时,应进一步分析它们是

客观上的联系,还是表面上的联系;是本质的一致,还是假象的一致。一般而言,只要其他间接证据是真实的,那么,与之相矛盾的辩解必定是虚假的,而与之一致的辩解则可能是真实的。

## 第三节 伪证的甄别分析

虚假不实的证据即伪证。比较而言,由于证人证言是由人提供的,受主观、客观条件的制约,更容易出现伪证。因此,对证言中伪证的分析与判断尤为重要。在对伪证的分析中,应重点对证人证言的伪证进行分析。

证言中的伪证,是指证人向司法机关或律师提供虚假的、不真实的证言。既包括证人出于某种动机而故意伪造虚假的、不真实的证言,也包括证人基于某种主客观的原因,无意中提供的失实证言。

**一、伪证的来源**

(一)证人故意伪造证言

证人故意伪造证言,指证人可能与当事人或案件处理结果有利害关系,或者被有关人员收买利用,或者受到欺骗、威胁而故意陈述虚假证言。这类伪证一般有这样几种形式:(1)歪曲事实,即陈述虚假的、颠倒黑白的事实;(2)捏造事实,即陈述的事实实际上并不存在;(3)隐瞒事实,即证人常以不知道或忘记为借口故意不告知有关案件的重要情况。

(二)造成故意伪造证言的其他原因

归纳起来有:(1)证人与案件当事人有特别关系;(2)缺乏辨别是非、正确表达的能力,生理上、精神上有缺陷或者年幼,不具有作证能力;(3)证言的收集,须依照一定的法律程序进行,违法取证会出现伪证的可能。

**二、伪证的判别**

我国诉讼法作了一系列规定,归纳了分析伪证应当遵循的规则和方法。结合实践,判别伪证应遵循的步骤、规则和方法有:

(一)分析证人的资格

所谓证人资格,就是指证人范围,哪些人不能作为证人,哪些人可以作为证人,哪些人应当作为证人。根据法律规定,只有知道案件情况的人,才能作为证人。证人所知道的案件情况有些是亲自感知的,有些可能是从他人那里间接得知的。在司法实践中,如果查清了证人并不知道案件的情况,他所陈述的证言是道听途说或者主观想象、猜测出来的，就可以判断其证言是伪证。另外，诉讼中的侦查、检察、审判人员，或者鉴定人、翻译人员、书记员和辩护人，不具有证人资格。如果上述人员陈述证言，就必须考虑伪证的可能性。再有，法人也不具备证人的资格。实践中，有的单位以保卫科、办公室的名义出具证明案情的材料。这些材料由于不是以个人身份作出，往往带有分析性内容，因而也应进行真实性的分析。

（二）分析证人的身份

证人的身份是指证人与案件当事人或者与案件的结果所存在的一种关系。具有某种特殊身份的证人所作的证言，有可能产生伪证。如果查明证人与案件当事人或与案件的结果存在着某种利害关系，如证人是案件当事人的亲属、朋友、同事、熟人或者仇人，案件这样或那样的处理结果会有利或不利于证人，对这样的证人所作的证言就要仔细加以分析。如果证人受到某种欺骗、威胁或已被人收买利用，就会使证人产生担忧、害怕或贪图私利的心理。在这种心理影响下，极易导致伪证。对这类证人的证言应持慎重态度。判断证人的身份，虽不能直接、明确地判别伪证，但可以给判别伪证提供重要的信息和线索。

（三）查清证人感知能力受影响的状况

证人感知事实的能力，即证人对事实领会和感受的能力，即证人内在自身条件的局限和外在客观条件的影响。证人内在自身条件，包括证人生理性的感知能力，如视觉、听觉、嗅觉、触觉、味觉，以及证人心理性的智力水平，如经验、情绪、性格等。查清了证人内在自身条件存在种种局限，就可以判断关于某一类问题的证言可能属于伪证。如视力局限的证人，不能辨认较远距离和较弱光线下物体的细节，他对这种条件下物体细节的领会可能是一个失实印象；再如听觉局限的证人，因无法辨听某声音，对这种声音会产生失实的印象。司法实践中常有这样的案件。例如，证人陈述他在离作案现场200米远的地方看到被告人正在盗窃作案，并且详细地陈述了被告的特征、衣着、体态甚至脸部的特征。但经了解，证人有近视，在200米距离外，他根本无法辨认物体的任何形态特征，该证人的证言很可能是伪证。

查清证人心理性的智力水平即经验、情绪、性格等方面情况，同样可以判断是否属于伪证。如交通肇事案件的证人对汽车型号、速度、撞击、刹车、方向灯等方面没有专门经验，他就这方面的证言就存在失实的可能。证人的情绪对证人领会事实情况，起着某种作用。一般情况下，当证人处于极端痛苦、烦闷情绪时，领会事物的能力要差一些。当处在欢快情绪时，对事物的领会能力要强一些。证人的心理状态也关系到证人对事实的感知能力。如证人专心致志进行某项工作时,对身边发生的事实可能"视而不见、充耳不闻"。在紧张、惊恐的心理状态下,可能会把某种细小的声音如风声误听为人的脚步声。

证人感知事实的能力还受到外在客观条件的影响。客观条件是人感知事实时的具体特点和环境,如光线的强度、声音的大小、地点、事实延续的时段等。了解这些客观条件,分析证人领会事实能力的状况,能判断某些伪证。例如,人在某种光线角度下,根本无法看到对面的事实,证人陈述看到这个事实,就可以判断这种证言为伪证。

另外,在非自然光线下,证人对颜色的领会常会产生偏差,即所谓"灯下不辨色"。证人对处在同类较大群体中的物体,或领会成较实际小,或领会成较实际大,这些情况都会使证言产生失实的可能性。如果客观条件使证人不可能领会到所陈述的事实,或者是主观条件使证人在最发达的智力和体力条件下也不可能领会到他所陈述的事实,那么,就可以判断证人的证言为伪证。

#### (四) 查清证人保留印象能力受影响的状况

如果证人不能在陈述前一段时间内,正确地保留他领会到的事实印象,那么他的证言就有伪证的可能。证人保留印象的能力取决于证人的记忆力和外界"暗示"的作用。

影响证人的记忆力有多方面的因素,如证人的年龄、智力水平、经验、职业等。事实的性质也影响证人的记忆力,寻常的事很容易忘记,而不寻常的事实则容易记忆。时间因素也对证人记忆力有很大程度的影响。还有,记忆力在一定程度上取决于证人无意识记忆还是有意识记忆。因此,对证人保留印象的能力,要分析以下几种情况:

1. 证人的年龄

年老的证人健忘,他所提供的关于细节的证言,要分析其真实性。而年轻证人一般惯于记忆细枝末节,对重要事实则可能容易遗忘。

2. 案件对证人的性质

如果证人领会的事实是极其寻常、每天都可能遇到的,而证人极其细致地陈述该事实的细节,则有理由怀疑其证言属于伪证。

3. 记忆的时间

时间越长,越容易遗忘。查清从事实的发生到证人陈述证言经历了多长时间,这段时间是否可能或必然地影响到证人的记忆力,由此判断证言是否属于伪证。一般情况下证人的后几次陈述,由于比第一次陈述离事实的发生时间更长,因此伪证的可能性比第一次陈述要大。当然,这并不是绝对的,也有经过认真的回忆,第二次陈述比第一次陈述更正确的情况。

4. 证人有无意识记忆事实印象

一般情况下,证人无意识记忆事实印象形成的证言,比有意识记忆事实印象形成的证言,产生虚假证言的可能性要大。

5. 证人有无受到暗示的影响

证人保留事实印象的能力还受自我及他人暗示的影响,通过暗示能使证人改变原先的事实印象。查清这种暗示的存在,据此可以判断证人证言的真伪。司法实践中存在这样的事例:证人A和B同时看到作案人从现场逃出,证人A当时并未辨认出作案人是谁,但事后听证人B说,作案人就是他们所熟悉的C,这时,证人A也认为作案人很像C了。尤其证人A后来看到C时,C正好穿着与作案人同样颜色的衣服,于是证人A就确定作案人是C无疑了。这里,证人A的证言是受了证人B的暗示。

(五) 查清证人表达能力受影响的状况

证人表达事实的能力,包括证人的语言能力和表达能力。可以通过查明以下几方面因素对证人语言能力和表达能力的影响状况,来判别可能存在的伪证。(1) 分析证人的语言能力和表达能力。如果证人由于智力水平、健康因素使其语言表达存在明显的缺陷,可以判断其所作的证言为伪证。(2) 分析证人在陈述证言时的心理。是十分愿意并主动陈述,还是并不愿意、十分勉强地陈述。后者会影响证人的表达能力,使其证言产生伪证的可能。(3) 分析证人陈述时能否把注意力集中在所指情况上,且专心致志、聚精会神地回忆他记忆中的事实印象。如果证人心不在焉、信口开河,应怀疑其伪证的可能性。(4) 查明证人是否以分析、推断陈述证言,或者是以模糊、似是而非的内容陈述证言。对不肯定、不明确的证言,应仔细辨别。(5) 分析取证人员是否给证人充足的回忆时间。证人如果没有充足的回忆时间,在不断被催促的情况下,匆忙作出证言,失实的可能性较大。

(六) 分析证言的客观性

证言内容的客观性,是指证言来源于客观情况,是对客观存在事实的一种说明。它包括两层意思:一是证言来源的客观性;二是证言内容的客观性。(1) 证言不是来自证人亲自听到或看到的,而是根据道听途说,或者证人通过自己毫无根据的分析、推测、想象得来的,可以怀疑这种证言属于伪证。如果证人陈述的情况是别人听到或看到而转告于他的,但证人又说不出这个人的情况,无法进一步查证,对这种不能说明来源的证言,应仔细判断其真伪。(2) 证言的内容明确度不高,含糊其词、模棱两可,或者证言内容显得过于简单,不能说明案件事实。对这些内容的证言,要作具体分析。如证人A陈述B殴打了他,但说不出B殴打他的细节，A 的证言就有伪证的可能。(3) 证言的内容本身存在着矛盾，前后不能连贯，并且这种矛盾是无法排除的实质性矛盾。对这些自相矛盾的证言，可以判别为伪证。(4) 证言的内容如果与科学公理、普遍常识及一般情理相违背，有可能属于伪证。科学公理是指通过科学研究和科学实验得出的真理；普通常识是指人们在日常生活中众所周知的事实；一般情理是指人们在日常生活中养成的生活习惯和道德标准。证言的内容如果与此相违背，则有伪证的可能。

（七）分析证言内容是否与案件情况、与其他证据相一致

证言的内容必须与案件的情况相一致，与其他证据相一致。如果出现了矛盾或不一致，那么肯定有一个为假，需要认真判断，予以排除。

案件的情况，是指案件发生后所留下的一些明显迹象和事实。如果证言的内容与案件情况存在实质的矛盾，就要怀疑这样的证言是否为伪证。同样，证言的内容如果与大多数证据的证明内容相矛盾，这样的证言多属伪证。如果大多数证据中的某部分证据已经查证确实，证言的内容与之存在矛盾，则该证言属伪证无疑。如果证言内容与案件中某一个证据证明的内容完全相反，则两证必有一伪，应进一步查对、判断，找出其中的伪证。如果证言中的局部内容与案件的情况或其他证据之间存在矛盾，就必须分析证言局部的内容是证言所要说明的主要问题还是次要问题。主要问题上存在的矛盾，对判断整个证言的真伪起决定性的作用；而次要问题上的矛盾，并不构成对整个证言怀疑的理由。如证言说明，看到 A 杀害了 B，包括 A 走近 B，A 掏出了水果刀，A 把刀刺进了 B 的胸部，B 倒下的地点，B 的体貌衣着特征。但法医鉴定证明 B 是窒息死亡，并无刀伤。证言在死因这个主要问题上与案件情况产生矛盾，可以判断该证言属伪证。

当证言之间的内容绝对符合，没有丝毫矛盾，有时也应怀疑其人为性。

（八）分析证言的合法性

证言合法性是证言真实性的有效保证。采用违法的方法收集的证言，有可能产生伪证。(1) 我国《刑事诉讼法》第 52 条规定，严禁刑讯逼供和以威胁、引诱、欺骗以及其他非法的方法收集证据。如果查明证言是通过刑讯逼供或者威胁、引诱、欺骗等手段非法收集到的，就可以判断该证言具有伪证的可能性。司法实践中，要查明这两种违法取证的方法，主要从分析法律文书和讯问被告人着手。(2) 我国《刑事诉讼法》第 124 条规定，侦查人员询问证人，可以在现场进行，也可以到证人所在单位、住处或者证人提出的地点进行，在必要的时候，可以通知证人到人民检察院或者公安机关提供证言。如果查明询问证人地点不合法，将影响证人证言的法律效力，应当予以补正和要求作出合理解释。(3) 我国《刑事诉讼法》第 61 条规定，证人证言必须在法庭上经过公诉人、被害人和被告

人、辩护人双方质证并且查实以后，才能作为定案的根据。通过这样的讯问和质证能在很大程度上使证人不敢提供伪证，已经提供的，通过法庭上的讯问和质证，也容易进行正确判断。

（九）实践验证

有些证言所反映的内容仍然存在或者可以重演，可以通过实际的操作活动，即通过实践的方法，来判别证言的真伪。通过实践验证来判别伪证的方法，主要有三种，即模拟试验法、鉴定法和勘验法。（1）模拟试验法，是指在同等条件下模拟案件中某些情况，以检验结果来辨别证言真伪的办法。如证言说明证人听到了被害人呼喊救命的声音，但通过实验表明，在这种状态、地点、距离条件下，证人根本无法听清被害人呼喊的声音。（2）鉴定法，是指具有专门知识的人通过技术手段来鉴别证据内容真伪的方法。如证人陈述他看到被告人用手扼死了被害人，但经法医鉴定被害人是中毒死亡，且并无被扼的痕迹，由此可以判断该证言为伪证。（3）勘验法，是指用现场勘验的方法来鉴别证言真伪的方法。如证人陈述看到被告人在某一地点隐藏过，但经勘验证明，该地点杂草丛生，根本没有人踩压过的痕迹，由此可以判断该证言属于伪证。实践验证的方法是判断伪证的一个重要方法，但该方法不能无限制地滥用。如模拟试验法，必须禁止一切足以造成危险、侮辱人格或者有伤风化的行为。鉴定法和勘验法则必须具备一定的条件，条件不具备或不充分的情况下进行的鉴定和勘验，并不能正确地排除伪证。

# 第十九章 证据的运用

## 第一节 证据运用概述

### 一、证据运用的概念与意义

证据运用,即运用收集到的证据证明案件事实的活动。"以事实为根据,以法律为准绳"是我国三大诉讼法共同规定的一项基本司法原则。完成诉讼任务首先要查明案件事实,然后才谈得上正确适用法律,而查明事实就离不开证据。因此,证据便成为诉讼活动的核心内容,证据运用在司法实践中的地位自然也显得举足轻重。

一般说来,诉讼证明的顺利实现、诉讼任务的完成,必须具备客观和主观两个方面的因素。客观因素就是证据,这是一种具有客观性、法律性并与案件事实有关联性的事实。客观性是其最为根本的属性,因为证据本身是曾经发生过的伴随着犯罪行为出现的单纯的事实状态。主观因素就是指相关主体运用证据,即对证据加以分析、辨别、演绎、证明案件事实的过程。客观因素和主观因素对于诉讼证明的顺利实现不可或缺。客观因素是主观因素得以发挥作用的前提和基础,主观因素又是客观因素得以被认识的条件和手段。从某种意义上说,证明过程中的主观因素更为重要,如果没有依法收集取证,没有对证据材料进行审查判断、去伪存真,没有认定采证,客观因素就不能发挥证明案件事实的作用。

证据的运用直接决定着案件事实是否能够查明以及是否能够实现司法公正。可以说,正确运用证据是查明事实、实现司法公正的前提和基础。各种进入诉讼流程的案件,都是已经发生的事实。在通常情况下,只能在审理过程中,通过争讼双方收集、提供的证据或者法院依法调取的证据以及以此为基础的一系列的证明活动即证据的运用,才能查清案件的事实。为了达到一定的证明标准,实现证明目的,使待证事实得以明确,就必须恰当地运用证据。如果说证据是联系已知事实和未知事实之间的纽带,那么运用证据的方法则是让这条纽带紧密连接的引线。

证据运用得适当,不仅可以使证据产生事半功倍的效果,而且能够及时地完成证明任务,发现案件的客观事实,实现诉讼目的。否则,证明活动就无法顺利开展，诉讼活动无法正常进行，诉讼程序作为纠纷的最后解决机制、权利的最后救济手段的功能也将难以实现。

## 二、证据运用的总体要求

正确运用证据，必须坚持实事求是的原则。这是因为，在哲学上，我国诉讼证明制度的建构是以辩证唯物主义为理论基础的，遵循认识客观事物的一般规律。辩证唯物主义的认识论是唯一科学的认识论，是我国证据制度的指导思想，它的精神实质就是实事求是。在审判工作中，相关主体依照法定程序收集证据，审查判断证据，运用证据证明案件事实，就是在辩证唯物主义认识论的指导下，认识事物，使主观同客观相统一的过程。这要求运用证据应从实际出发，重视调查研究，收集、分析客观存在的各种证据，在查证属实的基础上，证明案件的真实情况。而且，从我国对于证据的有关法律规定来看，实事求是是我国诉讼证明制度的核心。我国诉讼法明确规定，"可以用于证明案件事实的材料"都是证据，各种证据"必须经过查证属实，才能作为定案的根据"，"对一切案件的判处都要重证据，重调查研究，不轻信口供"，如果发现认定的案件事实有错误，或证据不足，必须依法纠正。可见，诉讼法上有关证据问题的上述规定以及其他许多规定，都体现着实事求是的原则，是实事求是基本原则在诉讼证据上的运用。司法实践中，刑事犯罪情形复杂，民事行政纠纷也各式各样，与案件有关的证据十分繁杂，运用证据就必须从具体案件情况出发，认真调查研究，掌握各种证据间的内部联系以及证据与案件事实的联系，从中推导出正确的结论。否则，从主观意愿出发，想当然地运用证据，不判明证据的真伪及其与案件事实的联系，就不可能证明待证事实。

实事求是原则要求在运用证据的过程中必须忠于事实。要做到忠于事实，就必须对所运用的证据采取科学的态度，运用过程中不能带有主观随意性。对于经过查证核实的证据，不得凭自己的主观需要任意取舍，或者牵强附会地进行武断推论。忠于事实真相，还要求坚持原则，排除外界对证据运用过程的干扰。正确运用证据必须坚持实事求是的原则，重证据，重调查研究，忠于事实，这样才能确保司法公正。①

## 三、影响证据运用的主要因素

运用证据的过程并不是孤立地证明案件事实的过程，它同证据制度相适应，

---

① 参见彭金冶：《证据的运用与司法公正》，载《哈尔滨学院学报（教育）》2001年第5期。

与司法制度相联系,还要受到诸多因素的影响和制约。这不仅是由认识的相对性决定的,也是由诉讼证明自身的特殊性决定的。具体说,影响证据运用的因素主要有:

(一)证据运用主体的局限性

1. 证据运用主体主观能力的限制

无论是国家公诉人员,还是普通的诉讼当事人,都是基于其对案件事实的主观认识进行证明活动,都必然受到自身主观能力如感受能力、记忆能力、理解能力、表述能力的限制,这些都必然对证明活动的进行和效果产生一定的影响。关于诉讼主体主观能力的限制,我国台湾地区学者曾有精辟论述:"人性固然有情绪或其他的弱点,同时人的能力也有一定的限制。任何人的观察,都可能发生偏差,在心理学上已成为公认的事实。人类记忆,与时俱逝。时日愈久,记忆愈淡。所谓'记忆犹新',有时亦只不过是零碎的片段而已。……就是通常有陈述能力的人,其陈述亦可能有所欠缺。陈述纵无欠缺,语义是否确实,有否误解,亦可能发生问题。"①

2. 诉讼利益对证据运用主体的影响

由于证据运用主体与案件处理存在法律上的利害关系,在证据运用活动中,当事人基于趋利避害的本能,有可能只提供对自己有利或对对方当事人不利的证据,甚至凭空捏造对己方有利的证据,而对那些对自己不利或对对方有利的证据则不予提供甚至加以隐瞒。在刑事诉讼中,尽管检察机关作为国家专门法律监督机关或社会公益的代表负有全面收集证据的义务,但司法实践中,公诉人员大都倾向于证明被告人有罪。

(二)证明客体的局限性

诉讼证明并非科学原理或自然定律的证明,而是一种社会性证明,其证明对象不是外在的、唯一的客观规律,而是特定主体实施某一具有法律意义的行为所形成的事实。这一事实是人为的事实,不可避免地掺杂了行为主体的心理因素和主观意识,从而使得案件事实成为外在特征与内在特征的统一体,这个统一体便是诉讼证明的对象。要把已成历史的这种事实统一体化为原原本本复现的事实,这在哲学上是不可能实现的。因为尽管案件事实的外在部分可以通过证据加以认识,但其内在部分则需要认识主体与认识客体的完全契合才能获得一致认识。但是,认识客体的主体意识在其发展历程上是转瞬即逝的。即使是相同的主体,也不可能重现其曾有过的主观意识。渗透于案件事实中的主观因素既

---

① 参见李学灯:《证据法比较研究》,五南图书出版公司1992年版,第689页。

然不能再现,那么证据运用的作用必然是相对的。此外,作为证明根据的材料来源因提供者主观因素的影响也可能带有很大的不确定性,如证人、被害人、被告人会按照自己的理解受自身动机的支配提供证明材料。真实的证明材料有可能无法进入诉讼,虚假的证明材料却可能在证明结论中被加以肯定。换句话说,证明对象中所含的案件事实,与案件的客观事实相比较,有可能"增加",也有可能"减少",而这些被"增加"或"减少"的案件事实的存在,对证明结论与案件客观事实之间的一致性显然有很大影响。

(三)时空和资源的局限性

在自然科学的证明中,人们为发现某一科学原理或定律,可以不受时空限制进行下去,有时甚至汇多国之精英,集数代人之努力,直到发现客观真理。而诉讼中运用证据所进行的证明活动却不可能如此。证据运用要受到法定期限和特定地域的限制。西方有"迟来的正义是非正义"的法谚。另外,司法有严格的地域限制,"纵有司法上的协助,亦不能如自然科学方面的寻求资料,容易打破时空的障碍"①。这就可能产生这样的现象,即证据运用主体在诉讼期限内由于某种原因未能完成证明活动,或根据已有的证据无法得出明确的证明结论,但案件不能无限拖延下去,犯罪嫌疑人、被告人也不能无限期地处于羁押的状态。这时对案件的解决,更多的是出于人权保障、诉讼效率、社会正义等法律价值和其他政策的考虑,而不是基于争议事实已经查明的前提。诉讼证明要受到有限资源的制约,考虑人力、财力的因素。为寻求某一案件的绝对真实而要求司法机关不惜成本、不计代价,是不可想象的。

(四)证据运用受证明标准、证明程序和证明规则的制约

为追求诉讼的公正、民主与文明,加强对个人权益的保障,现代诉讼对证明责任的分担和对证明的方法、手段、过程均有明确的法律要求和严密的程序保障。例如,证据运用必须严格依据确定的证明程序和规则进行,即证据的取得、提出和质证等活动均须遵循相应的程序,证据的使用和采信必须符合一定的证据规则。证据的收集程序必须合法,司法人员违反法律规定,采取刑讯逼供或威胁、引诱、欺骗及其他非法方法收集的证据,即使具有真实性和关联性,也不能用来作为定案的根据。再如,犯罪嫌疑人、被告人对自己是否实施了犯罪行为最清楚,如果他们能够如实陈述,对查明案件事实将十分有益。为了保护犯罪嫌疑人、被告人的合法权益,防止侦查人员滥用权力,杜绝和减少刑讯逼供,联合国人权公约以及许多国家的法律赋予犯罪嫌疑人、被告人沉默权,规定不得强迫犯罪

---

① 参见李学灯:《证据法比较研究》,五南图书出版公司1992年版,第691页。

嫌疑人、被告人自证其罪。应当承认,诉讼证明规则中的"非法证据排除规则""反对被迫自我归罪的特权"等,从是否有助于查明案件事实的角度来看,显然都是弊大于利的。有时可能因犯罪嫌疑人、被告人保持沉默或者因关键证据的排除而影响对案件事实的认定。这些显然也影响到诉讼证明的真实性和确定性。

综上所述,证据运用因其自身的特殊性,即运用主体、证明客体、时空和资源的局限性以及证明标准、证明程序和证据规则的制约,决定了诉讼证明在大多数情况下达不到预期的证明程度,承认证据运用的制约因素,亦是实事求是的题中应有之义。

## 第二节 证据运用的规则和技巧

### 一、证据运用的方法

#### (一) 直接证明方法和间接证明方法

直接证明方法,是指直接用证据的真实性来证明案件事实的真实性的方法。这是司法机关在办案中最常用的一种证明方法。演绎证明方法和归纳证明方法都属于直接证明方法的范畴。

间接证明方法,是指通过证明与案件事实相反之事实为假来证明案件事实为真的方法。它不是用证据来直接证明案件事实本身,而是先否定与之相反的假设事实,然后再间接地证明案件事实的真实性。间接证明方法又可分为反证法和排除法两种:(1)运用反证法证明案件事实,首先要假设一个与案件事实相反的事实,然后再否定该假设事实的真实性。(2)运用排除法证明案件事实,首先要提出关于该案件事实的全部可能性假设,然后逐个排除,直至剩下唯一一种可能,从而证明其真实性。

#### (二) 演绎证明法和归纳证明法

演绎证明法和归纳证明法都属于直接证明法,只不过其证明中使用的推理形式有所不同。演绎证明法,是指运用演绎的形式从证据的真实性直接推导出案件事实的真实性。归纳证明法,是指运用归纳的形式从证据的真实性直接推导出案件事实的真实性。然而,这里所说的"归纳"不是严格的逻辑学意义上的"归纳推理"。

演绎证明通常要运用两种论据:一种是一般的原理或规则,即大前提;另一种是案件中的具体证据,即小前提。演绎证明就是通过把一般原理或规则适用于具体案件情况,从而证明案件事实的真实性。归纳证明要通过一系列具体事实或一组证据来证明案件事实。

由于演绎证明前提的正确与否比较容易判断,而归纳证明中的归纳往往是不完全的,所以,演绎证明的前提比较抽象,而归纳证明的依据都是具体事实,因此,归纳证明的说服力较强。在运用证据证明案件事实时,演绎证明和归纳证明往往要结合起来使用。

(三)要素证明法和系统证明法

要素证明法,是指通过运用证明构成案件事实的每一项要素来证明全案事实的方法,其证明过程都是从部分到整体。

系统证明法与要素证明法相反,它是先从整体上证明案件事实的基本结构,然后再证明具体的构成要素,其证明过程是从整体到部分。

虽然这两种方法的区别表现为证明的过程不同,但是其实质在于证明的重心不同。在某些情况下,证明了每一个要素就等于证明了整体事实,但是在另一些情况下,证明了每一个要素与证明整体事实并不能简单等同起来。另外,在某些案件中,证明了某个要素几乎是不可能的,但证明包括该要素在内的整体事实却还是完全可能的。在第一种情况下,采用系统证明法还是要素证明法并无太大的差异;但是在后两种情况下,采用何种证明方法却有可能带来大相径庭的结果。由此可见,要素证明法和系统证明法应该适用于不同的案件情况。

其实这两种证明方法的区别并不局限在司法和执法活动中。医生诊断病情实际上也可以视为一种证明过程。一般来说,医生在诊断病情或者说"查明病情真相"时采用的是要素证明法,医生通过"望、闻、问、切"或使用各种技术手段,逐个查明病人的各种症状,如脉搏、舌象、体温、血压及血象等。随着已查明的症状数量的增加,整体病情的性质也就逐渐明确,直到剩下最后一种可能性的时候,病就查清了,整个病情也就得到了证明。当然,有些医生也会采用系统证明法来查明病情。他们先从直觉或第一印象推断病人得的是肺炎还是感冒,然后再根据这一病情的系统要求去查验一个个症状。

当然,简单地把司法活动中的证明等同于医生的证明是有失偏颇的。实际上,不同的案件往往适用不同的证明方法。例如,在产品责任案和医疗事故案中,要素证明法可能比较适用,因为案件中的问题可以用"是"或"不是"来回答,而且在必要时可以用再现法检验。但是,在诈骗案和杀人案等涉及行为人主观状态的大多数案件中,系统证明法往往更为合适,因为回答这些案件中的问题既需要系统的框架结构,也需要证明者的注释。

从实践的反对角度来讲,系统证明方法也有更广泛的用途,因为任何证据调查人员在使用证据证明案件事实时都有了一定的"符合历史规律和逻辑规律的命题"。在这种情况下,运用系统证明方法既可以加强证明的条理化,又可以简化复杂的证明过程。此外,这也比较符合人们在日常生活中形成的思维习惯,因为人们会自然而然地对生活中的认识活动进行条理化和简化处理。例如,一个人会记住自己昨天下午去了一趟商店,而不会记住出门、锁门、下楼、掏钥匙、打开自行车、骑上自行车等一系列具体动作;当人们看到一辆汽车从身旁驶过时,会毫不犹豫地推定那辆汽车具有车身、轮胎、发动机、车灯等一系列构成要件,而不必一一核查这些要件之后才断定这是一辆汽车。诚然,证明案件事实并不是那么简单,但其中有些道理是相通的。在运用系统证明方法证明案件事实时,最重要的是准确把握系统的结构和系统证明的规则。

**二、证据运用应遵循的规则和技巧**

(一)禁止非法取证和非法证据排除规则

1. 禁止非法取证

禁止非法取证,是指证据的形式和来源要符合法律程序,不能用不合法的手段获取证据。证据能够被允许进入诉讼轨道作为定案的根据,首先必须具有合法性。特别是在刑事诉讼中,绝不允许国家机关滥用权力违法收集证据,侵害公民的合法权益。在实施勘验检查、询问证人、侦查实验、搜查、扣押、鉴定、讯问被告人等收集证据活动中,一定要遵守法律程序,坚决反对刑讯逼供等行为。

证明活动实质上是一种主观与客观相结合的活动。虽然证明活动中所要收集的证据具有客观性、相关性的特点,然而证明活动必须符合法律规定的要求,否则,证明活动就偏离了轨道。所以,凡不是依法收集的证据或不符合法律要求的证据材料,一般不能作为刑事诉讼的有效证据,同时,这种证明活动将被认为是违反法律程序而要予以纠正。

禁止非法取证原则不单是一个理论问题,也是关系到实际办案质量的一个现实问题。世界各国都对证明活动规定了一系列的规则、制度,其目的就是保证诉讼活动的正常进行。可见,禁止非法取证原则,在现代法治国家中具有普遍意义,它对于保障刑事诉讼活动的顺利进行,维护国家法律的尊严,保护当事人的合法权益都具有实际意义。

禁止非法取证的一个重要内容就是严禁刑讯逼供。我国《刑事诉讼法》第52条规定:"严禁刑讯逼供和以威胁、引诱、欺骗以及其他非法方法收集证据,不得强迫任何人证实自己有罪。"刑讯逼供是封建主义和法西斯主义最野蛮的一种审讯方式。历代统治阶级在审判案件中公开采用各种酷刑,造成大批冤案,致使"四海多衔冤之人,九泉有抱痛之鬼"。

当前,某些司法办案人员,由于法制观念淡薄,办案经验缺乏,在案件较多、久查无证的情况下,有时会使用体罚、吊打等刑讯逼供方法使被告人招供。刑讯逼供获取的口供,可能真假参半,容易冤枉无辜而放纵了真正的罪犯。所以,刑讯逼供是必须坚决反对和禁止的。它不但损害了司法机关的威信,而且破坏了国家的法治建设,从根本上违背了广大人民群众的利益。

2. 非法证据排除规则

非法证据应予排除、不得采用乃各国证据法之通例。我国非法证据排除规则的确立始于2010年"两高三部"《关于办理刑事案件排除非法证据若干问题的规定》《关于办理死刑案件审查判断证据若干问题的规定》,2012年《刑事诉讼法》以立法条文的形式在立法层面正式建立了我国非法证据排除规则。

非法证据的范围包括非法言词证据和非法实物证据。非法言词证据包括以刑讯逼供等非法方法收集的犯罪嫌疑人、被告人供述和采用暴力、威胁等非法方法收集的证人证言、被害人陈述。《刑诉法解释》吸收了《关于办理刑事案件严格排除非法证据若干问题的规定》《人民法院办理刑事案件排除非法证据规程(试行)》等非法证据排除文件规定的内容。《刑诉法解释》第123条明确并细化了被告人供述方面的非法取证行为:(1)暴力型,即"采用殴打、违法使用戒具等暴力方法或者变相肉刑的恶劣手段,使被告人遭受难以忍受的痛苦而违背意愿作出的供述";(2)威胁型,即"采用以暴力或者严重损害本人及其近亲属合法权益等相威胁的方法,使被告人遭受难以忍受的痛苦而违背意愿作出的供述";(3)非法限制自由型,即"采用非法拘禁等非法限制人身自由的方法收集的被告人供述"。第124条规定了采用刑讯逼供方法收集的被告人供述的重复供述排除规则及例外情形。第125条规定,收集证人证言、被害人陈述的"暴力、威胁等非法方法"指的是"采用暴力、威胁以及非法限制人身自由"等方法。可以发现,司法解释区分被告人供述和其他言词证据,细化了非法言词证据必须排除的法定情形,但解释仍然未明确对于引诱、欺骗等方法取得的言词证据是否必须排除,对催眠、使用药物是否属于非法取证方法,"冻""烤""体罚虐待""疲劳审讯"等非法方法如何量化认定等亦缺乏明确的规定,司法实务中人民法院、人民检察院对此存在不同认识。非法实物证据包括以不符合法定程序收集的,可能严重影响司法公正,且不能补正或作出合理解释的书证、物证。结合司法解释,"应当综合考虑收集证据违反法定程序以及所造成后果的严重程度等情况"判断是否属于"可能严重影响司法公正"的情形。根据立法和司法解释等规定可知,我国刑事诉讼非法证据排除对非法言词证据采用了绝对排除模式,而非法实物证据则采取了相对排除模式。

《刑事诉讼法》第 58 条赋予当事人及其辩护人、诉讼代理人申请启动非法证据排除调查程序的权利,并规定申请人应当提供相关线索或者材料,如何理解申请方所提交的相关线索和材料是否达到启动调查程序的标准,是认定的难点。司法实践中,申请方可提供以下线索、材料供司法机关审查是否达到启动非法证据排除调查程序标准:(1) 被告人因刑讯或变相刑讯致伤、病、残的医院证明、病历或羁押场所体检证明以及同监室人员证言等;(2) 被告人被连续 12 小时以上讯问且未给予必要休息和饮食时间的笔录;(3) 被告人被连续传唤、拘传等变相拘禁情况的法律文书、讯问笔录;(4) 审讯人员提示案件关键事实和重要情节,引导供述与案件关键事实和重要情节重合等诱供、指供情况的笔录;(5) 其他涉嫌非法取证人员、时间、地点、方式、内容等相关的证据或线索材料。

《刑事诉讼法》第 59 条规定人民检察院承担对证据收集合法性的举证责任。对于公诉机关举证责任要达到的证明标准存在优势证据、明显优势证据和排除合理怀疑等不同层次要求的观点三种要求。[①] 我国刑事诉讼法采用"案件事实清楚,证据确实、充分"的严格证明标准,为此,证据合法性的证明标准也应采用"确实、充分"、排除合理怀疑的严格证明标准,若公诉机关对供述合法性的证明未能达到证据确实、充分的证明标准,不能排除存在以非法方法收集证据的情形,对有关证据应当予以排除,不得作为定案处罚的依据。法院启动非法证据排除规则排除有关非法证据后,在案的其他证据不足以认定被告人有罪,检察院经补侦后仍然不足以证明被告人有罪的,法院应当依法作出无罪判决。

上述立法和司法解释对非法证据排除规则作了初步规定,但也存在非法证据范围有待明确、非法证据排除调查程序有待细化、重复供述排除问题未涉及等问题。为弥补立法的不足,严格防范冤假错案,完善非法证据排除规则,加强人权保障,2017 年两高三部印发《关于办理刑事案件严格排除非法证据若干问题的规定》,细化非法证据的范围和认定标准,明确刑事诉讼各个阶段排除非法证据的职责和操作程序。其中,第 1 条至第 4 条列举了四类非法取证方法,即包括"刑讯逼供和以威胁、引诱、欺骗以及其他非法方法""殴打、违法使用戒具等暴力方法或者变相肉刑的恶劣手段""以暴力或者严重损害本人及其近亲属合法权益等进行威胁的方法""非法拘禁等非法限制人身自由的方法"。第 5 条增设了重复供述排除规则,但符合更换讯问主体、变更诉讼阶段、告知权利等条件取得的重复供述则具有合法性。该规定第 8 条至第 15 条从规范讯问地点、完善侦查讯问同步录音录像制度、完善讯问笔录、严格规范看守所的提讯登记和收押体检制

---

① 参见张智辉主编:《刑事非法证据排除规则研究》,北京大学出版社 2006 年版,第 189 页。

度、严格执行重大案件侦查终结前对讯问合法性进行核查制度等方面规范侦查阶段取证行为,防止非法取证行为的发生。该规定第 16 条至第 18 条强调了审查逮捕、审查起诉阶段讯问时的权利告知、排除证据的申请主体、程序、处理。为保障犯罪嫌疑人、被告人合法诉讼权利,该规定第 19 条至第 22 条赋予并保障犯罪嫌疑人、被告人申请排除非法证据时的辩护权利。该规定第 23 条至第 41 条就审判阶段非法证据排除规则的程序启动、庭前会议阶段及庭审阶段对证据合法性争议的处理、控辩双方的权利救济作了明确细致的规定。

非法证据排除规则适用的典型案例是杨增龙故意杀人案[①]。2010 年 8 月 30 日,河北省保定市中级人民法院以故意杀人罪判处被告人杨增龙无期徒刑,剥夺政治权利终身。宣判后,附带民事诉讼原告人提出上诉。河北省高级人民法院于 2010 年 12 月 15 日裁定撤销原判,发回重审。保定市中级人民法院依法重新审理后,于 2011 年 9 月 14 日以故意杀人罪判处被告人杨增龙无期徒刑,剥夺政治权利终身。宣判后,附带民事诉讼原告人提出上诉。河北省高级人民法院于 2012 年 3 月 29 日再次裁定撤销原判,发回重审。保定市中级人民法院于 2013 年 1 月 30 日对该案依法重新审理,后保定市中级人民法院仍以故意杀人罪判处被告人杨增龙无期徒刑,剥夺政治权利终身,被告人杨增龙上诉,最终河北省高级人民法院以证据不足判决撤销原判,宣告杨增龙无罪。

该案中,杨增龙在再审程序的一审中提出非法证据排除申请,但一审法院将证据合法性的举证责任错误转嫁给被告人,认为除杨增龙供述外,无其他证据证实侦查人员对杨增龙有刑讯逼供行为。后二审法院根据杨增龙申请启动非法证据排除调查程序,检察机关向法庭出示了讯问笔录、羁押记录、体检记录、侦查讯问录音录像等证据,并通知侦查人员出庭作证,拟证明证据收集的合法性。经法庭调查和法庭辩论,二审法院发现该案证据收集过程中存在被告人录音录像不完整不同步、现场辨认录像不完整不足以反映辨认过程的客观性、健康检查笔录与询问录像显示内容存在矛盾、提讯证上无提讯时间和事由、侦查人员未签名等问题,且杨增龙的有罪供述未得到客观物证印证,供述的有关作案工具、其他物证未提取在案,现场无提取到与杨增龙特征吻合的足迹、指纹,杨增龙衣物上未检出血迹。基于上述问题,公诉机关对证据合法性的证明程度无法达到确实、充分、排除合理怀疑的标准,应当予以排除。排除杨增龙有罪供述后,因在案其他证据无法形成完整证据链,无法达到法定证明标准,二审法院依法宣判杨增龙

---

[①] 刘静坤、温小洁:"杨增龙故意杀人案——被告方申请排除非法证据的情形,如何把握证据收集合法性的证明责任,以及二审法院如何贯彻疑罪从无原则。"《刑事审判参考(总第 108 集)》,法律出版社 2017 年版,第 26—31 页。

无罪。

(二) 相关性规则

相关性规则要求纳入诉讼过程的证据材料必须与案件事实有实质性关联并对案件事实有证明作用。例如,《刑事诉讼法》第 120 条规定:"犯罪嫌疑人对侦查人员的提问,应当如实回答。但是对与本案无关的问题,有拒绝回答的权利。"第 194 条规定:"公诉人、当事人和辩护人、诉讼代理人经审判长许可,可以对证人、鉴定人发问。审判长认为发问的内容与案件无关的时候,应当制止。"这些法律规定,确立了我国刑事诉讼及证据运用的相关性规则。

证据的相关性主要从四个方面理解:(1) 相关性是证据的一种客观属性。即证据事实同案件事实之间的联系是客观联系而不是办案人员的主观想象和强加的联系。(2) 证据的相关性应具有实质性意义,即与案件的基本事实相关。在刑事案件中,是指关系当事人是否犯罪、犯罪性质及罪责的轻重等,与这些基本事实无关的证据材料被视为无相关性。在由诉讼双方举证的情况下,注意所提问题以及所举证据的实质相关性十分重要,因为这有利于防止纠缠细枝末节拖延诉讼,也有利于弄清案件的基本事实。(3) 相关的形式或渠道是多种多样的。联系的基本类型包括直接相关和间接相关、必然相关与偶然相关、肯定性相关与否定性相关、单因素相关以及重合等。相关性需要达到一定程度,如果关联性过于间接,相关性十分微弱,此证据可能被视为不具有相关性。(4) 相关性的实质意义在于证明力,即有助于证明案件事实。因此可以说考察分析证据的相关性,其落脚点在证据的证明力。

对是否具有相关性的判断难以求助于某种统一的标准,因为相关性实际上是一个经验事实问题。也就是说,对某一证据材料或一项证据材料的某一内容(法庭上控诉方或辩护方的某一发问)是否具有相关性,其判断主要依照的是裁判者的经验。华尔兹教授说:"法官们在决定大多数相关问题时大概都根据:(1) 关于所提证据的感觉;(2) 已确立的司法判例或法典化规则——如果有这些判例或规则的话。法官有时对证据有一种感觉、一种直觉的反映,其基础是他们的经验、常识以及关于客观事物变化方式的知识。"他还指出,虽然对相关性来说没有什么实际的检验标准,但时间的遥远性十分重要。如果一个旁证事件距受审查发生时间很近,就具有相关性;如果间隔时间很远,就不具有相关性。[①]

(三) 证据展示规则

证据展示亦称证据开示,是诉讼双方在庭审前按照法律规定的方式相互交

---

① 参见〔美〕乔恩·R.华尔兹:《刑事证据大全》,何家弘等译,中国人民公安大学出版社 1993 年版,第 64 页。

换证据材料和信息的制度。[①] 建立证据展示规则有助于防止证据突袭，整理争议焦点，促进庭审实质化。2012年《刑事诉讼法》首次确立了庭前会议制度，涉及证据展示的框架性规定。2016年两高三部发布的《关于推进以审判为中心的刑事诉讼制度改革的意见》首次提出健全刑事案件庭前证据展示制度。2017年《最高人民法院关于全面推进以审判为中心的刑事诉讼制度改革的实施意见》提出法院可以在庭前会议组织控辩双方展示证据。2017年《人民法院办理刑事案件庭前会议规程（试行）》第18、19、20、21条分别围绕控辩双方展示证据的范围、内容、方式、程序及法律后果等方面规定了庭前会议中的证据展示规则，进一步完善了我国刑事诉讼中的证据展示规则。法院通过召开庭前会议，组织控辩双方展示证据，归纳双方证据争议焦点，有助于明确、整理案件事实、证据重点，确保法庭调查的重点和针对性，控辩双方也能通过庭前证据展示的初次交锋明确对方观点，为法庭辩论做好充分准备，强化法庭辩论控辩双方的对抗性，从而提高庭审的实效性。司法实践中，召开庭前会议进行证据展示应当注意三方面问题：一是以审判为中心的刑事诉讼制度改革要求当庭举证、质证，做到事实证据调查在法庭，定罪量刑的辩论意见发表在法庭，故不能以庭前证据展示代替庭审举证，庭前证据展示内容不宜过于详细，控辩双方对证据证明事项作出简要说明即可；二是对控辩双方在庭前会议证据展示中没有争议或达成一致意见的证据，庭审中可以适当简化，从而达到通过庭前会议证据展示简化庭审、提高庭审针对性的目的；三是法院召开庭前会议组织控辩双方展示证据，一般应当通知被告人到场，听取被告人的意见，被告人无法到场的，辩护人应当通过适当方式在参与庭前会议之前听取被告人的意见，或者在听取会议之后，告知被告人证据展示的情况，听取被告人的质证意见。

（四）直接言词原则

直接言词原则包括直接原则和言词原则。直接原则又称在场原则，要求被告人、被害人、证人、诉讼参与人等必须亲自到庭参与庭审，同时要求审理案件的法官必须亲自参与法庭调查和法庭辩论，言词原则要求以言词听审的方式开展法庭调查和法庭辩论。总而言之，直接言词原则要求法官在法庭上亲自听取被告人、被害人、证人及其他诉讼参与人的陈述，案件事实和证据必须以控辩双方讯问、质证的方式进行审查和认定。根据这一原则，被告人、证人、鉴定人等必须到庭亲自陈述，可以使法官在审理案件时能够直接对陈述者的真实意思表示及其情感获得清晰的认识，以便审查其陈述的真伪，有利于判决的作出。贯彻直接

---

[①] 参见曾六兵：《论建立我国的证据展示制度》，载《攀枝花大学学报》2001年第2期。

言词原则可以使我国刑诉法规定的证人出庭制度、证据当庭审查制度得以真正实现,消除法庭审判形同走过场,而仅仅满足于检察院提供的证据材料的现象,同时使辩护方的证据材料及辩护意见得以在法庭上真正展示,使审判人员直接听证,准确认定案件事实和情节。为贯彻直接言词原则,2012年《刑事诉讼法》确立了关键证人、鉴定人出庭作证制度,明确了证人、鉴定人出庭作证的条件和范围,规定了强制出庭作证制度,设立了有限的证人出庭作证豁免制度,增设了特定案件中证人保护措施和证人作证补偿制度,并对书面言词证据的证明力及质证认证等作了更为细致的规范。

## 第三节 三大诉讼中各种证据运用上的差异

### 一、刑事诉讼中的证据运用

刑事诉讼是公安机关、人民检察院、人民法院在当事人及其他诉讼参与人的参加下,依照法律规定的程序和要求,查证、核实被告人是否实施了犯罪,是否应当受到刑罚的处罚以及应当受到何种刑事处罚的活动。正确运用证据,是公安、司法机关完成刑事诉讼任务,防止和杜绝刑事错案发生的重要保障。作为刑事诉讼的核心,刑事审判过程实质上就是控、辩、审三方在一定的诉讼构造中举证、查证、核证的综合过程。因此,在庭审中只有依法正确地举证、质证、查证,才能准确、有效地发现实体真实与保障人权。当然,对于不同种类的证据,其运用的方法也有较大差异,现就几类主要的证据分述如下:

(一)物证的运用

物证是以其外部特征、内在物质属性及其存在方位等证明案件真实情况的物体和痕迹。[①] 物证是证据之首,具有较强的客观性和可靠性,而且还具有不可替代性,是查明案情的必备手段,是正确处理案件的基础和定罪量刑的前提,是进行刑事诉讼活动的主要依据。但是,物证也具有局限性,例如物证不能自明其义、自证其案,只能反映案件事实的某一要素;物证也可能被隐匿、毁灭或者发生自然变化等。因此,在运用物证时,应注意以下问题:

1. 物证须和其他证据结合发挥作用

物证虽然具有较强的证明力,但物证多为间接证据,不能单独证明案件的主要事实——谁实施了犯罪行为。物证必须同人证结合起来,才能证明案件主要

---

① 参见叶青主编:《刑事诉讼法学》,上海人民出版社2004年版,第127页。

事实。若过高估计物证的证明作用,仅依据一两件物证就决定逮捕、起诉乃至定罪量刑,必将造成错案。

2. 要对物证进行及时收集和保全

物证保全是指采用一定的方式、方法将已发现的物证记录、提取、固定,并加以妥善保管。一些刑事案件发生后,由于未能及时仔细收集犯罪嫌疑人遗留的各种物品、痕迹,时过境迁,现场被人为破坏或自然变化,无法收集或收集后没有及时检验,或物证材料变质不能检验,都会影响案件的侦破或刑事诉讼的进行。物证保全可以防止物证受到污染、丢失或破坏,以确保物证的客观性、关联性、证明性以及合法性。

3. 正确认识非法物证的可采性

非法物证,是指在刑事诉讼中侦查人员通过非法手段查获的实物证据。我国《刑事诉讼法》及相关司法解释中规定了对非法物证的排除规则,即以不符合法定程序收集的物证,可能严重影响司法公正的,应当予以补正或者作出合理解释;不能补正或者作出合理解释的,对该证据应当予以排除。《刑诉法解释》第126条规定对"'可能严重影响司法公正',应当综合考虑收集证据违反法定程序以及所造成后果的严重程度等情况"作出认定,第86条规定:"对物证、书证的来源、收集程序有疑问,不能作出合理解释的,不得作为定案的根据。"

(二)证人证言的运用

证人证言是证人就自己知道的案件情况向公安、司法机关所作的陈述。证人受各种主客观条件的限制或受不当询问方法的影响,可能作出与了解的事实有出入的陈述,使得证人证言具有某种不稳定性或不可靠性。在证人证言的运用上应注意以下几点:

1. 收集证人证言必须依照法定程序并采用适当的方法

询问证人要注意选择适当的地点。为减少证人的顾虑,少影响或不影响证人的生活和工作,一般应尽可能到证人所在单位或住处进行询问。司法人员应当正确对待证人参与刑事诉讼的价值、地位,不能将证人等同于犯罪嫌疑人,应通过耐心的思想工作、法制宣传以及对其他证据的收集,来促使了解案情的人敢于真实地作证。询问证人应当个别进行,以免证人相互影响。询问证人时,要态度和蔼,不得使用刑讯、威胁、利诱等非法手段取证。

2. 证人应当出庭,证人证言应当庭查证

许多国家在刑事诉讼中确立了直接言词原则来收集和采用证人证言,即要求证人必须出庭直接陈述,证人证言必须在审判人员、公诉人、被害人、被告人、辩护人的参加下,经过当庭用言词的方式进行问证、辩论后,才能成为定案的依据。结合直接言词原则要求,以及为推进以审判为中心的刑事诉讼制度改革,我国刑事诉讼法确立了关键证人出庭作证制度。《刑事诉讼法》第192条规定:"公诉人、当事人或者辩护人、诉讼代理人对证人证言有异议,且该证人证言对案件定罪量刑有重大影响,人民法院认为证人有必要出庭作证的,证人应当出庭作证。人民警察就其执行职务时目击的犯罪情况作为证人出庭作证,适用前款规定。"为确保关键证人出庭作证制度的落实,立法同时规定,关键证人无正当理由拒不到庭的,可以强制证人到庭,并可以视情况给予罚款、拘留等处罚措施,并规定证人出庭作证保护制度、补偿制度等内容。司法实践中,多地也出台了有关证人出庭作证的规则或细则,一定程度推动了我国刑事诉讼中证人出庭作证制度,但证人出庭作证的案件比例仍然很低,并存在出庭作证条件有待进一步明确、法院缺乏强制证人到庭措施、证人出庭作证效果不强等问题有待解决。

3. 对证人的交叉询问

对证人的询问以证人出庭作证为前提。询问是对证人证言进行质证的主要途径,通过询问可以客观、全面地揭示案件事实,确定证人证言的真伪。对证人的询问应以交叉询问的方式进行,由提出申请的一方先进行主询问,随后由另一方进行反询问。一轮询问完毕可以接着进行第二轮询问。实行交叉询问旨在揭示证人证言的不实之处、矛盾之处或者疑问,保证证言的客观真实性。实行对证人的交叉询问,应当遵循相关性规则、禁止诱导性询问和禁止威胁、损害人格尊严的原则,并完善其他配套规则。

(三)犯罪嫌疑人、被告人供述与辩解的运用

犯罪嫌疑人、被告人供述和辩解即口供,是犯罪嫌疑人、被告人在刑事诉讼中就其被指控的犯罪事实以及其他事实向公安、司法机关所作的陈述。由于犯罪嫌疑人、被告人与案件事实和案件处理结果有切身关系,所以他如果如实陈述,可以提供最全面、最真切、最具体的证据,对查明案件事实有非常重要的作用。然而,犯罪嫌疑人、被告人又是定罪和处刑的对象,其供述和辩解又是最不可靠、最不稳定的证据。在对其口供的运用上,应注意:

1. 严禁刑讯逼供

在讯问犯罪嫌疑人、被告人时,要从思想上根除"口供是证据之王"的错误观念,禁止采用刑讯等非法方法。刑讯逼供是封建专制和口供主义的产物,是一种野蛮、落后的取证方式。刑讯逼供一方面会严重侵犯公民的人身权利;另一方面,依据刑讯逼供获取的不实口供定案,极容易导致冤假错案。

2. 正确理解被告人不自证其罪的准则

在刑事诉讼中,被告人原则上不承担证明责任,不应承担自证其罪的义务。

因此,我国应建立自白任意性规则,赋予犯罪嫌疑人、被告人沉默的权利,口供取得证据能力的前提是必须出于本人的自由意志,即具有任意性。缺乏任意性的自白,不论其原因为何,均不应当具有证据能力。

3. 关于口供补强

口供补强规则,指禁止以口供作为定案唯一依据而必须有其他证据予以补强的证据规则。① 我国《刑事诉讼法》第55条规定:"只有被告人供述,没有其他证据的,不能认定被告人有罪和处以刑罚。"这一规定要求对被告人的有罪供述以其他证据作补强证明,从而确认了对口供的补强规则。在口供的运用上确立口供补强规则,一是有利于防止偏重口供的倾向,二是可以确保口供的真实性,避免以虚假供述导致误判。

4. 关于疑罪从无原则

我国《刑事诉讼法》第12条已确立了"未经人民法院依法判决,对任何人都不得确定有罪"的原则。根据《刑事诉讼法》第75条的规定,在审查起诉阶段,经过二次补充侦查,人民检察院仍然认为证据不足,不符合起诉条件的,应当作出不起诉的决定。在审判阶段,经法庭审理对证据不足、不能认定被告人有罪的,应当作出证据不足、指控的犯罪不能成立的无罪判决。疑罪从无,是重视人权保障的必然的价值选择。具体到口供的运用上,疑罪从无原则要求:尊重和保护犯罪嫌疑人、被告人的合法权益是收集、运用口供的前提和要求,不能通过逼取口供弥补证据的不足,更不能因为不能获取口供而违反法律的规定长期羁押犯罪嫌疑人、被告人致使案件久拖不决。

(四)鉴定意见的运用

鉴定意见是鉴定人就案件的某些专业性问题所作出的意见。作为一种间接证据,鉴定意见在运用时要注意以下几点:

1. 正确认识鉴定意见的科学性

通常情况下,鉴定意见是建立在专家运用专业性的科学技术和方法对鉴定对象进行鉴别和判定的基础之上的,科学性是其区别于其他证据的显著特征。但这种科学性也不可盲信,鉴定意见的科学性必须有一系列技术和程序性的保障。因此,运用鉴定意见时,应详细审查鉴定人鉴定的手段和方法是否科学、设备是否完善、鉴定材料是否充分、鉴定意见的表述是否规范等,尤其是要判断鉴定人是否受到外界的影响。然后,结合案件材料,审查鉴定结论与其他证据有无矛盾,之后才能作为定案的依据。发现有疑问或与案件事实、其他证据有矛盾,

---

① 参见徐静村主编:《刑事诉讼法学(上)》,法律出版社1997年版,第164—173页。

应作补充鉴定或重新鉴定。公诉人、当事人或者辩护人、诉讼代理人对鉴定意见有异议,人民法院认为鉴定人有必要出庭的,鉴定人应当出庭作证。经人民法院通知,鉴定人拒不出庭作证的,其鉴定意见不得作为定案的根据。

2. 鉴定意见的冲突及处理

鉴定意见冲突,是指就同一鉴定对象所作出的两个或两个以上鉴定意见之间存在不一致,相互对立或者排斥。造成这种现象的原因是多方面的,既有鉴定人主观方面的原因,也有客观条件的限制。鉴定意见发生冲突时,最好的处理方法是从上述鉴定意见的审查判断入手,通过审查鉴定人的资格、鉴定的条件等,以判断鉴定意见是否准确,从而在冲突中甄别和选择。上述方法不能奏效时,应当从鉴定的时间、部门等方面解决。当用尽各种手段和方法,鉴定意见的冲突仍然难以解决,从而使待证事实处于真伪不明的状态时,应该作出对被告人有利的判断和结论。

(五)视听资料的运用

作为一种新兴的证据形式,视听资料是一种采用现代科技手段获得的证据。其突出特点是能形象、生动、直观地反映案件事实,发现案件线索,查获犯罪嫌疑人,重现案件过程。视听资料具有客观性较强、信息量丰富等优点,能够形象生动地反映案件事实。然而,视听资料具有高科技含量的特征,不仅其制作具有及时性要求,而且易于篡改和伪造,同时其制作和收集的途径对其证明力也会产生严重影响。在对视听资料的运用上应注意以下几点:

1. 关于视听资料的合法性

视听资料的收集应依法进行。刑事视听资料证据收集的合法性包括主体的合法性与程序的合法性。对于违法收集的视听资料,即使排除可能会使某些刑事案件难以侦破甚至有可能放纵罪犯,但依照《刑事诉讼法》及相关司法解释,仍然不应当将其作为定案的依据,这是保障公民权利与自由以及刑事诉讼程序正当性的必然要求。

2. 科学认识视听资料的作用

视听资料具有直接性和逼真性同时又容易被伪造和篡改的特点,对视听资料的作用必须有正确的认识。要克服对新的证据形式的无意识的排斥心理,重视对视听资料的收集和运用,使其真正发挥作用;又要注意鉴别真伪,审查视听资料内容与案件事实有无客观联系,有无被伪造、变造或篡改的情况,审查其来源以及制作的过程是否科学、合法,并结合案内其他证据审查判断其真实可靠性。

## 二、民事诉讼中的证据运用

与刑事诉讼中的证据运用不同,民事诉讼中的证据运用以当事人为中心,双方当事人在证据的调查、收集、举证和质证上起着主导作用,人民法院通常只能在当事人举证质证的范围内采纳作为判决基础的证据。这是因为,民事诉讼过程实质上就是民事证据的运用过程,当事人之间的诉讼活动主要围绕着证据进行,法院对案件事实的认定以及裁判的作出也是以证据为基础和依据。而民事纠纷是发生在平等主体之间的争议,民事诉讼是法院处于中立地位对当事人争议的法律关系适用法律作出裁判的纠纷解决方式,在民事诉讼的格局下,双方当事人成为诉讼的核心内容——证据运用的主角。2001年最高人民法院颁布《民事证据规定》,对当事人的举证、举证期限、证据交换以及质证、证据的审核认定作了较为详细的规定,成为民事诉讼中当事人证据运用的主要依据,2019年最高人民法院颁布《最高人民法院关于修改〈关于民事诉讼证据的若干规定〉的决定》,自2020年5月1日起实施。

(一)证据运用的适时性与证据失权

证据的适时运用是与证据随时提出相对的一个概念。民事证据的提出与运用必须及时,这是诉讼效率和诉讼公正的共同要求。证据的提出与运用违反了期限的要求,就会导致证据失权,即如果当事人在法律规定的、法院指定的或者协商确定的期限内没有向法院提出证据,在期限届满后不得再次提出,从而该证据丧失证据效力。此前,我国民事诉讼法对举证期限未作出明确规定。2001年《民事证据规定》第33条规定举证期限可以由当事人协商一致并经人民法院认可,未协商一致的,则由人民法院制定不少于30日的举证期限。该条规定确立了我国的证据失权或称举证时限制度,结束了我国实行了几十年的证据随时提出主义,使民事证据的运用更具效率和程序正当性,有利于程序公正和实体公正的实现。《民诉法解释》缩短了一审法院指定的举证期限,对二审举证期限作了规定,并赋予当事人提供反驳证据或补正证据的机会。该解释第99条规定:"人民法院应当在审理前的准备阶段确定当事人的举证期限。举证期限可以由当事人协商,并经人民法院准许。人民法院确定举证期限,第一审普通程序案件不得少于十五日,当事人提供新的证据的第二审案件不得少于十日。举证期限届满后,当事人对已经提供的证据,申请提供反驳证据或者对证据来源、形式等方面的瑕疵进行补正的,人民法院可以酌情再次确定举证期限,该期限不受前款规定的限制。"同时,该解释第101条、第102条对逾期举证及其后果作出了分层次、分情形予以处罚的规定,更加贴合民事诉讼司法实践。2019年《民事证据规定》

第 51 条在规定一、二审举证期限的基础上,又增加了"适用简易程序审理的案件不得超过十五日,小额诉讼案件的举证期限一般不得超过七日"的规定。

(二) 民事证据交换

民事证据交换,是指当事人相互之间就其准备在法庭上使用的证据彼此互换,从而互通有无、公平诉讼的制度。① 可以说,证据交换是各国民事诉讼中的共同制度,是民事诉讼证据运用中的一个重要环节,它的确立不仅有利于实现公平诉讼,提高审判质量,同时也有利于实现审判的集中化,节约司法成本。2001年《民事证据规定》正式确立了我国的证据交换制度。根据该规定,经当事人申请,人民法院可以组织当事人在开庭审理前交换证据;人民法院对于证据较多或者复杂疑难的案件,应当组织当事人在答辩期届满后、开庭审理前交换证据;交换证据的时间可以由当事人协商一致并经人民法院认可,也可以由人民法院指定;人民法院组织当事人交换证据的,交换证据之日举证期限届满;当事人申请延期举证经人民法院准许的,证据交换日相应顺延;证据交换应当在审判人员的主持下进行;通过证据交换,确定双方当事人争议的主要问题;当事人收到对方交换的证据后提出反驳并提出新证据的,人民法院应当通知当事人在指定的时间进行交换;证据交换一般不超过两次,但重大、疑难和案情特别复杂的案件,人民法院认为确有必要再次进行证据交换的除外。2001年《民事证据规定》用四个条文构建了我国民事证据交换制度的框架。尽管对证据交换的范围、启动、主体、时间及具体程序都有涉及,然而这种规定仍过于原则和笼统,操作性较差,对于证据交换的方式与范围、证据交换与举证期限的效力关系等都有待于进一步明确。唯如此,才能使得证据交换真正起到规范证据运用、确定争议焦点、防止证据突袭、保障案件顺利审理的制度功能。

(三) 民事证据的补强规则

受到主客观条件的限制,司法实践中,民事证据运用的对象多为间接证据。这些证据不能单独证明案件的主要事实,必须同其他证据联系起来,用推理的方法,才能证明案件的主要事实。所以,运用这些证据实现对案件主要事实的证明,必须排除它们与案件事实以及这些证据之间的矛盾,使其形成一个完整、严密的逻辑证明体系。2001年《民事证据规定》第 69 条列举了需要证据补强的几种具体情形:一是未成年人所作的与其年龄和智力状况不相当的证言;二是与一方当事人或者其代理人有利害关系的证人出具的证言;三是存有疑点的视听资料;四是无法与原件、原物核对的复印件、复制品;五是无正当理由未出庭作证的

---

① 参见汤维建:《民事诉讼中证据交换制度的确立和完善》,载《法律科学》2004 年第 1 期。

证人证言。2019年《民事证据规定》第90条对此进行了部分修正,规定"下列证据不能单独作为认定案件事实的根据:(一)当事人的陈述;(二)无民事行为能力人或者限制民事行为能力人所作的与其年龄、智力状况或者精神健康状况不相当的证言;(三)与一方当事人或者其代理人有利害关系的证人陈述的证言;(四)存有疑点的视听资料、电子数据;(五)无法与原件、原物核对的复制件、复制品。"

(四)关于最佳证据规则

这是一项主要适用于有关文书内容的证据运用规则,即认为原始文字材料(包括录音、录像、摄影材料等)作为证据,其效力优于它的复制品,因而是最佳的,故又称为"原始文书规则"。[①] 最佳证据规则是英美等国最古老的证据规则之一。我国《民事诉讼法》关于应提交原始证据(特别是原始书证)的规定具有类似英美法中最佳证据规则的效力。2001年《民事证据规定》第10条对此作出了进一步规定:"当事人向人民法院提供证据,应当提供原件或者原物。如需自己保存证据原件、原物或者提供原件、原物确有困难的,可以提供经人民法院核对无异的复制件或者复制品。"从该种意义上而言,原始证据与在特定情形下提交的"第二手材料"在效力上应该有所区别。因此,有必要对证据材料的证明力在其强弱上作出明确规定。《最高人民法院关于民事经济审判方式改革问题的若干规定》第27条以及2001年《民事证据规定》第77条虽然部分解决了证据的不同效力问题,确定了证据优先原则,但并未规定证据优先原则的适用情形和条件,2019年的修改也未涉及该问题,有待于进一步完善。

### 三、行政诉讼中的证据运用

我国的行政诉讼证据运用与民事诉讼证据运用有很多相同或相似之处,如举证期限制度、证据的提出、保全以及质证、审核认定上的规定等。然而,行政诉讼证据的运用又有其特殊性,这是由行政诉讼证据的特点以及证明责任分配的特殊性决定的。具体说来,行政诉讼证据运用的特殊性表现在以下几个方面:

(一)证据运用的主体

根据《行政诉讼法》第34条和第67条的规定,被告对作出的行政行为负有举证责任,应当在收到起诉状副本之日起15日内向人民法院提交作出行政

---

[①] 参见马卫东、付春元:《论我国民事诉讼证据规则的改革与完善》,载《济南大学学报》2003年第3期。

行为的证据和所依据的规范性文件。被告不提供或者无正当理由逾期提供证据，视为没有相应证据。但是，被诉行政行为涉及第三人合法权益，第三人提供证据的除外。该规定明确了由被告对作出的行政行为负有举证责任的特殊的证据规则。因此，行政诉讼中，证据的收集、提供及具体运用主要由被告负责。

（二）确立严格的证据排除规则

《行政证据规定》第57条明确列举了九种证据材料的排除情形，规定下列证据材料不能作为定案依据：一是严重违反法定程序收集的证据材料；二是以偷拍、偷录、窃听等手段获取侵害他人合法权益的证据材料；三是以利诱、欺诈、胁迫、暴力等不正当手段获取的证据材料；四是当事人无正当事由超出举证期限提供的证据材料；五是在中华人民共和国领域以外或者在中华人民共和国香港特别行政区、澳门特别行政区和台湾地区形成的未办理法定证明手续的证据材料；六是当事人无正当理由拒不提供原件、原物，又无其他证据印证，且对方当事人不予认可的证据的复制件或者复制品；七是被当事人或者他人进行技术处理而无法辨明真伪的证据材料；八是不能正确表达意志的证人提供的证言；九是不具备合法性和真实性的其他证据材料。第58条将上述九类非法证据以外的其他非法证据概括为以违反法律禁止性规定或者侵犯他人合法权益的方法取得的证据。第60条又规定了不能作为认定被诉行政行为合法的依据的三类证据材料：一是被告及其诉讼代理人在作出行政行为后或者在诉讼程序中自行收集的证据；二是被告在行政程序中非法剥夺公民、法人或者其他组织依法享有的陈述、申辩或者听证权利所采用的证据；三是原告或者第三人在诉讼程序中提供的、被告在行政程序中未作为行政行为依据的证据。可见，在行政诉讼中，对于以违反法律禁止性规定或者侵犯他人合法权益的方法取得的证据，排除其作为认定案件事实依据的可能性。2015年5月1日开始实施的《行政诉讼法》以立法形式确立了行政诉讼领域的非法证据排除规则，第43条明确规定："以非法手段取得的证据，不得作为认定案件事实的根据。"2017年最高人民法院颁布的《行诉法解释》第43条则列举了使用非法手段取得的三类证据，即严重违反法定程序收集的证据材料；以违反法律强制性规定的手段获取且侵害他人合法权益的证据材料；以利诱、欺诈、胁迫、暴力等手段获取的证据材料。

（三）规定严格的举证时限制度

所谓举证时限，是指在诉讼中，由法律规定、法院指定或者当事人协商确定的能够有效举证的时间限制。它通常包含两层含义：一是当事人在不同的诉讼阶段向法院提供证据的时间限制；二是当事人获得证据的时间限制。《行政诉讼法》第35条规定:"在诉讼过程中,被告及其诉讼代理人不得自行向原告、第三人和证人收集证据。"第67条规定:"人民法院应当在立案之日起五日内,将起诉状副本发送被告。被告应当在收到起诉状副本之日起十五日内向人民法院提交作出行政行为的证据和所依据的规范性文件,并提出答辩状。人民法院应当在收到答辩状之日起五日内,将答辩状副本发送原告。"换言之,被告行政机关向法院提供的证据,应当是在行政执法程序中收集和调取的。在行政诉讼程序开始后,除人民法院要求其收集和调取证据外,被告行政机关已丧失了继续调取证据的权利。由此可见,与刑事诉讼、民事诉讼相比,行政诉讼中的证据运用有更为严格的期限要求。

# 主要参考书目

1. 毕玉谦:《民事证据法及其程序功能》,法律出版社 1997 年版。
2. 毕玉谦:《民事证据法判例实务研究》,法律出版社 1999 年版。
3. 卞建林主编:《证据法学》,中国政法大学出版社 2000 年版。
4. 陈刚:《证明责任法研究》,中国人民大学出版社 2000 年版。
5. 陈光中主编:《中华人民共和国刑事证据法专家拟制稿:条文、释义与论证》,中国法制出版社 2004 年版。
6. 陈光中主编:《证据法学(第四版)》,法律出版社 2019 年版。
7. 陈朴生:《刑事证据法(第三版)》,三民书局 1979 年版。
8. 陈瑞华:《刑事证据法学》,北京大学出版社 2012 年版。
9. 陈一云主编:《证据学》,中国人民大学出版社 1991 年版。
10. 樊崇义等:《刑事证据法原理与适用》,中国人民公安大学出版社 2001 年版。
11. 樊崇义主编:《证据法学(第四版)》,法律出版社 2008 年版。
12. 樊崇义主编:《证据法学(第六版)》,法律出版社 2017 年版。
13. 郭志媛:《刑事证据可采性研究》,中国人民公安大学出版社 2004 年版。
14. 〔德〕汉斯·普维庭:《现代证明责任问题》,吴越译,法律出版社 2000 年版。
15. 何家弘、刘品新:《证据法学》,法律出版社 2004 年版。
16. 何家弘、刘品新:《证据法学(第四版)》,法律出版社 2011 年版。
17. 何家弘:《司法证明方法与推定规则》,法律出版社 2018 年版。
18. 何家弘、张卫平主编:《外国证据法选译(上卷、下卷)》,人民法院出版社 2000 年版。
19. 何家弘、张卫平主编:《简明证据法学(第二版)》,中国人民大学出版社 2011 年版。
20. 何家弘主编:《新编证据法学》,法律出版社 2000 年版。
21. 何家弘主编:《证据调查实用教程》,中国人民大学出版社 2000 年版。
22. 何家弘主编:《电子证据法研究》,法律出版社 2002 年版。
23. 何家弘主编:《外国证据法》,法律出版社 2003 年版。
24. 何家弘主编:《证人制度研究》,人民法院出版社 2004 年版。
25. 胡锡庆主编:《诉讼证据学通论》,华东理工大学出版社 1995 年版。
26. 胡锡庆主编:《诉讼证明学》,中国法制出版社 2001 年版。
27. 纪格非:《证据能力论:以民事诉讼为视角的研究》,中国人民公安大学出版社 2005 年版。
28. 江伟、邵明主编:《民事证据法学(第二版)》,中国人民大学出版社 2015 年版。
29. 江伟主编:《证据法学》,法律出版社 1999 年版。

30. 李浩:《民事举证责任研究》,中国政法大学出版社1993年版。
31. 李学灯:《证据法比较研究》,五南图书出版公司1992年版。
32. 刘善春、毕玉谦、郑旭:《诉讼证据规则研究》,中国法制出版社2000年版。
33. 龙宗智、杨建广主编:《刑事诉讼法》,高等教育出版社2003年版。
34. 罗豪才等主编:《行政法学》,北京大学出版社1996年版。
35. 〔美〕乔恩·R. 华尔兹:《刑事证据大全》,何家弘等译,中国人民公安大学出版社1993年版。
36. 〔美〕乔恩·R. 华尔兹:《刑事证据大全(第二版)》,何家弘等译,中国人民公安大学出版社2004年版。
37. 沈达明编著:《英美证据法》,中信出版社1996年版。
38. 宋英辉、汤维建主编:《证据法学研究述评》,中国人民公安大学出版社2006年版。
39. 王进喜:《刑事证人证言论》,中国人民公安大学出版社2002年版。
40. 王学辉主编:《行政诉讼制度比较研究》,中国检察出版社2004年版。
41. 徐继敏:《行政证据通论》,法律出版社2004年版。
42. 杨宇冠:《非法证据排除规则研究》,中国人民公安大学出版社2002年版。
43. 叶青:《刑事诉讼证据问题研究》,中国法制出版社2003年版。
44. 叶自强主编:《民事证据研究》,法律出版社1999年版。
45. 应松年主编:《行政程序法立法研究》,中国法制出版社2001年版。
46. 〔美〕约翰·W. 斯特龙主编:《麦考密克论证据(第五版)》,汤维建等译,中国政法大学出版社2004年版。
47. 张保生主编:《证据法学(第三版)》,中国政法大学出版社2018年版。

# 第三版后记

近年来，我国三大诉讼法又有修正，虽未根本改变证据立法，但对程序的修改必将影响到证据运用实践，尤其是最高司法机关相继出台的适用三大诉讼法的解释、办理刑事案件严格排除非法证据的解释、办理刑事案件收集提取和审查判断电子数据的解释、人民检察院刑事诉讼规则、民事诉讼证据规定等司法解释，有不少都涉及证据和证明规则的细化明确和调整转向。而且学术界也跟进出版或发表了一批证据法学最新研究成果。鉴于此，我们启动了对《诉讼证据法学(第二版)》的改版工作。第三版立足于现行的证据法律制度，吸收证据法学的最新研究成果，对第二版的内容进行了增补和修订，委托谢文哲副教授对全书作了统稿，主编作了最后审订。

《诉讼证据法学(第三版)》的编撰者有所调整，具体编撰人员及分工如下：叶青教授担任主编，孙剑明副教授、谢文哲副教授担任副主编。本书的撰稿人(以编章先后为序)：叶青教授(第一章)；王晓华讲师(第二章、第三章)；王戬教授(第四章、第十四章)；张栋教授(第五章)；许建丽副教授(第六章)；周雪祥副教授(第七章第一节至第四节、第八章)；谢文哲副教授(第七章第五节至第六节、第十章、第十三章第三节至第四节)；牟逍媛教授、刘东副教授(第九章)；陈邦达副教授(第十一章)；邓晓霞副教授(第十二章、第十三章第一节至第二节)；邓继好副教授(第十五章)；孙剑明副教授(第十六章)；洪冬英教授、朱彦讲师(第十七章)；王俊民教授、程衍讲师(第十八章)、王俊民教授、王小光讲师(第十九章)。

最后，我们谨向多年来关心本书的读者，以及参与本书修订工作的同仁和北京大学出版社的编辑们表示由衷的感谢。由于编著者学术水平和实践经验有限，错误之处在所难免，敬请广大读者批评指正。

主编<br>
二〇二〇年十二月于沪上鑫康苑